本书为教育部人文社会科学重点研究基地
安徽师范大学中国诗学研究中心资助项目

刘学锴讲温庭筠

刘学锴 著

中州古籍出版社
·郑州·

图书在版编目（CIP）数据

刘学锴讲温庭筠 / 刘学锴著. --郑州：中州古籍出版社，2025. 3. --ISBN 978-7-5738-1486-9

Ⅰ. K825.6; I206.2

中国国家版本馆CIP数据核字第20244XF460号

本书为教育部人文社会科学重点研究基地
安徽师范大学中国诗学研究中心资助项目

LIU XUEKAI JIANG WEN TINGYUN
刘学锴讲温庭筠

出 版 人	许绍山
封面题签	程毅中
策划编辑	卢欣欣
责任编辑	李文平　石　丹
责任校对	岳秀霞　牛冰岩
装帧设计	曾晶晶

出 版 社	中州古籍出版社（地址：郑州市郑东新区祥盛街27号6层 邮编：450016　电话：0371-65788693）
发行单位	河南省新华书店发行集团有限公司
承印单位	河南瑞之光印刷股份有限公司
开　　本	710 mm×1000 mm　1/16
印　　张	36.5
字　　数	638千字
版　　次	2025年3月第1版
印　　次	2025年3月第1次印刷
定　　价	160.00元

本书如有印装质量问题，请联系出版社调换。

弁　言

早在唐末,即有温、李并称之说。按照温庭筠在诗、词、骈文、小说等领域的全面创作成就,及其在文学史上的地位与影响,早就应该有比较全面地考述其一生的主要经历和全部创作的传论。但由于可靠生平资料的严重缺乏和前人研究积累的不足,对其骈文、小说乃至诗歌创作研究的忽视,文学史编写对温氏各体创作的分割论述等多方面原因,特别是长期以来没有一部全面整理温氏创作的全集校注,使温庭筠的研究一直处在单科(曲子词)独进的局面。民国以来,顾学颉、詹安泰、夏承焘、施蛰存等学者对温庭筠的生平及创作进行了不少考证研究,使局面有所改观,顾之传论、夏之年谱更有开创之功和重大影响。但存在的问题还是很多,比起同时并称的李商隐,无论是生平考证还是作品整理研究,乃至研究资料的搜集汇编,都不可相提并论。直至二十世纪八十年代,在陈尚君、施蛰存的考证文章发表之前,连温氏的生卒年亦未考定。

笔者在长期从事温庭筠诗文及研究资料的整理,和对庭筠生平、作品的考证研究之后,曾先后撰成《温庭筠全集校注》(中华书局,2007)、《温庭筠传论》(安徽大学出版社,2008)、《温庭筠诗词选》(中州古籍出版社,2011)三书。其中,《全集校注》虽已修订重印多次,仍发现有不少疏漏,经大幅度修订后,近期或可再版。《传论》一书,印数甚少,2009年《唐代文学研究年鉴》附录2008年论著时又漏收此书,遂使学界绝大多数人根本未见此书,引用笔者温氏著述时亦只引《全集校注》。实际上,《全集校注》所附《温庭筠系年》是无法代替《传论》的,因为后者要对其一生经历与创作进行不间断的考述和全面的疏解评论。

拙撰《温庭筠传论》虽是一本粗浅之作，但还是提出和解决了不少问题，择其要者，约有下列诸端：

（一）在庭筠生年主要诸说中，通过对其他四说所依据材料的审读辨正，特别是对陈说的审核基础上，肯定了陈说的正确性，对陈说个别误解作了修正，并补充了支持陈说的一条重要内证（《感旧陈情五十韵献淮南李仆射》中"婚乏阮修钱"之句，作于会昌元年，时年四十一）。①

（二）首次据温诗提供的一系列内证，证明苏州系其出生地，其旧居在太湖之滨，傍吴淞江处。太原仅为祖籍。其离吴中旧居之年当在游边塞之后，其时已有妻室。

（三）因晚唐前期主要诗人多在江南的生活经历，提出此一时期诗词创作的南方色彩问题，将晚唐绮艳或清丽诗风、词风的形成建立在特定地域的自然景物和人文环境上。

（四）梳理从青年至晚年所有与鄠郊别墅有关的诗文，得出其居鄠郊的时间当至晚岁（除东归吴中，羁游川、湘、越及贬尉、寄幕外）。其晚年所怀之"故乡"系指鄠郊别墅，非指吴中旧居。

（五）考证其初识李德裕之年至迟在大和七年德裕初任相时，有诗为确证。并提出大和四至五年庭筠有入川之游，与先后任剑南、东川、西川节度使的郭钊，某蜀将及李德裕可能有过接触，有希企入幕之意向而未果。

（六）据顾学颉考证，庭筠游淮南，因游狭邪为亲表姚勖所笞逐之事在大和九年。由此联系到时任淮南节度使之牛僧孺与时任宰相之李宗闵，指出庭筠《上裴相公(裴休)启》中之"守土者以忘情积恶，当权者以承意中伤"或即分指牛僧孺及李宗闵。

（七）对开成四年、五年两次"等第罢举"之事的多种原因作出综合分析，认

---

① 此典故有的学者也引用过，但系用来支撑夏说，可谓用非其所。

为开成元年至三年九月从太子游是主因。盖游狭邪为姚勖答逐犹属生活作风问题,而从太子永游则属政治问题,并新举数首诗证明"等第罢举"事确与宫廷内部围绕皇位继承权之纷争密切相关。举《书怀百韵》《感旧陈情五十韵献淮南李仆射》两用"怀橘"典,推断其子温宪当生于大和末,其女开成末亦已降生,其元配当卒于开成五年回吴中旧居前。

(八)对会昌元年春至秋东归吴中旧乡之行程、诗歌系时作出详细考证解释。指出其暮春抵扬州,献诗李绅,明确表示欲入绅幕,故停留时间较久。至秋方渡江归吴中,举温归途所作诗及到时所作诗为证。

(九)考其归吴中不久,有越中之游,并对往返途中所作诗进行考释,在越中至当年秋方折返吴中。

(十)考述由吴中返鄠郊在会昌三年春,并首次指出《更漏子》(背江楼)为北归长安之行役词。

(十一)对归长安后之会昌四年、五年、六年三月期间所作诗作出考释。

(十二)对大中元年春夏至岳州访李远,特别是至长沙访湖南观察使裴休受到款待之事首次作出考释。

(十三)首次对大中二年、四年、七年、九年四次应进士试均落第的经过,屡次上书求援的对象,包括主考官及身份显贵者,一一考证落实,其中尤以大中七年前夕所上书启为多。除大中九年夏谱已有较详考证外,其余多为新考论者。七年考试失利后,又上书韩琮,希在盐铁使下任职(以上共包含十几项具体考证)。

(十四)通过对《上盐铁侍郎启》《上裴相公启》所上对象裴休及启中所叙内容的考证,明确大和九年游淮上事对其考试再次落第的深远影响,消除读者(包括史书作者)对二启的误解。此二启的考证关系重大。其中涉及裴坦任知制诰的时间及称谓的考证,证明裴坦在裴休为相时即已知制诰,尤为关键。

(十五)考出大中八年春至秋,庭筠曾游河中节度使徐商幕,既与开成五年庭筠与徐已结识并献长诗(《书怀百韵》所上对象之一)相接,又为大中十年入徐商幕张本。

（十六）综合分析庭筠大中年间四次考试落第的主客观原因。

（十七）考证庭筠贬尉次数、时地及原因，纠正前人、今人考证的错误。

（十八）考证出段成式晚年"十年三领郡"的具体地点、时间，既同意郁考引段《寺塔记》刺庐陵、处州的时间，又纠正其刺江州在咸通初之沿误，指出刺江州在大中十四年五月以后至咸通二年秋。

（十九）考出《上首座相公启》之"首座相公"为白敏中，纠正今人考证为温造之误。

（二十）复据《上首座相公启》"昨者膏壤五秋，川途万里。远违慈训，就此穷栖。将卜良期，行当杪岁"等语，考证庭筠大中十年入襄阳幕，十四年冬徐商离任后庭筠亦离襄另卜良期之经历，将庭筠初入襄阳幕与段成式十三年秋在襄阳幕，与庭筠等唱和之事分开，疑《东观汉记》之记载有误，导致大中十三年庭筠始入襄幕之错误结论，力证庭筠贬隋县尉必在大中十年。有裴坦制文为证。

（二十一）据《上令狐相公启》及《谢纥干相公启》（题有误），结合大中六年庭筠已上书萧邺之事，首次考定庭筠离襄阳幕后，于咸通二年初至三年春在荆南节度使萧邺幕为幕僚之事，并补充了同幕有卢知猷、段成式、沈参军等人（戴考未录以上四人），对荆幕所作诗文一一作了考释。并指出诗中"弘里生"即借指世居荆州之段成式。

（二十二）对两《唐书》所载"失意归江东，路由广陵"，因怨令狐绹，故久不刺谒，狂游狎邪，乞索于扬子院，为虞候所击，自至长安，致书公卿间雪冤之记载提出重大质疑，从多方面证明此事纯属子虚乌有，并指出系误读《上裴相公启》及《东归有怀》诗所致。此为笔者首次提出。并撰《"误读"出来的"正史"》及《温庭筠、段成式晚年经历交游考》详加考辨。

（二十三）对大中三年初秋在洛阳和段成式嘉莲诗作出考释，证明此时庭筠已回京。

(二十四)对咸通五年为段文楚代作启作出考释。

(二十五)对庭筠咸通六年徐商为相后任国子监助教作出再补充考证(联系其诗系时),并对其榜国子监被贬方城尉旋卒之事作补充考证。

词非我所长,但在概论部分仍对温词的内容问题、寄托问题、联章体问题、"应歌"问题、艺术风格问题(特别是温词艺术上的短处和长处问题)作出自己的论述。既不同意"纯客观的描写"这种主流观点,更难以同意温词中对妆容、头饰、陈设的错彩镂金与人物风情相融合的观点。认为前者正是温词之短处和败笔,因为这种观点与读者的实际感受不符。读者更喜爱的是那种清疏明丽、以白描见长的篇章和写景抒情的佳篇名句。作家所好者并不一定是其所长者。实际上,不但韦庄,连其他花间词人所写的优秀词作也抛弃了堆金砌玉的写法而走人、事、情、景融合的路子了。

赋和骈文部分,《全集校注》第一次给温氏现存全部赋和骈文作了注释、人名考证、系年考证、代人之作考证,并在重印过程中作了两次大幅度修订,对其骈文特点作了初步分析,并与其个性联系起来考察。

小说部分,《全集校注》辑录了《乾𦠅子》所收小说三十三篇,并辑了多则佚文,对其内容、艺术特点作了分析概括,指出其写得最好的小说虽不多,但有的意识超前于时代,写法特别。另二篇也属唐人优秀之作。本书选讲三篇。

最后两章,一章对温李之异、温许之异作比较,一章论温在文学史上的地位与影响。

承中州古籍出版社之关注,准备将《温庭筠传论》和原在中州古籍出版社出版之《温庭筠诗词(骈文、小说)选》二书之内容加以糅合重编,去其重复,分为上、下两编。上编为传,下编为诗、词(传论后附诗选注解说、词选注解说),骈文、小说概说(后附骈文选注解说、小说选注解说)及附录六篇。名曰《刘学锴讲温庭筠》,与《刘学锴讲唐诗》《刘学锴讲李商隐》为一系列。我对温庭筠做过一些研究工作,虽因条件限制,不可能像研究李商隐那样专攻三十年,但温氏三书的撰写前后也用了六年多时间。加上历年补订,为时更长。作为一本全面考述温庭筠生平和选注讲解温庭筠各类作品的入门书,多少有点自己的看法,因为目前国内还没有这样一本书。

这部书中温庭筠诗、词、骈文、小说选讲是在《温庭筠全集校注》的基础上进行的。诗以明末冯彦渊家藏宋本《温庭筠诗集》为底本,以下列各本为校本:

(一)国家图书馆藏明弘治十二年李熙刻《温庭筠诗集》七卷、《别集》一卷。简称李本。

(二)国家图书馆藏明刻《温庭筠诗集》十卷、《补遗》一卷(配清抄)。简称十卷本。

(三)北京大学图书馆藏明姜道生刻《唐方城令温飞卿集》一卷。简称姜本。

(四)国家图书馆藏明毛氏汲古阁刻《五唐人诗集》之《金荃集》七卷、《别集》一卷。简称毛本。

(五)四部丛刊影印清钱氏述古堂抄本《温飞卿诗集》七卷、《别集》一卷。简称述抄。

(六)清康熙席启寓刻《唐人百家诗》之《温庭筠诗集》七卷、《别集》一卷、《温庭筠集外诗》一卷。简称席本。

(七)清顾嗣立刻康熙三十六年顾氏秀野草堂刻本《温飞卿诗集》七卷、《别集》一卷、《集外诗》一卷。简称顾本。

(八)清康熙四十五年辑《全唐诗》之温庭筠诗八卷、《补遗》一卷。简称《全唐诗》。

《集外诗》以顾本为底本。

除本集外,复以《又玄集》《才调集》《文苑英华》《乐府诗集》《万首唐人绝句》《古今岁时杂咏》《唐诗纪事》等总集参校。分别简称《又玄》《才调》《英华》《乐府》《绝句》《杂咏》《纪事》。

词以中华书局出版的曾昭岷等编撰的《全唐五代词》中的温庭筠词部分为底本,骈文以清编《全唐文》为底本,小说则主要以谈恺刻本《太平广记》为底本(个别篇目因阙文太多据别本)。

共选注了诗、词、骈文、小说共一百零一篇,每篇都作了注释疏解和必要的校勘。不少诗、词、骈文、小说的解读阐述与鉴赏也时有自己的新见。一些前人、近人评鉴较多的篇章还辑录了一些评论资料作为参考。书中汲取了前人及近人一些重要的研究成果,特致谢意。不足之处,希望能得到广大读者的指正。

目　录

上　编

第一章　家世、籍贯与生年 ……………………………………………… 1
第一节　家世／1
第二节　籍贯／5
第三节　生年／9

第二章　出塞与入蜀 ……………………………………………………… 15
第一节　出塞／15
第二节　入蜀／18

第三章　旅游淮上与从太子永游 ………………………………………… 24
第一节　旅游淮上／24
第二节　从太子李永游／27
第三节　从宗密及裴度游／37

第四章　等第罢举与二年不赴乡荐试有司 ……………………………… 41
第一节　受荐神州与二年不赴乡荐试有司／41
第二节　等第罢举与二年不赴乡荐试有司的原因／43

第五章　东归吴中与漫游越中 …………………………………………… 49
第一节　东归吴中／49
第二节　漫游越中／56

第六章　闲居鄠杜 ········· 62

　　第一节　鄠杜郊居 / 62

　　第二节　闲居鄠郊的诗歌创作 / 65

第七章　羁游湖湘与屡试不第 ········· 73

　　第一节　羁游湖湘 / 73

　　第二节　屡试不第 / 78

　　第三节　屡试不第的原因 / 83

　　第四节　河中府之游 / 86

第八章　贬尉隋县与寄幕襄阳 ········· 88

　　第一节　贬隋县尉 / 88

　　第二节　寄幕襄阳 / 96

第九章　荆州幕为从事 ········· 105

　　第一节　罢襄阳幕赴江陵 / 105

　　第二节　荆幕生活 / 107

　　第三节　罢荆南幕后的去向 / 109

第十章　最后的岁月 ········· 114

　　第一节　闲居长安 / 114

　　第二节　任国子监助教 / 115

　　第三节　再贬方城与窜死的悲剧结局 / 117

下　编

第一章　温庭筠的乐府诗 ········· 122

　　第一节　怀古咏史类 / 124

　　第二节　爱情风怀类 / 129

　　第三节　边塞游侠类 / 130

第四节　记游写景类 / 132

第五节　宴饮咏乐类 / 134

第六节　游仙类 / 136

第二章　温庭筠的近体诗 …………………………………………… 140

第一节　温庭筠的七律 / 140

第二节　温庭筠的五律 / 149

第三节　温庭筠的绝句 / 151

第三章　温庭筠的诗 ………………………………………………… 155

第一节　温诗的思想内容 / 155

第二节　温诗的艺术风格 / 164

温庭筠诗选注讲解 / 167

第四章　温庭筠的词 ………………………………………………… 307

第一节　温词的内容 / 308

第二节　温词的寄托问题辨析 / 311

第三节　温词的联章体问题辨析 / 314

第四节　温词的"应歌"问题 / 318

第五节　温词的艺术风格 / 319

温庭筠词选注讲解 / 330

第五章　温庭筠的赋和骈文 ………………………………………… 398

第一节　温庭筠的赋 / 398

第二节　温庭筠的骈文 / 400

温庭筠骈文选注讲解 / 407

第六章　温庭筠的小说 ……………………………………………… 435

温庭筠小说选注讲解 / 441

第七章　说温李之异与温许之异 461
第一节　说温李之异 / 461
第二节　说温许之异 / 486

第八章　温庭筠在中国文学史上的地位 495
第一节　词体蔚为大国的真正奠基者 / 495
第二节　晚唐时期诸体兼擅的全能作家 / 497

附录一　温庭筠文笺证暨庭筠晚年事迹考辨 499

附录二　"误读"出来的"正史"——以《旧唐书·温庭筠传》为例 513

附录三　温庭筠、段成式晚年经历交游考 519

附录四　温庭筠《书怀百韵》"羁游欲渡泸"诠释 525

附录五　说"脸"——以温庭筠词为例 529

附录六　从宋诗与宋词艺术风貌的殊异谈创新与接受的关系 534

温庭筠简谱 540

主要参考文献 565

上 编

第一章 家世、籍贯与生年

第一节 家世

温庭筠的家世,《旧唐书·文苑传下·温庭筠》缺载,而《新唐书·温大雅附廷筠传》则云:"彦博裔孙廷筠。"按:温彦博与其兄大雅,弟彦将(大有),两《唐书》均有传。其父君攸,北齐文林馆学士,入隋为泗州司马。大业末,见隋政日乱,谢病而归。温大雅仕隋末东宫学士,长安县尉,以父忧去职。后以天下方乱,不复仕。唐高祖李渊太原起事,引大雅为大将军府记室参军。武德元年,迁黄门侍郎,时弟彦博为中书侍郎,对居近密。太宗即位,转礼部尚书,封黎国公。彦博开皇末为文林郎。隋乱,幽州总管罗艺引为司马,艺以州降唐,彦博赞成其事,授总管府长史,封西河郡公。后召入为中书舍人。突厥入侵,命右卫大将军张瑾为并州道行军总管以拒之,以彦博为行军长史。军败,被执。突厥以其近臣,苦问以国家虚实及兵马多少,彦博固不肯言,被囚禁于阴山苦寒之地。太宗即位,突厥归款,始征彦博还朝,授雍州治中,后迁中书侍郎、御史大夫。贞观四年,迁中书令,封虞国公。十年,迁尚书右仆射。十一年卒,陪葬昭陵。其弟大有字彦将,李渊太原起事时,引为太原令,从李世民破西河,复以本官摄大将军府记室,与兄大雅共掌机密。武德元年,累转中书侍郎。兄弟三人,均为唐代开国功臣,在唐初职位显耀。

温氏兄弟的后裔在唐代也颇多官居高位及为皇室姻戚者。温大雅子无隐，工部侍郎；四世孙佶，太常丞；佶子造，河阳节度使、礼部尚书、祁县子；造子璋，京兆尹、检校吏部尚书。其中，温造、温璋，两《唐书》均有传。温造（766—835），字简舆，怀州人。少隐王屋山，贞元初为寿州刺史张建封宾客。十三年为徐泗濠节度使节度参谋，出使幽州，说刘济效忠朝廷，长庆四年，召拜侍御史，迁左司郎中，知御史杂事。大和元年任御史中丞，举奏无所避。三年迁尚书右丞，四年出为山南西道节度使。时兴元军乱，杀节度使李绛，众谓造可平乱，文宗乃授造山南西道节度使，命神策军将董重质、河中将温德彝、邠阳将刘士和从造，而兴元将卫志忠、张丕、李少直自蜀还。即问军中杀绛状，斩乱兵八百余人，以功加检校礼部尚书。五年四月，入为兵部侍郎，出东都留守，判东都尚书省事。九月改河阳节度使，奏开浚怀州古秦渠坊口堰，役工四万，溉河内、济源、温、武陟四县田五千余顷。七年十一月入为御史大夫，方（欲）倚为相，会疾，不能朝，改礼部尚书，卒。年七十，赠尚书右仆射。造子璋，以父荫入仕，累官大理丞，历婺、庐、宋三州刺史。大中十二年七月，宣州都将康全泰作乱，逐宣歙观察使郑薰，崔铉调淮南兵讨之，以璋为宣州刺史。事平，就拜观察使，擢武宁节度使，银刀军骄横，累将姑息，而璋政严明，惧之，相率逐璋，诏徙邠宁节度。历京兆尹，豪右慑服，加检校吏部尚书。同昌公主薨，懿宗诛医无状者，系亲属三百余人。璋与刘瞻极谏，贬振州司马，仰药死。或有据庭筠《上首座相公启》中有"近因其族，闻自谢玄""阮巷辱心期之许"等语，谓"首座相公"指温造，并谓温造系庭筠本家父辈，"他与庭筠之间的关系不同于一般的远房叔（伯）侄，当是庭筠以宗侄改换谱系，被收为养子了……'首座相公'应是温造'判东都尚书省事'之职的敬称"（牟怀川《温庭筠生年新证》），又谓《上宰相启》中"而何准之兄，恩辉已遍"指造子温璋。关于《上首座相公启》所上对象，另有考辨。此处只就"首座相公"之称呼及温氏家世角度稍作辨析。唐人称"首座相公"，必为现任宰相中居首位者。温造在文宗大和时"方（欲）倚为相"而实未拜相，即因疾不能朝改礼部尚书，自不能称其为"相公"，更不会是居首位之现任相公了。故此"首座相公"不可能指温造，也不可能指温氏宗族中的其他人，因为据《新唐书·宰相表》及《宰相世系表》，终唐之世，温氏任宰相者仅彦博一人。此外再无温姓宰相。又据《元和姓纂》及《新唐书·宰相世系表》，温彦博之六世孙为温玚（或有引作"旸"者，当误，《姓纂》《新表》皆作"玚"，且作"旸"与其祖"曦"名皆从日），而大雅之六世孙为温璋，与"玚"为远房兄弟，名皆从"玉"旁，如庭筠为温玚之子，则温璋为其远房叔伯，温造为其远房叔伯祖，非远房叔伯父，用"谢玄""阮巷"之典显然不合。此事因涉及庭筠生平中一件大事（是否为同族叔伯收养并改换谱系为养子），故详引《温造传》而加辨析。

比起温大雅一系来，温彦博的后裔官居显位者也不逊色。《新唐书·宰相世系表二中·温氏》：彦博字大临，相太宗；子振，太子舍人；振子翁归，库部郎中；翁归子缅、续（阆州刺史、虞公）、绩、缵、绍、缄、绚；续子皓、晈、曦（太仆卿、驸马都尉）；曦子西华（秘书监、驸马都尉）；西华子玚。表不载庭筠。按《新表》实多本《元和姓纂》，该书卷四太原祁县温氏："彦博，中书令，左仆射，虔（按：当作'虞'）恭公。生振、挺。振，太子舍人，生翁归、翁念。翁归，库部郎中、括州刺史，生缅、绩、缵、绍、缄、绚。绩（《新表》作'续'）为阆州刺史，封虞公，生皓、晈、曦。曦，驸马，太仆卿，生同正、西华。西华，驸马，秘书监；同正生玚。"不仅有袭封虞公之温续（《姓纂》作"绩"），且有温曦尚睿宗女凉国公主，温西华尚玄宗女昌平公主。也算得上是世代簪缨之族。惜《新表》《姓纂》均未列庭筠，《新传》亦仅言廷筠为彦博之裔孙，未载其父名。故庭筠之准确世系无显据可以详列，黄震云曾列其世系表为：彦博—振—翁归—绩—曦—西华—旸（玚）—庭筠。乃是假定庭筠为温玚之子而列出的。但由于各种文献材料都没有言及庭筠之父的名字及有关情况，这个世系表只能是一种推测。

庭筠对自己显赫的家世颇为自豪，诗文中屡有提及。《开成五年秋以抱疾郊野不得与乡计偕至王府将议遐适隆冬自伤因书怀奉寄殿院徐侍御察院陈李二侍御回中苏端公鄠县韦少府兼呈袁郊苗绅李逸三友人一百韵》(简称《书怀百韵》,以下同)追述其先世时说:"采(按:一作'菜',通)地荒遗野,爰田失故都。"自注:"予先祖国朝公相,晋阳佐命,食采于并、汾也。"这里所说的"国朝公相",即指太宗朝任宰相(中书令)、封虞国公的温彦博,"晋阳佐命"则指温大雅、温彦将。又说:"奕世参周禄,承家学鲁儒。功庸留剑舄,铭戒在盘盂。"其《上蒋侍郎启二首》亦云:"某寻常爵里,谬嗣盘盂。""况乎谬窥坟素,常禀盘盂。"《上裴相公启》:"纂修祖业,远愧孔琳;承袭门风,近惭张岱。自顷爰田锡宠,镂鼎传芳。"对其先祖的功勋地位及奕世官宦的家世表现出强烈的自豪感。但到庭筠之世,家世当已式微。《新表》《姓纂》皆不著温场之官职,则至温场时,家道业已衰落。故《书怀百韵》有"采地荒遗野,爰田失故都"之语,封地早成荒野,祖业亦已不存。

这样一种祖上显赫荣耀、世代官宦,而自父辈起业已衰落的家世,对温庭筠的深刻影响便是具有强烈的功名欲望、用世理想,希图纂修祖业,承袭门风。尽管生当唐代衰颓的季世,但他的诗文中却一再出现"经济怀良画,行藏识远图""自笑谩怀经济策,不将心事许烟霞""自知终有张华识,不向沧洲理钓丝""西州未有观棋暇,䦆户何由得掩扉""韬钤岂足为经济,岩壑何尝是隐沦"等充满积极进取精神的句子。他一生为求功名仕进,多次考进士,屡战屡败,却仍屡败屡战,直至晚年。这当中,先祖温彦博的功业气节对他的激励是一个重要因素。他的诗中,屡屡赞颂谢安为苍生起的胸襟、系国家安危的相业以及决胜千里、指挥若定的气度,都不难看出其先祖的功业对他的激励。而温彦博被囚禁突厥阴山苦寒之地,仍坚守国家机密的气节更为他所景仰,我们从他的名作《苏武庙》中仿佛可以看到温彦博的影子。

庭筠诗文中从未提及其父亲的有关情况,有的研究者因疑其父早已去世,庭筠自幼被人收养。前引牟怀川说谓被温造收养,已有辨;又有疑为段成式、令狐楚所收养,均为猜测之辞,难以征信。但幼年丧父或有可能。

庭筠有弟庭皓(801以后—869),大中末,为山南东道节度使徐商幕从事。咸通七年至九年,为徐州节度使崔彦曾团练巡官。九年冬,庞勋反,杀崔彦曾,以刃逼庭皓,使为表求节度使,庭皓拒之云:"我岂以笔墨事汝耶?其速杀我!"十年四月,为庞勋所杀。《新唐书》有传。

有姊,适赵颛,见《玉泉子》。又有姊或妹,适吴兴沈氏,甥沈徽,见《北梦琐言》卷四。沈徽,一说苏州人。曾任偃师县尉,以儒学著名于时,亦能诗。生平事迹又见《嘉泰吴兴志》卷十六。

庭筠之名,《新唐书》作"廷筠","廷"字当误。筠,《北梦琐言》作"云"。按:古人名与字每相关,其字"飞卿",似作"云"为是,其弟名"庭皓"可证。然两《唐书》本传及他书均作"筠"。《旧唐书》本传谓庭筠本名岐。《北梦琐言》卷四载:"吴兴沈徽云:'温舅曾于江淮为亲表槚楚,由是改名焉。'"游江淮约在大和末。然《唐摭言》卷二《等第罢举》开成四年下有温岐,似其时仍用温岐本名应举。

第二节 籍贯

温庭筠的籍贯,《旧唐书》本传谓太原人,同书《李商隐传》亦谓"太原温庭筠";《新唐书》本传则谓温大雅"并州祁人",此当本《元和姓纂》卷四"太原祁县"温氏有大雅、彦博、彦将兄弟。但遍查庭筠诗文及同时人有关记载,从无提及其家居于太原祁县者。故太原或太原祁县仅为庭筠之祖籍。《书怀百韵》自注虽言"予先祖国朝公相,晋阳佐命,食采于并、汾也",但至庭筠时,已是"采地荒遗野,爰田失故都"了。

庭筠之实际出生地当为吴中。顾学颉(肇仓)《新旧〈唐书〉温庭筠传订补》云:"唐无名氏《玉泉子》:'温庭筠有词赋盛名。初从乡里举,客游江淮间。'按庭筠诗中,言其故乡太原者绝少,而言江南者反甚多,恐幼时已随家客游江淮,为时且必甚长。兹录其诗于下：'淮南游客马连嘶，碧草迷人归不得'（《钱塘曲》）；'江南戍客心'（《边笳曲》）；'却笑江南客，梅落不归家'（《敕勒歌塞北》）；'丹阳布衣客'（《裴公挽歌词》）；'飘然蓬顶东归客'（《南湖》）；'吴客卷帘闲不语'（《偶题》）；'轻桡便是东归路'（《渭上题》）；'乡思巢枝鸟'（开成五年呈友人诗。按用'越鸟巢南枝'事）；'羡君东去见残梅，唯有王孙独未回'（《送卢处士游吴越》）；又诗题有《春日将欲东归……》及《东归有怀》。据以上诸诗，自称曰'江南客'，至江南曰'归'曰'回'，两《唐书》本传亦曰'归江东'。飞卿在江南日久，俨以江南为故乡矣。（在吴、越所作诗甚多，亦可证其在江南之久。）"所举诗例，除少数（如"丹阳布衣客""吴客卷帘闲不语"）属误解外，其他均意思明白。然顾氏泥于旧史太原人之记载，仅言"飞卿在江南日久，俨以江南为故乡矣"，未能遽指江南即为其故乡。陈尚君《温庭筠早年事迹考辨》乃据《感旧陈情五十韵献淮南李仆射》"嵇绍垂髫日，山涛筮仕年。琴樽陈座上，纨绮拜床前。邻里才三徙，云霄已九迁"数联，谓李绅元和三年自润州归无锡县家居，庭筠时年八岁，其家居与李绅为比邻，曾往拜谒，认为庭筠占籍应在无锡附近。此说对"邻里才三徙"之诠释虽有误（此句乃用孟母三迁典故，赞颂李绅幼时得到其母之良好教育。《新唐书·李绅传》："绅六岁而孤，哀等成人，母卢，躬授之学。"），但谓庭筠家居无锡，较之顾氏之"俨以江南为故乡"，不但肯定其家居江南，地点亦更为具体。然"其家居与李绅为比邻"之说既因误解诗句而致，则当更求具体确切之地。

从庭筠所作诗歌看，其旧乡当在吴中松江附近，太湖之滨。先言吴中之大范围。《书怀百韵》诗云："是非迷觉梦，行役议秦吴。"秦指长安，吴指吴地。诗作于开成五年隆冬，表明己将有由长安赴吴地之役。翌年（会昌元年）春，有《春日将欲东归寄新及第苗绅先辈》，知"东归"即归吴中旧乡。然吴地范围甚大，从狭义言，吴指苏州，而无锡属常州；然从广义言，无锡亦可归入春秋吴地之范围。故家居吴地何处，仍需进一步考证。按诗集卷八有《送卢处士游吴越》（按："处士"一作"生")云:"羡君东去见残梅,唯有王孙独未回。吴苑夕阳明古堞,越宫春草上高台。"诗一作张籍诗。佟培基《全唐诗重出误收考》云:"张籍祖居吴地,有其旧宅,其《送陆畅》诗有'共踏长安街里尘,吴州独作未归身。昔年旧宅今谁住,君过西塘与问人'。此重出诗有客游在外未能东归之叹,非庭筠口吻。"张籍有旧宅在吴地,不能因此否定庭筠旧乡亦在吴中。庭筠诗集卷七有《处士卢岵山居》、卷八有《卢氏池上遇雨赠同游者》《寄卢生》,与《送卢处士游吴越》之卢某应为同一人。《寄卢生》云:"遗业荒凉近故都,门前堤路枕平湖。绿杨阴里千家月,红藕香中万点珠。此地别来双鬓改,几时归去片帆孤。他年犹拟金貂换,寄语黄公旧酒垆。"卢某游吴越,庭筠有诗送之;既至吴越,又有诗寄之。二诗均抒其怀念旧乡之思。而《寄卢生》首联写景,又与卷八《东归有怀》"晴川通野陂,此地昔伤离。一去迹常在,独来心自知"数句相合。所谓"遗业",即旧居,亦即所谓"门前";而"野陂",亦即"平湖";"东归",即东归吴中旧乡。"遗业荒凉近故都",此"故都"即春秋时吴国之都城,唐之苏州吴郡。故知庭筠之旧居当在苏州附近。《溪上行》亦可证明这一点,诗云:"绿塘漾漾烟蒙蒙,张翰此来情不穷。雪羽㶉𫛚立倒影,金鳞拔刺跳晴空。风翻荷叶一向白,雨湿蓼花千穗红。心羡夕阳波上客,片时归梦钓船中。"西晋张翰为吴郡吴人,因秋风起而忆吴中菰菜、莼羹、鲈鱼脍,遂命驾东归。此诗作于会昌元年秋东归行将抵达吴中旧乡时。以张翰自况,不但切东归旧乡,而且说明其旧乡即在吴中。庭筠旧居之确切地点虽难详考,但从下列诗中亦可知其大概。《卢氏池上遇雨赠同游者》后幅云:"寂寞闲望久,飘洒独归迟。无限松江恨,烦君解钓丝。""松江恨",即思故乡鲈鱼而不得之恨,亦即欲归故乡而不得之恨。卷四有《寄湘阴阎少府乞钓轮子》云:"篷声夜滴松江雨,菱叶秋传镜水风。"卷五有《寄裴生乞钓钩》云:"今日太湖风色好,却将诗句乞渔钩。"二诗均会昌初东归吴中期间所作,其中分别提到"松江"(即吴淞江)、"太湖",可推知庭筠之旧居应在"故都"苏州附近,滨太湖,傍吴淞江之处。

庭筠在吴中有"遗业",自是父辈时已居此。然其何时离开吴中,亦当作一大体推测。《寄卢生》前二联想象故居门前堤路平湖、绿杨明月、红藕飘香之景象,对故乡景物之记忆极为清晰,且提到故乡之旧酒家,此自非童幼时即离乡者所能有之记忆。《东归有怀》亦清楚忆及昔日在"晴川通野陂"之处告别故乡之"伤离"情景,其离乡时年龄当非幼小。尤可注意者,庭筠青年时代(约在大和初)出塞之作中,犹自称"江南客""江南戍客"(见前引《敕勒歌塞北》《边笳曲》),说明其时庭筠仍家居江南吴中之地。然则其离吴中长期寓居长安,或在出塞以后。

庭筠之出生地及青少年时代虽在吴中,但最迟在开成五年,即已寓居长安鄠县(今陕西西安鄠邑区)郊外之别墅。《书怀百韵》诗题称"开成五年秋以抱疾郊野",诗云"穷郊独向隅""事迫离幽墅",所谓"郊野""穷郊""幽墅",均指在长安西南鄠县郊外之别墅,诗中对鄠郊别墅的环境景物有相当具体的描写。其他诗凡题称"郊居""鄠杜郊居""有扈"者亦均指鄠郊别墅。其始居鄠郊之时间当更早于开成五年(约大和中)。直到咸通二年居荆南萧邺幕所作之《渚宫晚春寄秦地友人》诗,在抒写思归之情时,依然透露出其时庭筠仍家居鄠郊。由荆南归长安后,直至贬方城之前,当仍居于此。故庭筠一生,青少年时代居于出生地吴中,壮岁以后,除出塞、游蜀、东归吴中、游越及其他羁游、寄幕外,大部分时间家居鄠郊。

考明了温庭筠的旧乡在吴中太湖之滨、松江之畔,以及他在吴中居住过相当长一段时间的生活经历,可以由此联及一个有关庭筠诗词创作风貌的问题,即其创作显著的南方色彩。庭筠的乐府诗,固多取材于南朝帝王宫苑情事典实者,其近体诗则更多描绘江南景物(特别是吴中、越中景物)者。其词亦极具南方色彩,诸如"江上柳如烟,雁飞残月天""杨柳又如丝,驿桥春雨时""小园芳草绿,家住越溪曲""京口路,归帆渡,正是芳菲欲度""苏小门前柳万条,毵毵金线拂平桥""过尽千帆皆不是,斜晖脉脉水悠悠,肠断白蘋洲",均为描绘江南景物的丽句。如果按照其籍贯太原、长期家居长安鄠郊的生活经历去寻求解释,就很难说明其创作鲜明的南方色彩的生活基础。但如果将它与庭筠青少年时代长期居住吴中的经历联系起来,就不难发现这原是极其自然的结果。一个人从幼年到青少年时代对故乡的记忆,是鲜明深刻、历久难忘的。吴中的山水人文景观,不但给青少年时代的温庭筠留下了深刻印象,提供了美好的诗词创作素材,而且孕育了其偏爱绮艳柔美的审美个性。温庭筠诗词创作的绮艳、清丽的风格,与他青少年时代久居江南的生活经历有极深刻的联系。

其实,不仅温庭筠,整个晚唐前期的诗风都呈现出鲜明的南方色彩。而这又和这一时期主要诗人的江南生活经历密切相关。李商隐幼年随父赴越州,"浙水东西,半纪漂泊",在江南生活了六七年;杜牧则在扬州(地虽在江北,自然景观与人文气息却与江南无异)、宣州、池州、睦州有长时间的仕宦经历;许浑长期居住润州,历宦当涂、太平;张祜的生活经历亦与江南结下不解之缘。这一批诗人的诗风尽管各具个性,但又都具有共性——鲜明的南方色彩。可以说,晚唐前期诗坛,是充满了江南色彩和情调的。这一共性的根源之一,就是他们都有过较长时期的江南生活经历与体验。

第三节 生年

温庭筠的生年,有多种异说。分歧之产生,又多因对其《感旧陈情五十韵献淮南李仆射》之呈献对象有不同的考证结论所致,兹简述如下:

一、淮南李仆射为李蔚说。此说为顾嗣立所持。王达津亦从其说,并谓李蔚系书法家,故有"书迹临汤鼎"之句;"闲宵陪雍时,清暑在甘泉",指李蔚官太常卿,陪同皇帝祭祀之事。顾说未考庭筠之生年,王说则谓庭筠约生于长庆四年(824)。此说与庭筠弟庭皓撰《唐国子助教温庭筠墓志》署咸通七年直接矛盾。李蔚始任淮南节度使在咸通十一年,时庭筠已去世四年。

二、淮南李仆射为李德裕说。此说为顾学颉、夏承焘所持。顾谓《旧纪》开成五年九月以淮南节度使检校尚书左仆射李德裕为吏部尚书、同中书门下平章事，诗即德裕自淮南入朝时飞卿献德裕之作，与诗题之官正合，故诗有"既矫排虚翅，将持造物权。万伦（按：'伦'当作'灵'）思鼓铸，群品待陶甄"之语，言其即将入相。德裕曾三官浙西观察使，《汉书·地理志》注："自交趾至会稽七八千里，百粤杂处。"则西浙固可称百粤，而与"冰清临百粤"之语合。曾分司东都，即所谓"风靡化三川"。又曾为滑州刺史及淮南节度使，即诗所谓"梁园""淮水"也。与德裕宦迹正合。（《温庭筠感旧陈情五十韵献淮南李仆射旧注辨误》）夏谓"视草丝纶出，持纲雨露悬""白麻红烛夜，清漏紫微天"一段，乃指其穆宗初召充翰林学士；"冰清临百粤，风靡化三川。委寄崇推毂，威仪压控弦"一段，则指其为郑滑节度使、云南招抚使，在蜀"西拒吐蕃，南平蛮蜑"。又谓献李仆射诗次在《书怀百韵》之后，《书怀百韵》题云："开成五年秋，以抱疾郊野，不得与乡计偕至王府。"而献李仆射诗亦有"稷下期方至，漳滨病未痊"之句，原注云"二年抱疾，不赴乡荐试有司"：是二诗必同为开成五年作，正德裕在淮南任就加左仆射之时也。《书怀百韵》诗有"收迹异桑榆"句，谓未逮老境，然必已三十左右。自开成五年逆数三十年，当生于元和间。元和共十五年，姑折中为七年（《温飞卿系年》）。此说各种文学史颇采之，今之研究者亦多有从其说者。然此"淮南李仆射"实非李德裕，生年之推算更出于约略之估计，非有实据。陈尚君《温庭筠早年事迹考辨》指出："以李德裕为赠诗对象……明显不合者至少有三：德裕分司东都，为时仅十余天，旋遭贬去，不能说'风靡化三川'。此其一。德裕兼云南招抚使，官廨驻成都，是为蜀地；三镇浙西，乃越（当作"吴"）地，汉以前自交趾至会稽一带，百粤杂处，确有其事，而唐人所谓百粤，例指岭南……罕有称越、蜀为百粤之例。德裕会昌前，未涉足岭南，'冰清临百粤'句，无从着落。此其二。诗中'梁园提毂骑，淮水换戎旃'，谓李自梁、宋一带调镇淮南。郑滑节度辖地与梁、宋相接，只是很少用梁园指代。姑谓此处可代，而德裕自郑滑任到移镇淮南,相隔八年之久,用一'换'字,似嫌唐突。此其三。德裕时负盛名,庭筠如赠诗给他,不应错舛如此。"又云:"尤应确定的,是《感旧》诗的投赠时间。诗中自注:'余尝忝京兆荐,名居其副。'即《书怀》自注'予去秋试京兆,荐名居其副'一事,在开成四年秋。《感旧》另一自注:'二年抱疾,不赴乡荐试有司。'指受荐名的当年和次年均未赴选……后段复云'旅食逢春尽,羁游为事牵',当为暮春客游淮南时作。开成五年(840)春庭筠无法预卜是年秋能否赴试,故此诗至早也应作于次年会昌元年(841)春末。据《旧唐书·武宗纪》,开成五年九月,李德裕自淮南节度使入京为相,此时,庭筠卧疾郊野。及至赠诗时,德裕已离淮南逾半年。唐人重官称,尤重官职,干谒诗绝不会用较低的旧衔称谓。"辨"淮南李仆射"非李德裕,理由证据极为充分,可视为定论。按李德裕说最不可通者为对"冰清临百粤,风靡化三川"之解释。自交趾至会稽七八千里,百粤杂处,则岭南至浙东固可称百粤(陈谓百粤罕有称越者稍疏),然浙西乃春秋吴地,从未有称其为百粤者。且二句曰"临"曰"化",显指其为临民之地方最高长官,非闲职如太子宾客分司者可称"风靡化三川"也。又,郑滑亦不可以梁园指代,宣武、郑滑,唐代为两节度使,界限分明,从无相互指代者。且元和七年之生年亦因"收迹异桑榆"之语而估计其时年在三十岁左右,再自开成五年逆推三十年而谓其生于元和年间,又将元和折半而得,重重估测,非有任何实据。因此说影响较大,故详引其说及陈尚君辨正之说。

三、淮南李仆射为李珏说。此说为黄震云所持,见其《温庭筠的籍贯及生卒年》一文,略云:"'闲宵陪雍時,清暑在甘泉',李珏当过太常卿,管祭祀宗庙山川。陪雍時,当指此。'冰清临百粤,风靡化三川',李珏在八四〇年为桂川刺史,桂管经略使,再贬昭州刺史,地在岭南道……古百粤地。'梁园提毂骑,淮水换戎旆',梁园,汉属司隶部河南郡……李珏由河南尹、河阳节度使除授检校尚书右仆射迁镇淮南……根据'嵇绍垂髫日,山涛筮仕年。琴樽陈座上,纨绮拜床前'的诗意,庭筠八岁拜谒年已四十的李仆射。检《唐方镇年表》李珏八四九年镇淮南。《旧唐书·李珏传》载录时年六十五岁。由此回推,庭筠生于八一七年(照《宣宗本纪》说),李珏死于六年七月,从享年六十九岁来算,得提前到八一六年。"此说无论是对诗句的解释或对生年的推算,均有明显错误。如以李珏任河南尹、河阳节度使释"梁园提彀骑",就是明显的牵合迂曲之解。梁园例指汴州,唐为宣武节度使府所在,与河南府及河阳节度使均风马牛不相及。对生年的推算是以李珏镇淮南时年六十五回推三十二年(二人初见时相差的岁数),得出庭筠生于817年,更嫌迂曲牵强。而其视为确证的"闲宵陪雍时"二句指李珏为太常卿,他人则无此仕历之说,实为对诗意的误解。此二句非谓任太常卿安排陪奉祭祀,而是指以词臣身份陪奉皇帝出游。故此说亦可排除。

四、淮南李仆射为李绅说。此说为陈尚君所创,见其《温庭筠早年事迹考辨》一文,略云:"检《旧唐书·武宗纪》,德裕淮南卸职后,'以宣武节度使、检校吏部尚书、汴州刺史李绅代德裕镇淮南'。会昌二年(八四二)二月,李绅自淮南入相。同书一七三《李绅传》,'武宗即位,加检校尚书右仆射、扬州大都督府长史、知淮南节度大使事'。是李绅也可称为'淮南李仆射',其任职起讫时间,与庭筠赠诗时间也可吻合。以李绅仕历与《感旧》诗中的叙述相参,确凿无疑地表明李绅为受赠诗者。试以新、旧《唐书·李绅传》有关记载与《感旧》诗作一比证。《旧·传》:'能为歌诗,乡赋之年,讽诵多在人口。'《新·传》:'于诗最有名,时号短李。'正是《感旧》'赋成攒笔写,歌出满城传'的注脚。《旧·传》:'元和初(八〇六),登进士第,释褐国子助教。穆宗召为翰林学士,与李德裕、元稹均在禁署,时号三俊。''长庆元年(八二一)三月,改司勋员外郎、知制诰。三年二月,超拜中书舍人。'《感旧》自'既矫排虚翅'以下,即指这段经历。《旧·传》载,李绅在朝与李逢吉对立,逢吉勾结宦官王守澄,利用敬宗年幼,'言绅在禁署时尝不利于陛下','敬宗不能自执,乃贬绅端州司马'。《感旧》'耿介非持禄,优游是养贤。冰清临百粤',谓绅立朝耿直持正,遭权奸排挤而远贬。'冰清'句喻洁身无过。《新·传》:'开成初,郑覃以绅为河南尹。河南多恶少,或危帽散衣,击大球,户官道,车马不敢前。绅治刚严,皆望风遁去。''风靡化三川'即谓此。唐河南府治洛阳,为秦三川郡故地。《旧·传》:'开成元年,检校户部尚书、汴州刺史、宣武节度、宋亳汴颍观察等使。'至武宗即位,徙淮南节度,两地均带军职。《感旧》云:'梁园提毂骑,淮水换戎旃',地点职衔均吻合无差。梁园,西汉梁孝王所筑兔园,在汴州附近,时归宣武军辖。参照两《唐书·李绅传》及下孝萱先生《李绅年谱》,李绅初仕情况是:元和元年(八〇六)登第后,旋即东归。途经润州,镇海军节度使李锜留为掌书记。次年十月,李锜谋反被杀,李绅以不附锜而免罪,归无锡县家居,直到元和四年,受诏为校书郎入京。此后任国子助教等职,均在长安。庭筠家居江南,冲年拜谒李绅,不会远离乡土。李绅初仕数年间,在江浙一带留住甚久。从'琴书陈上座'看,时正赋闲。今姑定庭筠见李绅在元和三年(八〇八),李绅时年三十七岁,辞掌书记职家居(李绅《龙宫寺碑》:'元和三年,余罢金陵从事,河东薛公苹招游越中。'其子李浚《慧山寺家山记》载李锜败,'遂退归慧山寺僧房')。嵇康《与山巨源绝交书》:'男(指嵇绍)年八岁,未及成人。'庭筠《上令狐相公启》:'嵇氏则男儿八岁,保在故人。'庭筠以嵇绍自比,时年约八岁,比李绅年幼近三十岁。嵇绍、山涛之比,言年岁悬殊,甚为恰当。以此逆推庭筠生年,约在德宗贞元十七年,即公元八〇一年。"陈说在诸说之中,诗、史互证,完全符合,最具说服力。傅璇琮主编之《唐五代文学编年史》《唐才子传校笺·温庭筠》即采陈说。唯陈文中有几点显属误解,需作修正。其一,"邻里才三徙"句,非谓庭筠家居与李绅为比邻,而系用孟母三徙之典,赞颂李绅自幼受到母亲的良好教育,不能因此得出庭筠旧居在无锡的结论。吴中离无锡不远,李绅元和三年离润州在无锡家居时,庭筠自可趋前拜谒。其二,"冰清临百粤",非指其无罪而贬端州司马,乃指其任浙东观察使,官声清廉。诗之叙事,至"耿介非持禄,优游是养贤"二句已作一小收束。以下所叙乃李绅重新得到朝廷信任,为一方临民长官之仕历。陈文所引《汉书·地理志》注"自交阯至会稽七八千里,百粤杂处"之语,正可证浙东会稽之地可称"百粤"。"临百粤"与"化三川"对文,所任皆地方长官,两任之间仅隔一"太子宾客分司东都"之短期宦历,故紧相承接。如以"冰清"句指贬端州司马,则两句之间相隔自长庆四年(824)至开成元年(836)长达十二年之宦历,了不相属矣。其三,"优游是养贤"句,当包括贬端州司马,量移江州刺史,迁滁、寿二州刺史,初授太子宾客分司东都等一系列经历。又,庭筠生于贞元十七年,尚可从诗中"婚乏阮修钱"之语得到佐证。《晋书·阮修传》:"修居贫,年四十余,未有室。"作《感旧》诗时为会昌元年(841),以生于贞元十七年顺推,时年四十一,正符"年四十余"之数。①

五、牟怀川《温庭筠生年新证》一文虽亦认为《感旧陈情五十韵献淮南李仆射》系呈献李绅之作,但考庭筠之生年则另据其《上裴相公启》中"至于有道之年,犹抱无辜之恨"之语为证。认为此裴相公指裴度,启上于开成四年(839)首春。"有道之年"指生而不举有道科死而始称郭有道之郭泰享年四十二而卒,借指作启时自己的年岁。自开成四年上推四十二年,庭筠当生于贞元十四年(798)。然《上裴相公启》非开成四年首春上裴度之启,而系大中六年八月以后上裴休之启。辨详拙文《温庭筠文笺证暨庭筠晚年事迹考辨》。故此说亦不能成立。

---

① "婚乏阮修钱"用阮修典,非谓庭筠年四十余尚未娶妻,而系指其妻卒后因无钱尚未续娶。据《书怀百韵》,开成五年,其妻已卒,其子温宪时年六七岁,其女(后嫁段成式子者)亦已降生。

第二章　出塞与入蜀

第一节　出塞

庭筠诗中,以边塞生活、景物为题材或叙及自己游历边塞行踪的,按诗集卷次,有下列各首:其一,《遐水谣》。其二,《塞寒行》(以上卷一)。其三,《边笳曲》。其四,《敕勒歌塞北》。其五,《过西堡塞北》(以上卷三)。其六,《回中作》(以上卷四)。其七,《西游书怀》(以上卷七)。不妨对这七首诗的内容及所提到的地名作一些具体分析,以便从中勾画出庭筠出塞的路线及所历的时间。

先看《西游书怀》:"渭川通野戍,有路上桑干。独鸟青天暮,惊麇赤烧残。高秋辞故国,昨日梦长安。客意自如此,非关行路难。"腹联以"故国"与"长安"对举,上下句意一贯,知所谓故国实即长安,可见此次西游的起点在长安。首联揭示西游之路线,渭川即渭河,作者当循渭河西行。次句云"有路上桑干",桑干即桑干河,流经今山西东北应县、浑源、安边一带。似此行之目的地在代郡雁北之地。但如欲往长安东北之桑干河流域一带而先西游,且将诗题定为"西游书怀",不免东辕西辙、文不对题。故次句只是实写此地有路通向桑干,与西游之目的地无关。曰"高秋辞故国",说明西游启程时正值初秋。尾联谓己之羁旅之情本自如此,非因行路之难而"梦长安"也。

《回中作》:"苍莽寒空远色愁,呜呜戍角上高楼。吴姬怨思吹双管,燕客悲歌别五侯。千里关山边草暮,一星烽火朔云秋。夜来霜重西风起,陇水无声冻不流。"回中,指回中道,南起汧水河谷,北至萧关,因途经回中而得名,为关中平原与陇东高原间之交通要道。汉元封四年武帝自雍县经回中道北出萧关。此诗系自长安西游边塞经回中道一带时所作。

《过西堡塞北》:"浅草干河阔,丛棘废城高。白马犀匕首,黑裘金佩刀。霜清彻兔目,风急吹雕毛。一经何用厄?日暮涕沾袍。"西堡塞当实有其地,所在未详。秋日从长安出发,此诗有"霜清"字,离出发地当不太远。

《敕勒歌塞北》:"敕勒全隤壁①,阴山无岁华。帐外风飘雪,营前月照沙。羌儿吹玉管,胡姬踏锦花。却笑江南客,梅落不归家。"敕勒川,古敕勒人居住的大草原,约在今内蒙古自治区土默特左旗一带。阴山,是横亘在今内蒙古境内的大山脉,西起河套西北,东与大兴安岭相接。此诗系作者至塞北敕勒川一带思家之作。前四句写塞外荒凉景象,敕勒川塞北一带都是颓崖断壁,终年不见花草树木开花繁茂,唯见营前月照平沙,帐外风飘雪花。五、六句写羌儿胡姬奏笛起舞,似节镇宴席上景象。尾联"江南客"系作者自指,谓羁游塞北,如今已值梅花凋谢之初春,尚留滞塞外未归家。说明第二年的初春,诗人身处塞北敕勒川一带。

《边笳曲》:"朔管迎秋动,雕阴春来早。上郡隐黄云,天山吹白草。嘶马悲寒碛,朝阳照霜堡。江南戍客心,门外芙蓉老。"诗以初秋时节边笳之悲声兴起对边地荒凉壮阔景象的描绘,归结到"江南戍客"对故乡及家人的思念。诗中"雕阴""上郡",同指绥州(今陕西绥德县),"天山吹白草"系想象。首句曰"迎秋",末句曰"芙蓉老",时令正值初秋。次句曰"雕阴春来早",说明春天诗人已至绥州,在此羁留至秋初犹未归家,故末联云"江南戍客心,门外芙蓉老"。此首

---

① 全,原作金,当为"全"字之讹,与下句"无"字对文。

之"江南戍客"与上首之"江南客",说明其时诗人犹家居江南,"门外芙蓉老"似暗示其时诗人已有妻室,久别而忧其颜容憔悴。

《遐水谣》与《塞寒行》二诗均写塞外荒寒景象与征戍生活之艰苦。但前诗所谓"遐水""狼烟堡"均不似实有之水名、地名,"陇首年年汉飞将"之"陇首"亦未必实指陇山,而系泛称边塞;后诗既写到西北边塞的河源、白龙堆,又写到东北边地之榆关,地跨东西万里之遥,似在广袤地域背景下泛咏边塞苦寒,多想象虚拟之词。与前五首之实写边地地名有别,虽亦可能为此次出塞期间所作,但由于无具体确定的地名可考,难以将它们按时地加以编排。

此外,《赠蜀将》腹联"雕边认箭寒云重,马上听笳塞草愁"亦似在边塞作,但此诗写作年代较晚,当非此次西游所作。又《苏武庙》或谓亦边塞作,但"云边雁断胡天月,陇上羊归塞草烟"一联,似是想象当年苏武牧羊情景,或竟是庙内所绘苏武牧羊壁画,非当下实景。故二首均不列入此次西游出塞之作中。

将以上五首诗(《西游书怀》《回中作》《过西堡塞北》《敕勒歌塞北》《边笳曲》)按时间先后串连起来,此次西游的时间和路线是:初秋离长安西北行,沿回中道北上至泾州一带,过西堡塞北,出塞至敕勒川、阴山之地,其时已是第二年初春。然后折向南行,至绥州,自春徂秋,有较长时间逗留。从《回中作》之"吴姬怨思吹双管,燕客悲歌动五侯",《敕勒歌塞北》之"帐外风飘雪,营前月照沙。羌儿吹玉管,胡姬踏锦花"等句看,所至之地均曾受到当地节镇之设宴款待,在绥州则历时更长,有游幕之迹。陈尚君说:"综上各诗,庭筠出塞是由长安出发,沿渭川西行,取回中道出萧关,到陇首折向东北,在绥州一带停留较久,估计在边塞时间在一年以上,诸诗多及军中生活,自称'江南客''江南戍客',当系从军出塞。"所言大体近是。

此次边塞之游的具体时间已难确考。从诗中自称"江南客""江南戍客"来看,应是较早时期的事。因为最迟在开成年间,庭筠已定居鄠郊,不会再称自己为"江南客"。而大和四年至九年,庭筠先后有入蜀之行(四至五年)、在长安之迹(六至八年)、旅游江淮之事(九年)。然则此次出塞之游当在大和四年之前。据《边笳曲》,庭筠在绥州羁留时间自春至秋初,或曾游夏绥节度使幕。大和二至四年,夏绥节度使为李寰。如为大和二至三年出塞,其时庭筠之年龄在二十八九岁,与诗中所称"客意自如此,非关行路难""一经何用厄,日暮涕沾袍"之语反映出在求仕道路上已经历困厄的情况较为吻合;而"江南戍客心,门外芙蓉老"透露其时庭筠已有妻室,则更可证明此次出塞或在大和初。

第二节　入蜀

约大和四年(830)秋,庭筠有入蜀之行。其《赠蜀将》云:"十年分散剑关秋,万事皆随锦水流。心气已曾明汉节,功名犹自滞吴钩。雕边认箭寒云重,马上听笳塞草愁。今日逢君倍惆怅,灌婴韩信尽封侯。"题下自注:"蛮入成都,颇著功劳。"从这首诗可以看出,庭筠在作此诗的前十年,曾有过一次入蜀之行,并在剑门与"蛮入成都,颇著功劳"的蜀将晤别。但入蜀的具体时间,则须先对"蛮入成都"的时间进行确切的考证。夏承焘《温飞卿系年》系此事于咸通十一年:"咸通十一年……春,蛮攻成都,经月始退(原注:'《旧·纪》《通鉴》。')。集四有《赠蜀将》自注云:'蛮入成都,频著功劳。'顾肇仓曰:'蛮入扰川,前此二三十年已然,而攻成都则在本年。此诗不必即作于本年,盖蜀将著功,未必即回长安而相晤也。'飞卿诗可考年代者,此为最后。足证其此年尚健在。"陈尚君曰:"施蛰存先生《读温飞卿札记》(《中华文史论丛》第八辑)据宋人《宝刻类编》记载:'唐国子助教温庭筠墓志,弟庭皓撰,咸通七年(八六六)。'考定了庭筠卒年。庭筠不可能看到其死后发生的南诏入侵。施先生复引《南诏野史》:'咸通三年(八六二),世隆亲寇蜀,取万寿寺石佛归。'交代了蛮入成都事件。细绎诗意,参以史实及庭筠行年,这一交代尚不足释疑……今按,中晚间,南诏侵入成都,正史记载凡两次。除咸通十一年外,前一次在大和三年(八二九)十一月。据史载,是次南诏入侵,声势很大,攻陷数州,占据成都外郭十日,东西两川为之震动。朝廷急发神策军和七道节度使入川增援,南诏始引退。这次事件中,成都守军和赴援诸军,皆可记功。庭筠诗中称蜀将'蛮入成都,颇著功劳',可确定是指这一事件。诗当作于此后不久……今姑定《赠蜀将》作于大和五年(八三一),距成都事件两年。诗中'十年分散剑关秋,万事皆随锦水流',十年非确数,但据此逆推其入蜀在长庆、宝历间,与事实相去不会甚远。庭筠时年二十余岁,正值少年俊迈之时。"①

按:诗题下注"蛮入成都"当从陈说,定指大和三年南诏寇成都事,而非咸通十一年或三年南诏寇蜀事。盖此诗系庭筠与蜀将分手后十年左右所作。即使咸通三年庭筠已与蜀将晤别,十年后已是咸通十三年,庭筠亦早已下世,更无论指咸通十一年事了。《通鉴·大和三年》:十一月丙申,"西川节度使杜元颖奏南诏入寇。元颖以旧相,文雅自高,不晓军事,专务蓄积,减削士卒衣粮。西南戍边之卒,衣食不足,皆入蛮境钞盗以自给,蛮人反以衣食资之;由是蜀中虚实动静,蛮皆知之。南诏自嵯巅谋大举入寇,边州屡以告,元颖不之信;嵯巅兵至边城,一无备御。蛮以蜀卒为向导,袭陷巂、戎二州。甲辰,元颖遣兵与战于邛州南,蜀兵大败,蛮遂陷邛州……嵯巅自邛州引兵径抵成都,庚戌,陷其外郭……蛮留成都西郭十日,其始抚慰蜀人,市肆安堵。将行,乃大掠子女、百工数万人及珍货而去。蜀人恐惧,往往赴江,流尸塞江而下"。蜀诗人雍陶有《哀蜀人为南蛮俘虏五章》伤其事。此正《赠蜀将》题下自注"蛮入成都"之事。然陈谓庭筠此诗约作于大和五年,其入蜀约在长庆、宝历间,则可能误会诗意。盖此诗通篇以昔之别、今之逢为中心。起联点明己与蜀将十年前的秋天在剑门关晤别,"万事"句写十年中诸事变迁,以反托"滞"字。颔联出句承昔,谓十年前分别时蜀将已在抗击南诏的入侵中建功,表明其忠于朝廷的志节;对句写今,谓十年后

---

① 《温庭筠早年事迹考辨》。

的今天,蜀将犹自留滞未迁,空对吴钩。腹联写蜀将今日冷落闲置之况,谓其只能以射雕、听筘度其悠悠岁月。尾联点醒今日重逢,结出全篇主旨,"倍惆怅"者,诸将皆得封侯,而君犹自不迁也。中二联皆贴"蜀将"言,首尾点明昔别今逢。或解腹联为指庭筠,殆误。由诗意可知,"十年分散剑关秋"时,蜀将已在"蛮入成都"时"颇著功劳",非十年后相逢时方知其不久前抗击南诏著功也。如诗作于大和五年,此时离大和三年南诏入侵不过两年,谓诸将皆已封侯似亦过速,而蜀将亦未为长期留滞不迁也。从情理推测,蜀将在南诏入侵中建功之事当即庭筠与其在剑关晤别时得知,这个时间当距"蛮入成都"之事发生后不久,在当地还是新闻事件时。如距事发过久,蜀将未必会提及此事。如果以上的诠释与推测比较符合实际,则庭筠之入蜀,与蜀将在剑关晤别或在大和四年秋。

庭筠此次入蜀的动机、目的,难以考索。① 所可注意者,大和四年十月,李德裕已由义成军节度使改任西川节度使;同年十二月抵成都。庭筠在入蜀之前,李德裕尚在义成节度使任。但庭筠到达成都后,德裕已经到任。按唐人羁游时常有拜谒当地长官的习惯,庭筠有可能去拜谒这位在晚唐政坛上杰出的人物。从入蜀后所作的《旅泊新津却寄一二知己》,以及大和七至八年两年中均有有关李德裕的诗来看,不能排斥这种可能性。

此次入蜀途中,有《过分水岭》七绝:"溪水无情似有情,入山三日得同行。岭头便是分头处,惜别潺湲一夜声。"顾予咸注引《通志》:"分水岭在汉中府略阳县东南八十里,岭下水分东西流。"分水岭虽各地以山脉为河流分界线者均有

---

① 据《唐刺史考全编》,大和三年十二月丁未之前,郭钊(郭子仪之孙)任剑南东川节度使。蜀将在南诏入成都时颇著功劳,或正为郭钊之部属。大和三年十二月丁未,调任剑南西川节度使,权东川事。至大和四年十月甲寅方入朝为太常卿。庭筠大和三年秋入蜀,或有投靠西川郭钊幕之意图。郭钊与南诏首领修好,相约无犯。郭钊先后任东、西川节度使事,详《新唐书·郭钊传》。钊子仲恭尚金堂公主,李商隐有《公子》(外戚封侯自有恩)七绝咏此事,略寓调侃之意。庭筠年长于商隐,当亦知此事。

之，但最著名而不必在分水岭前面冠名提示者则为嶓冢山。《水经注·漾水》："嶓冢以东，水皆东流；嶓冢以西，水皆西流。即其地势源流所归，故俗以嶓冢为分水岭。"此分水岭为汉江与嘉陵江之分水岭，在今陕西略阳南、勉（沔）县西，为秦、蜀间交通要道。元稹有《分水岭》，李商隐有《自南山北归经分水岭》，均同指一地。

沿嘉陵江南行，不日到达利州（治今四川广元市），有《利州南渡》诗。利州州治西濒嘉陵江，其西南有桔柏津，"南渡"或指此。视诗中"澹然空水"及"数丛沙草群鸥散，万顷江田一鹭飞"等语，所写当为高秋空旷寥廓之景。

自利州继续西南行，即至剑门。剑门在剑州普安郡治之北，有大小剑山，为蜀之门户，古称天险。《水经注·漾水》："又东南径小剑戍北，西去大剑三十里，连山绝险，飞阁通衢，故谓之剑阁也。"温庭筠与"蛮入成都，颇著功劳"之某蜀将即在赴蜀途中经剑门关时结识并分别，时间正值秋天。

从剑州继续西南行，经绵州、汉州，即至成都。其时，李德裕已调任西川节度使，至迟十二月已到任。诗人抵达成都的时间，约在大和四年冬。在成都当有较长时间逗留，其《锦城曲》即此次蜀游在成都期间所作。诗中写到"花上千枝杜鹃血，杜鹃飞入岩下丛"，时令已是暮春。自冬令到暮春，在成都的时间有四五个月，似有所营求等待。李德裕约于大和四年十一、十二月间抵达成都。《重写前益州五长史真记》（别集卷七）文末署"大和四年闰十二月十八日，西川剑南节度副大使知节度事、银青光禄大夫、检校兵部尚书、兼成都尹、御史大夫、赞皇县开国伯李德裕记"，可证此前已抵任所。庭筠在成都逗留至春暮，或有入西川幕之企望。按庭筠有《觱篥歌》，题下注："李相伎人吹。"李相指李德裕，诗作于大和七年。《赠郑征君家匡山首春与丞相赞皇公游止》，作于大和八年正月。二诗说明此前已与李德裕结识。然则此次蜀游滞留成都期间，庭筠或许拜谒过莅西川任不久的李德裕。当时西川幕中有段全纬、刘三复（刘与温系旧识）、韦绚、张周封、李蟾、孙景商等人。但可能拜谒并没有什么结果，庭筠于是离成都乘舟南下。

循岷江舟行,至新津,有《旅泊新津却寄一二知己》:"维舟息行役,霁景近江村。并起别离恨,似闻歌吹喧。高林月初上,远水雾犹昏。王粲平生感,登临几断魂。"新津县属蜀州,在成都西南。据首联、颔联,诗是离成都后泊舟新津江村寄不久前宴别之知己之作,此"一二知己"或即西川幕中结识之友人。尾联透露作者亦如当年王粲之荆州依刘表而未遂,故不免登临而怀乡,为之魂断。

从庭筠现存诗看,此次入蜀之行,很可能未循来路由成都北归,而是沿长江自戎州(治今四川宜宾)东下出峡。《书怀百韵》有"羁游欲渡泸"之句,从字面看似诗人有渡越泸水之打算。然此实用"五月渡泸,深入不毛"之典,非谓真欲渡越金沙江虎跳峡至大理国。近日犹有散文家著文描绘金沙江此段之天险不可横渡。其《送崔郎中赴幕》云:"一别黔巫似断弦,故交东去更凄然。心游目送三千里,雨散云飞二十年。"透露出作此诗的前二十年左右,庭筠曾与崔某在黔巫一带分别,此后未再相见。黔巫,泛指巫山及古黔中一带。唐人诗文中黔、巫每连称,赴黔中亦常取道巫峡,如李白之长流夜郎。此当是大和五年庭筠循长江东下出峡途经巫峡时与崔某晤别,崔自巫峡南赴黔中,庭筠则顺江东下。其《巫山神女庙》证实庭筠确曾到过巫山,诗云:"黯黯闭宫殿,霏霏荫薜萝。晓峰眉上色,春水脸前波。古树芳菲尽,扁舟离恨多。一丛斑竹夜,环珮响如何!"神女庙在巫山县治西北二百五十步,曰"扁舟离恨多",当是羁旅途中,泊舟庙前而有此作。从"春水""古树芳菲尽"看,时将入夏。则蜀游自去秋启程,至此已历三季。

出峡后之行程,已难考索。诗集九有《送渤海王子归本国》五律云:"疆理虽重海,车书本一家。盛勋归旧国,佳句在中华。定界分秋涨,开帆到曙霞。九门风月好,回首是天涯。"夏承焘《温飞卿系年》系此诗于大和六年,云:"案《旧书》一九九下《渤海靺鞨传》:'大和六年,大彝震遣王子大明俊等来朝。'又,'七年二月,王子大先晟等六人来朝'。又云:'开成后亦修职贡不绝。'此王子若是大明俊,则庭筠诗有甲子可考者,以此为最早。"顾学颉《温庭筠交游考》则云:"《册府元龟》卷九七二《外臣部·朝贡》:'文宗大和元年三月,渤海王子大明俊来朝。'同上:'开成四年十二月戊辰,渤海王子大延广、契丹首领萨葛溪、大首领温讷骨、室韦大都督秩虫等朝贡。'《旧唐书·渤海靺鞨传》:'大和六年,大彝震遣王子大明俊等来朝。'同书,'七年二月,王子大先晟等六人来朝'。庭筠所送者,不知为大明俊等三人中之何人。但大和时庭筠诗文中尚无在长安踪迹,似以开成四年为近是。然大延广十二月至长安朝贡,回国不必即在当年。故温送诗可能在次年。是年(指开成五年)温正在长安准备参加进士考试。"按:此诗有"盛勋归旧国"句,此王子在华似已多年,非当年刚来朝者,故作年尚待考。亦有主张此诗作于咸通十年者(见陈陶然、张国辉《温庭筠送渤海王子归国时间考》),因与庭筠卒于咸通七年直接抵触,可以排除。今人多从夏说。如此诗作于大和六年,则可证本年庭筠已回到长安。此后之大和七年、八年,庭筠有在长安之迹,有《觱篥歌》(题下注:"李相伎人吹。")、《赠郑征君家匡山首春与丞相赞皇公游止》二诗可证。

第三章　旅游淮上与从太子永游

第一节　旅游淮上

庭筠《上裴相公启》云："俄属羁孤牵轸，藜藿难虞。处默无衾，徒然夜叹；修龄绝米，安事晨炊！既而羁齿侯门，旅游淮上。投书自达，怀刺求知。岂期杜挚相倾，臧仓见嫉。守土者以忘情积恶，当权者以承意中伤。直视孤危，横相陵阻。绝飞驰之路，塞饮啄之涂。射血有冤，叫天无路。此乃通人见愍，多士具闻。徒共兴嗟，靡能昭雪。"这是大中六年八月裴休任宰相后庭筠所上的书启，其中提到他早年在生活困窘的情况下曾经"旅游淮上"，投书给"守土"的地方长官，希企列于幕下，不料遭到小人的嫉忌倾轧，和"守土者"的忘情积恶，使自己蒙受不白之冤，从此断绝了求仕之路，阻塞了生活来源。可见这次淮上之游给他造成了极大的伤害，引起了严重的后果。那么，这次事件究竟发生在什么时候？具体情况究竟如何呢？

据《玉泉子》载："温庭筠有词赋盛名。初从乡里举，客游江淮间，扬子留后姚勖厚遗之。庭筠少年，其所得钱帛，多为狭邪所费。勖大怒，笞而逐之，以故庭筠不中第。其姊赵颛之妻也，每以庭筠下第，辄切齿于勖。一日厅有客，温氏偶问：'谁氏？'左右以勖对之。温氏遽出厅事，执勖袖大哭。勖殊惊异，且持袖牢固不可脱，不知所为。移时，温氏方曰：'我弟年少宴游，人之常情，奈何笞之？

迄今遂无有成,安得不由汝致之?'遂大哭。久之,方得解脱。勖归愤讶,竟因此得疾而卒。"《北梦琐言》卷四《温李齐名》:"吴兴沈徽云:'温舅曾于江淮为亲表槚楚,由是改名焉。'"两则记载详略不同,但都提到在江淮为亲表笞逐槚楚之事,《玉泉子》且将为姚勖所笞逐说成是日后久不中第的原因。顾学颉《温庭筠交游考》云:"《通鉴》开成四年五月:'上以盐铁推官检校礼部员外郎姚勖,能鞫疑狱,命权知职方员外郎。右丞韦温不听,上奏称:郎官,朝廷清选,不宜以赏能吏。上乃以勖检校礼部郎中,依前盐铁推官。'据此,知姚勖确为盐铁官(扬子留后,即盐铁转运在扬州的分设机构)。笞逐庭筠事,当在开成四年之前。"其《温飞卿传论》引《通鉴》定飞卿游江淮在大和末(835)。按:姚勖与姚合为兄弟。《新唐书·姚崇传》:"曾孙合、勖……勖字斯勤,长庆初擢进士第,数为使府表辟,进监察御史,佐盐铁使务。累迁谏议大夫,更湖、常二州刺史。为宰相李德裕厚善。及德裕为令狐绹等潛逐,擿索支党,无敢通劳问;既居海上,家无资,病无汤剂,勖数馈饷候问,不傅时为厚薄。"勖为庭筠之亲表,或为其舅氏。顾学颉定庭筠淮上游江淮在大和末,大体可信。因此旅游淮上当在姚勖任扬子留后即盐铁推官期间,不可能距开成四年太久,而开成元年至三年,庭筠从太子永游,不可能在此期间有游江淮之事,而大和六、七、八年这三年,庭筠均在长安。故大和九年游江淮之推断是比较合理的。①

  庭筠《上裴相公启》中所说的"旅游淮上",跟《玉泉子》所说的"客游江淮"应当是指同一次游历。但《上裴相公启》中所讲到的导致自己"绝飞驰之路,塞饮啄之涂"的原因却是"杜挚相倾,臧仓见嫉。守土者以忘情积恶,当权者以承意中伤"。这和《玉泉子》所说的因将姚勖所厚遗之钱财花费在游狭邪上而为勖所笞逐并不矛盾。事实情况可能是庭筠旅游淮上时向地方长官拜谒求知,长官

---

① 大和九年,庭筠已三十五岁,而其姊仍称其"年少宴游",似旅游淮上事时间当更早,然目前尚无证据证明此点,只能暂从大和九年说。且会昌元年温年四十一,有"婚乏阮修钱"之句可为确证,见前引会昌元年献李绅诗。

属下有杜挚、臧仓一类的小人嫉忌庭筠之才而将其在淮南时游狭邪受笞逐之事告诉地方长官，因而受到地方长官的厌恶见弃，甚至还遭到与地方长官关系密切的"当权者"的"承意中伤"。如果旅游淮上这件事确实发生在大和九年，那么这位"守土者"很可能指时任淮南节度使的牛僧孺（牛僧孺大和六年十二月至开成二年五月在淮南节度使任），而"承"僧孺之"意"而"中伤"庭筠的"当权者"则很可能是与牛僧孺交好、同为牛党首领的宰相李宗闵（李宗闵大和八年十月至九年六月为相）。在晚唐牛、李两党的斗争中，温庭筠与李党首领李德裕及重要成员李绅均有交往，并对李德裕大中初遭贬之事深表不平，对推荐李德裕为相的裴度更给予高度评价并有曾为其门下客之迹象，而对牛党的牛僧孺、李宗闵则未见交往之迹，更无赞颂之辞。从中似可约略看出庭筠的政治倾向。而大和末旅游淮上受到"守土者"牛僧孺的厌恶及"当权者"李宗闵的"承意中伤"也可能是导致其政治倾向的原因之一。①

如果温庭筠是由于旅游淮上期间游狭邪受姚勖笞逐，而被牛僧孺所见恶，则几乎就在同时发生的另一件事就很值得玩味。杜牧大和七年至九年在淮南幕，亦好宴游。《太平广记》卷二七三引《阙史》："牧少隽，性疏野放荡，虽为检刻，而不能自禁。会丞相牛僧孺出镇扬州，辟节度掌书记。牧供职之外，惟以宴游为事。扬州胜地也，每重城向夕，倡楼之上，常有绛纱灯万数，辉罗耀烈空中。九里三十步街中，珠翠填咽，邈若仙境。牧常出没驰逐其间，无虚夕。复有卒三十人，易服随后，潜护之，僧孺之密教也。而牧自谓得计，人不知之，所至成欢，无不会意。如是且数年。及征拜侍御史，僧孺于中堂饯，因戒之曰：'以侍御史气概达驭，固当自极夷涂。然常虑风情不节，或至尊体违和。'牧因谬曰：'某幸常自检守，不至贻尊忧耳。'僧孺笑而不答，即命侍儿取一小书簏，对牧发之，乃

---

① 一般情况下，很少会有朝中"当权者"反而要"承"地方节镇之"意"而"中伤"一位普通文士的情况，只有牛党首领牛僧孺与李宗闵属于这种关系，因牛之人望高于近乎奸邪之李宗闵。

街卒之密报也。凡数十百,悉曰:某夕杜书记过某家,无恙。某夕宴某家,亦如之。牧对之大惭,因泣拜致谢,而终身感焉。"同为名士作狭邪之游,僧孺之于杜牧,可谓爱护备至;而对庭筠,则态度完全相反。何厚此而薄彼?细味庭筠启内"以忘情积恶"五字,僧孺之于庭筠,似早有成见,故对庭筠之怀刺求知、投书自达采取了无情拒绝的厌弃憎恶态度。庭筠之启上于旅游淮上之后十七年(835—852),从"绝飞驰之路,塞饮啄之涂"之语看,庭筠是把这十七年来应举多次失利的原因归结为此次旅游淮上所受到的遭遇,其影响可谓极其严重而深远。无怪乎他要大呼"射血有冤,叫天无路"了。

第二节　从太子李永游

庭筠诗中,明确提到自己曾从庄恪太子李永游的是开成三年冬所作的《庄恪太子挽歌词二首》。诗云:"叠鼓辞宫殿,悲箫降杳冥。影离云外日,光灭火前星。邺客瞻秦苑,商公下汉庭。依依陵树色,空绕古原青。""东府虚容卫,西园寄梦思。凤悬吹曲夜,鸡断问安时。尘陌都人恨,霜郊赗马悲。唯余埋璧地,烟草近丹墀。"

《旧唐书·文宗二子传》:"庄恪太子永,文宗长子也。大和四年封鲁王。六年,上以王年幼,思得贤傅辅导之……因以户部侍郎庾敬休守本官兼鲁王傅,太常卿郑肃守本官兼鲁王府长史,户部郎中李践方守本官兼王府司马。其年十月降诏册为太子。上自即位,承敬宗盘游荒怠之后,恭谨惕慎,以安天下。以晋王谨愿,且欲建为储贰,未几,晋王薨,上哀悼甚,不复言东宫事久之。今有是命,中外钦悦。后以王起、陈夷行为侍读。开成三年,上以皇太子宴游败度,不可教导,将议废黜,特开延英召宰相及两省、御史台五品已上,南班四品已上官对。宰臣及众官以为储后年少,可俟改过,国本至重,愿宽宥。御史中丞狄兼謩上前雪涕以谏,词理恳切。翌日,翰林学士泊神策军六军军使十六人又进表谏论,上意稍解。其日一更。太子归少阳院,以中人张克己、柏常心充少阳院使;如京使王少华、判官袁载和及品官、白身、内园少儿、宫人等数十人连坐至死及剥色流窜……其年薨[按:《旧唐书·文宗纪》:'(十月)庚子,皇太子薨于少阳院。']……初,上以太子稍长,不循法度,昵近小人,欲加废黜,迫于公卿之请,乃止。太子终不悛改,至是暴薨。时传云:太子,德妃之出也。晚年宠衰。贤妃杨氏恩渥方深,惧太子他日不利于己,故日加诬譖,太子终不能自辨明也。太子既薨,上意追悔。四年,因会宁殿宴,小儿缘橦,有一夫在下,忧其堕地,有若狂者,上问之,乃其父也。上因感泣,谓左右曰:'朕富有天下,不能全一子。'遂召乐官刘楚材、宫人张十十等责之曰:'陷吾太子者,皆尔曹也。今已有太子(按:开成四年十月,文宗立敬宗第六子陈王成美为太子),更欲踵前邪!'立命杀之。"此即庄恪太子事之始末。

庭筠此二首挽歌词当作于开成三年十二月庄恪太子葬骊山北原时。从"邺客瞻秦苑""西园寄梦思"二句,可以推断温庭筠曾作为门客从游于太子李永门下。谢灵运有《拟魏太子邺中集》诗。《典略》:"徐幹、应玚、阮瑀、陈琳、王粲、吴质并见友于太子。"邺客,即指以上在邺都从魏太子游之宾客,此处借指从太子永游之宾客,当系庭筠自指。秦苑,秦地的宫苑,指博望苑。《汉书·戾太子刘据传》:"及冠就宫,上为立博望苑,使通宾客。"刘据后为江充所诬,因举兵诛江充,兵败自杀。其事与庄恪太子有相似处。此借指太子宫苑。西园,此借指太子宫苑。西园旧址在今河北临漳县邺县旧治北,传为曹操所建。曹植《公宴诗》:"清夜游西园,飞盖相追随。"王粲、刘桢、阮瑀、应玚亦各有《公宴诗》,显为邺中诸子陪奉魏太子游西园唱和之作。此借指庭筠自己曾与太子永同游宴乐。句意谓昔曾从太子游宴,今则唯寄之梦思而已。

庭筠从太子永游的具体时间,陈尚君《温庭筠早年事迹考辨》作过如下考证:"庭筠入东宫游,疑出于李翱荐举。《谢襄州李尚书启》说:'某栎社凡材,芜乡散质,殊乏绩效,堪奉恩明。曷当紫极牵裾,丹墀载笔。顾惟虚浅,实过津涯。

岂知画舻方游,俄升于桂苑;兰扃未染,已捧于紫泥。此皆宠自升堂,荣因著录。励鸿毛之眇质,抟羊角之高风。'大和至咸通间,堪称'襄州李尚书'者,惟李翱一人(其间,李程、李景让曾为山南东道节度使,均不带尚书职,不能称'襄州李尚书')。此启谢李翱荐己'升于桂苑''丹墀载笔',核以庭筠生平,如此荣耀事,只有随太子游相称。'画舻方游'云云,谓资历尚浅,亦合。李翱大和九年出镇襄州,次年七月前卒。庭筠入东宫陪游,当始于开成元年(836)。从挽歌看,可能三年九月始离去。"所考大体可信。按:李景让镇襄阳期间曾带检校户部、兵部尚书衔,但其时庭筠无"升于桂苑"之事。又,"紫极牵裾""丹墀载笔"二句非指在东宫陪游所任之职事,而是指自己的祈望。"画舻方游"谓方陪奉太子游,时间不长。此启中能证明其从太子游之关键性词语,为"桂苑"一词。桂苑,即桂宫,因调声律平仄而改,汉长安宫苑名,位于未央宫北,系汉武帝时后妃之宫。汉成帝为太子时,曾居此宫,故以"桂苑"代指太子宫。"兰扃未染,已捧于紫泥",是说自己虽未登第入仕在秘书省任职,但已在东宫内执笔砚为文字之役。庭筠之从太子永游可能即在其门下做文字工作。这与其文人身份也相吻合。

太子永之死,表面上是宫廷内部斗争的结果,即《文宗二子传》中所揭示的杨贤妃为立安王溶而对太子永加以潛毁,实际上这当中还有朝廷大臣及宦官的不同派系斗争的因素。《旧唐书·杨嗣复传》:"先是,以敬宗子陈王为太子。中尉仇士良违遗令立武宗。武宗之立,既非宰相本意,甚薄执政之臣。其年秋,李德裕自淮南入辅政,九月,出嗣复为湖南观察使。明年,诛枢密薛季棱、刘弘逸,中人言:'二人顷附嗣复、李珏,不利于陛下。'武宗性急,立命中使往湖南、桂管,杀嗣复与珏。宰相崔郸、崔珙等亟请开延英,因极言国朝政事,大臣非恶逆显著,未有诛戮者,愿陛下复思其宜。帝良久改容曰:'朕缵嗣之初,宰相何尝比数。李珏、季棱志在扶策陈王,嗣复、弘逸志在树立安王。立陈王犹是文宗遗旨,嗣复欲立安王,全是希杨妃意旨。'嗣复尝与妃书云:'姑姑何不敩则天临朝?'珙等曰:'此事暧昧,真虚难辨。'帝曰:'杨妃曾卧疾,妃弟玄思,文宗令入内侍疾月余,此时通导意旨。朕细问内人,情状皎然,我不欲宣出于外。向使安王得志,我岂有今日,然为卿等恕之。'"可见在文宗晚年,牛党的两位宰相中,杨嗣复勾结杨贤妃与宦官刘弘逸,欲立安王溶为嗣。太子永由于自身的缺点,为政敌所利用,最终造成暴死的悲剧。而太子永的"宴游败度",其原因实缘于宦官的引诱教唆。据《通鉴》载,宦官头子仇士良在致仕时曾授其党以"固权宠之术",曰:"天子不可令闲,常宜以奢靡娱其耳目,使日新月盛,无暇更及他事,然后吾辈可以得志。慎勿使之读书,亲近儒生。彼见前代兴亡,心知忧惧,则吾辈疏斥矣。"这套伎俩,自然会用在太子身上。文宗虽极重视太子的教育辅导,却敌不过宦官的诱使。文宗心知太子之"宴游败度"是由于宦官作祟,却不敢得罪权势熏天的仇士良,只能用杀太子左右及宫人来泄愤。

庭筠从太子游的时间虽然不长(开成元年至三年九月),但在他的诗文中却留下了一系列与从游有关的篇章,除上引《庄恪太子挽歌词二首》和《谢襄州李尚书启》以外,《洞户二十二韵》颇值得注意:

洞户连珠网,方疏隐碧浔。烛盘烟坠烬,帘压月通阴。粉白仙郎署,霜清玉女砧。醉乡高窈窈,棋阵静愔愔。素手琉璃扇,玄髫玳瑁簪。昔邪看寄迹,栀子咏同心。树列千秋胜,楼悬七夕针。旧词翻白纻,新赋换黄金。唳鹤调蛮鼓,惊蝉应宝琴。舞疑繁易度,歌转断难寻。露委花相妒,风歆柳不禁。桥弯双表迥,池涨一篙深。清跸传恢囿,黄旗幸上林。神鹰参翰苑,天马破蹄涔。武库方题品,文园有好音。朱茎殊菌蠢,丹桂欲萧森。黼帐回瑶席,华灯对锦衾。画图惊走兽,书帖得来禽。河曙秦楼映,山晴魏阙临。绿囊逢赵后,青琐见王沈。任达嫌孤愤,疏慵倦九箴。若为南遁客,犹作卧龙吟。

顾嗣立《温飞卿诗集笺注》引徐笺,以为此诗与《过华清宫二十二韵》同意,引梅妃事以释"新赋换黄金"及"绿囊逢赵后"句,谓系讽杨贵妃之妒悍。孤立视此二句,或者可通。但全篇无一涉及天宝间时事,谓此诗系咏明皇贵妃事,实不切诗之绝大部分内容。牟怀川《温庭筠从游庄恪太子考论》(载《唐代文学研究》第一辑)从"绿囊逢赵后,青琐见王沈"二句之诠释切入,"遍索唐前诸史,从《晋书·刘聪载记》中找到了此处所指的王沈。这个王沈乃是刘聪的中常侍,'奢侈贪残''势倾海内''杀生除授,王沈等意所欲,皆从之'",指出"('青琐'句)与宦官专权的晚唐政局十分相似。所以'青琐'句是说像王沈这样的宦官再度出现而横行于宫内。诗人既据汉史,又引晋纪,二句合观之,是说宦官与宠妃共同害死了年幼的皇子。二句实切杨贤妃与宦官(仇士良、鱼弘志等)共同害死庄恪太子李永事。太子被害死,温庭筠'南遁',仅此便足证温与太子间的密切关系。因此,仅由末二韵的分析而推论全诗,作为一个艺术整体,必应暗写从游庄恪太子始末,涉及一个复杂的政治事件。那么,前十九韵之貌似艳游的描写,当句句曲意深包"。进而据此对前十九韵的每句所含的比兴隐喻之义作了详细的考索(详见原文,不具引)。这些考索是否符合作者原意,是否有穿凿之嫌,尚可进一步讨论。但指出"绿囊"二句的隐喻含义,确实有所发明。牟文还认为庭筠关于(或主要写)从游庄恪太子一事的诗、词、文有如下各篇。诗集卷一:《织锦词》《夜宴谣》《生禖屏风歌》《舞衣曲》《张静婉采莲曲》《湘宫人歌》《公无渡河》《雍台歌》《蒋侯神歌》。卷二:《故城曲》《走马楼三更曲》《达摩支曲》《阳春曲》《湘东宴曲》《江南曲》《惜春词》。卷三:《寓怀》《观兰作》《七夕歌》《金虎台》《邯郸郭公词》《古意》《庄恪太子挽歌词二首》《太子西池二首》。卷四:《春日偶作》《题望苑驿》《李羽处士故里》。卷五:《夏中病店作》。卷六:《百韵》《洞户》。卷八:《博山香炉》。卷九:《晚坐寄友人》、《薛氏池垂钓》。(共二十六首)词:《清平乐》("上阳春晚")、《菩萨蛮》十四首。(共十五首)文:《谢襄州李尚书启》、《上裴相公启》、《上裴舍人启》。(三篇)因未见其对这些作品的具体诠释,未敢妄断其当否,但总的感觉是过于宽泛了一些。不过,其中有些篇目,确实显

示出与庄恪太子事有关的蛛丝马迹,如牟文未提及之《古意》:

> 莫莫复莫莫,丝萝缘涧壑。
> 散木无斧斤,纤茎得依托。
> 枝低浴鸟歇,根静悬泉落。
> 不虑见春迟,空伤致身错。

尾联为全篇主旨所在。诗盖以"丝萝"自比,谓己依托"散木",虽免斧斤之伐,然彼本为不材之木,己之托身于彼,又岂能免外界之侵害?"见春迟",喻出仕之迟;"致身错",谓依托非人。《庄子》"散木"之喻,本谓不材者可全身远害,此则谓依附不材之散木实为"丝萝"致身之大错。颇似为从游庄恪太子之事而发,系事后追思检讨之作。

牟文已提及之《题望苑驿》当亦与庄恪太子被杨贤妃谮毁而死之事有关:

> 弱柳千条杏一枝,半含春雨半垂丝。
> 景阳寒井人难到,长乐晨钟鸟自知。
> 花影至今通博望,树名从此号相思。
> 分明十二楼前月,不向西陵照盛姬。

题下注:"东马嵬,西端正树。"按:望苑驿,即汉之博望苑,汉武帝为太子据所建。《三辅黄图》卷四引《汉书》:"武帝年二十九乃得太子,甚喜。太子冠,为立博望苑,使其通宾客,从其所好。"苑名博望,取其广博观望之意。此诗题内之"望苑驿",据《关中记》,即汉戾太子据之博望苑。诗中杂用"景阳"(陈)、"长乐"(汉)、"博望"(汉)、"西陵"(魏)、"盛姬"(周)等各朝典实,刻意造成扑朔迷离之气氛,词意闪烁,必有隐指。颇疑以汉戾太子据因巫蛊事而被迫自尽,影射庄恪太子暴死事。首联望苑驿即景。颔联以"景阳"宫借指太子所居之少阳院。太子永已死,东宫不能再到,故云"寒井人难到"。"长乐"宫又名东宫,以之借指太子东宫自可。"晨钟鸟自知",正反映出宫中寂然,人已不存。太子卒后,文宗意颇追悔,曾慨叹"朕贵为天子,不能全一子"(《通鉴》卷二四六),六句"树名从此号相思",似暗以汉武帝思念太子据,为筑"归来望思之台"影指文宗思念太子永。尾联则因杨贤妃欲立安王溶日谮太子于文宗之前,而以周穆王之宠姬盛姬拟之,谓宫楼前之明月不照临陪葬之杨妃,疾其进谗而使太子永获罪也。此诗似文宗、杨贤妃均去世以后作。

另一首未引起研究者注意,貌似咏史的《四皓》也很可能是为庄恪太子被谮害事而发。

> 商於甪里便成功,一寸沉机万古同。
> 但得戚姬甘定分,不应真有紫芝翁。

《史记·留侯世家》:"上(汉高祖)欲废太子,立戚夫人子赵王如意。大臣多谏争,未能得坚决者也……人或谓吕后曰:'留侯善画计策,上信用之。'吕后乃使建成侯吕泽劫留侯……留侯曰:'此难以口舌争者也。顾上有不能致者,天下有四人……令太子为书,卑辞安车,因使辩士固请,宜来……则一助也。'……四人至……及燕,太子侍,四人从太子,年皆八十有余,须眉皓白,衣冠甚伟。上怪之,问曰:'彼何为者?'四人前对,各言名姓,曰东园公、甪里先生、绮里季、夏黄公……四人为寿已毕,趋去。上目送之。召戚夫人指示四人者曰:"我欲易之,彼四人辅之,羽翼已成,难动矣……'……竟不易太子者,留侯本招此四人之力也。"清王鸣盛《蛾术编》卷七七曰:"此诗用意深曲,指仇士良立武宗,杨贤妃赐死事,故以戚姬为比。贤妃无传,然有宠于文宗,请以安王溶为嗣。武宗立,安王尚被杀,况贤妃乎!此可以意揣也。飞卿借戚夫人比贤妃。若曰宫掖诡秘,只须'一寸沉机',足以杀安王母子。此等事,古今悲恨皆同,故云'万古同'。然戚夫人奇冤,当诉之上帝。若果能甘定分,即无紫芝翁,未必不成功也。飞卿之忠愤,千载如见。"按:王氏联系晚唐宫闱斗争,谓"戚姬"借指杨贤妃,极是。然对诗意及诗人感情倾向之理解,则完全错误。诗意盖谓吕后用张良之计,迎四皓而安太子之位,可谓计谋深沉,大功告成。然如戚姬甘于既定之名分——早就确定的太子、赵王名分和自己的宠姬名分,不另生使高祖立赵王为太子、自己日后为太后之异图,则并商山四皓亦不必有。诗之主旨在指斥帝王之宠妃恃宠唆使帝王另立太子之异图。而此类事,飞卿生活之时代最为显著者,即杨贤妃欲立安王溶,于文宗前谮毁太子永之事。前引《旧唐书·文宗二子传》已明言:"太子,德妃之出也。晚年宠衰,贤妃杨氏恩渥方深,惧太子他日不利于己,故日加诬谮,太子终不能自辨明也。"《新唐书·安王溶传》:"初,杨贤妃得宠于文宗,晚稍多疾,妃阴请以王为嗣,密为自安地。帝与宰相李珏谋,珏谓不可,乃止。"溶虽是穆宗子(《旧·传》谓其母为杨贤妃),但杨贤妃为自身利益,欲立安王溶为嗣,而谮毁太子永之事则与戚夫人唆使汉高祖废太子改立赵王如意之事类似。庭筠从庄恪太子游,对当时宫廷内部及朝廷上围绕储位问题所进行之斗争当有所闻,故作此诗以指斥其时类似"戚姬"之宠姬不甘定分、欲易太子之异图。此诗究竟是在太子薨前作或薨后作,未易定。似不排斥作于太子薨前之可能性。若薨后作,当更有沉痛愤激之语。视诗意,似对太子储位之不被动摇尚存希望,故有"商於用里便成功,一寸沉机万古同"之句,寄希望于当时之四皓式辅臣。根据对《题望苑驿》《四皓》这两首诗的诠释,庭筠对杨贤妃谮毁太子永、欲立安王溶为嗣一事是持鲜明反对、谴责态度的,不可能如王氏所说,为贤妃被杀抱悲恨同情态度。这也印证了《洞户二十二韵》诗中"绿囊逢赵后"句中的"赵后"就是现实中的杨贤妃。

另外还有一些诗,研究者也认为与庄恪太子事有关,如《雍台歌》:

> 太子池南楼百尺，入窗新树疏帘隔。
> 黄金铺首画勾陈，羽葆停僮拂交戟。
> 盘纡阑楯临高台，帐殿临流鸾扇开。
> 早雁惊鸣细波起，映花卤簿龙飞回。

詹安泰《读夏承焘先生的〈温飞卿系年〉》云："从歌词中描绘的形象，可以看到太子宫室陈设的瑰丽，羽葆侍卫的威仪。而'早雁惊鸣''映花卤簿'的情状，和文宗纪所说的'慢游败度'也相吻合。如果飞卿用'太子池'也是有所影指的话，那就更可以说明这诗是为庄恪太子作。因为'西明内有太子池，孙权子和所穿'（见顾注引），孙权赤乌五年曾立子和为太子，后来废掉，更立子亮为太子（见《三国志·吴书二》），和庄恪太子的事正相类似。"又如《生禖屏风歌》：

> 玉墀暗接昆仑井，井上无人金索冷。
> 画壁阴森九子堂，阶前碎月铺花影。
> 绣屏银鸭香蓊蒙，天上梦归花绕丛。
> 宜男漫作后庭草，不及樱桃千子红。

詹安泰云："至于《生禖屏风歌》，更是以一般太子的典故来反映当时的现实。假如没有庄恪太子的事，飞卿一定不会写这样的诗的。我们读《汉书》，知道东方朔作皇太子生禖屏风，枚皋传有'与东方朔作皇太子生赋及立皇子禖祝'的说法，戾太子传也有'初，上年二十九乃得太子，甚喜，为立禖，使东方朔、枚皋作禖祝'的记载。飞卿正是借旧题来发挥新意的。诗中最后'宜男漫作后庭草，不及樱桃千子红'两句，更十分明显地表露出他的用意：宜男之草反不如樱桃之子，那还不是指皇太子反不如其他诸子吗？"詹先生从两首诗的用典揭示其与太子立废之事的关联，进而对诗中关键性句子的含义进行疏解，意见值得参考。但这两首诗的多数诗句,却很难看出有明显的隐喻或寄托。

即使题目明标《太子西池二首》者,从诗面上也很难看出它与庄恪太子事有何种关联:

> 梨花雪压枝,莺啭柳如丝。
> 懒逐妆成晚,春融梦觉迟。
> 鬓轻全作影,嚬浅未成眉。
> 莫信张公子,窗间断暗期。

> 花红兰紫茎,愁草雨新晴。
> 柳占三春色,莺偷百鸟声。
> 日长嫌辇重,风暖觉衣轻。
> 薄暮香尘起,长杨落照明。

从诗面看,二诗均写宫嫔春情。据首章尾联,似宫嫔与皇帝近臣如张公子者有偷期暗约之事。次首似写宫嫔随同皇帝至长杨宫游猎,日暮归来之情景。与题目"太子西池"并无关涉,与庄恪太子事更难说有什么联系。

从文宗对太子永的教育、辅导的重视程度看,他对太子永固抱有很高的期望,而且反映出他对被选为太子辅导官员者也有相当高的期望。在这种情况下,庭筠经人荐举,得以陪游太子,不但深感荣耀,而且会将此视为一种难得的政治机遇,企望借此依托走上顺利的仕进之路。但他与太子之间,是否存在某种密切关系,以至"二人同心之情胜过栀子""鱼水相得,心心相印",则恐难必。一则庭筠在东宫中的身份,仅为一般的陪游文士、执笔砚的侍从之臣,而非高级的辅导官员,在政治上根本谈不到有多少地位。二则太子年少,基本上是个只知游乐的不懂事孩子。文宗卒时年三十三,在位十四年,即位时年方十九。太子永为其长子,即使即位后二年生李永,至开成三年暴卒时亦仅十一岁。以一个十来岁的少年,又被宦官及左右、宫人诱使其宴游败度,哪里懂得什么政治?因此庭筠和太子之间,除非在玩乐方面或者意趣相投外,其他方面的密切关系恐怕很难建立。尽管庭筠在《洞户二十二韵》的结尾曾说"疏慵倦九箴",似曾对太子之宴游有所规劝,但可信程度很难说,也许只是一种事后的托词。

第三节 从宗密及裴度游

大和、开成年间,庭筠曾从宗密、裴度游。这在其诗作中有明显的反映。

先说宗密。宗密(780—841),果州西充人,俗姓何。元和二年出家。因常住圭峰草堂寺,故称圭峰大师、草堂和尚。其著述弘法,主要阐述华严宗教义,被尊为华严五祖。会昌元年卒,谥定慧禅师。裴休有《圭峰禅师碑铭并序》,载《全唐文》卷七四三,《祖堂集》有传。庭筠诗集中有《重游圭峰宗密禅师精庐》:

> 百尺青崖三尺坟,微言已绝杳难闻。
> 戴颙今日称居士,支遁他年识领军。
> 暂对杉松如结社,偶同麋鹿自成群。
> 故山弟子空回首,葱岭唯应见宋云。

圭峰,终南山峰名,又名尖山,在今西安市城西南四十余公里。此诗系会昌元年宗密圆寂之后之某年,诗人重游圭峰宗密禅师精庐(即草堂寺)有感而作。起联谓圭峰禅师已逝,今来唯见百尺青崖之下三尺土坟,而往日禅师宣讲佛教微言奥义之情景已杳不可闻。颔联以戴颙、王洽自喻,以高僧支遁喻宗密,谓己今日犹为笃信佛法之居士,盖因昔年宗密与己相识,己亲受师之教诲之故。腹联谓重游圭峰见杉松、麋鹿,有与之结社、同群之亲切感。尾联以"故山弟子"自谓,重访圭峰禅寺,不见禅师,空自回首,想禅师之灵魂当往西方,永驻佛地。从这首诗看,庭筠当年不仅曾在宗密门下亲聆佛教之"微言",且以"弟子"自称,其关系应较亲密。陈尚君《温庭筠早年事迹考辨》云:"庭筠自称'故山弟子''东峰弟子',是曾从宗密问学……东峰受学当在大和、开成之间。宗密是影响最大的华严宗宗主,政治上极有势力。重臣温造、裴休等,屈身师事之。著名文士白居易、刘禹锡等,频繁来往。一时名流,以得闻宣教、称俗弟子为幸。庭筠随其受学,与时代风气有关。从多次称弟子①,自谓'戴颙今日称居士'看,在东峰为时较长,非偶涉僧寺者。宗密与李训交契。《旧唐书·李训传》载,甘露事败,李训单骑投宗密,宗密'欲剃其发匿之',事后被拘捕,承认'识训年深,亦知反叛',参预了密谋。宦官慑其势力,不敢加害。"庭筠受学于宗密,是否有政治色彩,单从留存的作品看,尚难定论。裴休与宗密过往甚密。《北梦琐言》卷六:"唐裴相公休,留心释氏,精于禅律,师圭峰密禅师,得达摩顿门,密师注《法界观》《禅诠》,皆相国撰序。"《全唐文》卷七四三除载裴休之《圭峰禅师碑铭并序》外,尚有《释宗密禅源诸诠序》《注华严法界观门序》等。庭筠可能于从宗密受学时即与裴休结识,日后于大中初休任湖南观察使时曾前往拜谒,休任盐铁转运使及宰相时又屡上启求助。

大和、开成年间,庭筠还曾游于元老重臣裴度之门。诗集中有《中书令裴公挽歌词二首》,透露其曾为裴度门下客,诗云:

王俭风华首,萧何社稷臣。
丹阳布衣客,莲渚白头人。
铭勒燕山暮,碑沉汉水春。
从今虚醉饱,无复污车茵。

---

① 《宿云际寺》:"白盖微云一径深,东峰弟子远相寻。"

> 箭下妖星落,风前杀气回。
> 国香荀令去,楼月庾公来。
> 玉玺终无虑,金縢竟不开。
> 空嗟荐贤路,芳草满燕台。

裴度卒于开成四年三月,此二首挽歌词作于其后。庭筠与裴度结识,当在度晚年引疾不预机务、闲居洛阳期间,从"丹阳布衣客"(用《南史·陶弘景传》事,指其晚年山中宰相身份)、"金縢竟不开"等语可知。此二诗均非一般虚应故事之挽歌词,亦非仅对位显功高重臣之赞颂与哀挽,而系身受裴度恩遇,对度之汲引寄予厚望之文士发自内心之赞颂与哀挽。诗对裴度之丰功伟绩固极颂扬,称之为"社稷臣",强调其身系朝廷之安危,且对其功高而未能始终受君主信任重用深有感慨,"金縢竟不开"即概括了其一生屡起屡罢的仕宦历程,特别是对其晚年长期居闲、不被重用感到惋惜。二诗尾联均联系到自身,说明裴度在世时对其有厚遇,故于度之逝世,不能不有荐贤路绝之慨。庭筠之从度游,具体年月及详情不能细考,视首章尾联,当曾为度之门下客,故以丙吉之驭吏自比。又有《题裴晋公林亭》:

> 谢傅林亭暑气微,山丘零落罔音徽。
> 东山终为苍生起,南浦虚言白首归。
> 池凤已传春水浴,渚禽犹带夕阳飞。
> 悠然到此忘情处,一日何妨有万机。

题内"裴晋公林亭",指裴度晚年在东都洛阳营建的午桥别墅。诗当作于裴度卒后之某年夏。首联谓其林亭佳胜,而斯人已逝,零落山丘,音徽不再。颔联赞其晚年犹勉力为国为民出任要职,而叹其未归终于此风景佳胜之园林。五句谓其晚年犹真拜中书令,承第三句;六句收归林亭现境,谓洲渚中之禽鸟犹带夕阳而飞翔,承第四句。七、八句承第六句,谓如此佳胜之林亭,虽日理万机亦无碍。以"林亭"结,仍不离"东山终为苍生起"之意。

　　庭筠诗集中又有《秘书刘尚书挽歌词二首》,其与刘禹锡结识,或亦因裴度晚年"视事之隙,与诗人白居易、刘禹锡酣宴终日",而庭筠曾游度之门,因而得见。

第四章 等第罢举与二年不赴乡荐试有司

第一节 受荐神州与二年不赴乡荐试有司

温庭筠何时开始参加科举考试，在其诗文中没有具体记叙。按照《旧唐书·文苑传·温庭筠》的记载："大中初，应进士。苦心砚席，尤长于诗赋。初至京师，人士翕然推重。"似乎直到大中初方参加科举考试，无疑过迟。因为按照其出生于贞元十七年（801）计算，到大中元年已四十七岁。没有特殊原因，唐人不会到这个年龄才初次参加进士试。《新唐书·温廷筠传》的记载与《旧唐书》类似。而《玉泉子》则谓其"初从乡里举，客游江淮间"，透露其初为乡里举荐参加进士试在"客游江淮"时，约大和九年。这时他也有三十五岁了，实际参加进士试的时间可能更早，但已难以详考。诗集卷五《长安春晚二首》之一云："曲江春半日迟迟，正是王孙怅望时。杏花落尽不归去，江上东风吹柳丝。"从"王孙怅望""杏花落尽"等语看，诗颇似长安应进士试落第后作，而曰"不归去"，说明其时庭筠仍家居江南。从其出塞时仍家居江南，大和六年起即常在长安推测，诗约作于大和中。然亦未必即为初次参加进士试之作。

现存庭筠诗中，明确提到其受京兆府荐送，准备参加第二年春天礼部进士试的，有两条自注。其一是《书怀百韵》诗"文闱陪多士，神州试大巫。对虽希鼓瑟，名亦滥吹竽"数句的自注："予去秋试京兆，荐名居其副。"其二是会昌元年春暮作的《感旧陈情五十韵献淮南李仆射》诗"未知鱼跃地,空愧《鹿鸣》篇"二句下的自注:"余尝忝京兆荐,名居其副。"这两条自注都讲到他曾经参加京兆府的考试,考试合格被荐送到礼部参加明春进士试,排名居第二。《唐摭言》卷一《两监》:"开元已前,进士不由两监者,深以为耻……李肇舍人撰《国史补》亦云:'天宝中,袁咸用、刘长卿分为朋头。是时尚重两监,尔后物志浇漓,稔于世禄,以京兆为荣美,以同、华为利市。'"又卷二《京兆府解送》:"神州解送,自开元、天宝之际,率以在上十人谓之等第。必求名实相副,以滋教化之源。小宗伯(礼部侍郎,通常主持进士考试)倚而选之,或至浑化,不然,十得其七八。苟异于是,则往往牒贡院请落由。"这就是说,经京兆府考试合格,排名在前十名的称等第。这十名举子在参加明春进士试时或者全部登第,至少也是十之七八登第。而开成四年秋天,温庭筠参加京兆府考试合格,荐送礼部参加明春进士试的排名高居第二,照理说明春进士试登第是十拿九稳的事。但事情的发展却大出庭筠所料。《感旧陈情五十韵献淮南李仆射》于"稷下期方至,漳滨病未瘳"二句下自注云:"二年抱疾,不赴乡荐试有司。"这就是说,开成四年秋虽被京兆府荐送礼部参加进士试,却因"抱疾"而未能参加开成五年的进士试。不仅如此,开成五年秋天,又因病未能参加京兆府考试,当然也就不可能被举送参加会昌元年春的进士试。已被京兆府解送参加进士试而因故未能参加者,在当时叫做"等第罢举"。《唐摭言》卷二《等第罢举》记载了自元和七年至乾符三年"等第罢举"士子的姓名,其中开成四年有温岐(即庭筠的本名)。从元和七年(812)到乾符三年(876),六十多年中"等第罢举"者仅三十二人。可见这是少见的例外情况。庭筠自己把开成四年的"等第罢举"和五年的"不赴乡荐试有司"的原因都归之于"抱疾"。实际情况是否如庭筠所说的那样简单呢?下一节,将根据庭筠自己的诗文所提供的情况作一些分析。

第二节　等第罢举与二年不赴乡荐试有司的原因

《唐摭言》卷二《等第罢举》在个别罢举者姓名下注明罢举的原因是"卒",如开成二年胡澳、樊京名下注:"并卒。"开成四年苏俊名下注:"卒。"会昌四年魏镣、孙玛名下注:"并四年卒。"也就是说,上述诸人罢举的原因是,在京兆府解送至明春举行进士试这段时间内去世。按说,如果是因为生病未赴省试,也应注明:"病。"可以推知,未注明"卒"或"病"者当另有原因。《唐摭言》同卷《争解元》载:"大中中,纥干峻与魏镣争府元,而纥干屈居其下。翌日,镣暴卒。时峻父方镇南海,由是为无名子所谤,曰:'离南海之日,应得数斤;当北阙之前,未消一稔。'因此峻兄弟皆罢举。"说明有的罢举是因遭人毁谤。庭筠的"等第罢举",原因之一也是遭人毁谤,这在他的两首长诗中均有所透露。《书怀百韵》说:

> 适与群英集,将期善价沽。叶龙图天矫,燕鼠笑胡卢。赋分知前定,寒心畏厚诬。躐尘追庆忌,操剑学班输。文囿陪多士,神州试大巫。对虽希鼓瑟,名亦滥吹竽①。正使猜奔竞,何尝计有无。镏惔虚访觅,王霸竟揶揄。市义虚焚券,关讥谩弃繻。至言今信矣,微尚亦悲夫。白雪调歌响,清风乐舞雩。胁肩难黾勉,搔首易嗟吁。角胜非能者,推贤见射乎。儿觑增恐悚,杯水失锱铢。粉垛收丹采,金镳隐仆姑。垂橐羞尽爵,扬觯辱弯弧。

这一大段文字写他参加京兆府试前后的情形。试前即内心忐忑不安,"寒心畏厚诬",担心遭到小人的诬蔑毁谤。考试之后,虽"荐名居其副",却仍担心小人

---

① 自注:"予去秋试京兆,荐名居其副。"

们猜忌自己是奔竞趋名逐利之徒。自己曲高和寡,不被世俗所理解和欣赏,胁肩谄笑、丧失人格的事难以勉强,结果自然只能是失意而归,搔首踟蹰。"粉垛"四句,隐喻自己错失了参加礼部进士试之期。从"畏厚诬""猜奔竞"等语看,在京兆府试前后确实有人对庭筠深加诬蔑,认为他是争名逐利之徒。下面一段又说:"有气干牛斗,无人辨辘轳。……积毁方销骨,微瑕惧掩瑜。"他说自己虽如太阿龙泉之宝剑,气冲牛斗,却沉埋地下,无人辨识自己的才华。众口铄金,积毁销骨。自己正如美玉之有微瑕,毁谤交至,美玉之质也被掩盖而不彰显了。从"积毁方销骨"之语看,对庭筠的毁谤已非一日,日积月累,此时已经达到"销骨"的严重程度。

《感旧陈情五十韵献淮南李仆射》在叙述自己"等第罢举"之事时也说:

> 未知鱼跃地,空愧《鹿鸣》篇①。稷下期方至,漳滨病未瘳②。定非笼外鸟,真是壳中蝉。……木直终难怨,膏明只自煎。

说自己如树木因直故遭砍伐,如膏火因明而自煎,暗示己之所以遭猜忌、遭毁谤是由于品格的正直高洁。

不过,两首诗中所说"诬""毁",具体内容究竟是什么,除"猜奔竞"一语稍有透露外,其主要内容不得而知。一般来说,像"奔竞"一类诬毁之词似乎不足以使一位京兆府解送、"荐名居其副"的士人竟然失去参加礼部进士试的资格,其中当有更深刻的原因。

从庭筠开成四年参加京兆府试以前一段时间的行止看,有两件事是最有可能被诬谤者作为把柄对他进行谗毁的。一件就是庭筠在《上裴相公启》中所说的:

---

① 自注:"余尝忝京兆荐,名居其副。"
② 自注:"二年抱疾,不赴乡荐试有司。"

> 既而羁齿侯门,旅游淮上。投书自达,怀刺求知。岂知杜挚相倾,臧仓见嫉。守土者以忘情积恶,当权者以承意中伤。直视孤危,横相陵阻。绝飞驰之路,塞饮啄之涂。射血有冤,叫天无路。此乃通人见愍,多士具闻。徒共兴嗟,靡能昭雪。

尽管对小人的"相倾""见嫉"以及守土者"以忘情积恶",当权者"以承意中伤"的具体内容今天难以考索,但作者已经讲得很清楚,这件事直接影响了他的仕进之路,即所谓"绝飞驰之路,塞饮啄之涂",这当中首先便当包括距事发不久的开成四年的"等第罢举"。同时,"旅游淮上"期间,庭筠还曾因游狭邪花光了亲戚姚勖的厚遗而被"笞逐"。游狭邪在当时士人中虽是普遍风气,但因此而遭笞逐,在士林中或许是一种丑迹。谗毁者抓住这一点,大肆张扬,影响到他被京兆府解送后遭到剥夺参加进士试的权利,是可能的。从他所说的"微瑕惧掩瑜"的话语中,也可看出他承认自己身上确有"微瑕"(品行上有瑕疵),怕因此而"掩瑜",影响对他的整体评价。

但仅此一端,似乎不足以使他丧失参加开成五年春礼部进士试的资格。从庭筠开成年间的行止考察,最有可能使他遭受"厚诬"的也许是开成元年至三年从太子永游一事。太子永的获罪,是由于其"宴游败度,不可教导"。庭筠从太子游,其具体职事是"捧于芝泥",可能是以文学侍从的身份做一些文字工作。但庭筠是一个"能逐弦吹之音""有弦即弹,有孔即吹"的文人,在陪侍太子游的过程中,他的这方面特长很可能受到太子的喜爱欣赏。从文宗开成三年九月开延英议废太子时处理如京使王少华及宦官、宫人数十人,开成四年十月又杀教坊刘楚材、宫人张十十等人这两件事看,他对诱导、怂恿太子"宴游败度"的宦官、宫人、教坊乐工非常痛恨,认为是他们这些人陷太子于罪。庭筠在东宫从游,按其音乐特长,很可能被当时人认为曾对太子的"宴游败度"起过坏作用。开成四年十月,杀刘楚材、张十十等人时,也正是各州府解送士子至礼部,准备参加明春进士试的时间。这一时间上的巧合,使人不能不联想到庭筠之所以"等第罢举",被取消参加开成五年春进士试资格,很可能是受到文宗再次追究"构会太子"者罪责之事的牵连。《旧唐书·文苑传》说庭筠"士行尘杂,不修边幅,能逐弦吹之音,为侧艳之词",这正是当时主流社会对他的总印象和总评价。先时既有旅游淮上时游狭邪为亲表所答逐的劣迹,后来又有从太子游期间诱导太子"宴游败度"的嫌疑。前者犹是一般的道德品质、生活作风问题,后者则涉及政治,而且是使文宗爱子不能保全的罪过,则其被黜落罢举自不足为奇。后一方面的原因,在呈奉给多名官吏的《书怀百韵》诗中自然不能明白道出,只能笼统地用"寒心畏厚诬""积毁能销骨"一类的话语含蓄透露。当然,庭筠的身份毕竟不同于一般的乐工、宫人,文宗或朝廷不大可能因其陪侍太子宴游而办他的罪,何况他在东宫并不一定有正式的官职。但当时对他的"厚诬""积毁"无疑给他造成极大的精神压力。①

更有甚者,庭筠不仅因此被取消了开成五年春参加礼部进士试的资格,而且连开成五年秋参加京兆府试,被荐举解送的资格也被取消了。这就是诗题所谓"开成五年秋,以抱疾郊野,不得与乡计偕至王府",也即《感旧陈情五十韵献淮南李仆射》自注"二年抱疾,不赴乡荐试有司"。一而再地受此事的牵连,断其仕进之路,使他感到再在鄠杜郊居待下去,难免会受到更大的打击,因此他不得不离幽墅而避险并干时求官。是年隆冬,又决定"将议遐适"——"行役议秦吴",想东归吴中旧乡避一避风头。他形容自己当时的处境与心情是"疑惧听冰狐""处己将营窟":心怀疑惧,每走一步都要警惕地探视,以防掉进冰窟;回吴中旧乡暂居,就像是狡兔营求三窟,以全身远害。很显然,如果仅仅是由于游狭

---

① 《书怀百韵》诗有"事迫离幽墅"一段,似因开成四年十月文宗杀刘楚材、张十十等人时,庭筠惧而出游,曾历边地,犯畏途,旅食羁游,以避秋荼之刑之事。其中有"羁游欲渡泸"之句,并非实事,而系用典以指深入不毛之地(诸葛亮《后出师表》:"五月渡泸,深入不毛。")。结果干时之道未遂,空自怀归。此与下"行役议秦吴"当非一事。此游之时间或在开成四年十月至五年仲夏间。

邪,为亲表所答逐一类劣迹,是不至于要用这样的方式来躲避的,也不至于"疑惧"到这种地步。因此,开成四年的"等第罢举"及开成五年的"不赴乡荐试有司",其主要原因或缘于受庄恪太子事牵连这一推断,或许大体上符合实际。

庭筠诗集中有一首《自有扈至京师已后朱樱之期》,用比兴手法抒写了"等第罢举"即未能参加开成五年春进士试的怅恨:

> 露圆霞赤数千枝,银笼谁家寄所思。
> 秦苑飞禽谙熟早,杜陵游客恨来迟。
> 空看翠幄成阴日,不见红珠满树时。
> 尽日徘徊浓影下,只应重作钓鱼期。

《元和郡县图志》卷二《京兆府》:"鄠县,畿,东北至府六十五里。本夏之扈国。启与有扈战于甘之野……扈至秦改为鄠邑。"《左传·昭公元年》:"扈在始平鄠县。"题内"有扈"即唐之京兆府鄠县,今西安鄠邑区。庭筠家居鄠郊别墅,屡有诗提及。《礼记·月令》:"是月(按:指仲夏之月)也,天子乃以雏尝黍,羞以含桃先荐寝庙。"郑玄注:"含桃,樱桃也。"樱桃古代用以荐寝庙,唐代仍有此礼俗。唐李绰《岁时记》:"四月一日,内园荐樱桃,荐寝庙讫,班赐各有差。"此诗之题面与诗面均写自己从鄠杜郊居至京师,已错过樱桃成熟之期,只见绿叶成阴之惆怅,实际内容则是暗寓自己错失今春参加礼部试的时机,以致未能进献才能给皇帝的遗憾。二者之联结点全在樱桃系荐寝庙之物这一点上。构思精巧,托寓自然。尾联"钓鱼期"乃唐人参加科举考试之习用语。系用吕望(即姜尚)渔钓待时之典。白居易《代书诗一百韵寄微之》:"繁张获鸟网,坚守钓鱼矶。"自注:"谓自冬至夏,频改试期,竟与微之坚待制试也。"亦以"坚守钓鱼矶"喻坚守待试。庭筠此诗"重作钓鱼期"即指明春再应进士试之期望,故末句使全篇的寓托之意更显。只可惜,开成五年秋,庭筠连参加京兆府试的机会也失去了,"重作钓鱼期"的希冀因此落空。他在会昌元年春作的《春日将欲东归寄新及第苗绅先辈》诗中说:"几年辛苦与君同,得失悲欢尽是空。犹喜故人先折桂,自怜羁客尚飘蓬。"眼看友人折桂登第,而自己仍羁客飘蓬,仕进无路。从现存庭筠诗文及有关材料看,自开成四年"等第罢举"后,不仅开成五年、会昌元年未能参加进士试,在整个会昌朝,庭筠似均无参加科举考试之迹。如果实际情况果真如此,则"等第罢举""二年不赴乡荐试有司"的事件本身及造成这一事件的原因,对庭筠的打击可谓极其深重。

第五章　东归吴中与漫游越中

第一节　东归吴中

吴中是温庭筠的旧乡,在那里他度过了幼年、少年乃至青年时代。漫游边塞、蜀中和寓居长安期间,对吴中旧乡的怀念,屡见于吟咏。《边笳曲》:"朔管迎秋动,雕阴春来早。上郡隐黄云,天山吹白草。嘶马悲寒碛,朝阳照霜堡。江南戍客心,门外芙蓉老。"这里的"江南戍客"即诗人自指,而"门外芙蓉老",亦即《寄卢生》所谓"门前堤路枕平湖""红藕香中万点珠"。《敕勒歌塞北》:"敕勒金隤壁,阴山无岁华。帐外风飘雪,营前月照沙。羌儿吹玉管,胡姬踏锦花。却笑江南客,梅落不归家。"诗中的"江南客"更明显是自指。二诗均于边塞朔漠风物的体验中透露了浓郁的思念江南旧乡情怀。游蜀时所作《锦城曲》云:"杜鹃飞入岩下丛,夜叫思归山月中……怨魄未归芳草死,江头学种相思子。树成寄与望乡人,白帝荒城五千里。"借杜鹃夜啼、相思子红,寄寓了望乡思归之情。而《旅泊新津却寄一二知己》之尾联"王粲平生感,登临几断魂",同样于登临望远中寓含了眷眷的怀乡之情。在羁旅长安的岁月中,这类抒写怀乡思归之情的篇什更多。《长安春晚二首》之一:

杏花落尽不归去,江上东风吹柳丝。

《题僧泰恭院二首》之二：

> 爽气三秋尽，浮生一笑稀。
> 故山松菊在，终欲掩柴扉。

《寄山中友人》：

> 时物信佳节，岁华非故园。
> 固知春草色，何意为王孙？

《渭上题三首》之二：

> 目极云霄思浩然，风帆一片水连天。
> 轻桡便是东归路，不肯忘机作钓船。

《卢氏池上遇雨赠同游者》：

> 无限松江恨，烦君解钓丝。

庭筠旧居在吴中松江一带。"松江恨"即欲归故乡过渔钓生活而不得之恨。《寒食前有怀》：

> 旧侣不归成独酌，故园虽在有谁耕。
> 悠然更起严滩恨，一宿东风蕙草生。

"严滩恨"亦欲归隐故园而不得之恨。

当有友人游吴越时,对故园吴中的思念便自然被触发牵引,情见乎辞。《送卢处士游吴越》云:

> 羡君东去见残梅,唯有王孙独未回。
> 吴苑夕阳明古堞,越宫春草上高台。
> 波生野渚雁初下,风满驿楼潮欲来。
> 试逐渔舟看雪浪,几多江燕荇花开。

卢某赴吴越后,庭筠又有《寄卢生》诗云:

> 遗业荒凉近故都,门前堤路枕平湖。
> 绿杨阴里千家月,红藕香中万点珠。
> 此地别来双鬓改,几时归去片帆孤。
> 他年犹拟金貂换,寄语黄公旧酒垆。

故乡的景物,在诗人的记忆中鲜明如画。诗写得兴会淋漓,感慨无限,尾联甚至请卢生寄语故乡的旧酒家,异日归时当以金貂换酒,一醉方休。

这一系列怀乡思归的篇章,都表明对故乡吴中,诗人怀有极深的眷恋之情,具有深厚的情结。会昌元年(841)春天,诗人终于实现夙愿,东归吴中旧乡。

这次东归,如上章所述,本来带有全身远害的动机。从这方面说,是出于不得已,为形势所逼;但能够实现夙愿,重睹故乡风物,内心又是欣喜的。《书怀百韵》虽已提及"将议遐适""行役议秦吴",但毕竟是拟议中的事。如今,终于踏上归程。《春日将欲东归寄新及第苗绅先辈》:

> 几年辛苦与君同，得失悲欢尽是空。
>
> 犹喜故人先折桂，自怜羁客尚飘蓬。
>
> 三春月照千山道，十日花开一夜风。
>
> 知有杏园无路入，马前惆怅满枝红。

苗绅、袁郊、李逸三人，都是庭筠的友人。《书怀百韵》诗就是"兼呈"他们三人的。苗绅于会昌元年春登进士第。首联谓近几年来，自己与苗绅一直在辛苦攻读，准备参加科举考试，而在这过程中的种种得失悲欢，终成空虚。此显指其"试京兆荐名居其副""等第罢举""二年不赴乡荐试有司"等情事。颔联羡苗之先登第，叹己之尚飘蓬。诗人寓居鄠郊，而自称"羁客"，可见他其时心目中并不以长安为自己的故乡（与晚年以鄠郊别墅为故乡不同）。腹联亦君、我对举，我即将东归，骑马行于月照千山之路；君荣登高第，一日看遍长安之花。尾联单承自己，说杏园探花盛宴，己虽向往而无计可入，唯踽踽独行，惆怅于马前之满枝杏花而已。诗作于仲春上旬进士放榜后。作诗后庭筠当即启程。

诗人东归吴中，当出潼关，沿京洛大道东行至洛阳、汴州，然后循汴水乘舟南下。大约在暮春时节，途经泗州下邳县，曾谒陈琳墓，作《过陈琳墓》七律。诗有"今日飘零"字，即《春日将欲东归寄新及第苗绅先辈》之"羁客尚飘蓬"。末句谓"欲将书剑学从军"，透露其有欲入节度使幕府为僚属之意，这与稍后他在扬州的逗留及向淮南节度使李绅献诗希企入幕正合，说明"学从军"并非虚语。

由邳县南行，至盱眙县，有《旅次盱眙县》云：

> 离离麦擢芒，楚客意偏伤。
>
> 波上旅愁起，天边归路长。
>
> 孤桡投楚驿，残月在淮樯。

外杜三千里,谁人数雁行?

诗云"离离麦擢芒",又曰"残月",时当三月下旬。"楚客"自指。庭筠旧乡在吴中,战国时属楚,故以"楚客"自称。首联点时令与"楚客"身份。颔联谓望夕波而起旅愁,遥望天际,归路尚长,所谓"日暮乡关何处是,烟波江上使人愁"是也。腹联正写夜次盱眙。盱眙唐属楚州,在淮水之南,当通济渠入淮处,故有"楚驿""淮樯"语。尾联则遥思三千里外之鄠杜郊居,料此际兄弟当数雁行而思我。庭筠有弟庭皓,或亦居鄠杜,故有此语。

三月末,庭筠抵达扬州,向淮南节度使李绅投献长诗《感旧陈情五十韵献淮南李仆射》。三十多年前,幼年的庭筠曾从吴中旧乡去无锡拜谒时正赋闲家居的李绅,这就是长诗一开头所说的"嵇绍垂髫日,山涛筮仕年。琴樽陈座上,纨绮拜床前"。三十余年后,李绅已是云霄屡迁、位居重镇、即将征入为相的高官。诗的起手八句,叙宿昔交往,为"感旧""陈情"张本。"忆昔"以下四十八句,历叙李绅仕历,而重点则在叙其充翰林学士、任中书舍人及任淮南节度使二事。盖此二端乃李绅入相前最为显耀的两段经历。淮南节度使又为绅之现任,庭筠献诗的目的即欲入淮南幕为幕僚,故于其威仪铺叙渲染,而对绅之遭逭被贬及此后一长段辗转州郡之经历,则仅以"耿介非持禄,优游是养贤"二语轻轻带过。叙绅之显耀仕历,即含"感旧"之情。"有客"以下四十四句,转而"陈情"。先陈己之困顿遭遇,其中"二年抱疾,不赴乡荐试有司"之遭遇尤为感慨自伤之主要内容。"郑乡"句以下,乃露"陈情"本意:

冉弱营中柳,披敷幕下莲。
傥能容委质,非敢望差肩。

"幕莲""委质"等语,希企入幕之意显然。叙至结尾四句:"折简能荣瘁,遗簪莫弃捐。韶光如见借,寒谷变风烟。"哀思之情愈显迫促。诗有"旅食逢春尽,羁游为事牵"之句,献诗时正当春末。

由于希企入幕,故在扬州逗留的时间较长。在此期间,曾谒扬州城内的孔融墓,有《过孔北海墓二十韵》。据《淮扬志》,孔融墓在府治高士坊。诗有"墓平春草绿"之句,系暮春初抵扬州时作。篇首"抚事如神遇"五字,揭示千载之下犹如神交,实为一篇主意。盖诗人过墓抚事,不禁由孔融才高不见容于当世之身世遭遇联及自身,而深有感触。伤融之中即寓自伤之情。"珪玉"以下三十二句,均就孔融之身世遭遇、才器品格抒感。"珪玉"四句,赞其才气纵横。"蕴策"四句,叹其壮志激扬,期望干世而颓龄流落不遇。"恶木"四句,赞其高洁品格与高超才艺,惜其轮辕之材不为世用。"碌碌"四句,谓俗士碌碌无为、规规浅智,而孔融则直言敢谏,公议动朝。"故国"四句,谓其不恋爵禄,而所提建议使危邦得以宽刑,惜其才器终不被赏识。"揭日"四句,赞其志行光辉昭著而未能抟风直上,遂其宏图壮志,而其言行已可为后世之范。"木秀"四句,惜其才高遭忌,如惊弓之鸟,不能安宁,且为庸小所嗤所困。"白羽"四句,谓其才德流被后世,叹其才高遭戮,致使国家遭受战乱。末四句收归孔融墓现境,为其"恋明庭"而不归沂水故乡致慨。在感慨孔融的遭遇时明显融入了自己的现实感受。

在扬州羁留期间,又有《送淮阴孙令之官》:

隋堤杨柳烟,孤棹正悠然。

萧寺通淮戍,芜城枕楚田。

鱼盐桥上市,灯火雨中船。

故老青葭岸,先知虙子贤。

首联写孙令循运河乘孤舟北去,"隋堤杨柳烟"是送别之地,兼点暮春景候。颔联"萧寺""芜城"指扬州,"淮戍"指孙令赴任之淮阴。腹联想象沿途所见运河边上市镇风情。尾联则想象淮阴父老当在长满芦苇的岸边迎候孙令。以虙子贱拟孙令,美其贤能,深得治道。"鱼盐"二句描绘运河沿线市镇风情,生动真切,可以入画。

诗人在扬州可能一直羁留到当年秋天。《法云双桧》有"古殿秋深影胜云"之句,《经故秘书崔监扬州南塘旧居》①有"北山秋月照江声"之句,均在扬州作,当可证。

在扬州献诗李绅,并没有收到任何效果,入幕的希望终于落空。诗人于是离扬州渡江南归吴中旧乡。

渡江后,有《溪上行》七律:

> 绿塘漾漾烟蒙蒙,张翰此来情不穷。
> 雪羽襂褷立倒影,金鳞拔刺跳晴空。
> 风翻荷叶一向白,雨湿蓼花千穗红。
> 心羡夕阳波上客,片时归梦钓船中。

据《晋书·张翰传》,翰字季鹰,辟齐王东曹掾。在京城洛阳见秋风起,因思吴中菰菜羹鲈鱼脍,曰:"人生贵适意耳,何能羁宦数千里以要名爵?"遂命驾东归。俄而齐王败,时人皆谓为见几。张翰,吴郡吴人,此诗用张翰归吴中旧乡典,以切己东归吴中旧乡,可谓工切不移。蓼花深秋开花,写景与《法云双桧》及《经故秘书崔监扬州南塘旧居》正相衔接。

会昌元年深秋,庭筠终于回到阔别多年的吴中旧乡。其《东归有怀》即抵旧乡时所作:

---

① 秘书崔监指崔咸,元和末长庆初曾佐淮南节度使李夷简幕,大和八年卒。

> 晴川通野陂,此地昔伤离。
> 一去迹常在,独来心自知。
> 鹭眠茭叶折,鱼静蓼花垂。
> 无限高秋泪,扁舟极路歧。

首联谓昔日离乡,曾于此晴川通向野塘之地伤别。颔联谓一去故乡多年,旧迹仍在,而人事错迕,此番独归,感触唯有自知。腹联写野陂所见景象:鹭眠而茭叶折,鱼静而蓼花垂。蓼花为江南水乡深秋之特征性景物,故知"东归"系归吴中旧乡。尾联谓已高秋东归,凄然伤怀,虽乘一叶扁舟,其情则甚于路歧之悲也。曰"高秋""蓼花",时令、景物均与《溪上行》合。首联写旧居门前景象,亦与此前所作《寄卢生》所写旧居景象"遗业荒凉近故都,门前堤路枕平湖"者合。

《和盘石寺逢旧友》《盘石寺留别成公》,前诗有"月溪逢远客,烟浪有归舟"及"水关红叶秋"之句,后诗有"浪连吴苑""一夜林霜"之语,寺当离苏州不远,写景切秋令。以上二诗,均会昌元年秋东归吴中旧乡途中所作。

第二节　漫游越中

在吴中旧乡居住了一段时间之后,约在会昌二年春天,诗人有越中之游。先由苏州循运河至杭州,再至越州。

途经杭州时,有《堂堂曲》(一作《钱塘曲》):

> 钱塘岸上春如织,淼淼寒潮带晴色。
> 淮南游客马连嘶,碧草迷人归不得。

> 风飘客意如吹烟,纤指殷勤伤雁弦。
>
> 一曲《堂堂》红烛筵,金鲸泻酒如飞泉。

诗咏钱塘春色之迷人。前四句写钱塘江边晴日春景:春色如锦,碧草如烟,寒潮森森,晴光荡漾,令游者迷不思归。"淮南游客"用淮南小山《招隐士》"王孙游兮不归,春草生兮萋萋"之典。后四句写夜间宴饮场景,"金鲸"指容量大的酒壶。又有《苏小小歌》:

> 买莲莫破券,买酒莫解金。
>
> 酒里春容抱离恨,水中莲子怀芳心。
>
> 吴宫女儿腰似束,家在钱塘小江曲。
>
> 一自檀郎逐便风,门前年年春水绿。

虽系乐府歌辞,但仍当与诗人之行踪经历有关。盖途经杭州见家住钱塘江曲之吴地女子盼情郎不归而有此作,题名《苏小小歌》,其人当为歌妓一类人物。末句云"春水绿",与《堂堂曲》"春如织"时令相同。

渡钱塘江至萧山,有《河渎神》词:

> 孤庙对寒潮,西陵风雨萧萧。谢娘惆怅倚兰桡,泪流玉箸千条。
>
> 暮天愁听《思归乐》,早梅香满山郭。回首两情萧索,离魂何处飘泊?

"西陵"即萧山,"寒潮"指钱塘江潮水,与《堂堂曲》"森森寒潮"语合。"早梅香满山郭",时令当值初春。"思归乐"系乐曲名,《唐会要》卷三十三《清乐》:"太常梨园别教院,教法曲乐章等:《王昭君乐》一章,《思归乐》一章,《倾杯乐》一章……"施蛰存《读温飞卿词札记》谓此"思归乐"乃是鸟名,即杜鹃鸟,非"早梅香满"时岂有杜鹃啼鸣？词系情人离别之作，视"谢娘惆怅倚兰桡""回首两情萧索，离魂何处飘泊"等语可知。纪实色彩明显，非一般虚拟的应歌之作。

由萧山东南行，便抵达越州（今浙江绍兴）。《南湖》七律当为初抵越州时作：

> 湖上微风入槛凉，翻翻菱荇满回塘。
> 野船着岸偎春草，水鸟带波飞夕阳。
> 芦叶有声疑雾雨，浪花无际似潇湘。
> 飘然篷艇东归客，尽日相看忆楚乡。

南湖，即镜湖。《元和郡县图志》卷二十六："湖在会稽、山阴两县界。"诗有"春草"字，说明抵达越州时已在暮春。前三联均写舟中所见南湖景色，而"湖上微风"四字实为所有景物特征之根由。举凡"入槛凉"之触觉感受，"翻翻菱荇""野船着岸""水鸟带波""浪花无际"之视觉感受，"芦叶有声"之听觉感受，均缘"湖上微风"而生。而"浪花无际"一句又暗递到末句"忆楚乡"，盖因诗人之旧乡即在烟波浩渺之太湖滨，故见此"浪花无际"之百里镜湖遂自然引起对"楚乡"的思忆。庭筠诗中多称自己吴中旧乡为"楚乡"或"楚国"[1]，称自己为"楚客"[2]，称旧乡吴中一带的天为"楚天"[3]，称吴地的寺为"楚寺"[4]。盖因吴地战国时尽入于楚，故可称"楚国""楚天""楚寺""楚客"，此"楚乡"实即诗人之吴中旧乡。"东归客"即指东归吴中旧乡之自己。据此，可知庭筠归吴中旧乡后又有越中之游。

---

[1] 《碧涧驿晓思》："香灯伴残梦，楚国在天涯。"
[2] 《细雨》："楚客秋江上，萧萧故国情。"
[3] 《盘石寺留别成公》："山叠楚天云压塞，浪遥吴苑水连空。"
[4] 《和友人盘石寺逢旧友》："楚寺上方宿，满堂皆旧游。"

在越中,诗人曾去拜访前辈诗人贺知章的故居,有《题贺知章故居叠韵作》:

废砌翳薜荔,枯湖无菰蒲。
老愠宝藁草,愚儒输逋租。

庭筠对贺知章"任达怜才爱酒狂"的个性,"荣路脱身终自得"的品格备极赞叹①,此番寻访其故居,唯余废墙枯湖,荒凉不堪。

又曾至天台国清寺访一行当年居住过的精舍,有《宿一公精舍》诗:

夜阑黄叶寺,瓶锡两俱能。
松下石桥路,雨中山殿灯。
茶炉天姥客,棋席剡溪僧。
还笑《长门赋》,高秋卧茂陵。

僧一行曾访师学算法至天台国清寺。首句点明宿一公精舍。次句美其游方与驻锡俱能。颔联描绘夜宿所见。腹联想象当年一行居留此寺时与天姥客、剡溪僧炊茶弈棋之逸趣。尾联则自嘲空有相如作赋之才,而寂寞卧病不为人主所用。

以上二首写景均当秋令,说明直到会昌二年秋天,庭筠尚在越中。大约此后不久,即启程折返吴中旧乡。《江上别友人》为返途经钱塘江别友人之作:

秋色满葭菼,离人西复东。
几年方暂见,一笑又难同。

---

① 见其《秘书省有贺监知章草题诗笔力遒健风尚高远拂尘寻玩因有此作》。

> 地势萧陵歇,江声禹庙空。
> 如何暮滩上,千里逐离鸿?

萧陵,即萧山,山名,在今浙江杭州萧山区西。浙江流至萧山一带,已为平原,故云"地势萧陵歇"。禹庙,当指会稽之大禹陵。此"江上"指钱塘江。江上别友人,己西归,友人东去,故云"离人西复东"。又有《题萧山庙》,诗有"客奠晓莎湿,马嘶秋庙空"之句,与上首时令相同,当同为由越返吴途经萧山时作。

庭筠由越中返抵吴中旧乡,大约在会昌二年秋冬之际。直到会昌三年春,仍在吴中。诗集卷五有《寄裴生乞钓钩》云:

> 一随菱棹谒王侯,深愧移文负钓舟。
> 今日太湖风色好,却将诗句乞渔钩。

此以诗代柬向友人裴生乞钓钩之作。一、二句谓己自乘舟北上拜谒王侯、外出求仕以来,深愧朋友如当年孔稚珪之移文相责,有负当年钓隐之约。三、四句谓今日复归旧乡,又见太湖景色之美,故作诗向君乞求钓钩。时令当在春天。《寄湘阴阎少府乞钓轮子》有"篷声夜滴松江雨,菱叶秋传镜水风"之句,当亦同时作,"松江"即吴淞江,"镜水"即镜湖。说明其时诗人已由越返吴。又,乐府有《吴苑行》,当同为会昌三年春在吴中旧乡作。

这一年的暮春,庭筠离吴中旧乡北归长安。舟行至润州,作《更漏子》词云:

> 背江楼,临海月,城上角声呜咽。堤柳动,岛烟昏,两行征雁分。
> 京口路,归帆渡,正是芳菲欲度。银烛尽,玉绳低,一声村落鸡。

"京口路,归帆渡"六字,一篇之主。通篇均写早起舟行所见所闻。"京口"即润州。城头晓角呜咽,天际征雁嘹唳,村落晓鸡乍鸣,均传达出旅人之凄清感与新鲜感;而堤柳飘动,岛烟迷蒙,江楼海月,又处处显示"京口"的地理特征。"正是芳菲欲度",时节正值暮春。渡过长江,诗人便继续北上,取道运河,由汴州而西行回长安。抵达鄠杜郊居的时间,大约在会昌三年的夏秋间。

第六章　闲居鄠杜

温庭筠的旧乡虽在吴中太湖之滨、松江之畔,但离吴中外出求仕之后,就长期居住在长安西南的鄠杜郊居,直到晚年。由于居鄠杜的时间跨度大,寓居期间所作诗又大多数难以考知写作年月,故在这一章对其闲居鄠杜的生活与创作作一总说。

第一节　鄠杜郊居

庭筠诗中,凡言"鄠杜郊居""鄠郊别墅""幽墅""郊野""有扈"者,均指其在长安西南鄠县的别墅。鄠县,京兆府属县。《元和郡县图志》卷二《京兆府》:"鄠县,畿,东北至府六十五里。本夏之扈国。启与有扈战于甘之野。《地理志》:古扈国。有户谷、户亭,又有甘亭。扈至秦改为鄠邑,汉属右扶风,自后魏属京兆,后遂因之。"从"鄠杜郊居"的称谓看,庭筠之别墅应居于鄠县东郊靠近杜城(属万年县)一带。在《书怀百韵》这首长诗中,他对鄠郊别墅有详细生动的描写:

筑室连中野,诛茅接上腴。苇花纶虎落,松瘿斗栾栌。静语莺相对,闲眠鹤浪俱。蕊多劳蝶翅,香酷坠蜂须。芳草连三岛,澄波似五湖。跃鱼翻藻荇,愁鹭睡葭芦。溟渚藏鸂鶒,幽屏卧鹧鸪。苦辛随艺殖,甘旨仰樵苏。

笑语空怀橘,穷愁亦据梧。尚能甘半菽,非敢薄生刍。钓石封苔藓,芳蹊艳绛跗。树兰畦缭绕,穿竹径萦纡。机杼非桑女,林园异木奴。横竿窥赤鲤,持翳望青鸹。泮水思芹味,琅琊得稻租。杖轻藜拥肿,衣破芰披敷。芳意忧鶗鴂,愁声觉蟋蛄。短檐喧语燕,高木堕饥鼯。

《鄠杜郊居》云:

> 槿篱芳援近樵家,陇麦青青一径斜。

《鄠郊别墅寄所知》云:

> 持颐望平绿,万景集所思。
> 南塘过新雨,百草生容姿。

从这三首诗所描写的情景看,庭筠的鄠郊别墅规模相当大,不但有房舍、园子,而且有兰畦、竹径,有"澄波似五湖"的池塘(南塘)可以垂钓。不但自己种植,而且还有田租。屋边槿篱围绕,门外是一片碧绿的平野。生活过得虽不富裕,但也"尚能甘半菽",粗茶淡饭尚可维持。从"苦辛随艺殖,甘旨仰樵苏"二句看,似乎偶尔还参加一些农作。这种别墅虽比不上王维辋川别业的精美雅致、风景佳胜,基本上是农村庄园,但也不是一般人能办到的。或许其地有庭筠的祖业在。从"耘草辟墁垆"之句看,这块土地不像是无主荒地。这种乡间别墅,和李商隐自济源移家长安,在樊南的简陋住处很不相同。

庭筠在鄠郊别墅居住的起始与终止时间,现在已经难以详考。但据《书怀百韵》诗,最迟在开成五年秋已经居于此地,而且经营到上面所描写的这种规模。比这更早一点,《自有扈至京师已后朱樱之期》作于开成五年夏,题内之"有扈"即指鄠县,故此时已居鄠郊别墅。实际始居的时间,可能比这更早。

在鄠郊别墅究竟住到何时,亦难确考。但《题城南杜邠公林亭》一诗透露出作此诗的大中六年,庭筠可能仍在鄠郊居住,诗云:

> 卓氏垆前金线柳,隋家堤畔锦帆风。
> 贪为两地分霖雨,不见池莲照水红。

题下自注:"时公镇淮南,自西蜀移节。"杜邠公即杜悰,大中六年四月,自西川节度使调任淮南节度使,约六月到任,此诗作于"池莲照水红"之时,当在六月悰到任后。杜悰之"城南"林亭,很可能是其祖传的杜佑的杜城郊居别业,在长安城南杜曲一带,与庭筠的鄠杜郊居很近。庭筠居鄠郊期间,常至居杜城的好友李羽处士的别墅游赏宴集。可证作《题城南杜邠公林亭》时庭筠仍家居鄠郊别墅。宣宗大中年间,庭筠多次应进士试不第。现可考者,二年、四年、七年、九年均曾应进士试(详下章)。如在京郊无固定住处,殆不可能如此屡次应试。

那么,大中十年贬隋县尉,为襄阳幕巡官,咸通二年为荆南从事后,庭筠是否仍家居鄠郊呢?《渚宫晚春寄秦地友人》诗透露出直到咸通二年,其家仍在鄠郊。诗云:

> 风华已眇然,独立思江天。
> 凫雁野塘水,牛羊春草烟。
> 秦原晓重叠,灞浪夜潺湲。
> 今日思归客,愁容在镜悬。

渚宫即江陵的别称。诗系咸通二年晚春在荆南节度使萧邺幕或咸通三年晚春在继任荆南节度使裴休幕期间所作。诗中提到"秦原""灞浪"与"思归",说明思归的地方就在长安附近。而颔联"凫雁野塘水"的景物描写,与《商山早行》尾联抒思家情怀之"因思杜陵梦,凫雁满回塘"相似,可见思归之地即杜陵附近的鄠杜郊居。因此,直到诗人的晚年,其家仍居于鄠郊别墅。总之,即使从开成五年算起,庭筠在鄠杜郊居的时间也长达二十余年。

第二节　闲居鄠郊的诗歌创作

庭筠诗集中有关鄠郊的诗,数量多,写作的时间跨度大。就内容看,大体上有以下几个方面。

一是直接描写鄠杜郊居,抒写闲居鄠杜的心境情怀的篇章。除上举《鄠杜郊居》《鄠郊别墅寄所知》及《书怀百韵》有关段落外,如《郊居秋日有怀一二知己》:

稻田凫雁满晴沙,钓渚归来一径斜。
门带果林招邑吏,井分蔬圃属邻家。
皋原寂历垂禾穗,桑竹参差映豆花。
自笑谩怀经济策,不将心事许烟霞。

此诗所写的郊居生活、感情,在庭筠鄠杜郊居诗中具有代表性。诗写郊居景物,有一种新鲜感,透出对居处环境的喜悦之情。颔联尤富情趣。有可能是居鄠杜之早期作品。开成五年冬作《书怀百韵》诗,题内有"鄠县韦少府",或即此诗所谓"邑吏"。《寒食前有怀》当亦鄠杜郊居之作:

万物鲜华雨乍晴,春寒寂历近清明。
残芳荏苒双飞蝶,晓睡蒙笼百啭莺。

>旧侣不归成独酌,故园虽在有谁耕?
>
>悠然更起严滩恨,一宿东风蕙草生。

前两联写郊居寒食前景物:春雨新晴,万物鲜华,莺啭蝶舞,残芳荏苒。腹联由寒食风光之美兴起旧侣不归之寂寞与故园难归之惆怅。尾联承六句"故园"。"严滩恨"即欲归耕故园而不得之恨。此"旧侣"或即卢处士(卢生)之流。由此诗可以看出,庭筠虽长期寓居鄠郊,心中仍念念不忘吴中之故园。

二是与居处附近的知己过往相访的篇章。其中,与杜城李羽处士的交往酬赠的篇什占有突出的位置,共有如下各篇:《题李处士幽居》《李羽处士寄新酝走笔戏酬》《春日访李十四处士》,具列于下。《题李处士幽居》:

>水玉簪头白角巾,瑶琴寂历拂轻尘。
>
>浓阴似帐红薇晚,细雨如烟百草春。
>
>隔竹见笼疑有鹤,卷帘看画静无人。
>
>南山自是忘年友,谷口徒称郑子真。

此首写访李羽幽居而咏其居处之幽静与其人之清逸。首联写冠戴之清雅与瑶琴之寂历。颔联写幽居花草之清丽芊绵。腹联写幽居之寂静。尾联以"南山""郑子真"衬出幽居主人之清逸风神,谓窗外之终南山自可为忘年之友,而隐者亦不徒称谷口之郑子真也。全篇围绕一"幽"字,咏其居、其人、其清逸之风神。

《李羽处士寄新酝走笔戏酬》:

>高谈有伴还成薮,沉醉无期即是乡。
>
>已恨流莺欺谢客,更将浮蚁与刘郎。
>
>檐前柳色分张绿,窗外花枝借助香。

> 所恨玳筵红烛夜,草玄寥落近回塘。

此因李羽处士寄赠新酿之春酒而作诗戏酬。首联谓李羽好聚集名士谈论且酷嗜饮酒。次联谓己抱恨于园柳尚未见黄莺之啼鸣,李羽却已将新酿之春酒赠与自己。园柳虽绿而流莺未闻,故"恨"其失信"欺"我。"谢客""刘郎"均借指自己。腹联咏新酿春酒之色之香,谓绿蚁新醅之酒,似分绿与檐前之柳;窗外花枝,亦似借助春酒之芳香。尾联谓值此豪贵人家红烛高照玳筵之时,李羽处士正独自在曲池边之居处寂寥地从事著述。"所恨"者,恨其有才而寂寞当时也。此诗也反映出李羽的高士风貌与不遇于时。

《春日访李十四处士》:

> 花深桥转水潺潺,甪里先生自闭关。
> 看竹已知行处好,望云空得暂时闲。
> 谁言有策堪经世,自是无钱可买山。
> 一局残棋千点雨,绿萍池上暮方还。

此首写其有经世之才而不遇,腹联感慨自深。李之居处当离庭筠之鄠杜郊居不远,故可晨往造访而暮还。

以下各首,均李羽去世后重经其故居所作。《李羽处士故里》云:

> 柳不成丝草带烟,海槎东去鹤归天。
> 愁肠断处春何限,病眼开时月正圆。
> 花若有情还怅望,水应无事莫潺湲。
> 终知此恨销难尽,悔读《南华》第二篇。

起联谓早春柳丝烟草依旧,而李羽已乘槎驾鹤仙去。颔联谓己因友人仙逝而愁肠欲断,目睹满眼春光,益感情之难堪;己病体初愈,病眼乍开,值此月圆之夜,益感人亡之悲。盖以"春何限""月正圆"反衬友人亡故之沉悲。腹联谓,花若有情,花亦应对主人之逝怅望伤感;水本无情,却潺湲呜咽,似伤悼主人之一去不复返。一正一反,均化无情之物为有情,以见有情之人愈加不堪。故尾联以不能忘情、辜负庄生齐物之论结之。全篇均用白描抒情,于虚字的开合照应中见己之伤感,表达曲折如意,颇富情致。

《经李征君故居》:

> 露浓烟重草萋萋,树映阑干柳拂堤。
> 一院落花无客醉,五更残月有莺啼。
> 芳筵想像情难尽,故榭荒凉路已迷。
> 惆怅羸骖往来惯,每经门巷亦长嘶。

李征君即李羽处士。飞卿七律,善用清浅语言及白描手法,抒写真挚深切的怀旧之情,此篇正其代表。

《宿城南亡友别墅》:

> 水流花落叹浮生,又伴游人宿杜城。
> 还似昔年残梦里,透帘斜月独闻莺。

此"城南亡友别墅"即李羽之杜城别墅。诗有"又伴游人宿杜城"之句,而上引《李羽处士故里》诗,《文苑英华》卷三〇七题作《宿杜城亡友李羽处士故墅》;又《经李处士杜城别业》,亦言其别业在杜城。此诗有"还似昔年残梦里,透帘斜月独闻莺"之句,与《经李征君故居》之"一院落花无客醉,五更残月有莺啼"者相合,亦可证此亡友即李羽。绝句篇幅短小,故只拈出一昔年曾历之细节(残梦初醒,斜月透帘,晓莺已啼),此番重过,曾历之境竟又再历,而人已不在,一"独"字无限感怆。

《经李处士杜城别业》:

> 忆昔几游集,今来倍叹伤。
> 百花情易老,一笑事难忘。
> 白社已萧索,青楼空艳阳。
> 不闲云雨梦,犹欲过高唐。

首联忆昔游而伤今来。颔联谓别业之中百花容易凋衰,欣赏百花之情亦随之衰歇,而往昔游集一笑会心之情景却永难忘怀。腹联写别业萧索荒凉景象。尾联则叹难忘故交,犹欲梦回杜城也。

《登李羽处士东楼》:

> 经客有余音,他年终故林。
> 高楼本危睇,凉月更伤心。
> 此意竟难圻,伊人成古今。
> 流尘其可欲,非复懒鸣琴。

首联写李羽久已去世,而往日鸣琴之余音似犹萦绕耳边。颔联写登别业之东楼远望,楼高本已忧危,见一轮凉月而益加伤神,盖人逝楼空,无人共对凉月而赏也。腹联谓己伤旧怀友之情难泯,而伊人已成千古,与己永诀。尾联谓见琴蒙流尘而不忍再弹旧曲,非己之懒于鸣琴也。

以上八首,生前过访酬唱三首,死后重访伤悼五首。一位名不见史传与当时人提及的处士,竟使诗人如此眷念,成为其交往最密、感情最深的知己。即此可见诗人之笃于友谊和感情的深挚。其实,不仅对过从甚密的李羽是如此,就是对交往不多的友人也往往情同弟兄。《秋日旅舍寄李义山侍御》是寄赠齐名当时的李商隐(商隐大部分时间在各地寄幕,故二人虽情同弟兄,却过往不多)之作:

> 一水悠悠隔渭城,渭城风物近柴荆。
> 寒蛩乍响催机杼,旅雁初来忆弟兄。
> 自为林泉牵晓梦,不关砧杵报秋声。
> 子虚何处堪消渴,试向文园问长卿。

商隐在东川幕期间,常卧疾,有《属疾》《南潭上宴集以疾后至》等诗,称自己"漳滨多病竟无憀",又有消渴之疾,故温诗有末二语。诗写得清新有致,情意绵长。

居鄠郊期间,庭筠交往的友人还有卢处士、薛昌之等人,并有题赠之作。

三是以鄠杜郊居为中心的近境游览之作。这类诗占了鄠杜闲居诗很大的比重。如《重游圭峰宗密禅师精庐》《题西明寺僧院》《马嵬驿》《题望苑驿》《经五丈原》《咸阳值雨》《题端正树》《渭上题三首》《题城南杜邠公林亭》《题翠微寺二十二韵》《处士卢岵山居》《题丰安里王相林亭二首》《雪夜与友生同宿晓寄近邻》《京兆公池上作》《卢氏池上遇雨赠同游者》《题薛昌之所居》《宿白盖峰寺僧》《访知玄上人遇暴经因有赠》《宿沣曲僧舍》《月中宿云居寺上方》《题中南佛塔寺》《马嵬佛寺》《清源寺》《早春浐水送友人》《与友人别》《登卢氏台》《龙尾驿妇人图》《二月十五日樱桃盛开自所居躞躞吟玩寄王泽章洋才》等。从这一系列诗可以看出,庭筠以鄠郊别墅为中心,游踪遍及京兆府的许多地方,交游甚广,游兴亦浓,有不少写景抒情的佳篇。即使在乐府诗中,也有一些是与鄠杜郊居有关的,如《昆明治水战词》《阳春曲》提到的昆明池、沙苑都距鄠杜郊居不远。而《会昌丙寅丰岁歌》则歌颂了长安西郊农村中时平年丰的景象：

> 丙寅岁，休牛马。风如吹烟，日如渥赭。九重天子调天下，春绿将年到西野。西野翁，生儿童，门前好树青丰茸。丰茸单衣麦田路，村南娶妇桃花红。新妇车右及门柱，粉项韩凭双扇中。喜气自能成岁丰，农祥尔物来争功。

诗作于会昌六年春武宗逝世前。整个会昌年间，名相李德裕当政，武宗专任之。三年击败回鹘侵扰，四年平定泽潞叛镇，呈现晚唐时期少有的太平景象，故诗开头即云"丙寅岁，休牛马"，诗中渲染百姓安居乐业、迎娶新妇到门的喜庆景象，透露出诗人对会昌朝政治的颂扬态度。诗句长短参差错落，节奏明快，顶针手法的运用，增添了民歌风味。

对自己闲居鄠杜，不能为时君所用，诗人不免深感苦闷。《车驾西游因而有作》云：

> 宣曲长杨瑞气凝，上林狐兔待秋鹰。
> 谁将词赋陪雕辇，寂寞相如卧茂陵。

车驾西游，指皇帝赴京西校猎，据次句"上林狐兔待秋鹰"可知。庭筠所历诸帝中，唯武宗喜畋猎。据《通鉴》载，武宗即位之开成五年十一月，幸云阳校猎。会昌元年十月，校猎咸阳；二年十一月，幸泾阳校猎。四年十月，幸鄠校猎；十二月，幸云阳校猎。云阳、泾阳均在长安北。咸阳在长安西偏北，但会昌元年十月，庭筠正在吴中旧乡（参上章），可以排除。以上各次校猎，时令、地理较合者，唯会昌四年十月校猎鄠县这一次。诗之首句"宣曲""长杨"，其地均在长安之西南。鄠县在盩厔（今周至）县之东，离长杨宫旧址很近，又为庭筠居住之地，故此诗当作于会昌四年十月。诗人借汉喻唐,以相如自比,借相如之寂寞卧病茂陵,叹己不得陪奉天子雕辇,撰著词赋,纪校猎之盛事。空有相如之才,而赋闲家居之憾亦寓其中。凑巧的是,会昌五年秋,李商隐卧病洛阳,在《酬令狐郎中》诗中亦有"休问梁园旧宾客,茂陵秋雨病相如"之句,可以看出温、李二人同样的思想感情,而温作情韵不免稍逊。

第七章　羁游湖湘与屡试不第

第一节　羁游湖湘

庭筠的湖湘之游,顾学颉《新旧〈唐书〉温庭筠传订补》及夏承焘《温飞卿系年》均未提及。首创此说的是陈尚君《温庭筠早年事迹考辨》一文,其《游潇湘》一节云:

> 从现存诗中,可找到其在湖南的足迹。《湘宫人歌》(卷一)、《湘东宴曲》(卷二),诗题已提及。《猎骑》(卷三)云:"早辞平宸殿,夕奉湘南宴。"系乐府诗题,不能据实径断其由京入湘。《赠楚云上人》(卷九)末云:"岳寺蕙兰晚,几时幽鸟还。"蕙、兰皆产于楚地,岳,当指南岳衡山。有的诗中,尝忆及湘游:"借问含嚬向何事,昔年曾到武陵溪?"(卷三《经西坞偶题》)"惟忆湘南雨,春风独鸟归。"(卷八《题造微禅师院》)日人市河西宁《全唐诗逸》据《千载佳句》辑庭筠佚句有《次洞庭南》:"自有晚风推楚浪,不劳春色染湘烟。"为其游湘的确证。综观各诗,庭筠在湖南游历甚广,到过岳阳、衡山、朗州等地。咸通初年,庭筠由江陵下淮南,似未南行入湘。湖南之行,疑在初游江汉后。

其《游吴越》一节云：

> 庭筠在金陵作诗有云："寂寞湘江客,空看蒋帝碑。"（卷七《题竹谷神祠》）越州诗有云："飘然蓬艇东归客,尽日相看忆楚乡。"（卷四《南湖》）知其江汉、潇湘之行后,顺江东归游吴越。其间曾小憩庐山,见《送僧东游》（卷九）。

指出庭筠有湖湘之游,是新的发现。其中所举庭筠《次洞庭南》佚句,尤为庭筠曾游洞庭一带之确证。但谓湖湘之游所历之地甚广,曾至衡山、朗州,则可能缘于误解所举诗意;谓湖湘之游后有吴越之游,恐亦有误。以下略作辨析。

《猎骑》诗之"夕奉湘南宴",当指晚间陪奉湘南王之宴,其人当在朝廷所在之京城,非在湘南。否则何能"早辞"朝廷,"夕"即奉居湘南之地的王侯之宴会。且系乐府虚拟之词,难以指实,陈文亦云不能径断其由京入湘。《湘宫人歌》亦乐府,非实指居湘地宫中之宫人。且"湘宫人"亦可理解为其故乡在湘地之宫人。《赠楚云上人》尾联之"岳寺"指华岳之寺,卷八有《和赵嘏题岳寺》,"岳寺"即指华岳之寺,可以类证。此诗首联谓松根旁的坐石长满青苔,禅寺的大门尽日长关,见楚云上人久已不在寺内。三、四句谓其年年与月为伴,无家而处处山寺皆可为家,见其常年云游四方。五、六句谓其云游之地或在烟波浩渺之太湖,携净瓶穿芒鞋到处云游可谓一身长闲。尾联谓岳寺之蕙兰行将凋衰,何时上人能如幽鸟之归山回到岳寺呢？味诗意,必楚云上人常年游方在外,此番又远游五湖烟水间,故作此诗以遥赠。当然,也可理解为西岳寺僧楚云上人即将云游太湖一带,庭筠作诗以赠之。总之,岳寺非指南岳衡山之寺,蕙兰更不必定为南方之香草。李商隐《荆门西下》："骨肉书题安绝徼,蕙兰蹊径失佳期。"蕙兰蹊径指长安家园中之芳草小路。《经西坞偶题》之"武陵溪"非实指朗州之武陵源,乃用刘、阮入天台采药于桃溪旁遇仙结为仙缘之典,"武陵溪"即桃溪。王涣《惆怅词》之十:"晨肇重来人已迷,碧桃花谢武陵溪。"曹唐《刘晨阮肇游天台》:"不知此地归何处,须就桃源问主人。"可见唐人以刘、阮入天台遇仙事为到"武陵溪"或"桃源"。此诗系经昔年曾游之西坞,有所感而作。据末句用典,诗人昔年曾于游西坞时有所遇,重经旧地,春色依旧,而伊人不在,故不免惆怅含嚬,次句"芳草无情人自迷"已暗透此意。《题造微禅师院》:"夜香闻偈后,岑寂掩双扉。照竹灯和雪,看松月到衣。草堂疏磬断,江寺故人稀。惟忆湘南雨,春风独鸟归。"据诗意,造微禅师当曾驻锡江寺。此次造访,禅师已远在湘南,故题诗于其旧院,以寄思念之情。起联谓夜宿禅院,掩扉岑寂。颔联正写禅院岑寂景况:照竹而灯映积雪,看松而月色到衣。腹联谓草堂之疏磬已歇,江寺之故人已稀,正暗示造微禅师已往他处。尾联则想象其在湘南于春风细雨中与独鸟同归的情景。"忆"者,非回忆之"忆",乃思忆之"忆"。《题竹谷神祠》尾联,集本均作"东湖客",唯《英华》作"湘江客",似不得援以为证,证庭筠自湘至越也。至于《南湖》末句之"楚乡"则实指吴中旧乡,庭筠诗多以"楚"指吴,此其用语惯例。上章已论及。"篷艇东归客"谓己会昌元年乘舟东归吴中旧乡,故下句之"楚乡"即指东归之吴中旧乡。人在越中镜湖而思吴中旧乡,正说明游越在归吴之后,非在湘游之后。其实,《南湖》诗的腹联"芦叶有声疑雾雨,浪花无际似潇湘"同样容易引起误会,似至越中之前,已先到过潇湘。但唐人用"潇湘"一词,常指水势宽阔,系形容语,非必实指。"似"字亦说明只是一种比拟。如李商隐会昌四年秋所作《寄和水部马郎中题兴德驿时昭义已平》颔联:"水色潇湘阔,沙程朔漠深。"乃以潇湘二水合流后水面之宽广形容泾渭合流后之水势浩阔,而其时义山固未尝亲历潇湘之境。此外,庭筠诗中还有一些诗句也易引起曾到过衡岳及先游湘再游越的误会,如《赠云栖》:

麈尾与邛杖,几年离石坛。
梵余林雪厚,棋罢岳钟残。

> 开卷喜先悟，漱瓶知早寒。
>
> 衡阳寺前雁，今日到长安。

诗有"衡阳""岳钟"字，极易误解为在衡阳南岳寺中作。实则云栖虽为衡岳寺僧，庭筠作诗却在长安。云栖有书信寄达在长安之庭筠，故作此诗以遥赠，颔、腹二联正想象云栖在衡岳寺之情景。将尾联置于颔联，其意自显。又如《寄湘阴阎少府乞钓轮子》："篷声夜滴松江雨，菱叶秋传镜水风。"亦似先有湖湘之行，结识阎某，然后再有吴越之行。然阎某为湘阴尉，非必庭筠先至湘阴与之结识而后有此寄。昔日结识之友人今尉湘阴，亦可寄诗乞钓轮。此两解皆可之诗，不能援以为证，以证先有湘游，后有吴越之游。

但庭筠有湖湘之游，这是不容置疑的事实。不过不是在游吴越之前，而是在游吴越之后。按庭筠《上盐铁侍郎启》云：

> 顷者萍蓬旅寄，江海羁游。达姓字于李膺，献篇章于沈约。特蒙俯开严重，不陋幽遐。至于远泛仙舟，高张妓席，识桓温之酒味，见羊祜之襟情。既而哲匠司文，至公当柄。犹困龙门之浪，不逢莺谷之春。今日俯及陶镕，将裁品物，辄申丹慊，更窃清阴。

此盐铁侍郎先历节镇，后知贡举，继以侍郎领盐铁，上此启时又将拜相。检孟二冬《登科记考补正》，庭筠所历诸朝知贡举者中，宦历与此完全相符者唯裴休一人。又据郁贤皓《唐刺史考全编》，会昌元年至三年，裴休任江西观察使；会昌三年至大中元年，任湖南观察使；大中二年至三年，任宣歙观察使。又据《唐才子传·曹邺》，裴休大中四年，曾以礼部侍郎知贡举。此后，"累官户部侍郎，充诸道盐铁转运使;转兵部侍郎,领使如故"①。题称"盐铁侍郎",启内又提及其"俯及陶镕,将裁品物",启当上于大中六年八月稍前,即裴休以兵部侍郎领盐铁行将拜相之时。此启所透露的庭筠行迹有三,此仅举其一:裴休外任节镇时,庭筠曾往拜谒并献诗文,受到裴休的款待。据庭筠现有诗文,在裴休曾任观察使的江西、湖南、宣歙三地中,庭筠行踪曾至者唯湖南一地。陈文引《次洞庭南》佚句,证明他曾到过洞庭湖南岸一带。而其《湘东宴曲》,则进一步提供了他曾在潭州受到裴休款待的确证,诗云:

湘东夜宴金貂人,楚女含情娇翠嚬。玉管将吹插钿带,锦囊斜拂双麒麟。重城漏断孤帆去,唯恐琼签报天曙。万户沉沉碧树圆,云飞雨散知何处。欲上香车俱脉脉,清歌响断银屏隔。堤外红尘蜡炬归,楼头澹月连江白。

湖南观察使治所潭州(今长沙市)在湘江之东,故称"湘东"。诗中描写的湘东夜宴情景,当即启所谓"远泛仙舟,高张妓席",受到裴休设酒宴、张女乐款待的情景。诗、文互证,知会昌三年至大中元年裴休观察湖南期间,庭筠曾往拜谒献诗文并受到款待。又据前章所考,会昌三年春庭筠犹在吴中。会昌四年至六年,庭筠均在长安,四年十月有《车驾西游因而有作》,五年春有《汉皇迎春词》,六年春有《会昌丙寅丰岁歌》。故《次洞庭南》佚句"自有晚风推楚浪,不劳春色染湘烟"只能作于大中元年春。大中元年,庭筠曾两次寄诗给时任岳州刺史的李远。其中《春日寄岳州李员外二首》之二有句云:"相逢在何日,此别不胜情。"透露庭筠与李远在不久前有晤别,可证大中元年春庭筠曾在岳州与李远晤别,这与《次洞庭南》"春色染湘烟"之时令正合。由此可推知庭筠至潭州谒见

---

① 《旧唐书》本传。

裴休当在大中元年。庭筠与裴休之初识当在此前。裴休与宗密过从甚密,而庭筠曾从宗密受禅,自称"圭峰弟子"。二人之结识可能在大和年间,此次庭筠在"萍蓬旅寄,江海羁游"中谒见裴休并"献篇章",是否有更具体的目的(如希企入幕),因缺乏材料,尚难推断。

这次湖湘之游,除潭州之外,是否还到过其他地方,从庭筠现存诗文看,似难得出到过湘中他地的结论。

第二节 屡试不第

《旧唐书·文苑传·温庭筠》载:"大中初,应进士。苦心砚席,尤长于诗赋。"此前,开成四年庭筠曾参加京兆府试,荐名居第二,但却因故罢举,开成五年、会昌元年两年的进士试他均未能参加。会昌二年至大中元年,从庭筠现存诗文,看不出他曾再参加过京兆府试和礼部进士试。

但从大中二年起,庭筠却多次参加礼部进士试。这些情况,在他的诗中未曾涉及,但在文章中却多有透露。从他的书启中可以发现,从大中二年至九年,他至少参加过四次进士试,但均未登第。下面分别考述。

第一次在大中二年。《上封尚书启》云:

> 伏遇尚书秉甄藻之权,尽搜罗之道。谁言凡拙,获预恩知。华省崇严,广庭称奖。自此乡间改观,瓦砾生姿。虽楚国求才,难陪足迹;而丘门托质,不负心期。

此"封尚书"指封敖。《旧唐书·封敖传》:"宣宗即位,迁礼部侍郎。大中二年典贡部,多擢文士……大中四年,出为兴元尹、御史大夫、山南西道节度使。"《新唐书·封敖传》:"大中中,历……兴元节度使……蓬、果贼依阻鸡山,寇三川,敖遣副使王贽捕平之,加检校吏部尚书。"按:封敖任山南西道节度使在大中四年至八年。出镇时带宪衔御史大夫,至大中六年二月鸡山事平后加检校吏部尚书。李商隐有《为兴元裴从事贺封尚书加官启》,即贺封敖大中六年二月加检校吏部尚书。庭筠此启有"伏遇尚书秉甄藻之权,尽搜罗之道"等语,系指封敖大中二年主持礼部进士试之前,曾在大庭广众之中对庭筠公开称誉(大中二年,封敖尚未出镇并加检校吏部尚书,文题当为后来追书)。庭筠虽然参加了考试,却未获登第。然而座主、门生之谊仍存。未登第的具体原因,见下文推断。

第二次是在大中四年。上节引庭筠《上盐铁侍郎启》于叙述自己谒见裴休并献诗文,受到裴休设宴款待后说:

> 既而哲匠司文,至公当柄。犹困龙门之浪,不逢莺谷之春。

说明大中四年裴休以礼部侍郎主持贡举时,庭筠曾应进士试未第。裴休与庭筠大和年间可能即已结识,大中元年裴休任湖南观察使时庭筠曾往拜谒并献诗文,对庭筠的文才肯定有较深的了解。但考试的结果仍然未登第。这与大中二年封敖主贡举前即已公开奖誉庭筠却终未登第的情况颇为相似。说明这两次考试落第并非由于主考官对庭筠的文才不欣赏,而是另有原因。

第三次是在大中七年。为参加这一年的进士试,庭筠曾分别上启裴休、封敖、杜牧、蒋係、萧邺,并献诗文行卷,说明他对这次应试十分重视。《上盐铁侍郎启》后段云:

> 今日俯及陶甄,将裁品物。辄申丹慊,更窃清阴。倘一顾之荣,将回于咳唾;则陆沉之质,庶望于骞翔。永言进退之涂,便决荣枯之分。如翩翩贺燕,巢幕何依;觳觫齐牛,衅钟将远。苟难窥于数仞,则永坠于重泉。

希望裴休对自己加以称誉,使自己沉埋不遇的处境得以改变,认为对方之言语可决定自己的荣枯,当是为明年春的进士试预作准备。裴休于大中六年八月拜相后,庭筠又上启详述自己"旅游淮上"以来所遭受的种种不公正的待遇:

> 既而羁齿侯门,旅游淮上。投书自达,怀刺求知。岂期杜挚相倾,臧仓见嫉。守土者以忘情积恶,当权者以承意中伤。直视孤危,横相陵阻。绝飞驰之路,塞饮啄之涂。射血有冤,叫天无路。此乃通人见愍,多士具闻。徒共兴嗟,靡能昭雪……伏以相公致尧业裕,佐禹功高。百姓咸被其仁,一物不违于性。倘或在途兴叹,解彼右骖;弹剑有闻,迁于代舍……谨以文、赋、诗各一卷率以抱献。

此"裴相公"或有谓指裴度者,并据启内"至于有道之年,犹抱无辜之恨"之语,谓系用郭泰年四十二而卒之典,借指上启时庭筠自己的年龄,推出庭筠生于贞元十四年(798),启则上于开成四年首春。此说实非。裴度乃四朝元老,宪宗元和十二年即以平蔡首功封晋国公,大和八年加中书令。庭筠诗题或称其为裴晋公(《题裴晋公林亭》),或称中书令裴公(《中书令裴公挽歌词二首》),不应直到开成四年首春所上之启仍只称裴相公。此其一。其二,据《新唐书·裴度传》,开成三年,度"以病丐还东都,真拜中书令,卧家未克谢,有诏先给俸料。(四年)上巳宴群臣曲江,度不赴。帝赐诗曰:'注想待元老,识君恨不早。我家柱石衰,忧来学丘祷。'别诏曰:'方春慎疾为难,勉医药自持……'使者及门而度薨。"可见自开成三年以来,度已衰病,且又年高(七十四岁),揆之情理,庭筠也不大可能于度衰病之时上启求助,且"以文、赋、诗各一卷率以抱献",请其览阅揄扬。其三,"有道之年"非用生而不举有道科死而始称郭有道的郭泰年四十二而卒之典,而系泛称政治清明的年代。《论语·卫灵公》"邦有道,则仕"即"有道"二字所本。"至于有道之年,犹抱无辜之恨",与此启下文"康庄并轨,偏哭于穷途"

意近。此启所上之裴相公当即大中六年八月至十年十月期间任宰相之裴休(见《新唐书·宰相表》)。启末云"谨以文、赋、诗各一卷率以抱献",则启当是参加进士试前行卷所上书信。参下《上封尚书启》《上杜舍人启》等,此启当上于大中六年八月裴休任宰相后不久。

《上封尚书启》后段云:"一旦推縠贞师,渠门锡社,顾惟孤拙,频有依投。今者正在穷途,将临献岁,曾无勺水,以化穷鳞。俯念归黄,犹怜弃席。假刘公之一纸,达彼春卿;成季布之千金,沾于下士。微回咳唾,即变升沉。羁旅多虞,穷愁少暇,不获亲承师席,躬拜行台。"此启当上于大中六年二月封敖加检校吏部尚书之后。启曰"将临献岁",则当上于是年冬末。上启的目的是祈求封敖给明春主持进士试的"春卿"(即礼部侍郎崔瑶)写信荐誉自己。这说明庭筠参加了大中七年的进士试。

《上杜舍人启》是上中书舍人杜牧的书启。据裴延翰《樊川文集序》:"上(指宣宗)五年冬,仲舅(杜牧)自吴兴守拜考功郎中、知制诰……明年(大中六年)冬,迁中书舍人。"故此启有可能上于大中六年冬。按照唐人称以他官知制诰者亦可曰"舍人"的习惯,也有可能上于六年冬稍前。启云:"是以陆机行止,惟系张华;孔阓文章,先投谢朓。遂得名高洛下,价重江南,惟彼归黄,同于拾芥。"盖祈杜牧借其在文坛上的地位声望为之延誉,以求应试登第。则此启亦为大中七年应进士试而上。

《上蒋侍郎启二首》系上蒋係之启。据启内"既而文圃求知,神州就选……今者商飙已扇,高壤萧衰,楚贡将来,津涂怅望"及"谨以常所为文若干首上献""谨以新诗若干首上献"等语,二启均为应进士试前向显宦行卷以求延誉的书信。《旧唐书·蒋乂传》:"子係、伸、偕、仙、佶。係大和初授昭应尉……武宗朝,李德裕用事,恶李汉,以係与汉僚婿,出为桂管都防御观察使。宣宗即位,征拜给事中、集贤殿学士判院事。转吏部侍郎,改左丞,出为兴元节度使。""伸登进士第,历佐使府。大中初入朝,右补阙,史馆修撰,转中书舍人,召入翰林为学士。自员外、郎中至户部侍郎、学士承旨,转兵部侍郎。大中末,兵部侍郎平章事。"是蒋系、蒋伸兄弟均曾于大中年间任侍郎。系之任山南西道节度使,在大中八年九月之前(参李商隐《剑州重阳亭铭并序》),其任吏部侍郎当在此前数年内。而据丁居晦《重修承旨学士壁记》,蒋伸"大中十一年八月二十六日自权知户部侍郎充。九月二日,拜户部侍郎、知制诰。十月二日加承旨。十二月二十九日转兵部侍郎,依前充。十二年五月十三日,守本官、判户部出院"。则蒋伸任侍郎时庭筠已在襄阳徐商幕(见下章),不复参加进士试。故此二首当是上蒋系之启。参上裴休、封敖、杜牧诸启,此二启亦为大中六年所上,其中第二启为六年秋所上。

又有《上学士舍人启二首》,可能是上萧邺之启。学士舍人,指充翰林学士而官职为中书舍人者。大中年间,萧邺、萧寘均曾官中书舍人、充翰林学士。据《重修承旨学士壁记》,萧邺大中元年二月至二年九月,大中五年正月至八年十二月曾两入翰林,第二次入翰林期间,自五年七月至七年六月,曾任中书舍人。萧寘大中四年七月至十年八月在翰林院,其间六年五月至八年五月任中书舍人。故单从"学士舍人"的称谓看,二萧均有可能。但联系咸通二年庭筠曾在荆南节度使萧邺幕为从事的经历,此"学士舍人"指萧邺的可能性较大。其上启时间当在大中六年。第二启有"今乃受荐神州,争雄墨客,空持砚席,莫识津涂"等语,是亦为来年春应进士试企求延誉之启。

以上诸启,均可证大中七年庭筠曾应进士试。但这次应试仍然落第。大中七年,庭筠有《上吏部韩郎中启》,系上吏部郎中韩琮,请其在裴休面前推荐自己,以求得盐铁转运使的属官。启云:"升平相公,简翰为荣,巾箱永秘,颇重敦奖,未至陵夷。倘蒙一话姓名,试令区处,分铁官之琐吏,厕盐酱之常僚,则亦不犯脂膏,免藏缣素。"此相公必兼领盐铁转运使者。合之"升平相公"之称,必指裴休。裴休居升平坊,"休"又有休平、休明之义,指天下太平,故以"升平相公"称之。据《新唐书·宰相表》,裴休大中六年八月为相,领使如故,八年十月罢使。故此启当上于此期间。六年八月休为相后不久,庭筠已上启裴休,并献文、赋、诗,此必七年春落第后请韩郎中在裴休面前荐举自己,以求得盐铁使下属的常僚。韩琮约大中五年擢户部郎中,李商隐有《为举人献韩郎中启》。大中八年任中书舍人(据《东观奏记》卷中载,《广州节度使纥干臮贬庆王府长史分司东都制》,舍人韩琮之词,事在大中八年)。现存《郎官石柱题名》吏部郎中无韩琮,但其中既有残缺,柳仲郢以下又漫漶不能辨识,则韩琮或于大中五年任户部郎中之后,大中八年任中书舍人之前,曾任吏部郎中。此启上于七年,时间正合。

第四次在大中九年。《新唐书·温廷筠传》:"数举进士不中第,思神速,多为人作文。大中末,试有司,廉视尤谨,廷筠不乐,上书千余言,然私占授者已八人。"而《唐摭言》卷十三《敏捷》谓:"山北沈侍郎主文年,特召温飞卿于帘前试之,为飞卿爱救人故也。适属翌日飞卿不乐,其日晚请开门先出,仍献启千余字。或曰潜救八人矣。"两相对照,知《新·传》所载"大中末"庭筠试有司之事,实指"山北沈侍郎主文年"庭筠曾应进士试。此山北沈侍郎即沈询。《北梦琐言》卷四载其事云:"庭云又每岁举场,多为举人假手,沈询侍郎知举,别施铺席授庭云,不与诸公邻比。翌日,帘前谓庭云曰:'向来策名者,皆是文赋托于学士。某今岁场中并无假托,学士勉旃!'因遣之,由是不得意也。"赵璘《因话录》卷六:"大中九年,沈询侍郎以中书舍人知举。"《云溪友议》卷下:"潞州沈尚书询,宣宗九载,主春闱。"以上记载,均为大中九年春,沈询以中书舍人知贡举时,庭筠曾应进士试之明证。此次应举,再次落第。

第三节　屡试不第的原因

温庭筠大中年间屡应进士试不第的原因,有多种说法。

《旧唐书·文苑传·温庭筠》云:"大中初,应进士。苦心砚席,尤长于诗赋。初至京师,人士翕然推重。然士行尘杂,不修边幅,能逐弦吹之音,为侧艳之词。

公卿家无赖子弟裴诚（按：当作'諴'）、令狐缟（按：当作'滈'）之徒，相与蒲饮，酣醉终日，由是累年不第。"这段记载，认为他累年不第的原因是"士行尘杂"，具体表现是：其一，创制侧词艳曲。其二，与公卿无赖子弟裴诚、令狐滈之徒交游，醉酒博戏。裴诚系宰相裴度之侄。《云溪友议》卷下《温裴黜》云："裴郎中諴，晋国公次弟子也。足情调，善谈谐。举子温岐为友，好作歌曲，迄今宴席，多是其词焉。裴君既入台，而为三院所谴曰：'能为淫艳之歌，有异清洁之士也。'裴君《南歌子》词云：'不是厨中串，争知炙里心。井边银钏落，展转恨还深。'又曰：'不信长相忆，抬头问取天。风吹荷叶动，无夜不摇莲。'又曰：'鞚蠟为红烛，情知不自由。细丝斜结网，争奈眼相钩。'二人又为《新添声杨柳枝词》，饮筵竞唱其词为打令也。词云：'思量大是恶姻缘，只得相看不得怜。愿作琵琶槽那畔，美人长抱在胸前。'又曰：'独房莲子没人看，偷折莲时命也拚。若有所由来借问，但道偷莲是下官。'温岐曰：'一尺深红朦曲尘，旧物天生如此新。合欢桃核终堪恨，里许元来别有人。'又曰：'井底点灯深烛伊，共郎长行莫围棋。玲珑骰子安红豆，入骨相思知不知？'"从上述记载，可以看出温庭筠和裴诚都是当时新兴曲子词的热心创制者，这些曲词，就其内容、风格看，的确称得上是侧艳之词。令狐滈是大中四年至十三年长期居相位的权相令狐绹的儿子。《新唐书·令狐滈传》："绹辅政，而滈与郑颢（按：为驸马）为姻家。怙势骄偃，通宾客，招权，以射取四方货财，皆侧目无敢言。懿宗即位，数为人白发其罪，故绹去宰相……（滈）稍迁右拾遗、史馆修撰。诏下，左拾遗刘蜕、起居郎张云交疏指其恶，且言：'绹用李琢为安南都护，首乱南方，赃虐流著，使天下兵戈调敛不给，琢本进略于滈，滈为人子，陷绹于恶，顾可为谏臣乎！'又劾：'绹，大臣，当调护国本。而大中时，乃引谏议大夫豆卢籍、刑部侍郎李邺等为夔王等侍读，乱长幼序，使先帝贻厥之谋几不及陛下。且滈居当时，谓之"白衣宰相"。滈未尝居进士，而妄言已解，使天下谓无解及第，不已罔乎！'"则令狐滈完全是凭借父亲的权势，招权纳贿之徒。温庭筠与这样的贵胄子弟为伍，使当时人认为他"士行尘杂"是必然的。《新唐书》的上述记载,可能道出了庭筠累举不第的一部分原因。

但晚唐五代一些笔记的有关记载,却揭示出庭筠累举不第的另一种原因。《北梦琐言》卷二《宰相怙权》温庭筠附云:"宣宗时,相国令狐绹最受恩遇而怙权,尤忌胜己……时以执己之短,取诮于人。或云曾以故事访于温岐,对以其事出《南华》,且曰:'非僻书也。或冀相公燮理之暇,时宜览古。'绹益怒之,乃奏岐有才无行,不宜与第。"又卷四《温李齐名》:"宣宗爱唱《菩萨蛮》词,令狐相国假其新撰密进之,戒令勿他泄,而遽言于人,由是疏之。温亦有言云'中书堂里坐将军',讥相国无学也。"这两条记载都显示了温庭筠恃才傲物的个性,其遭到"尤忌胜己"的令狐绹的忌恨是很自然的。这很可能是其累举不第更深刻的原因,而"士行尘杂"的舆论与令狐绹所说的"有才无行"亦可谓不谋而合,很可能是令狐绹利用了"士行尘杂"的社会舆论而在宣宗面前进奏"不宜与第"。《南部新书》庚还记载了这样一件事:"令狐相绹,以姓氏少,族人有投者,不吝其力,繇是远近皆趋之,至有姓胡冒令(狐)者,进士温庭筠戏为词曰:'自从元老登庸后,天下诸"胡"悉带"令"。'"这虽是嘲谑趋附权势的社会现象,但也触犯了令狐绹的尊严和大忌。这种不羁的个性,为令狐绹所不容也是很自然的。

但温庭筠这一时期上显宦的书启,却显示出其累举不第有更深远的原因。比较明显的是《上裴相公启》:

> 既而羁齿侯门,旅游淮上。投书自达,怀刺求知。岂期杜挚相倾,臧仓见嫉。守土者以忘情积恶,当权者以承意中伤。直视孤危,横相陵阻。绝飞驰之路,塞饮啄之涂。射血有冤,叫天无路。此乃通人见愍,多士具闻。徒共兴嗟,靡能昭雪。

上此启的时间是大中六年八月裴休拜相之后,还着重提到大和末旅游淮上为小人所倾轧、嫉妒,致使守土者积恶、当权者中伤之事,并强调这种中伤断了其"飞驰之路""饮啄之涂",而且直到目前还"靡能昭雪"。看来,此事不仅影响到开成四年的"等第罢举",而且一直影响到大中二年、四年的两次应进士试不第,故在启中特别提及,"欲期昭泰,必仰陶钧",把昭雪的希望寄托在裴休身上。较此启稍早的《上盐铁侍郎启》也提到"遂使幽兰九畹,伤谣诼之情多;丹桂一枝,竟攀折之路断",意思与"绝飞驰之势,塞饮啄之涂"相近。《上学士舍人启二首》也说自己"已困雕陵之弹,犹惊卫国之弦"。以上这些自述,显示出自大和末旅游淮上以来所受到的中伤,直到大中年间屡试进士时还在不断起着重要的阻抑作用。大中二年,庭筠已四十八岁;到大中九年,已是五十五岁的老人,即使是在"五十少进士"的唐代,庭筠的屡试不第也是很突出的事例。而无论是"士行尘杂"的社会舆论,或是令狐绹的"有才无行"的进奏,以及旅游淮上受中伤之事,又都集中在庭筠的品行上。四次应试,主考者几乎全都了解庭筠的文才出众,有的甚至公开奖誉,之所以每次都以落第告终,当是主贡举者不能不考虑到"士行尘杂"的社会舆论,特别是权势者对他的"有才无行,不宜与第"的看法。直到他后来被贬隋县尉,原因仍然是他的品行。

第四节　河中府之游

约在大中八年春,庭筠有河中府之游。其《河中陪帅游河亭》诗云:

> 倚阑愁立独徘徊,欲赋惭非宋玉才。
> 满座山光摇剑戟,绕城波色动楼台。
> 鸟飞天外斜阳尽,人过桥心倒影来。
> 添得五湖多少恨,柳花飘荡似寒梅。

《又玄集》卷中载此首,题作《河中陪节度游河亭》。《文苑英华》卷三一六载此首,

题作《陪河中节度使游河亭》。按:李商隐有《奉同诸公题河中任中丞新创河亭四韵之作》云:

> 万里谁能访十洲,新亭云构压中流。
> 河蛟纵玩难为室,海蜃遥惊耻化楼。
> 左右名山穷远目,东西大道锁轻舟。
> 独留巧思传千古,长与蒲津作胜游。

所咏河亭为河中节度留后任畹所新创,时在会昌四年。又据薛能《题河中亭子》:"河壁从流岛在中,岛中亭上正南空。"知河亭建于黄河中央之岛上,两边用浮桥连接,故义山诗云"新亭云构压中流",飞卿诗云"人过桥心倒影来"。温诗中无"新创河亭"之意,当作于李诗之后,题中之"帅"(即节度使)当另有所指。会昌四年之后,大中十年(飞卿贬隋县尉)之前,任河中节度使者,有韦恭甫、崔铉、崔璪、郑光、徐商。其中,徐商与庭筠有素交,《书怀百韵》题内之"徐侍御"即徐商。徐商任河中节度使的时间为大中七年到十年春。此"帅"很可能指徐商。诗有"柳花飘荡"语,当作于暮春。庭筠大中七年、九年均应进士试,十年被贬,故此诗作于大中八年的可能性较大。从诗题"陪帅"及次句"欲赋惭非宋玉才"看,似其时庭筠在河中幕,或非正式辟聘,而系短期游幕。庭筠又有《题河中紫极宫》七绝云:

> 昔年曾伴玉真游,每到仙宫即是秋。
> 曼倩不归花落尽,满丛烟露月当楼。

此诗写景切秋令。如与《河中陪帅游河亭》作于同一年,则此次游幕时间应在半载左右。徐商大中十年春自河中移镇襄阳,温庭筠亦于同年贬隋县尉,为徐商留署襄阳幕巡官。从这次游河中幕可以看出入襄阳幕有其前因。

第八章　贬尉隋县与寄幕襄阳

第一节　贬隋县尉

温庭筠贬隋(或作"随",同)县尉的时间,文献材料有不同记载,近人亦有多种考证结论。兹先列各种有关文献材料之记载于下。《旧唐书·文苑传·温庭筠》云:

> 大中初,应进士……累年不第。徐商镇襄阳,往依之,署为巡官。咸通中,失意归江东,路由广陵……污行闻于京师。庭筠自至长安,致书公卿间雪冤。属徐商知政事,颇为言之。无何,商罢相出镇,杨收怒之,贬为方城尉,再迁隋县尉,卒。

《新唐书·温廷筠传》云:

> 大中末,试有司,廉视尤谨,廷筠不乐,上书千余言,然私占授者已八人。执政鄙其为,授方山尉。徐商镇襄阳,署巡官,不得志,去归江东……俄而徐商执政,颇右之,欲白用。会商罢,杨收疾之,遂废卒。

《唐摭言》卷十一《无官受黜》：

> 开成中，温庭筠才名籍甚，然罕拘细行，以文为货，识者鄙之。无何，执政间复有恶，奏庭筠搅扰场屋，黜随州县尉。时中书舍人裴坦当制，忸怩含毫久之。时有老吏在侧，因讯之升黜，对曰："舍人合为责辞，何者？入策进士，与望州长、马一齐资。"坦释然，故有"泽畔""长沙"之比。庭筠之任，文士诗人争为辞送，唯纪唐夫得其尤，诗曰："何事明时泣玉频？长安不见杏园春。凤凰诏下虽沾命，鹦鹉才高却累身。且饮绿醽销积恨，莫辞黄绶拂行尘。方城若比长沙远，犹隔千山与万津。"

《东观奏记》卷下：

> 敕："乡贡进士温庭筠早随计吏，夙著雄名。徒负不羁之才，罕有适时之用。放骚人于湘浦，移贾谊于长沙。尚有前席之期，未爽秋毫之思。可随州随县尉。"舍人裴坦之词也。庭筠字飞卿，彦博之裔孙也，词赋诗篇冠绝一时，与李商隐齐名，时号"温李"。连举进士，竟不中第。至是，谪为九品吏。进士纪唐夫叹庭筠之冤，赠之诗曰："凤凰诏下虽沾命，鹦鹉才高却累身。"人多讽诵。上，明主也，而庭筠反以才废。制中自引骚人长沙之事，君子讥之。前一年，商隐以盐铁推官死。商隐字义山，文章宏博，笺表尤著于人间。自开成二年升进士第，至上十二年，竟不升于王庭。而庭筠亦恓恓不涉第□□□□者。岂以文学为极致，已靳于此，遂于禄位有所爱耶？不可得而问矣。

《金华子杂编》卷上：

> 段郎中成式，博学精敏，文章冠于一时……牧庐陵日①……为庐陵顽民妄诉，逾年方明其清白，乃退隐于岘山。时温博士庭筠方谪尉随县，廉帅徐太师商留为从事，与成式甚相善。以其古学相遇，常送墨一铤与飞卿，往复致谢，递搜故事者九函，在禁集中。为其子安节娶飞卿女。

《北梦琐言》卷二《宰相怙权》：

> 绹益怒之，乃奏岐有才无行，不宜于第。会宣宗私行，为温岐所忤，乃授方城尉。

又卷四《温李齐名》：

> 宣皇好微行，遇于逆旅，温不识龙颜，傲然而诘之曰："公非司马、长史之流？"帝曰："非也。"又谓曰："得非大参、簿、尉之类？"帝曰："非也。"谪为方城县尉，其制词曰："孔门以德行为先，文章为末，尔既德行无取，文章何以补焉？徒负不羁之才，罕有适时之用。"云云。竟流落而死也。

《南部新书》丁：

> 大中好文，尝赋诗，上句有"金步摇"，未能对，遣进士温岐续之，岐以"玉跳脱"应之。宣宗赏焉，令以甲科处之，为令狐绹所沮，遂除方城尉。

以上引录两《唐书》及唐五代、宋初有关温庭筠晚年贬尉的记载八则。可以看出

---

① 大中二年至七年，段成式任吉州刺史。

对这一事件的记载非常混乱。概括起来,大约有以下几个问题需要考辨:其一,温庭筠晚年究竟是贬尉一次,还是两次。其二,贬尉的具体时间。其三,贬尉的原因。三个问题相互联系,为明晰起见,分开来辨析,必要时联系起来考辨。

一、贬尉次数问题

彭志宪《温庭筠未曾再贬及有关问题》(载《文学遗产》1993 年第 5 期)认为:温庭筠仅贬过隋县尉,没有再贬方城尉。"方城县属汝州淮安郡,随县属随州汉东郡,两郡州土相连,都属于山南东道……从历史上看,方城县更有名气……只要一提到方城县,就会联想到汉水以东桐柏山下的随县了……以方城代随县,在修辞学上叫做'以大名代小名'。"此说比较牵强。隋县与方城所属的州虽相邻接,但两县县境并不相连,历史上也未载两县原为一县后分设,或隋县系从方城分出的情况。即使两县邻接,也不能随便以彼代此。如果因为方城比隋县有名,就可以方城代隋县,那是否也可用方城代指邻近的任何一个不大有名的县? 这是说不通的。从现存文献材料看,应该承认温庭筠晚年贬尉两次:一次隋县尉,一次方城尉。理由是:贬隋县尉的事既同见于时代较早的《东观奏记》《唐摭言》《金华子杂编》,更有《东观奏记》所录裴坦所撰贬制中"可随州随县尉"之语作为确证,有此一贬是没有问题的,皇帝的制书中更不可能将方城尉换成隋县尉。那么,贬方城尉之事是否存在呢? 不但新、旧《唐书》都提到此事(按:《新唐书》误作"方山尉"),《北梦琐言》《南部新书》也都提到。最有力的证据是纪唐夫的诗,不但题目为《送温飞卿尉方城》,且诗中又有"方城若比长沙远"之句,说明确实有此一贬。①

---

① 唯张祜《送温庭筠尉方城》七绝则主名当误。祜卒于大中八年,即使大中十年飞卿已贬方城,祜亦早已去世,不可能送温赴方城尉。

二、贬尉时间问题

先辨析贬隋县尉之时间。《旧唐书》谓贬隋县尉在贬方城尉之后,时间在徐商罢相出镇之后,显误。徐商咸通十年罢相出为荆南节度使,此时庭筠已下世三年;而杨收咸通七年已罢相出为宣歙观察使,反云"商罢相出镇,杨收怒之,贬为方城尉,再迁隋县尉",更属时间颠倒错乱。谓贬隋县尉在方城尉之后,亦误。裴坦所拟贬制并无此前已贬方城之任何迹象。

贬隋县尉的具体时间,唐五代笔记均载在大中年间。联系今人所考,主要有大中十三年及大中十年二说。

主大中十三年说者,以裴庭裕《东观奏记》卷下之记述为主要依据,并旁采《金华子杂编》之记载。《东观奏记》在引裴坦所撰贬制及庭筠贬官之事后说:"前一年,商隐以盐铁推官死。商隐……自开成二年升进士第,至上十二年,竟不升于王庭。"由此推出,商隐卒于大中十二年,而庭筠被贬为隋县尉在大中十三年。夏承焘《温飞卿系年》、顾学颉《新旧〈唐书〉温庭筠传订补》、傅璇琮主编《唐五代文学编年史》均主大中十三年之说,而张采田《玉谿生年谱会笺》已先言及此,而为夏、顾所引。

主大中十年说者,以梁超然《温庭筠考略》一文为代表,略云:"温飞卿是大中九年沈询主文年'搅扰场屋',其贬隋县则应是大中十年……前辈专家以为裴坦为中书舍人时草制,故庭筠应是大中十三年遭贬。《旧唐书》卷一八下《宣宗纪》云:'(大中十一年)四月,以职方郎中知制诰裴坦为中书舍人。'知裴坦为中书舍人前即知制诰,大中十年即由其草制,不必待中书舍人时方可草制也……庭筠大中九年搅扰场屋,必不至十三年方贬谪,且如十三年始在襄阳,离徐商征诏赴阙之时日已短,温、段等相处时日亦无多,不可能集成《汉上题襟集》十卷也。"

此外,尚有主大中十二年贬尉者(彭志宪《温庭筠未曾再贬及有关问题》),因证据明显不足,不再评介。

要考明庭筠贬隋县尉的时间,必须将它跟遭贬的原因联系起来。据《唐摭言》的记载,庭筠之所以被贬隋县尉,是因为"以文为货","执政间复有恶,奏庭筠搅扰场屋"的缘故。庭筠在进士试中替人作文恐不止一次,但大中九年的"搅扰场屋"却影响甚大。夏承焘《温飞卿系年》对此事有详细的考述,录其文如下:

大中九年　三月,试宏词,为京兆尹柳熹之子翰假手作赋。

《旧书·纪》:此年"三月试宏词,举人漏泄题目,为御史台所劾。裴谂改国子祭酒,郎中周敬复罚两月俸料,考试官刑部郎中唐枝出为处州刺史,监察御史冯颢罚俸一月,其登科十人并落下"。《东观奏记》下记此事甚详,其事实起于飞卿,《奏记》云:"初,裴谂兼上铨,主试宏、拔两科,其年争名者众应宏选,落进士苗台符、杨岩、薛祈、李询古、敬翊已下一十五人就试。谂宽裕仁厚,有题不密之说。落进士柳翰,京兆尹柳熹之子也。故事,宏词科止三人。翰在选中,不中者言翰于谂处先得赋(题),托词人温庭筠为之。翰既中选,其声聒不止,事彻宸听。"《唐摭言》十一谓飞卿"卒以搅扰科场罪,为执政黜贬",又谓其"以文为货",当指此。

试有司,不第,上考官沈询书千余言。

《新书传》:"大中末,试有司,廉视尤谨,庭筠不乐,上书千余言,然私占授者已八人。执政鄙其为,授方山尉。"按此数语用《北梦琐言》及《唐摭言》(上文已引,此略)。二书及《新传》皆不云事在何年。考赵璘《因话录》六羽部云:"大中九年,沈询以中书舍人知举。"《南部新书》戊"韩洙与沈询尚书中表"条,亦云:"询知举,大中九年也。"《唐语林》四"李某为中丞"条同。知是此年事。考官乃沈询也,《云溪友议》八谓"潞州沈尚书绚,宣宗九载主春闱"。作"绚",非。询苏州人,曾镇潞州,见《新书》一三二本传,《友议》因误作潞州籍。

按:夏氏考述大中九年为宏辞试进士柳翰假手作赋"搅扰场屋"事及进士试中"潜救八人"之事甚详。此二事虽一为吏部宏辞试,一为礼部进士试,一为代人按漏泄之题作赋,一为考试中"私占授"为人作诗赋,其性质则相同。三月宏辞试漏泄题目请人代作事发后,对有关主试之官吏处分颇严。此事既有温庭筠代柳翰作赋之情节,则庭筠"搅扰场屋"之罪确亦难辞其咎,执政者鄙其行或恶其人,将其事奏上而遭贬,自是情理中事。意者,"搅扰场屋"恐不单指宏辞试代人作赋事,当亦包括进士试中"私占授八人"之事。两罪并罚,故有隋县之贬。既然因此二事遭贬,则确如梁氏所云,"必不至十三年方贬谪"。按情理,应在贬罚裴谂、周敬复、唐枝、冯颛等人以后不久。问题在于,如何解释中书舍人裴坦当制的问题。梁氏云:"《唐摭言》所谓'中书舍人裴坦当制'云云,乃古人写作之习惯,以其较高职务(或京官职务)称谓。"此固亦一说,实则唐人习惯,他官知制诰者即可称舍人。《新唐书·裴坦传》:"令狐绹当国,荐为职方郎中、知制诰,而裴休持不可,不能夺。故事,舍人初诣省视事,四丞相送之,施一榻堂上,压角而坐。坦见休,重愧谢,休勃然曰:'此令狐丞相之举,休何力!'顾左右索肩舆亟出,省吏眙骇,以为唐兴无有此辱。人为坦羞之。"此事初见《东观奏记》卷中,云:"以楚州刺史裴坦为知制诰。坦罢职赴阙,宰臣令狐绹擢用,宰臣裴休以坦非才,不称是选,建议拒之,力不胜。坦命既行,政事堂谒谢丞相。故事,谢毕,便于本院上事,四辅送之,施一榻,压角而坐。坦巡谒执政,至休厅,多输感谢。休曰:'此乃首台缪选,非休力也!'立命肩舁便出,不与之坐。两阁老吏云:'自有中书,未有此事也。'人多为坦羞之。至坦主贡举,擢休子弘上第。时人云:'欲盖弥彰,此之谓也。'"从以上记载可以得出结论:裴坦任职方郎中、知制诰是在裴休为相期间。休大中六年八月至十年十月为相,则坦任职方郎中、知制诰最迟在大中十年十月以前,其初任时间可能更早。从《新唐书·裴坦传》还可看出,其新任职方郎中、知制诰时,即称其为"舍人"。根据上述记载,及徐商大中十年春移镇襄阳之事,可以推断,庭筠之贬隋县尉,当在大中十年春徐商移镇襄阳之后、大中十年十月裴休罢相之前的一段时间内。

庭筠贬隋县尉在大中十年尚可从庭筠文中找到有力的内证。其《上首座相公启》云:"昨者膏壤五秋,川途万里。远违慈训,就此穷栖。将卜良期,行当杪岁。"明言自己近五年来在远离京城的膏壤之地"就此穷栖",眼下已值岁末,行当离此他适,另卜良遇。对照庭筠生平行踪,自大和初直至咸通七年去世,除贬隋县尉、居襄阳幕的时间较长外,从无在一地"穷栖"五秋者。换言之,所谓"膏壤五秋"的"穷栖",只能指贬隋县尉、居襄阳幕之事。庭筠罢襄阳幕赴江陵,在咸通元年徐商罢镇襄阳调任刑部尚书、诸道盐铁转运使之后。由此上推"五秋",其初到襄阳的时间正好在大中十年。咸通元年之杪岁,称"首座相公"者当为白敏中。敏中前后两次任宰相,第一次在会昌六年四月至大中五年三月。后出为邠宁节度使,迁剑南西川节度使。大中十一年正月,徙荆南节度使。懿宗即位,敏中又于大中十三年十二月再度入相。此启系在白敏中入相一年后所上,当时之首座相公正是白敏中。咸通元年九月,敏中为中书令。宋敏求《春明退朝录》:"唐制宰相四人,首相为太清宫使,次三相皆带馆职:弘文馆大学士、监修国史、集贤殿大学士,以此为序。"《全唐文》卷八三懿宗《授白敏中弘文馆大学士等制》:"敏中可兼充太清宫使、弘文馆大学士。"是为白敏中为首座相公之的证。其时宰相四人:白敏中、杜审权、蒋伸、毕諴。其中蒋伸大中十二年十二月拜相,杜审权大中十三年十二月拜相,毕諴咸通元年十月拜相,三相年资位望均远低于会昌六年即已拜相、大中十三年十二月再度入相之白敏中。或谓此"首座相公"指温造。但温造根本没有当过宰相,更不用说位居首辅了。唐人诗文称人为"首座相公"者,必为现任宰相(一般为四人)中居首位者,绝不可能称从未担任过宰相的人为"首座相公"。

至于《东观奏记》在叙述庭筠谪为隋县尉之后接叙"前一年,商隐以盐铁推官死"的记载,由于商隐卒于大中十二年,自然会推出庭筠贬隋县尉在大中十三年的结论。但由于这个结论和庭筠《上首座相公启》中"膏壤五秋,川途万里,远违慈训,就此穷栖"之语所提供的内证显然不合,故只能存疑。《东观奏记》是裴庭裕在"宣宗皇帝宫车晏驾,垂四十载,中原大乱,日历与起居注不存一字"的情况下凭"自为儿时,已多记忆""谨采宣宗朝所闻目睹"撰成的,其间记事,难免会有错误。这段记载中的"前一年",实际上就有可能是"后二年"之误。

贬隋县尉的原因,除了"搅扰场屋"这个主要和直接的原因外,也可能与执政者如令狐绹与其交恶有关。令狐绹大中四年十一月拜相,直到大中十三年十二月才罢相,居相位长达十年。庭筠既因绹将其新撰《菩萨蛮》献宣宗之事遽泄于人得罪令狐绹,又讥绹之无学,触犯绹之尊严,遭到绹之厌恶是很自然的。不仅会在考进士的问题上奏其"有才无行,不宜与第",也完全有可能在大中九年宏辞试事发后,追究有关人员责任时,奏其"搅扰场屋",将其贬为隋县尉。对照裴坦所草贬制中"孔门以德行为先,文章为末,尔既德行无取,文章何以补焉?徒负不羁之才,罕有适时之用"等语,可以明显看出这正是秉承令狐绹这位执政"有才无行"之评的意旨。大中十年十月之前任宰相的令狐绹、魏謩、裴休、郑朗四人中,魏謩、裴休均与绹不协,謩且以刚正称于时,休则与庭筠有旧。唯一与庭筠交恶的正是令狐绹。故《北梦琐言》谓"绹益怒之,乃奏岐有才无行,不宜与第。会宣宗私行,为温岐所忤,乃授方城尉",应该不是空穴来风,只是"方城尉"当为"隋县尉"。

第二节 寄幕襄阳

两《唐书》本传和《金华子杂编》都说到徐商镇襄阳,署庭筠为巡官之事。隋州是山南东道节度使的辖郡。徐商与庭筠最迟开成五年即已结识,大中八年徐商任河中节度使时,庭筠又曾游其幕。徐商对庭筠的才华与为人应有相当的了解,对其屡试不第的遭遇当亦抱同情的态度。大中十年,庭筠在"搅扰场屋"事发、被贬隋县尉的情况下,徐商将属于他管内的隋县尉调到襄阳幕府,署为巡官,既是对庭筠的一种保护,也可解决其生活出路。同时,幕中人才众多,公余之时彼此诗文唱和,精神上也可免除贬谪的寂寞。

据戴伟华《唐方镇文职幕僚考》,大中十年至咸通元年徐商镇襄阳期间,幕府文职僚属有温庭筠(巡官)、韦蟾(掌书记)、温庭皓(庭筠之弟,幕职不详)、王传(将仕郎、监察御史、观察判官)、李鹗(副使)、卢部(幕职不详)、卢某(副使)、元繇(御史中丞,幕职不详)。段成式于大中十二年至咸通元年游襄阳幕。余知古则以进士从诸人游。

温庭筠在襄阳幕"穷栖""五秋"的生活,今已难以详考。但段成式所编《汉上题襟集》十卷(一作三卷。今佚)则留下这一时期襄阳幕中诸文士诗文唱和与游赏戏谑的印迹,其中也包括庭筠的诗文唱酬和生活情事。《新唐书·艺文志》:"《汉上题襟集》十卷,段成式、温庭筠、余知古。"《郡斋读书志》:"《汉上题襟集》十卷。右唐段成式辑其与温庭筠、余知古酬和诗笔笺题。"《直斋书录解题》则著录其书为三卷,云:"唐段成式、温庭筠、逄(庭)皓、余知古、韦蟾、徐商等倡和诗什往来简牍,盖在襄阳时也。"《汉上题襟集》到南宋晁公武时仍为十卷,可见当时幕中文士诗文唱和活动之频繁与时间之长,绝非大中十三年至咸通元年徐商罢镇前一年左右时间所能创作。贾晋华《唐代集会总集与诗人群研究》上编六《〈汉上题襟集〉与襄阳诗人群研究》对《汉上题襟集》的作者及现存作品的考述编年、襄阳诗人群存作进行了详细的考述评论,下编又对《汉上题襟集》现存诗文作了辑校,共收佚诗四十八首、断句十联一句、赋一首、连珠二首、书简十九首。录其主要结论于下:

《汉上题襟集》乃段成式编集襄阳徐商幕中唱和诗歌及往来简牍而成,

参预作者有徐商、元繇、韦蟾、王传、温庭皓、段成式、温庭筠、余知古等。按徐商于大中十年春至十四年(即咸通元年)十一月之前任山南东道节度使。元繇、韦蟾、王传、温庭皓即于此段时间里为其幕中从事。元繇检校御史中丞,韦为掌书记,王为观察判官,温(庭皓)官衔无考。段成式于大中十二年至十四年间闲居襄阳,客游徐商幕。温庭筠于大中十三年(859)贬隋县尉,徐商留为巡官。余知古则以进士从诸人游。

《汉上题襟集》逸诗近五十首中,主要内容可分为咏妓嘲谑、咏物、酬赠三类。而以第一类内容占多数,共有二十六首又九联……这类诗作,不但表现了晚唐幕府文士的实际生活和心理情感,而且在一定程度上揭示了其时爱情及咏妓诗词大量产生的社会文化背景……细加分析,又可分为二类。第一类为以拥有者身份观赏、狎弄歌妓……第二类为与妓女交往过程中,产生了一定真情,嘲谑中含有深意……艺术风格上……一是嘲谑幽默……二是辞藻华美,色彩浓丽,风格颇近花间词。三是情事描写中蕴含情节性与戏剧性……四是多用典故。

唱和诗之外,《汉上题襟集》所收二十封书简亦颇值得注意……皆以骈文写成,辞藻典丽,并大量征引有关纸、墨、笔之典事……递搜故事,堆砌词华,矜比夸示之意十分明显……其背后实含有较深刻之文化意义……对于自己作为精英文化负荷者角色亦十分自觉自负……《汉上题襟集》中诸书简对文房四宝的珍重及对学问词章的夸示,正隐含着这种"斯文独在我辈"的特殊文化心理。这种文化心理后来在北宋文人士大夫中发展至极致。

以上征引,可使我们了解《汉上题襟集》的大体面貌。下面,分诗、文、赋三项对温庭筠在襄阳幕期间的作品作一评述。先说诗。

《和周(元)繇广(襄)阳公宴嘲段成式诗》：

> 齐马驰千驷，卢姬逞十三。玳筵方盼睐，金勒自趍趘。堕珥情初洽，鸣鞭战未酣。神交花冉冉，眉语柳毵毵。却略青鸾镜，翘翻翠凤篸。专城有佳对，宁肯顾春蚕。

按段成式《和周(元)繇见嘲》诗序云："近者初开金埒，大敞红筵，骑历块而风生，鼓掺挝而雷发。成式未曾盘马，徒效执鞭，喜过君子之营，徒接将军之第。款段辞退，因得坐观。"又，周(元)繇诗题《广(襄)阳公宴成式速罢驰骋坐观花艳或有眼饱之嘲》。知段成式当于新开的马场中参加赛马，赛罢参加有众多营妓陪坐的盛宴。元繇作诗嘲段，温从而和之。"齐马驰千驷""金勒自趍趘""鸣鞭战未酣"各句即写赛马情景。"卢姬"指宴席上少年营妓。"堕珥""神交""眉语"各句则嘲谑成式与营妓促席密坐，眉目传情，"花""柳"均借指营妓。末二句谓歌妓自有"专城"之长官作为佳偶，岂肯属意怀着缠绵情丝之"春蚕"（谑指成式）呢！此幕中宴游朋友同僚间嘲谑调笑之作，故出言往往无所顾忌，末联甚至涉及府主。但就整体而言，此首尚称谑而不虐，《光风亭夜宴妓有醉殴者》则纯乎恶谑矣：

> 吴国初成阵，王家欲解围。
> 拂巾双雉叫，翻瓦两鸳飞。

此诗段成式、韦蟾均有同赋，段诗云：

> 捽胡云彩落，疵面月痕消。掷履仙凫起，扯衣蝴蝶飘。羞中含薄怒，颦里带余娇。醒后犹攘臂，归时更折腰。狂夫自缨绝，眉势倩人描。

韦诗云：

> 争挥钩弋手，竞耸踏摇身。
> 伤颊岂关舞，捧心非效颦。

温诗首句谓众妓闹哄哄地分成两帮，次句谓有女眷出来解围。第三句，以博戏时呼卢喝雉之声喻醉殴的两位妓女大呼大叫，互扯对方的巾饰，末句以瓦坠鸳飞喻群殴的妓女用鞋子掷向对方。此类题材本不宜入诗，又连用四个典故，欲求化鄙俗为雅切，尤觉隔而晦，流露的趣味也不免低俗。对恶俗无聊的情事场景抱着欣赏的态度，正反映出欣赏者本身趣味之低俗。但幕中文士与妓女的关系也有比较真诚的一面。庭筠《答段柯古（按：段成式字）见嘲》云：

> 彩翰殊翁金繚绕，一千二百逃飞鸟。
> 尾生桥下未为痴，暮雨朝云世间少。

此诗须联系段成式《嘲飞卿七首》方能了解其含意。段诗云：

> 曾见当垆一个人，入时装束好腰身。
> 少年花蒂多芳思，只向诗中取写真。

> 醉袂几侵鱼子缬，飘缨长罥凤凰钗。
> 知君欲作闲情赋，应愿将身作锦鞋。

> 翠蝶密偎金叉首，青虫危泊玉钗梁。

愁生半额不开靥，只为多情团扇郎。

柳烟梅雪隐青楼，残日黄鹂语未休。
见说自能裁袖複，不知谁更著帩头？

愁机懒织同心苣，闷绣先描连理枝。
多少风流词句里，愁中空咏早环诗。

燕支山色重能轻，南阳水泽斗分明。
不烦射雉先张翳，自有琴中威凤声。

半岁愁中镜似荷，牵环撩鬟却须磨。
花前不复抱瓶渴，月底还应琢刺歌。

段又有《柔卿解籍戏呈飞卿三首》云：

长担挟车初入门，金牙新酝盈新樽。
良人为渍木瓜粉，遮却红腮交午痕。

最宜全幅碧鲛绡，自襞春罗等舞腰。
未有长钱求邺锦，且令裁取一团娇。

出意挑鬟一尺长，金为钿鸟簇钗梁。
郁金种得花茸细，添入春衫领里香。

据此两组段诗,飞卿在襄阳幕期间,当与一乐营妓女名柔卿者有恋情,后来可能在府主同意下,解乐籍从良为飞卿之侍妾。此类事,唐代幕府中多有之,如沈述师以"双鬟"纳沈传师乐籍妓张好好,柳仲郢欲以乐营妓张懿仙赐李商隐以备纫补,均其例。温诗首句写一头插彩羽、身着新装之老年新郎(即诗人自身),其时庭筠已年届花甲,故曰"翁"。次句谓自己非如黄帝之御一千二百女子,只专情于一人,即柔卿。成式诗嘲飞卿及二人相互间一往情深,温作此诗答之,谓自己虽着金色缭绕之新装为老年新郎,却非好色贪欲之辈。三、四句谓己虽如尾生守信、抱桥柱而死,实非痴傻,盖对方如朝云暮雨、美丽多情之神女,世间实少也。贾晋华说:"飞卿与青楼女子的这一段真情,不但有助于我们了解襄阳诗人群的生活与创作,而且可由此加深对温词内容的认识。其词多写女子艳美外貌和多情心理,恐非如同有的研究者所分析的主要为客观描写,而是有一定真实情感经历作为背景。初盛唐文人士大夫写歌妓,一般只是'观妓'诗;中唐时渐多以歌女饮妓为酒宴游戏的伴侣。晚唐五代同类诗作却有较多抒写与妓女的真实情事,这正是此时期爱情诗词大量涌现的重要背景之一。"这个分析是比较切合实际的。

庭筠的《锦鞋赋》,据贾晋华考证,也是居襄阳幕期间的作品。此赋虽仿陶潜《闲情赋》的写法,但色泽浓艳,辞藻密丽,多用香艳的典故,所谓艳情小赋、侧艳之词,当指此类。录其中一节:

葡萄非寿陵之步,妖蛊实芷萝之施。罗袜红蕖之艳,丰跗皓锦之奇。凌波微步瞥陈王,既蹀躞而容与;花尘香迹逢石氏,倏窈窕而呈姿。

庭筠在襄阳幕所作骈文书启,有《答段成式书七首》①。这七封书信系因段成式送墨一锭与飞卿而起,两人往复致答。实际上到后来已完全离开书信往来的实用功能(交流感情与互通讯息),而变成一种展示自己学问、才华,特别是就某一专题(如墨、笔、纸、砚)展开的典故的搜寻与运用的竞赛,成为文人间斗才炫学的一种"雅事"。这种竞赛在唐人幕府中相当普遍。同时代的李商隐在东川节度使柳仲郢幕,就跟府主之间展开过这种友谊竞赛。其《谢河东公和诗启》云:"某曾读《隋书》,见杨越公(素)地处亲贤……当时与之握手言情,披襟得侣者,唯薛道衡一人而已。及观其唱和,乃数百篇。力钧声同,德邻义比。彼若陈葛天氏之舞,此必引穆天子之歌;彼若言太华三峰,此必曰浔阳九派。神功古迹,皆应物无疲;地理人名,亦争承不阙。常以斯风,望于哲匠。岂知今日,属在所天。坐席行衣,分为七覆;烟花鱼鸟,置作五冲。讵能狎晋之盟,实见取鄘之易。不以衅鼓,惠莫大焉。"从历史上杨素、薛道衡的诗文唱和,说到东川幕中与府主的唱和,最后表示不敢与对方抗衡之意。与段、温的往复唱和书启比较,其相似之处显然。这类书启,我们今天会觉得是纯粹的文字游戏,是典故的堆砌与机械连缀,而当时文人却乐此不疲,本来就是一种有腹笥者之间的角胜游戏,不必深求其意义与价值。

但庭筠在襄阳幕期间的作品,并不纯然是嘲谑调笑、艳情咏物、酬唱角胜之作,也有像《烧歌》这样出色的诗篇:

起来望南山,山火烧山田。微红久如灭,短焰复相连。差差向岩石,冉冉凌青壁。低随回风尽,远照檐茅赤。邻翁能楚言,倚锸欲潸然。自言楚越俗,烧畲为早田。豆苗虫促促,篱上花当屋。废栈豕归栏,广场鸡啄粟。

---

① 另有《答段柯古赠葫芦管笔状》系在荆南节度使萧邺幕时作,状有"荆州夜瞰"语可证。似不应辑入《汉上题襟集》。

新年春雨晴，处处赛神声。持钱就人卜，敲瓦隔林鸣。卜得山上卦，归来桑枣下。吹火向白茅，腰镰映赪蔗。风吹槲叶烟，槲树连平山。逬星拂霞外，飞烬落阶前。仰面呻复嚏，鸦娘呪丰岁。谁知苍翠容，尽作官家税！

此诗写襄阳百姓烧畲之农俗及与此相关的卜卦、巫祝的民俗。写烧畲景象，观察细致，描写生动。"豆苗"四句，宛若素描。末二句"谁知苍翠容，尽作官家税"为全篇点睛，尤为精彩。系庭筠诗中涉及民生疾苦与官府诛求之佳作。诗有"自言楚越俗，烧畲为旱田"之句，当在襄阳作。杜甫《秋日夔府咏怀奉寄郑监李宾客一百韵》："煮井为盐速，烧畲度地偏。"仇注引《农书》曰："荆楚多畲田，先纵火焚炉，候经雨下种。"可证。或谓诗中之"南山"指终南山，非，关中一带不可能有产于南方之"赪蔗"。又，贾晋华辑校之《汉上题襟集》中还有单从题目及内容看不出写作年代或与段成式有关的作品，如温氏《锦鞋赋》，即有可能作于大中十年至十二年这段时间内。上引段成式《嘲飞卿七首》之二已提及此赋，亦可证温与柔卿之恋情应在大中十三年之前。

第九章　荆州幕为从事

第一节　罢襄阳幕赴江陵

大中十四年(即咸通元年,是年十一月丁丑改元),徐商诏征赴阙,温庭筠罢襄阳幕。罢幕之后的行踪,《上首座相公启》中曾经提及:"昨者膏壤五秋,川途万里。远违慈训,就此穷栖。将卜良期,行当秒岁。通津加叹,旅舍伤怀。"表明自己在膏壤之地的襄阳"穷栖""五秋"之后,时值岁末,行将离襄阳他往,另卜良期。但未言及所至何地。顾学颉《新旧〈唐书〉温庭筠传订补》引庭筠《答段柯古赠葫芦管笔状》"荆州夜噉"、《上令狐相公启》"敢言蛮国参军,才得荆州从事"及《谢纥干相公启》①"间关千里,仅为蛮国参军;苤苢百龄,甘作荆州从事"等语,推断曰:"其在江陵所作诗亦有数首,似庭筠居江陵,颇留时日,其是否以'荆州从事'代署襄阳巡官之事,殊不可知。若谓实指荆州,又无他书佐验,意者,自襄阳解职,即暂寄寓江陵耶?观上列启状,知其贫病交侵,愁惨殊甚,当即《旧书》所云'失意',《新书》所云'不得志'也。"夏承焘《温飞卿系年》从顾说,于咸通元年下书:"未几离襄阳,客江陵,旅况甚窘。"亦不言其曾否在荆州幕。

---

① 此启题有误。唐无纥干姓为宰相者,庭筠生活之时代纥干姓高官仅纥干臮一人,官止广州节度使,后被贬。其出任广州节度使时之制文仅称之为"行尚书工部侍郎"。

按庭筠之曾在荆南节度使幕为从事,是肯定的。《上令狐相公启》云:

> 敢言蛮国参军,才得荆州从事。自顷藩床抚镜,校府招弓。戴经称女子十年,留于外族;嵇氏则男儿八岁,保在故人。荄是流离,自然飘荡。叫非独鹤,欲近商陵;啸类断猿,况邻巴峡……今者野氏辞任,宣武求才。倘令孙盛缇油,无惭素尚;蔡邕编录,偶获贞期。微回謦欬之荣,便在陶钧之列。

此启上于咸通二年令狐绹自河中节度使改任宣武节度使时。启内"敢言蛮国参军,才得荆州从事"二语,上句用郝隆为桓温参军事。《世说新语·排调》:"郝隆为桓公(温)参军,三月三日会作诗,不能者罚酒三升,隆初以不能受罚,既饮,揽笔便作一句云:'娵隅跃清池。'桓曰:'娵隅是何物?'答曰:'千里投公,始得蛮府参军,那得不作蛮语也。'"时桓温"为都督荆梁四州诸军事、安西将军、荆州刺史,领护南蛮校尉,假节"(《晋书》本传),驻节江陵(即荆州)。古称长江流域中部荆州一带为蛮荆。下句用王粲依刘表事。《三国志·魏书·王粲传》:"诏除黄门侍郎,以西京扰乱,皆不就,乃至荆州依刘表。"两句均用古人在荆州为从事之典。庭筠以工于用典著称于时。此二句两用荆州为从事之典,借指己为荆州从事,可谓精切不移。若谓借指署襄阳巡官,则泛而不切。襄阳、荆州,地虽邻接,但唐时一为山南东道节度使府,一为荆南节度使府,不能彼此替代。庭筠另有《谢纥干相公启》,亦有"间关千里,仅为蛮国参军;荏苒百龄,甘作荆州从事"之语,可资佐证,故此启之"蛮国参军""荆州从事"当为实指自己在荆州为从事。"自顷藩床抚镜,校府招弓",也说明是在藩镇戎幕任职。而"啸类断猿,况邻巴峡"之语,更可证作启时庭筠居于邻近巴峡之江陵[1]。故《上首座相公

---

[1] 此句用《水经注·江水·三峡》"高猿长啸,属引凄异""朝发白帝,暮到江陵"之典。

启》所言"将卜良期,行当杪岁",证以《上令狐相公启》,当指咸通元年之岁末,自己将离襄阳至江陵另卜良遇。大中十三年十二月白敏中离荆南节度使任入朝为相,继任者为萧邺(大中十三年十二月至咸通三年在荆南节度使任)。庭筠于咸通元年岁杪启程,二年初当已抵江陵,在萧邺幕为从事,但具体幕职不详。庭筠于大中六年萧邺为中书舍人充翰林学士期间,曾上启求助(见《上学士舍人启二首》),七年春又有《投翰林萧舍人》七律,有"每过朱门爱庭树,一枝何日许相容"之句,这次在罢襄阳幕无所依的情况下,萧邺终于给庭筠以一枝相容之地,得以在荆幕栖身。

第二节　荆幕生活

庭筠在荆南幕期间,幕府同僚有段成式、卢知猷、沈参军等人。《唐文拾遗》卷三十三卢知猷《卢鸿草堂图后跋》云:"咸通初,余为荆州从事,与柯古同在兰陵公(按:指萧邺)幕下。"段成式有《寄温飞卿葫芦管笔往复书》,庭筠有《答段柯古赠葫芦管笔状》,今人或列此二状于襄阳幕时,辑入《汉上题襟集》,然庭筠状有"庭筠累日来……荆州夜嗽"之语,则此二状实为段、温二人同在荆南幕时的唱酬之作。诗集八有《寄渚宫遗民弘里生》云:

柳弱湖堤曲,篱疏水巷深。酒阑初促席,歌罢欲分襟。波月欺华烛,汀云润故琴。镜清花并蒂,床冷簟连心。荷叠平桥暗,萍稀败舫沉。城头五通鼓,窗外万家砧。异县鱼投浪,当年鸟共林。八行香未灭,千里梦难寻。未肯睽良愿,空期嗣好音。他时因咏作,犹得比南金。

渚宫,春秋时楚国宫名,故址在今湖北江陵县,此借指江陵。渚宫遗民,犹世居荆州之民。弘里生,指段成式。据"当年鸟共林"句,诗人与"弘里生"当有同事之谊。段成式为宰相段文昌之子,家居荆州。古无弘里之姓,"弘里生"之名必为假托。弘里者,弘显故里,正切其为荆州之民。庭筠《答段柯古赠葫芦管笔状》亦有"却笑遗民,迁兹佳种"之语,"遗民"指段成式,可资佐证。庭筠与成式在襄阳幕曾诗文唱和,但其时成式闲居岘山,非襄阳幕之幕僚,似不能称"鸟共林",故"当年鸟共林"必指己与成式同在荆南节度使萧邺幕。此诗当是在荆南幕时与成式宴别后作诗以寄之。

诗集卷三又有《和沈参军招友生观芙蓉池》:

桂栋坐清晓,瑶琴商凤丝。况闻楚泽香,适与秋风期。遂从梼萍客,静笑烟草湄。倒影回澹荡,愁红媚涟漪。湘茎入藓涩,宿雨增离披。而我江海意,楚游动梦思。北渚水云叶,南塘烟雾枝。岂亡台榭芳,独与鸥鸟知。珠坠鱼迸浅,影多凫泛迟。落英不可攀,返照昏澄陂。

诗有"楚泽"字,当在江陵作。李商隐大中二年由桂林返长安途经江陵,从江陵续发时,有《楚泽》诗,可资佐证。沈参军,当为庭筠寓荆南幕时之同僚。沈参军有《招友生观芙蓉池》之作,飞卿此诗系和沈之作。首二句谓沈参军与友人清晓坐池边华堂,听琴瑟之奏,闻池荷之香。"倒影"六句,写莲池景色,愁红姿媚,湘茎藓涩,插入自己。"北渚"六句,写自己无心赏玩台榭莲塘美景,独有亡机之意。末以晚景结,"落英"点题内"芙蓉"。

此外,如《西江贻钓叟骞生》《西江上送渔父》《送人东游》等诗,也可能是居荆南幕期间所作,《西江贻钓叟骞生》末句有"一枝梅谢楚江头"之语可证。《送人东游》云:

荒戍落黄叶,浩然离故关。

高风汉阳渡,初日郢门山。

江上几人在，天涯孤棹还。

何当重相见，尊酒慰离颜。

诗有"汉阳渡""郢门山"字，当在江陵所作。此诗工于发端，起调最高。前四句一气直下，气象阔大，境界高远。故虽写秋景而无萧飒之气，抒离情而无凄恻之音，近乎盛唐高华明朗之格调。

第三节　罢荆南幕后的去向

《旧唐书·文苑传·温庭筠》云："徐商镇襄阳，往依之，署为巡官。咸通中，失意归江东，路由广陵，心怨令狐绹在位时不为成名。既至，与新进少年狂游狭邪，久不刺谒。又乞索于扬子院，醉而犯夜，为虞候所击，败面折齿，方还扬州诉之。令狐绹捕虞候治之，极言庭筠狭邪丑迹，乃两释之。自是污行闻于京师。庭筠自至长安，致书公卿间雪冤。"《新唐书·温廷筠传》亦云："徐商镇襄阳，署巡官，不得志，去归江东。令狐绹方镇淮南，廷筠怨居中时不为助力，过府不肯谒。丐钱扬子院，夜醉，为逻卒击折其齿，诉于绹。绹为劾吏，吏具道其污行，绹两置之。事闻京师，廷筠遍见公卿，言为吏诬染。"两《唐书》对温庭筠晚年扬州受辱这一事件的记载都相当具体，且情节一致，无矛盾冲突之处。故历来的研究者对此记载均深信不疑。顾学颉《新旧〈唐书〉温庭筠传订补》云："其归江东，约在咸通三、四年之时，尤以四年为近似。有《春日将欲东归寄新及第苗绅先辈》诗：'犹喜故人先折桂，自怜羁客尚飘蓬'及'三春月照千山路'之句，似是四年春将行时作。据此，庭筠由江陵起行，约在四年春夏之交；适令狐绹镇淮南，遂罹斯辱。庭筠才名籍甚，既至扬州，令狐绹知之，固意中事，而宿怨未释，复恨其久不刺谒，故使人折辱之。不然，何以释虞候不治以罪耶？《全唐文》（七六八）有《上裴相公启》：'某性实颛蒙，器惟顽固。纂修祖业，远愧孔琳；承袭门风,近惭张岱……既而羁齿侯门,旅游淮上。投书自达,怀刺求知。岂期杜挚相倾,臧仓见嫉,守土者以忘情积恶,当权者以承意中伤。直视孤危,横相陵阻。绝飞驰之路,塞饮啄之涂。射血有冤,叫天无路。'明言守土者以忘情积恶,当权者以承意中伤,当即在淮南令狐绹指使折辱之事。又,裴相公当系裴休。《旧纪》:大中六年四月,以礼部尚书诸道盐铁转运使裴休,可本官同平章事。《旧书》(一七七)《裴休传》:'咸通初,入为户部尚书,累迁吏部尚书,太子少师,卒。'盖此启即《旧书》所谓'自至长安,致书公卿间雪冤'之事也。"虽改两《唐书》之为虞候(或逻卒)所辱乃令狐绹"故使人折辱之",然对其事之有则深信不疑。夏承焘《温飞卿系年》咸通四年下亦书:"过广陵,为虞候所辱,诉之令狐绹,至长安雪冤(唐中叶以后,方镇皆置都虞候,虞候主不法)。"后来研究者多从之。

然庭筠咸通四年归江东过广陵为虞候所辱一事究竟是否存在,实颇可怀疑。兹提出以下疑点,以期引起对此事之进一步考辨。

其一,晚年归江东过广陵受辱事不见于唐五代各种笔记小说的记载。庭筠的不少生平逸事,包括一些很琐碎的小事,乃至一些荒诞不经的记载(如旅舍遇宣宗之事),每为笔记小说所津津乐道,而像广陵受辱这样一件颇具戏剧性情节和轰动效应的事件,除两《唐书》外,唐五代笔记小说中竟无一语道及。一般地说,像史书中如此具体的记载,均有所本,但此事却寻觅不到它的原始出处。这本身就是令人怀疑的现象。

其二,此事在庭筠现存诗文中也找不到任何有力的佐证。顾学颉所举的两个书证,都是明显错误的。《春日将欲东归寄新及第苗绅先辈》,系会昌元年春自长安东归吴中旧乡前寄其年新登进士第之友人苗绅之作,不能用来证明咸通四年春夏间自江陵东归之行,且诗云"千山路""马前",与自江陵归江东系顺长江水路舟行亦显然不合。《上裴相公启》虽系上裴休之启,但上启时间在大中六年八月裴休任宰相后不久,而非咸通四年休早已罢相之时(休卒于咸通五年)。启内"相公致尧业裕,佐禹功高,百姓咸被其仁,一物不违于性"等用语,亦可见其系在位之现任宰相,而非罢任已久之旧相。且"绝飞驰之路"当指其屡试不第,这种情况主要发生在开成末的"等第罢举""二年不赴乡荐试有司"及大中二年至九年的四应进士试不第这段时间。到咸通四年,庭筠早已不参加科举考试,再说这些话,等于无的放矢。不但以上二书证不足为据,连《东归有怀》这种可能被认为是自江陵东归的诗,其实也是会昌元年秋归抵吴中旧乡时所作,已见第五章所引述。

其三,尤其令人怀疑的是,过广陵为虞候所辱一事与大和末游江淮为亲表所榜楚(即为姚勖所笞逐)一事在情节上有不少相似之处:一是都有游狭邪的情节。《玉泉子》言其"所得钱帛,多为狭邪所费",《旧唐书》则谓其"与新进少年狂游狭邪"。二是都与在扬子院弄钱有关。《玉泉子》言其"客游江淮间,扬子留后姚勖厚遗之",《旧唐书》谓其"乞索于扬子院"。三是都遭到折辱。《玉泉子》言其为姚勖"笞而逐之",《北梦琐言》言其"为亲表榜楚",《旧唐书》则谓其"为虞候所击,败面折齿"。这三个主要情节如此相似,又都发生在同一地点——广陵,不能不使人生疑。从大和九年(835)到咸通四年(863),时间过了近三十年,温庭筠却在同一地点重犯同样的错误,重演类似的情节,实在匪夷所思。大和九年,庭筠三十五岁,犯这种错误还可以理解;但遭此折辱,当已刻骨铭心,何至于在近三十年之后,年已六十三岁时仍"狂游狭邪",又何至于"乞索于扬子院",迹近无赖!

其四,所谓"失意归江东",当是指失意而归吴中旧乡,否则不会用"归"字。归吴中旧乡当在润州登岸,根本不必"路由广陵"。归吴中而"路由广陵",等于南辕北辙。

因疑两《唐书》的这段记载,乃是既采《玉泉子》庭筠客游江淮时因游狭邪为人所笞的情节或类似传闻,又误读《上裴相公启》乃至《东归有怀》诗的结果。以为启内所谓"旅游淮上"乃咸通年间之事,"守土者"为令狐绹,上书公卿间雪冤即据启内祈求裴休"昭雪"之语而附会。从今人误举此启为证,正可推断出修史者误读此启,并书之于传的可能性。史传编撰者因误读、误据传主诗文而在传中误载传主经历事迹的情况,所在多有。李商隐传中令狐楚镇汴州,从为巡官之误载,即因误读误据《献寄旧府开封公》诗题而致。

以上所述,还仅仅是对温庭筠晚年广陵受辱一事的怀疑,下面进一步以庭筠诗为证,来论证此事根本不可能存在。

庭筠有《和段少常柯古》云:"称觞惭座客,怀刺即门人。素尚宁知贵,清谈不厌贫。野梅江上晚,堤柳雨中春。未报淮南诏,何劳问白蘋?"段少常,指段成式,时任太常少卿。按:成式咸通二年曾在荆南萧邺幕,与庭筠、卢知猷同幕。此前(大中十四年五月至十月徐商内调前)已任江州刺史。《全唐诗》卷五八四有段成式《寄温飞卿笺纸》诗,序云:"予在九江造云蓝纸,既乏左伯之法,全无张永之功,辄送五十板。"其为江州刺史当在大中十三年五月以后至咸通二年秋这段时间内(详参附录二、附录三)。太常少卿为成式终官,此诗题称"段少常",而诗有"野梅江上晚"之句,则其时庭筠尚在荆南幕,而成式已入为太常少卿。诗当作于咸通三年春,说明此时成式已在长安为太常少卿。庭筠又有《和太常杜(段)少卿东都修行里有嘉莲》,诗云:

《春秋》罢注直铜龙,旧宅嘉莲照水红。
两处龟巢清露里,一时鱼跃翠茎东。
同心表瑞荀池上,半面分妆乐镜中。
应为临川多丽句,故持重艳向西风。

诗有"故持重艳向西风"之句,时在初秋。而据《南楚新闻》,段成式卒于咸通四年六月(详下章第一节),故此诗当作于咸通三年秋初,其时庭筠已在洛阳,故有此亲见嘉莲并蒂之和诗。这就反过来证明"失意归江东,路由广陵,心怨令狐绹在位时不为成名……醉而犯夜,为虞候所击,败面折齿"之事根本不存在。因为令狐绹由宣武迁淮南在咸通三年冬(《旧唐书》本传),其到任当已在三年岁末甚至四年初,而三年秋庭筠已在洛阳,何能再回到江陵,而又东归江东,路由广陵哉!

辨明庭筠晚年广陵受辱事之不存在,并不是要为庭筠洗刷一桩污迹,而是为了弄清荆南罢幕后的去向。从《渚宫晚春寄秦地友人》诗自称"思归客",而所思之地为"凫雁野塘水"之鄠杜郊居也可看出,他离荆南幕后应回到长安,而非"归江东"。

第十章 最后的岁月

第一节 闲居长安

《太平广记》卷三五一引《南楚新闻》云:"太常卿(按:当为少卿)段成式,相国文昌子也,与举子温庭筠亲善,咸通四年六月卒。庭筠闲居辇下。是岁十一月十三日冬至大雪,凌晨有扣门者,仆夫观之,乃隔扉送一竹筒,云段少常送书来,庭筠初谓误,发筒获书,其上无字,开之,乃成式手札也。庭筠大惊,驰出户,其人已灭矣。乃焚香再拜而读,但不谕其理……温、段二家,皆传其本。子安节,前沂王傅,乃庭筠婿也,自说之。"这段记载的内容虽有怪异成分,但所记成式去世年月及是年庭筠闲居辇下之事出自成式子安节自述,当可信。这说明至迟咸通四年六月,庭筠已回到长安。而实际上,其回长安的时间当更早,已见上章末节之考辨。

庭筠闲居长安期间的情况,现已难以详考。除咸通三年秋曾至洛阳,有《和太常段少卿东都修行里有嘉莲》外,咸通五年,他还曾为段文楚代撰上宰相的书启,即《为前邕府段大夫上宰相启》。段文楚系唐德宗时著名忠臣段秀实之孙,曾先后两次担任邕管经略使。第一次约在大中九年至十二年二月,第二次为咸通二年七月至三年二月,分见《旧唐书·宣宗纪》《通鉴》咸通二年及三年。御史大夫为其第二次镇邕管时所带宪衔。启内叙及其初任邕管、离任及继任者李蒙妄诛当地豪酋之事,与再任邕管、被罢任及其后"侨居乞食,蓬转萍飘"的困窘处境,希望宰相"录其勋旧,假以生成"。启内提及"今者九州征发,万里喧腾,凭贼请锋,已至城下",指咸通五年三月,"康承训至邕州,蛮寇(按:指南诏侵扰)益炽,诏发许、滑、青、汴、兖、郓、宣、润八道兵以授之"(《通鉴》)之事,故此启当作于咸通五年三月以后。

第二节　任国子监助教

温庭筠晚年曾任国子监助教一事,两《唐书》本传均未载,但庭筠所撰《榜国子监》末署"咸通七年十月六日,试官温庭筠榜",说明其曾在国子监任职主秋试。其弟庭皓所撰庭筠墓志亦题"唐国子助教温庭筠",明言其所任职事为国子监助教。此外,胡宾王《邵谒集序》云:"(谒)寻抵京师隶国子,时温庭筠主试,乃榜三十余篇以振公道。"《花间集》题"温助教庭筠",《郡斋读书志》卷四下谓其"终国子助教"。综上记载,庭筠咸通七年十月已任国子监助教当无疑问。

其始任国子监助教的时间,当在大中六年六月徐商任宰相之后。《旧唐书·温庭筠传》:"自是污行闻于京师。庭筠自至长安,致书公卿间雪冤。属徐商知政事,颇为言之。"《新唐书·温廷筠传》则谓:"事闻京师,廷筠遍见公卿,言为吏诬染。俄而徐商执政,颇右之,欲白用。"都提到徐商执政后对庭筠的护右与照顾。按:据《新唐书·宰相表》,咸通六年六月,徐商为相。庭筠之任国子助教,当在此后。《新唐书·百官志三》:国子学"助教五人,从六品上,掌佐博士分经教授"。这虽是冷官闲官,但品级不算太低。庭筠终生未第,这次总算任职京师,其时他已是六十六岁的老人了。

诗集八有《休浣日西掖谒所知因成长句》云:

赤墀高阁自从容,玉女窗扉报晓钟。

> 日丽九门青锁闼，雨晴双阙翠微峰。
>
> 毫端蕙露滋仙草，琴上薰风入禁松。
>
> 荀令凤池春婉娩，好将余润变鱼龙。

西掖，指中书省。汉应劭《汉官仪》卷上："左右曹受尚书事，前世文士，以中书在右，因谓中书为右曹，又称西掖。"所知，指对自己有知遇之恩的显宦。视"荀令凤池"句，其人当任宰辅之职。题曰"休浣日"，说明庭筠其时已在朝中任职。考庭筠生平，其唯一在朝任职之时间即咸通六年至七年任国子监助教时。诗当为此期间所作。据《新唐书·宰相表》，咸通六年六月，杨收为尚书右仆射兼门下侍郎，曹确以中书侍郎兼工部尚书，路岩为中书侍郎，庚戌，御史大夫徐商为兵部侍郎、同中书门下平章事。此同时四相中，杨收为日后怒贬庭筠为方城尉者（详下节），而徐商则开成末即与庭筠有旧，镇河中时，庭筠曾游其幕，镇襄阳时，又署庭筠为巡官，在幕时间长达五年。庭筠之任国子助教，视"徐商执政，颇右之，欲白用"之语，当亦出于徐商之推荐。故诗题中"所知"当指徐商。诗有"春婉娩"字，当作于大中七年春，尾联则祈所知者分余润与己，使己得以化龙升迁。

庭筠在国子监助教任上的活动，留下的唯一印迹，便是其《榜国子监》。咸通七年秋，他以国子监助教的身份主持国子监的秋试，考试结束后，他将考试合格、准备上报礼部参加明春进士试的乡贡进士名单及其所著诗篇公示于众，以表明考试的公正无私，榜文全文如下：

> 右前件进士所纳诗篇等，识略精微，堪裨教化，声词激切，曲备风谣，标题命篇，时所难著。灯烛之下，雄词卓然。诚宜榜示众人，不敢独专华藻，并仰榜出，以明无私。仍请申堂，并榜礼部。咸通七年十月六日，试官温庭筠榜。[①]

---

① 明朱警辑《唐百家诗·邵谒诗》卷末附温氏《榜国子监》全文。此承赵庶洋先生见告。

榜文中所说的"前件进士所纳诗篇",指通过国子监秋试合格的乡贡进士所纳的"省卷"。省卷系礼部规定凡应进士试者必须交纳的诗文,时间一般在考试前一年的冬天。所纳者为"旧文",即作者从自己擅长的各种文体中选出一部分旧日的佳作纳献于礼部。故这批作品既要在国子监张榜公示,又要申报到礼部张榜公示,以示所选送的乡贡进士确有识见才学,国子监的考试选拔公正无私。也就是说,张榜公示的作品并非国子监考试时按统一命题写作的诗文——这类作品,因受所出题目的限制,不大可能有真正的佳作。而举进士者从自己的旧作中选取的佳作,才能真正反映其识见与才学,也才有可能像榜文所说的那样,"识略精微,堪裨教化,声词激切,曲备风谣,标题命篇,时所难著"。明乎此,才有可能弄清温庭筠由这张榜文及榜示的文章引起的祸端,明白他的再贬和窜死的悲剧结局。

第三节　再贬方城与窜死的悲剧结局

两《唐书》本传都记载温庭筠晚年曾贬方城[①]。两书所载贬方城尉的时间虽不一致[②],但据纪唐夫《送温庭筠尉方城》诗,则庭筠确有方城之贬。诗云:

> 何事明时泣玉频？长安不见杏园春。
> 凤凰诏下虽沾命,鹦鹉才高却累身。
> 且饮绿醽销积恨,莫辞黄绶拂行尘。
> 方城若比长沙远,犹隔千山与万津。

[①] 《新唐书》谓其大中末授方山尉,当为"方城"之误。
[②] 《旧唐书》谓在杨收为相时,《新唐书》则谓在大中末。

"泣玉"用卞和献玉璞反遭刖足抱玉泣于荆山之下事,借指因怀才不遇而悲泣。"泣玉频",连次句当指屡应进士试不第。"鹦鹉"句用祢衡才高傲物,因此累身,最后被害之事,似暗示此前隋县尉之贬及此次方城之贬与庭筠之恃才傲物有关(从"频"字可看出)。尾联为慰之之语,谓方城之贬,路程不算太远,比起当年贾谊之贬长沙,尚隔千山万水。《东观奏记》卷下谓:"进士纪唐夫叹庭筠之冤,赠之诗曰:'凤凰诏下虽沾命,鹦鹉才高却累身。'人多讽诵。"《奏记》虽将此诗误系于贬隋县尉之时,未载诗题,但点出"冤"字,说明方城之贬,乃是无罪而被冤贬,这和大中十年贬隋县尉,多少与庭筠个人的过失(如代柳翰作宏辞试之赋)有关,情况明显有别。

对此次贬方城尉的原因及时间,顾学颉《新旧〈唐书〉温庭筠传订补》曾作如下推断:

> 细玩两书本传"颇为言之""欲白用"文意,徐商为相时,庭筠必曾补官,否则,杨收疾之,遂"贬"遂"废"之语蹈空矣。如本闲居未官,杨收又何从疾而废之耶……庭筠七年十月尚在国子监,而杨收罢相在八年……其为杨收所疾废当在七年十月之后,八年收罢相之前。观榜文有"声词激切"及"时所难著"之语,或是邵谒诗篇讽刺时政,而庭筠榜之,遂触忌而遭废耶……乱离时世,文网严密,动触忌讳,属文至此,不禁为之深慨也。

按《唐才子传》卷八《邵谒传》云:

> 苦吟,工古调。咸通七年抵京师,隶国子。时温庭筠主试,悯擢寒苦,乃榜谒诗三十余篇以振公道。已而释褐。

顾氏又引《唐才子传》卷九《温宪传》云:

温宪,庭筠之子也。龙纪元年(889)李瀚榜进士及第。① 出为山南节度使府从事,大著诗名。词人李巨川草荐表,历述宪先人之屈,辞略曰:"蛾眉见妒,明妃为出国之人;猿臂自伤,李广乃不侯之将。"上读表,恻然称美。时宰相亦有知者,曰:"父以窜死,今孽子宜稍振之,以厌公议,庶几少雪忌恨。"上领之。

陈尚君《温庭筠早年事迹考辨》一文注引顾说,谓"颇有见地"并谓:

李巨川草表事,本于《唐摭言》卷一〇,后段不详所出,辛文房当别有据。此处明言庭筠为负冤窜死。据《宝刻丛编》著录庭筠墓志,撰于咸通七年,是庭筠之卒距榜诗都堂不超过两个月。其贬死之最明显原因,当即为榜诗触及时讳。可能与杨收有关。

梁超然《温庭筠考略》则进一步联系邵谒的《岁丰》诗"为供豪者粮,役尽匹夫力。大地莫施恩,施恩强者得"对豪强的抨击,《论政》诗对时政的讥刺,认为"温庭筠把这一类声词激切的作品榜之于堂,自然会招执政者的忌恨"。以上所引诸家的推断,应该说都是合乎情理,接近实际的。

这里须特别予以注意的是《唐才子传·温宪传》中"时宰相亦有知者,曰:'父以窜死,今孽子宜稍振之。'"这段话中的"窜死"一语,明确指出温庭筠被贬窜而死的悲剧结局,并透露庭筠最终就死在贬所。而大中十年之贬隋县尉,并没有导致窜死的悲剧结局,因为贬隋县尉后还有在襄阳幕为巡官、在荆南幕为

---

① 温宪约出生于大和九年(835),龙纪元年(889)始登第,已五十四岁。其诗自谓"鬓毛如雪心如死,犹作长安下第人",则此前犹下第。

从事及回长安闲居等经历。只有在国子监助教任上,因榜诗而遭权相之忌,再贬方城,且迅即死于贬所一事,才能称为"窜死"。与以前温庭筠所遭到的打击多半是对他的品行的攻击不同,这一次是政治性的打击,而且是冤贬,因此对他的打击便特别沉重。庭筠从被贬到去世时间不超过两个月,亦足以说明这次打击对他心理、身体健康所造成的伤害之严重。唐代文网较之后世,自然没有那样森严、残酷,但温庭筠因榜诗而被贬死这件事,却说明统治者的神经,在临近崩溃时已经变得十分脆弱,手段也十分残酷。由此也可看出,唐末诗人、文人写讥刺当世的诗文,其环境并不宽松,创作这类作品需要相当大的勇气。

两《唐书》本传都提到"杨收怒之""杨收疾之",可以看出杨收是贬温庭筠为方城尉的主使者。当时四位宰相中,杨收年资最高。杨收之怒、之疾,对庭筠之贬起着直接的、决定性的作用。《旧唐书·杨收传》载:"收居位稍务华靡,颇为名辈所讥,而门吏僮奴,倚为奸利。"《新唐书·杨收传》亦云:"既益贵,稍自盛满,为夸侈,门吏僮客倚为奸。"杨收是一个生活华靡、纵容门吏僮奴倚势奸利的权贵。其罢相乃因"用严譔为江西节度,纳赂百万"被人揭发所致。这样的显宦,正是邵谒在《岁丰》诗中所抨击的豪强。因此他对这类"声词激切"的诗特别敏感,从而深疾张榜公示的主试官温庭筠,将其贬窜,便是很自然的了,《新唐书》纪、传、表均载收罢相在咸通七年十月,误,当从《旧唐书》本传作八年十月①。故杨收之怒贬庭筠,必在榜诗后不久。

《唐摭言》卷十《海叙不遇》:"温庭筠任太学博士,主秋试,(李)涛与卫丹、张郃等诗赋,皆榜于都堂。"可惜李涛诗现仅存一首,卫丹、张郃诗均未流传下来,否则或可从他们的作品中发现更多温庭筠此次被贬原因的线索。

《唐诗纪事》卷七十"温宪"条云:"温宪员外,庭筠子也。僖、昭之间,就试

---

① 《新唐书》本传谓其"知政凡五年,罢为宣歙观察使",收咸通四年拜相,至八年凡五年,亦可证其罢相在八年。

于有司。值郑相延昌掌邦贡也,以其父文多刺时,复傲毁朝士,抑而不录。既不第,遂题一首于崇庆寺壁。后荥阳公登大用,因国忌行香,见之悯然动容。暮归宅,已除赵崇知举,即召之,谓曰:'某既主文衡,以温宪庭筠之子,深怒疾之,今日见一绝,令人恻然,幸勿遗也。'于是成名。诗曰:'十口沟隍待一身,半年千里绝音尘。鬓毛如雪心如死,犹作长安下第人。'"因为"其父文多刺时,复傲毁朝士",遂"抑而不录"其子,可见当时朝廷显宦对温庭筠的普遍看法与态度,亦可见温庭筠"文多刺时,复傲毁朝士"的狂傲不羁个性不但使他自己长期备受沮抑,最后贬窜至死,且祸延子孙。温诗中刺时之作,今无存者,是否因触犯时忌而流失,不得而知。但他写过这类作品,是肯定无疑的。榜"声词激切"之诗于都堂,也从侧面反映出这种创作倾向。其《烧歌》的结尾"岂知苍翠容,尽作官家税",《蔡中郎坟》"今日爱才非昔日,莫抛心力作词人",或许就是其刺时之作的孑遗吧。

下　编

第一章　温庭筠的乐府诗

　　温庭筠现存诗三百三十余首,其中乐府诗占了七十一首。除诗集的前两卷五十三首全为乐府外,第三卷中的《春晓曲》《猎骑辞》《西州词》《烧歌》《七夕歌》《边笳曲》《侠客行》《敕勒歌塞北》《邯郸郭公词》《西岭道士茶歌》[①],第九卷中的《杨柳枝八首》也属于乐府诗。约占其现存诗的五分之一。这个数量和比例,充分显示出温庭筠在乐府诗创作上的用力。这在唐代诗人当中也是比较突出的。前人比较温、李时,每言其乐府最精,为义山所不及[②],今人甚至将他与李白、白居易、刘禹锡并列,誉为唐代第四位乐府大家[③]。这说明,乐府诗在温庭筠的诗歌创作中占有相当重要的分量和地位,值得作为一个独立的研究专题加以

---

　　① 或有将诗集前三卷全归入乐府诗者,此恐因见第三卷开头有四首乐府,中间与卷末亦间有数首乐府而误以为全卷均为乐府。实则第三卷中《长安寺》《和沈参军招友生观芙蓉池》《观兰作》《秋日酬友人》《观舞妓》《金虎台》《咏晓》《芙蓉》《古意》《齐宫》《春日》《咏春幡》《过西堡塞北》为五古,《经西坞偶题》为七古,《陈宫词》《春日野行》《咏嚩》《中书令裴公挽歌词二首》《庄恪太子挽歌词二首》《秘书刘尚书挽歌词二首》《太子西池二首》均为五律。
　　② 见薛雪《一瓢诗话》。又,胡寿芝《东目馆诗见》卷一亦有这方面的评论。
　　③ 王希斌:《绘阴柔之色,写阳刚之美——论温庭筠乐府诗歌的艺术特色》,载《学习与探索》(1989年4月)。

分析探讨。他的七十一首乐府诗按题材和内容划分,大体上有以下几类。

一、怀古咏史类　《鸡鸣埭曲》《生禖屏风歌》《公无渡河》《太液池歌》《雉场歌》《雍台歌》《湖阴词》《蒋侯神歌》《汉皇迎春词》《张静婉采莲曲》《故城曲》《昆明治水战词》《谢公墅歌》《台城晓朝曲》《走马楼三更曲》《达摩支曲》《苏小小歌》《春江花月夜词》《邯郸郭公词》。共十九首。

二、爱情风怀类　《织锦词》《莲浦谣》《舞衣曲》《湘宫人歌》《黄昙子歌》《照影曲》《兰塘词》《晚归曲》《碌碌古词》《春野行》《江南曲》《惜春词》《春愁曲》《懊恼曲》《三洲词》《春晓曲》《西州词》。共十七首。

三、记游写景类　《锦城曲》《吴苑行》《常林欢歌》《会昌丙寅丰岁歌》《罩鱼歌》《春洲曲》《阳春曲》《东郊行》《东峰歌》《钱塘曲（一作"堂堂曲"）》《烧歌》《西岭道士茶歌》。共十二首。

四、边塞游侠类　《遐水谣》《塞寒行》《边笳曲》《敕勒歌塞北》《侠客行》。共五首。

五、宴饮咏乐类　《夜宴谣》《湘东宴曲》《醉歌》《猎骑辞》《郭处士击瓯歌》《觱篥歌》。共六首。

六、咏物咏节令类　《杨柳枝八首》《嘲春风》《七夕歌》。共十首。

七、游仙类　《晓仙谣》《水仙谣》。共二首。

以上的分类自然是相对的,有的诗从题目和题材看,似属咏史,而实际内容可能是吟咏爱情的,如《张静婉采莲歌》《苏小小歌》;有的从题目看,似为游仙诗,实则系写道流,如《水仙谣》,只能求其大体恰当,以反映其乐府诗在题材内容方面的取向。以下分别予以讨论。①

---

① 凡诗、词、文、小说选注解说中入选之作,前面的叙述一般从略。

第一节　怀古咏史类

温庭筠的怀古咏史类乐府诗,从取材的时代看,主要集中在六朝和隋,其次是汉代。诗家一般很少作为吟咏对象的北朝,也有一首著名的咏高齐亡国的《达摩支曲》。

怀古咏史类的乐府,写得最出色的当数讽慨统治者宴游奢侈,终至覆亡,抒发兴亡之感的作品。诗集开卷第一篇《鸡鸣埭曲》便是咏南朝之覆亡的:

> 南朝天子射雉时,银河耿耿星参差。铜壶漏断梦初觉,宝马尘高人未知。鱼跃莲东荡宫沼,蒙蒙御柳悬栖鸟。红妆万户镜中春,碧树一声天下晓。盘踞势穷三百年,朱方杀气成愁烟。彗星拂地浪连海,战鼓渡江尘涨天。绣龙画雉填宫井,野火风驱烧九鼎。殿巢江燕砌生蒿,十二金人霜炯炯。芊绵平绿台城基,暖色春容荒古陂。宁知《玉树后庭曲》,留待野棠如雪枝。

"殿巢"六句,写今日所见陈宫台城荒废凄凉景象,即刘禹锡《金陵五题·台城》"万户千门成野草,只缘一曲《后庭花》"之意,而刘诗直截,温诗含蓄,更饶余韵。起以晨景渲染荒游,结以春色反衬荒凉,亦有笔意。

《春江花月夜词》咏隋之亡,恰似《鸡鸣埭曲》的续篇:

> 《玉树》歌阑海云黑,花庭忽作青芜国。秦淮有水水无情,还向金陵漾春色。杨家二世安九重,不御华芝嫌六龙。百幅锦帆风力满,连天展尽金芙蓉。珠翠丁星复明灭,龙头劈浪哀笳发。千里涵空澄水魂,万枝破鼻团香雪。漏转霞高沧海西,玻璃枕上闻天鸡。蛮弦代雁曲如语,一醉昏昏天

下迷。四方倾动烟尘起,犹在浓香梦魂里。后主荒宫有晓莺,飞来只隔西江水。

同样是吟咏奢淫亡国之事,《达摩支曲》又别具一格:

捣麝成尘香不灭,拗莲作寸丝难绝。红泪文姬洛水春,白头苏武天山雪。君不见无愁高纬花漫漫,漳浦宴余清露寒。一旦臣僚共囚虏,欲吹羌管先汍澜。旧臣头鬓霜华早,可惜雄心醉中老。万古春归梦不归,邺城风雨连天草。

诗讽慨有"无愁天子"之称的北齐后主高纬荒淫亡国,空有无穷遗恨,却无心力复国。而正面人物形象的比衬又使诗在凭吊伤悼之中别具遒健的风骨。

咏史怀古的乐府中,有两首是写东晋君臣平定叛乱、战胜强敌的军事斗争的。《湖阴词》咏东晋明帝平定王敦叛乱的史事:

祖龙黄须珊瑚鞭,铁骢金面青连钱。虎髯拔剑欲成梦,日压贼营如血鲜。海旗风急惊眠起,甲重光摇照湖水。苍黄追骑尘外归,森索妖星阵前死。五陵愁碧春萋萋,灞川玉马空中嘶。羽书如电入青琐,雪腕如槌催画鞞。白虹天子金煌铓,高临帝座回龙章。吴波不动楚山晚,花压阑干春昼长。

《晋书·明帝纪》:"(太宁二年)六月,王敦将举兵内向。帝密知之,乃乘巴滇骏马微行至于湖,阴察敦营垒而出。有军士疑帝非常人。又敦正昼寝,梦日环其城,惊起曰:'此必黄须鲜卑奴来也。'帝母荀氏,燕、代人,帝状类外氏,须黄,敦故谓帝云。于是使五骑物色追帝。帝亦驰去,马有遗粪,辄以水灌之。见逆旅卖食姬,以七宝鞭与之,曰:'后有骑来,可以此示也。'俄而追者至,问姬。姬曰:'去已远矣。'因以鞭示之。五骑传玩,稽留遂久。又见马粪冷,以为信远而止不追,帝仅而获免。"于湖,县名,即今之芜湖。杨慎曰:"'帝至于湖'为一句,'阴察营垒'为一句。温庭筠作《湖阴曲》,误以'阴'字属上句也,张耒作《于湖曲》以正之。"(《升庵诗话》卷十)按:温此诗序曰:"乐府有《湖阴曲》,而亡其词。"乐府无《湖阴曲》,此盖假托之词。温氏读史断句之误,张耒已正之,见黄朝英《靖康缃素杂记》。此诗十六句,可分前后两段。前段八句叙晋明帝微行窥探王敦营垒,敦遣骑追赶不及,帝亲征王敦,敦旋即败亡事。详叙微行察营之事,对平乱仅以"森索妖星阵前死"一语带过。盖察营之事颇富传奇色彩,又有惊险情节,故重笔渲染。而王敦使王含、钱凤等率众向京师,明帝乃率诸军出屯南皇堂,夜募壮士,遣将军段秀等率千人渡水,明旦战于越城,大破之。敦因含败,寻卒,敦党悉平等情事,因战事进行得顺利迅速,敦又先卒,故只简笔交代。后段八句全叙乱平后捷报奏凯、明帝高临帝座与朝廷上下祥和安宁景象。此诗明显可见李贺《雁门太守行》之影响。"日压贼营如血鲜"与贺诗之"黑云压城城欲摧""塞上胭脂凝夜紫","甲重光摇照湖水"与贺诗之"甲光向日金鳞开",均有神似之处。全篇重在渲染气氛,敷设浓墨重彩,而略于叙事,亦贺诗之显著特征。庭筠所处的时代,藩镇叛乱被朝廷平定者,有武宗朝昭义镇刘稹擅立为李德裕遣诸镇平定之事较为突出,此诗之作,或有感于此。

《谢公墅歌》系赞颂东晋名相谢安在淝水之战中决胜千里、指挥若定的气概:

朱雀航南绕香陌,谢郎东墅连春碧。鸠眠高柳日方融,绮榭飘飘紫庭客。文楸方罫花参差,心阵未成星满池。四座无喧梧竹静,金蝉玉柄俱持颐。对局含颦见千里,都城已得长蛇尾。江南王气系疏襟,未许苻坚过淮水。

谢公墅,指谢安在都城建康(今南京市)土山上营建的别墅。谢安于淝水之战正紧张进行的关键时刻,与谢玄围棋赌墅,胸有成算,取得战争胜利之事,历代传为美谈。诗即以此事为中心进行构思。

以上各首,均取材于东晋至隋代有关政治军事和历代兴亡者,是庭筠咏史乐府中寓慨比较深的作品。取材于这一时期,以著名妓人为吟咏对象的乐府,则显示了他这位生性浪漫的才人对此类题材的爱好。《张静婉采莲曲》是歌咏梁代羊侃舞妓的色艺与爱情的。《梁书·羊侃传》云:"侃性豪侈,善音律,自造《采莲》《棹歌》两曲,甚有新致。姬妾侍列,穷极奢靡……舞人张净琬,腰围一尺六寸,时人咸推能掌中舞。"庭筠此诗,即据以上记载(仅言《采莲》,未及《棹歌》)敷演而成:

兰膏坠发红玉春,燕钗拖颈抛盘云。城边杨柳向娇晚,门前沟水波粼粼。麒麟公子朝天客,珂马珰珰度春陌。掌中无力舞衣轻,剪断鲛绡破春碧。抱月飘烟一尺腰,麝脐龙髓怜娇娆。秋罗拂水碎光动,露重花多香不销。鹥鹈交交塘水满,绿芒如粟莲茎短。一夜西风送雨来,粉痕零落愁红浅。船头折藕丝暗牵,藕根莲子相留连。郎心似月月未缺,十五十六清光圆。

《苏小小歌》也是同类性质的作品:

买莲莫破券,买酒莫解金。酒里春容抱离恨,水中莲子怀芳心。吴宫女儿腰似束,家在钱唐小江曲。一自檀郎逐便风,门前年年春水绿。

苏小小系南齐钱塘名妓,乐府古辞有《苏小小歌》,唐代诗人权德舆、李贺、罗隐有《苏小小墓》,张祜有《苏小小歌三首》,可以看出唐人对这位名妓的歆慕同情。庭筠这首《苏小小歌》,实际上并没有多少历史色彩,倒更像写现实生活中的一位钱塘歌妓。前四句谓真挚爱情非金钱可买,离情亦非醉酒可遣,酒后春容深抱离恨,水中莲子怀有芳心(喻女子有怜爱男子之心)。四句似离席上女子口吻。后四句谓女子纤腰似束素,家住钱塘江曲,一自情郎去后,唯见年年门前春江水绿。全篇似写一痴情女子之离情与幽怨。后四句既饶民歌风味,又颇有韵致,末二句使人不禁联想起庭筠《望江南》词中那位"梳洗罢,独倚望江楼。过尽千帆皆不是,斜晖脉脉水悠悠"的痴情女子。如果说《张静婉采莲歌》中的某些描写(如"掌中无力舞衣轻""抱月飘烟一尺腰")多少还有历史上张静婉其人的影子,那么《苏小小歌》便是托历史上的苏小小来写现实生活中多情女子了。

吟咏汉代史事的乐府诗中,有的可能有所寓托,如《生禖屏风歌》之托寓庄恪太子永事,《汉皇迎春词》之托寓唐武宗宠王才人事。有的则可能寄寓了对封建帝国兴盛时期的追缅向往,如《昆明治水战词》的意蕴,就近于杜甫《秋兴八首》之"昆明池水汉时功,武帝旌旗在眼中":

> 汪汪积水光连空,重叠细纹晴潋红。赤帝龙孙鳞甲怒,临流一时生阴风。鼍鼓三声报天子,雕旌兽舰凌波起。雷吼涛惊白若山,石鲸眼裂蟠蛟死。溟池海浦俱喧豗,青帜白旌相次来。箭羽枪缨三百万,踏翻西海生尘埃。茂陵仙去菱花老,唼唼游鱼近烟岛。渺莽残阳钓艇归,绿头江鸭眠沙草。

第二节 爱情风怀类

艳情绮怨,是温庭筠乐府的重要题材。这类作品中,较有代表性的有《织锦词》《春愁曲》《春晓曲》等。《织锦词》:

> 丁东细漏侵琼瑟,影转高梧月初出。簇簇金梭万缕红,鸳鸯艳锦初成匹。锦中百结皆同心,蕊乱云盘相间深。此意欲传传不得,玫瑰作柱朱弦瑟。为君裁破合欢被,星斗迢迢共千里。象尺熏炉未觉秋,碧池已有新莲子。

《春愁曲》写女子春愁:

> 红丝穿露珠帘冷,百尺哑哑下纤绠。远翠愁山入卧屏,两重云母空烘影。凉簪坠发春眠重,玉兔煴氲柳如梦。锦叠空床委坠红,飔飔扫尾双金凤。蜂喧蝶驻俱悠扬,柳拂赤阑纤草长。觉后梨花委平绿,春风和雨吹池塘。

庭筠为文人词之鼻祖,晚唐五代香艳词风和词史上婉约词风的开拓者,又为晚唐绮艳诗风的代表人物之一。故其诗风与词风之间的关系,颇值得探讨。其五、七言古体乐府,辞藻丽密,色泽浓艳,风格颇近其词。《春愁曲》尤为其中较典型的例证。诗写闺中春愁,对女主人公的外貌、心理与行动均不作正面描绘刻画,完全借助于环境气氛的烘托渲染与自然景物的映衬暗示,写法细腻婉曲,俨然花间词境。其中有些诗句,使人自然联想起其《菩萨蛮》词中的句子,如"远翠"三句之与"小山重叠金明灭,鬓云欲度香腮雪","玉兔"句之与"江上柳如烟,雁飞残月天","觉后"二句之与"雨后却斜阳,杏花零落香",取象造境,均极神似。但他的这类作品,由于刻意追摹李贺,不仅意境较为隐晦,语言亦时有生硬拗涩之处,与其词之圆融自然有别,表现亦稍嫌繁尽,不如其词之含蓄蕴藉,《春愁曲》亦不免于此。

《春晓曲》则虽色彩浓艳,风格却明畅流丽:

家临长信往来道,乳燕双双拂烟草。
油壁车轻金犊肥,流苏帐暖春鸡早。
笼中娇鸟暖犹睡,帘外落花闲不扫。
衰桃一树近前池,似惜红颜镜中老。

庭筠歌咏爱情的乐府中,有不少模仿学习南朝乐府民歌的作品,如《江南曲》《西州词》《三洲词》等。但这类作品由于单纯模仿南朝乐府的语言格调和某些修辞手法,缺乏民歌的真性情和明转天然风貌,往往给人以生硬拗涩、脉理不清之感。陆时雍《唐诗镜》说:"(温庭筠)《西州词》《江南曲》,情致散漫,古词不当如是。稍傍梁语,了无真绪。"可谓的评。他学习南朝民歌比较成功的例证往往体现在片断的联、句中,少有全篇。

第三节 边塞游侠类

庭筠咏边塞的乐府虽然数量不多,却颇具时代特色。主要是指其中抒发了富于时代特征的社会心理和人生价值取向,这在《遐水谣》《塞寒行》中表现得尤为突出。前诗云:

天兵九月渡遐水,马踏沙鸣惊雁起。杀气空高万里情,塞寒如箭双眸子。狼烟堡上霜漫漫,枯叶号风天地干。犀带鼠裘无暖色,清光炯冷黄金鞍。虏尘如雾昏亭障,陇首年年汉飞将。麟阁无名期未归,楼中思妇徒相望。

在盛唐边塞诗中,征戍之艰苦、边塞之苦寒往往是将士壮志豪情的反衬,而庭筠这首诗中,则成为征戍将士长期不归、闺中思妇空自想望的直接原因。虽非反战,却已明显表露出对长期艰苦的征战戍守生活的厌倦乃至怨怅。诗中渲染边上苦寒,虽亦有生动之句,但已无雄豪之气流注笔端,与盛唐边塞诗风貌自异。比起《遐水谣》来,《塞寒行》在表现时代心理方面更为典型:

燕弓弦劲霜封瓦,朴簌寒雕睇平野。一点黄尘起雁喧,白龙堆下千蹄马。河源怒浊风如刀,剪断朔云天更高。晚出榆关逐征北,惊沙飞迸冲貂袍。心许凌烟名不灭,年年锦字伤离别。彩毫一画竟何荣,空使青楼泣成血。

乐府有《塞上曲》《苦寒行》,均写边塞征戍之事,此仿乐府旧题而自拟新题。顾予咸注引《汉书·西域传》因河为塞戍守之事,仅指北边,而此诗所涉及的地域,西北至西域的白龙堆,西至河源,东北至榆关。在如此广袤的背景下极力渲染征戍之苦、边塞之寒,显然是对边塞征战之事地域之广、时间之长的一种艺术概括。而结尾四句所抒发的悲慨和揭示的主旨,则是对初盛唐以来功名观、人生价值观的一种颠覆,最能体现晚唐时代的社会心理。与初盛唐时期士人普遍向往立功边塞、青史留名、麟阁图像的积极进取心态相比,竟如天壤之别。不仅写年年征战给闺中思妇带来长期的相思离别之苦,且因此连麟阁图像之荣也加以否定。以上二诗,在晚唐边塞诗中堪称佳制,在整个唐代边塞诗中,也因其所体现的时代特征,而具有不可替代的价值。

边塞题材每与游侠相关,庭筠乐府诗中咏游侠的虽仅一首《侠客行》,却是上乘之作:

> 欲出鸿都门,阴云蔽城阙。
> 宝剑黯如水,微红湿余血。
> 白马夜频嘶,三更灞陵雪。

沈德潜说:"温诗风秀工整,俱在七言,此篇独见警绝。"(《唐诗别裁集》卷四)纪昀曰:"纯于惨淡中取神,节短而意阔。"(《删正二冯先生评阅才调集》)均为的评。唐代任侠之风盛行,吟咏任侠精神的佳作亦多,但多作于初盛唐时期,晚唐诗人少有此类作品,得庭筠此篇,可称压轴。从中亦可窥见庭筠风流浪漫个性之外的另一面。

第四节　记游写景类

庭筠一生,遍历吴越西蜀、塞北京洛、荆襄江湘,记游写景之作甚多,乐府诗中也有不少这类作品,其中《锦城曲》《吴苑行》《钱塘曲》《烧歌》《常林欢歌》等均堪称佳作。《钱塘曲》《烧歌》已见上编第五章、第八章。这些诗,大都能写出所游之地的特征。如《锦城曲》:

> 蜀山攒黛留晴雪,簝笋蕨芽萦九折。江风吹巧剪霞绡,花上千枝杜鹃血。杜鹃飞入岩下丛,夜叫思归山月中。巴水漾情情不尽,文君织得春机红。怨魂未归芳草死,江头学种相思子。树成寄与望乡人,白帝荒城五千里。

《常林欢歌》虽是乐府旧题,但诗中所描绘的则是诗人亲历的荆门道上景物:

> 宜城酒熟花覆桥,沙晴绿鸭鸣咬咬。
> 浓桑绕舍麦如尾,幽轧鸣机双燕巢。
> 马声特特荆门道,蛮水扬光色如草。
> 锦荐金炉梦正长,东家呷喔鸣鸡早。

《吴苑行》写诗人熟悉的吴中旧乡风物:

> 锦雉双飞梅结子,平春远绿窗中起。
> 吴江澹画水连空,三尺屏风隔千里。
> 小苑有门红扇开,天丝舞蝶共徘徊。
> 绮户雕楹长若此,韶光岁岁如归来。

写吴苑春色,视线由内而外。凭窗远眺,但见平芜远绿,春色一片;吴江远水,澹荡连空。锦雉双飞,早梅结子,晴丝舞蝶,飘扬徘徊。诗人将窗外的远近景物想象成一幅画图。末二句是祝愿之词,希望绮户雕楹,长久如此,美好春光,岁岁归来。题为《吴苑行》,"吴苑"当指春秋时吴国的宫苑,但诗中既无讽慨昔日统治者奢淫佚乐之意,亦无凭吊感伤之情,纯写对吴苑春光的欣赏流连。实际上"吴苑"就是苏州的代称,《吴苑行》乃是纪行写景的新乐府辞而非怀古咏史之作。

从长江上游的西蜀,到中游的荆州,再到下游的苏州,诗人描绘的各地风光景物,既有鲜明的地域特色,又都具有共同的色彩——春天的色彩。可以明显看出,诗人对各地的春天景物,怀有特别浓厚的兴趣和热爱的感情。这实际上也是庭筠诗词创作在内容、情调上的一个显著特色。关于这,将在本编第七章中专门讨论。

第五节　宴饮咏乐类

写宴饮的诗,常与赏乐相联系,故将它们放在一起讨论。

庭筠写宴饮的乐府中,《夜宴谣》与《醉歌》值得注意。前诗云:

> 长钗坠发双蜻蜓,碧尽山斜开画屏。虬须公子五侯客,一饮千钟如建瓴。鸾咽奼唱圆无节,眉敛湘烟袖回雪。清夜恩情四座同,莫令沟水东西别。亭亭蜡泪香珠残,暗露晓风罗幕寒。飘飘戟带俨相次,二十四枝龙画竿。裂管萦弦共繁曲,芳樽细浪倾春醁。高楼客散杏花多,脉脉新蟾如瞪目。

前段八句写豪贵之家夜宴歌舞。起句即写侍宴佳人"长钗坠发",见夜宴已久。三、四句写座上客虬须公子豪饮,亦见正尽兴时。五、六句分写歌儿舞女佐欢助兴。七、八句谓公子恋妓,不忍离别。后段八句写夜宴彻夜达晓,蜡泪已残,风露侵幕,犹管弦齐奏,春酒频倾。插入"飘飘戟带"二句,对豪贵之家的僭侈稍作点染,见主人身份之显贵。末二句写高楼客散后情景。"高楼"句写景真切有韵味,客散前杏花已纷纷飘落,正酣饮中无人注意及此,客散酒阑,始发现杏花飘落满地。此种写法,温、李均擅长,如义山《落花》之"高阁客竟去,小园花乱飞",《凉思》之"客去波平槛,蝉休露满枝"即用此法,唯义山用于起联,显得起势突兀而飘忽,飞卿用于结尾,显得有远神远韵。"脉脉新蟾如瞪目"之喻,虽颇能传出醉酒主人眼中新月之奇趣,然终嫌俚俗生硬,与上句不称。

如果说《夜宴谣》是用华美浓艳的辞藻写豪华的长夜宴饮,偏重客观的描绘,那么《醉歌》则是借醉酒抒发牢骚不平,偏于主观抒情:

檐柳初黄燕新乳,晓碧芊绵过微雨。树色深含台榭情,莺声巧作烟花主。锦袍公子陈杯觞,拨醅百瓮春酒香。入门下马问谁在,降阶握手登华堂。临邛美人连山眉,低抱琵琶含怨思。朔风绕指我先笑,明月入怀君自知。劝君莫惜金樽酒,年少须臾如覆手。辛勤到老慕箪瓢,于我悠悠竟何有。洛阳卢仝称文房,妻子脚秃舂黄粮。阿荤光颜不识字,指麾豪俊如驱羊。天犀压断朱鼷鼠,瑞锦惊飞金凤凰。其余岂足沾牙齿,欲用何能报天子。驽马垂头抢瞑尘,骅骝一日行千里。但有沉冥醉客家,支颐瞪目醉流霞。唯恐南园风雨落,碧芜狼藉棠梨花。

写音乐的乐府诗,《郭处士击瓯歌》与《屬篥歌》均巧于形容。前诗云:

佶栗金虬石潭古,勺陂潋滟幽修语。湘君宝马上神云,碎佩丛铃满烟雨。吾闻三十六宫花离离,软风吹春星斗稀。玉晨冷磬破昏梦,天露未干香著衣。兰钗委坠垂云发,小响丁当逐回雪。晴碧烟滋重叠山,罗屏半掩桃花月。太平天子驻云车,龙炉勃郁双蟠拏。宫中近臣抱扇立,侍女低鬟落翠花。乱珠触续正跳荡,倾头不觉金乌斜。我亦为君长叹息,缄情远寄愁无色。莫沾香梦绿杨丝,千里春风正无力。

《屬篥歌》写法与之类似,意蕴则较为明显:

蜡烟如蠹新蟾满,门外平沙草芽短。黑头丞相九天归,夜听飞琼吹朔管。情远气调兰蕙薰,天香瑞彩含絪缊。皓然纤指都揭血,日暖碧霄无片云。含商咀徵双幽咽,软縠疏罗共萧屑。不尽长圆叠翠愁,柳风吹破澄潭月。鸣梭淅沥金丝蕊,恨语殷勤陇头水。汉将营前万里沙,更深一一霜鸿起。十二楼前花正繁,交枝簇蒂连璧门。景阳宫女正愁绝,莫使此声催断魂。

庭筠精通音律,故对击瓯、吹觱篥所传出之音乐意境有较常人更细微入妙之感受。二诗所用的手法虽亦唐人咏乐诗常用之博喻,但其对乐境的体味感受与引发之联想则更具有知音者的特点。

第六节　游仙类

庭筠游仙类乐府仅二首,全仿李贺。《晓仙谣》尤为典型的长吉体:

玉妃唤月归海宫,月色澹白涵春空。银河欲转星靥靥,碧浪叠山埋早红。宫花有露如新泪,小苑丛丛入寒翠。绮阁空传唱漏声,网轩未辨凌云字。遥遥珠帐连湘烟,鹤扇如霜金骨仙。碧箫曲尽彩霞动,下视九州皆悄然。秦王女骑红尾凤,半空回首晨鸡弄。雾盖狂尘亿兆家,世人犹作牵情梦。

此诗构思仿李贺之《梦天》,造境则仿贺之《天上谣》,点眼处在题内"晓"字。前四句写月没星稀,红日将出。起句"玉妃唤月归海宫"即写出神仙驱遣日月之神功,颇有童话意趣。"碧浪叠山埋早红"写海上日出前景象,真切生动,"埋"字与起句"唤"字,用字亦有奇趣。"宫花"四句写天宫晓景:宫花含露,苑树丛翠,绮阁传漏,网轩尚暗,均为天宫中仙人尚高卧未起时景象。"遥遥"四句,写仙人已起,珠帐已搴,鹤扇手持,碧箫曲尽,彩霞缭绕,然下视人间仍一片悄然。末四句于众仙之中独标骑凤登仙之秦娥弄玉,以其"半空回首"所见所感点明全篇主旨。"雾盖狂尘亿兆家,世人犹作牵情梦",盖以天上仙人之悠闲潇洒反衬尘世之浑浊拘牵。想象不及长吉之新奇,而语涩意晦之弊则颇似之,诗中"小苑"句、"网轩"句、"遥遥"句均不免此弊。

《水仙谣》明写"水仙",实指道流:

> 水客夜骑红鲤鱼,赤鸾双鹤蓬瀛书。
> 轻尘不起雨新霁,万里孤光含碧虚。
> 露魄冠轻见云发,寒丝七柱香泉咽。
> 夜深天碧乱山姿,光碎平波满船月。

前四句写夜间清景。"水客"二句,点明其"水仙"身份。"夜骑红鲤鱼"用琴高乘赤鲤故事,实暗指其乘船,末句有"满船"字可证。三、四句写雨霁月出,万里碧空,孤月高悬,清光普照,清景如画。五、六句写其焚香弹琴,琴声幽咽,情调清冷。"露魄冠轻见云发",正是道流妆饰。七、八句写夜深明月满船,微风荡波,光景细碎,山影零乱。动中见静,境尤幽绝。此"水仙"盖即隐于江湖之道流。

总起来看,温庭筠的乐府可以概括为以下几点:

一、题材及内容以怀古咏史与爱情风怀为主,边塞游侠、记游写景次之。

二、体裁绝大部分为七言古体,或以七言为主的杂言体,五言较少。

三、体制上多为新题乐府,沿用旧题者数量很少。郭茂倩《乐府诗集》卷一百《新乐府辞》将温庭筠的三十二首乐府均标为"乐府倚曲"。有的学者从"倚曲"二字着眼,详引有关文献材料,认为这些作品是温庭筠根据乐曲作的乐府歌词(详见吴相洲《唐诗创作与歌诗传唱关系研究》365—370页),这个意见值得重视。但这些作品既为据内容题材而命题之新乐府辞,在温氏之前当无相应的乐曲,所倚之曲或为温氏自创。则三十二首歌词便应有三十二支乐曲相配,温氏是否作过这么多的自度曲,还须作进一步的考索。且温氏乐府多数学李贺,声调拗涩之句颇多,是否适合配乐歌唱,也值得进一步考虑。①

四、风格上以华美繁艳为主,亦偶有风格清新明丽或声情悲壮之作。

五、表现手法上多渲染氛围,创造意境,很少叙述事件、表现人物,这方面与白居易等人的新乐府有明显区别。

六、在传承关系上以学习李贺为主,间亦受李白乐府影响,其中《醉歌》《公无渡河》《昆明治水战词》《达摩支曲》《钱塘曲》《春江花月夜词》等篇,受李白影响尤为显著。钱锺书谓:"温飞卿乐府出入太白、昌谷两家,诡丽惝恍。"(《谈艺录》46页)此外,学习模仿南朝乐府民歌对爱情的歌咏及其修辞手法也是其渊源的一个重要方面。

七、诗中涉及的地域以江南(特别是吴地)为多,当与其旧居吴中有关,也与其怀古咏史之作多咏东晋南朝人事、爱情风怀之作多模仿江南民歌有关。

乐府诗是温庭筠诗歌创作用力的重点,也体现了其风格的重要方面。但其总体成就未必是最高的。平心而论,温氏乐府除少量杰作(如《侠客行》《达摩支曲》《春江花月夜词》)之外,无论是学李贺、学南朝民歌之作,通体完美的不多。特别是学李贺之作,既缺乏奇警之想象力,亦少极富创造性的奇诡冷艳的语言风格意境,对唐代衰亡趋势缺乏超前敏感,对时代现实之黑暗感受不深。这一切都使温氏乐府学长吉往往袭貌而遗神,感情的真挚度、浓烈度及冲击力不免逊色。学南朝民歌之作亦时见芜杂而散漫,乏通体完美、一气呵成之作。

---

① "倚"字本有"和着乐曲(歌唱)"之义。《史记·张释之冯唐列传》:"使慎夫人鼓瑟,上自倚瑟而歌。"司马贞《索隐》:"谓歌声合于瑟声,相依倚也。"但这只表明温氏希望自制之三十二乐府有乐曲与其相配,以便传之广远,不等于已有乐曲与之相配,犹白居易《新乐府序》:"其体顺而肆,可以播之乐章歌曲也。"表达的是愿望,而非既成之事实。且以此与原为古乐府者相区别。

但学习民歌风格却使他创作出了一批清畅明丽、结尾富于韵味之作(如《春晓曲》《苏小小歌》),这也是事实。从艺术成就看,其诗歌创作的代表仍是其近体诗,特别是他的七律。五律与七绝也颇多佳作。①

---

① 葛晓音教授新作《温庭筠乐府效法"长吉体"的取向》(载《中国文化研究》2023年10月号),对温氏乐府艺术上的创新有许多新见,可补正拙撰之不足。

第二章　温庭筠的近体诗

温庭筠的近体诗(包括五律、七律、五言排律、七言排律、五绝、七绝、六言律诗七体),共二百五十余首。其中数量最多的是五律和七律,七绝次之。这实际上也是其诗歌创作中艺术成就最高的三种体裁。以下分别论述。①

第一节　温庭筠的七律

温庭筠现存七律八十四首,是晚唐重要诗人中写七律较多的名家。但历代诗评家除对他的《苏武庙》《经五丈原》《过陈琳墓》等咏史七律普遍给予较高评价,认为可与义山咏史七律相抗衡以外,对其他题材的七律大都比较忽视,甚至往往以有词无情、华而不实讥评之,这种看法和评价比较片面。

先看他的咏史七律。这类诗共六首,即上举最负盛名的三首七律及《马嵬驿》《马嵬佛寺》《过新丰》,数量较同时代的李商隐、许浑都要少得多,但却篇篇可读。其中最具艺术个性的首推《过陈琳墓》:

　　　曾于青史见遗文,今日飘零过古坟。
　　　词客有灵应识我,霸才无主始怜君。

---

① 为避免与诗选注评说重复,凡选注评说选入之作品,此章只略提。以下各章处理方式同此。

> 石麟埋没藏春草,铜雀荒凉对暮云。
> 莫怪临风倍惆怅,欲将书剑学从军。

庭筠《蔡中郎坟》云:"今日爱才非昔日,莫抛心力作词人。"正可为《过陈琳墓》的意蕴作一注脚。这两首诗均为庭筠归吴中旧乡期间所作,《过陈琳墓》作于会昌元年暮春由长安赴吴中途中,《蔡中郎坟》作于会昌三年春由吴中返长安途中,也可说明其思想内容的一致性。

《苏武庙》也是诗评家评点得很多的温氏七律名篇:

> 苏武魂消汉使前,古祠高树两茫然。
> 云边雁断胡天月,陇上羊归塞草烟。
> 回日楼台非甲帐,去时冠剑是丁年。
> 茂陵不见封侯印,空向秋波哭逝川。

《经五丈原》所吟咏的对象是历史上杰出的人物,但蕴含的思想感情却非通常的追缅赞颂:

> 铁马云雕久绝尘,柳阴高压汉营春。
> 天晴杀气屯关右,夜半妖星照渭滨。
> 下国卧龙空误主,中原逐鹿不因人。
> 象床锦帐无言语,从此谯周是老臣。

以上三首咏史七律,都以吟咏历史上著名的人物为题材,所表现的思想感情则各不相同,有的旨在抒发自己生不逢时、霸才无主的感慨,有的主要表现杰出人物对故国故君的忠诚,有的则表现才智之士无法挽救国运的无奈,但有一点是共同的,即借对历史人物的歌咏表现自己的遭际与感慨,这和李商隐的咏史诗重在以古鉴今、借古喻今、托古讽今,深寓讽诫之意有明显区别。即使像马嵬事变这种吟本朝史事的题材,在温庭筠笔下,也与李商隐的《马嵬二首》有明显不同。其《马嵬驿》云:

> 穆满曾为物外游,六龙经此暂淹留。
> 返魂无验青烟灭,埋血空生碧草愁。
> 香辇却归长乐殿,晓钟还下景阳楼。
> 甘泉不复重相见,谁道文成是故侯。

晚唐李商隐、杜牧、温庭筠、许浑四家,均有咏古之作。义山咏史多针对现实,深寓政治鉴戒之意;牧之好发议论,每于咏古中抒发对历史人事的独到见解;飞卿则往往借咏史抒写自己的怀才不遇之感和对历史上杰出人物的景仰、惋惜之情;用晦多怀古之什,于凭吊古迹之中寓盛衰兴亡之慨。

庭筠七律中更多个人抒怀之作,其中颇有能显示其积极用世的人生态度者,如上编第六章已经提到的《郊居秋日有怀一二知己》抒发自己怀抱经济之策,"不将心事许烟霞"的人生态度,即属此类。此外如《和友人题壁》:

> 冲尚犹来出范围,肯将轻世作风徽?
> 三台位缺严陵卧,百战功高范蠡归。
> 自欲一鸣惊鹤寝,不应孤愤学牛衣。
> 西州未有看棋暇,砌户何由得掩扉?

此诗颇能见诗人之用世情怀。起联即赞其自幼志超凡俗,不愿以避世轻世作为美德风范。颔联用严光、范蠡故事,均不取其避世一面,谓三公位缺,正等待高卧严陵的高士严光出仕;百战功成,范蠡始归隐于江湖,强调出仕建功方能归隐。腹联谓当一鸣惊人,建不世之功业,不应牛衣对泣,徒怀孤愤之情。尾联更以谢安之功业期许,谓尚未如谢安之围棋赌墅,从容破敌,建不朽之功勋,何能隐居涧户,掩柴扉而避世?既是对友人的勉励,也是对自己的期许。这种积极用世的情怀,在《山中与诸道友夜坐闻边防不宁因示同志》这首七律中有同样鲜明的表现:

> 龙砂铁马犯烟尘,迹近群鸥意倍亲。
> 风卷蓬根屯戊己,月移松影守庚申。
> 韬钤岂足为经济,岩壑何尝是隐沦?
> 心许故人知此意,古来知者竟谁人。

首联谓值此边防不宁、胡骑入侵之际,己与道友方迹近群鸥,忘机山中。颔联分别承一、二句,谓边将屯兵御寇,己与道友学道松下。腹联一篇主意,谓单凭军事韬略岂能经世济时,居于岩壑如我辈者又岂是真正的隐士?盖谓己虽学道山中,实深怀经世济时的怀抱与才能。尾联承五、六句,谓道友乃深知我之心志者。颔联以"戊己"与"庚申"作对,似巧实拙,庭筠高处不在此。

诗人虽深怀用世之情,但现实遭遇却是长期陷于坎坷困顿,因此诗中更常见的是抒发仕隐两失的苦闷,《春日偶作》在这方面颇有代表性:

> 西园一曲艳阳歌,扰扰车尘负薜萝。
> 自欲放怀犹未得,不知经世竟如何。
> 夜闻猛雨判花尽,寒恋重衾觉梦多。
> 钓渚别来应更好,春风还为起微波。

庭筠七律中颇多怀旧伤悼之作,风格清丽秀整,饶有情韵。除上编第六章

已列举的伤悼亡友李羽的几首七律(《李羽处士故里》《经李征君故居》)外,以下诸诗也写得相当出色。《题崔公池亭旧游》:

> 皎镜芳塘菡萏秋,此来重见采莲舟。
> 谁能不逐当年乐,还恐添成异日愁。
> 红艳影多风袅袅,碧空云断水悠悠。
> 楼前依旧青山色,尽日无人独上楼。

庭筠另一首歌咏爱情的七律《经旧游》,亦写重访旧地不见伊人,风格却与上首之清丽婉转不同,显得绮丽浓艳:

> 珠箔金钩对彩桥,昔年于此见娇娆。
> 香灯怅望飞琼鬓,凉月殷勤碧玉箫。
> 屏倚故窗山六扇,柳垂寒砌露千条。
> 坏墙经雨苍苔遍,拾得当时旧翠翘。

庭筠七律中有好几首悼亡诗,多为同情友人之作,其中同样渗透了浓重的怀旧情绪。《晚坐寄友人》:

> 九枝灯在琐窗空,希逸无聊恨不同。
> 晓梦未离金夹膝,早寒先到石屏风。
> 遗簪可惜三秋白,蜡烛犹残一寸红。
> 应卷虾帘看皓齿,镜中惆怅见梧桐。

此寄友人诗,悲悼之意明显。然悲悼之主体究竟为友人或诗人自己,悲悼之对象究竟为朋友或所爱女子,则须结合用典、用语及全篇意蕴细加体味。悲悼之主体,初看似指诗人自己,然尾联"应卷虾帘看皓齿,镜中惆怅见梧桐",一"应"字透露出此系对友人境况行为心理之推想,亦透露前三联所写情景均为对友人境况之悬拟想象。故悲悼之主体乃友人而非自身。悲悼之对象从次句用谢庄《月赋》陈思王曹植"初丧应(场)、刘(桢)"看,似有可能指男性朋友,然就全篇细加寻绎,则当指所爱女子。尾联"皓齿"之语、"梧桐"之喻尤为明显。首句"九枝灯在琐窗空"实暗用沈约《伤美人赋》:"思佳人兮未来,望余光而踯躅。拂螭云之高帐,陈九枝之华烛。虚翡翠之珠被,空合欢之芳褥。"谓九枝华灯犹在而房室已空,暗示室中人已亡故。次句用谢庄《月赋》,亦取其"美人迈兮音尘阙"之字面,而反用其"隔千里兮共明月"之语,谓生死相隔,恨从此不能同对明月,故意绪无聊,精神无所依托。如解为伤悼亡友,虽于此句似可通,而与上句"琐窗空"及所含"伤美人"之意则不合,颔联极状独居寂寞凄寒情景。"未离金夹膝"者,惟有金夹膝①为伴也;"先到石屏风"者,室空人杳,故觉早寒之先到也。腹联谓伊人之遗簪,三秋仍白,而人已不在,故曰"可惜",且含典故中"不忘故"之意。"蜡烛"句既是对友人长夜寂寞情景的想象,亦暗寓其如蜡烛之长夜垂泪,形销骨立,惟余"一寸红"而思念悲悼之情未已。尾联以一"应"字点醒全篇均为对友人悼亡后境况之想象,谓友人于恍惚中欲卷帘而看日思夜想之"皓齿"美人,而镜中所映现者唯"半死半生"之"梧桐"而已,惆怅之情,其能已耶!李商隐《上河东公启》云:"某悼伤以来,光阴未已。梧桐半死,才有述哀;灵光独存,且兼多病。"此"梧桐"用枚乘《七发》"龙门之桐,高百尺而无枝,其根半死半生",以"半死半生"之"梧桐"喻丧偶之痛,可证温诗中之"梧桐"即丧偶友人形销骨立之身影。故此诗当是同情友人丧偶之作。另有《和友人伤歌姬》,亦同类性质的作品:

---

① 以金属制成之笼状消暑器物,置床席间以憩手足。

月缺花残莫怆然,花须终发月终圆。

更能何事销芳念,亦有浓华委逝川。

一曲艳歌留婉转,九原春草妒婵娟。

王孙莫学多情客,自古多情损少年。

首联以花月借喻,谓月缺花残,自古皆然,且莫悲怆;花终再发月亦重圆,生活终能回归美满之境。盖慰其莫因所爱歌姬之逝而过于悲怆。颔联谓友人之怀念不知何事方能使之消解,然即使华如桃李亦终有委谢随水流逝之时。上句放,下句收,宛转有致。腹联分赞歌姬之色与艺,此正友人之所以不能忘情者。尾联则劝其莫过于多情,以免因伤悼亡姬而损少年之容颜。

无论是伤悼故交,同情友人失去爱侣,或是对已经逝去的爱情的怀念,题材有别,却都渗透浓重的怀旧情愫,表现出作者笃于友情、爱情的品性。

庭筠七律中一部分记游写景之作,写得也相当成功。其中《利州南渡》尤为著称:

澹然空水带斜晖,曲岛苍茫接翠微。

波上马嘶看棹去,柳边人歇待船归。

数丛沙草群鸥散,万顷江田一鹭飞。

谁解乘舟寻范蠡,五湖烟水独忘机。

《回中作》则展示了北方边塞地区的特征性景色:

苍莽寒空远色愁,呜呜戍角上高楼。

吴姬怨思吹双管,燕客悲歌别五侯。

千里关山边草暮,一星烽火朔云秋。

夜来霜重西风起,陇水无声噎不流。

山水景物在温庭筠的七律中常有生动的描绘,如《开圣寺》:

路分溪石夹烟丛,十里萧萧古树风。
出寺马嘶秋色里,向陵鸦乱夕阳中。
竹间泉落山厨静,塔下僧归影殿空。
犹有南朝旧碑在,耻将兴废问休公。

寺在荆州。此游南朝古寺,见坏陵旧碑,有感于兴废之事而作。曰"耻将兴废问休公",盖因南朝政权多次更迭,兴废不常,总缘统治者耽于佚乐,佞信佛教,屡蹈前朝覆辙,故"耻问"之。虽略有感慨,但感情并不沉重。游赏一路秋景,迤逦写来,别具清畅流美的情致风调,虽为律体,颇近古风。前幅写景可以入画,当然是移步换形,活动中的画。此诗系咸通二年秋在荆南萧邺幕时作。《盘石寺留别成公》则为会昌元年自长安归吴中旧乡途中之作:

槲叶萧萧带苇风,寺前归客别支公。
三秋岸雪花初白,一夜林霜叶尽红。
山叠楚天云压塞,浪遥吴苑水连空。
悠然旅榜频回首,无复松窗半偈同。

庭筠长于偶对,善为丽句,七律中颇多佳联。除上举诸诗外,像下列各联:

野船着岸偎春草,水鸟带波飞夕阳。

——《南湖》

镜中有浪动菱蔓,陌上无风飘柳花。

——《春日野行》

风翻荷叶一向白,雨湿蓼花千穗红。

——《溪上行》

丝飘弱柳平桥晚,雪点寒梅小院春。

——《知道溪居别业》

猴岭参差残晓雪,洛波清浅露晴沙。

——《寄分司元庶子兼呈元处士》

红珠斗帐樱桃熟,金尾屏风孔雀闲。

——《偶游》

三秋梅雨愁枫叶,一夜篷舟宿苇花。

——《西江上送渔父》

三春月照千山路,十日花开一夜风。

——《春日将欲东归寄新及第苗绅先辈》

一院落花无客醉,五更残月有莺啼。

——《经李征君故居》

庙前晚色连寒水,天外斜阳带远帆。

——《老君庙》

日丽九门青锁闼,雨晴双阙翠微峰。

——《休浣日西掖谒所知因成长句》

满座山光摇剑戟,绕城波色动楼台。

——《河中陪帅游河亭》

苍苔路熟僧归寺,红叶声干鹿在林。

——《宿云际寺》

莲浦香中离席散,柳堤风里钓船横。

——《寄崔先生》

全为清新明丽、富于画面美的写景佳联,无一抒情语,这和义山七律长于言情、短于写景,多深情绵邈之句明显不同。

总的来说,温氏七律长于写景,风格以清丽婉畅为主,间有浓丽之作,但不占主要地位,与他的乐府以浓丽为主有别。

第二节 温庭筠的五律

温庭筠的五律共八十七首,数量与其七律大体相当,但佳作则较七律少得多。贺裳《载酒园诗话·温庭筠》曾摘其五律佳句云:

> 短律尤多警句,如《题卢处士居》:"千峰随雨暗,一径入云斜。"《赠越僧岳云》:"一室故山月,满瓶秋涧泉。"《题采药翁草堂》:"衣湿木棉(按:'木棉'当作'术花')雨,语成松岭烟。"《题造微禅师院》:"照竹灯和雪,看松月到衣。"《卢氏池上遇雨赠同游者》:"萍皱风来后,荷喧雨到时。"清不减贾(岛),润更过之。世徒赏其"鸡声茅店月,人迹板桥霜",殊未尝全鼎之味。又《巫山神女庙》曰:"晓峰眉上色,春水脸前波。"尤峭刻可喜。

其实,像贺氏举出的佳联,庭筠五律中还有不少,如《春日野行》:"蝶翎朝粉尽,鸦背夕阳多。"《初秋寄友人》:"夜琴知欲雨,晓簟觉新秋。"《早秋山居》:"树凋窗有日,池满水无声。"《送淮阴孙令之官》:"鱼盐桥上市,灯火雨中船。"《赠楚云上人》:"有伴年年月,无家处处山。"《送僧东游》:"灯影秋江寺,篷声夜雨船。"《宿沣曲僧舍》:"沃田桑叶晚,平野菜花春。"《月中宿云居寺上方》:"霭尽无林色,喧余有涧声。"《题中南佛塔寺》:"涧苔侵客屦,山雪入禅衣。"《登卢氏台》:"台高秋尽出,林断野无余。"这些佳联,亦多为写景,且均用白描,不但境界清迥,而且语言圆润,贺氏用"清""润"二字评点,可谓切当。从中可以看出诗人对自然景物敏锐细致的观察、感受、捕捉能力,以及驾轻就熟的表现能力。但上述诸例,大都有句无篇,虽一联一句颇称精彩,全篇不免平平。此实亦中晚唐五律的通病。比较出色的佳篇,仍推《商山早行》《送人东游》。前诗系作者离长安鄠杜郊居经商山南行途中所作:

> 晨起动征铎,客行悲故乡。
> 鸡声茅店月,人迹板桥霜。
> 槲叶落山路,枳花明驿墙。
> 因思杜陵梦,凫雁满回塘。

《送人东游》约作于咸通二年秋在荆南幕为从事时,也是温氏五律中的上品:

> 荒戍落黄叶,浩然离故关。
> 高风汉阳渡,初日郢门山。
> 江上几人在,天涯孤棹还。
> 何当重相见,尊酒慰离颜?

此外,如《鄠郊别墅寄所知》,虽律体而颇具古澹之致:

> 持颐望平绿,万景集所思。
> 南塘遇新雨,百草生容姿。

> 幽鸟不相识，美人如何期？
> 徒然委摇荡，惆怅春风时。

《寄山中友人》与此诗气韵相近：

> 惟昔有归趣，今兹固愿言。
> 啸歌成往事，风雨坐凉轩。
> 时物信佳节，岁华非故园。
> 固知春草色，何意为王孙？

以上二诗，可称温诗别调，亦可称高格。

《宿友人池》（一作《送人游淮海》）则写得清畅流美，是温氏本色：

> 背窗灯色暗，宿客梦初成。
> 半夜竹窗雨，满池荷叶声。
> 簟凉秋阁思，木落故山情。
> 明发又愁起，桂花溪水清。

以上所举各首，是温氏五律中整体比较匀称，不单以一联一句擅胜者。可以看出其五律走的基本上是清畅明丽一路，而非以浓艳典丽取胜者。

第三节　温庭筠的绝句

温庭筠七绝共四十九首（包括《杨柳枝八首》《新添声杨柳枝辞二首》），五绝四首。在晚唐名家中，其七绝的成就虽不如同时代的杜牧和李商隐，但也有一些写得很不错的佳篇。其中《瑶瑟怨》是脍炙人口之作：

> 冰簟银床梦不成，碧天如水夜云轻。
> 雁声远过潇湘去，十二楼中月自明。

含蓄空灵，清音渺思。而其《赠少年》却纯属另一种风格：

> 江海相逢客恨多，秋风叶下洞庭波。
> 酒酣夜别淮阴市，月照高楼一曲歌。

《弹筝人》则抒发了浓重的时代盛衰之慨，在温氏诗作中比较少见：

> 天宝年中事玉皇，曾将新曲教宁王。
> 钿蝉金雁今零落，一曲《伊州》泪万行。

《蔡中郎坟》所抒发的是衰颓时世的文士怀才不遇的感慨，与《弹筝人》之感慨深沉不同，表情直截而愤激：

> 古坟零落野花春，闻说中郎有后身。
> 今日爱才非昔日，莫抛心力作词人。

此诗主旨与《过陈琳墓》一脉相承，而感情强度则过之。就构思看，由于用才高被害的蔡邕作为"今日"统治者弃才毁才的反衬，不但揭露深刻，构思也新颖不落俗套。

对统治者打击迫害有功于社稷的大臣的批判，《题李相公敕赐锦屏风》表现

得同样强烈:

> 丰沛曾为社稷臣,赐书名画墨犹新。
> 几人同保山河誓,犹自栖栖九陌尘。

以上数首七绝佳作,或表现诗人对统治者贬逐功臣、毁弃才士的不满,或抒发深沉的时代盛衰之慨,或反映江海漂泊的遭际,感情比较愤激,感慨比较深沉,与《瑶瑟怨》之清音渺思、空灵含蓄显然有别。下面所举的两首,则以朴素的语言写羁旅感受与郊居风光,又是一种风格。如《过分水岭》:

> 溪水无情似有情,入山三日得同行。
> 岭头便是分头处,惜别潺湲一夜声。

《鄠杜郊居》:

> 槿篱芳援近樵家,垄麦青青一径斜。
> 寂寞游人寒食后,夜来风雨送梨花。

庭筠的七绝就数量与质量的比例而言,实胜过其五律。五律数量虽多,但工于一联一句的作品多而全璧少,七绝则通篇匀称且有情韵的作品占了相当大的比例。这是因为五律要做到通体完整匀称又有佳联警句,难度较大,须有精密的构思和高超的艺术功力,而七绝则可凭一时的兴会,只要有诗意的感受与朴素自然的表现手法亦可构成佳篇。

与七绝相比,庭筠的五绝数量甚少(仅四首),唯一值得称道的是《碧涧驿晓思》:

> 香灯伴残梦,楚国在天涯。
>
> 月落子规歇,满庭山杏花。

此诗抒写羁旅途中夜宿山驿,清晨残梦初醒时之瞬间景象与感触。从次句看,"残梦"的内容乃梦回江南吴中故乡。三句"月落子规歇"更暗示夜闻子规啼月时所触动的萦回乡思。妙在末句以景结情,但书此际即目所见之"满庭山杏花",而诗人面对此景象时所引起的感触与联想,则不着一字,任人自领,别具一种朦胧淡远的情致与韵味,这种表现手法,最近词中的小令。此诗之意境与韵味,亦纯然是词的意境韵味。碧涧驿当是离其吴中旧乡较远的某地山驿,具体所在未详。

《杨柳枝八首》与《新添声杨柳枝辞二首》将在温庭筠诗选中解说。

除七律、五律、绝句外,温庭筠的五言排律数量虽不算少,且有数十韵乃至百韵的长篇,但这些诗除《书怀百韵》《感旧陈情五十韵》二首可考见其家世和经历遭际外,艺术上大都平平不足道,与同时的李商隐五言排律相比,艺术水准相去甚远。倒是唯一的一篇七言排律《秘书省有贺监草题诗笔力遒健风尚高远拂尘寻玩因有此作》写得比较出色:

> 越溪渔客贺知章,任达怜才爱酒狂。鸂鶒苇花随钓艇,蛤蜊菰菜梦横塘。几年凉月拘华省,一宿秋风忆故乡。荣路脱身终自得,福庭回首莫相忘。出笼鸾鹤归辽海,落笔龙蛇满坏墙。李白死来无醉客,可怜神彩吊残阳。

第三章 温庭筠的诗①

第一节 温诗的思想内容

作为晚唐前期的重要诗人,温庭筠的诗歌在思想内容上有以下几个主要的方面:

首先,是抒写自己积极用世的情怀、坎坷困顿的境遇和怀才不遇的感慨。温庭筠一生,经历遭遇较之同时代的杜牧、李商隐,尤为坎坷困顿。杜牧不但出身高门,历任州郡刺史,晚年还以考功郎中知制诰,迁中书舍人。这种词臣的身份,在晚唐文人眼中,已属荣显之职,甚至成为某些文人终生追求的目标②。李商隐虽说一生处于悲剧性的漩涡之中,"虚负凌云万丈才"(崔珏《哭李商隐》),但早年即登进士第,任过秘书省校书郎、正字这类清职。虽辗转寄幕,毕竟还得到过监察御史的宪衔。而温庭筠一生屡次参加科举考试,却始终未曾登第。到大中九年最后一次参加进士试时,已是五十五岁的老人。而且此后两遭贬谪,最后冤死贬所。这样悲惨的经历遭遇,在晚唐重要诗人中,可谓无出其右者。但尽管如此,温庭筠却经常怀着经世济时的抱负和积极用世的态度。他在诗中

---

① 温诗系采取先分体概述,后总论,再作诗注释选讲的方式。
② 温庭筠大中六年有《上杜舍人启》,谓"陆机行止,惟系张华;孔阎文章,先投谢朓。遂得名高洛下,价重江南"。希望得到杜牧的揄扬。李商隐在《留赠畏之》中则歌美韩瞻"中禁词臣寻引领"。

一再表明自己"经济怀良画,行藏识远图"(《书怀百韵》),"自笑谩怀经济策,不将心事许烟霞"(《郊居秋日有怀一二知己》),宣称"韬钤岂足为经济,岩壑何尝是隐沦"(《山中与诸道友夜坐闻边防不宁因示同志》)。《题西明寺僧院》说自己目前虽如寒鸦绕树,无枝可依,但坚信终能得到当权重才者的赏识:"自知终有张华识,不向沧洲理钓丝。"在《和友人题壁》一诗中,反对将"轻世作风徽"的人生态度,向往范蠡之百战功成方归隐五湖的人生追求,希望能像谢安那样,于大敌当前之际,镇定自若,胸有胜算,决胜于千里之外,"西州未有看棋暇,铜户何由得掩扉",表达的正是这种建不世之功成方能全身而退的积极用世情怀。在晚唐衰颓时世文人普遍对时代抱悲观态度,对事功的向往追求较前大为消减的情况下,温庭筠的这种人生态度显得比较突出①。正是这种人生追求,使他在几十年中屡败屡战,始终不放弃从政的努力。

由于其实际遭遇与追求抱负之间形成极大的反差,因此其诗作中抒写自己困顿坎坷遭遇和怀才不遇感慨的篇章占了相当大的比重。《书怀百韵》这首长诗便集中反映了开成四年"等第罢举"前后他所遭到的诬蔑和攻击,诗中写道:

> 适与群英集,将期善价沽。叶龙图夭矫,燕鼠笑胡卢。赋分知前定,寒心畏厚诬。蹑尘追庆忌,操剑学班输。文囿陪多士,神州试大巫。对虽希鼓瑟,名亦滥吹竽。正使猜奔竞,何尝计有无。

从"畏厚诬""猜奔竞"等词语中可以看出,在参加京兆府试前,诗人已有忧谗畏讥的心理预期。果不其然,这次京兆府试,虽然"荐名居其副",却终于被剥夺了明春参加礼部进士试的资格。诗中还一再说到"爱憎防杜挚,悲叹似杨朱""有

---

① 他的乐府诗《塞寒行》说:"心许凌烟名不灭,年年锦字伤离别。彩毫一画竟何荣,空使青楼泣成血。"对麟阁题名图像的荣名追求表示否定,是因为它与个人的家庭幸福有尖锐矛盾,表现的是晚唐时代的社会心理。这与温庭筠自己积极的人生追求并不矛盾。

气干牛斗,无人辨辘轳""积毁方销骨,微瑕惧掩瑜"一类的话,透露有杜挚这样的小人对他横加毁谤,致使他虽如宝剑之气冲斗牛,却沉埋不显。在《感旧陈情五十韵》这首长诗中,他再次向淮南节度使李绅诉说自己转蓬漂泊、怀才不遇的坎坷经历:

> 有客将谁托,无媒窃自怜。抑扬中散曲,漂泊孝廉船。未展干时策,徒抛负郭田。转蓬犹邈尔,怀橘更潸然。投足乖蹊径,冥心向简编。未知鱼跃地,空愧《鹿鸣》篇。稷下期方至,漳滨病未瘳。定非笼外鸟,真是壳中蝉。

诗人的怀才不遇之感,不但采取这种直接抒怀的方式,还往往通过咏史吊古的方式加以宣泄,如《过陈琳墓》:

> 曾于青史见遗文,今日飘零过此坟。
> 词客有灵应识我,霸才无主始怜君。

《蔡中郎坟》:

> 今日爱才非昔日,莫抛心力作词人。

《过孔北海墓二十韵》:

> 蕴策期干世,持权欲反经。激扬思壮志,流落叹颓龄。……木秀当忧悴,弦伤不底宁。矜夸遭斥鹖,光彩困飞萤。

由自己的怀才不遇,联及现实政治中功高无赏,甚至反受迫害的现象,诗人也往往深表不平。《赠蜀将》:

> 十年分散剑关秋,万事皆随锦水流。
> 心气已曾明汉节,功名犹自滞吴钩。
> 雕边认箭寒云重,马上听笳塞草愁。
> 今日逢君倍惆怅,灌婴韩信尽封侯。

题下自注:"蛮入成都,颇著功劳。"大和三年十一月,南诏大举入侵,十二月陷成都外郭,将行,大掠子女、百工数万人及珍货南去,蜀人恐惧,往往赴江,流尸塞江而下。在这次南诏入侵的过程中,蜀将曾颇著功劳。按理事后应论功行赏,加以重用。但十余年之后,"功名犹自滞吴钩",没有得到升迁,而其他将领则纷纷得到爵赏。诗人大和四年入蜀时见到这位"颇著功劳"的蜀将,十年后于边地重逢,依然留滞不迁,为之深感不平。蜀将这种有功无赏的情况,在当时并非孤立的事例。《伤温德彝》所揭示的正是类似的情事:

> 昔年戎虏犯榆关,一败龙城匹马还。
> 侯印不闻封李广,别人丘垄似天山。

诗借汉喻唐,谓汉之飞将军李广在镇守北边时,曾大败来犯的匈奴,建立殊功,然却终身未曾封侯;而霍去病则死后陪葬茂陵,丘垄高似祁连山,以借伤温德彝有功而无赏的不平遭遇。有功无赏是怀才不遇的另一种表现形式。一般的怀才不遇,其才往往未见于事功;而有功无赏者之才已见于事功,但却得不到应有的封赏,这是更令人扼腕的怀才不遇。

有功者不但无赏,甚至遭到贬逐迫害,诗人对这种现象更深表愤激,这在

《题李相公敕赐锦屏风》一诗中有鲜明的表现。这种批判,和诗人的怀才不遇的思想感情有内在的联系。

其次,是对羁旅行役生活和各地风光景物的描写。庭筠一生,除早岁居于吴中旧乡,中年起寓居鄠郊外,经常外出羁游,其出塞和游幕生活也属于羁游的一部分。反映羁游生活的诗,内容除思念家乡、亲人外,还有不少对各地景物、风情的生动描写。这部分作品,不但数量相当多,且有不少富于情韵的佳篇。《商山早行》作为描写羁旅生活的名篇,历代流传,早已成为诗人的代表性作品。此外,如《钱塘曲》《锦城曲》《常林欢歌》《回中作》《利州南渡》《南湖》《过分水岭》等诗,都在抒写羁旅行役的同时对各地风光景物有生动鲜明的描写,这在此前已分别作过评说。《溪上行》《却经商山寄昔同行友人》《途中有怀》《旅次盱眙县》《西游书怀》《旅泊新津却寄一二知己》《过潼关》《河中陪帅游河亭》《途中偶作》《盘石寺留别成公》《江上别友人》等,也写得各具特色。如《途中有怀》:

> 驱车何日闲,扰扰歧路间。
> 岁暮自多感,客程殊未远。
> 亭皋汝阳道,风雪穆陵关。
> 腊后梅花发,谁人在故山?

汝阳,唐蔡州县名,今河南汝南县;穆陵关,在光州、黄州交界处,一名木陵关。此岁暮仆仆于道途,有怀故山(当指吴中旧乡)之作。与那些以描写旅途景物为主的羁游之作不同,本篇主要抒写羁旅的辛苦和思乡之情,清畅流美,不乏情韵。《旅次盱眙县》也属于同类性质的作品:

> 离离麦擢芒,楚客意偏伤。

> 波上旅愁起，天边归路长。
>
> 孤槎投楚驿，残月在淮樯。
>
> 外杜三千里，谁人数雁行？

羁旅愁思和对鄠杜郊居及兄弟的思念相互交融。而《却经商山寄昔同行友人》则以抒写人生感悟为主：

> 曾读《逍遥》第一篇，尔来无处不恬然。
>
> 便同南郭能忘象，兼笑东林学坐禅。
>
> 人事转新花烂熳，客程依旧水潺湲。
>
> 若教犹作当时意，应有垂丝在鬓边。

此重经商山有感于庄子逍遥之旨，作此以寄昔日同行经此之友人。起联谓己曾读《庄子·逍遥游》之篇，深悟其"无待""无己"绝对自由地遨游于永恒的精神世界之哲理，从此无时无地不感到心境恬然。颔联承"逍遥""恬然"作进一步发挥，谓己已达到南郭子綦那样的"坐忘"境界，直取庄禅的精神，得意而忘象，因感东林僧人之坐禅亦烦琐可笑。腹联谓人事新变而自然依旧，花之烂熳、水之潺湲仍同上次经行时所见所闻，而己因悟逍遥之旨，对人事之新变亦殊感恬然。尾联"当时意"应是悟道之前的认识和心态，意谓若仍执着于昔时的认识与心态，恐今日应有斑白的鬓丝了。全篇似为悟道之言。"却经商山"所闻所见的景物均为"恬然"的心境提供凭借。大体上说，庭筠的羁旅行役之作有三种类型：一类以描绘景物为主，一类以抒写羁旅愁思为主，一类则情景兼融。真正写得出色的还是像《商山早行》这种情景交融的篇章。

　　吟咏爱情是温诗内容的又一重要方面。诗集中这方面的篇章达五十首左右，几占其现存作品的六分之一。其数量与质量虽赶不上晚唐抒写爱情及艳情的大家李商隐,但在晚唐名家中,显属写爱情诗较多、成就也较高的诗人。他的爱情诗,大都集中在乐府诗和七律两种体裁中,这在本编一、二两章及诗选注解说中已分别有过解说,这里再列举一些有代表性的篇章。《莲浦谣》:

> 鸣桡轧轧溪溶溶,废绿平烟吴苑东。
> 水清莲媚两相向,镜里见愁愁更红。
> 白马金鞍大堤上,西江日夕多风浪。
> 荷心有露似骊珠,不是真圆亦摇荡。

《舞衣曲》:

> 藕肠纤缕抽轻春,烟机漠漠娇蛾嚬。金梭淅沥透空薄,剪落交刀吹断云。张家公子夜闻雨,夜向兰堂思楚舞。蝉衫麟带压愁春,偷得莺簧锁金缕。管含兰气娇语悲,胡槽雪腕鸳鸯丝。芙蓉力弱应难定,杨柳风多不自持。回嚬笑语西窗客,星斗寥寥波脉脉。不逐秦王卷象床,满楼明月梨花白。

前四句写织机上织成空薄透明的丝绢,见舞衣材质之精良。中八句写贵显子弟夜间兰堂歌舞,既状歌舞女子舞衣之轻薄,又状其歌喉之婉转、舞姿之婀娜,以及堂上管弦齐奏的情景。末四句写舞罢歌歇,夜阑星稀,女子回嚬笑语夜宿西窗之宾客,含情脉脉。然两情终未欢洽,唯见满楼明月映照梨花似雪。通篇以写歌舞女子之衣着色艺为主,女子对爱情的向往与内心的寂寞仅于篇末轻点即止。诗人与贵显之家的歌舞妓人多有接触,对她们的心理也比较熟悉。这首《舞衣曲》和以咏古形式出现的《张静婉采莲曲》实际上是同一类型的作品。通篇写爱情的乐府有《江南曲》《西州词》《三洲词》《懊恼曲》等乐府旧题,但《江南曲》《西州词》机械模仿南朝乐府的痕迹比较明显,且内容、结构比较散乱,成就不高。就整体而言,温诗中吟咏爱情之作,还是以七律成就最高。除本编第二章已列举的《经旧游》及悼亡诸作外,还有不少较有特色的篇章,如《偶游》:

> 曲巷斜临一水间,小门终日不开关。
> 红珠斗帐樱桃熟,金尾屏风孔雀闲。
> 云鬓几迷芳草蝶,额黄无限夕阳山。
> 与君便是鸳鸯侣,休向人间觅往还。

此类艳情诗,风格浓艳,富于象征暗示色彩,与李商隐的同类诗作风相近,但义山侧重于抒情,很少对女子的外貌装束进行描绘刻画,此则与温有别。

温庭筠有两首以七夕为题材的七律,内容都是借七夕牛女相会的传说吟咏情人相会或相思的。《池塘七夕》:

> 月出西南露气秋,绮罗河汉在斜沟。
> 杨家绣作鸳鸯幔,张氏金为翡翠钩。
> 香烛有花妨宿燕,画屏无睡待牵牛。
> 万家砧杵三篙水,一夕横塘似旧游。

此乃七夕富贵人家姬妾有所待而托题以咏。七夕,情人相会之期;池塘,情人相会赴约所经之地。题意如此。首联点题,谓西南月出之七夕,露气呈现秋意,光辉灿烂之星河映入池塘之中。颔联写女子室内陈设之富贵华艳。杨家、张氏,点明系贵戚显宦之家;鸳鸯、翡翠,则艳情之象征。腹联谓女子燃华烛、傍画屏以等待情人之到来,"牵牛"正点七夕,谓约会之情郎。尾联写情人于万家砧杵之七夕,乘小舟撑竹篙越横塘前来相会。"似旧游",暗示此前已有约会之事,味

尾联,似写诗人自己的经历。虽为艳诗,写得也很华艳,但尾联却颇有韵味。另一首《七夕》,内容与之类似:

> 鹊归燕去两悠悠,青琐西南月似钩。
> 天上岁时星右转,人间离别水东流。
> 金风入树千门夜,银汉横空万象秋。
> 苏小横塘通桂楫,未应清浅隔牵牛。

而前首风格浓艳华美,此首则轻倩流畅,显示出诗人在表现类似题材时风格的多样性。

除了以上三方面的内容外,温庭筠由于长期寓居鄠郊,还写了不少吟咏郊居生活、景物,与友朋交往及近处游赏的诗,这在上编第六章已专门作过论述。另外,他还写过不少情致优美的题赠、送别友人的篇章,这在本编第二章及上编有关各章中亦已分别述及,不再重复。

如果将温诗的内容和晚唐前期的另两位大诗人李商隐、杜牧的诗稍作比较,就不难发现,温诗中对现实政治、国运民生的关注与反映是比较少的。李商隐的前期诗歌中,曾有一个以感时伤乱、关注现实政治和国家命运为中心的高峰期,其咏史诗也大都针对现实有感而发,其政治诗与具有现实针对性的咏史诗的总数达百首以上。杜牧自称注意研究"治乱兴亡之迹,财赋兵甲之事,地形之险易远近,古人之长短得失"(《上李中丞书》),对现实政治中的重大问题如削平藩镇和收复河陇非常关注,对回鹘入侵、边民流散亦有真切反映。相比之下,温诗中对现实政治的关注与反映便显得相当薄弱。除《弹筝人》《过华清宫二十二韵》《题李相公敕赐锦屏风》等诗对时世盛衰偶有感慨,对统治者贬逐功臣表示不满,《烧歌》结尾偶及"谁知苍翠容,尽作官家税"以外,与现实政治相当隔膜①。以上所论述的三个主要方面的内容,大体上不出个人遭际、经历的范围,可以说他的诗在内容方面是比较狭窄和个人化的。

第二节　温诗的艺术风格

一位诗人的诗风,在长期的创作历程中有一个逐渐变化发展的过程。但由于可以系年的温诗数量较少,很难依据这有限的编年诗来研究其诗歌创作的分期和诗风的变化发展,只能根据其现存全部诗歌作大体的概括。

温诗的总体风格无疑属于华美巧丽一流,重藻采,重色泽,谐声律,工对仗。但因其体裁、体制的不同,又可分为两种基本类型:一种以七言或杂言古体乐府为代表,风格趋于浓艳繁密;另一种以五、七言近体(特别是七言律诗)为代表,风格趋于清丽流美。这当然只是就大体而言。实际上古体乐府中亦有风格清丽流美者,近体诗中亦有风格浓艳繁密者。

温庭筠古体乐府浓艳繁密的风格主要表现为辞藻的华艳、色彩的浓丽、铺叙的繁富、意象的密集等方面。像《织锦词》《舞衣曲》《张静婉采莲曲》《春愁曲》《湘宫人歌》《黄昙子歌》《照影曲》《兰塘词》《晚归曲》《湘东宴曲》《夜宴谣》这些写爱情艳情、宴饮歌舞的乐府自不必说,就连写南朝、隋朝、北齐亡国的《鸡鸣埭曲》《春江花月夜词》《达摩支曲》,描绘成都、荆门道上景物的《锦城曲》《常林欢歌》,咏音乐演奏的《郭处士击瓯歌》《觱篥歌》,乃至咏边塞的《遐水谣》《塞寒行》,咏游仙的《晓仙谣》,也无不以浓艳繁密为突出特征,只不过在某些特定题材(如边塞)中又融入了苍凉悲壮的成分而已。这说明他在乐府诗的创作中有其明确、固定的美学追求。像隋炀帝不汲取近在咫尺的陈代荒淫亡国的

---

① 诗集中有一些有关庄恪太子事件的诗,见上编第四章。但这些诗基本上不涉及更大范围的政治问题,本身的政治内容也不突出,与通常所说的政治诗有别。

教训,重蹈覆辙,变本加厉,肆意荒游佚乐,这本是使人感慨生悲的沉重话题。但在庭筠笔下,却把用笔的重点放在铺叙渲染隋炀帝的穷奢极欲和佚游上。诗中诸如"百幅锦帆风力满,连天展尽金芙蓉。珠翠丁星复明灭,龙头劈浪哀筰发。千里涵空澄水魂,万枝破鼻团香雪。漏转霞高沧海西,玻璃枕上闻天鸡。蛮弦代雁曲如语,一醉昏昏天下迷"一类描写,可谓以浓墨重彩极力形容奢华豪侈。这自然由于在诗人看来,不如此形容,就不能充分展现其"醉"、其"昏"、其"迷",但恐怕也缘于他认为用浓艳之笔写豪奢之事,有其特殊的适应性,甚至也不排斥,在诗人的潜意识中,对这种豪奢的生活有一种本能的喜好流连情绪。

庭筠的古体乐府,主要师法李贺,是相当典型的仿长吉体。我们可以从他不少乐府诗中找到他所受于李贺某些诗歌的明显影响。如《晓仙谣》之受李贺《天上谣》及《梦天》的影响;《郭处士击瓯歌》《觱篥歌》之受李贺《李凭箜篌引》的影响;《湖阴词》之受李贺《雁门太守行》的影响;《醉歌》之受李贺《浩歌》的影响;《遐水谣》中的某些描写受李贺《金铜仙人辞汉歌》的影响;等等。虽在想象的奇诡幽冷方面,庭筠或有所不及,但在遣词用语、敷彩设色、多用借代、意象繁密等方面,均明显师法长吉而得其大体风貌。其古体乐府风格之浓艳繁密,实与其刻意追摹长吉有密切关系。李贺爱写幽冷的鬼境,此虽庭筠乐府所无,但庭筠有几首乐府,如《生祿屏风歌》《蒋侯神歌》《走马楼三更曲》等,境界幽冷诡异,亦近似李贺,而且这些诗也同样用浓艳之笔和密丽之意象,与其整体风格一致。

但庭筠的古体乐府还明显接受了南朝民歌以及李白诗歌的某些影响,因此在浓艳繁密的主体风格中时露清新俊逸、明畅流丽、富于民歌风的另一面。这在吟咏爱情的乐府中表现得尤为明显。如《莲浦谣》之"荷心有露似骊珠,不是真圆亦摇荡";《生祿屏风歌》之"宜男漫作后庭草,不似樱桃千子红";《张静婉采莲曲》之"郎心似月月未缺,十五十六清光圆";《照影曲》之"桃花百媚如欲语,曾为无双今两身";《兰塘词》之"知道无郎却有情,长教月照相思柳";《晚归曲》之"莲塘艇子归不归,柳暗桑秾闻布谷";《会昌丙寅丰岁歌》之"西野翁,生儿童,门前好树青丰茸。丰茸单衣麦田路,村南娶妇桃花红";《苏小小歌》之"吴宫女儿腰似束,家在钱唐小江曲。一自檀郎逐便风,门前年年春水绿"。这些诗句,大都出现在诗的结尾处,不但平添了诗的情韵,也多少冲淡了诗的浓艳气息,使它不至于浓得化不开。李白诗本来就有受南朝民歌影响,清新自然、明丽流畅的一面,庭筠乐府中清新俊逸、明畅流丽的一面,实际上也得益于李白诗,至于《醉歌》《公无渡河》等诗,则受李白诗的影响更为直接明显。

庭筠的近体诗,尤其是七律,则以清畅流丽为其主导风格。尽管某些写艳情的七律,如《经旧游》《偶游》《池塘七夕》也有浓丽的特点,但绝大多数最能体现其主导风格的仍属清畅流丽一路。如《开圣寺》《赠蜀将》《利州南渡》《郊居秋日有怀一二知己》《南湖》《寄湘阴阎少府乞钓轮子》《溪上行》《春日偶作》《李羽处士故里》《过陈琳墓》《题崔公池亭旧游》《回中作》《西江上送渔父》《七夕》《春日将欲东归寄新及第苗绅先辈》《送崔郎中赴幕》《送卢处士游吴越》《过新丰》《河中陪帅游河亭》《苏武庙》《寄李外郎远》《寄卢生》《春日访李十四处士》《盘石寺留别成公》《寄崔先生》《秋日旅舍寄李义山侍御》等均属显例。五律、七绝中之佳作,也大都属于这一风格类型。这些篇章,就其语言、意象、意境来看,仍属于"丽"的范畴,但却不是用浓艳密丽的辞藻和色彩,也很少用甚至不用典故,不用象征暗示,不显刻意用力之迹,靠的是工整而流丽的对仗、清新流畅的语言和情景交融的意境。许多名联名句,都不是出于追琢锤炼的功夫,而是靠熟练的技巧和白描的手法。这和李商隐七律的典丽精工、杜牧七律的拗峭俊爽均有明显区别。它们可能显得有些轻浅甚至滑易,但表现的情感是真实自然的,整体风格是清畅明丽的,绝无奥涩生硬或故作高深之弊,也不像有的诗人刻意追求对仗的工整而忽略了真实感受的表达。

为了在比较中更深入地揭示温庭筠诗歌的风格特征,将在本编第七章《说温李之异与温许之异》中作进一步探讨。

温庭筠诗选注讲解

鸡鸣埭曲①

南朝天子射雉时②,银河耿耿星参差③。铜壶漏断梦初觉④,宝马尘高人未知⑤。鱼跃莲东荡宫沼⑥,蒙蒙御柳悬栖鸟⑦。红妆万户镜中春⑧,碧树一声天下晓⑨。盘踞势穷三百年⑩,朱方杀气成愁烟⑪。彗星拂地浪连海⑫,战鼓渡江尘涨天⑬。绣龙画雉填宫井⑭,野火风驱烧九鼎⑮。殿巢江燕砌生蒿⑯,十二金人霜炯炯⑰。芊绵平绿台城基⑱,暖色春容荒古陂⑲。宁知《玉树后庭曲》⑳,留待野棠如雪枝㉑。

[注释]

①鸡鸣埭(dài),南朝齐武帝车驾常游琅邪城,带领宫女,很早出发,到玄武湖北埭时鸡始鸣,因呼为鸡鸣埭。埭,水闸、土坝。玄武湖水通潮沟以入秦淮河,沟上为鸡鸣埭。旧址在今江苏南京江宁区南。《鸡鸣埭曲》为温庭筠创作的新乐府辞。②南朝天子,《南史·齐武帝本纪》:"(永明)六年……夏五月庚辰,左卫殿中将军邯郸超表陈射雉,书奏赐死。又颍川荀丕亦以谏诤,托他事及诛。"可见其耽于射雉。又齐东昏侯萧宝卷亦喜射雉,"置射雉场二百九十六处,翳中帷帐及步障,皆袷以绿红锦,金银镂弩牙,玳瑁帖箭"。南朝,包含东晋在内。本诗下同。③耿耿,明亮貌。谢朓《暂使下都夜发新林至京邑赠西府同僚》:"秋河曙耿耿,寒渚夜苍苍。"参差,错落貌,状其稀疏。④铜壶,古代计时器。以铜为壶,底穿孔,壶中立一有刻度之箭形浮标,壶中水滴漏渐少,箭上刻度渐次显露,视之以知时刻。漏断,谓铜壶中水漏尽,时已五更。⑤宝马尘高,

指皇帝车驾已发,名贵的骏马扬起飞尘。⑥鱼跃莲东,汉乐府《江南》:"江南可采莲,荷叶何田田。鱼戏莲叶间。鱼戏莲叶东,鱼戏莲叶西,鱼戏莲叶南,鱼戏莲叶北。"宫沼,宫苑中的池沼。⑦御柳,禁苑中所植的柳树。悬栖鸟,谓栖宿在柳树上的鸟犹未醒而悬于柳枝。⑧万户,《史记·孝武本纪》:"于是作建章宫,度为千门万户。"此句中"万户"即专指宫苑中的千门万户。句意谓宫中妃嫔宫女对镜梳妆,镜中映出其青春容颜,即杜牧《阿房宫赋》"明星荧荧,开妆镜也"之情景。⑨《太平御览》卷九一八引《玄中记》:"东南有桃都山,有大树,名曰桃都。枝相去三千里。上有天鸡,日初出,照此木,天鸡即鸣,天下鸡皆随之鸣。"李贺《致酒行》:"雄鸡一声天下白。"⑩盘踞,即"龙盘虎踞"。《说郛·吴录》:"刘备曾使诸葛亮至京,因睹秣陵山阜,乃叹曰:'钟山龙盘,石头虎踞,帝王之宅也。'""盘踞"本系形容建康(今南京市)地势雄壮险要,宜作帝王之都,此处指建都于建康的南朝(包括东晋及宋齐梁陈)。势穷三百年,指南朝至陈而亡。《隋书·薛道衡传》:"郭璞有云:'江东偏王三百年,还与中国合。'"庾信《哀江南赋序》:"将非江表王气,终于三百年乎?"南朝自东晋建立至陈朝灭亡,凡二百七十三年,三百年系举成数。李商隐《咏史》:"三百年间同晓梦,钟山何处有龙盘?"⑪朱方,春秋时吴地名,治所在今江苏镇江丹徒区东南。《左传·昭公四年》:"秋七月,楚子以诸侯伐吴……使屈申围朱方。"杜预注:"朱方,吴邑。"秦改朱方为丹徒。隋军伐陈渡江,这一带是战场。⑫《史记·天官书》注:"天彗者,一名扫星。本类星,末类彗,小者数寸,长或竟天。而体无光,假日之光,故夕见则东指,晨见则西指。若日南北,皆随日光而指。光芒所及,为灾变,见则兵起。"彗星拂地,古人认为是战争的征兆。⑬《南史·陈本纪下》:"隋文帝……命大作战船。人请密之,隋文帝曰:'吾将显行天诛,何密之有!使投柹于江,若彼能改,吾又何求!'……以晋王广为元帅,督八十总管致讨。乃送玺书,暴后主二十恶……(祯明)三年春正月乙丑朔……隋将贺若弼自北道广陵济,韩擒虎趋横江济,分兵晨袭采石,取之……时弼攻下京口,缘江诸戍望风尽走……庚午,贺若弼攻陷南徐州(今江苏镇江)。辛未,韩擒虎又陷南豫州(今安徽当涂)。隋军南北道并进。"此即"战鼓渡江尘涨天"所指。⑭绣龙画雉,以皇帝、后妃所穿的绣有卷龙,画有野雉的衣裳借指陈后主及其妃嫔。《南史·陈后主本纪》:"韩擒虎率众……自南掖门入……(后主)乃逃于井……既而军人窥井而呼之,后主不应,欲下石,乃闻叫声,以绳引之,惊其太重。及出,乃与张贵妃、孔贵人三人同乘而上。""绣龙"句即指此事。《周礼·春官·司服》:"享先王则衮冕。"郑玄注引郑司农曰:"衮,卷龙衣也。"帝王所服。刘熙《释名》:"王后之上服曰袆衣,画翚雉之文于衣也。"陈后主及张、孔二妃嫔所投之井在景阳宫内,即景阳井,又名辱井、胭脂井,传井栏有石脉,以帛拭之作胭脂痕。⑮《左传·宣公三年》:"昔夏之方有德也,远方图物,贡金九牧,铸鼎象物,百物而为之备。"禹铸九鼎,象征九州,后因以九鼎喻国家领土、政权。周灭商,武王迁九鼎于洛邑。烧九鼎,比喻陈代灭亡,南朝终结。⑯砌,台阶。句意谓南朝旧宫荒废,宫殿旧址江燕筑巢,台阶上长满蒿草。⑰《史记·秦始皇本纪》:"收天下兵,聚之咸阳,销以为钟镰,金人十二,重各千石,置廷宫中。"张守节《正义》引《三辅旧事》:"聚天下兵器,铸铜人十二,各重二十四万斤。"按:李贺《金铜仙人辞汉歌》序曰:"魏明帝青龙元(当作五)年八月,诏宫官牵车西取汉武帝捧露盘仙人,欲立置前殿,宫官既拆盘,仙人临载,乃潸然泪下。唐诸王孙李长吉遂作《金铜仙人辞汉歌》。"李贺以金铜仙人辞汉抒易代之悲,此句似兼用其意,表现陈亡后,宫中遗物十二金人笼罩着白色的霜华,以抒亡国之悲。实则陈宫并无十二金人,此不过借指旧宫遗物。⑱芊绵,草木茂盛绵延貌。台城,指南朝宫城。洪迈《容斋续笔·台城少城》:"晋、宋间谓朝廷禁省为台,故称禁城为台城。"《舆地纪胜》卷十七《建康府》:"台城,一名苑城,即古建康宫城也。本吴后苑城。晋成帝咸和五年作新宫于此,其城唐末尚存。"又云:"故台城,在上元县北五里。"故址在今南京玄武湖畔。句意谓台城故址荒芜,长满茂盛绵延的绿草,即刘禹锡《金陵五题·台城》"万户千门成野草"之谓。下句意略同。⑲古陂,古时的堤岸,即题内"鸡鸣埭"。⑳《玉树后庭曲》:陈后主所作歌曲。《陈书·皇后传·后主张贵妃》:"后主每引宾客对贵妃等游宴,则使诸贵人及女学士与狎客共赋新诗,互相赠答,采其尤艳丽者以为曲词,被以新声……其曲有《玉树后庭花》《临春乐》等。大指所归,皆美张贵妃、孔贵嫔之容色也。"㉑野棠,即棠梨,俗称野梨,春二月开小白花。陆玑《毛诗草木鸟兽虫鱼疏》:"甘棠,今棠梨,一名杜梨。"

[讲解]

题称《鸡鸣埭曲》,诗实讽慨南朝君主之宴游荒政,终至覆亡。齐武帝鸡鸣埭之荒游,不过借以发端举隅而已。晚唐诗人每视南朝为一整体,讽慨其时统治者之淫佚相继,覆辙重寻。李商隐《南朝》"玄武湖中玉漏催,鸡鸣埭口绣襦回。谁言琼树朝朝见,不及金莲步步来",谓陈后主之淫佚更甚于齐东昏侯,即其例。庭筠此诗首句即标"南朝天子"而不称齐武帝,正透露其将齐武帝作为南朝荒淫君主之代表的用意。诗分三节。"南朝天子"八句,描绘早起赴琅邪城畋游,全写晨景,见其宴游之兴远过于理政,借一端以概其余。"盘踞"六句,突转描叙隋军渡江,陈朝覆灭,笔墨省净,而气势转雄。"殿巢"六句,写今日所见南朝旧宫遗址荒芜凄凉景象,全以美好春色作反衬,而无穷盛衰兴亡之慨即寓其中。

织锦词①

丁东细漏侵琼瑟②,影转高梧月初出③。簇簇金梭万缕红④,鸳鸯艳锦初成匹⑤。锦中百结皆同心⑥,蕊乱云盘相间深⑦。此意欲传传不得⑧,玫瑰作柱朱弦瑟⑨。为君裁破合欢被⑩,星斗迢迢共千里⑪。象尺熏炉未觉秋⑫,碧池已有新莲子⑬。

[注释]

①本篇系乐府诗,《乐府诗集》列入《新乐府辞·乐府杂题》。②侵,相杂。琼瑟,用玉装饰的瑟。句意谓叮咚作响的夜漏声与弹奏琼瑟之声相杂。③句意谓月初升而照高梧,随时间之推移,树影亦随之转移。④簇簇,象织梭织锦之声。金梭,对织梭的美称。万缕红,指织锦机上之千丝万缕彩色丝线。⑤鸳鸯艳锦,织有鸳鸯图案的彩色锦缎。⑥百结皆同心,指织锦上有勾连的同心花纹,象征男女间的恩爱,与上句"鸳鸯"寓意相同。⑦句意谓织锦上的花蕊图案、云彩图案相间。⑧此意,指"同心"之意。⑨玫瑰,此指美玉。柱,指瑟上系弦的柱。朱弦瑟,《礼记·乐记》:"清庙之瑟,朱弦而疏越,壹倡而三叹,有遗音者矣。"二句谓织锦女子的相思之情唯有一唱三叹的瑟声可以表达。⑩破,助词,犹"了"。李商隐《即日》:"何人书破蒲葵扇,记着南塘移树时。"裁破,犹裁了、裁成。合欢被,织有对称图案花纹的联幅被,象征男女欢爱。⑪迢迢,一作"寥寥"。《古诗十九首》:"迢迢牵牛星,皎皎河汉女。"谢庄《月赋》:"美人迈兮音尘阙,隔千里兮共明月。"句意谓相隔千里的男女双方共对此一天星斗。⑫尺,一作"齿"。作"象齿熏炉",盖指用象牙制成的熏炉,犹《西京杂记》所谓"天子以象牙为火笼"。作"象尺熏炉",则"象尺"指牙尺,系拨炉火之工具。宋词中"象尺熏炉"常连用,如寇准《点绛唇》:"象尺熏炉,拂晓停针线。"周邦彦《丁香结》:"宝幄香缨,薰炉象尺,夜寒灯晕。"句意谓象尺熏炉尚闲置未用,盖季节尚未至寒秋。⑬此句谓碧池中荷花已结成莲蓬,有时光易逝、芳华不再之感。

[讲解]

本篇写织锦女子的离别相思。前六句写夜间织锦,既形容锦之艳丽,又以"鸳鸯""同心"暗透其企盼好合。后六句写女子弹瑟以寄情,裁合欢被以寄意,"星斗"句点明与所思男子千里相隔,末点时令,略寓芳华易逝之感。语言华美,风格秾艳,意境幽邃,结有情致。

莲浦谣①

鸣桡轧轧溪溶溶②,废绿平烟吴苑东③。
水清莲媚两相向④,镜里见愁愁更红⑤。
白马金鞍大堤上⑥,西江日夕多风浪⑦。
荷心有露似骊珠,不是真圆亦摇荡⑧。

[注释]

①莲浦,种有莲花的水口。本篇系新乐府辞。②鸣桡,摇动船桨。轧轧,摇桨声。溶溶,水波荡漾貌。③废绿,荒芜的绿野。平烟,指绿野上笼罩的一层烟霭。吴苑,春秋时吴国的宫苑,即长洲苑,故址在今苏州市西南,太湖北,为吴王阖闾游猎处。④两相向,指女子与水中莲花两相对。梁萧统《采莲曲》:"桂楫兰桡浮碧水,江花玉面两相似。"⑤镜,指清澈平整的水面。愁,指看似脉脉含愁的荷花。即所谓"愁红",亦兼指采莲的女子。红,既指红艳的荷花,亦指采莲女的红颜。⑥鞍,一作"鞯"。白马金鞍,指贵游少年。⑦西江,系泛称西边的江,非指今南京以西的一段长江,视"吴苑"可知。⑧"荷心"二句点眼处在"心"字、"摇荡"二字,谓荷心之露珠,虽非真正之骊珠,亦摇荡不已,盖以隐喻采莲女子春心之摇荡。骊珠,宝珠,传说出自骊龙颔下,故称。《庄子·列御寇》:"夫千金之珠,必在九重之渊,而骊龙颔下。"

[讲解]

此写吴中采莲女子于采莲时见岸旁白马金鞍之贵游公子而有所属望。"水清"二句,亦花亦人,颇见巧思,"愁"字逗末句"摇荡";结二句即景取譬,关合亦妙,有民歌风味。

郭处士击瓯歌[①]

佶栗金虬石潭古[②],勺陂潋滟幽修语[③]。湘君宝马上神云[④],碎佩丛铃满烟雨[⑤]。吾闻三十六宫花离离[⑥],软风吹春星斗稀[⑦]。玉晨冷磬破昏梦[⑧],天露未干香着衣[⑨]。兰钗委坠垂云发[⑩],小响丁当逐回雪[⑪]。晴碧烟滋重叠山[⑫],罗屏半掩桃花月[⑬]。太平天子驻云车[⑭],龙炉勃郁双蟠拏[⑮]。宫中近臣抱扇立[⑯],侍女低鬟落翠花[⑰]。乱珠触续正跳荡[⑱],倾头不觉金乌斜[⑲]。我亦为君长叹息[⑳],缄情远寄愁无色[㉑]。莫沾香梦绿杨丝,千里春风正无力[㉒]。

[注释]

①郭处士,郭道源。段安节《乐府杂录·击瓯》:"武宗朝,郭道源后为凤翔府天兴县丞,充太常寺调音律官,善击瓯,率以邢瓯、越瓯共十二只,旋加减水于其中,以箸击之,其音妙于方响也。咸通中,有吴缤洞晓音律,亦为鼓吹署丞,充调音律官,善于击瓯。击瓯,盖出于击缶。"瓯,盛水或酒的陶瓷器。古人也用为乐器,盛水击之以和乐拍,后世演变至可单独奏乐。郭道源之击瓯,即单独以之奏乐者。诗题称郭道源为处士,当在其为天兴县丞,充太常寺调音律官之前,诗可能作于会昌朝之前。②佶栗,耸动貌。虬,无角龙。③勺陂,即芍陂,又名期思陂,古代淮河最著名之水利工程。传为春秋时楚相孙叔敖所凿,在今安徽寿县南,因引淠水经白芍亭东积而成湖,故名。今仍存,称安丰塘。陂径百里,灌田万顷。《汉书·地理志上》:"沘山,沘水所出,北至寿春入芍陂。"潋滟,水波荡漾貌。幽修,形容声音低微悠长,犹"窃窃私语"之谓。④湘君,湘水神。刘向

《列女传·有虞二妃》:"舜陟方死于苍梧,号曰重华,二妃死于江、湘之间,俗谓之湘君。"或谓湘水本有水神,《楚辞·九歌·湘君》:"君不行兮夷犹,蹇谁留兮中洲。"王逸谓:"君指湘君……所留盖谓此尧之二女也。"⑤碎佩,细小的佩饰。丛铃,指湘君所驾马车上挂的铃铛,因数目多,故曰丛铃。⑥班固《西都赋》:"离宫别馆,三十六所。"离离,盛多貌。⑦吹春,吹送春天的气息。⑧玉晨,道观名。元稹《寄浙西李大夫》之三:"最忆西楼人静后,玉晨钟磬两三声。"自注:"玉晨观在紫宸殿后面也。"⑨天,《唐诗纪事》作"木"。⑩兰钗,散发幽兰气息的玉钗。委坠,下垂貌。全句与《夜宴谣》"长钗坠发双蜻蜓"意近。⑪回雪,形容舞姿如雪飞舞回旋。曹植《洛神赋》:"飘飘兮若流风之回雪。"句意谓身上的佩饰随着回雪的舞姿而发出叮当的细响。⑫晴碧烟滋,指屏风上绘有烟霭缭绕的晴碧风景。滋,润染。重叠山,指曲折重叠的屏风。⑬罗屏,犹列屏。桃花月,似喻女子圆润美艳的面庞。⑭驻,停。云车,指皇帝所乘以云彩为装饰的华丽车辇。王建《宫词》:"太平天子朝元日,五色云车驾六龙。"⑮龙炉,皇帝所用刻有蛟龙的香炉。勃郁,形容炉烟缭绕回旋之状。双蟠挐,指香炉上所刻蟠绕连接的双龙。挐,牵引、联结。⑯近臣,此指宫中侍从。扇,指皇帝仪仗雉尾扇。⑰低鬟,犹低头。翠花,用翡翠镶嵌成的花朵形的首饰。低首而饰落,故云。⑱乱珠,形容击瓯声如大珠小珠之错杂。白居易《琵琶行》:"嘈嘈切切错杂弹,大珠小珠落玉盘。"可互参。触续,不断碰撞。⑲倾头,侧过头看。金乌,指太阳。⑳君,指郭道源。㉑缄情,含情。㉒春风正无力,形容暮春风软花残景象。李商隐《无题》:"东风无力百花残。"

[讲解]

此诗前十六句,每四句一节,均为形容郭处士击瓯所创造的音乐意境或所唤起的联想。起二句点瓯中盛水,如千年古潭,深藏虬龙;如勺陂潋滟,水波动荡。"幽修语",状其初击时发声幽细悠长,如窃窃私语。"湘君"二句,谓击瓯声如湘君驾宝马上天时,身上的杂佩、车上的丛铃,在烟雨迷蒙中清脆作响。"吾闻"四句,谓击瓯声令人恍若置身于繁花似锦之离宫别苑,软风送暖,星斗渐稀,天露未干,馨香染衣,此际忽闻玉晨观中清冷之击磬声,迷梦恍然惊醒。"兰钗"四句,谓击瓯声又令人恍若置身贵人华堂,佳人兰钗委坠,云发低垂,随起舞时流风回雪之舞姿而身上佩饰叮当作响,内室屏间掩映美人面影。"太平"四句,形况击瓯声恍若太平天子驻车临朝时,御前香炉中烟雾缭绕,侍臣抱扇而立,侍女低首时翡翠钗落地的声音。此四节中形况击瓯声的主句实仅"勺陂潋滟幽修语""碎佩丛铃满烟雨""玉晨冷磬破昏梦""小响丁当逐回雪""侍女低鬟落翠花"数语,其他均为围绕此主句所衍发的想象,并以此构成一相对完整的意境。"乱珠触续正跳荡"一句,乃对上述四节之形容作一总束,犹"大珠小珠落玉盘"之谓。"倾头"句则击瓯既毕,侧首忽见日已西斜,犹琵琶女"曲终收拨"之后,"唯见江心秋月白"之如梦初醒意境。末四句感慨作结,谓我亦为君长叹,君之击瓯,似含情寄愁,愁亦无色。值此暮春绿杨垂丝,牵情惹梦之时,春风轻软无力,切莫沾香梦之为愈也。此诗显学李贺《李凭箜篌引》,而渲染音乐意境着色更浓,联想更丰,然意蕴亦不免更晦。

遐水谣①

天兵九月渡遐水②,马踏沙鸣惊雁起③。杀气空高万里情,塞寒如箭双眸子④。狼烟堡上霜漫漫⑤,枯叶号风天地干。犀带鼠裘无暖色⑥,清光炯冷黄金鞍⑦。虏尘如雾昏亭障⑧,陇首年年汉飞将⑨。麟阁无名期未归⑩,楼中思妇徒相望。

[注释]

①本篇为新乐府辞。遐水,荒远边地的河水。遐水谣,犹《塞上曲》《塞寒

行》。②天兵,指唐朝的军队。③西北边塞沙漠地区有鸣沙现象者不止一处,如沙州沙角山,沙如干糖,人马过此,则沙鸣有声,闻数里外。又《元和郡县图志·灵州》:"鸣沙县……西枕黄河,人马经行此沙,随路有声,异于余沙,故号'鸣沙'。"此处系泛指,未必专指某地。④双,《乐府诗集》作"伤",义较长。李贺《金铜仙人辞汉歌》:"东关酸风射眸子。"句意谓塞上寒气如箭,直射双眸。⑤狼烟,燃狼粪升起的烽烟。古时边防用作报警的信号。《通鉴》胡注引陆佃《埤雅》:"古之烽火用狼粪,取其烟直而聚,虽风吹之不斜。"狼烟堡,泛称边防堡垒。⑥犀带,饰以犀角的腰带。品官所服。鼠裘,貂鼠皮袍。犀带鼠裘,谓以犀带紧束鼠裘。无暖色,谓面无暖色。岑参《白雪歌送武判官归京》:"狐裘不暖锦衾薄。"⑦炯冷,明亮而寒冷。⑧虏尘,指胡人的侵扰。昏,《乐府诗集》作"罩"。亭障,古代边塞要地设置的堡垒。《史记·秦始皇本纪》:"筑亭障以逐戎人。"《匈奴列传》:"筑城障列亭。"《大宛列传》:"于是酒泉列亭障至玉门关。"⑨陇首,本山名,在秦州(今甘肃天水),见《后汉书·班固传》引《西都赋》"右界褒斜、陇首"注。此泛指边塞。《史记·李将军列传》:"广居右北平,匈奴闻之,号曰'汉之飞将军',避之数岁,不敢入右北平。"此以"汉飞将"借指镇守边地的唐朝将帅。⑩麟阁,麒麟阁,在汉未央宫中。汉宣帝时曾画霍光等十一位功臣像于阁上,以表扬其功绩。后遂以图像题名麟阁表示卓越功勋与最高荣誉。《汉书·苏武传》:"甘露三年,单于始入朝。上思股肱之美,乃图画其人于麒麟阁。"颜师古注引张晏曰:"武帝获麒麟时作此阁。图画其象于阁,遂以为名。"期,期待、等待。

[讲解]

诗写边塞苦寒,以衬托将军征戍生活的艰苦。末二句点明全诗主旨,慨将军功名未建,远戍难归,楼中思妇徒劳想望。虽非反战,却已明显透露出对长期征戍生活的厌倦情绪。渲染塞上苦寒,虽间有形象生动之句,然已无雄豪之气流注笔端,与盛唐边塞诗风貌自异。

锦城曲①

　　蜀山攒黛留晴雪②,簌笋蕨芽索九折③。江风吹巧剪霞绡④,花上千枝杜鹃血⑤。杜鹃飞入岩下丛,夜叫思归山月中⑥。巴水漾情情不尽⑦,文君织得春机红⑧。怨魂未归芳草死⑨,江头学种相思子⑩。树成寄与望乡人⑪,白帝荒城五千里⑫。

[注释]

　　①锦城,即锦官城。成都的别称。成都旧有大城、少城。少城古为掌织锦官员之官署,故称锦官城。常璩《华阳国志·蜀志》:"其道西城,故锦官也。锦江织锦,濯其中则鲜明,他江则不好。"本篇即泛咏成都景物与有关的典实人事。系乐府诗。②蜀山晴雪,当指成都西面的岷山雪岭。杜甫《野望》:"西山白雪三城戍,南浦清江万里桥。"李商隐《五言述德抒情诗献杜七兄仆射》:"楼迥雪峰晴。"《复五言四十韵诗一章献上》:"蛮岭晴留雪,巴江晚带枫。"均同指岷山雪岭。攒黛,青黛色的峰峦攒聚。③簌笋,簌竹之笋。《玉篇·竹部》:"簌,竹也。"蕨初生似蒜。簌笋蕨芽,均形容蜀山峰峦之尖削高峻。九折,坂名,在今四川邛崃。《汉书·王尊传》:"王阳为益州刺史,行部至邛崃九折坂,叹曰:'奉先人遗体,奈何数乘此险!'"因山路回曲,九折乃止,故称。④句意谓江风施巧,吹皱江水,似剪出一匹美艳如红霞的轻绡。杜甫《戏题王宰画山水图歌》:"焉得并州快剪刀,剪取吴松半江水。"李贺《罗浮山人与葛篇》:"欲剪湘中一尺天,吴娥莫道吴刀涩。"此句"剪"字似从上述诗句脱化,而曰"剪霞绡",则因江边山上一片红艳的杜鹃花倒映入水而有此形容。或解为江风施巧,剪出江边山上一片如

同霞绡的杜鹃花,亦可。参下句注。⑤《埤雅》:"杜鹃,一名子规。苦啼,啼血不止。一名怨鸟。夜啼达旦,血渍草木。"《文选·左思〈蜀都赋〉》"鸟生杜宇之魄"注引《蜀记》曰:"昔有人姓杜名宇,王蜀,号曰望帝。宇死,俗说云宇化为子规。子规,鸟名也。蜀人闻子规鸣,皆曰望帝也。"事又见《华阳国志·蜀志》。杜鹃鸟春末夏初常昼夜啼鸣,或云啼至出血乃止。句意谓千万枝红艳的杜鹃花似染上杜鹃鸟的鲜血。⑥思归,杜鹃鸟的别名。元稹《思归乐》:"山中思归乐,尽作思归鸣。"李白《宣城见杜鹃花》:"蜀国曾闻子规鸟,宣城还见杜鹃花。一叫一回肠一断,三春三月忆三巴。"《蜀王本纪》:"蜀人以杜鹃鸟为悲望帝,其鸣为不如归去云。"句意谓杜鹃鸟于山中月夜啼鸣,声声似言思归,勾起游子思乡之情。⑦巴水,即巴江,今嘉陵江。《太平寰宇记》卷一三六《渝州》引《三巴记》,谓阆、白二水东南流,曲折三回如"巴"字,即指嘉陵江。⑧《史记·司马相如列传》:"(相如)素与临邛令王吉相善……是时卓王孙有女文君新寡,好音,故相如……以琴心挑之……及饮卓氏,弄琴,文君窃从户窥之,心悦而好之,恐不得当也。既罢,相如乃使人重赐文君侍者通殷勤。文君夜亡奔相如,相如乃与驰归[成都]。"织得春机红,谓卓文君在春天的成都,织成红艳的锦缎。关合诗题"锦城曲"。⑨怨魂,指蜀王杜宇的魂魄,参注⑤引《蜀记》。屈原《离骚》:"恐鹈鴂之先鸣兮,使夫百草为之不芳。"句意谓蜀王杜宇之魂所化的杜鹃哀鸣思归而未归,百草却不再含芳而枯萎。⑩相思子,红豆的别名。唐李匡乂《资暇集》卷下:"豆有圆而红其首乌者,举世呼为相思子,即红豆之异名也。其木,斜斫之则有文,可为弹博局及琵琶槽。其树也,大株而白枝,叶似槐,其花与皂荚花无殊。其子若穞豆,处于甲中,通身皆红,李善云'其实赤如珊瑚'是也。"学种相思子,以种相思树寓思乡之情。参下句。邓小军《诗史释证》有《红豆小史》,可参阅该文第一节。⑪《成都记》:"望乡台,隋蜀王秀所筑。"《益州记》:"升迁亭夹路有二台,一名望乡台,在成都县西北九里。"王勃《蜀中九日登玄武山旅眺》:"九月九日望乡台,他席他乡送客杯。"⑫白帝荒城,故址在今重庆奉节县东瞿塘峡口。《水经注·江水一》："江水又东径鱼复县故城南,故鱼国也……公孙述名之为白帝,取其王色。"连上句,似谓望乡者登台遥望,成都距白帝荒城犹相隔数千里,故乡更杳远不可望矣。按:庭筠旧乡在吴中。

[讲解]

诗以杜鹃为中心,将蜀中山水花木、禽鸟人物、故事传说、地名古迹等组成一篇具有典型特征之蜀中风物风情赋。起四句由蜀中山水引出杜鹃花。中四句则由杜鹃花转入对杜鹃鸟哀鸣思归情景的描写,并插入文君织锦情事,关合题目。末四句又由杜鹃夜叫思归引到对思乡、望乡情景的描写。平仄韵交押,韵随意转,若断若续,艳丽中有流动之致。"江风"二句,既见巧思,亦富情致。此因事立题之乐府诗,系大和五年(831)春诗人在成都时作,因系亲历其地,故写景富于蜀地特征。起二句写蜀山晴雪及峻削特征,便移易别处不得。

张静婉采莲曲 并序[①]

静婉,羊侃妓也。其容绝世。侃自为《采莲》二曲。今乐府所存,失其故意[②],因歌以俟采诗者。事具载《梁史》[③]。

兰膏坠发红玉春[④],燕钗拖颈抛盘云[⑤]。城边杨柳向娇晚[⑥],门前沟水波粼粼[⑦]。麒麟公子朝天客[⑧],珂马珰珰度春陌[⑨]。掌中无力舞衣轻[⑩],剪断鲛绡破春碧[⑪]。抱月飘烟一尺腰[⑫],麝脐龙髓怜娇娆[⑬]。秋罗拂水碎光动[⑭],露重花多香不销。鸂鶒交交塘水满[⑮],绿芒如粟莲茎短[⑯]。一夜西风送雨来,粉痕零落愁红浅[⑰]。船头折藕丝暗牵[⑱],藕根莲子相留连[⑲]。郎心似月月未缺[⑳],十五十六清光圆[㉑]。

[注释]

①《乐府诗集》卷五十《清商曲辞七》载此首。曲,一作"歌"。张静婉,或作张净琬,梁羊侃舞妓。《梁书·羊侃传》云:"侃性豪侈,善音律,自造《采莲》《棹歌》两曲,甚有新致。姬妾列侍,穷极奢靡……舞人张净琬,腰围一尺六寸,时人咸推能掌中舞。"《南史·羊侃传》略同。②羊侃所作《采莲》《棹歌》二曲,今不存。温庭筠谓"今乐府所存,失其故意",似当日曾见羊侃所作《采莲》《棹歌》二曲。然此或是托词,盖借此说明其创作《张静婉采莲曲》的缘由,其语气口吻类似《湖阴词序》之"由是乐府有《湖阴曲》而亡其词,因作而附之",不必拘泥。③《梁史》,当指《梁书》。④兰膏,一种有幽兰芳香的润发油膏。唐浩虚舟《陶母截发赋》:"象栉重理,兰膏旧濡。"旧注引《楚辞·招魂》"兰膏明烛",系以兰香炼膏制成的油脂,用以制烛,非润发用的香油。红玉,形容美人红润洁白的面庞肌肤。或径指美人红润之面庞。《西京杂记》卷一:"赵后体轻腰弱,善行步进退,女弟昭仪不能及也。但昭仪弱骨丰肌,尤工笑语。二人并色如红玉,为当时第一,皆擅宠后宫。"⑤燕钗,燕形发钗。《洞冥记》卷二:"神女留钗以赠帝,帝以赐赵婕妤。至昭帝元凤中,宫人犹见此钗。黄琳欲之。明日示之,既发匣,有白燕飞升天。后宫人学作此钗,因名玉燕钗。"燕钗拖颈,形容美人睡醒时钗斜鬓乱情态。抛,散。盘云,如云之发髻。《新唐书·五行志》:"唐末京都妇人梳发,以两鬓抱面,状如椎髻,时谓之抛家髻。"抛盘云,或类似此种发式。⑥边,一作"西"。娇晚,指美好之傍晚。秦观《采莲》有"数声水调红娇晚"之句,可参证。十卷本、姜本、毛本作"桥晚"。⑦门前,指羊侃府邸门前。鏻鏻,形容沟水清澈。⑧《诗·周南·麟之趾》:"麟之趾,振振公子,于嗟麟兮!"又《陈书·徐陵传》:"母臧氏尝梦五色云化而为凤,集左肩上,已而诞陵焉。时宝志上人者,世称其有道。陵年数岁,家人携以候之,宝志手摩其顶曰:'天上石麒麟也。'光宅惠云法师每嗟陵早成就,谓之颜回。八岁能属文,十二通庄、老义。"此"麒麟

公子"或暗用徐陵事,借指聪慧过人的少年公子。朝天客,朝见天子的官员,朝廷官员。此"麒麟公子"与"朝天客"均为羊侃府上观舞之宾客,非羊侃本人。《梁书·羊侃传》谓"侃不能饮酒,而好宾客交游,终日献酬,同其醉醒"。⑨珂,白色似玉的美饰,常用作马勒的饰物。珂马,佩饰华丽的马。珰珰,象鸣珂声。度,越。原作"渡",据《乐府诗集》改。春陌,春天京城的大道。《三辅黄图》:"《三辅旧事》云:长安城中八街、九陌。"⑩《飞燕外传》谓汉成帝获赵飞燕,身轻欲不胜风。恐其飘翥,帝为造水晶盘,令宫人掌之而歌舞。此指张静婉能为掌中舞之事。(参注①引《梁书·羊侃传》)⑪鲛绡,传说中鲛人所织的绡,借指薄绢、轻纱。《述异记》卷上:"南海出鲛绡纱,泉先潜织,一名龙纱。其价百余金,以为服,入水不濡。"《博物志》卷九:"南海外有鲛人,水居如鱼,不废织绩。""从水出,寓人家,积日卖绡。将去,从主人索一器,泣而成珠满盘以与主人。"春碧,春天的碧色。此借指碧色的鲛绡(丝绢)。句意谓舞衣系用极轻薄的碧色丝绢裁剪制作而成。⑫抱月,环绕如月的身材。飘烟,飘动如烟的腰肢。均形容舞姿。一尺腰,即所谓"腰围一尺六寸"。⑬麝脐,犹麝香,系雄麝脐部香腺中的分泌物,干燥后呈颗粒状或块状,可作香料或药用。龙髓,旧注谓指龙脑香(俗称冰片),系龙脑香树干中所含油脂的结晶,味香,但一般作药用,不作香料。此"龙髓"当指龙涎香,系抹香鲸病胃之分泌物,类似结石,从鲸体内排出,为黄、灰乃至黑色的蜡状物质,香气持久,系极名贵的香料。唐苏鹗《杜阳杂编》卷下:"暑气将盛,公主命取澄水帛,以水蘸之,挂于南轩。良久,满座皆思挟纩。澄水帛长八九尺,似布而细,明薄可鉴,云其中有龙涎,故能消暑毒也。"句意似谓张静婉身上散发出如麝香龙涎般的奇香,倍怜其娇娆美好。⑭动,原作"運",即"動"之古字。句意谓张静婉身着白色罗衣,采莲时罗衣拂水,碎光闪烁晃动。⑮鸂鶒,水鸟名,形状似鸳鸯而大,多紫色,好并游,俗称紫鸳鸯。交交,状其鸣声。⑯芒,一作"萍"。绿芒如粟,指莲实初生成时莲蓬外壳上的细刺如粟米粒形状。⑰粉痕零落,指荷花凋零。愁红浅,指荷花经秋风秋雨摧残后,红艳的颜色变浅,似脉脉含愁情状。⑱藕折而丝连,故说"丝暗牵"。藕,谐"偶";丝,谐"思"。⑲乐府《青阳歌曲》:"下有并根藕,上有同心莲。"句意谓藕根与莲子并体相连,象喻相爱者之间相亲相怜。莲,谐"怜"。⑳未,《才调集》《乐府诗集》作"易"。㉑句意谓郎心如十五十六之月,清光正圆。

[讲解]

诗分两段。前段十句,先美其容色,次写其居处,再叙宾客之至,舞姿之美。系写作为舞人身份的张静婉的色艺。后段十句全写采莲。"一夜"二句以荷花之凋零兴红颜之易衰。末二句则谓郎心似月,目前正如十五十六之月,清光正圆,恩宠正盛。而将来的命运究竟如何,则含而不露,读者从"一夜"两句中自可意会。前段风格侧艳,辞藻华美,后段则清新有民歌风。诗单咏采莲,未涉及《棹歌》之内容,题已表明。

觱篥歌 李相伎人吹①

蜡烟如䴲新蟾满②,门外平沙草芽短③。黑头丞相九天归④,夜听飞琼吹朔管⑤。情远气调兰蕙薰⑥,天香瑞彩含细缊⑦。皓然纤指都揭血⑧,日暖碧霄无片云⑨。含商咀徵双幽咽⑩,软縠疏罗共萧屑⑪。不尽长圆叠翠愁⑫,柳风吹破澄潭月。鸣梭淅沥金丝蕊⑬,恨语殷勤陇头水⑭。汉将营前万里沙⑮,更深一一霜鸿起⑯。十二楼前花正繁⑰,交枝簇蒂连璧门⑱。景阳宫女正愁绝⑲,莫使此声催断魂⑳。

[注释]

①觱篥(bì lì),古簧管乐器,以竹为管,管口插有芦制哨子,有九孔。本出西

域龟兹,后传入内地,为隋唐燕乐及唐代教坊乐的重要乐器。盛唐诗人李颀《听安万善吹觱篥歌》:"南山截竹为觱篥,此乐本自龟兹出。"《通鉴·元和元年》胡注:"胡人吹葭管,谓之觱篥。"《乐府杂录》:"觱篥,葭管也。卷芦为头,截竹为管,出于胡地。制法角音,九孔漏声,五音。唐编入卤簿,名为笳管,用之雅乐,以为雅管;六窍之制,则为凤管。旋宫转器,以应律者也。杜佑曰:觱篥,一名悲篥,出于胡中,其声悲。"李相,清顾嗣立注引《桂苑丛谈》以为指李蔚,伎人指善吹觱篥之薛阳陶,非。顾学颉、夏承焘以为此"李相"指李德裕,诗应作于德裕在相位时,是。按:李德裕文集有《霜夜对月听小童薛阳陶吹觱篥歌》(残佚,存六句),作于宝历元年(825)秋任浙西观察使时,刘禹锡、白居易、元稹均有和诗。其时德裕尚未入相。夏承焘指出诗中用"飞琼"指李相伎人,不可以拟薛阳陶,甚是。诗又有"皓然纤指""软縠疏罗"等语,亦可证吹觱篥者为女伎人,非男童。然据德裕及刘、白等唱和诗,德裕之好觱篥洵为事实。《世说新语·识鉴》:"诸葛道明初过江左,自名道明,名亚王、庾之下。先为临沂令。丞相曰:'明府当为黑头公。'""黑头公"指三公,此处亦兼指其年方壮岁。诗有"黑头丞相"语,说明作此诗时李相方值壮年。德裕凡两次为相,第一次在大和七年(833)二月至八年十月,第二次在开成五年(840)九月至会昌六年(846)四月。大和七年初拜相时年四十七,自可称"黑头丞相"。而李蔚迟至乾符二年(875)始拜相,而温庭筠则早在咸通七年(866)即已去世,故此"李相"非李蔚甚明。其他李姓为丞相者,如李绅(七十一岁拜相)、李程(六十岁拜相),均与"黑头丞相"语不合,且与好觱篥无关。诗有"草芽短""花正繁"之语,当作于大和七年二月中旬。②纛,古代军队或仪仗队的大旗。蜡烟如纛,形容其粗而直。新蟾满,新出的满月。③平沙,一作"沙平"。李肇《国史补》卷下:"凡拜相,礼绝班行,府县载沙填路,自私第至子城东街,名曰沙堤……每元日、冬至立仗,大官皆备珂伞,列烛有至五六百炬者,谓之火城。宰相火城将至,则众少皆扑灭以避之。"平沙,即指丞相马行的沙堤。而"蜡烟如纛",当即丞相列炬之"火城"。④黑头,指任三公方当壮岁。九天归,指朝罢归来。⑤飞琼,《汉武帝内传》:"王母乃命诸侍女……许飞琼鼓震灵之簧。"又见《汉武故事》。此以"飞琼"借指女伎人。朔管,指觱篥,因其本出西北少数民族,故称。⑥情远,寄情悠远。气调,气息调匀。兰蕙薰,形容女伎人吹奏觱篥时吐出兰蕙般的幽香。宋玉《神女赋》:"吐芬芳其若兰。"《洞冥记》卷四:"帝所幸宫人名丽娟,年十四,玉肤柔软,吹气胜兰。"曹植《洛神赋》:"含辞未吐,气若幽兰。"⑦瑞彩,吉祥的霞光异彩。《易·系辞下》:"天地絪缊,万物化醇。"古以"天地絪缊"指天之阳气与地之阴气交互作用的状态,此处借以形容吹奏觱篥时所呈现的云烟弥漫的意境。句意谓觱篥吹奏时,呈现出天香弥漫、祥光瑞彩遍布,如同阴阳二气交融的状态。非实境,系想象中的乐境。⑧皓然,洁白貌。揭,露。⑨《列子·汤问》:"薛谭学讴于秦青,未穷青之技,自谓尽之,遂辞归。秦青弗止,饯于郊衢,抚节悲歌,声振林木,响遏行云。"此句暗用"响遏行云"之意,形容觱篥之声高亢明亮,境界如万里碧霄,日暖无云。前面明言"夜听",可见此处"日暖碧霄"非吹奏觱篥时的现境,而是形容音乐境界。⑩商,商调。徵(zhǐ),徵调。均为乐曲七调之一。商调凄怆哀怨,徵调清澄巉绝。含商咀徵,谓觱篥吹奏的曲调含有凄怆哀怨的商声和清澄巉绝的徵声。双幽咽,指商调、徵调均有幽咽的特点。⑪软縠疏罗,指吹觱篥的女伎身着轻软透明的轻纱雾縠。司马相如《子虚赋》:"杂纤罗,垂雾縠。"屑,一作"瑟"。共萧屑,谓女伎的容颜亦因吹奏幽咽悲凉的觱篥声而呈现萧瑟凄凉之态。⑫长圆,指圆月,即上文之"新蟾满"。叠翠,层叠的翠绿色,此指翠绿繁茂的杨柳。此句及下句当亦形容音乐意境,谓觱篥声悲凉幽咽,似一轮圆月与叠翠的杨柳也含愁不尽;忽又如轻暖的杨柳风,吹皱澄潭之水,潭底的一轮月影也随之被吹破。⑬金丝蕊,指织锦机用金丝线织成花蕊的图案。此句形容觱篥声如织锦时鸣梭渐沥,织成花蕊图案。⑭北朝乐府《陇头歌》之三:"陇头流水,鸣声幽咽。遥望秦川,心肝断绝。"句意谓觱篥声如陇头流水之鸣咽悲凉,似在殷勤诉说人的深恨。⑮李益《夜上受降城闻笛》:"回乐烽前沙似雪,受降城外月如霜。不知何处吹芦管,一夜征人尽望乡。"此句似浓缩李益诗意。"吹芦管"即吹觱篥,"沙似雪"即万里平沙似雪之意。旧注引《地理志》"莱阳夹河而岸沙,长二百余里,名万里沙",恐非所指。⑯李益《听晓角》:"边霜昨夜堕关榆,吹角当城汉月孤。无限塞鸿飞不度,秋风卷入《小单于》。"此句似亦化用李益诗意。谓觱篥声惊起霜天塞雁。⑰《史记·封禅书》:"方士有言'黄帝时为五城十二楼,以候神人于执期,命曰明年'。"《汉书·郊祀志》"五城十二楼"颜注引应劭曰:"昆仑玄圃五城十二楼,仙人之所常居。"本指神话传说中仙人居处,此借指皇宫高层楼阁。王昌龄《放歌行》:"南渡洛阳津,西望十二楼。明堂坐天子,月朔朝诸侯。"视下"景阳宫"可知。⑱璧门,汉建章宫中著名建筑,武帝时造。《史记·封禅书》:"于是作建章宫……其南有玉堂、璧门、大鸟之属。"《水经注·渭水》引《汉武故事》:"(建章宫)南有璧门,三层,高三十余丈,中殿十二间,阶陛咸以玉为之……楼层上椽首薄以玉璧,因曰璧玉门也。"亦可泛称宫门。杜牧《杜秋娘诗》:"窈袅复融怡,月白上璧门。"⑲景阳宫,南朝宫名。齐武帝置钟于景阳楼上,宫人闻钟,早起妆饰。⑳声,原作"心",据述古堂抄本改。此声,指觱篥声。

[讲解]

题下注:"李相伎人吹。"此李相指李德裕(详注①)。此诗有"草芽短""花正繁"等语,当作于大和七年仲春。前四句谓李相上朝归晚,于蜡烟如纛、新蟾光满之夜听伎人吹觱篥。中间十二句,均描绘吹奏觱篥时所呈现之各种音乐意境:或如天香瑞彩,氤氲缭绕;或如万里碧霄,晴空无云;或如商声徵声之幽咽悲凄;或如圆月翠柳之含愁脉脉,或似柳风吹破澄潭月影;或似金梭织锦鸣声淅沥,或似陇水幽咽,恨语殷勤;或似平沙万里,月照汉营,或似更深霜浓,塞鸿惊飞。末四句收束,谓十二楼前,繁花交枝簇蒂,连接宫门;景阳宫女,正因怨旷而愁绝,恐闻此觱篥之声而魂断也。庭筠大和七年与李德裕之交往,是否与大和九年牛僧孺、李宗闵对庭筠之"忘情积恶""承意中伤"有关,值得注意,盖文宗朝两党势若水火,斗争最炽。

常林欢歌①

宜城酒熟花覆桥②,沙晴绿鸭鸣咬咬③。
浓桑绕舍麦如尾④,幽轧鸣机双燕巢⑤。
马声特特荆门道⑥,蛮水扬光色如草⑦。
锦荐金炉梦正长⑧,东家咿喔鸡鸣早⑨。

[注释]

①《乐府诗集》卷四十九《清商曲辞六》载此首,题内无"歌"字。解题曰:"《唐书·乐志》曰:'《常林欢》,疑宋、梁间曲。宋、梁之世,荆、雍为南方重镇,皆皇子为之牧。江左辞咏,莫不称之,以为乐土。故隋王诞作襄阳之歌,齐武帝追忆樊、邓。梁简文帝乐府歌云:分手桃林岸,送别岘山头。若欲寄音信,汉水向东流。又曰:宜城投酒今行熟,停鞍系马暂栖宿。桃林在汉水上,宜城在荆州北,荆州有长林县。江南谓情人为欢。常、长声相近,盖乐人误谓长为常。'《通典》曰:'《常林欢》,盖宋、齐间曲。'"温庭筠咸通二年(861)春至三年,曾在荆南节度使萧邺幕为从事。此前是否到过荆州,难以确考。此诗当是诗人经行荆门道上之作。②宜城,今湖北宜城。唐属襄州。县东一里有金沙泉,造酒极美,世名宜城春,又名竹叶酒。南朝刘潜《谢晋安王赐宜城酒启》:"奉教,垂赐宜城酒四器。"唐李肇《国史补》卷下:"酒则有……宜城之九酝。"梁简文帝《和萧侍中子显春别诗四首》之三:"春堤杨柳覆河桥。"③绿鸭,本为雄性野鸭,头部与颈部为绿色,故名。《类说》卷三十二引《语林》云:"李远为杭州刺史,嗜啖绿头鸭。

贵客经过,无他馈饷,相厚者乃绿头鸭一对而已。"盖绿头鸭经人工驯养,久已成著名鸭种,又有通身绿色者。咬咬,鸭鸣声。④麦如尾,指麦抽穗如尾。⑤幽轧,状织机之声。⑥荆门,本山名,在今湖北省宜都市西北,长江南岸,隔江与虎牙山相对,古为巴蜀荆吴之间要塞。唐人诗文中常以荆门指代荆州。王维《寄荆州张丞相》:"所思竟何在?怅望深荆门。"李商隐《荆门西下》诗,"荆门"亦指荆州。"荆门道"指通向荆州的道路。此当是庭筠自襄阳赴荆州途经长林、荆门县一带时作。⑦蛮水,指荆州一带之水。古代中原人对楚、越或南人称"荆蛮"。《左传·昭公二十六年》:"兹不穀震荡播越,窜在荆蛮,未有攸底。"白居易《晋谥恭世子议》:"周之衰也,楚子以霸王之器,奄有荆蛮。"故荆蛮每连称,荆州一带之水自可称蛮水。色如草,谓水色如春草之绿。江淹《别赋》:"春草碧色,春水绿波。"⑧锦荐,锦缎床垫。⑨咿喔,鸡鸣声。

[讲解]

诗写荆门道上所见春晨景物:宜城酒熟,春花覆桥;晴沙绿鸭,鸣声咬咬;浓桑绕舍,麦穗如尾;鸣机轧轧,双燕筑巢;蛮水扬光,色绿如草。"马声"句点明诗人身处荆门道上,以上景物均道上所见所闻所感。末二句谓此时情侣犹沉酣于锦荐金炉之好梦,不闻东家鸣鸡之报晓。《常林欢》原题之意仅于篇末一点即止,而诗的主体已是对荆门春色的描绘歌咏了。或谓《常林欢》为宋、梁间荆州地方的情歌,温此篇即从梁简文帝同题乐府化出。但从诗面看,此篇重点已发生了转移。这在乐府拟作中常见。刘青海教授谓"马声"二句系化用梁简文帝"停鞍系马暂栖宿"句意,似与原诗更切。然诗人目击荆门道上之景之现场感不免消减。

塞寒行①

燕弓弦劲霜封瓦②,朴簌寒雕睇平野③。一点黄尘起雁喧④,白龙堆下千蹄马⑤。河源怒浊风如刀⑥,剪断朔云天更高⑦。晚出榆关逐征北⑧,惊沙飞迸冲貂袍⑨。心许凌烟名不灭⑩,年年锦字伤离别⑪。彩毫一画竟何荣,空使青楼泪成血⑫。

[注释]

①《乐府诗集》卷一百《新乐府辞十一·乐府倚曲》载此首。乐府有《塞上曲》《苦寒行》,写边塞征戍之事,此为仿乐府旧题自拟之新题。旧注引《汉书·匈奴传》蒙恬因河为塞戍守之事,仅指北方边塞。而此诗所写的地域,西北至白龙堆,西至河源,东北至榆关,并非局限于某一隅,系泛咏边塞征戍之苦寒,抒发对立功边塞的厌倦。②燕弓,燕地所产的角制作的良弓,《文选·左思〈魏都赋〉》:"燕弧盈库而委劲,冀马填厩而驵骏。"李周翰注:"燕弧,角弓,出幽燕地。"霜封瓦,浓霜封盖瓦沟。③朴簌,形容寒雕飞翔时拍击翅膀的声响。睇,斜视。④一点黄尘,指远处马群奔驰时掀起的尘土。雁群即因此而惊喧高飞。⑤白龙堆,又称龙堆,西域中沙漠名,在新疆天山南路。《汉书·匈奴传下》:"且往者图西域,制车师,置城郭都护三十六国,费岁以大万计者,岂为康居、乌孙能逾白龙堆而寇西边哉?乃以制匈奴也。"孟康曰:"龙堆形如土龙身,无头有尾,高大者二三丈,埤者丈余,皆东北向,相似也。在西域中。"岑参《献封大夫破播仙凯歌》之四:"洗兵鱼海云迎神,秣马龙堆月照营。"陈铁民注:"龙堆,即白龙堆,今新疆南部库姆塔沙漠,其地沙冈起伏,形如卧龙。"蹄,量词,用于草食动物,《史记·货殖列传》:"陆地牧马二百蹄。"司马贞《索隐》:"马有四足,二百蹄

有五十匹也。"⑥河源,黄河之源,古代误以为河出昆仑。《山海经·北山经》:"出于昆仑之东北隅,实惟河原。"《汉书·西域传·于阗国》:"于阗之西,水皆西流,注西海;其东,水东流,注盐泽,河原出焉。"怒浊,怒涛浊浪。浊,一作"触"。风如刀,岑参《走马川行送封大夫出师西征》:"风头如刀面如割。"⑦剪断朔云,谓如剪之寒风剪断北方边地的寒云。⑧榆关,即今之山海关。古称渝关、临渝关、临榆关。其地古有渝水,县与关均以水而得名。唐人多称此关为榆关。高适《燕歌行》:"汉家烟尘在东北,汉将辞家破残贼……摐金伐鼓下榆关,旌旆逶迤碣石间。"于志宁《中书令昭公崔敦礼碑》:"奉敕往幽州……建节榆关。"旧注引《汉书·地理志》"榆关,一名临间关,在汉中",与诗题及内容均不合。逐,跟随。征北,汉代有征西、征南等将军名号,此泛指征讨北方边塞的将军。⑨貂,一作"征"。⑩许,期望。凌烟,阁名,封建王朝为表彰功臣而建筑的绘有功臣图像的高阁,以唐太宗贞观十七年(643)画功臣像于凌烟阁事最著称于后世。刘肃《大唐新语·褒锡》:"贞观十七年,太宗图画太原倡义及秦府功臣赵公长孙无忌、河间王孝恭、蔡公杜如晦、郑公魏征、梁公房玄龄、申公高士廉、鄂公尉迟敬德、郧公张亮、陈公侯君集、卢公程知节、永兴公虞世南、渝公刘政会、莒公唐俭、英公李勣、胡公秦叔宝等二十四人于凌烟阁,太宗亲为之赞,褚遂良题阁,阎立本画。"⑪《晋书·列女传·窦滔妻苏氏》:"窦滔妻苏氏,始平人也,名蕙,字若兰,善属文。滔,苻坚时为秦州刺史,被徙流沙,苏氏思之,织锦为回文旋图诗以赠滔。宛转循环以读之,词甚凄惋,凡八百四十字。""锦字"即指苏蕙织锦为回文旋图诗,借指征戍将士妻子抒写离别相思之情的书信或诗篇。又,武则天有《织锦回文记》:"初,滔有宠姬赵阳台……滔置之别所。苏氏知之,求而获焉,苦加捶辱,滔深以为憾。阳台又专形苏氏之短,谗毁交至,滔益忿焉。苏氏时年二十一。及滔将镇襄阳,邀其同往,苏氏忿之,不与偕行。滔遂携阳台之任,断其音问。苏氏悔恨自伤,因织锦回文,五彩相宣,莹心耀目。其锦纵横八寸,题诗二百余首,计八百余言。纵横反复,皆成章句。其文点画无缺,才情之妙,超今迈古,名曰《璇玑图》。"内容与《晋书·列女传》稍异。⑫青楼,青漆涂饰的华美楼房。曹植《美女篇》:"青楼临大路,高门结重关。"此借指征戍将士的妻子。泪成血,王嘉《拾遗记》:"(魏)文帝所爱美人,姓薛名灵芸,常山人也……灵芸闻别父母,歔欷累日,泪下沾衣。至升车就路之时,以玉唾壶承泪,壶则红色。既发常山,及至京师,壶中泪凝如血。"泪,《乐府诗集》作"泣"。

[讲解]

此诗在广袤的背景下极力渲染塞垣之寒、征戍之苦,而归结为"彩毫一画竟何荣,空使青楼泪成血"的悲慨,最能体现晚唐时代的社会心理,与初盛唐时期士人普遍向往立功边塞、麟阁图像、青史留名的积极进取心态相比,竟有天壤之别。"孰知不向边庭苦,纵死犹闻侠骨香"(王维《少年行》),"万里奉王事,一身无所求。也知塞垣苦,岂为妻子谋"(岑参《初过陇山途中呈宇文判官》)。温诗"彩毫"二句,不仅极写边塞征戍给妻子带来的离别相思之苦,且连凌烟图像之荣也加以彻底否定,体现出一种与盛唐士人完全不同的轻视国家利益、轻视功名事业,重视个人家庭幸福的人生价值观与幸福观。实则晚唐诗中此类心理常有所表现,陈陶之"可怜无定河边骨,犹是春闺梦里人"即其例(按:此系反黩武战争诗)。此诗写塞上苦寒,颇有佳句,如"一点"二句,画面富于动感,颇似电影镜头,自远而近,逐渐放大。"河源"二句、"惊沙"句,亦形象生动传神。然因结穴二句,此类生动的描绘全成厌战心理的有力衬托。

昆明治水战词①

汪汪积水光连空②,重叠细纹晴漱红③。赤帝龙孙鳞甲怒④,临流一时生阴风⑤。鼍鼓三声报天子⑥,雕旌兽舰凌波起⑦。雷吼涛惊白若山⑧,石鲸眼裂蟠蛟死⑨。滇池海浦俱喧豗⑩,青帜白旄相次来⑪。箭羽枪缨三百万⑫,踏翻西海生尘埃⑬。茂陵仙去菱花老⑭,唼唼游鱼近烟岛⑮。渺莽残阳钓艇归⑯,绿头江鸭眠沙草。

[注释]

①《乐府诗集》卷一百《新乐府辞十一·乐府倚曲》载此首。治,《乐府诗集》、毛本、《全唐诗》作"池"。词,《乐府诗集》作"辞"。《汉书·武帝纪》:"(元狩三年春)发谪吏穿昆明池。"颜注引臣瓒曰:"《西南夷传》有越嶲、昆明国,有滇池,方三百里。汉使求身毒国,而为昆明所闭。今欲伐之,故作昆明池象之,以习水战。在长安西南,周回四十里。"题内"昆明",指昆明池。治,作、为、事。犹教习、演练。治水战,犹作水战、教习水战。②光连,《乐府诗集》作"连碧"。③晴潋,原作"晴潊",《乐府诗集》作"交敛",席本、顾本作"交潋",《全唐诗》作"晴漾"。按:"潊"字字书未见,当是"潋"字形误,今据席本、顾本改正。晴潋红,谓红日映照,池水荡漾起一片红色晴光。④赤帝,指汉高祖刘邦。《史记·高祖本纪》:"高祖被酒,夜径泽中,令一人行前。行前者还报曰:'前有大蛇当径,愿还。'高祖醉,曰:'壮士行,何畏!'乃前,拔剑击斩蛇……后人来至蛇所,有一老妪夜哭……曰:'吾子,白帝子也,化为蛇,当道,今为赤帝子斩之,故哭。'"赤帝龙孙,指汉武帝刘彻。鳞,原作"鲜",据《乐府诗集》、述抄改正。鳞甲怒,形容武帝之怒如龙之鳞甲怒张,愤而欲伐昆夷。⑤时,《乐府诗集》作"昑"。⑥鼍(tuó)鼓,用鼍皮做的鼓,其声如鼍鸣。鼍,扬子鳄的古称。李斯《谏逐客书》:"树灵鼍之鼓。"⑦雕旌兽舰,《乐府诗集》作"雕旗战舰",席本、顾本作"雕旗兽舰"。雕旌,彩绘的旌旗。兽舰,船体雕饰兽形的战舰。《西京杂记》卷六:"昆明池中有戈船、楼船各数百艘。楼船上建楼橹,戈船上建戈矛,四角悉垂幡旄,旌葆麾盖,照灼涯涘。"⑧若,原作"石",涉下句"石"字而误,据《乐府诗集》、述抄等改正。⑨《西京杂记》卷一:"昆明池中刻玉石为鱼,每至雷雨,鱼常鸣吼,

鬐尾皆动。汉世祭之以祈雨,往往有验。"《三辅故事》:"(昆明)池中有豫章台及石鲸,刻石为鲸鱼,长三丈,每至雷雨,鱼常鸣吼,鬐尾皆动。"按:鲸石刻今尚存,原在长安县开瑞庄,今藏陕西历史博物馆。⑩溟,《乐府诗集》作"滇"。溟池,溟海。庾信《谢赵王集序启》:"溟池九万里,无逾此泽之深;华山五千仞,终愧斯恩之重。"《列子·汤问》:"终北之北有溟海,天池也。"《文选·张协〈七命〉》:"溟海濩涌其后。"李善注引《十洲记》:"东王所居处,山外有员海,员海水色正黑,谓之溟海。"作"滇池"者,或因昆明池仿滇池而凿,武帝欲伐昆夷,滇、溟二字形近而改。但溟池、溟海均为习用语,且此句系夸张形容昆明池演习水战时波涛汹涌之势如同溟海喧豗,如直作"滇池",反失原意。浦,《乐府诗集》作"浪"。海浦,海口。喧豗(huī),水波激荡时形成的轰响。⑪青帜白旍,《乐府诗集》作"青翰画鹢",非。青帜白旍,指战舰上插着青、白色旗帜,作为演习水战时交战双方的标志。如作"青翰画鹢",则为游船之属,非"水战",与下句"箭羽枪缨"亦不合。⑫句意谓舰队中持枪挽弓的兵士众多。"三百万"极言其多,自非实数。⑬《山海经·南山经》:"招摇之山,临于西海之上。"《楚辞·离骚》:"路不周以左转兮,指西海以为期。"此"西海"均神话传说中的西海。《汉书·张骞传》:"从溯河山,涉流沙,通西海。"此"西海"即西汉时所置西海郡,在今青海附近。此句之"西海"当指滇池。盖昆明池演习水战,本为伐昆夷,"踏翻西海(滇池)"即伐灭昆夷的象喻。滇池方三百里,在西边,故曰"西海"。海翻则水流尽,故曰"生尘埃"。⑭茂陵,汉武帝刘彻的陵墓,在今陕西省兴平市东北。《汉书·武帝纪》:"(后元二年)二月丁卯,帝崩于五柞宫,入殡于未央前殿。三月甲申,葬茂陵。"此以"茂陵"代指汉武帝。汉武帝好神仙,妄求长生,故于其逝世曰"仙去"。菱花,铜镜背面有菱花图案,此以菱花镜的镜面喻指昆明池的湖面。菱花老,谓昆明池因年深岁久,逐渐荒湮。唐时曾多次修浚昆明池,后期因堤堰崩溃和水源断绝而逐渐干涸。至宋代,已成一片农田。庭筠此诗曰"菱花老",正反映唐后期昆明池渐次干涸的实际状况。⑮唼唼(shà shà),游鱼吃食声。

《西京杂记》卷一："武帝作昆明池,欲伐昆吾夷,教习水战。因而于上游戏养鱼,鱼给诸陵庙祭祀余付长安市卖之。"《刘宾客嘉话录》："昆明池者,汉武帝所制。捕鱼之利,京师赖之。"烟岛,指昆明池中为烟雾所笼罩的小岛。⑯渺莽,烟波辽阔无际貌。

[讲解]

此游昆明池想象西汉盛时武帝于此演习水战的壮盛气象,即杜甫《秋兴八首》所谓"昆明池水汉时功,武帝旌旗在眼中"之意,于兴致淋漓的描绘中透露出对封建盛世的追缅向往。末四句收归现境,武帝早已仙逝,昆明池渐次干涸,唯余夕阳残照,烟岛钓艇,游鱼江鸭,岸边沙草,而往昔之壮盛气象已不可复觅,言外有无限今昔盛衰之慨。晚唐南诏屡为边患,此诗追缅往昔盛时"箭羽枪缨三百万,踏翻西海生尘埃"的气势声威,或亦有所寓慨于国势的衰颓。

谢公墅歌①

朱雀航南绕香陌②,谢郎东墅连春碧③。鸠眠高柳日方融④,绮榭飘飖紫庭客⑤。文楸方罫花参差⑥,心阵未成星满池⑦。四座无喧梧竹静,金蝉玉柄俱持颐⑧。对局含嚬见千里⑨,都城已得长蛇尾⑩。江南王气系疏襟⑪,未许苻坚过淮水⑫。

[注释]

①谢公,指东晋名臣谢安(320—385),安曾阻桓温之欲移晋室。为征讨大都督,取得淝水之战的巨大胜利,为巩固东晋政权作出重要贡献。事详《晋书·谢安传》。谢公墅,指谢安于建康土山上营建的别墅。安于会稽东山上亦有别

墅,参注③。②朱雀航,即朱雀桥,亦称朱雀桁,六朝都城建康南城门朱雀门外之浮桥。横跨秦淮河上。系连船而成,长九十步,广六丈。《南畿志》:"朱雀航即朱雀桥,在城南乌衣巷口。"王、谢等世家大族,世居乌衣巷。陌,道路。③谢郎,称谢安,"郎"为对男子的敬称。东墅,位于东郊的别墅。土山在都城建康之东,又称东山。与谢安早年隐居的会稽东山同名而异地。春碧,春天的碧野青山。④鸠眠,古乐府:"北柳有鸣鸠。"融,明亮。⑤绮榭,装饰华美的台榭。飘飘,形容"紫庭客"举止轻盈、洒脱之状。柳泌《玉清行》:"照彻圣姿严,飘飘神步徐。"紫庭,本指天上宫廷,此指帝王宫廷。紫庭客,指谢安。⑥文楸,用楸木制成的有花纹的围棋盘。唐苏鹗《杜阳杂编》谓日本东三万里有集真岛,产楸玉,状如楸木,琢之为棋局,光洁可鉴,系用楸玉琢成之围棋盘。方罫(guǎi),围棋盘上的方格。花参差,指围棋盘上的花纹错落有致。⑦心阵,心中所筹划算计的围棋排子布阵之法。⑧金蝉,汉代侍中、中常侍冠饰。金取坚刚,蝉取居高饮洁。此借指谢安。其时安加侍中。玉柄,以玉为柄的拂尘,借指名士谢玄。晋代文士谈论时常执拂尘,即所谓"麈尾"。《晋书·王衍传》:"每捉玉柄麈尾,与手同色。"此当即"玉柄"一词所出。持颐,以手托腮,形容神情专注、凝神思考之状。此句写谢安与谢玄围棋赌墅情事,参下句注。⑨嚬,一作"情"。《晋书·谢安传》:"时苻坚强盛,疆埸多虞,诸将败退相继。安遣弟石及兄子玄等应机征讨,所在克捷,拜卫将军、开府仪同三司,封建昌县公。坚后率众,号百万,次于淮肥,京师震恐。加安征讨大都督。玄入问计,安夷然无惧色,答曰:'已别有旨。'既而寂然。玄不敢复言,乃令张玄重请。安遂命驾出山墅,亲朋毕集,方与玄围棋赌别墅。安常棋劣于玄,是日玄惧,便为敌手而又不胜。安顾谓其甥羊昙曰:'以墅乞汝。'安遂游涉,至夜乃还,指授将帅,各当其任。玄等既破坚,有驿书至,安方对客围棋,看书既竟,便摄放床上,了无喜色,棋如故;客问之,徐答云:'小儿辈遂已破贼。'"含嚬,皱眉不语,形容思考棋局之状。见千里,即所谓"运筹帷幄之间,决胜千里之外",于方尺棋局之上见千里之外战局的胜算,对胜局成竹在胸。⑩长蛇,指苻坚。古代常以封豕(大野猪)长蛇喻凶恶贪暴之敌。《左传·定公四年》:"吴为封豕长蛇。"杜预注:"言吴贪害如蛇豕。"《文选·谢朓〈和王著作八公山〉》:"长蛇固能剪,奔鲸自此曝。"李善注:"八公山,谢玄败苻坚之处也。长蛇,喻(苻)融;奔鲸,喻坚也。"⑪孙盛《晋阳秋》:秦时望气者曰:"东南有天子气,五百年有王者兴。"至晋元帝适逢其时。《史记·高祖本纪》:"秦始皇帝常曰:'东南有天子气。'于是因东游以厌之。"江南王气,指据有江南地区的东晋王朝的气运。疏襟,宽广开朗的胸襟。此指谢安。句意谓谢安的一身系东晋王朝的命运。⑫《晋书·谢玄传》:"及苻坚自率兵次于项城,众号百万……诏以玄为前锋……玄先遣广陵相刘牢之五千人直指洛涧,即斩梁成及成弟云,步骑崩溃,争赴淮水。牢之纵兵追之,生擒坚伪将梁他……收其军实。坚进屯寿阳,列阵临肥水,玄军不得渡。玄使谓苻融曰:'君远涉吾境,而临水为阵,是不欲速战。诸君稍却,令将士得周旋,仆与诸君缓辔而观之,不亦乐乎!'……坚曰:'但却军,令得过,我以铁骑数十万向水,逼而杀之。'融亦以为然,遂麾使却阵,众因乱不能止。于是玄与琰、伊等以精锐八千涉渡肥水……决战肥水南。坚中流矢,临阵斩融。坚众奔溃,自相蹈藉投水死者不可胜计,肥水为之不流。余众弃甲宵遁,闻风声鹤唳,皆以为王师已至,草行露宿,重以饥冻,死者十七八。"

[讲解]

谢安于淝水之战正紧张进行的关键时刻,与谢玄围棋赌墅,胸有成竹,镇定从容,取得战争胜利之事,历代传为美谈。诗即以围棋赌墅事为中心进行构思,前八句详写别墅春色与围棋赌墅情事,极力渲染和平闲静景象和"长考"时"四座无喧"的静谧气氛。后四句,以"对局含嚬见千里"一句折转,将围棋取胜之道与决胜千里的用兵之道绾合在一起,极力赞颂谢安运筹帷幄、指挥若定的政治家风度,虽身处都城,却已胜券在握。晚唐国势衰颓,秉政者每多因循苟且,不思进取振作,如武宗时之名相李德裕者绝少。诗末极赞谢安以一身系王室安危,或亦有望于当世能有谢安式的人物出现,或即借歌颂谢安寄寓对当世良相如李德裕者的称扬。

达摩支曲 杂言①

捣麝成尘香不灭②,拗莲作寸丝难绝③。红泪文姬洛水春④,白头苏武天山雪⑤。君不见无愁高纬花漫漫⑥,漳浦宴余清露寒⑦。一旦臣僚共囚虏⑧,欲吹羌管先汍澜⑨。旧臣头鬓霜华早⑩,可惜雄心醉中老。万古春归梦不归⑪,邺城风雨连天草⑫。

[注释]

①《乐府诗集》卷八十《近代曲辞二》载此首,题作《达摩支》,解题曰:"《唐会要》曰:'天宝十三载,改《达摩支》为《泛兰丛》。'《乐苑》曰:'《泛兰丛》,羽调曲。又有《急泛兰丛》。'《乐府杂录》曰:'《达摩支》,健舞曲也。'"任中敏《唐声诗》下编:"《达摩支》,教坊健舞曲,起源不详。'达摩支'乃外语译音,一说出自突厥语,为虎从官;一说出自梵文,意为法轮。"王昆吾曰:"《唐会要》天宝改名曲内有《达摩支》,太簇羽,改为《泛兰丛》。《乐苑》云:'《泛兰丛》,羽调曲。又有《急泛兰丛》。'曲既有大、小、缓、急之分,可知是大曲。《乐府诗集》'近代曲辞'载温庭筠《达摩支》一首,七言十二句,有'君不见'三衬字。"(《隋唐燕乐杂言歌辞研究》153页)王克芬曰:"舞名《达摩支》与印度僧人人名达摩相同……从名称看,健舞《达摩支》与印度僧人达摩可能有所联系。僧人以锻炼身体为目的,传习武术,由武术发展成为一种舞姿豪雄的'健舞'是可能的……唐人温庭筠作《达摩支》,可能是健舞《达摩支》的舞曲歌辞,更可能是据《达摩支》乐曲填写的词。"(《唐代文化》乐舞编,上册368页)按:填词之说恐非,曲词内有"君不

见"衬字,系乐府套语,此外全为齐言句,其体式显为乐府而非曲子词。②麝,此指麝香,雄麝脐部香腺中的分泌物,干燥后呈颗粒状或块状,故可"捣"之成"尘"(粉末)而香气不灭。③捥莲作寸,将莲藕捥折成寸。丝,谐"思"。④红泪,用薛灵芸故事,详《塞寒行》注⑫。文姬,蔡琰字。《后汉书·董祀妻传》:"陈留董祀妻者,同郡蔡邕之女也,名琰字文姬,博学有才辩,又妙于音律。适河东卫仲道,夫亡无子,归宁于家。兴平中,天下丧乱,文姬为胡骑所获,没于南匈奴左贤王。在胡中十二年,生二子。曹操素与邕善,痛其无嗣,乃遣使者以金璧赎之,而重嫁于祀……后感伤乱离,追怀悲愤,作诗二章(按:即五言体《悲愤诗》及骚体《悲愤诗》)。"洛水,在今河南境,又名洛河。句意谓蔡文姬被掳,身陷匈奴,但无时不怀念中原故国的洛水春色,为之泣血神伤。⑤《汉书·苏武传》载,汉武帝天汉元年(前100),苏武以中郎将使持节出使匈奴,单于留不遣归,欲其降,武坚贞不屈,持节牧羊于北海(今俄罗斯贝加尔湖)畔十九年。始元六年(前81)始得归,须发尽白。"白头苏武"指此。唐时称伊州(今新疆哈密市)、西州(今吐鲁番盆地一带)以北一带山脉为天山,亦称白山,参见《元和郡县图志·伊州》。但苏武牧羊之北海既为今贝加尔湖,则此句"天山"疑非西域之白山。可能指燕然山,即今蒙古国境内之杭爱山脉。北魏太延四年(438),拓跋焘击柔然,从浚稽山北向天山。或即此。但作为比兴象征,以"天山雪"象征苏武长期困居艰苦卓绝的环境,坚贞不屈,守节不移,直至白头,则固不必泥于"天山"所指。⑥《北齐书·后主幼主纪》:"后主讳纬,字仁纲,武成皇帝之长子也……益骄纵,盛为无愁之曲,帝自弹胡琵琶而唱之,侍和之者以百数。人间谓之无愁天子……宫掖婢皆封郡君,宫女宝衣玉食者五百余人,一裙直万匹,镜台直千金,竞为变巧,朝衣夕弊……其嫔嫱诸宫中起镜殿、宝殿、玳瑁殿,丹青雕刻,妙极当时。又于晋阳起十二院,壮丽逾于邺下。所爱不恒,数毁而又复……凿晋阳西山为大佛像,一夜然油万盆,光照宫内。又为胡昭仪起大慈寺,未成,改为穆皇后大宝林寺,穷极工巧,运石填泉,劳费亿计,人牛死者不可胜纪。"花漫漫,即繁花似锦之意,喻其在位时种种穷极淫侈奢华的情事。⑦漳浦,漳水边,北齐都城邺城临漳水,故云"漳浦"。宴,原作"晏",二字通。此处据《全唐诗》、顾本改通行字。宴余清露寒,谓其作长夜之欢宴,宴罢已是清露泛寒的凌晨。极状其纵欲无愁。⑧据《北齐书·后主幼主纪》,隆化二年(577),高纬(时已禅位于其长子恒)并皇后携幼主走青州,欲为入陈之计。而周军奄至青州,与韩长鸾、淑妃等十数骑至青州南邓村,为周将尉迟纲所获。此即所谓"臣僚共囚虏"。⑨管,顾本作"笛"。汎,《乐府诗集》作"泛"。汎澜,流泪迅疾貌。《后汉书·冯衍传》:"泪汎澜而雨集兮。""汎澜"与上"无愁"对应。⑩旧臣,指高纬祖、父两代所遗留的老臣。华,一作"雪"。⑪梦,指邺都往昔的繁华。⑫邺城,北齐都城,今河北临漳县。《北齐书·后主幼主纪》:"至建德七年,诬与宜州刺史穆提婆谋反,及延宗数十人无少长皆赐死,神武子孙所存者一二而已。"末二句形容北齐亡国后都城邺城的凄凉景象:往昔繁华,尽成旧梦。春虽年年归来,而繁华旧梦则一去不复返,故都邺城笼罩在一片凄迷的风雨之中,但见野草连天而已。

[讲解]

诗咏北齐后主高纬荒淫亡国事,而以蔡琰、苏武事作反衬。篇首以"捣麝成尘香不灭,拗莲作寸丝难绝"起兴,兴中有比,以兴喻蔡琰虽身陷匈奴、苏武虽白头牧羊,而心系故国,最终得归。"君不见"句喝起,引出主角北齐后主高纬,写其在位时只知"无愁"享乐,过着花团锦簇般的奢华生活,在漳水岸边的宫殿里宴饮作乐,长夜尽欢;一旦与臣僚们身为囚虏,又软弱无能,未吹羌笛先已涕泪横流。旧臣中虽有怀复国之雄心者,却无实际行动,只能在沉醉中空使头鬓被雪,悒郁送老。末尾深致感慨,谓故都邺城今已笼罩于凄迷风雨与连天荒草之中,往昔的繁华旧梦已不可复寻。诗盖伤高纬君臣荒淫亡国而又软弱无能,不能复国。虽有所讽慨,但同情惋惜之情多,而揭露批判之意则不显。主要成就在艺术方面。开头以生动形象而贴切的比兴起,引出蔡琰、苏武两位身陷胡虏、心系故国的正面人物,与高纬君臣的软弱无能作鲜明对比,文姬的"红泪"与高纬的"汍澜","白头苏武天山雪"与"旧臣头鬓霜华早"更前后相映,而一则心系故国,坚贞不屈,一则沉醉送老。末二句以景语结,以"春归"与"梦不归"作照映,悲凉感慨之情无限。全诗风格于雄豪苍老中有缠绵宕往之致。

醉　歌[①]

檐柳初黄燕新乳[②],晓碧芊绵过微雨[③]。树色深含台榭情,莺声巧作烟花主[④]。锦袍公子陈杯觞[⑤],拨醅百瓮春酒香[⑥]。入门下马问谁在[⑦],降阶握手登华堂[⑧]。临邛美人连山眉[⑨],低抱琵琶含怨思[⑩]。朔风绕指我先笑[⑪],明月入怀君自知[⑫]。劝君莫惜金樽酒[⑬],年少须臾如覆手[⑭]。辛勤到老慕箪瓢[⑮],于我悠悠竟何有[⑯]！洛阳卢仝称文房[⑰],妻子脚秃春黄粮[⑱]。阿鏖光颜不识字[⑲],指麾豪俊如驱羊[⑳]。天犀压断朱鼷鼠[㉑],瑞锦惊飞金凤皇[㉒]。其余岂足沾牙齿[㉓],欲用何能报天子。驽马垂头抢暝尘[㉔],骅骝一日行千里[㉕]。但有沉冥醉客家[㉖],支颐瞪目持流霞[㉗]。唯恐南园风雨落[㉘],碧芜狼藉棠梨花[㉙]。

[注释]

①李白有《将进酒》,杜甫有《醉时歌》,温庭筠此诗制题、内容、格调均显仿李诗。于杜诗《醉时歌》之意蕴亦有所继承。②新,一作"初"。燕新乳,谓燕子新孵乳燕,非谓初次乳哺,作"新"是。③芊,一作"萋"。芊绵,形容绿草茂盛绵延。句意谓清晨微雨过后,草色碧绿绵延。④烟花,指春天烟霭迷蒙、百花盛开的美好景色。句意谓流莺巧啭,似成为美好春色的主人。⑤锦袍公子,泛指贵显子弟。陈,列。⑥拨醅,未滤过的重酿酒。⑦李贺《高轩过》:"入门下马气如虹。"按:"入门下马"者系诗人自己,下句"降阶握手"者则为锦袍公子,即陈杯

筵设宴的主人。参下句注。⑧降阶，古代宾主相见，以西为尊。主人迎客在东阶，客人登从西阶。客如表示谦让，则登主人之阶，称为"降阶"，或称"降等"。《礼记·曲礼上》："客若降等，则就主人之阶；主人固辞，然后客复就西阶。"但此句中之"降阶"当指主人走下台阶相迎，以示恭敬。《陈书·吴明彻传》："及高祖镇京口，深相要结。明彻乃诣高祖，高祖为之降阶，执手即席，与论当世之务。"《周书·赵僭王招传》："滕王迫后至，隋文帝降阶迎之。"华堂，华美的厅堂。⑨临邛美人，指卓文君，文君系临邛富豪卓王孙之女。连山眉，指如远山之双眉。《西京杂记》卷二："文君姣好，眉色如望远山，脸际常若芙蓉。"此"临邛美人"借指座中侑酒奏乐的乐妓。⑩石崇《琵琶引序》："昔公主嫁乌孙，令琵琶马上作乐，以慰其道路之思。"杜甫《咏怀古迹五首》之三："千载琵琶作胡语，分明怨恨曲中论。"琵琶汉代自域外传入。南北朝时又有曲项琵琶传入，四弦，腹呈半梨形，颈上有四柱，横抱怀中，用拨子弹奏。唐宋时不断改进，改横抱为竖抱，废拨子，改用手指弹奏。"低抱琵琶含怨思"，谓乐妓怀抱琵琶，低首似含怨思。⑪朔风绕指，形容琵琶弹奏出朔风凛冽的悲凉肃杀之音。李商隐《戏题枢言草阁三十二韵》："又弹《明君怨》，一去怨不回。感激坐者泣，起视雁行低。翻忧龙山雪，却杂胡沙飞。仲容铜琵琶，项直声凄凄。"描绘琵琶奏出的音乐意境，可与此句互参。我先笑，谓自己为知音，听琵琶而发出会心的微笑。⑫明月入怀，指乐妓怀抱圆月形的琵琶。君，指乐妓。谢灵运《东阳溪中赠答诗二首》："可怜谁家妇，缘流洒素足。明月在云间，迢迢不可得。""可怜谁家郎，缘流乘素舸。但问情若为，月就云间堕。"明月入怀，似暗用灵运诗意，暗示彼此有情，故云"君自知"。⑬李白《行路难三首》之一："金樽清酒斗十千，玉盘珍羞直万钱。"⑭覆手，犹"反掌"，状其容易而迅速。⑮《论语·雍也》："一箪食，一瓢饮，在陋巷，人不堪其忧，回也不改其乐，贤哉回也！"慕箪瓢，仰慕颜回式的安贫乐道、坚守节操的生活。又，孔子答鲁哀公问"弟子孰为好学"云："有颜回者好学。"⑯悠悠，遥远貌。杜甫《醉时歌》："先生有道出羲皇，先生有才过屈宋。德尊一代常坎坷,名垂万古知何用!"又:"儒术于我何有哉,孔丘盗跖俱尘埃!""辛勤"二句,正化用杜诗之意。⑰仝,一作"生"。韩愈《寄卢仝》:"玉川先生洛城里,破屋数间而已矣。一奴长须不裹头,一婢赤脚老无齿。辛勤奉养十余人,上有慈亲下妻子。"卢仝初隐济源山中,后长期寓居洛阳,故称"洛阳卢仝"。文房,犹文府,文章的府库。张说《姚文贞公碑铭》:"武库则矛戟森然,文房则礼乐尽在。"或解,文房,犹文章界、文林。称文房,著称于文林。⑱脚秃,赤脚。黄粮,即黄粱、小米。卢仝《示添丁》:"宿舂连晓不成米,日高始饮一碗茶。"按:韩愈《寄卢仝》只云其"一婢赤脚老无齿",此云"妻子脚秃舂黄粮",或因韩诗"辛勤奉养十余人,上有慈亲下妻子"而连及。舂粮食须用脚踩动碓具,故云"脚秃舂黄粮"。⑲阿荃,即阿跌。《新唐书·李光进传》:"李光进,其先河曲诸部,姓阿跌氏……弟光颜。"光颜于宪宗时屡立战功,善抚士,其下乐为用。宪宗元和六年(811),赐姓李氏。光进、光颜兄弟为中唐少数民族出身的著名将帅。事详两《唐书》本传。不识字,当即因其为少数民族出身的武将而言之。⑳麾,同"挥"。豪俊,指部下的豪杰之士。承上句言光颜虽为武人,而指挥部下豪俊如驱羊之易,以与上文卢仝虽号称文章府库而家境贫寒构成对照。㉑《说文·牛部》:"犀,南徼外牛,一角在鼻,一角在顶,似豕。"《汉书·平帝纪》"黄支国献犀牛"颜注:"犀状如水牛,头似猪而四足类象,黑色。一角当额前,鼻上又有小角。"《广雅》:"犀,徼外兽。一角在鼻,一角在额,有粟文通两头,名通天犀。"《尔雅》郭璞注:"江东呼鼹鼠者,似鼠大而食鸟,在树木上也。"然此句所谓"朱鼹鼠",似为传说中形状像鼠的一种大兽。前蜀杜光庭《录异记·鼠》:"鼹鼠首尾如鼠,色青黑,短足有指,形大,重千余斤。出零陵郡界,不知所来。民有灾及为恶者,鼠辄入其田中,振落毛衣,皆成小鼠,食其苗稼而去。"㉒陆翙《邺中记》:"锦署中有凤皇锦。"瑞锦,唐代根据窦师纶绘图而织造的一种色彩绮丽的锦,以其绣有龙凤等瑞物,故称瑞锦。张彦远《历代名画记·唐朝下》:"(陵阳公窦师纶)凡创瑞锦宫绫,章彩奇丽,蜀人至今谓之陵阳公样。"杜甫《奉和严中丞西城晚眺十韵》："花罗封蛱蝶，瑞锦送麒麟。"《旧唐书·外戚列传》："荣国夫人卒，则天出内大瑞锦，令敏之造佛像追福。"按："天犀"二句写光颜服饰。张祜《少年乐》有句云："带盘红鼹鼠，袍砑紫犀牛。"据此，上句似指犀带紧束腰间，好像压断了衣服上绣的朱色鼹鼠图案，下句则谓瑞锦制成的袍服绣有凤凰飞翔的图案。均系形容贵显官员服饰之华美。㉓《南史·谢朓传》："朓好奖人才，会稽孔顗粗有才笔，未为时知。孔珪尝令草让表以示朓，朓嗟吟良久，手自折简写之，谓珪曰：'士子声名未立，应共奖成，无惜齿牙余论。'其好善如此。"齿牙余论，随口称誉的话。岂足沾牙齿，不值得一提。㉔驽马，劣马。抢暝尘，头冲地上的灰尘。㉕骅骝，良马。《庄子·秋水》："骐骥骅骝，一日而驰千里。"㉖扬雄《法言·问明》："蜀庄沉冥。"沉冥，原指幽居匿迹，此句"沉冥"则指沉迷于酒，昏睡不醒。㉗流霞，指仙酒。借指美酒。《论衡·道虚》："（项曼都）曰：'有仙人数人，将我上天，离月数里而止……口饥饮食，仙人辄饮我以流霞一杯。每饮一杯，辄数月不饥。'"㉘园，原作"国"，据《才调集》、席本、述抄改。落，一作"作"。㉙碧芜，碧绿的草地。棠梨，俗称野梨。陆玑《毛诗草木鸟兽虫鱼疏》："甘棠，今棠梨，一名杜梨。"

[讲解]

题曰"醉歌"，实借"醉"抒发内心之苦闷，宣泄胸中之不平。前段十二句，叙春暖花开时节至锦袍公子家做客宴饮，席间有歌妓弹奏琵琶，"我"既识琵琶中所含的怨思，彼亦含情脉脉。中段"劝君"以下十四句，直抒苦闷与不平，系全诗主体。谓儒者慕箪瓢而学诗书，不免穷困到老，一无所有，如"称文房"之卢仝即不免"妻子脚秃舂黄粮"；而目不识字之异族武人则"指麾豪俊如驱羊"。与杜甫《醉时歌》开篇抒愤，为郑虔鸣不平类似。其中亦含李商隐《骄儿诗》"爷昔好读书，恳苦自著述。憔悴欲四十，无肉畏蚤虱。儿慎勿学爷，读书求甲乙。穰苴司马法，张良黄石术。便为帝王师，不假更纤悉"一类感慨。"驽马"二句，以驽马"垂头抢暝尘"喻己之困顿不遇,以骅骝之"一日行千里"喻人之得志显达,亦愤懑不平语。末段四句收归宴席现境与眼前春景,承上"劝君莫惜金樽酒,年少须臾如覆手"之意,谓当及时行乐,沉醉客家,莫待南园风雨,碧芜落花狼藉之时空自叹惜。诗明显仿杜甫《醉时歌》,亦受李白《将进酒》《答王十二寒夜独酌有怀》之影响,而无李之豪放,杜之沉痛。与李白《将进酒》相比,则乏李之自信,然俊逸风流之致则近李。

春江花月夜词①

《玉树》歌阑海云黑②,花庭忽作青芜国③。秦淮有水水无情④,还向金陵漾春色⑤。杨家二世安九重⑥,不御华芝嫌六龙⑦。百幅锦帆风力满⑧,连天展尽金芙蓉⑨。珠翠丁星复明灭⑩,龙头劈浪哀箭发⑪。千里涵空澄水魂⑫,万枝破鼻团香雪⑬。漏转霞高沧海西,玻璃枕上闻天鸡⑭。蛮弦代雁曲如语⑮,一醉昏昏天下迷⑯。四方倾动烟尘起⑰,犹在浓香梦魂里⑱。后主荒宫有晓莺,飞来只隔西江水⑲。

[注释]

①《乐府诗集》卷四十七《清商曲辞四·吴声歌曲四》载此首,题内无"词"字。同书隋炀帝《春江花月夜二首》解题:"《唐书·乐志》曰:'《春江花月夜》《玉树后庭花》《堂堂》,并陈后主所作,后主常与宫中女学士及朝臣相和为诗,太常令何胥又善于文咏,采其尤艳丽者,以为此曲。'"按:隋炀帝及隋诸葛颖《春江花月夜》均咏春江花月夜之景色,五言四句;唐张若虚《春江花月夜》一首则为七言歌行体,平仄韵交押,内容亦咏春江花月之夜及离别相思。庭筠此首,体制同张作,内容则专咏隋炀帝踵陈后主之迹,奢淫亡国之情事,与原题之意则不相

涉。②《玉树》,即《玉树后庭花》歌曲。《陈书·皇后传·后主张贵妃》:"后主每引宾客对贵妃等游宴,则使诸贵人及女学士与狎客共赋新诗,互相赠答,采其尤艳丽者以为曲词,被以新声……其曲有《玉树后庭花》《临春乐》等。大指所归,皆美张贵妃、孔贵嫔之容色也。"《旧唐书·音乐志》:"御史大夫杜淹对曰:'前代兴亡,实由于乐。陈将亡也,为《玉树后庭花》;齐将亡也,而为《伴侣曲》。行路闻之,莫不悲泣,所谓亡国之音也。'"歌阑,歌残、歌终。海云黑,象征国之将亡。许浑《金陵怀古》:"玉树歌残王气终,景阳兵合戍楼空。"余参注引《新唐书·礼乐志》)。③花庭,即《玉树后庭花》之"后庭",指陈的宫苑。句意谓华美的宫苑转眼间已成为青绿色的平芜。指陈之亡国。④传秦始皇南巡至龙藏浦,发现有王气,于是凿方山、断长垄为渎入于江,以泄王气,故名秦淮。《初学记》卷六引孙盛《晋阳秋》:"秦始皇东游,望气者云五百年后金陵有天子气,于是始皇于方山掘流西入江,亦曰淮。今在润州江宁县,土俗亦号曰秦淮。"⑤二句谓秦淮河水不管人间兴亡,依然流向金陵,荡漾着绿波春色。寓意与刘禹锡《金陵五题·石头城》"淮水东边旧时月,夜深还过女墙来",韦庄《台城》"无情最是台城柳,依旧烟笼十里堤"类似。⑥杨家二世,明指隋朝第二代皇帝隋炀帝杨广,暗寓其亦如秦二世而覆亡。安九重,安居九重深宫,即皇帝位。⑦华芝,华盖,皇帝所乘车舆的车盖。桓谭《新论》:"吾之为黄门郎,居殿中,数见舆辇、玉蚤、华芝及凤凰三盖之属,皆玄黄五色,饰以金玉、翠羽、珠络、锦绣、茵席者也。"《文选·扬雄〈甘泉赋〉》"于是乘舆乃登夫凤皇兮而翳华芝"李善注引服虔曰:"华芝,华盖也。"六龙,古代天子车驾用六四马,马八尺曰龙,故以六龙为天子车驾的代称。句意谓炀帝出游不乘六匹骏马驾的车,御华盖,而乘龙舟。⑧锦帆,用高级锦缎制作的船帆,代指龙舟。《隋书·炀帝纪》:大业元年(605)"八月壬寅,上御龙舟,幸江都……文武官五品以上给楼船,九品以上给黄篾。舳舻相接,二百余里"。颜师古《大业拾遗记》:"炀帝幸江都……至汴,御龙舟,萧妃乘凤舸,锦帆彩缆,穷极侈靡。"⑨金芙蓉,金莲花。疑暗用南齐后主"凿金为莲花以帖地,令潘妃行其上,曰'此步步生莲华也'"之事,谓炀帝展尽豪奢。或以金芙蓉代指美丽的嫔妃。⑩丁星,闪烁貌,系联绵词。形容船上的嫔妃们珠翠满头,闪烁明灭。或指龙舟上装饰的金玉闪烁明灭。宋无名氏《开河记》:"龙舟既成,泛江沿淮而下。至大梁,又别加修饰,砌以七宝金玉之类。"⑪龙头,指炀帝所乘龙舟的船头。哀笳发,指船上奏乐,笳声悲壮激越。《隋书·音乐志下》:"炀帝……大制艳篇,辞极淫绮。令乐正白明达造新声,创……《泛龙舟》……掩抑摧藏,哀音断绝,帝悦之无已。"炀帝《泛龙舟》云:"舳舻千里泛归舟,言旋旧镇下龙舟。借问扬州在何处?淮南江北海西头。六辔聊停御百丈,暂罢开山歌棹讴。讵似江南掌间地,独自称言鉴里游。"⑫千里涵空,指自汴州至扬州的千里水路上,碧水涵空。澄,《乐府诗集》作"照"。澄,静。水魂,水中精怪。盖谓龙舟过处,水怪宁静,不敢兴风作浪。⑬团,一作"飘"。宋敏求《春明退朝录》卷下:"扬州后土庙有琼花一株,或云自唐所植,即李卫公所谓玉蕊花也。"周密《齐东野语·琼花》:"扬州后土祠琼花,天下无二本,绝类聚八仙,色微黄而有香。仁宗庆历中,尝分植禁苑,明年辄枯,遂复载还祠中,敷荣如故。淳熙中,寿皇亦尝移植南内,逾年憔悴无华,仍送还之。其后,宦者陈源,命园丁取孙枝移接聚八仙根上,遂活,然其香色则大减矣。杭之褚家塘琼花园是也。今后土之花已薪,而人间所有者,特当时接本,仿佛似之耳。"据此,则似真正琼花仅有一株,即生长于扬州后土祠者,后世谓为琼花者,多为嫁接聚八仙而成,或将聚八仙、玉蕊花误认为琼花。但温此诗已云"万枝破鼻团香雪",则非单株独本可知,或其误认自唐时已然。唐末吴融《隋堤》诗有"曾笑陈家歌玉树,却随后主看琼花"之句,可证其时已有炀帝至扬州看琼花的传说。或说琼花宋代始有,似未必。琼花属木本花木,树干高大,每年暮春开白花,繁盛如雪,故云"团香雪"。句意谓扬州琼花盛开,千枝万枝,花繁如香雪成团,发出冲鼻香气。⑭玻璃,即颇黎,古代玉名,亦称水玉,或以为即水晶。《本草纲目·金石二·玻璃》:"本作'颇黎'……其莹如水,其坚如玉,故名水玉,与水精同名。"集解引陈藏器曰:

"玻璃,西国之宝也,玉石之类,生土中。"天鸡,神话中天上的鸡。任昉《述异记》卷下:"东南有桃都山,上有大树,名曰'桃都',枝相去三千里。上有天鸡,日初出,照此木,天鸡则鸣,天下鸡皆随之鸣。"⑮雁,一作"写"。代雁,指北方的弦乐器,如秦筝。雁,指雁柱,筝柱斜列如雁之行列。蛮弦,指南方少数民族的弦乐器。⑯唐冯贽《南部烟花记·迷楼》:"迷楼凡役夫数万,经岁而成。楼阁高下,轩窗掩映,幽房曲室,玉栏朱楯,互相连属。帝大喜,顾左右曰:'使真仙游其中,亦当自迷也。'故云。"迷楼故址在今扬州市西北郊。句意谓炀帝在扬州沉迷于酒色享乐,不理天下政事。⑰倾,《全唐诗》校:一作"熲"。顾本校:疑作"熲"。烟,《全唐诗》、顾本校:一作"风"。按:魏曹冏《六代论》:"天下所以不能倾动,百姓所以不易心者,徒以诸侯强大,盘石胶固。"倾动,即倾覆动摇,"四方倾动"即用此意,谓四方变乱迭起,国家倾覆动摇,字本不误。因疑为"熲动"之误而改"烟尘"为"风尘",以实其用杜诗"风尘熲动昏王室"之说,更属臆改。⑱香,一作"团"。二句意谓四方倾覆动摇,烟尘弥漫,炀帝仍肆意享乐,沉醉于浓香好梦之中。大业九年以前,民众起义地区在山东;杨玄感反隋后,起义地区扩大到河南北及江南、岭南、关中、淮南,成为全国性起义。大业末,隋官又纷纷割据。此即所谓"四方倾动"。大业十四年三月,炀帝为右屯卫将军宇文化及所杀。浓香梦魂,参下句注。⑲《隋遗录》:"炀帝在江都,昏湎滋深,帝游吴公宅鸡台,恍惚间与陈后主相遇,尚唤帝为殿下。后主舞女数十,中一人迥美,帝屡目之。后主云:'即(张)丽华也。'乃以绿文测海蠡酌红梁新酝劝帝。帝饮之甚欢,因请丽华舞《玉树后庭花》。丽华徐起终一曲……后主问帝曰:'龙舟之游乐乎! 始谓殿下致治在尧舜之上,今日复此逸游。大抵人生只图快乐,曩时何见罪之深耶!'帝忽寤,叱之,恍然不见。"二句谓陈后主建康荒宫旧址至今唯有晓莺飞翔,彼晓莺飞过西江水至隋炀帝江都旧宫,又见隋之转瞬覆亡,繁华丘墟矣。西江,此指长江。建康在扬州之西,故称这一段长江为西江。

[讲解]

贺裳曰：温不如李，亦时有彼此互胜者。如义山《隋宫》诗"玉玺不缘归日角，锦帆应是到天涯"，飞卿《春江花月夜》曰"十幅锦帆风力满，连天展尽金芙蓉"，虽极力描写豪奢，不及李语更能状其无涯之欲。至结句"地下若逢陈后主，岂宜重问后庭花"，较温"后主荒宫有晓莺，飞来只隔西江水"，则温语含蓄多矣。（《载酒园诗话又编》）

杜庭珠曰：起讫俱用后主事，金陵、广陵，隔江相望。与义山《隋宫》诗结语同意，所谓"后人哀之而不鉴之"也。（《中晚唐诗叩弹集》卷八）

许宗元曰：（首四句）借陈后主陪起，思新彩艳。（末二句）仍应起处作结，如连环钩带。（《网师园唐诗笺》）

隋灭陈，统一中国。但隋炀帝继位后，骄奢淫逸，远过陈后主。诗咏隋之亡而以《春江花月夜》为题，表明亡隋完全继承亡陈的衣钵，连《春江花月夜》这样艳丽淫靡的亡国之音，也完全照旧，重奏前朝亡国之音。故起四句在咏陈亡之后立即重笔渲染隋炀帝乘龙舟下江都穷奢极侈的情景。盖以讽慨隋之二世覆亡，在于不知汲取陈代奢淫亡国的教训，反而变本加厉，肆意佚游，故覆辙重蹈，迅即灭亡，杜庭珠、许宗元评语对此诗主旨、构思、手法与前后映带均有所发明。此诗叙事，实以隋炀帝乘龙舟游江都之事为中心，对炀帝之佚游奢淫特以夸张笔墨肆意渲染，于隋之覆亡则仅用简笔一语带过，起结均以亡陈作陪衬，与《鸡鸣埭曲》正面写隋军渡江灭陈的战争场景显然有别。诗中如"一醉昏昏天下迷""四方倾动烟尘起，犹在浓香梦魂里"，讽慨谴责之意深矣。末二句于铺张渲染之余忽转用温婉含蓄之笔，用飞越西江的晓莺，串联起亡陈与亡隋的两代荒宫，浓缩三十年时间于晓莺飞过之短暂时间，仿佛陈隋之亡只在瞬时。使奢淫亡国的意蕴在隔江相望的荒宫中更显得突出，语虽淡，却意深而味永，令人感慨无穷。

春晓曲①

家临长信往来道②,乳燕双双拂烟草③。

油壁车轻金犊肥④,流苏帐晓春鸡早⑤。

笼中娇鸟暖犹睡,帘外落花闲不扫⑥。

衰桃一树近前池⑦,似惜红颜镜中老⑧。

[注释]

①《乐府诗集》卷一百《新乐府辞·乐府倚曲》载此首。《才调集》云:齐梁体。《苕溪渔隐丛话·前集》卷二十三引此作"晚春曲"。②长信,汉长乐宫宫殿名。汉太后入居长乐宫,多居此宫殿。汉成帝时,赵飞燕骄妒宫中,班婕妤恐遭迫害,自请至长信宫供养服侍太后,并作赋以自伤:"奉共养于东宫兮,托长信之末流。共洒扫于帷幄兮,永终死以为期。"唐人宫怨诗多以"长信秋词"为题。此诗首标"家临长信往来道",内容亦与宫怨有关。③烟草,如烟的碧草。④油壁车,一种用油涂壁的车子。《南齐书·鄱阳王锵传》:"制局监谢粲说锵及随王子隆曰:'殿下但乘油壁车入宫,出天子置朝堂。'"南朝乐府《苏小小歌》:"妾乘油壁车,郎骑青骢马。"此句之"油壁车"当指女子所乘者,即所谓"油壁香车"。金犊,毛色金黄的犊牛,以之驾车。⑤流苏,用彩色羽毛或丝线等制成的穗状垂饰物,常饰于车马、帷帐等物上。晋挚虞《决疑要注》:"天子帐以流苏为饰。"《海录碎事》:"流苏者乃盘线绘绣之球,五色错为之,同心而下垂者是也。"江总《新入姬人应令诗》:"新人羽帐挂流苏,故人网户织蜘蛛。"⑥卢照邻《长安古意》:"百尺游丝争绕树,一群娇鸟共啼花。"王维《田园乐》之六:"花落家童未扫,莺啼山客犹眠。"⑦张正见有《衰桃赋》。衰桃,指花已凋败的桃树。⑧二句

谓一树开败的桃花正紧靠前面的池塘,似惋惜其红颜对镜而老。"镜"指池塘的水面如镜。暗以衰桃临池比喻美人临镜,叹惜红颜易衰。

[讲解]

此诗视"长信""金犊""流苏帐"等语,似咏宫怨。即咏寻常闺怨,亦如胡仔所评:"殊有富贵佳致。"(《苕溪渔隐丛话·前集》卷二十三)一般宫怨(或闺怨)诗,多以凄清秋景作背景,借以烘托失宠宫嫔之寂寞凄凉心境。此首却以春晓鲜妍明丽的景物作背景,借以反衬宫嫔失宠的命运与惋惜红颜易老的心理,别具匠心。主意只于篇末点出,二语颇有巧思,而仍能含蓄。整体风貌虽秾艳婉媚,但仍属轻倩流丽的歌行体。此诗曾被误题为《玉楼春》词,说明其声调确有接近词体之处。

烧　歌[①]

起来望南山,山火烧山田。微红久如灭[②],短焰复相连。差差向岩石[③],冉冉凌青壁。低随回风尽,远照檐茅赤[④]。邻翁能楚言,倚锸欲潸然[⑤]。自言楚越俗,烧畬为早田[⑥]。豆苗虫促促[⑦],篱上花当屋[⑧]。废栈豕归栏[⑨],广场鸡啄粟。新年春雨晴,处处赛神声[⑩]。持钱就人卜,敲瓦隔林鸣[⑪]。卜得山上卦[⑫],归来桑枣下。吹火向白茅[⑬],腰镰映赪蔗[⑭]。风吹槲叶烟[⑮],槲树连平山。迸星拂霞外[⑯],飞烬落阶前[⑰]。仰面呻复嚏[⑱],鸦娘呪丰岁[⑲]。谁知苍翠容,尽作官家税[⑳]!

[注释]

①烧,放火焚烧野草以肥山田。又称烧畬。杜甫《秋日夔府咏怀奉寄郑监李宾客一百韵》:"煮井为盐速,烧畬度地偏。"仇兆鳌注引《农书》:"荆楚多畬

田,先纵火炕炉,候经雨下种。"亦称烧田。按:温庭筠大中十年(856)贬隋县尉,时徐商移镇襄阳,署为巡官。在幕期间,与余知古、韦蟾、元繇、段成式等诗文唱和。此诗述邻翁言,谓楚越俗"烧畲为早田",又言"新年春雨晴",当作于大中十一年至咸通元年(857—860)此数年中之某年春。或谓诗首句"南山"指终南山,诗作于庭筠居长安鄠郊期间,恐非。诗有"赪蔗"二字,长安郊区一带不可能有"赪蔗"这种产于南方的作物。②久,一作"夕"。③差差(cī cī),不齐貌。④檐茅,一作"茅檐"。⑤锸,锹。潸然,流泪貌。⑥为,一作"作"。早,一作"旱"。烧畲,见注①。刘禹锡在夔州时有《竹枝词九首》,其九云:"银钏金钗来负水,长刀短笠去烧畲。"⑦豆苗,陶渊明《归园田居》之三:"种豆南山下,草盛豆苗稀。"促促,虫鸣声。王建《当窗织》:"草虫促促机下啼,两日催成一匹半。"或解为"蹙蹙",状虫之蜷缩貌,亦通。⑧当,遮挡。⑨栈,栅栏,养牲畜的木栅。⑩赛,设祭酬神。《汉书·郊祀志》:"冬赛祷祠。"颜师古注:"赛谓报其所祈也。"⑪持钱,指持卜卦之资,非后世所谓金钱卦。敲瓦,指瓦卜时击瓦。杜甫《戏作俳谐体解闷》:"瓦卜传神语,畲田费火耕。"仇注引王洙曰:"巫俗击瓦,观其文理分析,以卜吉凶。"⑫山上,一作"上山"。山上卦,指卜得之卦象。《易·说卦》:"艮为山。"《易·艮》:"《艮》……无咎。"⑬茅,一作"苇"。白茅,多年生草本植物,花穗上密生白色柔毛。⑭腰镰,腰间别着镰刀。鲍照《东武吟》:"腰镰刈葵藿。"赪蔗,紫红色的甘蔗。⑮槲,落叶乔木,即柞栎。或云春天槲树不落叶,"槲"或为"檞"字之误。檞为松樠,春天落叶。⑯迸星,飞迸的火星。⑰飞烬,飞扬的灰烬。⑱呻,一作"呼"。嚏,打喷嚏。⑲鸦娘,指女巫师。上句"呻复嚏"即女巫师装神弄鬼时发出的呻唤声与打喷嚏声。呪,同"祝"。⑳苍翠容,指南山上生长的青绿茂盛的庄稼。官家,公家、官府。

[讲解]

此诗写襄阳百姓烧畲的农俗,以及与此相关的卜卦、赛神、巫祝的习俗。写烧畲景象,观察细致,描写生动。"豆苗"四句,宛然素描。末二句点睛,揭出全篇主旨,与前"欲潸然"相应,尤为精彩。全篇语言朴素,纯用白描,切合所描写的生活内容。

侠客行①

欲出鸿都门②,阴云蔽城阙。
宝剑黯如水③,微红湿余血。
白马夜频惊④,三更霸陵雪⑤。

[注释]

①《乐府诗集》卷六十七《杂曲歌辞七》载此首。《才调集》谓此首亦齐梁体。《乐府诗集》晋张华《游侠篇》题解:"《汉书·游侠传》曰:'战国时,列国公子,魏有信陵,赵有平原,齐有孟尝,楚有春申,皆借王公之势,竞为游侠,以取重诸侯,显名天下。故后世称游侠者,以四豪为首焉。汉兴,有鲁人朱家及剧孟、郭解之徒,驰骛于间里,皆以侠闻。其后长安炽盛,街间各有豪侠。时萬章在城西柳市,号曰城西萬章,酒市有赵君都、贾子光,皆长安名豪,报仇怨、养刺客者也。'《魏志》曰:'杨阿若后名丰,字伯阳,少游侠,常以报仇解怨为事,故时人为之号曰:东市相斫杨阿若,西市相斫杨阿若。后世遂有《游侠曲》。'魏陈琳、晋张华又有《博陵王宫侠曲》。"②鸿都门,东汉洛阳宫门名,其内置学及书库。《后汉书·灵帝纪》:"始置鸿都门学生。"李贤注:"鸿都,门名也,于内置学。"《后汉书·儒林传序》:"及董卓移都之际,自辟雍、东观、兰台、石室、宣明、鸿都诸藏典策文章,竞共剖散。"③赵晔《吴越春秋》:越王允常聘欧冶子作名剑五枚,一曰纯钩。秦客薛烛善相剑,越王取示之,烛曰:"光乎如屈阳之华,沉沉乎如芙蓉始生

于湖,观其文如列星之行,观其光如水溢于塘,此纯钧也。"此言宝剑在黯淡的夜色中反射出如水的寒光。④惊,《乐府诗集》作"嘶"。曹植《白马篇》:"白马饰金羁,连翩西北驰。借问谁家子,幽并游侠儿。"⑤霸陵,汉文帝的陵墓及陵邑。汉文帝霸陵在今西安市灞桥区毛西村,汉霸陵城在灞桥区谢王庄附近。

[讲解]

沈德潜曰:温诗风秀工整,俱在七言。此篇独见警绝。(《重订唐诗别裁集》卷四)

纪昀曰:纯于惨淡处取神,节短而意阔。(《删正二冯先生评阅才调集》)

翁方纲曰:温诗短篇则近雅,如五古"欲出鸿都门"一篇,实高作也。(《石洲诗话》卷二)

温氏乐府多辞采繁艳,表现亦时有繁芜晦涩之弊。此篇则极精练奇警而富于气势,且能成功地创造出与人物精神面貌浑然一体的氛围意境。取境全在夜间。起二句写侠客杀人后出城情景,"阴云蔽城阙"画出阴寒惨淡与危急氛围。三、四句专写剑,暗示此前杀人报仇情事。在阴暗的夜色中,剑光如水,泛出寒光,映出其上沾湿的鲜血。二句极锤炼而富蕴涵,具有生动的现场感,仿佛能闻到剑上的血腥之气。虽未正面写日间杀人都市中的情景,却自能于剑光与余血中想象得之。五、六句写马,而以"三更霸陵雪"的静景反托之,亦富远神。甫入夜方出鸿都门,而三更已踏霸陵雪,可谓"千里不留行"矣。神骏之姿,跃然纸上。一剑一马,写尽豪侠精神面貌。唐诗中佳作每有新鲜若乍脱笔砚者,本篇即典型一例,关键在对生活有深切感受体验,而又能选取最富典型意义的事物、景象及细节加以表现。

赠蜀将 蛮入成都,颇著功劳①

十年分散剑关秋②,万事皆随锦水流③。

心气已曾明汉节④,功名犹自滞吴钩⑤。

雕边认箭寒云重⑥,马上听笳塞草愁⑦。

今日逢君倍惆怅,灌婴韩信尽封侯⑧。

[注释]

①题下注"颇"一作"频"。夏承焘《温飞卿系年》谓题注"蛮入成都"指咸通十一年(870)春"蛮攻成都,经月始退"之事,顾学颉说同,而谓"此诗不必即作于本年,盖蜀将著功,未必即回长安而相晤也"。施蛰存《读温飞卿词札记》据宋人《宝刻类编》记载,"唐国子监助教温庭筠墓志,弟庭皓撰,咸通七年",考订庭筠的卒年为咸通七年,庭筠不可能得知他死后四年发生的南诏入侵之事,故顾、夏之说可以排除。但施引《南诏野史》"咸通三年(八六二),世隆亲寇蜀,取万寿寺石佛归"之记载,以为"蛮入成都"指咸通三年南诏寇蜀事,亦非,陈尚君《温庭筠早年事迹考辨》一文已指出其"不足释疑"。陈文认为此诗题下注"蛮入成都"系指大和三年(829)十一月,南诏入侵,攻陷数州,占据成都外郭十日之事。甚确。《通鉴·文宗大和三年》:十一月丙申,"西川节度使杜元颖奏南诏入寇。元颖以旧相,文雅自高,不晓军事,专务蓄积,减削士卒衣粮。西南戍边之卒,衣食不足,皆入蛮境钞盗以自给,蛮人反以衣食资之;由是蜀中虚实动静,蛮皆知之。南诏自嵯颠谋大举入寇,边州屡以告,元颖不之信;嵯颠兵至边城,一无备御。蛮以蜀卒为向导,袭陷巂、戎二州。甲辰,元颖遣兵与战于邛州南,蜀兵大败,蛮遂陷邛州……嵯颠自邛州引兵径抵成都,庚戌,陷其外郭……蛮留成

都西郭十日,其始抚慰蜀人,市肆安堵。将行,乃大掠子女、百工数万人及珍货而去。蜀人恐惧,往往赴江,流尸塞江而下"。这是庭筠生活的年代中南诏一次大规模入侵。成都外郭陷后,杜元颖曾"帅众保牙城以拒之,欲遁者数四,壬子,贬元颖为邵州刺史。己未,以右领军大将军董重质为神策诸道西川行营节度使,又发太原、凤翔兵赴西川。南诏寇东川,入梓州西川(郭),郭钊兵寡弱不能战,以书责嵯巅,嵯巅复书曰:'杜元颖侵扰我,故兴兵据之耳。'与钊修好而退"。蜀将"蛮入成都,颇著功劳"之事,当发生在大和三年十二月成都外郭陷后,杜元颖率众保牙城以拒期间。温庭筠与蜀将初次相逢及分散,当在蜀将"颇著功劳"之后不久,约大和四年秋。十年后二人于某边地重逢,蜀将犹迟迟未能升迁官职,故作诗以赠。从大和四年下推十年,庭筠与蜀将重逢并赠诗约在开成四年(839)。②《水经注》卷二十《漾水》:"又东南径小剑戍北,西去大剑三十里,连山绝险,飞阁通衢,故谓之剑阁道。"唐置剑门县,境内有剑门山,峭壁中断,两崖相嵌,形似剑门。句意谓十年前的秋天,己与蜀将在剑门关分别。③随,一作"从"。锦水,即锦江,见《锦城曲》注①。④心,一作"志"。心气,志气。明汉节,用苏武被囚困匈奴,徙北海上,"杖汉节牧羊,卧起操持,节旄尽落"事。句意谓蜀将在南诏入侵时已用战功表明了忠于唐王朝的志气节操。⑤自滞,一作"尚带"。钩,古代兵器,似剑而曲。吴钩,春秋时吴人善铸钩,故称。《吴越春秋·阖闾内传》载,吴王阖闾令国中作金钩,令曰能为善钩者赏之百金。有人杀其二子,以血衅金,遂成二钩,献于阖闾。左思《吴都赋》:"吴钩越棘。"此以"吴钩"泛指利剑。杜甫《后出塞》之一:"男儿生世间,及壮当封侯。战伐有功业,焉能守旧丘……少年别有赠,含笑看吴钩。"李贺《南园》之二:"男儿何不带吴钩,收取关山五十州。请君试上凌烟阁,若个书生万户侯?"吴钩作为建功封侯之志的象征。犹自滞吴钩,谓其虽"颇著功劳",而至今犹留滞不得封赏。⑥句意谓蜀将于寒云沉重的天空下射雕,并在射落的雕上辨认自己的箭。这是慨其闲置无用武之地。⑦句意谓蜀将在马上听悲凉的胡笳声在吹奏,似乎连塞草也笼罩着悲愁。⑧据《史记·樊郦滕灌列传》,灌婴本为"睢阳贩缯者",后以战功封颍阴侯。又据《淮阴侯列传》,韩信"始为布衣时,贫无行,不得推择为吏,又不能治生商贾,常从人家寄食饮,人多厌之者",后亦以战功封淮阴侯。二人出身地位均较微贱。此处借指地位功绩均不如蜀将的其他将领。《史记·李将军列传》:"李将军广者,陇西成纪人也。其先曰李信,秦时为将……孝文帝十四年,匈奴大入萧关,而广以良家子从军击胡,用善骑射,杀首虏多,为汉中郎……文帝曰:'惜乎,子不遇时!如令子当高帝时,万户侯岂足道哉!'"又:"广之弟李蔡与广俱事孝文帝……元狩二年中,代公孙弘为丞相。蔡为人在下中,名声出广下甚远。然广不得爵邑,官不过卿,而蔡为列侯,位至三公。诸广之军吏及士卒或取封侯。广尝与望气王朔燕语,曰:'自汉击匈奴而广未尝不在其中,而诸部校尉以下,才能不及中人,然以击胡军功取侯者数十人,而广不为后人,然无尺寸之功以得封邑者,何也?岂吾相不当侯邪?且固命也。'"联系"蛮入成都,颇著功劳"之语,此联盖隐以李广喻蜀将,慨其有功而不得封赏,而出身地位才能功劳不如蜀将者反尽得封侯。"尽"字含轻视之意,亦含怨愤不平。

[讲解]

此为蜀将有功劳而无封赏抱不平之作。起联点明己与蜀将十年前剑关分别,"万事"句写十年中世事变迁,反托"滞"字。颔联一篇之主,谓蜀将十年前南诏入侵时已用"颇著功劳"的实际行动表明了忠于朝廷的志气节概,但十年后的今天却功名不立,"犹自"滞居下位。"已曾""犹自"分指十年前与十年后。腹联写蜀将目前闲置冷落景况,承"滞吴钩"而申言之。尾联"今日逢君"点明今日重逢,遥应首句"十年分散";"倍惆怅"者,他人才能功绩均不及蜀将都已得到封赏,独君犹自留滞不迁也。中二联均贴"蜀将"言,仅首尾点明昔别今逢。或解腹联指庭筠自己,尾联"灌婴韩信"喻蜀将,殆误。庭筠另有七绝《伤温德彝》云:"昔年戎虏犯榆关,一败龙城匹马还。侯印不闻封李广,他人丘垄似天山。"《赠蜀将》之尾联即"侯印不闻封李广,他人丘垄似天山"之意。可互参。当是十年前"分散剑关秋"时,蜀将已在"蛮入成都"之际"颇著功劳",故十年后之"今日逢君"备感惆怅,因其时隔十年,"功名犹自滞吴钩"也。如此解释,方顺理成章。十年前分别时,当距蜀将"颇著功劳"之时较近,故定其约在大和四年秋。自此下推十年,此诗约作于开成四年。视"马上听笳塞草愁"之句,此次重逢之地似在西北边塞之地,或蜀将在边地军中供职。

  庭筠大和四年秋入蜀,既为游幕之行,故在剑门与蜀将分别之后,当西行至梓州(时郭钊尚在东川为节度使)。迨至梓州,郭已调剑南节度使。十二月丁未,郭已入朝为太常卿。此行如确为投郭,可谓一波三折,终未实现矣。既至成都,则欲投李德裕幕,亦情理中事。惜两皆落空。以上推测,仅供参考。而庭筠初见蜀将,当在大和四年秋,则庶几近之。开成四年于边地重见蜀将,亦正与《书怀百韵》中"事迫离幽墅"一段写自己游边地,"塞歌伤《督护》,边角思《单于》"相合。可证其初见、重逢蜀将时间之合理。视《书怀百韵》中"事迫离幽墅"一段中"羁游欲渡泸"与上下文之具体叙述,则可证此句系用典(诸葛亮《后出师表》:"五月渡泸,深入不毛。")指所往乃不毛之地,非实指欲渡泸水(今金沙江)而南去。"塞歌伤《督护》,边角思《单于》",显指北方边地将帅之军幕,朝夕可闻塞歌边角者。"威容尊大树",乃歌颂边帅功高不伐之品德与威仪。"刑法避秋荼",指己为避繁密之刑法而外出避祸。庭筠或有入边帅幕之企图而未果。"远目穷千里",亦北方边地方有之阔远景象。"堡戍标枪槊,关河锁舳舻",则直接点出"关""河(黄河)"戍守堡戍之士兵枪槊。以上均北方边地及黄河流域方有之景象,非蜀中所有者。此行虽有所干求,但除得到口头称赞外,并无实际效果,故怏怏而归。详参附录四中对"事迫离幽墅"一段的笺释。

利州南渡①

澹然空水带斜晖②,曲岛苍茫接翠微③。

波上马嘶看棹去④,柳边人歇待船归⑤。

数丛沙草群鸥散⑥,万顷江田一鹭飞⑦。

谁解乘舟寻范蠡,五湖烟水独忘机⑧。

[注释]

①利州,唐属山南西道,州治在今四川广元市。濒嘉陵江,西南有桔柏津,"南渡"或指此渡口。诗当为大和四年(830)秋庭筠游蜀途中作。其时剑南东、西川节度使为郭钊兼任。李德裕任西川节度使之朝命尚未发布。②澹然,水波起伏貌。空水,指江面空阔船只稀少。带,映带。一作"对"。③翠微,原指青翠掩映的山腰幽深处。《尔雅·释山》:"未及上,翠微。"郭璞注:"近上旁陂。"郝懿行义疏:"翠微者……盖未及山顶屠颜之间,葱郁蓊蓊,望之掾掾青翠,气如微也。"此处系形容山光水色青翠缥缈。句意谓江中曲折的洲渚微茫不清,连接着青翠缥缈的水光山色。此句承上句"斜晖",点染暮景。④波上,犹言江边。或谓此句"写渡船过江,人渡马也渡"(文研所《唐诗选》),亦通。⑤文研所《唐诗选》:"写待渡的人(包括作者自己)歇在柳边。"按:二句意一贯,谓在江边待渡的人(包括诗人自己)系马柳树之下,马在岸边嘶鸣,眼看着渡船南去,待其归来。⑥鸥,鸥鸟,食小鱼及其他水生动物。《宋书·五行志三》:"文帝元嘉二年春,有江鸥鸟数百,集太极殿小阶内。"李时珍《本草纲目·禽一·鸥》:"在海者名海鸥,在江者名江鸥。"或引《南越志》"江鸥一名海鸥,在涨海中随潮上下,常以三月风至乃还洲渚。颇知风云。若群飞至岸必风,渡海者以此为候"为解,海

鸥虽亦有至内陆河流湖泊者,然如利州之深在蜀中内地,恐是江鸥而非海鸥。⑦鹭,白鹭。《诗·周颂·振鹭》:"振鹭于飞,于彼西雝。"⑧《史记·越王勾践世家》:"范蠡事越王勾践,既苦身戮力,与勾践深谋二十余年,竟灭吴,报会稽之耻,北渡兵于淮以临齐、晋,号令中国,以尊周室,勾践以霸,而范蠡称上将军。还反国,范蠡以为大名之下,难以久居,且勾践为人可与同患,难与处安,为书辞勾践……乃装其轻宝珠玉,自与其私徒属乘舟浮海以行,终不反……出齐,变姓名,自谓鸱夷子皮,致产数千万。"又《货殖列传》:"范蠡既雪会稽之耻……乃乘扁舟浮于江湖,变名易姓,适齐为鸱夷子皮,适陶为朱公。"五湖,《国语·越语下》:"果兴师而伐吴,战于五湖。"韦昭注:"五湖,今太湖。"同书又云范蠡佐勾践灭吴功成,乘轻舟以隐于五湖。此"五湖"亦同指太湖。忘机,忘却机心机事。此指远离机诈纷争的政局,淡然处世。

[讲解]

金圣叹曰:水带斜晖加"澹然"字,妙! 分明画出落日贴水之际,不知是水"澹然"、斜晖"澹然"也? 加"曲岛苍茫"字,妙! 曲岛相去甚远,而其苍茫之色,遂与翠微不分,则一时之荒荒抵暮,真是不能顷刻也。三、四,"波上马嘶""柳边人歇",妙! 写尽渡头劳人,情意迫促,自古至今,无日无处,无风无雨,而不如是,固不独利州南渡为然矣。(前四句)日愈淡,则岛愈微;渡愈急,则人愈哗。于是而鸥至鹭飞,自所必至。我则不晓其——有何机事,纷纷直至此时,始复喧豗求归去耶? 末以范蠡相讽,正如经云:如责蜣螂成妙香佛,固必无是理矣。(后四句)(《贯华堂选批唐才子诗》卷六)

赵臣瑗曰:"水带斜晖"以下十一字,上是写天色将暝,妙在"水"字上加一"空"字,而"空"字上又加"澹然"二字,以反挑下文之"棹去""船归",见得水本无机,一被有机之人纷纷扰乱,势必至于不能空、不能淡而后已,则甚矣机心之不可也。三、四写日虽已哺,人马不堪并渡。五、六写人方争渡,禽鸟为之不安。

吾不知人生一世,有何机事,必不容已,碌碌皇皇,至于如此,真不足当范少伯之哂也已。(《山满楼笺注唐诗七言律》)

评家于此诗颔、腹二联,多有误解,以为均写纷扰之境,以反托"忘机"之旨,实则不然。起联"澹""空"二字,即已显示全篇意趣。澹然空水,映带斜晖,曲岛苍茫,遥连翠微,写出空阔苍茫的利州南渡景色,系静景。颔联正写"渡"字,系动景。但岸边马嘶,柳下人歌,看舟之去,待船之归,所呈现的乃是一种悠闲不迫的情致,非所谓纷扰之境。"看""待"二字,即透露出这份情致。腹联是南渡待船人所见江天空阔的境界,鸥之散,鹭之飞,均为自由自在、自然而然之景,非所谓禽鸟不安。尾联顺势收束,归结到追随范蠡隐于五湖烟水的忘机之境的主旨。承鸥鸟"忘机"意,"忘机"之情,即由上述空阔苍茫、容与悠闲、自由自在的情境所触发。曰"谁解"者,是自我感悟语,正谓我今对此情境油然而生"忘机"之情,非谓旁人不解,独我解也,诗人自己即待渡之人。由于泥解"谁解"二字,遂将上文待渡之人强分出人与我、有机心机事者与淡然忘机者,不知与诗意诗境并不相符。用先入为主的有色眼镜去感受、理解诗境,常导致这种结果。

郊居秋日有怀一二知己①

稻田凫雁满晴沙②,钓渚归来一径斜③。
门带果林招邑吏④,井分蔬圃属邻家⑤。
皋原寂历垂禾穗⑥,桑竹参差映豆花⑦。
自笑谩怀经济策⑧,不将心事许烟霞⑨。

[注释]

①郊居,指诗人长期寓居的鄠郊别墅。诗集有《鄠郊别墅寄所知》《鄠杜郊居》《自有扈(即鄠县)至京师已后朱樱之期》等诗证明庭筠家居于长安西南鄠县之郊,靠近杜陵。其《商山早行》云:"晨起动征铎,客行悲故乡。……因思杜陵梦,凫雁满回塘。"思念故乡之情,与本篇首句"稻田凫雁满晴沙"相似,亦可证"郊居"之为"鄠杜郊居"。具体写作年代不详。一二知己,或包括李羽在内。②凫,野鸭。杜甫《曲江陪郑八丈南史饮》:"雀啄江头黄柳花,鵁鶄鸂鶒满晴沙。"③庭筠《书怀百韵》诗叙郊居景物,亦有"钓石封苔藓"之句。④庭筠《书怀百韵》诗叙郊居景物,有"林园异木奴"之句,可证其居处有果林。又,此诗奉寄对象中有"鄠县韦少府",此即所谓"邑吏"。⑤句意谓菜园中有井,井水分溉邻家的蔬圃。⑥皋原,低洼的沼泽地和高平的原野。寂历,寂静貌。⑦豆花,豆类植物开的花。许浑《题韦隐居西斋》:"山风藤子落,溪雨豆花肥。"垂禾穗与映豆花均秋日乡野景物。⑧谩,空。经济策,经世济民的方略。李白《嘲鲁儒》:"问以经济策,茫若坠烟雾。"⑨心事许烟霞,指归隐山林之意愿。

[讲解]

诗咏郊居景物及生活。稻田禾穗,晴沙凫雁,钓渚斜径,果林蔬圃,桑竹豆花,一片闲逸萧散的乡居生活景象。但诗人的"心事"却并未归于安闲恬静,而是深慨经世济民之志难以实现。现实的安闲处境,与不安于隐遁的心志适成鲜明对照,"自笑""谩怀"四字中含有感喟与不平,也透露出几分无奈。

南　湖①

湖上微风入槛凉②,翻翻菱荇满回塘③。

野船着岸偎春草,水鸟带波飞夕阳。

芦叶有声疑雾雨④,浪花无际似潇湘⑤。

飘然篷艇东归客⑥,尽日相看忆楚乡⑦。

[注释]

①南湖,即镜湖。《元和郡县图志·越州》:"镜湖,后汉永和五年太守马臻创立,在会稽、山阴两县界筑塘蓄水……堤塘周回三百一十里,溉田九千顷。"本篇一作朱庆余诗。见《全唐诗》卷五一五。佟培基《全唐诗重出误收考》云:"按南湖即镜湖,又名鉴湖。《元和郡县图志》二六云:'湖在会稽、山阴两县界。'《读史方舆纪要》九二会稽县条下云:'鉴湖,城南三里,亦曰镜湖,一名长湖,又为南湖,会稽属越州,朱庆余即越州人,会稽是其家乡……此重出诗后四句……对越州南湖芦叶浪花,而联想潇湘及楚乡,似不应为朱庆余语。'夏承焘《温飞卿系年》曾说:'卷四有《南湖》即鉴湖一律,结云:飘然蓬顶东游客,尽日相看忆楚乡。当在游江淮之后。'系此诗为飞卿三十岁间所作,即从江淮客游江东时。述古堂影宋写本《温庭筠诗集》载此,而四部丛刊续编宋本及江标宋本朱集不收。《英华》一六三载朱庆余《和唐中丞开淘西湖暇日游泛》诗,后紧接《南湖》此诗及《镜湖西岛言事》,题下佚名。《全诗》将此二首补入朱集末。此诗为温飞卿作,而《西岛言事》为方干诗。"按:佟氏考辨翔实,此当为温作。作年考证见后。
②槛,上下四方加板的船。《文选·左思〈吴都赋〉》:"弘舸连轴,远槛接舻。"刘逵注:"船上下四方施板者曰槛也。"此诗尾联有"篷艇"字,诗人当是在舟中观

赏南湖风景,故此句之"槛"当指船,而非通常指临水有栏杆的建筑。③翻翻,形容菱荇的叶随风飘动之状。荇,多年生草本植物,叶呈对生圆形,嫩时可食。《诗·周南·关雎》:"参差荇菜,左右流之。"回塘,曲折回绕的池塘。此指镜湖边上的池塘。④句意谓风吹芦叶,飒飒作响,疑似细雨落在芦叶上发出的声响。⑤《山海经·中山经》:"帝之二女居之,是常游于江渊,澧、沅之风,交潇湘之渊。"《水经注·湘水》:"二妃从征,溺于湘江,神游洞庭之渊,出入潇湘之浦。潇者,水清深也。"此"潇湘"即指湘江。另《图经》云,湘水自阳海发源,至零陵北而营水会之。二水合流,谓之潇湘。此言"浪花无际",似指二水合流处之湘江。唐时镜湖远比现时宽广,有百里镜湖之称,故云"浪花无际"。⑥篷,原作"蓬",二字通。据十卷本、毛本、《全唐诗》改通行字。艇,作"顶"。归,一作"游"。⑦楚乡,当指诗人在太湖附近的旧乡。庭筠诗中多称自己吴地的旧乡为"楚国"(《碧涧驿晓思》:"香灯伴残梦,楚国在天涯"),称自己为"楚客"(《细雨》:"楚客秋江上,萧萧故国情"),称旧乡一带的天为"楚天"(《盘石寺留别成公》:"山叠楚天云压塞,浪连吴苑水连空"),称吴地的寺为"楚寺"(《和友人盘石寺逢旧友》:"楚寺上方宿,满堂皆旧游")。盖因吴地战国时尽入于楚,故可称"楚国""楚天""楚寺""楚客"。此"楚乡"亦指其在吴中的旧乡。

[讲解]

前三联均写舟中所见南湖景色。而"湖上微风"四字实为所有景物特征的根由。举凡"入槛凉"的触觉感受,"翻翻菱荇""野船着岸""水鸟带波""浪花无际"的视觉感受,均缘"湖上微风"而生。而"浪花无际"一句又暗递到尾联"忆楚乡"。盖因诗人之旧乡即在烟波浩渺之太湖之滨,故见此"浪花无际"的南湖遂自然引起对"楚乡"的思忆。"东归客"指自己。会昌元年(841),庭筠有《春日将欲东归寄新及第苗绅先辈》,"东归"即所谓"行役议秦吴"(《书怀百韵》),亦即自长安东归旧乡吴中。庭筠当于元年秋抵达吴中旧乡,其《东归有怀》云:"晴川通野陂,此地昔伤离。一去迹常在,独来心自知。鹭眠荻叶折,鱼静蓼花垂。无限高秋泪,扁舟极路歧。"可证。约会昌二年春,由吴中游越中,此诗即抵越中后所作。诗风格清丽流美,写景如画,"水鸟"句、"芦叶"句尤为出色。

溪上行①

绿塘漾漾烟蒙蒙②,张翰此来情不穷③。
雪羽襴褷立倒影④,金鳞拔剌跳晴空⑤。
风翻荷叶一向白⑥,雨湿蓼花千穗红⑦。
心羡夕阳波上客⑧,片时归梦钓船中⑨。

[注释]

①会昌元年(841)秋归吴中旧乡途中作。②漾漾,水动荡貌。烟,指塘面笼罩着的烟雾般的水汽。③《晋书·张翰传》:"张翰字季鹰,吴郡人也……有清才,善属文,而纵任不拘,时人号为江东步兵……齐王冏辟为大司马东曹掾……翰因见秋风起,乃思吴中菰菜、莼羹、鲈鱼脍,曰:'人生贵得适志,何能羁宦数千里以要名爵乎!'遂命驾而归。"此以张翰自况。翰吴(今江苏苏州)人,庭筠旧乡亦在吴中,故以"张翰此来"切己之归旧乡。④襴褷,形容羽毛离披的样子。句意谓白鹭雪羽离披,立于溪边,溪中映现出其倒影。⑤拔,一作"泼",一作"拨",并通。拔剌、泼剌、拨剌,均状鱼跃拨水的声响。⑥一向,犹一片,一派,见张相《诗词曲语辞汇释》。⑦蓼花,有水蓼、红蓼、刺蓼等多种。红蓼多生水边,花呈淡红色,秋天开花,系江南水乡秋天富于地域特征的景物。罗邺《雁二首》之一:"暮天新雁起汀洲,红蓼花开水国愁。"⑧夕阳波上客,指钓船的主人渔翁。⑨梦,一作"去"。

[讲解]

诗用张翰归江东典,显系喻己之归旧乡吴中。庭筠会昌元年春自长安启程,抵扬州时值春暮。在扬州曾献诗给淮南节度使李绅,有企望入幕之意,故有所耽搁逗留。约是年秋,由扬州渡江归吴中,此为渡江后道中作,因系循水路乘舟东归,故题为"溪上行"。首联以"张翰此来"点明东归吴中旧乡,"情不穷"谓归乡之情正浓。颔、腹二联,均为溪上所见之景:白鹭雪羽离披,立于溪边,倒影映于水中,金色鲤鱼跃起溪中,拔剌而鸣;风吹荷叶,一片泛白,雨湿蓼花,千穗艳红。两联一写动物,一写植物,而均色彩明丽,富于江南水乡特征,从中可以感受到诗人对旧乡景物的亲切感与喜悦感。尾联则谓心羡夕阳波上之舟中客,彼之钓船片时即可归家,我则犹在途中,盖渡江后见此江南水乡景色,归思尤切矣。史载张翰归乡后"俄而冏败,人皆谓之见几",如用典含有此意,则或与庄恪太子事有关。

春日偶作①

西园一曲艳阳歌②,扰扰车尘负薜萝③。
自欲放怀犹未得④,不知经世竟如何⑤?
夜闻猛雨判花尽⑥,寒恋重衾觉梦多⑦。
钓渚别来应更好⑧,春风还为起微波。

[注释]

①《才调集》卷二、《唐诗鼓吹》卷七载此首,题并作《春日偶成》。②"西园"泛指,未必与曹植兄弟及邺中诸子同游之"西园"(在今河北临漳县邺县旧治北,

传为曹操所建)有关。艳阳歌,初疑犹《阳春》曲,指高雅的曲调(语本宋玉《对楚王问》:"其为《阳春》《白雪》,国中属和者不过数十人"),然细审全诗,似仍以泛解为春之歌为宜。③薜萝,薜荔与女萝。屈原《九歌·山鬼》:"若有人兮山之阿,披薜荔兮带女萝。"后以"薜萝"指隐逸之士的衣服。张乔《送陆处士》:"若向仙岩住,还应着薜萝。"负薜萝,有负于隐遁山林的志愿。④放怀,放宽心怀、开怀。⑤经世,治理国事。⑥判,判断、断定,或引《方言》卷十"楚人凡挥弃物,谓之拌"。拌,俗作"拚"。然此处"判"字似非"舍弃"之义。⑦衾,原作"裘",据《才调集》、席本、《全唐诗》、顾本改。"衾"与"梦"相应。⑧钓渚,初疑指其鄠杜郊居旁的垂钓处。《书怀百韵》云:"筑室连中野,诛茅接上腴。……钓石封苔藓,芳蹊艳绛跗。"《郊居秋日有怀一二知己》:"稻田凫雁满晴沙,钓渚归来一径斜。"均可证。此句暗用东汉初高士严光耕于富春山,隐居垂钓于七里濑事,详见《后汉书·严光传》。则指吴中旧乡太湖之滨、松江之畔之归隐渔钓生活似更切。《卢氏池上遇雨赠同游者》尾联云:"无限松江恨,烦君解钓丝。"即欲效严光归隐故乡而不得之恨。如解为鄠郊别墅之钓石,则长安、鄠郊近不过数十里,不必如尾联之系念也。

[讲解]

三春时节,闻西园一曲艳阳之歌,深感春光烂漫,当尽情享受,奈己困守长安,日随扰扰车尘,迄无所成,深有负于故乡之薜萝。虽自欲放宽心怀,不计眼前得失,然犹未能,而向来深怀之经世宏愿终不知能否实现。三、四句一纵一收,一宕一折,极有笔意。五、六句写春夜闻猛雨,判定花已凋零殆尽;春寒夜长,贪恋重衾而觉梦多,系写困居长安之苦闷无憀意绪,感慨年华之易逝。尾联"钓渚"应首联"薜萝"(隐者之象征),谓吴中故乡钓渚春好,风起微波,固不如归隐旧乡也。虽写困居长安之苦闷与欲归不得的惆怅,仍表现出对"经世"的期盼。此诗纯用白描,转折如意,风格类似义山之《即日》("一岁林花即日休"),而情致却不像《即日》那样颓放和无奈。尾联用严光归富春渔钓典,则此"钓渚"似指吴中旧乡之"钓渚",而非鄠郊别墅之"钓渚"。然则诗或作于早年在长安应试失意思归之作。试比较《长安春晚二首》之一"杏花落尽不归去,江上东风吹柳丝",其同为早岁应试落第思归吴中旧乡之意益显。亦可参《卢氏池上遇雨赠同游者》尾联"无限松江恨,烦君解钓丝。"

马嵬驿①

穆满曾为物外游②,六龙经此暂淹留③。
返魂无验青烟灭④,埋血空生碧草愁⑤。
香辇却归长乐殿⑥,晓钟还下景阳楼⑦。
甘泉不复重相见⑧,谁道文成是故侯⑨?

[注释]

①《文苑英华》卷二九八《行迈十(馆驿附)》载此首,题作《过马嵬驿》。马嵬驿,即马嵬坡的驿馆,在今陕西兴平市西。《元和郡县图志·京兆下·兴平县》:"马嵬故城,在县西北二十三里,马嵬于此筑城以避难,未详何代人也。"《旧唐书·玄宗纪》:天宝十四载(755)十一月,范阳节度使安禄山反,十五载六月,潼关不守。"甲午,将幸蜀……己未,凌晨,自延秋门出,微雨沾湿,扈从惟宰相杨国忠、韦见素,内侍高力士及太子、亲王……丙辰,次马嵬驿,诸卫顿军不进。龙武大将军陈玄礼奏曰:'逆胡诣阙,以诛国忠为名,然中外群情,不无嫌怨。今国步艰阻,乘舆震荡,陛下宜徇群情,为社稷大计,国忠之徒,可置之于法。'会吐蕃使二十一人遮国忠告诉于驿门,众呼曰:'杨国忠连蕃人谋逆!'兵士围驿四合,及诛杨国忠、魏方进一族,兵犹未解。上令高力士诘之,回奏曰:'诸将既诛国忠,以贵妃在宫,人情恐惧。'上即命力士赐贵妃自尽。玄礼等见上请

罪,命释之。"《旧唐书·杨贵妃传》:"贵妃从幸至马嵬,大将军陈玄礼密启诛国忠父子。既而四军不散,玄宗不获已,与妃诏缢死于佛堂,瘗于驿西道侧。"②穆满,周穆王。昭王子,名满。在位时曾西征犬戎。《穆天子传》演述其事,称穆王乘八骏见西王母。物外,尘世之外。物外游,即指其见西王母事。西王母在后来的神话小说中被描绘成神仙。此以穆王喻指唐玄宗,以"物外游"称其奔蜀避乱。③六龙,指皇帝车驾。古代天子的车驾为六匹马,马八尺称龙。李白《上皇西巡南京歌》之四:"谁道君王行路难,六龙西幸万人欢。"经此暂淹留,指"次马嵬驿,诸卫顿军不进"的情事,详注①。④《太平御览》卷九五二引《十洲记》:"聚窟洲中……有大树,与枫木相似,而华叶香闻数百里,名为返魂树。于玉釜中煮取汁,如黑粘,名之为返生香。香气闻数百里,死尸在地,闻气乃活。"此谓杨妃既死,如同青烟之灭,纵有返魂之香,亦不能使其复生。陈鸿《长恨歌传》:"适有道士自蜀来,知上心念杨妃如是,自言有李少君之术。玄宗大喜,命致其神。方士乃竭其术以索之,不至。又能游神驭气,出天界、没地府以求之,不见。又旁求四虚上下,东极大海,跨蓬壶。见最高仙山,上多楼阙,西厢下有洞户,东向,阖其门,署曰'玉妃太真院'。"此句对方士招魂之事加以否定。⑤生,一作"成"。《庄子·外物》:"苌弘死于蜀,藏其血,三年而化为碧。"此句暗用其事。《旧唐书·杨贵妃传》:"上皇自蜀还,命中使祭奠,诏令改葬。礼部侍郎李揆曰:'龙武将士诛国忠,以其负国兆乱。今改葬故妃,恐将士疑惧,葬礼未可行。'乃止。上皇密令中使改葬于他所。初瘗时以紫褥裹之,肌肤已坏,而香囊犹在。内官以献,上皇视之凄惋,乃令其图形于别殿,朝夕视之。"此谓杨妃埋血生成碧草,空留长恨。⑥长乐殿,即长乐宫,西汉高帝时,就秦长乐宫改建而成。汉初皇帝在此视朝。惠帝后,为太后居地。故址在今陕西西安市西北郊汉长安故城东南隅。《汉武故事》:"建章、长乐宫皆辇道相属,悬栋飞阁,不由径路。"此"长乐殿"与下句"景阳楼"均借指唐代宫殿楼阁。⑦景阳楼,南朝宫苑中的宫楼。五、六句分用西汉与南齐宫殿楼阁以喻指唐宫,谓杨妃死后,宫中嫔妃的香辇照旧回归所居的宫殿,端门上的晓钟声仍像过去一样传下宫楼,而玄宗却只能过着寂寞凄凉的生活。⑧复,一作"得"。甘泉,本秦宫,汉武帝增筑扩建,在此朝诸侯王,宴外国宾客。夏日亦作避暑之处。故址在今陕西淳化县西北甘泉山。《汉书·外戚传》:"孝武李夫人,本以倡进……李夫人少而蚤卒,上怜闵焉,方士齐人少翁言能致其神,乃夜张灯烛,设帷帐,陈酒肉,而令上居他帐,遥望见好女如李夫人之貌,还幄坐而步,又不得就视,上愈益相思悲感,为作诗曰:'是邪,非邪?立而望之,偏何姗姗其来迟!'"按:杨妃死后玄宗自蜀返京,亦曾令人图杨妃之形于别殿,朝夕视之,其事与汉武帝图李夫人之形于甘泉宫正复相似。而齐人少翁诳言能致李夫人之神事,又与玄宗命方士招杨妃魂魄之事相类,故用以借喻。参注④引《长恨歌传》及下句注。⑨文成,文成将军,即齐人少翁。《史记·封禅书》:"其明年(按:指元狩四年),齐人少翁以鬼神方见上。上有所幸王夫人,夫人卒,少翁以方盖夜致王夫人及灶鬼之貌云,天子自帷中望见焉。于是乃拜少翁为文成将军……居岁余,其方益衰,神不至……于是诛文成将军隐之。"句意谓:谁说文成将军是汉代的"故侯"呢?言外之意是,当今的唐朝同样有方士大言招魂而无征验的事。

[讲解]

题曰《马嵬驿》,而通篇均不直叙玄宗贵妃事,而借周穆、汉武、李夫人、齐人少翁等前代人事以喻指之,连"长乐殿""景阳楼"亦均用前代宫殿楼阁以借指唐宫楼殿,其中汉武、李夫人、齐人少翁事尤切。沈德潜云:"通体均属借言,咏古诗另开一体"(《重订唐诗别裁集》卷十五),甚确。诗的大意不过谓杨妃既死,不能复生,招魂之举,总属徒劳。埋血之地,碧草滋生,玄宗空有长恨。虽宫苑依旧,而孤凄终身矣。义山《马嵬二首》之二虽亦讥玄宗招魂之举("海外徒闻更九洲,他生未卜此生休"),但诗之主旨仍在鉴戒,即从政治上对玄宗之惑溺美色进行讽诫,不但尾联"如何四纪为天子,不及卢家有莫愁"讥其五十年天子到头来保不住自己的妃子,自酿苦果,颔联亦将平时“鸡人报晓筹”的安逸与夜宿马嵬时的危急相对照,亦深寓鉴戒之意,而上章更明确揭出“君王若道能倾国,玉辇何由过马嵬”的讽诫主旨。相比之下,温诗主要强调招魂之徒劳,政治讽诫之意不明显。温氏又有《马嵬佛寺》,题材与《马嵬驿》相同,颔、腹二联云:“才信倾城是真语,直教涂地始甘心。两重秦苑成千里,一炷胡香抵万金。”讽刺玄宗沉迷倾城美色,致使自己仓皇出奔,百姓肝脑涂地,政治鉴戒之意较为明显,但格调不免稍嫌鄙俗。

和友人悼亡①

玉貌潘郎泪满衣②,画罗轻鬓雨霏微③。
红兰委露愁难尽④,白马朝天望不归⑤。
宝镜尘昏鸾影在⑥,钿筝弦断雁行稀⑦。
春风几许伤情事⑧,碧草侵阶粉蝶飞。

[注释]

①《文苑英华》卷三〇四《悲悼四》载此首,校语云:一作《丧歌姬》。按:此和友人悼亡之作,首句“玉貌潘郎泪满衣”即“友人悼亡”之意,非庭筠自伤丧歌姬。②潘郎,指西晋诗人潘岳,《晋书·潘岳传》:“岳美姿仪,辞藻绝丽,善为哀诔之文。”其《悼亡诗三首》有“抚衿长叹息,不觉涕沾胸”“悲怀感物来,泣涕应情陨”等语。“玉貌潘郎”借指友人,非庭筠自谓。《北梦琐言》卷十:“薛侍郎昭蕴气貌昏浊,杜紫薇唇厚,温庭筠号温钟馗,不称才名也。”③画罗,有画饰的丝织品。轻鬓,轻薄的鬓发。霏微,迷蒙细小貌。此句写友人身着罗衣,鬓发稀疏,在迷蒙细雨中伫立沉思的情景。晚唐张曙《浣溪沙》下阕:“天上人间何处

去,旧欢新梦觉来时。黄昏微雨绣帘垂。"亦代人伤爱姬之作,意境与庭筠此句相仿佛,可互参。④江淹《别赋》:"见红兰之受露,望青楸之羁霜。"红兰委露,喻女子亡故。⑤白马朝天,谓拉灵车的白马仰天悲鸣。白马素车,为古代凶丧舆服。《史记·秦始皇本纪》:"楚将沛公破秦军入武关,遂至霸上,使人约降子婴,子婴即系颈以组,白马素车,奉天子玺符,降轵道旁。"裴骃集解引应劭曰:"素车白马,丧人之服也。"陶渊明《拟挽歌辞三首》之三:"荒草何茫茫,白杨亦萧萧。严霜九月中,送我出远郊。四面无人居,高坟正崔嵬。马为仰天鸣,风为自萧条。"⑥《太平御览》卷九一六引范泰《鸾鸟诗》序:"昔罽宾王结罝峻祁之山,获一鸾鸟,王甚爱之,欲其鸣而不致也。乃饰以金樊,飨以珍羞。对之逾戚。三年不鸣。夫人曰:'闻鸟见其类而后鸣,何不悬镜以映之?'王从言。鸾睹影感契,慨焉悲鸣,哀响冲霄,一奋而绝。"宝镜尘昏,谓其人已逝,妆镜蒙尘。鸾影在,表面上是说,镜背面的鸾鸟图案还在,实以喻指友人如吊影的孤鸾,形单影只。鸾凤每连称。单用"鸾"时多指男性。⑦钿筝,镶嵌金玉细粒的筝。弦断,喻妻子(或姬人)亡故。雁行,筝柱(系弦的木柱)斜列如同雁的行列。雁行稀,喻弦断人亡。庭筠《弹筝人》:"钿蝉金雁今零落。"⑧《文苑英华》《才调集》《全唐诗》作"春来多少伤心事"。

[讲解]

首联明点友人悼亡,"画罗"句写友人于春日迷蒙细雨中伫立沉思情景,颇有韵致。颔联以"红兰委露""白马朝天"分指其人已如红兰之凋谢,且已白马素车,远埋荒郊。"愁难尽""望不归",写友人的哀愁与怀想。腹联以宝镜尘昏、钿筝弦断示其人之亡故与友人之孤寂。尾联谓春来本已因悼亡而伤情,又何况见碧草侵阶、粉蝶双飞乎?盖触景而愈加伤悲也。一结亦富情致。

李羽处士故里①

柳不成丝草带烟,海槎东去鹤归天②。
愁肠断处春何限,病眼开时月正圆。
花若有情还怅望③,水应无事莫潺湲。
终知此恨销难尽④,辜负南华第二篇⑤。

[注释]

①《文苑英华》卷三〇七《悲悼七·第宅》载此首,题作《宿杜城亡友李羽处士故墅(一作里)》。李羽,温庭筠寓居鄠杜郊居期间经常过往的友人。庭筠诗集中,与李羽交往过从及酬赠的篇章有《题李处士幽居》《李处士寄新酝走笔戏酬》《春日访李十四处士》。李羽去世后,庭筠除本篇外,尚有《宿城南亡友别墅》《经李处士杜城别业》《登李羽(处)士东楼》等篇,可见两人过从之密,交谊之深。李羽居杜城,与庭筠寓居的鄠杜郊居邻近。此诗系访李羽故里,伤悼故交之作。②海槎,神话传说中能来往于海上和天河之间的竹木筏。张华《博物志》卷三:"旧说云天河与海通,近世有人居海渚者,年年八月有浮槎去来不失期。人有奇志,立飞阁于槎上,多赍粮,乘槎而去。十余日中,犹观日月星辰,自后芒芒忽忽,亦不觉昼夜。去十余日,奄至一处,有城郭状,屋舍甚严,遥望宫中多织妇,见一丈夫牵牛渚次饮之。牵牛人乃惊问曰:'何由至此?'此人见说来意,并问此是何处。答曰:'君还至蜀郡访严君则知之。'竟不上岸,因还如期。后至蜀问君平,曰:'某年月日有客星犯牵牛宿。'计年月,正是此人到天河时也。"《太平广记》卷四〇五引《洞天集》:"严遵仙槎,唐置之于麟德殿,长五十余尺,声如铜铁,坚而不蠹。李德裕截细枝尺余,刻为道像,往往飞去复来。广明

以来失之,槎亦飞去。"唐李适《侍宴安乐公主新宅应制》:"若见君平须借问,仙槎一去几时来?"王嘉《拾遗记》卷一:"尧登位三十年,有巨查浮于西海,查上有光,夜明昼灭。海人望其光,乍大乍小,若星月之出入矣。查常浮绕四海,十二年一周天,周而复始,名曰贯月查,亦曰挂星查。羽人栖息其上。"查,同"槎"。海槎的特点是"周而复始""去来不失期",此言"海槎东去",是言其去而不复回,借乘槎仙去喻李羽之仙逝。鹤归天,陶潜《搜神后记》卷一:"丁令威,本辽东人,学道于灵虚山,后化鹤归辽,集城门华表柱。时有少年,举弓欲射之。鹤乃飞,徘徊空中而言曰:'有鸟有鸟丁令威,去家千年今始归。城郭如故人民非,何不学仙冢累累?'遂高上冲天。"此亦借乘鹤归天喻李之仙逝。③还,《唐诗鼓吹》作"应"。④销难尽,《文苑英华》作"难消遣",校:集作"消难尽"。⑤二,原作"一",据《文苑英华》《唐诗纪事》《唐诗鼓吹》改。《唐诗鼓吹》郝天挺注:庄子号南华真人,第二篇即《齐物论》。《唐会要·杂记》:"天宝元年二月十二日敕文,追赠庄子南华真人,所著书为《南华真经》。"《新唐书·艺文志三》:"天宝元年,诏号《庄子》为《南华真经》。"按:据诗意,当作"第二篇"。《庄子·齐物论》阐论等生死寿夭、是非得失之理,而自己则不能忘怀于亡友之生死,"此恨销难尽",故云"辜负南华第二篇",言未能参透等生死寿夭的齐物之理也。《唐诗纪事》卷五十四"温庭筠"云:"庭筠有诗曰:'因知此恨人多积,悔读南华第二篇'。"所引文字虽有异同,但亦作"南华第二篇"。作"第一篇"似无所取义。

[讲解]

李羽为庭筠挚友,此诗系羽卒后重访其杜城故里,凄然有感而作。起联谓春来柳丝乍吐,烟草依稀,而羽已乘槎驾鹤仙去。颔联谓己因挚友仙逝而愁肠欲断,而目睹故里满眼春光,愈感情之难堪。己病体新愈,病眼乍开,值此月圆之夜,益感人亡之悲。盖以"春何限""月正圆"反衬友人亡故之沉悲,所谓"以乐境写哀"。腹联谓:花若有情,亦应对故居主人的仙逝怅望伤感;水若无情,何以终夜呜咽潺湲不已?一正一反,均从设想中见己之伤悲。是为"化无情为有情"。故尾联以不能忘情于生死寿夭,辜负庄生齐物之论结之。全篇均用白描抒真挚之情,虚字之开合照应,转折如意。腹联从李贺"天若有情天亦老"脱化,而句法摇曳多姿,富于情致。

偶 游

曲巷斜临一水间,小门终日不开关①。

红珠斗帐樱桃熟②,金尾屏风孔雀闲③。

云鬟几迷芳草蝶④,额黄无限夕阳山⑤。

与君便是鸳鸯侣⑥,休向人间觅往还。

[注释]

①关,门闩。此指门户。②红珠,指樱桃果实,因其形状颜色如同红珠,故云。斗帐,小帐。刘熙《释名·释床帐》:"小帐曰斗帐,形如覆斗也。"《古诗纪》卷五一引晋无名氏《清商曲辞·长乐佳》:"红罗复斗帐,四角垂珠珰。玉枕龙须席,郎眠何处床?""斗帐"非实指,系形容樱桃树绿叶成荫,状如帷帐。李商隐《嘲樱桃》:"朱实鸟含尽,青楼人未归。南园无限树,独自叶如帏。""朱实",即此句所谓"红珠","叶如帏",即此句所谓"斗帐"。然句意自富暗示。或解,"斗帐"系实写,"红珠""樱桃熟"指斗帐四角有樱桃红珠似的垂饰,即所谓"红罗复斗帐,四角垂珠珰"。③雄孔雀尾羽具五色金翠钱纹,展开时如同屏风。句本为"屏风金尾孔雀闲",因诗律写作"金尾屏风孔雀闲",意为画屏上绘有金尾之孔雀,意态闲闲。或解:孔雀展开屏风似的尾羽,意态闲闲。④句意谓女子如云的

发髻上有芬芳的香泽,几欲迷乱寻芳的蝴蝶。⑤额黄,六朝妇女施于额上的黄色涂饰,其制起于汉时,唐时仍有,用黄粉涂饰。李商隐《无题》:"寿阳公主嫁时妆,八字宫眉捧额黄。"无限,边际不清晰,额黄妆系将额之一半涂黄,边缘处用晕染过渡,渐淡至隐,故曰"无限"。句意谓女子额间之黄色涂饰,如同夕阳映照下的隐约远山。或将"夕阳山"解为女子的眉毛如同远山,亦通。⑥鸳鸯侣,情侣,旧传鸳鸯雌雄偶居不离,古称匹鸟。崔豹《古今注·鸟兽》:"鸳鸯,水鸟,凫类也,雌雄未尝相离,人得其一,则一思而死,故曰匹鸟。"

[讲解]

此偶游有所遇而欲订鸳盟也。首联谓游其人所居,曲巷临水,小门常关,见其居之幽静。颔联出句谓入其居,见院中樱桃树绿叶成荫,如同斗帐,珠实累累,点缀其间;对句谓入其室,见画屏上绘有金翠尾羽的孔雀,意态闲闲。"斗帐""屏风",均含男女情事的象征暗示色彩。腹联写其人,云髻峨峨,芳泽流香,欲迷蝴蝶;额黄无限,如夕阳映照,远山隐隐。妙在只稍作点染,留下想象空间。尾联直抒情愫,谓我与君便是天上鸳侣,休向人间再寻觅往来之知音。其人似是歌妓一类人物,如李娃者流。此类艳情诗,温氏写来,色彩秾艳,富于象征暗示色彩。

过陈琳墓①

曾于青史见遗文②,今日飘零过古坟③。
词客有灵应识我④,霸才无主始怜君⑤。
石麟埋没藏春草⑥,铜雀荒凉对暮云⑦。
莫怪临风倍惆怅,欲将书剑学从军⑧。

[注释]

①《三国志·魏书·王粲传》:"广陵陈琳字孔璋……前为何进主簿,进欲诛诸宦官……琳谏进……进不纳其言,竟以取祸。琳避难冀州,袁绍使典文章。袁氏败,琳归太祖。太祖谓曰:'卿昔为本初移书,但可罪状孤而已,恶恶止其身,何乃上及父祖邪?'琳谢罪,太祖爱其才而不咎……并以琳、瑀(阮瑀)为司空军谋祭酒,管记室,军国书檄,多琳、瑀所作也。"《南畿志》:(陈琳)墓在淮安邳州。《大清一统志》:"江苏徐州府,魏陈琳墓在邳州界。"邳州,唐泗州下邳县。②陈琳《谏何进召外兵》,见《后汉书·何进传》;《为袁绍檄豫州》,见《后汉书·袁绍传》及《三国志·魏书·袁绍传》。此即所谓"青史见遗文"。③零,一作"蓬"。古,一作"此"。按:庭筠《蔡中郎坟》亦云:"古坟零落野花春。"④词客,擅长文词的人。王维《偶然作》之六:"宿世谬词客,前身应画师。"此指陈琳。曹丕《典论·论文》:"今之文人,鲁国孔融文举、广陵陈琳孔璋、山阳王粲仲宣、北海徐幹伟长、陈留阮瑀元瑜、汝南应玚德琏、东平刘桢公幹。斯七子者,于学无所遗,于辞无所假,咸以自骋骥于千里,仰齐足而并驰。"又云:"琳瑀之章表书记,今之隽也。"⑤历代评家解此句多误。如方回云:"谓曹操有无君之志而后用此等人,甚妙。"周珽云:"君有霸佐之才,而东臣西仕,遇非其主,虽有才无用,岂不足怜哉!"沈德潜云:"言袁绍非霸才,不堪为主也,有伤其生不逢时意。"《唐诗鼓吹评注》云:"公之始事袁绍,绍非霸才,不堪佐辅,我亦当'怜君'也。"按:霸才,能辅佐明主成就霸业之才。诗人自指。或径解为"雄才"亦通。上句谓君应识我,下句谓我始怜君,正相对应。怜,爱慕、羡慕。陈琳始谏何进,进不听;继事袁绍,绍非明主;终遇曹操,操爱其才,得以施展雄才,诚可谓"霸才有主"矣。我今才比陈琳,亦可谓霸才,然遭遇不偶,飘蓬无托,故过其坟而益羡君之得遇明主矣。纪昀曰:"词客指陈,霸才自谓。此一联有异代同心之感,实则彼此互文。'应'字极兀傲,'始'字极沉痛。通首以此二语为骨,纯是自感,非吊

陈琳也。虚谷以霸才为曹操,谬甚。霸才、词客均结入末句中。"虽指出"霸才"系自谓,但仍误解"怜"为怜惜、同情,故云"有异代同心之感",于作者本意犹未明了。《庄子·秋水》:"夔怜蚿,蚿怜蛇,蛇怜风,风怜目,目怜心。"钟泰《发微》:"怜,爱美也。"怜有爱义,"羡慕"之意即从"爱"义引申。白居易《长恨歌》:"姊妹兄弟皆列土,可怜光彩生门户。""可怜"即"可美"之意。⑥石麟,石刻的麒麟。古代帝王的陵墓前石刻群中常有石麟、石虎等。韦庄《上元县》:"止竟霸图何物在,石麟无主卧秋风。"此类石刻当非文士陈琳墓前所应有,系指想象中曹操陵墓前的石麟。参下句"铜雀"意益显。⑦铜雀,台名。《三国志·魏书·武帝纪》:"(建安十五年)冬,作铜雀台。"晋陆翙《邺中记》:"铜雀台高一千丈,有屋一百二十间。"按:此联承上"霸才无主",联想到今日已无曹操那样识才重才的明主,想象今日曹操的陵墓前,石麟已深埋于萋萋春草之中,往日豪华的铜雀台亦已荒凉颓败,空对黯淡的暮云。"石麟"二句意近李白《行路难》"昭王白骨萦蔓草,谁人更扫黄金台"。⑧将,持。书,《文苑英华》作"弓",非。"书"承上"词客"。尾联谓我今霸才无主,故临风凭吊怀想,备感惆怅,唯持书剑,效陈琳之从军,庶可一遇知己,施展才能。从军,指入戎幕。己亦欲入戎幕,故云"学从军"。

[讲解]

李维桢曰:感怀寄意中,尽伤心语。(《唐诗隽》)

周珽曰:自古称才难,才非难,知之者难。知而宠遇维艰,犹弗知也;遇而明良乖配,犹弗遇也。如陈琳名列"邺中七子",比贾生之于汉文,终屈长沙差殊,而飞卿犹以"霸才无主"为琳叹息。若祢衡不免杀戮之惨,怀才至此,时运之厄,不令人千载感吊乎!故读"汉文有道恩犹薄,湘水无情吊岂知"与"词客有灵应识我,霸才无主始怜君"之四语,既知君臣遇合之难;读"曹瞒尚不能容物,黄祖何曾解爱才",益为万古英豪魂惊发竖矣。又曰:首谓曾于史传见君遗文,已知为一代词客,第生不同时,无由识面,今过其坟,不能不吊其才也。次联正吊之之词。言君若有灵,应识我为千载知己。但君有霸佐之才,而东臣西仕,遇非其主,虽有才无用,岂不足怜哉!既死之后,墓上石麟埋没,与邺都铜雀之胜同一消废,则魏武虽见为爱才,终非怜才之主可知也。然则人而有才,惟际遇何如耳。所从未尽如其愿者,故临风惆怅,莫怪因琳而倍增,欲将书剑学从军,恐知遇亦如琳也。(《删补唐诗选脉笺释会通评林·晚七律》)

金圣叹曰:(前解)一、二,言昔读其文,今过其坟也。不知从何偷笔,忽于句中魆地插得"飘零"二字,于是顿将二句十四字,一齐收来尽写自己。犹言昔读君文之时,我是何等人物;今过君坟之时,竟成何等人物。则焉禁我之不失声一哭也。三、四,"词客有灵""霸才无主","应识我""始怜君",其辞参差屈曲,不计如何措口,妙,妙。犹昔读君文之时,我亦自拟霸才;今过君坟之时,我亦竟成无主。然则我识君,君应识我;我怜我,故复怜君也。(轻细手下,又有如此屈曲。)(后解)前解之二句。若依寻常笔墨,则止合云"今日荒凉过古坟"也,忽被"飘零"二字横挽过去,先自写其满腔怨愤,于是直至此五、六,始得补写古坟。然而七云"莫怪",八云"欲将",依旧横挽过去,仍写自己。盖自来笔墨,无此怨愤之甚矣。(《贯华堂选批唐才子诗》卷六)

吴乔曰:诗意之明显者,无可著论;惟意之隐僻者,词必迂回婉曲,必须发明。温飞卿《过陈琳墓》诗,意有望于君相也。飞卿于邂逅无聊中,语言开罪于宣宗,又为令狐绹所嫉,遂被远贬。陈琳为袁绍作檄,辱及曹操之祖先,可谓酷毒矣。操赦而用之,视宣宗何如哉!又不可将曹操比宣宗,故托之陈琳,以便于措词,亦未必真过其墓也。起曰"曾于青史见遗文,今日飘零过古坟",言神交,叙题面,以引起下文也。"词客有灵应识我"刺令狐绹之无目也;"霸才无主始怜君","怜"字诗中多作"羡"字解,因今日无霸才之君,大度容人之过如孟德者,是以深羡于君。"石麟埋没藏春草",赋实境也;"铜雀荒凉对暮云",忆孟德也。此句是一诗之主意。"莫怪临风倍惆怅,欲将书剑学从军",言将受辟于藩府,永为朝廷所弃绝,无复可望也。怨而不怒,深得风人之意。(《围炉诗话》卷一)

杨逢春曰:此诗吊陈琳,都用自己伴说,盖己之才与遇,有与琳相似者,伤琳即以自伤也。(《唐诗绎》)

胡以梅曰:五、六承"古坟",是中二联分承一、二之法。结仍以三、四之意归于己,欲学古人,故"倍惆怅"耳。自有一种回环情致。(《唐诗贯珠串释》)

赵臣瑗曰:题是吊古,诗却是感遇。看他起手,一提一落,何尝不为陈琳而设。而特于其中间下得"飘零"二字,此便是通体血脉也。(《山满楼笺注唐诗七言律》)

沈德潜曰:前四句,插入自己凭吊。五、六句,魏武亦难保其荒台矣。对活。七、八句,已与琳踪迹相似。言袁绍非霸才,不堪为主也,有伤其生不逢时意。(《重订唐诗别裁集》卷十五)

《唐诗鼓吹评注》:此言陈琳文章曾于青史中见之,我今飘零到此而过其墓焉,以余之寥落不偶,"词客有灵",知当"识我";而公之始事袁绍,绍非霸才,不堪佐辅,我亦当"怜君"也。兹者,古墓石麟长埋秋草,而当时事曹公而游铜雀,今亦荒凉寂寞,台锁暮云。余也飘零,过此追慕遗风,亦将以书剑之术,学公之从事于军中也。能勿临风惆怅哉!

屈复曰:抑扬顿挫,沉痛悲凉,法亦甚合。"飘零"一篇之主,三、四紧承二字。(《唐诗成法》)

宋宗元曰:同调相惜,才不是泛泛凭吊。(《网师园唐诗笺》)

薛雪曰:《过陈琳墓》一起,汉唐之远,知心之通,千古同怀,何曾少隔。三、四神魂互接,尔我无间,乃胡马向风而立,越燕对日而嬉,惺惺相惜,无可告语。(《一瓢诗话》)

张世炜曰:飞卿负才不遇,一尉终身。此诗借他人杯酒,浇自己块垒,读之堕千古之泪。(《唐七律隽》)

许印芳曰:三、四语晓岚之说最当。(按:纪昀之说已见注⑤所引)又沈归愚云:"言袁绍非霸才,不堪为主也,有伤其生不逢时意。"此解胜虚谷,然亦未的。(《律髓辑要》)

此过徐州下邳陈琳墓,深有羡于陈琳之终遇明主曹操,得展才能,青史遗文,名垂后世;而己则霸才无主,身世飘零,因而叹己之与琳虽异代而知音,实才同而遇异。赵氏"题是吊古,诗却是感遇"之说,最能说明此诗性质。"飘零"二字,固全篇感情之根由,然"霸才无主始怜君"一语,尤为全篇之主意。"怜(羡)君"之中,即包含有对琳之"霸才有主"的认定。因己之"霸者无主",故"飘零"至今,临风惆怅,对陈琳所遇之明主曹操无限追缅羡慕,五、六一联即因此而生:西陵石麟早已深埋于萋萋春草,铜雀高台亦荒凉颓败空对暮云。彼爱才之明主今已杳然不见,安得不临风惆怅也?因琳之"霸才有主",故己不但羡慕之,且欲追踪前贤,"欲将书剑学从军"。此即由"霸才无主始怜君"一语衍发出的全篇大意与感情逻辑。然自方回以来,历代解者纷纷,对诗语诗意每多误解。其中纪昀"霸才自谓"之解,吴乔"怜"作"羡"解之说固为确诂,然于全篇意旨仍未掌握。究其原因,主要由于自南宋因偏安而尊蜀汉为正统以来,对曹魏特别是曹操形成贬抑乃至否定性的传统观念,从而影响到对诗意的正确理解,如方回谓"曹操有无君之志而后用此等人",周珽谓"遇非其主,虽有才无用""魏武虽见为爱才,终非怜才之主可知"均其例。实则魏武素以"唯才是举"著称,其识才重才之意,不但屡见于诗文,且付诸实践。其卒成霸业者,此为重要原因。其不计陈琳从袁绍时曾草讨伐自己的檄文、辱及父祖之前嫌,加以重用,尤为爱才之显例。唐人并无后世对魏武之贬抑否定看法,如张说《邺都引》云:"君不见魏武草创争天禄,群雄睚眦相驰逐。昼携壮士破坚阵,夜接词人赋华屋。"即表现出对魏武才兼文武、重用"壮士""词人"的赞美。庭筠此诗对曹操的追慕,明显表现在五、六一联中。由于对曹操的事功及重视人才缺乏正确认识,从而将"才同而遇异"的原意,误解为"己之才与遇,有与琳相似者,伤琳即以自伤也",而"怜"亦被误解为"怜惜""同情"而失其"爱羡"的原意。五、六一联亦因此无法正确理解其意蕴,且与前后无法贯串,"学从军"也与"伤琳即以自伤"相矛盾。错误的传统观念,影响到对诗意的正确解读,这是一个典型例证,也是接受史上一场公案。庭筠《蔡中郎坟》云:"今日爱才非昔日,莫抛心力作词人。""今日爱才非昔日"一语,正可为《过陈琳墓》所包含的思想感情作一注脚。

此诗作年,当在会昌元年(841)春。作于自长安赴吴中旧乡途中。《感旧陈情五十韵献淮南李仆射》作于是年春末抵扬州之初,系献淮南节度使李绅,诗有云:"有客将谁托,无媒窃自怜。抑扬中散曲,漂泊孝廉船。未展干时策,徒抛负郭田。转蓬犹邈尔,怀橘更潸然。"此即《过陈琳墓》所谓"霸才无主""飘零"。诗又云:"旅食逢春尽,羁游为事牵",说明作诗时正当"春尽",即三月末之时,与《过陈琳墓》"石麟埋没藏春草"之想象时令亦合。邳州在扬州北数百里,《过陈琳墓》当在《感旧陈情五十韵献淮南李仆射》之前作。《感旧陈情五十韵献淮南李仆射》诗又云:"冉弱营中柳,披敷幕下莲。傥能容委质,非敢望差肩。"明确表示欲入淮南幕的意愿,这正是《过陈琳墓》所说的"欲将书剑学从军"。

题崔公池亭旧游①

皎镜芳塘菡萏秋②,此来重见采莲舟③。
谁能不逐当年乐④,还恐添成异日愁⑤。
红艳影多风袅袅⑥,碧空云断水悠悠⑦。
檐前依旧青山色,尽日无人独上楼。

[注释]

①崔公,指崔咸。元和十三年至长庆二年曾佐淮南节度使李夷简幕。大和八年卒。此池亭即崔咸在扬州故居之池亭。诗作于会昌元年初秋。作者又有《经故秘书崔监南塘旧居》,亦同时作。《文苑英华》卷三一六《居处六亭》载此首,题作

《题怀贞亭旧游》。②皎镜，形容水清如镜的池塘。芳，《文苑英华》作"方"。芳塘，池塘内有荷花，故云。菡萏，荷花。③此来重见，点明"旧游"，联系下文，似是昔游有所遇，而"此来"已不见其人，唯见"采莲舟"。④逐，《文苑英华》作"遂"。句意谓当年游崔公池亭，荡舟采莲之时，谁能不追欢逐乐呢？盖谓昔游之尽兴。⑤成，《文苑英华》作"为"。异日，他日、将来。句意谓当年之乐，还恐添成异日之愁。⑥红艳，指荷花。影，《文苑英华》作"花"。袅袅，风吹拂貌。屈原《九歌·湘夫人》："袅袅兮秋风，洞庭波兮木叶下。"⑦庭筠《梦江南》："摇曳碧云斜。"又，"斜晖脉脉水悠悠"。

[讲解]

金圣叹曰：(前解)欲写昔日莲舟，反写今日莲舟；欲写今日感慨，反写后日感慨。不知其未措笔先如何设想，又不知其既设想后如何措笔，真为空行绝迹之作也。(后解)"红艳"七字，写今日池亭也；"碧空"七字，写昔日池亭也。"红艳"七字，写不是昔日池亭也；"碧空"七字，写不是今日池亭也。"依旧青山色"，妙，犹言不依旧者多矣。"无人独倚楼"，妙，犹言虽复喧喧若干游人，岂有一人是昔人哉！(《贯华堂选批唐才子诗》卷六)

赵臣瑗曰：首句先将尔日池塘之景一笔写开，次句亦不过是找足上文，妙在轻轻点得"重见"二字，而旧游之神理无不毕出。三、四承之，便全不费力矣。三一顿，四一宕，言目前已不如昔，后来安得如今？此盖从右军《兰亭记》中撮其筋节也。五、六再写首句：红艳袅风，"菡萏秋"也；碧空映水，"方塘皎"也。一结无限感慨："依旧青山色"，是青山而外，更无有"依旧"者矣。至"尽日无人"则崔公亦且不在，此来之客独倚楼而已矣。当年之乐，岂可得而逐？而异日之愁，又宁待异日而始添也耶！(《山满楼笺注唐诗七言律》)

毛张健曰：("谁能"二句)承"重见"以伤旧游，笔意既曲，情味无限。("红艳"二句)五句略松，六句急照本意。(《唐体肤诠》)

屈复曰:情景俱到,照应有法。而三、四从已往、未来夹写"重来",生新有致。此画家之最忌正面也。(《唐诗成法》)

题曰"题崔公池亭旧游",而诗曰"尽日无人独上楼",明言此次重来,乃是尽日独自一人,既无主人崔公,亦无其他同游者在,故第三句"谁能不逐当年乐",非谓此次重游,谁能不追效当年之乐。盖既为尽日独自一人,又何能逐当年之乐哉?其意盖谓,当年荡舟池上,面对红艳之荷花与明艳之采莲人,谁能不尽兴追欢逐乐哉?由于句法稍变(用散文表达,本为"当年谁能不逐乐"),遂易误解为今日重来欲追效当年之乐,而下句"异日"亦易泥解为今日之"异日"即将来。实则,自"当年"视之,今日即"当年"之"异日"也。故句虽谓"还恐添成异日愁",似只担心添成将来之愁,实则今日重游旧也,重见莲舟,而采莲人已不在,即已添成"当年"之"异日"即今日之愁矣。赵臣瑗谓"当年之乐,岂可得而逐?而异日之愁,又宁待异日而始添也耶",已探得其意。腹联即承"重见采莲舟",不见采莲人之意而言之:红艳之荷花在袅袅秋风中摇曳,而往日明艳如花之采莲人已不复见,唯见碧空云断,池水悠悠而已。尾联由"池"而"楼"(即亭),写徘徊尽日,独自登楼,虽檐前青山依旧,而人事全非矣。此盖昔游有所遇,重来不见而生物是人非之慨。意本平常,缘颔联句法新变,摇曳生姿,且含人生哲理之感慨,故读来倍觉曲折有致,情韵绵长。

回中作^①

苍莽寒空远色愁^②,呜呜戍角上高楼^③。
吴姬怨思吹双管^④,燕客悲歌别五侯^⑤。
千里关山边草暮,一星烽火朔云秋^⑥。
夜来霜重西风起,陇水无声冻不流^⑦。

[注释]

①回中,一指回中宫,秦宫名,故址在今陕西陇县西北,秦始皇二十七年(前220)出巡陇西、北地,东归时经此。汉文帝十四年(前166)匈奴从萧关(今宁夏固原东南)深入,烧毁此宫。一指回中道。南起汧水河谷,北至萧关,因途经回中得名,为关中平原与陇东高原间交通要道。汉元封四年(前107)武帝自雍县经回中道北出萧关。此诗所谓"回中"当指回中道。李商隐有《回中牡丹为雨所败二首》,回中指泾州安定郡之州治,系泾原节度使治所。从颔联看,作者可能在泾州与泾原节度使宴别后经行于回中道上时作此诗。②苍莽寒空,《文苑英华》作"莽莽云空"。③戍角,边防驻军的号角声。④吴姬,吴地的歌姬。⑤燕客悲歌,用荆轲、高渐离易水悲歌事。《史记·刺客列传》:"太子及宾客知其事者皆白衣冠以送之。至易水之上,既祖,取道,高渐离击筑,荆轲和而歌,为变徵之声,士皆垂泪涕泣。又前而歌曰:'风萧萧兮易水寒,壮士一去兮不复还!'复为羽声慷慨,士皆瞋目,发尽上指冠。"别,一作"动"。五侯,泛指显贵,此借指边镇节度使。⑥烽火,边境报警的烟火。《墨子·号令》:"昼则举烽,夜则举火。"《史记·周本纪》:"有寇至,则举烽火。"此言"一星烽火",下句云"夜来",当指"平安火"。唐代三十里置堠(瞭望敌情的土堡),每日初夜举烽火报无事,谓之

平安火。见《通鉴·至德元载》胡三省注引《唐六典》。⑦陇水,河流名,源出陇山,故名。《水经注·渭水一》:"渭水又东,与新阳崖水合,即陇水也。东北出陇山,其水西流。"北朝乐府《陇头歌》之三:"陇头流水,鸣声幽咽。遥望秦川,心肝断绝。"《三秦记》云:"其坂(陇坂)九回,上者七日乃越,上有清水四注下,所谓陇头水也。"冻,一作"噎"。

[讲解]

此庭筠西游边塞所作。陈尚君《温庭筠早年事迹考辨》根据庭筠所作边塞诗中提到的节候、地名,考察其出塞路线是由长安出发,沿渭川西行,取回中道出萧关,到陇首后折向东北,大体可信。此诗为其亲历回中所作。颔联透露出他可能曾游泾原节度使幕,节度使设宴饯别,"燕客"当系自指。诗对回中道一带边塞景色的描写,颇能显现西北边地的苍莽辽阔与悲壮苍凉情致,语言也清新爽利。王夫之对庭筠诗颇多贬抑,但对这首诗却颇为赞赏,认为"纯净可诵"(《唐诗评选》卷四)。许学夷也将此首与《过陈琳墓》《苏武庙》并提,誉为"晚唐俊调"(《诗源辩体》卷三十)。

七 夕

鹊归燕去两悠悠①,青琐西南月似钩②。
天上岁时星右转③,人间离别水东流④。
金风入树千门夜⑤,银汉横空万象秋。
苏小横塘通桂楫⑥,未应清浅隔牵牛⑦。

[注释]

①燕，《文苑英华》作"鸾"。唐韩鄂《岁华纪丽·七夕》："七夕鹊桥已成，织女将渡。"原注引《风俗通》："织女七夕当渡河，使鹊为桥。"按：句意谓鹊已归，则鹊桥不复在；燕已去，则音信又不通（古有燕翼传书的传说，李商隐《和友人戏赠二首》之一："东望花楼会不同，西来双燕信休通"），故说"两悠悠"。悠悠，遥远貌。②青琐，刻镂成青色连环花纹的窗户。鲍照《玩月城西门廨中诗》："始见西南楼，纤纤如玉钩。"③右，《文苑英华》作"又"。④别，《文苑英华》作"恨"。水东流，喻人间离别之相续不断。⑤金风，秋风。《文选·张协〈杂诗〉》："金风扇素节，丹霞启阴期。"李善注："西方为秋而主金，故秋风曰金风也。"《史记·孝武本纪》："于是作建章宫，度为千门万户。"此句"千门"泛指千家万户。⑥苏小，南齐歌妓苏小小。《乐府诗集·杂谣歌辞三·〈苏小小歌〉序》："《乐府广题》曰：'苏小小，钱塘名倡也，盖南齐时人。'"此以苏小小借指所系念的歌妓。横，一作"回"。横塘，此泛指池塘。庭筠《池塘七夕》："万家砧杵三篙水，一夕横塘似旧游。"此亦云"横塘"，可证其所恋的歌妓居于"横塘"畔。桂楫，犹桂舟，对船的美称。通桂楫，谓小舟可通，即所谓"三篙水"。⑦《古诗十九首》之十："河汉清且浅，相去复几许。盈盈一水间，脉脉不得语。"吴均《续齐谐记》：桂阳成武丁有仙道，谓其弟曰："七月七日，织女当渡河，暂诣牵牛。"梁宗懔《荆楚岁时记》："七月七日为牵牛织女聚会之夜。"牵牛，即河鼓，星座名，俗称牵牛星。

[讲解]

此七夕思念情人之词，所思者为歌妓一类人物。首联点七夕。鹊归燕去，新月似钩，暗示鹊桥已断，彼此相隔，音信不通。颔联谓双方离别经年，即李贺《七夕》诗"钱塘苏小小，又值一年秋"之意。腹联写七夕即景：金风入树，银汉横空,千门入夜,万象皆秋。如此高秋良夜,引出结联对良会的期盼:所思者"苏小"居住横塘之畔,桂舟可通,清浅的池水岂能如银河阻隔牛女的相会呢?此首与《池塘七夕》所写的内容,所思的对象当有联系,而《池塘七夕》风格秾艳华美,此首则清新轻倩,显示出诗人在吟咏同类题材时风格的多样性。

春日将欲东归寄新及第苗绅先辈[①]

几年辛苦与君同,得丧悲欢尽是空[②]。
犹喜故人先折桂[③],自怜羁客尚飘蓬[④]。
三春月照千山道[⑤],十日花开一夜风[⑥]。
知有杏园无路入[⑦],马前惆怅满枝红[⑧]。

[注释]

①陶敏《全唐诗人名考证》:"北图藏拓本会昌四年七月《上党苗府君(缜)墓志》:'第四弟将仕郎、守秘书省校书郎、分司东都绅谨撰并书。'苗绅及第当在会昌初。"孟二冬《登科记考补正》:"按……郑畋撰咸通十五年(874)十月八日《唐故朝散大夫京兆少尹苗府君(绅)墓志铭并序》云:'君讳绅,字纪之,上党壶关人……会昌初,登进士第。明年,得宏词上第,授秘书省校书郎。'又云:'畋与君联年登第,同出河东公门下。'郑畋于会昌二年(842)登进士,见《记考》'河东公'当指柳璟,其于会昌元年、二年连知贡举。故知苗绅当在会昌元年登进士第,次年登博学宏词科。又,黄补亦证苗绅为会昌元年进士。"按:陶、孟所考是。此诗有"三春月照千山道"及"知有杏园无路入,马前惆怅满枝红"等句,知诗当作于会昌元年(841)春杏花开放之二月。东归,指归吴中旧乡,庭筠旧乡在今江苏苏州。庭筠《书怀百韵》诗作于开成五年(840)隆冬,时苗绅尚未登第。题内

之"遐适",诗中之"行役议秦吴",即此诗题内之"东归"。又《感旧陈情五十韵献淮南李仆射》系会昌元年东归途经扬州时献淮南节度使李绅之作,中有"旅食逢春尽,羁游为事牵"之句,可证淮南献诗时值春末。自长安至扬州二千七百里,春末在扬州,则此诗约作于二月上中旬,参注⑤及注⑦。先辈,此称进士登第者。②庭筠开成四年秋参加京兆府试,"荐名居其副",后因被谤未能参加开成五年春的礼部进士试,同年秋又"抱疾,不赴乡荐试有司",未参加京兆府试,失去会昌元年春参加进士试的资格。"几年辛苦与君同",指几年来辛苦准备应试,与苗绅情况相同。"得丧悲欢尽是空",指自己开成四年"试京兆,荐名居其副"及被黜落未能参加五年进士试,五年秋"以抱疾郊野,不得与乡计偕至王府",不能参加会昌元年进士试等情事。③故人,指苗绅。折桂,指科举考试进士登第。《晋书·郤诜传》:"武帝于东堂会送,问诜曰:'卿自以为何如?'诜对曰:'臣举贤良对策,为天下第一,犹桂林之一枝,昆山之片玉。'"后因称科举考试进士登第为折桂。④羁客,客游在外者,诗人自指。庭筠虽寓居长安鄠郊,但仍认为自己是"羁客"。鲍照《代棹歌行》:"羁客离婴时,飘飘无定所。"飘蓬,如蓬草之脱离本根,随风飘转。⑤三春,有二义,一指春天的三个月(孟春、仲春、季春),亦即泛指春天;一指春天的最后一个月,即季春、暮春。此处当取前一义。此句切题内"春日将欲东归"。道,一作"路"。千山道,指东归的道路。⑥此句切苗绅新及第,谓新及第者如十日东风,一夜催开春花。《荆楚岁时记》及《演繁露·花信风》谓,自小寒至谷雨,凡四月,共八个节气,一百二十天,每五日一候,计二十四候,每候应以一种花的信风(应花期而来的风),称"二十四番花信风",每一节气三番。其中雨水节气所催开者为菜花、杏花、李花。⑦杏园,唐代新科进士赐宴之处,故址在今西安市大雁塔南。五代王定保《唐摭言》:"神龙已来,杏园宴后,皆于慈恩寺塔下题名。同年推一善书者纪之。"唐李淖《秦中岁时记》:"进士杏园初宴,谓之探花宴。"路,一作"计"。⑧因马前杏花满枝绽放,益加触动自己不得参与杏园探花宴的惆怅,故云。己与苗绅双绾。此句系想象之词。时"将欲东归"而尚未启程。

[讲解]

如题抒写,每一联均从双方对照着笔。首联己与苗几年辛苦准备应试虽同,而己则得失悲欢均已成空,与苗异。次联写苗先登第,己尚羁滞飘蓬。腹联想象己东归道中所见,对照苗之十日春风一夜花发,均就"春日"景物作对比(孟郊《登科后》:"春风得意马蹄疾,一日看尽长安花",可为"十日花开一夜风"之比兴含义作参照),而一虚一实。尾联叹羡苗之杏园宴饮,而己则无路可入,唯于东归道上惆怅于马前杏花满枝呈艳而已。平平叙写,浅浅形容,清新流畅,不乏韵致。尾联尤具情致。此诗题曰"寄",当是自鄠郊居处寄长安之苗绅,是行前所寄,故有"千山道""马前"等语。或谓诗作于自襄阳罢幕归江东作,误。长江水路岂用骑马哉!

经李征君故居①

露浓烟重草萋萋,树映栏干柳拂堤。

一院落花无客醉,五更残月有莺啼②。

芳筵想像情难尽③,故榭荒凉路已迷④。

惆怅羸骖往来惯⑤,每经门巷亦长嘶⑥。

[注释]

①《唐诗鼓吹》卷八"王建"名下载此首,题作《李处士故居》,文字有歧异,佟培基《全唐诗重出误收考》曰:"王建集《李处士故居》又作温庭筠。《才调》二、《英华》二三〇作温。《鼓吹》八作王,误。"按:此温庭筠诗。征君,征士之尊

称。指不受朝廷征聘的隐士。《后汉书·黄宪传》:"友人劝其仕,宪亦不拒之,暂到京师而还,竟无所就。年四十八终,天下号曰征君。"此诗题内之"李征君"即李羽,庭筠诗中又称其为李处士、李羽处士、李十四处士(详《李羽处士故里》注①)。②五更,《唐诗鼓吹》作"半窗"。按:庭筠七绝《宿城南亡友别墅》有句云:"还似昔年残梦里,透帘斜月独闻莺。"可与此句互参。③想像,缅怀、回忆。《楚辞·远游》:"思旧故以想像兮,长太息而掩涕。"李商隐《及第东归次灞上却寄同年》:"下苑经过劳想像,东门送饯又差池。"④已,《唐诗鼓吹》作"欲"。迷,辨别不清。形容路上长满荒草,难以辨识,非谓迷路。⑤《文苑英华》、《唐诗鼓吹》、席本、顾本此句作"风景宛然人自改"。羸骖,指诗人自己所乘的瘦马。⑥《文苑英华》、席本、顾本此句作"却经门巷马频嘶",《唐诗鼓吹》作"却惊门外马频嘶"。

[讲解]

飞卿七律,擅长用白描手法与清浅语言抒写真挚的怀旧之情,本篇为其显例。李羽为其居鄠郊时之知己,二人经常过从,对其居处极为熟悉。此番重过,李已去世,故居中一切草树花月、门巷亭榭均易唤起对已往密切交往、芳筵共醉的记忆与物在人亡的感怆,信手写来,情感自深。颔联点眼处在一"醉"字,不仅透露出昔日共醉花前的欢聚情景,而且传达出眼前院空无人、落花狼藉、无言似醉的神韵,堪称神来之笔。如径解为"一院落花无醉客",不免乏味。尾联撇开自己,写熟悉故人居处的羸骖每经此门巷亦频频长嘶,马犹怀旧,人何以堪!此一细节非有真切生活体验不能道,一经拈出,遂成妙语。虽避开正面写侧面,然浓重感怆之意,自见于言外。《文苑英华》作"风景宛然人自改",明白道出,反乏余味,且近套语。晏几道《木兰花》词"紫骝认得旧游踪,嘶过画桥东畔路",师其意而不袭其词,可谓善学。飞卿吊李羽诗,此首最佳。

经旧游①

珠箔金钩对彩桥②,昔年于此见娇娆③。
香灯怅望飞琼鬓④,凉月殷勤碧玉箫⑤。
屏倚故窗山六扇⑥,柳垂寒砌露千条⑦。
坏墙经雨苍苔遍,拾得当时旧翠翘⑧。

[注释]

①《才调集》卷二载此首,题作《怀真珠亭》,席本、顾本题同《才调集》。按:据诗意,确系旧地重游,怀念某一女子,非遥念怀想之词,腹、尾二联尤显。②金,《才调集》作"银";对,《才调集》作"近"。彩桥,装饰华丽的桥。③于,《才调集》作"曾"。娆,一作"饶"。娇娆,美人,亦作"娇饶"。《玉台新咏》载汉宋子侯《董娇饶》诗,后遂以"娇饶(娆)"代指美人。李商隐《碧瓦》:"他时未知意,重叠赠娇饶。"④飞琼,西王母侍女,详见《觱篥歌》"夜听飞琼吹朔管"句注。此借指所怀女子,其身份当是歌姬侍妾一类人物。⑤殷勤,情意深厚。碧玉箫,指侍姬吹箫。《乐府诗集·吴声歌曲·碧玉歌》:"碧玉小家女,不敢攀贵德。感郎千金意,惭无千金色。"碧玉系东晋宗室汝南王之侍姬,借指其人的侍姬身份,又兼指箫以碧玉制成。⑥山,屏风,形容屏风之形状如山形之曲折。山六扇,指屏风有六扇。⑦砌,台阶。露,指带露的柳枝。⑧翠翘,妇女首饰,状如翠鸟尾上长羽,旧注引《楚辞·招魂》"砥室翠翘,挂曲琼些"之"翠翘"实指翠鸟尾上长羽,非此句"翠翘"所指。

[讲解]

此重游旧地而怀所恋女子,其人身份,视领联"飞琼""碧玉"等语,当为歌姬侍妾一类人物。起联谓昔年曾在其人珠帘金钩正对彩桥之居处见到对方,点明题目。领联回忆昔年"见娇娆"的情景:时值月夜,于香灯之下,怅望对方的鬓影,在凉月之下,听对方吹奏碧玉箫。"怅望""殷勤"二语,透露对方虽情意殷殷,却未能与之相通,唯"怅望"而已。腹联为此番重游所见:室内屏风六扇,犹倚故窗;室外柳垂寒砌,带露千条,而其人已杳然不见。尾联于寻寻觅觅之时,见坏墙经雨,苍苔遍生,忽于墙边拾得旧翠翘,睹物思人,益感失落惆怅。此诗内容类似李商隐之《春雨》,均写重访旧地不见所思女子之失落惆怅,其风格亦同具绮艳之特点。而李作于绮艳中渗透感伤意绪,变绮艳为凄艳,温作则止于绮艳而已;李诗"红楼"一联所创造的情景浑融意境,尤为温诗所不及。

过五丈原①

铁马云雕久绝尘②,柳阴高压汉营春③。
天晴杀气屯关右④,夜半妖星照渭滨⑤。
下国卧龙空误主⑥,中原逐鹿不因人⑦。
象床锦帐无言语⑧,从此谯周是老臣⑨。

[注释]

①《文苑英华》卷二九四《行迈六》载此首,题内"过"字作"经"。《三国志·蜀书·诸葛亮传》:"(建兴)十二年春,亮悉大众由斜谷出,以流马运,据武功五丈原,与司马宣王对于渭南。亮每患粮不继,使己志不申,是以分兵屯田,

为久驻之基。耕者杂于渭滨居民之间,而百姓安堵,军无私焉。相持百余日。其年八月,亮疾病,卒于军,时年五十四。及军退,宣王案行其营垒处所,曰:'天下奇才也!'"五丈原,在今陕西岐山县南,斜谷口西侧,渭水南岸。②铁马,配有铁甲的战马。《文选·陆倕〈石阙铭〉》:"铁马千群,朱旗万里。"云雕,云中雕鸟,形容马之迅疾。绝尘,绝迹。《宋书·自序》:"间者獯猃扈横,掠剥边鄙,邮贩绝尘,坰介靡达。"雕,一作"骓"。久,《文苑英华》《唐诗纪事》作"共"。句意谓昔日蜀魏交兵时铁骑如云雕驰逐的景象久已绝迹。因误解此处"绝尘"为飞速奔驰之义,而改"雕"为"骓",又改"久"为"共"。③营,一作"宫",误。《史记·绛侯周勃世家》:"文帝之后六年,匈奴大入边,乃以宗正刘礼为将军,军霸上;祝兹侯徐厉为将军,军棘门;以河内守亚夫为将军,军细柳,以备胡。上自劳军。至霸上及棘门军,直驰入,将以下骑送迎。已而之细柳军,军士吏被甲,锐兵刃,彀弓弩,持满。天子先驱至,不得入。先驱曰:'天子且至!'军门都尉曰:'将军令曰:军中闻将军令,不闻天子之诏。'居无何,上至,又不得入。于是上乃使使持节诏将军:'吾欲入劳军。'亚夫乃传言开壁门。壁门士吏谓从属车骑曰:'将军约,军中不得驱驰。'于是天子乃按辔徐行,至营,将军亚夫持兵揖曰:'介胄之士不拜,请以军礼见。'天子为动,改容式车……文帝曰:'嗟乎,此真将军矣!曩者霸上、棘门军,若儿戏耳。'"句意谓诸葛亮素以治军严整著称,如今唯见浓密的柳阴高高地覆盖着往昔蜀汉营垒的遗迹而已。"春"与"柳"相应。④晴,《文苑英华》作"清"。关右,指函谷关以西地区。此指五丈原所在的关中一带。句意谓遥想当年,虽天清气朗时似犹见杀气屯聚在五丈原一带的关右地区。⑤妖,《唐诗纪事》作"长"。《三国志·蜀书·诸葛亮传》"卒于军"裴注引《晋阳秋》曰:"有星赤而芒角,自东北西南流,投于亮营,三投再还,往大还小,俄而亮卒。"句意谓遥想当年,夜半妖星高照渭水南岸的诸葛亮营垒,不久便传出了他的死讯。暗示诸葛亮之死乃是天意,非人力可挽回。⑥下国,小国,指偏处一隅的蜀汉,相对于据有中原的大国魏而言。语含贬义。卧龙,指诸葛亮,形容其具有杰出的才能,是士人中的俊杰。《三国志·蜀书·诸葛亮传》:"亮躬耕陇亩,好为《梁父吟》,身长八尺,每自比于管仲、乐毅……徐庶……谓先主曰:'诸葛孔明者,卧龙也。'"空误主,谓其隆中对策,三分天下,进而统一中国的战略规划虽得到刘备高度赞赏,却根本无法实现。误,《文苑英华》、述抄、席本、顾本作"寤"。⑦中原逐鹿,喻群雄并起,争夺天下。《史记·淮阴侯列传》:"秦失其鹿,天下共逐之。"逐,《文苑英华》、《唐诗纪事》、席本、顾本作"得"。因,《文苑英华》、顾本作"由"。句意谓群雄角逐,谁胜谁败,取决于天意(包括客观形势与条件)而非单纯的人谋。⑧象床,象牙装饰的床。锦,一作"宝"。句意谓蜀汉后主刘禅庸愚,空居象床宝帐,养尊处优,于国事不能出一语。《三国志·蜀书·后主传》裴注引《汉晋春秋》曰:"司马文王与禅宴,为之作故蜀技,旁人皆为之感怆,而禅喜笑自若。王谓贾充曰:'人之无情,乃可至于是乎!虽使诸葛亮在,不能辅之久全,而况姜维邪?'……他日,王问禅曰:'颇思蜀否?'禅言:'此间乐,不思蜀。'"⑨老,《文苑英华》校:一作"旧"。《三国志·蜀书·谯周传》:"谯周字允南,巴西西充国人也……建兴中,丞相亮领益州牧,命周为劝学从事。亮卒于敌庭,周在家闻问,即便奔赴……后主立太子,以周为仆,转家令。时后主颇出游观,增广声乐,周上疏谏……徙为中散大夫……后迁光禄大夫,位亚九列。周虽不与政事,以儒行见礼,时访大议,辄据经以对,而后生好事者亦咨问所疑焉。景耀六年冬,魏大将军邓艾克江油,长驱而前……后主使群臣会议,计无所出……周曰:'……若陛下降魏,魏不裂土以封陛下者,周请身诣京都,以古义争之。'……于是遂从周策,刘氏无虞,一邦蒙赖,周之谋也。"句意谓从此国之大事就取决于谯周这样的老臣。

[讲解]

陆次云曰:成事在天,惟有鞠躬尽瘁而已。武侯知己。(《五朝诗善鸣集》)

杨逢春曰:七、八是题后托笔,言亮卒后,蜀汉无人,老臣惟一谯周,卒说后

主降魏耳。(《唐诗绎》)

吴乔曰:结句结束上文者,正法也;宕开者,别法也……温飞卿《五丈原》诗以谯周结武侯……宕开者也。(《围炉诗话》卷一)

胡以梅曰:二、三可以言目今,亦可以言武侯当年,是活句。(《唐诗贯珠串释》)

沈德潜曰:一至五句,《出师》二表是也。六句,天意不可知。七、八句,诮之比于痛骂。(《重订唐诗别裁集》卷十五)

黄叔灿曰:首言铁马云雕,当时争战,久已绝尘矣。(《唐诗笺注》)

姚鼐曰:第二句借用细柳营以比武侯之营。(《五七言近体诗钞》)

梅成栋曰:收二句痛煞、愤煞之言,却含蓄无穷。(《精选五七言律耐吟集》)

余成教曰:《过陈琳墓》《经五丈原》《苏武庙》三诗,手笔不减义山。温、李齐名,良有以也。(《石园诗话》)

前四句过五丈原有感于诸葛亮昔日屯兵于此与魏对垒终没于军中之事,将眼前所见与对昔日蜀魏交兵情景的追忆想象融合在一起。昔日铁骑云雕驰逐的景象久已绝迹,唯见浓密的柳阴高高覆盖着往昔蜀汉营垒的遗迹。时至今日,虽天清气朗之时似犹见杀气屯聚在五丈原一带的关右之地;遥想当年,夜半妖星高照渭滨,诸葛亮终于积劳成疾,没于军中。"夜半"句写诸葛亮之死有上天垂象,实已暗含"中原逐鹿不因人"之意。五、六句为一篇主意,谓蜀汉虽有诸葛亮这样的杰出才智之士,为其筹划三分鼎立、进取中原之策,也无法挽救其灭亡的命运,因为中原逐鹿,夺取天下,实由天命,非系人谋。七、八句进谓,何况诸葛亮死后,刘禅昏庸无能,老臣中唯有谯周这样的人物,蜀汉之亡更不问可知。诗中所表现的杰出人物虽鞠躬尽瘁亦无法挽救衰颓国运的思想感情,与李商隐《筹笔驿》"管乐有才真不忝,关张无命欲何如",《武侯庙古柏》"玉垒经纶远,金刀历数终"有相类处,折射出晚唐衰颓时世士人对国运的悲观与无奈。读此类诗,切忌用后世《三国演义》评点者的眼光去理解诠释。

秘书省有贺监知章
草题诗笔力遒健风尚高远因有此作①

越溪渔客贺知章②,任达怜才爱酒狂③。鸂鶒苇花随钓艇④,蛤蜊菰菜梦横塘⑤。几年凉月拘华省⑥,一宿秋风忆故乡⑦。荣路脱身终自得⑧,福庭回首莫相忘⑨。出笼鸾鹤归辽海⑩,落笔龙蛇满坏墙⑪。李白死来无醉客⑫,可怜神彩吊残阳⑬。

[注释]

①《文苑英华》卷三〇七《悲悼七·第宅》载此首,题作《过贺监旧宅》。题内"草"字,李本、十卷本、姜本、毛本无,按:据"落笔龙蛇"句,当有"草"字。有此,原作"此有",据《文苑英华》校语、述抄、《全唐诗》乙。十卷本、姜本此首入七言排律。《旧唐书·文苑列传中·贺知章》:"贺知章,会稽永兴人……少以文词知名,举进士……开元十年,兵部尚书张说为丽正殿修书使,奏请知章及秘书员外监徐坚、监察御史赵冬曦皆入书院,同撰《六典》及《文纂》等,累年,书竟不就。后转太常少卿。十三年,迁礼部侍郎,加集贤院学士,又充皇太子侍读……改授工部侍郎,兼秘书监同正员,依旧充集贤院学士。俄迁太子宾客、银青光禄大夫兼正授秘书监……天宝三载,知章因病恍惚,乃上疏请度为道士,求还乡里,仍舍本乡宅为观,上许之……御制诗以赠行,皇太子已下咸就执别。至乡无几寿终,年八十六。"草题诗,用草书写就的题壁诗。本传称知章"善草隶书,好

事者供其笺翰,每纸不过数十字,共传宝之"。风尚,风格。②越溪,即若耶(邪)溪,与镜湖相通。越溪渔客,指贺知章。本传谓其"晚年尤加纵诞,无复规检,自号四明狂客"。③任达,放任旷达。本传称其"性放旷,善谈笑"。怜才,爱才。孟启《本事诗·高逸》:"李太白初自蜀至京师,舍于逆旅。贺监知章闻其名,首访之。既奇其姿,复请所为文。出《蜀道难》以示之,读未竟,称叹者数四,号为谪仙,解金龟换酒。贺又见其《乌栖曲》,叹赏苦吟曰:'此诗可以泣鬼神矣!'"爱酒狂,本传称其"醉后属词,动成卷轴,文不加点,咸有可观"。杜甫《饮中八仙歌》:"知章骑马似乘船,眼花落井水底眠。"④鸂鶒,水鸟,形大于鸳鸯,多紫色,好并游,俗称紫鸳鸯。⑤蛤蜊,生活在浅海泥沙中的软体动物,味美。会稽近海,故有此物。菰菜,俗称茭白。菜,《文苑英华》作"叶"。横塘,此借指贺知章故乡会稽的池塘。温诗喜用"横塘"字,大都为泛称,非实指金陵的横塘。"梦"字兼绾上下两句。⑥华省,清贵者的省署。据本传,知章曾任礼部侍郎,兼集贤院学士,宰相源乾曜语(张)说曰:"贺公两命之荣,足为光宠。"又曾为秘书监,均为清贵之职。又唐代称尚书省为画省、粉省、粉署,"华省"之义,当亦与之相近。贺知章集中有《奉和御制春台望》《奉和圣制送张说上集贤学士赐宴赋诗得谟字》《奉和圣制送张说巡边》等酬应奉和之作,以贺之任达纵逸性格,此类事即"拘华省"之例。⑦《晋书·张翰传》:"翰因见秋风起,乃思吴中菰菜、莼羹、鲈鱼脍,曰:'人生贵得适志,何能羁宦数千里以要名爵乎!'遂命驾而归。"前有"蛤蜊菰菜梦横塘",此云"秋风忆故乡",正用张翰事,以切其天宝三载(744)回归越中故乡事。知章有《回乡偶书二首》,亦见其"忆故乡"之情。⑧荣路,荣显的仕宦之路。唐玄宗《送贺知章归四明》:"遗荣期入道,辞老竟抽簪。"⑨福庭,幸福之地,常指仙佛所居之处。孙绰《游天台山赋》:"仍羽人之丹丘,寻不死之福庭。"李华《云母泉》:"访道出人世,招贤依福庭。"此指贺知章以乡宅为道观修道。⑩笼,《文苑英华》、席本、顾本作"群"。陶潜《搜神后记》卷一:"丁令威,本辽东人,学道于灵虚山,后化鹤归辽,集城门华表柱。时有少年,举弓欲射之。

鹤乃飞,徘徊空中而言曰:'有鸟有鸟丁令威,去家千年今始归。城郭如故人民非,何不学仙冢累累?'遂高上冲天。"出笼鸾鹤,指贺知章摆脱官场的牢笼,应上"拘华省",作"出群"者非。归,《文苑英华》、席本、顾本作"辞"。归辽海,喻归故乡,作"辞辽海"者亦非。知章《回乡偶书二首》所抒发的人生感慨,如"儿童相见不相识,笑问客从何处来""离别家乡岁月多,近来人事半销磨。惟有门前镜湖水,春风不改旧时波",又正与丁令威"城郭如故人民非"的感慨相似。⑪落笔龙蛇,指贺知章草书的飞腾纵逸气势。李白《草书歌行》:"恍恍如闻神鬼惊,时时只见龙蛇走。"⑫杜甫《饮中八仙歌》中有贺知章、李白。咏贺知章已见前引,咏李白云:"李白一斗诗百篇,长安市上酒家眠。天子呼来不上船,自称臣是酒中仙。"李白《题戴老酒店》:"戴老黄泉里,还应酿大春。夜台无李白,沽酒与何人?"此句仿其笔意而不袭其词。⑬神彩,指贺知章草题诗的神韵风采。

[讲解]

七言排律,唐代诗人制作甚少。此篇虽仅六韵短制,却颇似一篇贺知章诗传。不仅因草题诗忆及其人,写其"任达怜才爱酒狂"的鲜明个性,且表现出其遗落"荣路",摆脱"华省",不恋利禄的品格。诗亦于清新流畅中寓纵逸之气与遒劲笔力,从中可见其所受于李白诗清新俊逸一面的影响。

赠少年①

江海相逢客恨多,秋风叶下洞庭波②。
酒酣夜别淮阴市,月照高楼一曲歌③。

[注释]

①《万首唐人绝句》卷四十四载此首。少年,指少年豪侠。②《楚辞·九歌·湘夫人》:"袅袅兮秋风,洞庭波兮木叶下。""洞庭波"非眼前实景,视首句"江海相逢"、三句"夜别淮阴市"可知。③《史记·淮阴侯列传》:"淮阴侯韩信者,淮阴人也。始为布衣时,贫无行,不得推择为吏,又不能治生商贾,常从人寄食饮,人多厌之者……淮阴屠中少年有侮信者,曰:'若虽长大,好带刀剑,中情怯耳。'众辱之,曰:'信能死,刺我;不能死,出我袴下。'于是信孰视之,俛出袴下,蒲伏,一市人皆笑信,以为怯。"《史记·刺客列传》:"荆轲既至燕,爱燕之狗屠及善击筑者高渐离。荆轲嗜酒,日与狗屠及高渐离饮于燕市,酒酣以往,高渐离击筑,荆轲和而歌于市中,相乐也,已而相泣,旁若无人者。"三、四句"淮阴市"暗用韩信事,"酒酣""一曲歌"化用荆轲饮于燕市事。

[讲解]

题曰"赠少年",诗云"酒酣夜别淮阴市",则诗乃少年游侠间倾心相赠之作。诗之佳处,在气氛之渲染、景物之烘托。起二句以"秋风叶下洞庭波"之阔远中带有萧瑟意味的境界衬起江海漂泊的"客恨"。三、四句则以月照高楼、浩歌一曲烘托酒酣之际的壮别,从而将"客恨"消解于壮别的豪气之中。但如联系用典及诗人遭遇深入体味,则又颇有可以发掘的意蕴。第三句"淮阴市"系暗用韩信少年时受胯下之辱事,盖以其少年未遇时境况暗喻当年诗人自身的困顿处境,颇疑即指《玉泉子》所载:"客游江淮间,扬子留后姚勗厚遗之。庭筠少年,其所得钱帛,多为狭邪所费。勗大怒,笞而逐之。"与韩信少时淮阴市上受辱有相似处。而"酒酣"二句,又暗用荆轲、高渐离燕市悲歌事。然则侠少的"客恨"中或含有困辱的境遇,其高歌壮别之中亦含有愤激不平的情绪。顾学颉《温飞卿传论》引《通鉴》卷二四六,开成四年(839)五月,以盐铁推官检校礼部员外郎姚勖检校礼部郎中,定庭筠游江淮在大和末(835),其时庭筠已三十五岁(依陈尚君说)似稍迟。但以姚勖之历官考之,庭筠游江淮亦只能定于此时。

题李相公敕赐锦屏风①

丰沛曾为社稷臣②,赐书名画墨犹新③。

几人同保山河誓④,犹自栖栖九陌尘⑤。

[注释]

①《万首唐人绝句》卷四十四载此首。席本、顾本题内无"锦"字。李相公,指李德裕,晚唐杰出政治家。文宗大和七至八年(833—834),开成五年至会昌六年(840—846)两度为相。会昌年间,击回鹘、平泽潞,政治上多有建树。宣宗立,罢相,大中元年(847)十二月,贬潮州司马。二年九月,再贬为崖州(今海南省琼山县东南)司户参军。三年十二月卒于崖州贬所。本篇当作于大中二年九月贬崖州司户参军之后。敕,指皇帝诏令。锦屏风,锦绣的屏风。此屏风当是前朝皇帝武宗所赐。李德裕生平事迹,详两《唐书》本传及傅璇琮《李德裕年谱》。②《史记·高祖本纪》:"高祖,沛丰邑中阳里人,姓刘氏,字季……秦二世元年秋,陈胜等起蕲,至陈而王,号为'张楚'……父老乃率子弟兵杀沛令,开城门迎刘季……乃立季为沛公……于是少年豪吏如萧、曹、樊哙等皆为收沛子弟二三千人,攻胡陵、方与,还守丰。"丰,今江苏丰县。沛,今江苏沛县。社稷臣,定天下、安社稷的重臣,关系社稷安危存亡的重臣。《史记·袁盎晁错列传》:"绛侯所谓功臣,非社稷臣。社稷臣主在臣在,主亡臣亡。"《新唐书·李德裕传》:"常以经纶天下自为,武宗知而能任之,言从计行,是时王室几中兴。"句意谓李德裕如同汉高祖起于丰沛时之开国重臣萧何,堪称关系国家安危的"社稷

臣"。③赐书名画,当指武宗在赐给李德裕的锦绣屏风上题写画名及御名。赐书,赐写御号;名画,题写画名。④《史记·高祖功臣侯者年表》:"封爵之誓曰:'使黄河如带,泰山若厉,国以永宁,爰及苗裔。'"裴骃集解引汉应劭曰:"封爵之誓,国家欲使功臣传祚无穷。带,衣带也;厉,砥石也。河当何时如衣带,山当何时如厉石。言若带厉,国乃绝耳。"句意谓古往今来,能有几人保有功臣传祚无穷、与国共存的恩遇,实现"山河"之誓呢?⑤犹,一作"独"。按:作"独",意谓诗人独自忙碌于京城的道路上,与上文意不甚连贯。作"犹",则泛指至今犹忙碌于九陌红尘中的干禄者,有唤醒与感慨的意味,且与上句构成转折,语意连贯,以作"犹"义胜。栖栖,忙碌不安貌。九陌,京城的大道。《三辅黄图·长安八街九陌》:"《三辅旧事》云:长安城中八街、九陌。"

[讲解]

此诗对唐宣宗"务反会昌之政"(《通鉴·宣宗大中元年》),远贬会昌朝击回鹘、平泽潞,使唐室几至中兴的名相李德裕显表不满。而就敕赐屏风一事抒发感慨,以"赐书名画墨犹新"与不旋踵而山河之誓不保作鲜明对照,便小中见大,不落单纯议论。末句似对"犹自栖栖九陌尘"者作唤醒语,实对当朝皇帝刻薄寡恩、贬逐功臣颇寓愤慨。《李德裕崖州司户制》云:"(李德裕)恣横而持国政,专权生事,妒贤害忠,动多诡异之谋,潜怀僭越之志……擢尔之发,数罪无穷。"其罪名几于十恶不赦。而庭筠此诗,却称其为"社稷臣",与贬制正相反对,可见其正义感与诗胆。传此制系令狐绹所拟。

蔡中郎坟①

古坟零落野花春,闻说中郎有后身②。
今日爱才非昔日,莫抛心力作词人③。

[注释]

①《万首唐人绝句》卷四十四载此首,题末脱"坟"字。蔡中郎,东汉蔡邕,字伯喈,累迁中郎将,故称。事详《后汉书·蔡邕传》,见注③所引。据《吴地志》,蔡邕坟在毗陵(今江苏常州)尚宜乡亙村。邕陈留人,本传载其曾"亡命江海,远迹吴、会",其墓在毗陵或因此而附会。②后身,佛教有"三世"(过去、现在、未来)的说法,谓人死后转世之身为"后身"。《太平御览》卷三六〇引《裴子语林》:"张衡之初死,蔡邕母始孕。此二人才貌相类,时人谓邕是衡之后身。"又见殷芸《小说》。《文心雕龙·才略》:"张衡通赡,蔡邕精雅。文史彬彬,隔世相望。"以蔡邕与张衡并称,且言其"隔世相望",此类论述殆即蔡为张之后身的传说所本。此句则谓:听说如今蔡中郎又有了后身。按:蔡邕有后身,载籍未见,殆诗人之推想或得之传闻,甚或姑妄言之。从语气口吻看,似为不确定的泛指。而诗人意中,则隐然以蔡邕之后身自许,观末句自知。③莫,《万首唐人绝句》作"枉"。《后汉书·蔡邕传》:"少博学,师事太傅胡广,好辞章、数术、天文,妙操音律……建宁三年,辟司徒桥玄府,玄甚敬待之……召拜郎中,校书东观……熹平四年……奏求正定六经文字,灵帝许之。邕乃自书册于碑,使工镌刻,立于太学门外。"后为宦官中伤,下狱,与家属髡钳徙朔方,居五原。邕在东观时,尝与卢植、韩说撰《后汉纪》未成,在五原奏其《十意》(即十志),"(桓)帝嘉其才高,会明年大赦,乃宥邕还本郡"。复为人所谮,亡命江海,远迹吴、会。"中平六年,

灵帝崩,董卓为司空,闻邕名高,辟之,称疾不就,卓大怒……邕不得已,到,署祭酒,甚见敬重……三日之内,周历三台……从献帝迁都长安,封高阳乡侯……卓重邕才学,厚相遇待……及卓被诛,邕在司徒王允坐,殊不意言之而叹,有动于色,允……即收付廷尉治罪,邕陈辞谢,乞黥首刖足,继成汉史,士大夫多矜救之不能得。太尉马日䃅驰往谓允曰:'伯喈旷世逸才,多识汉事,当续成汉史,为一代大典……'"允不从,邕遂死狱中。以上记载,既见邕之博学多才,又见其才受到当时皇帝、大臣的重视。词人,指擅长文辞的文人。

[讲解]

蔡邕之遭际,实为一身处衰颓末世之才人不能掌握自身命运的悲剧。但从诗人看来,蔡邕犹能受到当时上自皇帝,下至大臣及众多士大夫的嘉许敬重,比起自己的遭遇,还算是"幸运"的。然则,"今日"之世,就"爱才"而论,尚不如"昔日"的东汉末世。推而论之,则"今日"的皇帝大臣,甚至还不如"昔日"的桓、灵、董卓。愤惋之情,溢于言表。对"今日"的批判,可谓强烈之至。此诗主旨,与《过陈琳墓》一脉相承,而感情强度过之。前诗作于会昌元年(841)自长安归吴中旧乡途中。此诗写景切春令,或会昌三年春自吴中返长安途经常州时作。

咸阳值雨①

咸阳桥上雨如悬②,万点空蒙隔钓船③。
还似洞庭春水色④,晚云将入岳阳天⑤。

[注释]

①《万首唐人绝句》卷四十四载此首。咸阳,唐京兆府属县,治所在今咸阳

市东北。②咸阳桥,即西渭桥,汉建元三年(前138)始建,因与长安城便门相对,亦称便桥或便门桥,故址在今咸阳市南。唐时称咸阳桥。送人西行多于此相别。雨如悬,形容大雨如悬泉直泻而下。③句意谓大雨密集形成的空蒙烟雾隔断视线,看不见渭河对岸的钓船。④还,顾本作"绝"。⑤将,携带。岳阳,唐岳州治所所在。其城西门门楼即岳阳楼。唐开元四年(716),中书令张说谪守岳州时在旧阅兵台基础上兴建。下瞰洞庭,景象壮阔。

[讲解]

渭河本不甚宽,因大雨如泻,一片空蒙,遮断视线,望中所及,遂觉眼前汪洋浩瀚,恍惚中似显现往日所历岳阳楼下洞庭春水,浩阔无边,晚云密布,携雨进入岳阳天的情景。后两句虽系眼前景触发的联想,但基于往日亲历,故写来仍有实感,且具有阔远的气势。庭筠大中元年(847)春曾游洞庭湘中,有《次洞庭南》诗(今存佚句一联),此诗当在其后作。

弹筝人①

天宝年中事玉皇②,曾将新曲教宁王③。
钿蝉金雁今零落④,一曲《伊州》泪万行⑤。

[注释]

①《万首唐人绝句》卷四十四载此首,题同。《文苑英华》卷二一二《音乐一》载此首,题作《赠弹筝人》,述抄同。筝,拨弦乐器,形似瑟。应劭《风俗通·声音·筝》:"筝,谨按《礼·乐记》:'筝,五弦筑身也。'今并、凉二州筝形如瑟,不知谁所改作也。或曰秦蒙恬所造。"《隋书·音乐志下》:"四曰筝,十三弦。"

②中,一作"间"。玉皇,道教称天帝为玉皇大帝,简称玉帝、玉皇。此借指唐玄宗(玄宗崇道,故称其为玉皇。玄宗之前皇帝未见有称其为玉皇者)。释无本《马嵬》亦云:"一自玉皇惆怅后,至今来往马蹄腥。"③宁王,指李宪。《旧唐书·睿宗诸子传》:"让皇帝宪,本名成器,睿宗长子也……文明元年,封为皇太子……睿宗践祚……时将建储贰,以成器嫡长,而玄宗有讨平韦氏之功,意久不定。成器辞曰:'储副者,天下之公器,时平则先嫡长,国难则归有功。若失其宜,海内失望,非社稷之福,臣今敢以死请。'……睿宗嘉成器之意,乃许之……(开元)四年,避昭成皇后尊号,改名宪,封为宁王……宪于胜业东南角赐宅……玄宗于兴庆宫西南置楼……时登楼,闻诸王宴乐之声,咸召登楼同榻宴谑,或便幸其第……诸王每日于侧门朝见,归宅之后,即奏乐纵饮……(开元二十九年)十一月薨,时年六十三。"《开元天宝遗事》卷上:"天宝初,宁王日侍,好声乐,风流蕴藉,诸王弗如也。"按:宁王卒于开元末,此言"天宝初,宁王日侍"当记误。④钿蝉,筝饰,蝉形金花。雁,一作"凤"。今,一作"皆",一作"俱"。金雁,对筝柱的美称。筝柱斜列有如雁行,故云。李商隐《昨日》:"十三弦柱雁行稀。"作"凤"者非。⑤《伊州》,商调大曲。《新唐书·礼乐志》:"天宝乐曲,皆以边地名,若《凉州》《伊州》《甘州》之类。"白居易《伊州》:"老去将何散客愁,新教小玉唱《伊州》。"《新唐书·地理志》:"伊州伊吾郡,下。本西伊州,贞观六年更名。"伊州故城在今新疆哈密市,其地隋末为西域杂胡所据,贞观四年(630)归化。

[讲解]

顾璘曰:庭筠独此绝可观。(《批点唐音》)

桂天祥曰:时移代换,极悲处正不在弹筝者。(《批点唐诗正声》)

邢昉曰:可与中山"何戳"(刘禹锡《与歌者何戳》)比肩。(《唐风定》)

游潜曰:此作感慨凄惋,得诗人之怨也。(《梦蕉诗话》卷下)

沈德潜曰:与白头宫女说玄宗(元稹《行官》)同意。(《重订唐诗别裁集》卷二十)

俞陛云曰:唐天宝间,君臣暇逸,歌舞升平,由极盛而逢骤变,由离乱而复收京。残余菊部,白头犹念先皇;老去词人,青琐重瞻禁苑。闻歌感旧,屡见于诗歌。如"白尽梨园弟子头""旧人惟有米嘉荣""一曲淋铃泪万行""村笛犹歌阿滥堆",皆有"重闻天乐不胜情"之感,与玉谿(当为飞卿)之"金雁""钿蝉"齐声一叹也。(《诗境浅说续编》)

刘永济曰:弹筝人当系明皇宫妓,诗语系追忆昔时而生感叹,必弹筝人自述而诗人写以韵语也。(《唐人绝句精华》)

弹筝人曾在唐王朝极盛时代"事玉皇""教宁王",所弹之曲《伊州》又使人自然联想起大唐帝国盛世的辽阔版图与壮盛声威。而今,时移世迁,唐王朝已是凋败衰颓,日薄西山。以一经历盛衰两个时代的弹筝人,在衰世重弹盛世的《伊州》大曲,不但弹者"泪万行",听者亦不胜今昔盛衰之感。音乐常是特定时代精神风貌的反映与象征,衰世而闻盛世之乐,既唤起对逝去不复返的盛世的怅然追怀,更引起对眼前所处衰世的无穷感慨。自杜甫《江南逢李龟年》首开此调以来,中晚唐诗人,历有佳制,形成一借音乐抒盛衰的系列(包括时世盛衰与个人荣悴)。此类作品的构思与艺术魅力,颇可深入研究。

瑶瑟怨①

冰簟银床梦不成②,碧天如水夜云轻。
雁声远过潇湘去③,十二楼中月自明④。

[注释]

①《万首唐人绝句》卷四十四载此首。瑶瑟,用美玉装饰的瑟。②冰簟,竹席。银床,银饰的床。"梦不成",暗含"怨"思。③远过,《万首唐人绝句》作"还向"。潇湘,泛指今湖南地区。郑谷《淮上与友人别》:"数声风笛离亭晚,君向潇湘我向秦。"瑟在唐代通常为二十五弦,每弦有一柱,上下移动,以定声音。瑟柱亦如筝柱,斜列如雁行。故此句既可理解为不寐的女子听到雁声远去,也可理解为暗写女子弹瑟之声。④十二楼,见《觱篥歌》"十二楼前花正繁"句注。唐诗中的"十二楼",既可借指帝王宫苑中的楼殿,也可借指道观。如李商隐《碧城三首》之一"碧城十二曲栏干"即指女道观,《赠白道者》之"十二楼前再拜辞"则指男道观。本篇"十二楼"当指女道观。全诗内容亦即李商隐《送从翁从东川弘农尚书幕》述及往日学仙玉阳山所见"素女悲清瑟"的情景。

[讲解]

谢枋得曰:此诗铺陈一时光景,略无悲怆怨恨之辞。枕冷衾寒,独寐寤叹之意在其中矣。(《注解章泉涧泉二先生选唐诗》卷四)

胡应麟曰:此等入盛唐亦难辨,惜他作殊不尔。(《诗薮·内编》卷六)

周珽曰:展转反侧,所闻所见,无非悲思,含怨可知。(《唐诗选脉笺释会通评林》)

黄周星曰:不言瑟而瑟在其中,何必"二十五弦弹夜月"耶?(《唐诗快》)

黄生曰:因夜景清寂,梦不可成,却倒写景于后。瑶瑟用雁事,亦如归雁用瑟事。轻,微也。(《唐诗摘抄》卷四)

宋宗元曰:深情遥寄。(《网师园唐诗笺》)

《精选评注五朝诗学津梁》:神韵独绝。

范大士曰:"月自明",不言怨,而怨已深。(《历代诗发》)

宋顾乐曰：此作清音渺思，直可追中盛唐名家。(《万首唐人绝句选》评)

胡本渊曰：只此三字(按：指"梦不成")露怨意。通幅布景，正以浑含不尽为妙。(《唐诗近体》)

俞陛云曰：通首纯写秋闺之景，不着迹象，而自有一种清怨……首句"梦不成"略露闺情，以下由云天而闻雁，而南及潇湘，渐推渐远，怀人者亦随之神往。四句仍归到秋闺，剩有亭亭孤月，留伴妆楼，不言愁而愁与秋宵俱永矣。此诗高深秀丽，作词境论，亦五代冯、韦之先河也。(《诗境浅说续编》)

刘永济曰：瑟有柱以定声之高下，瑟弦二十五，柱亦如之，斜列如雁行，故以雁声形容之。结言独处，所谓"怨"也。(《唐人绝句精华》)

富寿荪曰：刘禹锡《潇湘神》词："楚客欲听瑶瑟怨，潇湘深夜月明时。"殆为此题所本。(《千首唐人绝句》)

刘拜山曰：用湘灵鼓瑟之事，写秋闺独处之情，空灵委婉，晚唐佳境。(同上)

此诗写寂处楼中的女子清夜思念远人，不能成寐，起坐弹瑟的情景，而构思精妙，表情含蓄，意境清迥。将月夜闻雁的实境与瑶瑟所发的乐声融为一体，不言弹瑟而瑟之音乐意境自现，不言弹瑟女子之清怨而怨思自现。第三句兼绾雁声与弦声之渐远，亦透露怀人者情思的杳远。末句殆从曹植《七哀诗》"明月照高楼，流光正徘徊。上有愁思妇，悲叹有余哀"脱化，而用作结句，以景结情，尤为含蓄隽永。此"十二楼"中弹瑟之女子，殆即寂处宫观之女冠。通体空灵莹澈，如笼罩于似水的月光之中，其人其境其瑟其怨，俱浑化一体矣。

宿城南亡友别墅①

水流花落叹浮生,又伴游人宿杜城②。
还似昔年残梦里,透帘斜月独闻莺③。

[注释]

①《万首唐人绝句》卷四十四载此首。城南亡友,指李羽。七律《李羽处士故里》,《文苑英华》卷三〇七所载,题作《宿杜城亡友李羽处士故墅》,与此诗次句"宿杜城"合。又《经李处士杜城别业》《登李羽(处)士东楼》《春日访李十四处士》,亦谓李羽处士别业在杜城。相互参证,知此"城南亡友"即别业在杜城(地在长安城南,故云城南)之李羽。而《经李征君故居》七律次联云:"一院落花无客醉,五更残月有莺啼",与此诗三、四句"还似昔年残梦里,透帘斜月独闻莺"写景又正相应,知《经李征君故居》系李羽亡故后不久经其故居所作,此首七绝则系数年后再宿李羽故墅时作。曰"昔年"而不曰"去年",说明时间当相隔两年以上。②杜城,又名下杜城、杜县。秦武公十一年(前687)置杜县,汉宣帝元康元年(前65)在杜县东原(少陵原)上营建杜陵,置县为杜陵县,改故杜县为下杜城。《长安志》:"杜县故城在长安县南十五里,其城周三里一百七十三步。"故址在今西安市西南十五里下杜村。③斜,一作"新",非。

[讲解]

此前七律《经李征君故居》有"一院落花无客醉,五更残月有莺啼"之句,伤李羽亡故,夜宿故居,五更残月梦醒之际,唯闻莺啼,而往日夜宿对床共话之境已不能重历。此番"又"宿杜城,昔年曾历的伤心之境竟又重历,其怅惘之情更觉难堪。此进一层写法,而以回忆昔年曾历的方式来表现,抓住"闻莺"这一细节集中抒写对亡友逝世的伤感。"又"字、"独"字都是诗人着意表现感喟的诗眼。

过分水岭①

溪水无情似有情,入山三日得同行。
岭头便是分头处②,惜别潺湲一夜声。

[注释]

①《万首唐人绝句》卷四十四载此首。《水经注·漾水》:"嶓冢以东,水皆东流;嶓冢以西,水皆西流。即其地势源流所归,故俗以嶓冢为分水岭。"以山脉作为河流的分界线,虽各地皆有之,但在唐代,著名而不必在分水岭之前冠名提示者则为嶓冢山。此为汉水与嘉陵江的分水岭,在今陕西略阳县南、勉(沔)县西,为秦、蜀间交通要道。元稹有《分水岭》诗,李商隐有《自南山北归经分水岭》诗,均同指嶓冢山。按:嶓冢有二,胡渭《禹贡锥指》谓:嶓冢在汉中西县,乃嶓冢导漾者,其嘉陵江所出之嶓冢则在秦州上邽县,所谓西汉水也。本篇之分水岭指前者。王士禛《蜀道驿程记》曰:"金牛驿西三里稍南入五丁峡,一名金牛峡,此峡为蜀道第一险。次宁羌州过百牢关,关下有分水岭。岭东水皆北流至五丁峡,北合漾水至沔岭;西水皆南流径七盘关、龙洞,合嘉陵水为川江。"此诗当是大和四年(830)秋庭筠由秦入蜀途中所作。②分头,《文苑英华》作"分流"。按:分头,犹"分别""分手",指诗人与"入山三日得同行"的"溪水"分别。

[讲解]

人在寂寞的旅途中,"入山三日得同行"的溪水俨然成为不期而遇的同伴与知己,因而在"岭头分头处"投宿时,不免依依不舍,怅然若失,而觉"无情"的溪水亦似"有情",潺湲一夜,似作"惜别"之声。用极素朴本色的语言,写出旅途中富于诗意与人情的新鲜体验,将自己的"惜别"之情赋予"无情"的溪水,化无情之物为"有情",并就"分水"与"分头"构思抒感,施巧而不觉其巧,堪称白描佳作。南宋杨万里的一些小诗,便专学此种。

鄠杜郊居①

槿篱芳援近樵家②,垄麦青青一径斜。
寂寞游人寒食后③,夜来风雨送梨花。

[注释]

①《万首唐人绝句》卷四十四载此首。鄠杜郊居,指诗人自己在鄠县和杜陵之间的郊居。鄠,鄠县。杜,杜陵。详参《宿城南亡友别墅》注。庭筠有《鄠郊别墅寄所知》,"鄠郊别墅"即"鄠杜郊居"。其五言长律《书怀百韵》对鄠杜郊居有详细的描写,可参。②槿篱,木槿的篱笆。木槿多植于庭院间,也可作篱笆。沈约《宿东园》:"槿篱疏复密,荆扉新且故。"木槿为落叶灌木或小乔木,叶卵形,互生;夏秋开花,花钟形,单生,有白、红、紫等色,朝开暮落。援,用树木组成的园林防护物、篱笆。芳援,花木篱笆。③《荆楚岁时记》:"去冬节一百五日,即有疾风甚雨,谓之寒食。"寒食节在清明前一二日。寒食、清明时节,正是游人外出踏青赏景之时。游人归去,故云"寂寞游人寒食后";其时多风雨,又正值梨花将

谢之时,故云"夜来风雨送梨花"。

[讲解]

诗写鄠杜郊居暮春景象。居处槿篱芳援,屋外垄麦青青,一径斜通。似不经意点染,而郊居野趣如画。三、四句点出寒食节候,以"夜来风雨送梨花"表现节候特征,略寓伤春意绪,亦富诗情。

题卢处士居①

西溪问樵客,遥识楚人家②。
古树老连石,急泉清露沙。
千峰随雨暗,一径入云斜。
日暮雀飞散③,满庭荞麦花④。

[注释]

①《文苑英华》卷二三一《隐逸二》载此首,题作《处士卢岵山居》,席本、顾本同。述抄、《全唐诗》题作《题卢处士山居》。按:此"卢处士"当即《送卢处士游吴越》及《寄卢生》二诗题内之"卢处士"及"卢生"。视"楚人"(指吴中苏州人)可知。②识,原一作"指"。楚,席本、顾本作"主"。③雀飞,《文苑英华》、顾本作"鸟飞",席本作"飞鸟",十卷本、姜本作"飞乌",李本、毛本作"飞鸦"。雀飞散,《全唐诗》作"飞鸦集"。④庭,《文苑英华》、席本、顾本、《全唐诗》作"山"。

[讲解]

方回曰:温飞卿诗多丽,而淡者少。此三、四乃佳。(《瀛奎律髓》卷二十三)

查慎行曰：五、六有景。(《瀛奎律髓汇评》引)

纪昀曰：飞卿诗固伤丽，然亦有安身立命处。如以此为佳，则不如竟看姚武功。(《瀛奎律髓刊误》)

宋宗元曰："老"字"清"字，非八叉平时能下。(《网师园唐诗笺》)

黄叔灿曰：笔致别甚。(《唐诗笺注》)

此温氏五律中清丽流走，以白描见长一格。颔联"老"字"清"字固炼，但稍显用力，不如腹联之自然流动，写景富于动态感，可以入画。尾联谓庭院中种植荞麦，雀来啄食，飞散后花落满庭，此正显出"山居"特点。

碧涧驿晓思①

香灯伴残梦②，楚国在天涯③。
月落子规歇④，满庭山杏花。

[注释]

①涧，顾本作"硐"，通。②香灯，油脂中加入香料的油灯。③楚国，指作者的旧乡吴中。详《南湖》"尽日相看忆楚乡"句注。④子规，即杜鹃鸟。常夜鸣，故诗中每言子规啼夜月。又其鸣声似言"不如归去"，故每易触动旅人乡思。《蜀王本纪》："蜀望帝淫其臣鳖灵之妻，乃禅位而逃，时此鸟适鸣，故蜀人以杜鹃鸣为悲望帝，其鸣为不如归去云。"李白《宣城见杜鹃花》："蜀国曾闻子规鸟，宣城还见杜鹃花。一叫一回肠一断，三春三月忆三巴。"唐佚名《杂诗》："等是有家归未得，杜鹃休向耳边啼。"

[讲解]

周咏棠曰:晓色在纸。(《唐贤小三昧集续集》)

宋顾乐曰:写得情景悠扬婉转,末句更含无限寂寥。(《万首唐人绝句选》评)

胡本渊曰:别有风致。(《唐诗近体》)

俞陛云曰:诗言楚江客舍,残梦初醒,孤灯相伴,其幽寂可想。迨起步闲庭,子规啼罢,其时群嚣未动,惟见满庭山杏,浥晨露而争开,善写晓天清景。飞卿尚有咏春雪诗……不若《晓思》诗之格高味永也。(《诗境浅说续编》)

此诗抒写羁旅途中夜宿山驿清晨残梦初醒时的瞬间感触与情思。从次句看,"残梦"乃梦回吴中故乡。三句"月落子规歇"更暗示夜闻子规啼月时所触动的萦回乡思。妙在末句以景结情,只写即目所见"满庭山杏花"的景象,而诗人面对此景象时的联想与感触,则不着一字,别具一种朦胧淡远的情致与韵味。这种表现手法,最近词中的小令。这首诗的意境、情调,亦纯然词境。"碧涧驿"当是离吴中旧乡较远的山驿,故云"楚国在天涯",具体所在未详。刘长卿有《碧涧别墅喜皇甫侍御相访》五律,储仲君谓碧涧在阳羡(今江苏宜兴)山中,张公洞侧。(详见其所撰《刘长卿诗编年笺注》397页)但阳羡就在庭筠所称的"楚国"范围内,如"碧涧驿"在阳羡,似不得云"楚国在天涯"。故此诗之"碧涧驿"与刘诗之"碧涧"当非一地。又有碧涧驿在湖北松滋之记载,然松滋即楚国之地,何得云"楚国在天涯",亦非。

商山早行①

晨起动征铎②,客行悲故乡。

鸡声茅店月,人迹板桥霜③。

槲叶落山路,枳花明驿墙④。

因思杜陵梦⑤,凫雁满回塘⑥。

[注释]

①商山,在今陕西商州东。亦名商岭、地肺山、楚山。地形险阻,景色幽胜。秦末汉初四皓曾隐于此山。诗为作者离长安鄠杜郊居经商山南行途中所作。时令在春天。②征铎,车上的铃铛。动征铎,车行铃响,指启程。③板桥,泛指山间道路上的木板桥。④槲叶,槲树的叶。槲,即柞栎,落叶乔木,叶互生,可饲养柞蚕。"槲"疑当作"檞",松桧。槲叶冬天存留在树枝上,第二年嫩芽萌发时才脱落,春天正是槲叶满路的时候。枳,也称枸橘、臭橘,木似橘而小,春天开白花,果小,味酸苦不能食。枳花色白,故云"明驿墙"。⑤杜陵,汉宣帝陵墓杜陵的陵邑。庭筠家居鄠杜间,此云"因思杜陵梦",当是头晚夜宿商山驿站时曾梦见鄠杜郊居,晨起征行时回想头夜梦境,故云。⑥回塘,曲折的池塘。此句所写,即"杜陵梦"的内容。

[讲解]

欧阳修曰:余尝爱唐人诗云"鸡声茅店月,人迹板桥霜",则天寒岁暮,风凄木落,羁旅之愁,如身履之。(《温庭筠严维诗》)

梅尧臣曰:诗家虽率意,而造语亦难。若意新语工,得前人所未道者,斯为善也。必也能状难写之景,如在目前;含不尽之意,见于言外,然后为至矣……作者得于心,览者会以意,殆难指陈以言也。虽然,亦可略道其仿佛:若严维"柳塘春水漫,花坞夕阳迟",则天容时态,融和骀荡,岂不如在目前乎?又若温庭筠"鸡声茅店月,人迹板桥霜",贾岛"怪禽啼旷野,落日恐行人",则道路辛苦,羁旅愁思,岂不见于言外乎?(欧阳修《六一诗话》引)

王直方曰:欧阳文忠《送张至秘校归庄》诗云:"鸟声梅店雨,柳色野桥春。"此"茅店月""板桥霜"之意。(《王直方诗话》)按:《苕溪渔隐丛话前集·温庭筠》引《三山老人语录》亦以为欧此诗效温诗之体。

李东阳曰:"鸡声茅店月,人迹板桥霜",人但知其能道羁愁野况于言意之表,不知二句中不用一闲字,止提掇出紧关物色字样,而音韵铿锵,意象具足,始为难得。若强排硬叠,不论其字面之清浊,音韵之谐舛,而云我能写景用事,岂可哉!(《麓堂诗话》)

胡应麟曰:盛唐句如"海日生残夜,江春入旧年",中唐句如"风兼残雪起,河带断冰流",晚唐句如"鸡声茅店月,人迹板桥霜",皆形容景物,妙绝千古,而盛、中、晚界限斩然。故知文章关气运,非人力。(《诗薮·内编》卷六)

李维桢曰:对语天然,结尤苍老。(《唐诗隽》)

周珽曰:唐人赋早行者不少,必情景融浑,妙极形容,无如此诗矣。即一起发行役劳苦之怀,一结含安居群聚之想,而五、六"落"字"明"字,诗眼秀拔,谁谓晚唐乏盛、中音调耶?(《删补唐诗选脉笺释会通评林·晚五律》)

黄周星曰:三、四遂成千古画稿。(《唐诗快》)

查慎行曰:颔联出句胜对句。(《初白庵诗评》)

何焯曰:中四句从"行"字,次第生动。(《瀛奎律髓汇评》引)又曰:"人迹"二字,亦从上句"月"字一气转下,所以更觉生动,死对者不解也。(《唐三体诗评》)

沈德潜曰:中、晚律诗,每于颈联振不起,往往索然兴尽。(《重订唐诗别裁集》卷十二)

纪昀曰:归愚讥五、六卑弱,良是。七、八复衍第二句,皆是微瑕。分别观之。(《瀛奎律髓刊误》)

盛传敏曰:("鸡声"二句)非行路之人,不知此景之真也。论章法,承接自在;论句法,如同吮出。描画不得出,偏能写得,("槲叶"二句)句句是"早行",故妙。(《碛砂唐诗》释评)

冒春荣曰:三、四句法贵匀称,承上陡峭而来,宜缓脉赴之。五、六必耸然挺拔,别开一境,上既和平,至此必须振起也……温岐《商山早行》,于"鸡声茅店月,人迹板桥霜"下接"槲叶落山路,枳花明驿墙"……便直塌下去,少振拔之势。(《葚原诗说》)

顾安曰:三、四写晨起光景,极妙,若五、六自应说出"悲故乡"意来,又写闲景无谓。结句轻忽,亦与"悲故乡"不合。"因思"二字,接五、六耶?接三、四耶?总之依稀仿佛而已。(《唐诗消夏录》)

屈复曰:此诗三、四名句,后半不称。(《唐诗成法》)

黄叔灿曰:"鸡声"一联,传诵人口,写早行而旅人之情亦从此画出。诗有别肠,非俗子所能道也。(《唐诗笺注》)

周咏棠曰:三、四脍炙人口,虽气韵近甜,然浓香可爱,不失为名句也。(《唐贤小三昧集续集》)

薛雪曰:得句先要炼去板腐。后人于高远处,则茫然不会;于浅近处,最易求疵,如温太原《早行》诗:"鸡声茅店月,人迹板桥霜。"未尝不佳,而俗子偏指摘之,谓似店门前对子。(《一瓢诗话》)

赵翼曰:蔡天启与张文潜论韩、柳五言,以韩诗"暖风抽宿麦,清风卷归旗",柳诗"壁空残月曙,门掩候虫秋"为集中第一。欧阳公称周朴诗"风暖鸟声碎,日高花影重","晓来山鸟闹,雨过杏花稀",皆以为佳句,然总不如温庭筠《晓行》诗"鸡声茅店月,人迹板桥霜",不著一虚字,而晓行景色,都在目前,此真杰作也。(《瓯北诗话》卷十一)

郭麐曰:温飞卿《晓行》诗"鸡声茅店月,人迹板桥霜",世谓绝调。余谓不如刘梦得"寒树鸟初动,霜桥人未行"二语。近见瘦山诗"残月半在树,孤村尚有灯",亦佳。(《灵芬馆诗话》卷三)

此诗自欧阳修、梅尧臣以来,历代评者甚多,但有真知灼见者,亦仅梅氏与李东阳二人。梅氏之评,虽以"状难写之景,如在目前"与"含不尽之意,见于言外"并提,实更重视后者。而后世发挥梅氏之论者,反多侧重于前者,不免轻重倒置。而所谓"含不尽之意,见于言外"者,又实不止梅氏所揭示之"道路辛苦,羁旅愁思"一端。盖此诗虽以"客行悲故乡"起,以"因思杜陵梦"结,但全诗所表现的感情,并不单纯是"悲故乡"(因思念故乡而悲)。诗人的感情,随早行行程的推进,所见所闻景物的变化,本身就呈现为动态的发展过程。当其晨起启程,征铎乍动之时,虽曾浮现过"悲故乡"的羁旅情思,但当他耳闻目睹"鸡声茅店月,人迹板桥霜"的景象时,心中不仅产生对此山野早行图景的新鲜感,且有对这种充满诗意的境界的美好体验与感受,对诗意新发现的喜悦,其中也寓含了类似"莫道君行早,更有早行人"的感触。上述感受,并非"悲故乡"之情的单纯延伸或强化,而是对"悲故乡"之情的一种缓解、冲淡和替代。此即"含不尽之意,见于言外"的重要一端。认定写羁旅行役的诗只有"悲""愁",未免把丰富复杂的事物简单化了,无形中抹杀了诗人在羁旅行役中获得的许多新鲜美感。至于李东阳所指出的"不用一闲字,止提掇出紧关物色字样,而音韵铿锵,意象具足",大体上相当于今之所谓"意象叠加",且全为名词性意象的叠加组合。这种写法,在近体诗及词曲创作中虽不乏例,但真正成功且千古流传者,除温诗此联外,亦仅陆游《书愤》之"楼船夜雪瓜洲渡,铁马秋风大散关"及马致远《天净沙》小令之"枯藤老树昏鸦,小桥流水人家,古道西风瘦马"数例而已。温氏此联之成功,一在体验真切,全从羁旅行役的实际见闻感受中来,无丝毫造作之痕。二在表现自然。虽意象密集,而无刻意锤炼之迹,宛如天然的画图。三在意象集中。两句所写的景象虽有时间上的先后,但都集中于"早行"之时。无论是茅店中传出的晨鸡声和茅店上空悬挂的残月,或者是木板小桥上的一层清霜和霜上留下的一行足迹,都极具羁旅"早行"的典型特征,其中融合了视觉、听觉、触觉、感觉等,它们本身构成一完整的意境,此即所谓"意象具足",故绝非强排硬叠、堆砌杂凑者可比。四在实而能虚,即能于密集的意象组合中创造出特定的情景气氛,启发读者的丰富联想。至于全诗之不甚相称,五、六较为平衍,七、八与一、二意复,自是微瑕,但像顾安那样认定"悲故乡"一语,以此责其"闲景无谓",则出于对诗中所蕴含的感情过分简单化的理解。实则"槲叶"一联已是"悲故乡"之情缓解淡化后对途中景物心情较为平和的欣赏,"明"字尤透出一种喜悦之情。尾联的"思"也不再是开始时单纯的"悲"了。

此诗作年,向无考证。颇疑系大中十年(856)春贬隋县尉南行途中作。《渚宫晚春寄秦地友人》诗作于咸通二年(861)晚春居荆南萧邺幕时,其中有"凫雁野塘水,牛羊春草烟"一联,写景与此诗尾联类似,又有"思归"语,似可说明二诗写作年代比较接近,当同为晚年之作。从二诗造语及所抒感情之相似点,可看出其联系。

送人东游①

荒戍落黄叶②,浩然离故关③。
高风汉阳渡④,初日郢门山⑤。
江上几人在,天涯孤棹还⑥。
何当重相见,尊酒慰离颜?

[注释]

①游,《全唐诗》、顾本校:一作"归"。误。此盖因顾氏误解诗意为送人东

归,以为第六句系写故人东归之舟而妄改。②荒戍,荒废的旧关戍,即下句的"故关"。《礼记·月令》:"季秋之月……草木黄落。"③《孟子·公孙丑下》:"予然后浩然有归志。"注:"浩然,心浩浩有远志也。"朱熹集注:"浩然,如水之流不可止也。"此句"浩然"既可解为黄叶不可阻止地飘落的形状,也可解为友人浩然而离故关东去。从用典看,以后解为优。④高风,秋风、长风。汉阳,唐沔州汉阳郡,治今湖北武汉市汉阳区。⑤初日,朝阳。郢门山,即荆门山。在今湖北宜都市西北,长江南岸。《水经注·江水二》:"江水又东,历荆门、虎牙之间。荆门在南,上合下开,闿彻山南,有门像虎牙,在北,石壁色红,间有白文,类牙形,并以物象受石。此二山楚之西塞也。"⑥孤棹,指望中所见的归舟。因而引起尾联对友人归来的期盼。

[讲解]

王士禛曰:律诗贵工于发端,承接二句尤贵得势……如"万壑树参天,千山响杜鹃",下即云"山中一夜雨,树杪百重泉"……"古戍落黄叶,浩然离故关",下云"高风汉阳渡,初日郢门山"……此皆转石万仞手也。(《带经堂诗话》)

沈德潜曰:贾长江:"秋风吹渭水,落叶满长安。"温飞卿:"古戍落黄叶,浩然离故关。"卑靡时乃有此格。后惟马戴亦间有之。(《说诗晬语》卷上)又曰:起调最高。(《重订唐诗别裁集》卷十二)

黄叔灿曰:首联领起,通篇有势。中四语结撰亦称。如此写离情,直觉有浩然之气。(《唐诗笺注》)

宋宗元曰:中晚罕此起笔,竟体亦极浑脱。(《网师园唐诗笺》)

周咏棠曰:高朗明健,居然盛唐格调。晚唐五言似此者,亿不得一。(《唐贤小三昧集续集》)

纪昀曰:苍苍莽莽,高调入云。温、李有此笔力,故能熔铸一切浓艳之词,无推排之迹。(《删正二冯先生评阅才调集》)

管世铭曰:温庭筠"古戍落黄叶",刘绮庄"桂楫木兰舟",韦庄"清瑟怨遥夜",便觉开、宝去人不远。可见文章虽限于时代,豪杰之士终不为风气所囿也。(《读雪山房唐诗序例》)

评家一致赞扬此诗起调之高。王士禛曰:"律诗贵工于发端,承接二句尤贵得势……如'万壑树参天,千山响杜鹃',下即云'山中一夜雨,树杪百重泉'……'古戍落黄叶,浩然离故关',下云'高风汉阳渡,初日郢门山'……此皆转石万仞手也。"(《带经堂诗话》)黄叔灿曰:"首联领起,通篇有势。中四语结撰亦称。如此写离情,直觉有浩然之气。"(《唐诗笺注》)此诗前四句一气直下,气象阔大,境界高远,故虽写深秋萧瑟景象而无衰飒之气,抒离情而无凄恻之音,近于盛唐诗之高浑和平音调。第六句写一叶孤舟自天涯远处驶来,恐是旅人之归舟归来,因而顺势写对东游友人归来的期盼,以尊酒共饮以慰彼此之离颜。诗意本平常,佳胜处在气象之高华。顾本及《全唐诗》将"天涯孤棹还"理解为友人之孤舟自西向东归来。实则此"孤棹"系自下游向上游西来之归舟(可从帆影看出是自下游驶来之归舟,但未必是友人之归舟),故引发对友人"重相见"及"尊酒慰离颜"之期盼。是刚送友东游即盼其及早归来。因误解第六句,遂擅改题内"游"为"归"。底本及他本均作"游",无作"归"者。

寄山中友人

惟昔有归趣,今兹固愿言[①]。
啸歌成往事[②],风雨坐凉轩。
时物信佳节,岁华非故园[③]。
固知春草色,何意为王孙[④]?

[注释]

①归趣,归隐的趣向。固,一作"顾"。固愿言,固为遂其所愿。②《诗·小雅·白华》:"啸歌伤怀,念彼硕人。"啸歌,长啸歌吟。此指昔日与友人啸志歌怀之事。③时物、岁华,均泛指春天美好的景物。④《楚辞·招隐士》:"王孙游兮不归,春草生兮萋萋。"又:"王孙兮归来,山中兮不可以久留。"王孙,借指山中友人。

[讲解]

首联谓友人往昔即有归隐的志趣,故今居山中固为遂其所愿。颔联谓昔日与友人啸志歌怀的情景均已成为往事,今唯风雨中独坐凉轩思念友人而已。腹联谓春日的芳华美景固佳,怎奈非自己的故园。"故园"当指诗人的旧乡吴中。尾联谓春草萋萋又生,而山中人则不归来,故曰:"何意为王孙?"诗有萧散自然之趣,古澹疏宕之韵,颔联亦有情致,虽为律体,颇近古诗。

送淮阴孙令之官①

隋堤杨柳烟②,孤棹正悠然。
萧寺通淮戍③,芜城枕楚壖④。
鱼盐桥上市⑤,灯火雨中船⑥。
故老青蓑岸⑦,先知虑子贤⑧。

[注释]

①《文苑英华》卷二七九《送行十四》载此首,题作《送淮阴县令》。《新唐书·地理志》:"楚州淮阴郡……淮阴。中。武德七年省,乾封二年析山阴复置。"

唐淮阴县,属淮南节度使管辖。孙令之官系由扬州出发。②隋堤,隋炀帝大业元年(605),开通济渠,自西苑引谷水、洛水入黄河;自板渚引黄河入汴水,经泗水达淮河;又开邗沟,自山阳至扬子入长江。渠广四十步,旁筑御道,并植杨柳,后人谓之隋堤。唐淮阴县在泗水入淮处。自扬州出发,沿邗沟北上,即可达淮阴。杨柳烟,形容隋堤上的杨柳繁茂,如堆烟笼雾。③李肇《唐国史补》卷中:"梁武帝造寺,令萧子云飞白大书'萧'字,至今一'萧'字存焉。"后因称佛寺为萧寺。扬州多名寺,如建于南朝刘宋大明年间的大明寺(又称栖灵寺)、天宁寺(东晋谢安故宅,初称司空寺)、禅智寺等。借指扬州。淮戍,淮水边的戍城。此指淮阴。④芜城,古城名,即广陵城。故址在今江苏省扬州市境。西汉吴王濞建都于此,筑广陵城。南朝宋竟陵王刘诞据广陵反,兵败死焉,城遂荒芜,鲍照作《芜城赋》以讽之,因得名。此借指扬州。壖,一作"田"。壖,余地,此指河边空地。三、四二句曰"萧寺",曰"芜城",诗当作于扬州。两句谓运河边上的佛寺通向淮河边上的戍城淮阴,扬州城正紧靠着水边的空地。⑤此句写唐代临时性的集市。石桥上有集市,贩卖鱼盐等用品。⑥此句写夜间所见运河中闪烁着灯火的雨中船只。⑦故老,指淮阴县的年高识多者。青葭岸,长满绿色芦苇的岸边。⑧《吕氏春秋·察贤》:"宓子贱治单父,弹鸣琴,身不下堂,而单父治。巫马期以星出,以星入,日夜不居,以身亲之,而单父亦治。巫马期问其故于宓子,宓子曰:'我之谓任人,子之谓任力。任力者故劳,任人者故逸。'"此以宓子贱比孙令,称之善于治理。宓子贱,孔子弟子。宓、虙同。

[讲解]

首联写孙令沿运河乘舟北去,"隋堤杨柳",点送别之地。颔联"萧寺""芜城"指扬州,"淮戍"指孙令之官之地。腹联想象其沿途所见运河边市镇风情,上句日间,下句夜间。尾联则想象淮阴父老当在河边迎候孙令到来,以宓子贱拟之,美其贤能,深得治道。"鱼盐"一联,描绘运河沿岸市镇风情,可以入画,堪称白描佳联。此诗当是会昌元年(841)春夏间道经扬州拜谒淮南节度使李绅,有所逗留期间所作。

旅泊新津却寄一二知己①

维舟息行役,霁景近江村②。
并起别离恨,似闻歌吹喧③。
高林月初上,远水雾犹昏。
王粲平生感④,登临几断魂⑤。

[注释]

①新津,唐蜀州属县。《新唐书·地理志》:蜀州唐安郡有新津县(今属四川)。约大和四年(830)秋,庭筠有蜀中之游。五年春在成都。此诗系离成都后沿岷江乘舟南下泊舟新津时回寄成都幕府中宴游友人之作。②霁景,雨后晴明的景色。③似,一作"思"。三、四二句,谓客途旅泊,更兴起与知己别离之恨,耳畔似犹闻与朋友离别时宴会上的歌吹之声。④《三国志·魏书·王粲传》:"王粲字仲宣,山阳高平人也……献帝西迁,粲徙长安……诏除黄门侍郎,以西京扰乱,皆不就。乃之荆州依刘表。表以粲貌寝而体弱通侻,不甚重也。表卒,粲劝表子琮,令归太祖。太祖辟为丞相掾,赐爵关内侯。"平生感,当指王粲平生多乱离时代的人生感慨。如其《七哀》:"西京乱无象,豺虎方遘患。复弃中国去,远身适荆蛮。亲戚对我悲,朋友相追攀。出门无所见,白骨蔽平原……南登灞陵岸,回首望长安。悟彼泉下人,喟然伤心肝。"《赠蔡子笃》:"舫舟翩翩,以溯大江……悠悠世路,乱离多阻。济岱江衡,邈焉异处。风流云散,一别如雨。人生实难,愿其弗与。"此以王粲自喻,以寓自己的漂泊不遇之感。⑤王粲《登楼赋》李善注引盛弘之《荆州记》曰:"当阳城

楼,王仲宣登之而作赋。"赋有"虽信美而非吾土兮,曾何足以少留""情眷眷以怀归兮,孰忧思之可任""心凄怆以感发兮,意切怛而憯恻"等语,均所谓"登临几断魂"。

[讲解]

诗写旅泊途中怀友伤离意绪与羁旅漂泊之感。"似闻"句写怀友伤离之情有神韵。腹联写夜泊所见景物亦能烘托孤寂黯淡情怀。尾联以王粲自喻,又有"登临"字,似暗透其在成都逗留期间有入西川节度使幕府之意(时任西川节度使者为李德裕,大和七至八年德裕第一次为相期间,庭筠与之有交往)。题内"一二知己",或是西川幕中文士(详戴伟华《唐方镇文职僚佐考》大和四至六年)。寄幕未遂,乃乘舟南下。

题造微禅师院①

夜香闻偈后,岑寂掩双扉。
照竹灯和雪,看松月到衣。
草堂疏磬断②,江寺故人稀。
唯忆湘南雨③,春风独鸟归。

[注释]

①一作张祜诗。见宋蜀刻本《张承吉文集》卷二。造微禅师,永州零陵县法华寺僧,扬州人,与顾非熊、刘得仁、栖白等善,卒于咸通、乾符中。②草堂,指禅院中的草堂。③湘南,汉置县名,属长沙国,故城在今湖南湘潭县境。也可泛指今湖南南部地区。

[讲解]

　　品味诗意,造微禅师当曾驻锡江寺。此次造访,造微已远在湘南,故题诗于其禅院,以寄怀念之情。起联写夜宿禅院,行香闻偈之后,掩扉岑寂。颔联写禅院岑寂景况:照竹而灯映积雪,看松而月色到衣。腹联谓草堂之疏磬声已断,江寺之故人亦稀,暗示造微禅师已往他处。尾联则想象其在湘南,于春风细雨中与独鸟同归的情景,颇有远神。曰"江寺",似在江南作。造微其人,顾非熊、张乔亦与其有交往。顾有《送造微上人归淮南觐见》云:"到家方坐夏,柳巷对兄禅。雨断芜城路,虹分建业天。赴斋随野鹤,迎水上渔船。终拟归何处,三湘思渺然。"末联"三湘"与温诗"湘南"合。知造微家在淮南,后驻锡江寺,而后终驻锡湘南。张乔有《吊造微上人》诗,系造微圆寂后作。

鄠郊别墅寄所知[①]

持颐望平绿,万景集所思[②]。
南塘遇新雨[③],百草生容姿。
幽鸟不相识,美人如何期[④]。
徒然委摇荡,惆怅春风时。

[注释]

　　①鄠郊别墅,庭筠在长安南郊鄠杜间的居处,详《鄠杜郊居》题注。②持颐,以手托腮,支着下巴,形容神态专注安详。《庄子·渔父》:"左手据膝,右手持颐以听。"平绿,平展的绿野。集所思,齐集于若有所思的诗人面前。③遇,《文苑英华》、顾本作"过"。④美人,指所知。如何,《文苑英华》、顾本、席本作"何

可"。期,遇、会。

[讲解]

钟惺曰:("幽鸟"句)幽情微语。(《唐诗归》卷三三)

谭元春曰:("幽鸟"二句)十字连读,尤有气韵。(同上)按:清刘邦彦《唐诗归折衷》引唐云:"古炼莫测,未尽为晚唐。"

黄周星曰:旷然有怀,莫知起止。("持颐"二句下评)(《唐诗快》)

陆次云曰:温、李诗有艳在色者,有艳在意者。此艳在意,非绘染者所及。(《五朝诗善鸣集》)

屈复曰:此首神似韦苏州。"望"字起"万景集所思"。"新雨"承"万景"。五、六承"所思"。"徒然""惆怅"应"集所思","春风"应"平绿",兼结中四,亦不失法也。(《唐诗成法》)

此庭筠五律中极近陶、韦一路者。"南塘遇新雨,百草生容姿",与陶诗"平畴交远风,良苗亦怀新",韦诗"微雨夜来过,不知春草生"神似。屈复谓"神似韦苏州",甚是。然以起承转合之法斤斤求之,不免拘泥琐屑。诗语古澹疏宕而颇有情致。陆谓"艳在意",亦有识,然非艳诗,末有自伤摇荡意。

苏武庙①

苏武魂销汉使前②,古祠高树两茫然③。

云边雁断胡天月④,陇上羊归塞草烟⑤。

回日楼台非甲帐⑥,去时冠剑是丁年⑦。

茂陵不见封侯印⑧,空向秋波哭逝川⑨。

[注释]

①苏武(？—前60)，字子卿，杜陵人，少以父任为郎，迁栘中厩监。天汉元年(前100)出使匈奴。匈奴欲降之，武不从。单于乃徙武北海(今俄罗斯贝加尔湖)上，使牧羊。廪食不至，掘野鼠去草实而食之。昭帝立，汉遣使求武，乃得归。卒年八十余。事详《汉书·苏武传》。苏武庙所在不详。或疑庙在边塞，然颔联所写非眼前实景(解见后)。按：苏武为杜陵人，其庙或即在杜陵。庭筠家居鄠杜间，杜陵靠近其鄠郊别墅，故谒其庙而有此作。②据《汉书·苏武传》，昭帝即位数年，匈奴与汉和亲。汉求武等。汉使至匈奴，常惠请其守者与俱，得夜见汉使。教使者谓单于，言天子射上林中，得雁，足有系帛书，言武等在某泽中。使如惠语以责单于，单于惊谢，言武等实在，乃遣武等还。此句形容苏武囚禁匈奴十九年后初见汉使时悲喜交集、黯然销魂的情景。疑是见庙内所绘苏武出使匈奴至复归中国的连环壁画而有此描写，非凭空想象，下数联同。(祠庙中有壁画，由来已久，屈原《天问》已肇其端)③此句正面写苏武庙。茫然，年代久远的样子。李白《蜀道难》："蚕丛及鱼凫，开国何茫然。尔来四万八千岁，不与秦塞通人烟。"祠古树老，故云"两茫然"。④断，《全唐诗》、顾本校：一作"落"。⑤《汉书·苏武传》："单于愈益欲降之，乃幽武，置大窖中，绝不饮食。天雨雪，武卧啮雪，与旃毛并咽之，数日不死。匈奴以为神，乃徙武北海上无人处，使牧羝，羝乳乃得归。别其官属常惠等，各置他所。"此联描绘当年苏武困居匈奴期间的生活情景，当亦苏武庙内的连环壁画所绘图景，上句系"望雁思归图"，下句系"荒塞归牧图"。⑥甲帐，汉武帝所造用以居神的帐幕。《汉武故事》："上以琉璃珠玉、明月夜光错杂天下珍宝为甲帐，次为乙帐。甲以居神，乙以自居。"此句写苏武困囚匈奴十九年后归国，宫中楼台依旧，但武帝已经逝世，再也见不到往日求仙的甲帐了。有物是人非，恍如隔世之慨，亦寓含对武帝的追思悼念。⑦剑，《文苑英华》作"盖"。《汉书·苏武传》："始以强壮出，及还，须发尽白。"

丁年,男子成丁之年,即青壮之年。传为李陵《答苏武书》云:"丁年奉使,皓首而归。"二句用"逆挽法",先叙"回日",再倒叙"去时",以去时反衬回日,更增感慨。二句所叙亦壁画所绘"皓首归国图"与"奉命出使图"。⑧茂陵,汉武帝陵墓,在今陕西兴平市东北。此借指已去世的汉武帝。封侯印,指"武以故二千石与计谋立宣帝,赐爵关内侯,食邑三百户"之事,见本传。⑨《汉书·苏武传》:"武以始元六年(前81)春至京师。诏武奉一太牢谒武帝园庙,拜为典属国,秩中二千石,赐钱二百万,公田二顷,宅一区……武留匈奴凡十九岁。"此句写苏武归国后奉诏谒武帝园庙,谓其面对秋波逝水,空自哭吊武帝。"逝川"兼寓武帝逝世。亦壁画中图景。

[讲解]

朱弁曰:"回日楼台非甲帐,去时冠剑是丁年",尝见前辈论诗云:用事属对如此者罕见。(《风月堂诗话》)

刘克庄曰:"甲帐"是武帝事,"丁年"用李陵书"丁年奉使,皓首而归"之语,颇有思致。(《后村诗话续集》卷二)

方回曰:"甲帐""丁年"甚工,亦近义山体。(《瀛奎律髓》卷二十八)

查慎行曰:三、四即用子卿事点缀景物,与他手不同。(《瀛奎律髓汇评》引,下同)

何焯曰:五、六不但工致,正逼出落句。落句自伤。

纪昀曰:五、六生动。余亦无甚佳处,结少意致。

杨逢春曰:首点苏武,提"魂销汉使前"五字,最为篇主。(《唐诗绎》)

毛奇龄、王锡曰:"丁年"亦是俊语。然使高手作此,则"回日""去时",不如是板煞矣。(《唐七律选》)

沈德潜曰:五、六与"此日六军同驻马"一联,俱属逆挽法。律诗得此,化板滞为跳脱矣。(《重订唐诗别裁集》卷十五)又曰:温、李擅长,固在属对精工,然或工而无意,譬之剪彩为花,全无生韵,弗尚也……飞卿"回日楼台非甲帐,去时冠剑是丁年",对句用逆挽法,诗中得此一联,便化板滞为跳脱。(《说诗晬语》卷上)

范大士曰:子卿一生大节,八句中包括无遗。(《历代诗发》)

方士举曰:温之《苏武庙》结句"空向秋波哭逝川","波"字误,既"川"复"波",涉于侵复。且"波"专言"秋",亦觉不稳,上有何来路乎?(《兰丛诗话》)

梅成栋曰:全以议论行之,何尝有意属对?近人学之,便如优孟衣冠矣。(《精选五七言律诗耐吟集》)

朱庭珍曰:玉谿生"此日六军同驻马,当时七夕笑牵牛",飞卿"回日楼台非甲帐,去时冠剑是丁年",此二联用逆挽句法,倍觉生动,故为名句。所谓逆挽者,倒扑本题,先入正位,叙现在事,写当下景,而后转溯从前,追述已往,以反衬相形。因不用平笔顺拖,而用逆笔倒挽,故名。且施于五、六一联,此系律诗筋节关键处。中晚以后之诗,此联多随笔敷衍,平平顺下。二诗能于此一联提笔振起,逆而不顺,遂倍精采有力,通篇为之添色,是以传诵人口,亦非以"马""牛""丁""甲"见长,故求工对仗也。然使二联出工部手,则必更神化无迹,并不屑于"此日""当时""回日""去时"字面明点,必更出以浑成,使人言外得之。盖工部以我运法,其用法入化,温、李就法用法,其驭法有痕,此大家所由出名家上也。后人学其句,而不得其所以然之妙,仅以字面对仗求工……学者勿为所惑,从而效颦。(《筱园诗话》)

此诗题为"苏武庙",而全篇正面写庙者仅"古祠高树两茫然"一句。其他七句,均咏苏武丁年奉使、幽禁匈奴、与汉使相见、皓首归国、哭吊茂陵等情事,直似一篇压缩之苏武传,而与题内"庙"字似不相关。起句尤显突兀,与次句似不相连属。因悟诗中所写苏武种种情事,并非凭空遥想,而系见庙中所绘苏武自出使匈奴至归国谒陵全过程之连环壁画而有此一系列描写,如此方与题内

"庙"字相合。然又不屑按时间顺序平铺直叙,而是将其打乱重组,将苏武身陷异域十九年后突然见到汉使时激动销魂情景置于篇首,以造成先声夺人的戏剧性效果,然后回溯其幽禁匈奴十九年的生活经历,腹联又用逆挽法概括其"去时"与"回日"的情景,全篇叙事遂错落有致而不显得平直。起联感情强烈,颔联境界阔大而意绪悲凉,腹联因逆挽而感慨深沉,亦各具特色。此诗主要抒写苏武的故国之思、故君之恋,表现苏武的民族气节与爱国感情。这既是"承家学鲁儒"的诗人所具有的一般士大夫的普遍思想感情的表现,也与其远祖温彦博的经历有关。《新唐书·温彦博传》:"突厥入寇,彦博以并州道行军长史战太谷,王师败绩,被执。突厥知近臣,数问唐兵多少及国虚实,彦博不肯对,囚阴山苦寒地。太宗立,突厥归款,得还。授雍州治中,寻检校吏部侍郎……十年,迁尚书右仆射。"其被突厥所执,坚不吐国家机密,被囚阴山苦寒地等情事,与苏武事颇相似。诗人虽未必以苏武喻其远祖彦博,但在对苏武民族气节的钦仰中也寓含有对彦博的追慕钦敬,应该是事实。

寄卢生①

遗业荒凉近故都②,门前堤路枕平湖③。
绿杨阴里千家月,红藕香中万点珠④。
此地别来双鬓改⑤,几时归去片帆孤⑥。
他年犹拟金貂换⑦,寄语黄公旧酒垆⑧。

[注释]

①卢生,即《送卢处士游吴越》之"卢处士",诗云:"羡君东去见残梅,唯有王孙独未回。吴苑夕阳明古堞,越宫春草上高台。波生野渚雁初下,风满驿楼

潮欲来。试逐渔舟看雪浪,几多江燕荠花开。"知卢某游吴越,庭筠有诗送之;卢既至吴,庭筠又有诗寄之。诗集中又有《卢氏池上遇雨赠同游者》,此卢氏亦即此诗题内之"卢生"。诗当作于会昌元年(841)东归吴中旧乡前之某年。②遗业,祖上留下的产业,如田地宅舍等。遗业荒凉,即"故园虽在有谁耕"(《寒食前有怀》)之意。故都,指春秋时吴国的都城,即今之苏州。据此句,庭筠之父祖辈当已居吴,故有留传的产业。③即《东归有怀》所谓"晴川通野陂"。④二句写吴中故居景色:门前堤路绿杨成荫,月映千家;平湖中藕花香浓,露珠滴荷。⑤此地,即指前四句所写吴中旧乡故居。⑥由长安归吴中旧乡,从洛阳起均走水路,故云"归去片帆孤"。曰"几时归去",则作诗时尚未东归吴中旧乡。⑦金貂换,即"金貂换酒"。《晋书·阮孚传》:"迁黄门侍郎、散骑常侍。尝以金貂换酒,复为所司弹劾,帝宥之。"金貂,皇帝左右侍臣的冠饰。汉始,侍中、中常侍之冠,于武冠上加黄金珰,附蝉为文,貂尾为饰。金貂换酒,喻文人狂放不羁。⑧黄公酒垆,魏晋时王戎与阮籍、嵇康等竹林七贤会饮之处。《世说新语·伤逝》:"(王濬冲)经黄公酒垆下过,顾谓后车客:'吾昔与嵇叔夜、阮嗣宗共酣饮于此垆。竹林之游,亦预其末。自嵇生夭、阮公亡以来,便为时所羁绁。今日视此虽近,邈若山河。'"此"黄公旧酒垆"当指吴中旧乡之旧酒家,故曰"寄语"。据此,诗人昔日当与友人于此处宴饮,其离故乡的年龄不会太年轻。

[讲解]

此抒故园之思以寄时游吴中之友人卢生。起句点明故园所在之地——故都吴中,曰"遗业荒凉",则父祖辈久已居此,而今则荒凉破败。次句为故居门前之景物特征。颔联承次句,就"堤路""平湖"作具体描绘,色彩鲜艳,对仗工整,兴会淋漓,透出对故乡景物的清晰记忆与深情怀念。五、六叙别乡之久,思乡之切。曰"此地别来双鬓改",虽则少小离家老大未回,但别家时年龄当不会过幼,否则对故居景物当无如此清晰记忆。尾联承六句"归去",谓异日归乡,当于旧酒家以金貂换酒,以期一醉,请卢生先为"我"寄语旧酒家之主人。视此,离家前已及青年,否则当无与友人会饮之情事。

春日访李十四处士①

花深桥转水潺潺,甪里先生自闭关②。
看竹已知行处好③,望云空得暂时闲④。
谁言有策堪经世,自是无钱可买山⑤。
一局残棋千点雨⑥,绿萍池上暮方还。

[注释]

①李十四,李羽。详见《李羽处士故里》注①。②甪,原作"角",据述抄、十卷本、姜本、毛本、席本、《全唐诗》、顾本改。甪里先生,商山四皓之一。《史记·留侯世家》载,高祖刘邦欲废太子,留侯张良谏,不听。吕后用张良计,迎商山四皓辅太子,遂使高祖罢废太子之议。四皓于秦末避乱商山,年皆八十有余,须眉皓白,故称"商山四皓"。四人名为东园公、绮里季、夏黄公、甪里先生。此以"甪里先生"借指李羽。③《晋书·王徽之传》:"时吴中一士大夫家有好竹,欲观之,便出坐舆造竹下,讽啸良久。主人洒扫请坐,徽之不顾。将出,主人乃闭门,徽之便以此赏之,尽欢而去。尝寄居空宅中,便令种竹。或问其故,徽之但啸咏,指竹曰:'何可一日无此君邪!'"此以爱竹之王徽之暗喻李羽,谓其居处植竹,显示出其情趣品格之清雅高洁。④空,《全唐诗》、顾本校:一作"定"。白云悠悠飘荡、自由舒卷,乃闲逸旷放、无拘无束之象征,故曰"闲"。曰"空"曰"暂时",则对李羽的不能用世似有惋惜之意。⑤《世说新语·排调》:"支道林因人就深公买印山,深公答曰:'未闻巢、由买山而隐。'"刘禹锡《酬乐天闲卧见忆》:"同年未同隐,缘欠

买山钱。"⑥残棋,中断或将尽的棋局。

[讲解]

首联写造访李十四处士,由"花深"而"桥转"而"水潺潺",一路经行,有曲径通幽之致。以"甪里先生"借指李羽,既切其隐逸身份,亦透露其有经世安邦之才,伏下第五句。"自闭关",显示其幽人高致。颔联以竹幽、云闲衬托李羽的清雅高洁情趣与幽闲生活情调,着一"空"字,则又暗透对其不能用世的惋惜。腹联非诗人自叙,乃写李羽虽怀经世之策而不为人所识,故曰"谁言";欲买山而隐而乏买山之钱,故曰"自是"。尾联结"访"字,谓己与李于其居处池边对弈,适遇下雨,而棋兴方浓,一局棋残,至暮方还。

宿友人池①

背墙灯色暗,宿客梦初成②。
半夜竹窗雨,满池荷叶声。
簟凉秋阁思③,木落故山情④。
明发又愁起⑤,桂花溪水清。

[注释]

①《文苑英华》卷一六五《地部·池》载此首。又卷二七九《送行十四》亦载此首,题作《送人游淮海》,《全唐诗》同。按:审诗意,确系旅途中宿友人池亭之作,无"送人游淮海"意。②宿客,诗人自指。③句意谓因夜雨簟凉,宿于秋阁中的客人思绪萦绕。④故山,指诗人旧乡吴中。⑤明发,本指黎明、平明,语本《诗·小雅·小宛》:"明发不寐,有怀二人。"明发,谓将旦而光明开发。后转用

为早晨启程之义。陆机《招隐诗》："明发心不夷，振衣聊踯躅。"此句即用早晨启程之义。下句"溪水"说明诗人系乘舟旅行。

[讲解]

羁旅途中，宿友人池阁。灯暗梦初成之际，闻竹窗夜雨，满池荷声，簟凉而秋思萦绕，叶落而乡情转添。想象明晨启程续发，见桂花漂浮于溪水，当愁思悠悠难已。诗清畅明丽，情致韵味俱佳。羁旅思乡之作，温所擅长。

盘石寺留别成公[①]

槲叶萧萧带苇风[②]，寺前归客别支公[③]。
三秋岸雪花初白[④]，一夜林霜叶尽红[⑤]。
山叠楚天云压塞，浪遥吴苑水连空[⑥]。
悠然旅榜频回首[⑦]，无复松窗半偈同[⑧]。

[注释]

①诗人另有《和友人盘石寺逢旧友》五律，首句云"楚寺上方宿"，此首亦云"山叠楚天"，又云"浪遥吴苑"，可证寺当在吴楚之地，离作者旧乡吴中尚有一段路程。五律云"水关红叶秋"，此首亦云"三秋岸雪花初白，一夜林霜叶尽红"，时令物候相同。可证二诗当同时先后之作。此诗为离盘石寺别寺僧成公之作。据"归客""旅榜"及地理、时令，疑此诗系会昌元年（841）秋东归吴中旧乡途中作。盘石寺当在润州至苏州的途中某地。②槲，即柞栎树，见《商山早行》"槲叶落山路"句注。或云当作"檞"。苇，芦苇。③归客，诗人自指。《和友人盘石寺逢旧友》有"月溪逢远客，烟浪有归舟"之句，与此"归客"亦合。诗人

离盘石寺后,当归吴中旧居。支公,支遁(314—366),东晋高僧,玄言诗人。年二十五出家,常在白马寺,以佛理释《庄子·逍遥游》。谢安为吴兴守,劝之居吴兴。后与王羲之交,遂居剡县沃洲山。晋哀帝即位,召入建康,止东安寺,居三载,还东山。主即色是空之说。此以"支公"借指寺僧成公。④花,指芦花,深秋开花,色白如雪,故云"三秋岸雪花初白"。⑤叶,指枫叶。经霜变红,故云"一夜林霜叶尽红"。又,江南多乌桕树,秋天经霜后亦染红。⑥吴苑,泛指春秋时吴国的宫苑,如长洲、姑苏台、馆娃宫等。吴苑所在,即今之苏州。⑦榜,船桨,代指船。旅榜,犹客船,指作者所乘之舟,即五律《和友人盘石寺逢旧友》所谓"烟浪有归舟"。⑧偈,梵语"偈陀"的简称,即佛经中的唱颂词,通常以四句为一偈。"半偈"为两句。"偈颂"多借指释家隽永的诗作,"无复松窗半偈同",似谓不能再在僧寺的松窗下与成公赋诗联句。

[讲解]

首联点题。颔联写眼前所见芦花似雪、枫叶尽红的深秋明丽景象。腹联为远望所见山叠楚天、云压楚塞、浪遥吴苑、水接远天的壮阔境界。"吴苑"起下"旅榜"。尾联则谓客舟频频回首,惜不能再与成公于松窗下同赋"半偈",联句赋诗也。工稳秀整中有清畅流走之势。

寄崔先生①

往年江海别元卿②,家近山阳古郡城③。
莲浦香中离席散,柳堤风里钓船横。
星霜荏苒无音信,烟水微茫变姓名④。
菰黍正肥鱼正美⑤,五侯门下负平生⑥。

[注释]

①崔先生，名未详。据诗意，系隐逸之士。②江海，指隐士居处。《庄子·刻意》："就薮泽，处闲旷，钓鱼闲处，无为而已矣。此江海之士，避世之人。"元卿，蒋诩的字。赵岐《三辅决录·逃名》："蒋诩归乡里，荆棘塞门，舍中有三径，不出，惟求仲、羊仲从之游。"蒋诩，西汉哀帝时为兖州刺史，廉直有名声。王莽摄政，以病免官，归乡里。事见《汉书·王贡两龚鲍传》附蒋诩。此以蒋诩喻指崔先生。③山阳，晋置郡名，治所在今江苏淮安。隋废郡留县，唐仍之，属楚州淮阴郡。④《史记·越王勾践世家》："范蠡事越王勾践，既苦身戮力，与勾践深谋二十余年，竟灭吴，报会稽之耻……乃装其轻宝珠玉，自与其私徒属乘舟浮海以行，终不反……出齐，变姓名，自谓鸱夷子皮。"又《货殖列传》："范蠡既雪会稽之耻……乃乘扁舟浮于江湖，变名易姓，适齐为鸱夷子皮，之陶为朱公。"烟水微茫，指其隐于江湖。⑤菰，菰菜，即今之茭白。黍，黄米。菰黍，非指菰米。此句隐用晋张翰在洛阳，见秋风起，因思吴中菰菜、莼羹、鲈鱼脍，遂命驾车归事。见《晋书·文苑传·张翰》。此谓己之吴中旧乡物产丰美，正宜归去。⑥五侯，汉成帝时，悉封舅王谭、王立、王根、王逢时、王商为列侯。五人同日封，故世谓之五侯。见《汉书·元后传》。《西京杂记》卷二："五侯不相能，宾客不得来往。娄护、丰辩，传食五侯间，各得其欢心，竞致奇膳，护乃合以为鲭（鱼和肉的杂烩），世称五侯鲭，以为奇味焉。"此以"五侯"泛称权贵豪门。

[讲解]

前四句写昔年夏秋间于山阳古郡城崔先生隐居之地与之离别，三、四句写别时景象，颇富诗情画意。腹联写别后星霜频换，光阴荏苒，对方杳无音信，揣想崔当如范蠡之变姓名隐于烟水迷茫的湖海。尾联谓吴中旧乡，菰黍鲈鱼正肥美时，深慨己之游于显贵之门，负平生之志愿，有愧于崔先生之高逸。诗音节流畅,格调清新,亦富情致。会昌元年(841)庭筠东归吴中旧乡经山阳古郡时值春令,与"莲浦香中"未合。或会昌三年自吴中返长安经山阳时与崔晔别。此作则又在别后数年。

自有扈至京师已后朱樱之期①

露圆霞赤数千枝,银笼谁家寄所思②。
秦苑飞禽谙熟早③,杜陵游客恨来迟④。
空看翠幄成阴日⑤,不见红珠满树时⑥。
尽日徘徊浓影下⑦,只应重作钓鱼期⑧。

[注释]

①有扈,夏同姓国,今陕西西安鄠邑区。《左传·昭公元年》:"夏有观、扈。"杜预注:"扈在始平鄠县。"《元和郡县图志》卷二《京兆府》:"鄠县,畿,东北至府六十五里。本夏之扈国。启与有扈战于甘之野……扈至秦改为鄠邑。"庭筠家居鄠郊,靠近杜陵,称鄠杜郊居,诗中屡有言及,见前。《礼记·月令》:"是月(仲夏之月)也,天子乃以雏尝黍,羞以含桃先荐寝庙。"郑玄注:"含桃,樱桃也。"《淮南子·时则训》:"羞以含桃。"高诱注:"含桃,莺所含食,故曰含桃。"樱桃古代用以荐寝庙。唐李绰《岁时记》:"四月一日,内园荐樱桃,荐寝庙讫,班赐各有差。"已后朱樱之期,谓已错过樱桃成熟进献寝庙之期,实以暗喻错失参加科举考试,将自己的才能进献给朝廷的机会。此当即开成四年(839)秋参加京兆府试,"荐名居其副",因遭毁而"等第罢举",失去参加开成五年进士试的资格之事。参之诗之末句,其寓托之意更为明显(参注⑧)。诗当作于开成五年仲夏。盖庭筠虽"二年(开成四年、五年)抱疾,不赴乡荐试有司",致使开成五年、

会昌元年(841)均未参加进士试,但会昌元年仲夏,庭筠已在自秦归吴中旧乡的途次(在扬州),故此诗只可能作于开成五年仲夏,时仍居鄠郊。②筠笼,采摘樱桃时用以盛樱桃的竹笼,又称筠笼。杜甫《野人送朱樱》:"西蜀樱桃也自红,野人相赠满筠笼。"寄所思,存放所思念的樱桃。③秦苑,长安宫苑。飞禽,此指莺。谙熟早,参注①,指莺含食生长在树上的樱桃。④杜陵游客,庭筠自指。庭筠有《鄠杜郊居》《鄠郊别墅寄所知》等诗,其居所在鄠杜之间,《商山早行》有"因思杜陵梦"之句,故以"杜陵游客"自指。恨来迟,即题所称"已后朱樱之期",表面上是说错过樱桃结实之期,实际上指错失参加礼部进士试的机会。进士试一般于正月或二月举行。⑤翠幄,指浓密翠绿的树叶如同翠色的帷帐。陆机《招隐》:"绿叶成翠幄。"⑥红珠,指樱桃成熟的果实,状如红色的珠子。⑦影,《文苑英华》作"廕",席本作"荫"。⑧重作钓鱼期,指重新应试,钓取功名。《史记·齐太公世家》:"吕尚盖尝穷困,年老矣,以渔钓奸(干)周西伯。西伯将出猎,卜之,曰:'所获非龙非螭,非虎非罴,所获霸王之辅。'于是周西伯猎,果遇太公于渭之阳,与语大悦……载与俱归,立为师。""钓鱼"用此,喻参加科举考试以干禄求仕。白居易《代书诗一百韵寄微之》:"繁张获鸟网,坚守钓鱼坻。"自注:"谓自冬至夏频改试期,竟与微之坚待制试也。"亦以"钓鱼"喻应试。

[讲解]

题面与诗面均写自鄠杜郊居至京师,已错过樱桃成熟之期,只见绿叶成荫的惆怅,实际内容则写错失参加礼部进士试的机会,未能进献才能给朝廷的遗憾。二者的联结点在樱桃系荐陵寝之物这一传统礼俗上。构思精妙,托寓自然。尾联于怅恨之余发"重作钓鱼期"之想,设喻虽与"后朱樱之期"嫌脱节,但却使错失科举考试的机会这一寓意更为明显,此亦欲藏还露之法。

杨柳枝八首①（选三首）

其 一

宜春苑外最长条②，闲袅春风伴舞腰③。
正是玉人肠断处④，一渠春水赤阑桥⑤。

其 五

馆娃宫外邺城西⑥，远映征帆近拂堤⑦。
系得王孙归意切⑧，不关春草绿萋萋⑨。

其 八

织锦机边莺语频⑩，停梭垂泪忆征人⑪。
塞门三月犹萧索⑫，纵有垂杨未觉春⑬。

[注释]

①一作《杨柳八首》。王灼《碧鸡漫志》卷五："《杨柳枝》，《鉴戒录》云：'《杨枝歌》，亡隋之曲也。'前辈诗云：'万里长江一旦开，岸边杨柳几千栽。锦帆未落干戈起，惆怅龙舟更不回。'又云：'乐（梁）苑隋堤事已空，万条犹舞旧春风。'皆指汴渠事。而张祜《折杨柳》两绝句，其一云：'莫折宫前杨柳枝，元宗曾向笛中吹。伤心日暮烟霞起，无限春色生翠眉。'则知隋有此曲，传至开元。《乐府杂录》云：'白傅作《杨柳枝》。'予考乐天晚年，与刘梦得唱和此曲词，白云：'古歌旧曲君休听，听取新翻《杨柳枝》。'又作《杨柳枝二十韵》云：'乐童翻怨调，才子与妍词。'注云：'洛下新声也。'刘梦得亦云：'请君莫奏前朝曲，听取

新翻《杨柳枝》。'盖后来始变新声。而所谓乐天作《杨柳枝》者,称其别创词也。"王昆吾《隋唐五代燕乐杂言歌辞研究》云:"《杨柳》,一名《柳枝》,源于隋代民间歌曲,名载《教坊记》,多用于笛乐,如刘长卿《听笛歌》:'又吹《杨柳》激繁音。'岑参《裴将军宅芦管歌》:'巧能陌上惊《杨柳》。'此外,刘禹锡、白居易、李桥、张乔、徐铉均有诗咏及此。白居易改制《杨柳枝》新声,播为歌曲,演作词调。敦煌曲子辞中亦有《杨柳枝》。"(399页)又云:"《杨柳枝》,即使排除《柳枝》《添声杨柳枝》《折杨柳》等调名下的传辞不计,它拥有的存至今天的歌辞总数,亦达到了九十一首。"(80至81页)。按:温庭筠《杨柳枝八首》,规模体制格调,全仿刘、白之作,其形式格律虽同于七绝,仍为齐言体,实系符合词体特征按新制曲调谱写新词的曲子词。故历来编撰的唐五代词总集及温词别集均收入。现仍据《乐府诗集》卷八十一《近代曲辞三》收入诗选中,词选中不再重出。文字则以《花间集》参校。②宜春苑,秦、汉宫苑名。秦时已有宜春苑,在宜春宫之东。《史记·秦始皇本纪》:"以黔首葬二世杜南宜春苑中。"汉代称宜春下苑。《三辅黄图·宜春下苑》:"宣帝神爵三年春,起宜春下苑,在京城东南隅。"《汉书·元帝纪》颜师古注:"宜春下苑,即今京城东南隅曲江池是。"最长条,指柳枝。③白居易《杨柳枝词八首》之七:"枝袅轻风似舞腰。"按:温此句显从白句变化而来,白谓柳枝在轻风中袅娜似美人舞腰,温则谓柳枝袅娜似伴宫娃之舞腰。④玉人,唐人诗文传奇中,"玉人"亦可指容貌俊美的男子,如杜牧《寄扬州韩绰判官》:"二十四桥明月夜,玉人何处教吹箫?"元稹《莺莺传》:"隔墙花影动,疑是玉人来。"然此首之"玉人"似指宫中美女。断,晁本《花间集》作"绝"。⑤赤阑桥,红色栏杆的桥。"赤阑桥"在诗词中常与绿柳相映衬。如顾况《叶道士山房诗》:"水边垂柳赤阑桥,洞里仙人碧玉箫。"杜佑《通典》载:隋开皇三年(583),筑京城,引香积渠水自赤阑桥经第五桥西北入城。温诗有"宜春苑"字,则"赤阑桥"或为专称,但字面上仍能给人以红栏绿柳相映的明丽色彩感受。⑥馆娃宫,吴王夫差为西施所建的宫殿,故址在今苏州市西南灵岩山上,即今之灵岩寺所在。白居易《杨柳枝词八首》之四："红板江桥青酒旗,馆娃宫内日斜时。"邺城西,指三国时魏都邺城的宫殿铜雀台。曹操为魏王,在邺(今河北临漳)起冰井、铜雀、金虎三台,均在城之西北隅。⑦远映征帆,指馆娃宫外之柳,宫南即太湖,故云。近拂堤,指铜雀台之柳。堤,指魏王堤。魏王堤在洛阳,白居易有《魏王堤》诗:"何处未春先有思?柳条无力魏王堤。"此因上句有"邺城西"字而借用,不必拘泥。⑧意,顾本作"思",此从《乐府诗集》、晁本《花间集》、《全唐诗》、席本。⑨春,晁本《花间集》作"芳"。《楚辞·招隐士》:"王孙游兮不归,春草生兮萋萋。"二句谓杨柳依依,牵系王孙之归意甚切,非关春草萋萋所引起。⑩《晋书·列女传》:"窦滔妻苏氏,始平人也,名蕙,字若兰,善属文。滔,苻坚时为秦州刺史,被徙流沙,苏氏思之,织锦为回文旋图诗以赠滔。宛转循环以读之,词甚凄婉,凡八百四十字。""织锦"暗用其事。⑪李白《乌夜啼》:"黄云城边乌欲栖,归飞哑哑枝上啼。机中织锦秦川女,碧纱如烟隔窗语。停梭怅然忆远人,独宿孤房泪如雨。""停梭"句从李白《乌夜啼》末二句脱化。⑫塞门,犹边塞、边关。⑬王瑳《折杨柳》诗:"塞外无春色,上林柳已黄。"张敬忠《边词》:"五原春色旧来迟,二月垂杨未挂丝。"王之涣《凉州词》:"羌笛何须怨杨柳,春风不度玉门关。"李白《塞下曲》:"曲中闻《折柳》,春色未曾看。"均可与此句互参。

[讲解]

汤显祖曰:《杨柳枝》唐自刘禹锡、白乐天而下,凡数十首。然惟咏史咏物,比讽隐含,方能各极其妙……此中(按:指温庭筠《杨柳枝八首》)三、五、卒章,真堪方驾刘、白。(汤评《花间集》卷一)

李冰若曰:风神旖旎,得题之神。(《栩庄漫记》,评第一首)

宗臣曰:构语闲旷,结趣潇散,豪纵自然。(《删补唐诗选脉笺释会通评林·晚七绝上》引,评第五首)

唐汝询曰：馆娃、邺城多柳，"映帆""拂堤"，状甚盛也。古人见春草而思王孙，我以为添王孙归意者，在此不在彼。（同上）

周珽曰：推开春草，为杨柳立门户，一种深思，含蓄不尽，奇意奇调，超出此题多矣。（同上）

郭濬曰："系"字着实柳上，妙，落句反结有情。（同上）

吴昌祺曰：借客尊主之法。（《删订唐诗解》，评第五首）

黄生曰：言王孙归意虽切，而杨柳能系之，非为春草之故，盖讽惑溺之士也。（《唐诗摘抄》卷四，评第五首）

徐增曰：馆娃宫，吴地；邺城，魏都。此二处多柳树。远近皆是。"映征帆"与"拂堤"，乃是衬贴的字面。"系得王孙归意切，不关春草绿萋萋。"此不是翻案，又不是重添注脚，作诗要知宾主。此题是"杨柳枝"，则柳为主，定当抬举他也。此诗妙有风致。（《而庵说唐诗》，评第五首）

周咏棠曰：刻意生新。（《唐贤小三昧集续集》，评第五首）

李冰若曰：声情绵邈，"系"字甚佳。与白傅"永丰"一首，可谓异曲同工。（《栩庄漫记》，评第五首）

黄叔灿曰：此咏塞门柳也，感莺语而伤春，却停梭而忆远，悲塞门之萧索，犹春到而不知。少妇闺中，能无垂泪？（《唐诗笺注》，评第八首）

李冰若曰："塞门"二句，亦犹"春风不度玉门关"之意，而翻用之，亦复绮怨撩人。（《栩庄漫记》，评第八首）

刘永济曰：结句乃进一层说，塞上三月尚无柳，故曰"三月犹萧索"。结句纵有柳亦不觉是春时，征人之情苦矣。此所以思之垂泪也。（《唐人绝句精华》，评第八首》）

自刘、白"新翻《杨柳枝》"以来，《杨柳枝》遂成唐代最为流行的歌曲。温氏此组歌词，显仿白居易之《杨柳枝八首》，其共同的题材与主题均为咏柳。温之八首,除第六首无具体地点外,其余七首,则分咏宜春苑外、南内墙东、苏小门前、龙池边上、馆娃宫外与邺城西边、景阳楼畔、塞门三月之柳。多数与宫苑有关。固缘此类地点之柳,由于特定历史掌故的关联、特定环境景物的烘托,容易唤起历史的想象,形成华美轻倩的风调情致,亦因此类曲词,其歌唱时欣赏的主体多为宫苑中人或达官显宦。八首中,唯"织锦机边莺语频"一首,内容近于传统的征人思妇之作,其他各首,均系泛咏柳之柔美袅娜,牵系人心。此类作品,自不必以"比讽隐含"求之解之,亦不必泥定其内容系借柳喻女子。如第一首一、二句咏宜春苑外之柳,长条闲袅于春风之中,似伴宫妓之舞腰。三、四句忽转出一渠春水赤阑桥之明丽景色与"玉人肠断"的情景,前后似乎不相连属,实则"一渠春水赤阑桥"中即暗含柳之身影。然则此"宜春苑外"之柳,即"赤阑桥"边之柳,既伴宫妓之舞腰,又使其牵情而肠断也。柳不必泥解为宫妓,诗亦不必看作宫怨,其佳处全在情韵风致音律格调之美。又如第五首开头两句用句中自对的方式构成一种风华流美的格调,"远映""近拂",柔美风流的情致即寓其中。三、四接言此二地之柳牵动王孙的思归之情,非因春草萋萋而引动归思。或将此柳解为系住游子归意的女子,不但与"不关"句意不合,且亦使内容过实,反而失去摇曳的风神。《诗·小雅·采薇》即有"昔我往矣,杨柳依依"的描写,则柳牵系王孙之归意自属合乎情理。此类作品,即便略含寓意,亦多为有意无意之间的兴。可以联想,却不必泥实。流行歌曲,多为抒发一种总体的气氛,创造一种流美的格调,内容往往具有不确定性,古今皆同。庭筠此组《杨柳枝》,就创造性而言,自不如刘、白的创调之作,然因其熟谙曲子词的写作,兼具有很高音乐修养,其音调之流美、语言之圆转、风致之天然似更胜刘、白一筹。庭筠大和、开成年间似曾从裴度游,而度于此期间与刘、白诗酒唱和,过从甚密,则庭筠有可能在此期间结识刘、白,此八首《杨柳枝》或即在此期间模仿酬和之作。

新添声杨柳枝辞二首^①

一尺深红胜曲尘^②，天生旧物不如新^③。
合欢桃核终堪恨^④，里许元来别有人^⑤。

井底点灯深烛伊^⑥，共郎长行莫围棋^⑦。
玲珑骰子安红豆，入骨相思知不知^⑧？

[注释]

①《云溪友议》卷下《温裴黜》载此二首。《万首唐人绝句》卷四十四载此二首，题作《南歌子词二首》，姜本、席本、《全唐诗》题从《绝句》。按：《云溪友议·温裴黜》云："裴郎中诫，晋国公次弟子也，足情调、善谈谐。举子温岐为友，好作歌曲，迄今饮席，多是其词焉。裴君既入台，而为三院所谑曰：'能为淫艳之歌，有异清洁之士也。'裴君《南歌子词》云：'不是厨中串，争知炙里心。井边银钏落，展转恨还深。'又曰：'不信长相忆，抬头问取天。风吹荷叶动，无夜不摇莲。'又曰：'䗶蟟为红烛，情知不自由。细丝斜结网，争奈眼相钩。'二人又为《新添声杨柳枝》，饮筵竞唱其词而打令也。词云：'思量大是恶姻缘，只得相看不得怜。愿作琵琶槽那畔，美人长抱在胸前。'又曰：'独房莲子没人看，偷折莲时命也拚。若有所由来借问，但道偷莲是下官。'温岐曰：'一尺深红朦曲尘，旧物天生如此新。合欢桃核终堪恨，里许元来别有人。'又曰：'井底点灯深烛伊，共郎长行莫围棋。玲珑骰子安红豆，入骨相思知不知？'"所载裴诫三首《南歌子词》，均为单调二十字，平韵，与五言绝句体同，而非此二首之七言四句，平韵，即七言绝句体。温词中另有《南歌子七首》，则为单调五句二十三字之杂言体，二、三、五句

押平韵。《万首唐人绝句》将此二首题为《南歌子词二首》，显因误读《云溪友议》此则，将下引裴、温二人之《新添声杨柳枝辞》一并看成是上文所引的《南歌子词》。《南歌子词》唐、宋两代虽有多种异体，但从无作七言四句的齐言体者。可证《绝句》之题必误。添声，一首词之曲调虽有定格，但在歌唱时，还可对音节韵度略有增减，使其美听，从音乐角度言，增谓之"添声"，减谓之"偷声"。曾昭岷等《全唐五代词》注云："案《杨柳枝》乃唐调，冠'添声''新添声'于调名之上，为宋词后起之事。且此二首仍为七言四句，并无所添。未详其故。"②一尺深红，指荷花。"一尺"指花茎。胜，《云溪友议》作"朦"，顾本作"蒙"，此从《万首唐人绝句》、《全唐诗》、姜本。顾嗣立注引《四声宝蕊》："桑蕾浅黄色，曲尘深黄色，或以指衣，或以指柳。"按：唐彦谦《黄（皇）子陂荷花》："十顷狂风撼曲尘，缘堤照水露红新。"曲尘，本指酒曲上所生之菌，因其颜色浅黄如尘，故称。此借指柳叶。毛文锡《虞美人》之一："鸳鸯对浴银塘暖，水面蒲稍短，垂杨低拂曲尘波。"亦指淡黄色的柳枝柳叶拂水。③《云溪友议》此句作"旧物天生如此新"。此从《万首唐人绝句》、顾本、《全唐诗》。窦玄妻《古怨歌》："衣不如新，人不如故。"此反其意，承上句，谓柳枝柳叶系旧物，自然不如荷花之新艳。④合欢桃核，核桃由两半合成，故云。⑤里许，里面。人，谐"仁"。桃核中有桃仁，谐对方心中另有情人，承第二句"旧物不如新"之意。⑥烛，谐"嘱"。井底点灯，歌后"深烛伊"；深烛伊，又谐"深嘱伊"（深情地嘱咐对方）。⑦长行，长行局，即双陆一类博戏。盛行于唐代。唐李肇《唐国史补》卷上："今之博戏，有长行最甚。其具有局有子，子有黄黑各十五，掷采之骰有二。其法生于握槊，变于双陆。"此句字面是说，跟情郎玩长行这种博戏而莫下围棋。而"长行"，又谐远行、远走高飞，意即私奔；"围棋"，谐"违期"。全句意即与郎远走高飞双双私奔，切莫错过约定的时间。⑧玲珑，晶莹明澈貌。红豆，即相思子，详《锦城曲》"江头学种相思子"句注。骰子用骨制成，面上刻有红点，故云："玲珑骰子安红豆，入骨相思知不知？"

[讲解]

管世铭曰:诗中谐隐,始于古《藁砧》诗,唐贤绝句,间师此意。刘梦得"东边日出西边雨,道是无情却有情",温飞卿"玲珑骰子安红豆,入骨相思知不知",古趣盎然,勿病其俚与纤也。(《读雪山房唐诗序例》)

刘永济曰:此二首皆乐府词也……"长行"……比喻"长别"。此首(指第二首)言与郎长别时曾深嘱勿过时而不归。三、四以骰子喻己相思之情。骰子各面刻有红豆,以喻入骨之相思也。闺情词作者已多,此二首别开生面,设想极为新颖。庭筠本长于乐府也。(《唐人绝句精华》)

南朝乐府中,此类谐音双关之隐喻手法运用相当普遍,有新巧可喜者,亦有生硬而乏诗意者。庭筠此二首,不仅多用谐音双关手法,且结合运用歇后语:井底点灯——深烛伊(深嘱伊),以增加活泼生动之情趣。前二句与后二句各设一谐音双关比喻,表面上似互不相干,实则一意贯串,如第一首以"旧不如新"、第二首以"入骨相思"贯串。因旧不如新,喜新厌旧,故"别有人";长行局须掷骰子,故三、四句即以骰子设喻。藕似断而丝实连,颇耐玩味。

尤为成功者,二首之三、四句,不但设想新颖,出语天然,且能传达出女子的神情口吻,堪称传神之笔。

第四章　温庭筠的词

现存温庭筠词比较可靠的共六十八首，包括《花间集》所录的六十六首和《云溪友议》所载的《新添声杨柳枝》二首。《尊前集》载温庭筠《菩萨蛮》词五首，其中四首（"南园满地堆轻絮""夜来皓月才当午""雨晴夜合玲珑日""竹风轻动庭除冷"）见于《花间集》，另一首"玉纤弹处真珠落"则为《花间集》所无，吴本、朱本《尊前集》注云："一作袁国传。"曾昭岷等《全唐五代词》校云："案历代词籍未见有作袁国传者。然此词颇鄙俗，与前录温庭筠十四首《菩萨蛮》不类，且为《花间集》所遗，是否确为温作，不无可疑。而《全唐诗》卷八九一、《历代诗余》卷九，刘辑本、王辑本《金荃词》俱作温词，姑录存，俟考。"对此词是否温作持比较慎重的存疑态度，本编亦存而不论。温庭筠词集本名《金荃集》，见欧阳炯《花间集序》。《新唐书·艺文志》著录温庭筠《金荃集》十卷。此十卷本之《金荃集》可能包括其诗与词。宋代流传之温庭筠诗集，其中一种即名《金荃集》，毛氏汲古阁有翻刻本，包括诗集七卷、别集一卷，共八卷。而《花间集》所录温助教词六十六首，即分置于两卷（第二卷中还有皇甫松、韦庄的词），合之正符于十卷之数。

温庭筠在词史上占有极其重要的地位。他是奠定词的类型风格的词人，花间词派的鼻祖，也是整个词史上婉约词风的开拓者与奠基人。文人词艺术上真正成熟，成为与传统诗歌具有明显区别的新的抒情诗体，应该说是到温庭筠手里才完成的。

总的来说,温庭筠词的艺术独创性及成就高于其诗,奠定温庭筠在中国文学史上突出地位的主要是其词的创作成就。历来对温词的研究也较温诗深入细致。但在对温词总体上看法与评价比较一致的前提下,仍存在不少不同的意见和尚待进一步细化、深化的问题。本章不拟简单重复前人、近人相同或比较一致的意见,而是抽出几个问题作重点论述分析。

第一节 温词的内容

刘熙载《艺概·词曲概》说:"温飞卿词精妙绝人,然类不出乎绮怨。"这个论断为绝大部分文学史家与温词研究者所认同。① 如有的文学史认为,"他在前人词的基础上,对词的题材作了相应的调整与变革,他几乎所有的词都抒写闺情怨思"(中国社科院文学研究所《唐代文学史》),"温庭筠的词,基本上都是写艳情的作品"(杨海明《唐宋词史》),"就总体而言,温词主人公范围一般不出闺阁"(袁行霈主编《中国文学史》)。这些概括,用语虽稍有区别,但基本判断一致。由于用了"几乎所有""基本都是""就总体而言"等词语稍加限制,上述结论应该说基本上是正确的。但如果我们对现存的六十八首温词所写的内容一首一首地加以分析和认定,并在此基础上作更细化的描述时,就会有一些新的发现与认识。

六十八首温词中,《更漏子》("背江楼")是一首典型的羁旅行役词:

背江楼,临海月,城上角声呜咽。堤柳动,岛烟昏,两行征雁分。
京口路,归帆渡,正是芳菲欲度。银烛尽,玉绳低,一声村落鸡。

---

① 除下面要提到的主比兴寄托说的常州词派及其赞同者以外。

主角既为男性(主人公即词人自己),背景(或活动范围)亦非闺阁,内容与爱情、艳情根本无关。与其诗《商山早行》是同一类型的作品,只不过一个用新起的曲子词形式,一个用传统的五七言诗形式而已。

温词中主人公为男性,内容又不涉爱情、艳情者,《更漏子》("背江楼")并非孤篇独例,另一首《清平乐》("洛阳愁绝")亦写男子的壮别:

> 洛阳愁绝,杨柳花飘雪。终日行人恣攀折,桥下流水呜咽。　　上马争劝离觞,南浦莺声断肠。愁杀平原年少,回首挥泪千行。

丁寿田、丁亦飞《唐五代四大名家词》甲篇评曰:"此词悲壮而有风骨,不类儿女惜别之作,其作于被贬之时乎?"谓作于被贬之时,虽于词无征,但谓此词"悲壮而有风骨,不类儿女惜别之作",则是对词的内容和风格切实的感受与把握。

以上两首是主人公为男性,内容无关乎爱情、艳情者。另外,仿刘禹锡、白居易《杨柳枝》而作的八首《杨柳枝》词分咏宜春苑外、南内墙东、苏小门前、龙池边上、馆娃宫外、邺城西边、景阳楼畔、塞门三月之柳(第二首无具体地点),多数与宫苑有关,其中一首为传统的征人思妇之辞。这组歌词是以杨柳为吟咏对象的流行歌曲,近于咏物词,其格调属于华美轻倩一路。但就其内容看,很难说是咏爱情或艳情。其中的"柳"虽带有女性的象征意味,但看不出来就是歌咏她们的爱情绮怨。

有的词,虽然主角是女性,但内容无关乎爱情或艳情,活动地点也不单纯是闺阁庭院,如《菩萨蛮》之九:

> 满宫明月梨花白,故人万里关山隔。金雁一双飞,泪痕沾绣衣。
> 小园芳草绿,家住越溪曲。杨柳色依依,燕归君不归。

此首诸家说均未得其解,唯俞平伯说为优。然则号称温词代表作之《菩萨蛮》中亦有主角虽为女子,而内容无关乎爱情,只写宫嫔思念故乡女伴、女伴亦思念宫嫔者。

再如庭筠有四首《酒泉子》,其中两首系写在都市谋生之歌妓对故乡的怀念,内容亦无关乎爱情与艳情,其二云:

日映纱窗,金鸭小屏山碧。故乡春,烟霭隔,背兰釭。 宿妆惆怅倚高阁,千里云影薄。草初齐,花又落,燕双双。

其三云:

楚女不归,楼枕小河春水。月孤明,风又起,杏花稀。 玉钗斜篸云鬓髻,裙上金缕凤。八行书,千里梦,雁南飞。

此二首虽以女子为主人公,而其内容则为抒写歌妓的怀乡思归之情,而非写其爱情或艳情,其环境亦非一般的闺阁庭院。

《荷叶杯》三首,除第二首明点"小娘红粉对寒浪,惆怅,正相思",内容与男女爱情有关外,另两首均未必与爱情相关。第一首云:

一点露珠凝冷,波影,满池塘。绿茎红艳两相乱,肠断,水风凉。

第三首云:

楚女欲归南浦,朝雨,湿愁红。小舡摇漾入花里,波起,隔西风。

以上十三首,八首咏柳,五首主人公虽多为女性,但内容无关乎爱情。再加上《更漏子》("背江楼")和《清平乐》("洛阳愁绝")一写羁旅行役,一写丈夫壮别,总共十五首,均与爱情无关,已经占了现存温词总数的近四分之一。

此外,温词中还有一部分作品,如《定西番》三首、《蕃女怨》二首,内容系写思妇对远戍的丈夫的思念;《遐方怨》二首、《诉衷情》一首,亦属同类性质的作品。这和传统诗歌的思妇征夫之词并没有什么不同,其中有思念之情,但和通常所说的爱情、艳情题材之作,性质有明显区别。

还有一些作品,主角是女性,但词的内容并未直接涉及或暗示爱情及艳情,如《菩萨蛮》("小山重叠金明灭")通篇写女子晨间娇卧、懒起、画眉、梳洗、照镜、簪花、穿衣的过程,未直接涉及有关爱情的内容,末二句系点明其人的歌舞妓人身份。

如果将这九首词也加上,则在六十八首温词中,并未写到爱情、艳情的已达到二十四首,占其词作总数的三分之一强。根据以上对其非爱情题材词作的分析,是否可以对温词的内容作更具体细致的描述:温词的大部分虽然以女性为主人公,内容亦多为抒写她们的离别相思或对爱情的向往,但她们的身份各不相同,或为歌妓,或为女冠,或为丈夫远戍的思妇,或为思念故乡的宫女,或为采莲女子,内容亦有不少并不涉及爱情。还有像《杨柳枝》八首这种以咏柳为题材而情思偏于柔婉的作品。更有少量以男性为主人公,写征行与壮别的词。可见温词的内容并非一味地抒写爱情与艳情。①

第二节 温词的寄托问题辨析

张惠言《词选叙》谓温庭筠词"深美闳约"。其评《菩萨蛮》第一首云:"此感

---

① 或有将曲子词分为诗客曲子词与裴诚所作之近于淫亵的词作者,但这是内容、语言的雅俗问题,与是否有比兴寄托未必有关。参见下节具体论述。

士不遇也。篇法仿佛《长门赋》,而用节节逆叙……'照花'四句,《离骚》'初服'之意。"评《更漏子》三首云:"此三首亦《菩萨蛮》之意。"陈廷焯《白雨斋词话》云:"所谓沉郁者,意在笔先,神余言外,写怨夫思妇之怀,寓孽子孤臣之感。凡交情之冷淡,身世之飘零,皆可于一草一木发之,而发之又必若隐若现、欲露不露,反复缠绵,终不许一语道破。匪独体格之高,亦见性情之厚。飞卿词如'懒起画蛾眉,弄妆梳洗迟',无限伤心,溢于言表。又'春梦正关情,镜中蝉鬓轻',凄凉哀怨,真有欲言难言之苦。又'花落子规啼,绿窗残梦迷',皆含深意。""飞卿《更漏子》首章云:'惊塞雁,起城乌,画屏金鹧鸪。'此言苦者自苦,乐者自乐。次章云:'兰露重,柳风斜,满庭堆落花。'此又言盛者自盛,衰者自衰,颠倒言之,便是风人章法。特改换面目,人自不觉耳。""飞卿《菩萨蛮》十四章,全是变化《楚骚》,古今之极轨也。徒赏其芊丽,误矣。"

常州词派为了推尊词体,特将传统诗歌创作的比兴寄托理论运用于词的鉴赏解读与创作。这种理论主张对提高词品、深化词的思想内容、指导后人的创作自有其积极意义。对于宋代苏轼以后,词日益成为个人抒情的诗歌样式,特别是有自觉寄托意识的一部分作品来说,也有其适用性。但用来解读温词,则并不符合实际。

温词绝大部分是适应当时城市商业经济发展,歌台舞榭需要大量用以歌唱的曲词而制作的应歌之作。演唱者是歌舞伎人,听歌者是流连于饮席之上的达官贵人、文人学士和富商大贾。无论演唱者还是听歌者在当时都没有对词曲作者提出歌词中要寄托言外之意的要求。他们所要求的就是与宴饮场合相适应的歌咏爱情艳思、离情别恨的曲词。这就是说,当时词赖以生存发展的社会生活土壤,并没有也不可能对词曲作者提出别有寄托的要求。

与此密切相关的是,词在当时尚处于初步的发展阶段。它实际上就是当时的流行歌曲,内容是不登大雅之堂的。写作这类作品的人,或被目为"有异清洁之士",而词也被认为是"淫艳之歌""浮艳之美"。(《云溪友议·温裴黜》)不但在庭筠之前或与其同时的词作者,从未有过有寄托的作品,就是在整个花间词人的词作中也很难找出有意识地寄托个人情怀和身世的作品。韦庄词中虽间有感怀身世时世之作,但表现手法是直接抒情而非运用比兴寄托。南唐词个人抒怀的成分渐多,词中每渗透忧患意绪,李煜词更直抒人生长恨与家国沦亡之痛,但亦非用比兴寄托。这种状况,至北宋中期基本上没有改变。温庭筠也不大可能超越时代和词的发展阶段在歌词中运用比兴寄托。

再就温庭筠本人来说,他生性浪漫,精通音乐,饮酒狎妓几乎贯串他的少壮之年至老年。《云溪友议》卷下《温裴黜》载:"裴郎中诚,晋国公次弟子也。足情调,善谈谐,举子温岐为友,好作歌曲。迄今饮席多是其词焉……二人又为《新添声杨柳枝》词,饮筵竞唱其词而打令也……温、裴所称歌曲,请德华(按:周德华,刘采春女,当时著名歌妓)一陈音韵,以为浮艳之美,德华终不取焉。二君深有愧色。"可见其歌词多为应歌之作,内容风格连当时的名歌妓都认为系"浮艳之美"而不取,致使其"深有愧色"。这清楚说明他的词作不大可能有寄托个人身世遭遇之意。传统五七言诗向有比兴寄托的传统,温诗虽有抒写个人飘零身世、困顿遭遇和经世情怀之作,但均为直接抒情或借咏古而发,少有比兴寄托之作(仅《古意》一篇明显有寄托),这和同时的李商隐的诗多用比兴寄托明显有别。总之,从其人、其诗及其词在当时人心目中的印象,都说明他的词不大可能有比兴寄托。

当然,考察温庭筠词是否有寄托,最主要的还是根据他的作品本身,看其是否有寄托的痕迹。这种考察,当然会因人而异,特别是会因评论者、解读者个人的主观成见而有不同的看法和结论。但总的来说,大多数读者的阅读经验与感受还是比较客观和趋同的。即以张惠言、陈廷焯等主比兴寄托说的词论家举以为例的《菩萨蛮》第一首来说,它的内容实际上相当简单显露:

小山重叠金明灭,鬓云欲度香腮雪。懒起画蛾眉,弄妆梳洗迟。

照花前后镜,花面交相映。新帖绣罗襦,双双金鹧鸪。

飞卿词为文人词中典型的应歌之作,后世词论家为尊词体,追本溯源至婉约词之鼻祖,又着意于其代表作之首章,遂赋予此词以比兴寄托之大义,又衍而至《菩萨蛮》十四首全体乃至《更漏子》,不仅与词的发展历史实际不符,亦于词的文本无征。李贺有《美人梳头歌》,元稹有"水晶帘下看梳头"之句,飞卿此词,性质实与之相类。在艺术表现方面,此首固有评家所分析总结之精密绮艳特征,王国维以"画屏金鹧鸪"形容飞卿词品,即以此种作品为主要依据。但在温词中,本篇实非上品。

六十八首温词中,唯一可以为比兴寄托说提供或然的例证者,也许只有《清平乐》一首:

上阳春晚,宫女愁蛾浅。新岁清平思同辇,争奈长安路远。　　凤帐鸳被徒熏,寂寞花锁千门。竞把黄金买赋,为妾将上明君。

写东都洛阳上阳宫宫女的寂寞怨旷与望幸之情,系传统宫怨诗常见的内容。曰"竞把黄金买赋",则上阳宫中怨旷者自多。《菩萨蛮》十四首谓之感士不遇虽属牵强附会,而此首若谓于抒写宫女怨旷之情中略寓感士不遇之情,似尚切合,但历来评家却从来未提及此阕,可能是觉得它过于浅直,不值得深究的缘故。

第三节　温词的联章体问题辨析

这一问题与比兴寄托问题,就本身性质来说,并无必然联系。但最早提出温词联章体之说的张惠言却是将它和比兴寄托说绑在一起提出来的。张氏之说共十一条,汇列于下:

第一首下评:"此感士不遇也。篇法仿佛《长门赋》而用节节逆叙。此章从梦境后领起。'懒起'二字,含后文情事。'照花'四句,《离骚》'初服'之意。"

第二首下评:"'梦'字提;'江上'以下略叙梦境。人胜参差,玉钗香隔,言梦亦不得到也。'江上柳如烟'是关络。"

第三首下评:"提起。以下三章,本入梦之情。"

第五首下评:"结。"

第六首下评:"'玉楼明月长相忆',又提。'柳丝袅娜',送君之时,故'江上柳如烟',梦中情景亦尔。七章'阑外垂丝柳',八章'绿杨满院',九章'杨柳色依依',十章'杨柳又如丝',皆本此'柳丝袅娜'言之,明相忆之久也。"

第八首下评:"'相忆梦难成',正是'残梦迷'情事。"

第十首下评:"'鸾镜'二句,结,与'心事竟谁知'相应。"

第十一首下评:"此下乃叙梦,此章言黄昏。"

第十二首下评:"此自卧时至晓,所谓'相忆梦难成'也。"

第十三首下评:"此章正写梦,垂帘、凭阑,皆梦中情事,正应'人胜参差'三句。"

第十四首下评:"此言梦醒。'春恨正关情',与五章'春梦正关情'相对双锁。'青琐''金堂''故国''吴宫',略露寓意。"

自张氏首创飞卿《菩萨蛮》十四首系联章体之说以后,反对者颇多。而系统发挥张氏之说者当推张以仁教授所著之《温飞卿〈菩萨蛮〉词张惠言说试疏》及《温庭筠〈菩萨蛮〉词的联章性》二文(均收入其《花间词论集》)。后文尤为详尽,分别从"十四词联章性的外在条件""十四词联章性的内在条件"加以详细论析,指出"相关词汇出现于十四词中,彼此映照""各类词汇,有其一致之发展层次,非特趋向相同而已""十四词可依序串连其意"。其概括"十四词可依序串连其意"云:

首阕"晓妆喻爱",次阕"晨起示别",其三"新别初念",其四"惜春怀远",其五"感梦自怜",其六"玉楼长忆",其七"期待无望",其八"深夜苦思",其九"自伤自惜",其十"音断望绝",十一"心灰意冷",十二"悔往伤今",十三"闲梦消魂",十四"绵绵春恨",十四词表面写一女子与其所恋者自相聚而别离,而企盼,而等待,而失望乃至绝望之过程。其间偶有一时之兴奋,片刻之憧憬,终则梦想破灭而成悲恨,前后呼应,整体环连。

不论是否赞同飞卿十四首《菩萨蛮》系联章体之说,此二文确为迄今为止对此说阐论最充分而细密者,为读者提供了阅读理解这十四首词的一种途径。

窃以为联章体之词,当为作者有明确统一主题并有组织有计划创作之组词。组词中的地点、时间、人物、事件、思想感情应有其内在的统一性或连贯性。其中人物(主人公)之同一性尤为最关键的因素。用这些标准或条件来检验,这十四首《菩萨蛮》恐非联章体词。

先看人物。十四首中之主人公固均为女性,但这些女性的身份并不相同。第一首之女主人公身份为歌舞妓人,有"新帖绣罗襦,双双金鹧鸪"为证。第四首之女主人公为丈夫远戍之思妇,有"青琐对芳菲,玉关音信稀"为证。第九首之女主人公为宫嫔,为越溪女,详温词选注解说对此词的解读分析。第十四首之女主人公亦为宫嫔或宫女,有"故国吴宫远"之句为证。其他十首女主人公的身份不明,当多为歌舞妓人,亦不排斥有一般的闺中思妇。不管如何,这十四首词中的女主人公既有思念故国故人的宫嫔宫女,又有思念远戍丈夫的思妇,更有歌舞妓人或一般的闺中思妇,则其主人公不具有同一性已可断定。这是十四首非联章体的有力反证,因为它们抒写的不是同一个或同一类女子的思想感情,其感情内容亦非单一的与所恋者离别引起的相思悲恨。

其次是时间。从季节看,多数系写春天的物候,但第十三首写的是夜合花开萱草长的仲夏,而第十四首却又回到"春恨",是则季候并不统一,如写不同季节,其间又无次序可寻。十三首写春天物候节令者,第二首"人胜参差剪"是在正月之人日;三章言"牡丹时",已是暮春;四章之"海棠梨",五章之"杏花含露",又返回仲春;六章"花落子规啼"则为春末夏初;七章"牡丹经雨"在暮春;八章"牡丹花残"则已春残;九章"梨花白""杨柳色依依""燕归",似又在仲春;十章"杨柳又如丝""芳草江南岸",同为仲春;十一章"清明雨""杏花零落"在二月末三月初光景;十二章"花落""晓寒"又似在仲春。总之,同写春季物候,亦时序交错颠倒,无一定前后次序。可据此推测,十四首《菩萨蛮》并非一时一地之作,纯为应歌而填写之曲词。

地点,有在宫中者,有在闺中者,亦有在妓楼者。

综上数端,十四首《菩萨蛮》系联章体之说,似难成立。

但否定十四首《菩萨蛮》为联章体,并不意味着温词中无其他联章体词或近于联章词者。根据词的内容,特别是人物的同一性及其他方面的相关性,下列各词似具有联章词的特征。

《归国遥》二首。第一首云:

> 香玉,翠凤宝钗垂䯻䰀。钿筐交胜金粟,越罗春水渌。　画堂照帘残烛,梦余更漏促。谢娘无限心曲,晓屏山断续。

第二首云:

> 双脸,小凤战篦金䫌艳。舞衣无力风敛,藕丝秋色染。　锦帐绣帏斜掩,露珠清晓簟。粉心黄蕊花靥,黛眉山两点。

二首之主人公均为歌舞妓女。第一首"越罗春水绿""谢娘",第二首"舞衣"可证。在写法上,第一首上片写女子面颊、首饰、衣衫,下片写女子晓梦醒来,闻见更漏急促、画屏曲折、残烛照帘,满腹心事无可诉说。第二首上片亦先写女子面颊、首饰、舞衫,下片写清晨醒时帏帐床簟及眉部妆饰。从写法上看,有明显趋同性。二首人物、时间、地点及写法之同一性,说明这是联章体词。此二首疑即为歌舞妓人而作,女主人公即歌舞妓本人。

此外,《女冠子》二首、《杨柳枝》八首、《南歌子》七首、《蕃女怨》二首,均有联章体之特征,不一一展开论述。《河渎神》三首,虽均咏男女河边伤离,但时、地不同。第一首、第三首均言及"楚山",又均值春暮,似同时同地之作。第二首则初春早梅开时作于西陵(今杭州市萧山区)。

第四节 温词的"应歌"问题

温庭筠的词绝大多数均为应歌而作。《云溪友议》载其与裴诚为友,"好作歌曲,迄今饮席多是其词焉"。真实地反映了他的歌词创作的娱乐目的与功能。正因为这样,他的词所写的人物多为虚拟的类型化人物①,所表现的感情也多为一种类型化的感情,缺乏人物的鲜明个性②。但这并不意味着他的词是纯客观的,并不表现人物的感情,只不过它所表现的是某一类人物普遍的感情而已。就表现某一类人物的普遍感情而论,温词还是相当成功的。下节将要论及的温词中不少艺术风格清新明快、流丽含蓄的词作,就多为情景交融的佳构。不能因为其应歌写作,表现类型化感情而忽视或贬低它的价值,也不能简单化地用这来与韦庄词较多个人抒情色彩作对比,认为韦词高于温词。

但六十八首温词中,却有一首《更漏子》("背江楼")可以肯定不是为应歌

---

① 即使有时为某歌妓而作,甚至以其人为主人公,但写出来的人物仍是类型化的。
② 除《南歌子》七首所表现的人物感情比较率真本色外,绝大部分词作均无个性色彩。

而作的,关于此词的内容、性质及写作时间,见温词选注解说。这是一首完全基于个人羁旅生活体验的行旅词,有明显的纪实色彩,所表现的也是词人自己的感情。这样的作品,其创作的直接目的肯定不是为了应歌。因为拿它在饮席上歌唱,无论歌者或听者都会因它的内容的特殊性而感到突兀不解。① 它很可能是词人在进行过多次《更漏子》词的创作后,偶尔也用它来表现一下自己的羁旅行役经历与感触,因此便有了这首行役词。《清平乐》("洛阳愁绝")也有可能是对自己与友人壮别情景的描写,而非为应歌而作。这两首非应歌之作在温庭筠歌词创作中所占的比重虽很小,小到似乎可以忽略不计,但它在当时歌词作者普遍为应歌而作的弥漫气氛中所标示的趋向却意义重大。说明歌词的创作即使在普遍为应歌而作的社会风尚下,有其明确的娱乐功能与目的,但当文人掌握了这种新的抒情诗歌样式时,仍会自觉或不自觉地用它来抒写自己的经历与情感,表现自己的个性。随着时间的推移和流传的广远,这种为表现个人生活经历、感情体验而作的词篇会越来越多,它在饮筵上被歌唱也逐渐为听者所接受。从韦庄词、南唐词中已经越来越清楚地看到这种发展趋势。因此,温庭筠这两首非为应歌而作的词在他个人创作中虽是两个特例,但它在词的发展史上所标示的趋向却有重大意义。词的个人抒情性的加强是一个缓慢而曲折回旋的过程,而且在相当长的时间内,与其娱乐功能也并不相互排斥。

第五节 温词的艺术风格

关于温词的艺术风格,前人、近人有代表性的评论有下列几种:

《唐宋诸贤绝妙词选》卷一评:"温庭筠词极流丽,宜为《花间集》之冠。"

张惠言《词选叙》:"温庭筠最高,其词深美闳约。"

---

① 这和以后词的个人抒情化程度越来越突出的发展阶段情况不同。

刘熙载《艺概·词曲概》："温庭筠词精妙绝人，然类不出乎绮怨。"

王国维《人间词话》："'画屏金鹧鸪'，飞卿语也，其词品似之。"

李冰若《栩庄漫记》："温尉词……丽词绮思，正如王谢子弟，吐属风流……其词艳丽处，正是晚唐诗风。"

叶嘉莹《温庭筠词概说》："飞卿词的特色……一则飞卿词多为客观之作……词中所表现者，多为冷静之客观精妙之技巧而无热烈之感情明显之个性……再则，飞卿词多为纯美之作……温词之特色，原在但以名物、色泽、声音，唤起人纯美之美感……而不必有深意者。"

除张惠言"深美闳约"之评与其主张温词有比兴寄托有关以外，其余的评论，大要认为温词有两种不同的风格：一种浓艳密丽，如"画屏金鹧鸪"者，一种流丽轻倩。袁行霈《温词艺术研究》则在前人基础上将温词艺术风格分为三类：第一类通俗明快，表达感情真率大胆，带有民歌的情调，以《南歌子》《荷叶杯》为代表。第二类清新疏朗，以浅近的语言表现深远的意境，有唐人绝句的风味，以《杨柳枝》《梦江南》为代表。第三类浓艳细腻，绵密隐约，代表作有《菩萨蛮》和《更漏子》。这种分类可能更切合温词的实际。当然，从大的美感类型来说，实际上也可并为浓艳密丽与清疏明丽两大类型。在具体词作中，这两种美感风格类型可能同时存在，交错并现，如《更漏子》（"玉炉香"）一阕即为典型的例证。而且即使像《菩萨蛮》这种多数作品属于浓艳密丽类型的词中，也不乏清疏明丽之笔。

需要进一步探讨的是：温词中这两种不同的风格究竟哪一种是其主要的风格，哪一种更能代表其艺术成就？

由于习惯将温词与词风清疏的韦庄词作对比，一般都认为浓艳密丽是温词的主要风格，当然也代表其艺术成就。但如果我们将最能体现温词浓艳密丽风格的词句篇章和最能体现其清疏明丽风格的词句篇章都加以罗列，进行对照和比较，那么，我们会发现，浓艳密丽虽是温词的主要风格，却未必能代表其艺术成就;真正能体现其艺术成就的反倒是清疏明丽型的风格。为了说明问题,不得不采用笨办法,将体现两种不同风格的词句篇章一一罗列如下:

先看浓艳密丽型。

> 小山重叠金明灭,鬓云欲度香腮雪。
> 新帖绣罗襦,双双金鹧鸪。

> 水精帘里颇黎枕,暖香惹梦鸳鸯锦。
> 双鬓隔香红,玉钗头上风。

> 蕊黄无限当山额,宿妆隐笑纱窗隔。

> 翠翘金缕双鸂鶒,水纹细起春池碧。
> 绣衫遮笑靥,烟草粘飞蝶。

> 玉钩褰翠幕,妆浅旧眉薄。

> 画罗金翡翠,香烛销成泪。

> 凤凰相对盘金缕。

> 翠钿金压脸,寂寞香闺掩。

> 金雁一双飞,泪痕沾绣衣。

宝函钿雀金鸂𪆟,沉香阁上吴山碧。

深处麝烟长。
花落月明残,锦衾知晓寒。

雨晴夜合玲珑日,万枝香袅红丝拂。闲梦忆金堂,满庭萱草长。

绣帘垂𩆜𩆜,眉黛远山绿。

山枕隐秾妆,绿檀金凤凰。
两蛾愁黛浅。
画楼残点声。

惊塞雁,起城乌,画屏金鹧鸪。
香雾薄,透帘幕,惆怅谢家池阁。
红烛背,绣帘垂。

金雀钗,红粉面。
香作穗,蜡成泪。
山枕腻,锦衾寒。

垂翠幕,结同心,待郎熏绣衾。
宫树暗,鹊桥横,玉签初报明。

银烛尽,玉绳低。

玉炉香,红蜡泪,偏照画堂秋思。眉翠薄,鬓云残,夜长锦衾寒。

香玉,翠凤宝钗垂簏籁。钿筐交胜金粟,越罗春水渌。　　画堂照帘残烛,梦余更漏促。谢娘无限心曲,晓屏山断续。

小凤战篦金飐艳。
锦帐绣帷斜掩,露珠清晓簟。粉心黄蕊花靥,黛眉山两点。

掩银屏,垂翠箔,度春宵。

金鸭小屏山碧。
烟霭隔,背兰釭。

玉钗斜簪云鬟髻,裙上金缕凤。

罗带惹香,犹系别时红豆。泪痕新,金缕旧,断离肠。　　一双娇燕语雕梁,还是去年时节。绿阴浓,芳草歇,柳花狂。

海燕欲飞调羽,萱草绿,杏花红,隔帘栊。　　双鬓翠霞金缕,一枝春艳浓。

罗幕翠帘初卷。

金缕毵毵碧瓦沟。

凤凰窗映绣芙蓉。

手里金鹦鹉,胸前绣凤凰。

团酥握雪花。
帘卷玉钩斜。九衢尘欲暮,逐香车。

鬓堕低梳髻,连娟细扫眉。

脸上金霞细,眉间翠钿深。欹枕覆鸳衾。

扑蕊添黄子,呵花满翠鬟。鸳枕映屏山。

懒拂鸳鸯枕,休缝翡翠裙。罗帐罢炉熏。

谢娘惆怅倚兰桡,泪流玉箸千条。
玉容惆怅妆薄。青麦燕飞落落,卷帘愁对珠阁。

含娇含笑,宿翠残红窈窕。鬓如蝉。寒玉簪秋水,轻纱卷碧烟。雪胸鸾镜里,琪树凤楼前。寄语青娥伴,早求仙。

霞帔云发,钿镜仙容似雪。画愁眉。遮语回轻扇,含羞下绣帏。玉楼相望久,花洞恨来迟。早晚乘鸾去,莫相遗。

芙蓉凋嫩脸,杨柳堕新眉。

凤帐鸳被徒熏,寂寞花锁千门。

凭绣槛,解罗帏。

宿妆眉浅粉山横。约鬟鸾镜里,绣罗轻。

金带枕,宫锦,凤凰帷。

罗袖画帘肠断,卓香车。
战篦金凤斜。

红袖摇曳逐风暖,垂玉腕,肠向柳丝断。

烟浦花桥路遥。谢娘翠蛾愁不消,终朝,梦魂迷晚潮。

天际云鸟引睛远,春已晚,烟霭渡南苑。雪梅香,柳带长。

钿蝉筝,金雀扇,画梁相见。

玉连环,金镞箭,年年征战。画楼离恨锦屏空,杏花红。

绿茎红艳两相乱。

小娘红粉对寒浪。

楚女欲归南浦,朝雨,湿愁红。

以上所列全篇或数联数句属于浓艳密丽风格者,涉及五十二首,约占温词全部的五分之四。即使表情真率大胆如《南歌子》,通体清疏明丽如《杨柳枝》,也有或多或少的浓艳成分①,可以看出,浓艳密丽确实是温词的主要风格。

再看清疏明丽型。

全篇属于这种类型或总体上属于这种类型的,大约只有《菩萨蛮》("满宫明月梨花白")、《更漏子》("背江楼")。《酒泉子》("楚女不归")、《定西番》("汉使昔年离别")、《定西番》("细雨晓莺春晚")、《杨柳枝》八首、《新添声杨柳枝辞二首》、《清平乐》("洛阳愁绝")、《梦江南》二首、《荷叶杯》("镜水夜来秋月"),总共十九首,约占温词总数的百分之二十八。但也说明,这种类型的词在温词中虽不占重要地位,可数量不少,占有相当的比重。

如果我们将问题的探讨深入一步,看这两种艺术风格的词(包括全篇或联、句),在艺术上究竟哪一种更成功,更为读者所普遍欣赏,那么便会发现,在前一种风格类型中,全篇或总体写得比较成功的,大概只有《菩萨蛮》的一、二、四、五、六、八、十、十一、十三、十四及《更漏子》的一、二、三、六,《酒泉子》的第四首,《河渎神》的第二首,《蕃女怨》的第二首,总共十七首,占全部词作的四分之一。而后一种风格类型的词中,全篇或总体上写得比较成功的有《梦江南》二首,《菩萨蛮》之九,《更漏子》之五,《酒泉子》之三,《定西番》之一,《杨柳枝》之一、三、五、八,《清平乐》之二,《遐方怨》之一,《新添声杨柳枝辞二首》,共十四首,与前一种类型数量大体相近。

---

① 《南歌子》七首的前三句大多为此种风格。

但这还不是问题的真正答案,如果再进一步追究,那些总体风格属于浓艳密丽的词中,写得最出色的片断或联、句,究竟属于什么类型? 就以最能代表其浓艳密丽风格的《菩萨蛮》和《更漏子》来看,写得最出色的反倒多数是属于清疏明丽类型的,也不妨罗列于下:

照花前后镜,花面交相映。

江上柳如烟,雁飞残月天。

心事竟谁知? 月明花满枝。

池上海棠梨,雨晴红满枝。

春梦正关情,镜中蝉鬓轻。

花落子规啼,绿窗残梦迷。

人远泪阑干,燕飞春又残。

画楼相望久,栏外垂丝柳。

杨柳又如丝,驿桥春雨时。
画楼音讯断,芳草江南岸。

雨后却斜阳,杏花零落香。

当年还自惜,往事那堪忆。

春水渡溪桥,凭栏魂欲销。

春恨正关情,画楼残点声。

梧桐树,三更雨,不道离情正苦。一叶叶,一声声,空阶滴到明。

这就说明,在大部分浓艳密丽型的词中,真正写得出色的倒往往是清疏明丽、以白描见长的写景抒情佳联名句。据此,似乎可以下一个结论:温庭筠所好虽为浓艳密丽一路,但其真正所长者却主要不在此,而是清疏明快、流丽自然、富于情韵的一格。

一个作家所好者非其所长的情况并不是个别的存在,而是文学史上比较常见的现象。像谢灵运,在诗歌创作中显然以骈偶化、大量用典和玄言议论作为其好尚与追求,但他这种好尚所结出的艺术果实却少有佳作,甚至遭到后世许多评家的诟病。相反,他在不经意中写出的一些名句,如"池塘生春草""明月照积雪,朔风劲且哀"却历代传诵。他的另一些佳句如"晓霜枫叶丹,夕曛岚气阴""密林含余清,远峰隐半规","乱流趋正绝,孤屿媚中川。云日相辉映,空水相澄鲜","昏旦变气候,山水含清晖","空翠难强名","野旷沙岸净,天高秋月明","春晚绿野秀,岩高白云屯"等,也莫不以自然明丽见长。这当中一个重要原因,是作家的好尚往往自觉或不自觉地受时代风尚的影响甚至为其所左右,而这种时代风尚未必即是其艺术上真正的强项。拿温庭筠来说,他写的许多浓艳密丽的诗歌和歌词,毫无疑问是受时代风尚的影响与追摹李贺诗风及自己个人爱好三者相结合的产物。就词来说,还受到为酒宴饮席应歌而作的创作需要的影响。时俗物情奢侈华靡,以浓艳为美,他笔下的女性,多为妓楼歌舞妓人,以浓妆艳饰为美,要写她们的居室环境、妆饰打扮,势必要用浓艳密丽之笔加以雕镂刻画。而实际上,正是这些浓艳密丽之笔,往往成为词中堆砌、琐碎、繁复、晦涩的败笔。当然,这并不是说,温词中浓艳密丽风格之作缺乏佳篇,这一点上面已经列举了十七首比较成功的篇章。这些篇章中既有清疏明丽风格的片断和联、句,也有浓艳密丽风格的联和句,像"鬓云欲度香腮雪""暖香惹梦鸳鸯锦""双鬓隔香红,玉钗头上风"便是显例,而它们之所以成功,是因为表现了人物的情态和情思,而不是堆砌丽字。

温庭筠词选注讲解

菩萨蛮①

小山重叠金明灭②,鬓云欲度香腮雪③。懒起画蛾眉,弄妆梳洗迟④。照花前后镜,花面交相映⑤。新帖绣罗襦⑥,双双金鹧鸪⑦。

[注释]

①苏鹗《杜阳杂编》:"大中初,女蛮国贡双龙犀、明霞锦。其国人危髻金冠,璎珞被体,故谓之菩萨蛮。当时倡优遂制《菩萨蛮》曲,文士亦往往声其词。"又云:"上(懿宗)创修安国寺,台殿廊宇,制度宏丽……降诞日于宫中结彩为寺,赐升朝官以下锦袍。李可及尝教数百人,作四方菩萨蛮队。"孙光宪《北梦琐言》卷四:"温庭云字飞卿,或'云'作'筠'字……才思艳丽,工于小赋。宣宗爱唱《菩萨蛮》词,令狐相国假其新撰,密进之。戒令勿泄,而遽言于人,由是疏之。"按:据杨宪益《零墨新笺·李白与菩萨蛮》一文考证,《菩萨蛮》系缅甸古乐,玄宗时传入中国,系《骠苴蛮》《符诏蛮》之异译。盛唐崔令钦《教坊记》"曲名表"已列《菩萨蛮》。现存敦煌曲子词中有多首《菩萨蛮》词,其中有时代早于温庭筠的,可视为盛、中唐时之作品者,如"敦煌古往出神将"一首即是。故苏鹗之记载或可说明大中间《菩萨蛮》曲之流行与文士写作《菩萨蛮》词之盛。而《菩萨蛮》曲之传入并流行于京师教坊间则早在盛唐。至于温庭筠十四首《菩萨蛮》是否有寄托有组织自成首尾的联章体,自清代张惠言以来,学者看法不一。本编仅就每首词本身作注释疏解,不涉及对十四首是否有寓托有组织的联章体的看法。张以仁《温飞卿〈菩萨蛮〉词张惠言说试疏》《温庭筠〈菩萨蛮〉词的联章性》对张

惠言说有详细阐发,可参阅。(张文载其《花间词论集》107 至 152 页)《菩萨蛮》词双调四十四字,上下片各四句,两仄韵换两平韵。据《北梦琐言》所载,此十四首或大中四年(850)十月至十三年(859)十月令狐绹为相期间温氏所作。《唐五代文学编年史》酌编于大中六年(852)前后。②浦江清曰:"小山"可以有三个解释。一谓屏山,其另一首"枕上屏山掩"可证,"金明灭"指屏上彩画。二谓枕,其另一首"山枕隐秾妆,绿檀金凤凰"可证,"金明灭"指枕上金漆。三谓眉额,飞卿《遐方怨》云"宿妆眉浅粉山横",又本词另一首"蕊黄无限当山额","金明灭"指额上所傅之蕊黄,飞卿《偶游》诗"额黄无限夕阳山"是也。三说皆可通,此是飞卿用词晦涩处。(《词的讲解》)俞平伯曰:"小山",屏山也,此处律用仄平,故变文耳,"金明灭"状初日生辉,与画屏相映。日华与美人连文,古代早有此描写。(《读词偶得》)沈从文曰:"中晚唐时,妇女发髻效法吐蕃,作'蛮鬟椎髻'式样,或上部如一棒槌,侧向一边,加以花钗梳子点缀其间","当时于发髻间使用小梳有用至八件以上的","当成装饰,讲究的用金、银、犀、玉或牙等材料,露出半月形梳背,有的多到十来把的","'小山重叠金明灭',即对当时妇女发间金背小梳而咏","所形容的,也正是当时妇女头上金、银、牙、玉小梳背在头发间重叠闪烁情形"。(《中国古代服饰研究》,据黄进德《唐五代词选集》转引)黄进德曰:上句咏美人发间金背小梳闪烁情景。王建《宫词》:"玉蝉金雀三层插,翠髻高耸绿鬓虚。舞处春风吹落地,归来别赐一头梳。"可证(沈说)。小山,形容隆起的发髻。(《唐五代词选集》)按:四说似皆可通,亦各有所据。但此词通篇描绘女子睡态及画眉梳妆、簪花照镜、妆毕试衣情事,不涉及房中陈设及首饰,故"屏山""山枕""梳弓"诸说似均未能妥帖切合。以"小山重叠"形容多把金背小梳在头发间重叠闪烁,无论读词者或听歌者均难以理解其为何种物象。张以仁谓:"前人诗文词赋中罕见以小山状梳者,而插满小梳,盛妆以眠,亦似不合情理,且下文'鬓云欲度香腮雪',系状云鬓蓬松垂拂之态,亦显其人曾卸妆就寝,非小憩也。"(《花间词论集》3 页)所辨甚是。似仍以"眉山"之说较长。李商隐《代赠二首》之二:"总把春山扫眉黛,不知供得几多愁?"此本《西京杂记》卷二:"文君姣好,眉色如望远山,脸际常若芙蓉。"为诗家所习用。"小山重叠",犹言眉山隐隐;"金明灭",则谓眉上之涂饰(青黛、蕊黄)灭没,盖形容其眉间宿妆已残。因眉妆残,故下云"画蛾眉",前后正相应。③鬓云,如云的鬓发。度,越。香腮雪,如雪的香腮。许昂霄《词综偶评》:"犹言鬓丝撩乱也。"俞平伯《唐宋词选释》:"'度'字含有飞动意。"胡国瑞《论温庭筠词的艺术风格》解此句云:"她的散乱的鬓发,似流动的云样将要渡过那雪白香艳的脸腮。"按:此句形容女子睡态:鬓发松散,斜掩如雪香腮,似有飘然欲度的态势。④二句写女子起床后画眉、梳发、洗脸,分承一、二句。因眉额妆残,故"懒起画蛾眉";因鬓发散乱,故"弄妆梳洗迟"。"弄"字含有把玩、欣赏、精心打扮之意,因"弄妆",故"梳洗迟"。⑤二句写女子簪花、照镜。前后镜,即打反镜,用前后镜对映以审视发髻后影是否妥帖美观。花面,分指簪在鬓发上的花和女子的面庞。交相映,即"人面桃花相映红"之谓。⑥帖,同"贴"。黄进德曰:"贴,指堆绫、贴绢法,以彩色绫绢照图案剪好钉在衣料上。"或说,即贴金工艺,将黄金箔制成的饰物贴在衣服上。襦,短袄。⑦金鹧鸪,指绣罗短袄上所贴的金色鹧鸪图案。浦江清曰:"鹧鸪是舞曲……伎人衣上画鹧鸪。韦庄《鹧鸪诗》:'秦人只解歌为曲,越女空能画作衣。'……故知飞卿所写正是伎楼女子。"

[讲解]

李调元曰:温庭筠善用"丽矞"及"金鹧鸪""金凤凰"等字,是西昆积习。金,皆衣上织金花纹。(《雨村词话》卷一)

张惠言曰:此感士不遇也。篇法仿佛《长门赋》,而用节节逆叙。此章从梦晓后领起。"懒起"二字,含后文情事。"照花"四句,《离骚》"初服"之意。(《词选》卷一)

谭献曰:以《士不遇赋》读之最确。"懒起"句,起步。(《谭评词辨》卷一)

陈廷焯曰：温丽芊绵，已是宋、元人门径。(《云韶集》卷一)飞卿词全祖《离骚》，所以独绝千古。《菩萨蛮》《更漏子》诸阕，已臻绝诣，后来无能为继。(《白雨斋词话》卷一)所谓沉郁者，意在笔先，神余言外。写怨夫思妇之怀，寓孽子孤臣之感。凡交情之冷淡，身世之飘零，皆可于一草一木发之，而发之又必若隐若现，欲露不露，反复缠绵，终不许一语道破。匪独体格之高，亦见性情之厚。飞卿词如"懒起画蛾眉，弄妆梳洗迟"，无限伤心，溢于言表。(同上)飞卿《菩萨蛮》十四章，全是变化楚骚，古今之极轨也。徒赏其华丽，误矣！(同上)

王国维曰：固哉！皋文之为词也。飞卿《菩萨蛮》、永叔《蝶恋花》、子瞻《卜算子》，皆兴到之作，有何命意，皆被皋文深文罗织。(《人间词话删稿》)

李冰若曰："小山"当即屏山，犹言屏山之金碧晃灵也，此种雕镂太过之句，已开吴梦窗堆砌晦涩之径。"新贴绣罗襦"二句，用十字止说得襦上绣鹧鸪而已。统观全词意，诔之则为盛年独处，顾影自怜，抑之则侈陈服饰，搔首弄姿。"初服"之意，蒙所不解。(《栩庄漫记》)

丁寿田、丁亦飞曰：此词表面观之，固一幅深闺美人图耳。张惠言、谭献辈将此词与以下十四章一并串讲，谓系"感士不遇"之作。此说虽曾盛行一时，而今人多持反对之论。窃以为单就此一首而言，张、谭之说尚可从。"懒起画蛾眉"句暗示蛾眉谣诼之意。"弄妆""照花"各句，从容自在，颇有"人不知而不愠"之慨。王国维《虞美人》词"且自簪花，坐赏镜中人"盖脱化于此。但王词觉牢骚气稍重矣。或谓飞卿不过一浪漫无行之失意文人，平生未遭何奇冤极祸，宁有悲天悯人之怀抱足以仰企屈子？此说可商。夫浪漫无行不过当时社会之偏面批评，岂足以尽温尉之人格？如纳兰容若固一升平公子，而其词哀感顽艳足以比南唐二主(陈其年评语)，何也？人之思想固与环境有关，但环境者非止于衣食起居之事，一切观感所及皆环境也。"文乃心声"，此言良是。但如飞卿者，吾人肉眼不足以窥其多重人格，宜乎觉其词与人不相称矣。(《唐五代四大名家词》甲篇)

刘永济曰：此调本二十首，今存十四首……二十首之主题皆以闺人因思别久之人而成梦，因而将梦前、梦后、梦中之情事组合而成。此首则写梦醒时之情思也。首言思妇睡梦初醒，见枕屏而引动离情。"小山重叠"，兴起人远之感；"金明灭"，牵动别久之思。次句言睡余之态。三、四句，梳妆也，曰"懒"曰"迟"，以见梳妆时之心情。五、六句，簪花也；花面交映，言其美也。七、八句，着衣也；"双双"句，又从见衣上之鸟成双引起人孤单之感。全首以人物之态度、动作、衣饰、器物作客观之描写，而所写之人之心情乃自然呈现。此种心情，又为因梦见离人而起者，虽词中不曾明言，而离愁别恨已萦绕笔底，分明可见，读之动人。此庭筠表达艺术之高也。（《唐五代两宋词简析》）

俞平伯曰：小山，屏山也……此句从写景起笔，明丽之色现于毫端。第二句写未起之状。古之帷屏与床榻相连。"鬓云"写乱发，呼起全篇弄妆之文。"欲度"二字似难解，却妙。譬如改作"鬓云欲掩"，径直易明，而点金成铁矣。此不但写晴日中之美人，并写晴日小风中之美人，其巧妙固在难解之二字耳。难解并不是不可解。三四两句一篇主旨，"懒""迟"二字点睛之笔，写艳均从虚处落墨，最醒豁而雅。欲起而懒，弄妆则迟，情事已见。"弄妆"二字，"弄"字妙，大有千回百转之意，愈婉愈温厚矣。过片以下全从"妆"字连绵而下。此章就结构论，只一直线耳，由景写到人，由未起写到初起、梳洗、簪花照镜、换衣服，中间并未间断，似不经意然，而其实针线甚密。本篇旨在写艳，而只说"妆"，手段高绝。写妆太多似有宾主倒置之弊，故于结句曰："双双金鹧鸪。"此乃暗点艳情，就表面看，总还是妆耳。谓与《还魂论·惊梦》折上半有相似之处。（《读词偶得》）

浦江清曰：此章写美人晨起梳妆，一意贯穿，脉络分明。论其笔法，则是客观的描写，非主观的抒情，其中只有描写体态语，无抒情语。易言之，此首通体非美人自道心事，而是旁边的人见美人如此如此……因为这些曲子是预备给歌伎传唱的，其中的内容即是倡楼生活，所以"她"是"我"，不容分辨。在听者可以想象出一个"她"，在歌者也许感觉着是"我"。词人作词，只是"体贴"二字,不分主观与客观,首两句写美人未起。三四始述动态,于不矜持处见自然的美。五六美艳,仿佛见《牡丹亭·惊梦》折杜丽娘唱"袅晴丝吹来闲庭院"一曲之身段……前后镜中人面交相映的美态,在飞卿以前尚无人说过。(《词的讲解》)

唐圭璋曰:此首写闺怨,章法极密,层次极清。首句,写绣屏掩映,可见环境之富丽。次句,写鬓丝缭乱,可见人未起之容仪。三、四两句叙事,画眉梳洗,皆事也。然"懒"字、"迟"字,又兼写人之情态。"照花"两句承上,言梳洗停当,簪花为饰,愈增艳丽。末句,言更换新绣之罗衣,忽睹衣上有鹧鸪双双,遂兴孤独之哀与膏沐谁容之感。有此收束,振起全篇。上文之所以懒画眉、迟梳洗者,皆因有此一段怨情蕴蓄于中也。(《唐宋词简释》)

夏承焘曰:温庭筠这首《菩萨蛮》是描写一个女子的孤独苦闷的心情。开头两句是写她褪了色走了样的眉晕、额黄和乱发,是隔夜的残妆。"小山"是指眉毛(唐明皇造出十种女子画眉的式样,有远山眉、三峰眉等,小山眉是十种眉样之一),"小山重叠"即指眉晕褪色。"金"是指额黄……"金明灭"是说褪了色的额黄有明有暗……全篇点睛的是"双双"两字,它是上片"懒"和"迟"的根源。全词描写女性,这里面也可能暗寓这位没落文人自己的身世之感。至若清代常州派词家拿屈原来比他,说"照花前后镜"四句即《离骚》"初服"之意,那无疑是附会太过了。(《唐宋词欣赏》)

叶嘉莹曰:此词自客观之观点读之,实但写一女子晨起化妆而已……首二句写美人娇卧未起之状……次句"鬓云"写乱发……"香腮雪"三字写美人面。"香",其气味也;"雪",其颜色也。"香腮雪"三字连文,与前"欲度"二字,初读皆似有不通费解之感,然飞卿词之妙处,实即在此等处也。后二句"懒起画蛾眉,弄妆梳洗迟",私意以为唐杜荀鹤《春宫怨》诗之"早被婵娟误,欲妆临镜慵。承恩不在貌,教妾若为容"四句,大可为此二句之注脚。欲起则懒,弄妆则迟者,正缘此"教妾若为容"之一念耳。美人之娇慵,美人之自持,可以想见……且复着一"弄"字,千回百转,无限要好之心,无限幽微之怨,俱在言外矣。后片"照花前后镜,花面交相映",则妆成之象矣……结二句"新贴绣罗襦,双双金鹧鸪",则自起床、化妆、照镜,直写到穿衣矣……襦而为罗,罗而为绣,更加之以熨帖,犹以为未足,复益之曰"新贴",一气四字,但形容此一襦也。然此犹未足尽其精美,因更足之曰"双双金鹧鸪","金"是一层形容,"双双"是又一层形容,此襦之华丽精美,有如是者……飞卿此词,姑不论其含意如何,即以其观察之细微、描写之精美、层次之分明、针缕之绵密而言,已大有不可及者矣。(《温庭筠词概说》,见其《迦陵论词丛稿》)

周汝昌曰:本篇通体一气,精整无只字杂言,所写只是一件事,若为之拟一题目增入,便是"梳妆"二字……而妆者,以眉为始;梳者,以鬓为主。故首句即写眉,次句即写鬓……上来两句所写,待起来之情景也。故第三句紧接懒起……闺中晓起,必先梳妆,故"画蛾眉"三字一点题——正承"小山"而来,"弄妆"再点题,而"梳洗"二字又正承鬓之腮雪而来。其双管并下,脉络最清。然而中间又着一"迟"字,远与"懒"字相为呼应,近与"弄"字互为注解。"弄"字最奇,因而是一篇眼目。一"迟"字,多少层次,多少时光,多少心绪,多少神情,俱被此一字包尽矣……过片重开,即写梳妆已罢,最后以两镜前后对应而审看梳妆是否合乎标准……两镜之交,"套景"重叠,花光之与人面,亦交互重叠,至于无数层次……梳妆既妥,遂开始一日之女红:刺绣罗襦,而此新样花贴,偏偏是一双一双的鹧鸪图纹。闺中之人,见此图纹,不禁有所感触……飞卿词极工于组织联络,回互呼应,此一例,足以见之。(见《唐宋词鉴赏辞典》)

此为十四首《菩萨蛮》之第一首,且其首句"小山重叠金明灭"即颇晦涩难解,歧义纷纷,故学者往往予以特别关注,解读评鉴,发掘之深,体会之细,分析之精,可谓字无剩义,甚至远超出作者写作歌词时主观上所欲表现的内容意蕴。然平心而论,此首虽有易生歧解或看似刻意用力的词语,全篇内容实极平常,不过写一女子早晨自娇卧未醒,宿妆已残而懒起梳妆,而妆毕簪花照镜,而穿上新罗襦之过程。结构亦循此次序作直线型之描叙,极清晰明了。而对此词内容意蕴之理解,关键又在弄清词中女主人公之身份与作者之立场态度。结拍二句"新帖绣罗襦,双双金鹧鸪",正透露出女子所着者系舞衣,女子之身份为歌舞伎人。飞卿出入倡楼,对此类女子之生活极为熟悉,词中所写伎人早起梳妆前后之情事情态,即其经常亲历目睹者。读此词,宛然可见此女子之旁有作者之身影。作者系站在旁观之立场,抱着欣赏的态度注视此女子自娇卧未醒至懒起梳妆,至妆毕照镜、试穿新衣的全过程。其中看似着力经意的"度"字、"懒"字、"弄"字、"迟"字,既表现女子的娇媚慵懒、精心梳妆,也透露作者的欣赏态度:既欣赏其娇慵,亦欣赏其"弄妆"。"照花"二句,女子妆毕临镜,花面相映,顾盼自赏,作者旁观,欣赏其自我欣赏之情亦自然流露。结拍试穿新襦,则女子自我欣赏之高潮与结束,亦作者旁观欣赏之结束,故繁笔描绘刻画。飞卿词为文人词中典型的应歌之作,实即当时之流行歌曲。后世词论家为尊词体,或赋予此类词以比兴寄托、《离骚》"初服"之大义,殆与历史实际不符。即谓此词系表现女子之孤独苦闷与幽怨,亦未必符合实际描写。"懒"字、"迟"字,孤立视之自可理解为没精打采、没情没绪,所谓"教妾若为容"者,但读至"照花"二句,则其对镜簪花之际,花面交相辉映之时,其顾盼自赏之情毕露无遗,何尝有所谓幽怨苦闷哉!实则上文"弄妆"之"弄"字已透露其梳妆打扮之时,心情是自我欣赏、着意精心的,而非无精打采的。关键在于错会"双双金鹧鸪"为透露孤单苦闷意绪之描写。此词在表现方面,固有如评家所分析总结之精密绮艳特征,王国维以"画屏金鹧鸪"形容飞卿词品,即以此种作品为主要依据。然在温词中,本篇实非上品。李贺有《美人梳头歌》,元稹有"水晶帘下看梳头"之句,此词性质,实与之相类。

菩萨蛮

水精帘里颇黎枕①,暖香惹梦鸳鸯锦②。江上柳如烟,雁飞残月天③。藕丝秋色浅④,人胜参差剪⑤。双鬓隔香红⑥,玉钗头上风⑦。

[注释]

①水精帘,即水晶帘。李白《玉阶怨》:"却下水晶帘,玲珑望秋月。"颇黎,即玻璃,古为玉名,亦称水玉,系天然水晶石。《新唐书·西域传下·吐火罗》:"武德二年,遣使者献宝带、玻璃、水精杯。"颇黎,《金奁集》作"珊瑚"。②"暖""香"均就锦被而言。惹,牵引、逗引。鸳鸯锦,指织有华丽鸳鸯图案以彩锦制成的被。③张惠言曰:"梦"字提。"江上"以下略叙梦境。俞平伯曰:后来说本篇者亦多采用张说。说实了梦境似太呆,不妨看作远景。按:俞说是。④藕丝,指女子身上穿着藕白色的衣裳。俞平伯曰:藕合色近乎白,故说"秋色浅"。又曰:藕丝是借代用法,把所指的本名略去,古词常见……这里所省名词,当是衣裳。张以仁曰:秋色非一,然秋晨多霜,秋原草木萧条,芦花独盛,是白色为秋天景色特征之一。元稹"藕丝衫子柳花裙",咏"白衣裳"者也。温氏《归国遥》词:"舞衣无力风敛,藕丝秋色染",亦谓藕白之衣裙,有如染上淡淡的秋色。王达津《读温庭筠菩萨蛮二首》云:"藕色就像染上淡淡的秋光",是矣。(《花间词论集》17页)按:秋又称"素秋",可证"秋色"即白色。⑤人胜,人形的饰物,于人日(正月初七)用之。《初学记》卷四引《荆楚岁时记》:"正月七日为人日,以七种菜为羹。剪彩为人,或镂金薄为人,以贴屏风,亦戴之头鬓。"此指戴在头鬓上的彩胜。参差剪,形容剪人胜时刀法纯熟精巧,参差错落,曲折如意。⑥俞平伯曰:"双鬓"句承上,着一"隔"字,而两鬓簪花如画。"香红"即花也。(《唐宋词选

释》）按："香红"固可借代花朵，然亦可借指女子芳香红润的面庞。上章"香腮雪"状其腮香而白皙，此则状其香而红润。参较可知。联系庭筠诗词中一系列形容女子脸颊面庞的词语，如"香玉，翠凤宝钗垂𩭲䰀"（《归国遥》），"兰膏坠发红玉春"（《张静婉采莲曲》），"雀扇圆圆掩香玉"（《晚归曲》），"香玉""红玉"均指女子香而白润、红而白润之面庞，尤可证实本篇之"香红"所指。两鬓乌黑，越衬出中间的面庞芳香红润，"隔"字似更切。⑦形容女子走动时，头上的玉钗，钗头的彩胜也随之摇曳颤动，如在春风中摇荡。参下引张以仁对末二句之笺解。

[讲解]

杨慎曰：王右丞诗"杨花惹暮春"，李长吉诗"古竹老梢惹碧云"，温庭筠词"暖香惹梦鸳鸯锦"，孙光宪词"六宫眉黛惹春愁"，用"惹"字凡四，皆绝妙。（《升庵诗话》卷十一）

徐士俊曰："藕丝秋色染"，牛峤句也（按：此庭筠《归国遥》句），"染""浅"二字皆精。（《古今词统》卷五）

张惠言曰："梦"字提。"江上"以下略叙梦境，人胜参差，玉钗香隔，言梦亦不得到也。"江上柳如烟"是关络。（《词选》卷一）

谭献曰："江上柳如烟"句，触起。（《谭评词辨》卷一）

吴衡照曰：飞卿《菩萨蛮》云："江上柳如烟，雁飞残月天。"《更漏子》云："银烛背，绣帘垂，梦长君不知。"《酒泉子》云："月孤明，风又起，杏花稀。"作小令不似此着色取致，便觉寡味。（《莲子居词话》卷一）

孙麟趾曰：何谓浑？如"泪眼问花花不语，乱红飞过秋千去"，"江上柳如烟，雁飞残月天"，"西风残照，汉家陵阙"，皆以浑厚见长者也。词至浑，功候十分矣。（《词径》）

陈廷焯曰："杨柳岸，晓风残月"从此脱胎。"红"字韵押得妙。（《云韶集》

卷一)"江上"二句,梦境凄凉。(《词则·大雅集》卷一)"江上"二句,佳句也,好在是梦中情况,便觉绵邈无际。若空写两句景物,意味便减,悟此方许为词。不则即金氏(应珪)所谓"雅而不艳,有句无章"者矣。(《白雨斋词话》卷七)

李冰若曰:"暖香惹梦"四字与"江上"二句均佳。但下阕又雕缋满眼,羌无情趣。即谓梦境有柳烟残月之中,美人盛服之幻,而四句晦涩已甚,韦相便无此种笨笔也。(《栩庄漫记》)

俞平伯曰:以想象中最明净的境界起笔……"暖香"乃入梦之因,故"惹"字妙。三四忽宕开……飞卿之词,每截取可以调和的诸印象,而杂置一处,听其自然融合,在读者心眼中,仁者见仁,智者见智,不必问其脉络神理如何如何,而脉络神理按之则俨然自在……即以此言,帘内之情秋如斯,江上之芊眠如彼,千载以下,无论识与不识,解与不解,都知是好言语矣……过片以下,妆成之象,"藕丝"句其衣裳也,"人胜"句其首饰也……末句尤妙,着一"风"字,神情全出,不但两鬓之花气往来不定,钗头幡胜亦颤摇于和风骀荡中。……过片似与上文隔断,按之则脉络具在……点"人胜"一名自非泛泛笔,正关合"雁飞残月天"句,盖"人归落雁后,思发在花前",固薛道衡《人日》诗也,不特有韶华过隙之感,深闺遥怨亦即于藕断丝连中轻轻逗出。(《读词偶得》)

浦江清曰:"暖香惹梦"四字所以写此鸳鸯锦者,亦以点逗春日晓寒,美人尚贪恋暖衾而未起。此两句写闺楼铺设之富丽精雅,说了枕衾两事,以文法言,只有名词而无述语。述语可以省略。听者可以直接想象有此闺房,闺房内有此枕衾也……"江上"两句,忽然开宕,言楼外之景,点春晓。张惠言谓是梦境,大误。上半阕虽未说出人,但于惹梦两字内已隐含此主人,与前章相同,亦说美人晓起,惟不正写晓起之情事,写帘内及楼外之景物耳……下半阕正写人,而以初春之服饰为言……此章之时令,在"人胜参差剪"一句中,盖初春情事也。(《词的讲解》)

叶嘉莹曰:此词全以诸名物之色泽及音节之优美取胜。首二句写帘里之情景……晶莹澄澈，一片清明。次句写鸳鸯锦，不明言其为衾为褥，而但标举其质地花纹，以唤起人一种极华丽之意象，而不作切实之说明，此正温词纯美作风之特色。"惹梦"之"惹"字，与前一首"鬓云欲度"之"度"字同妙，而况"惹梦"者又是"暖香"，则梦境可知。此句缠绵旖旎，无限温馨……三四两句……从帘里转至帘外，由华丽转为凄清。前贤多以为此二句乃写梦境之辞……所言诚大有可取，然似亦不必拘执其说……盖飞卿词之所以为美，关系于色泽、声音者多，而关系于内容、含意者少。即以此词前半阕而言，其所标举之诸名物，如水精帘、颇黎枕、暖香、鸳锦、烟柳、残月，其色泽或为明，或为暗，或为浓，或为淡，皆于矛盾中见谐和，似相反而实相成者也。又如以其声音分析言之，则一二两句"枕""锦"二字上声寝韵，幽抑曲折，三四两句忽转为平声先韵，轻快清明，皆能极和谐变化之妙……至于"玉钗头上风"之"风"字，初读之，似不免有不通之感，细味之，方觉其妙。盖必着此一"风"字，然后前所云之"参差"、之"人胜"，与夫"双鬓"之"香红"，乃增无限袅袅翩翩之感，然又必不明言其袅袅翩翩。而但着一名词"风"，与"香红"二字同妙。但以气味、颜色、名物唤起人之意象，而不予以说明。若飞卿此词，大可为纯美派之代表作矣。（《温庭筠词概说》）

张以仁曰：此盖伤别之词，写恋人之离别也。故寓以旅雁，示以残月，所谓"雁飞残月天"是也。古人行旅，多发于清晨……下片写女子头戴人胜，则是早春时节。又曰：此词佳处，结构是其一。首句写"帘"，次及枕衾，由外而内。三句写江上烟柳，四句写天边雁月，由近而远，是一对称；首次两句写室中物，三四两句写室外景，是又一对称……衣藕白之衫，戴金箔之胜，鬓插红花，头簪玉钗，其色彩莫不两两对比，而又与首次二句有呼应之妙，似此安排，非无意也，盖与暂聚而又别两种情感相萦系也。是景有冷暖，而情亦有欢悲，景之冷暖，亦即情之欢悲，此又一对称也。上阕写景，下阕写人，此又一对称。上阕写景而人在其中，情亦在其中。下阕写人，妙在只间接烘托，决不直接描状，专从衣物首饰上着色落笔，捕捉其特点。或浓染之，或细勾之，或图其貌，或传其神，而人之容色、气味、姿态,无不一一衬托而出,此画家图云状水之法也。又曰:(玉钗头上风)此"风"字实虚设,风之有无,非此句重点也。特以之烘托其人首饰颤动之貌与其款款行来婀娜之姿也。再深一层看,其首饰颤动之貌实亦状其体态之婀娜有致也。彼抽象难描难画之无限神韵,尽借此一具体之"风"字呈现,此飞卿之所以为高也。(《温飞卿词旧说商榷》。《花间词论集》10 至 20 页)

此首上片一、二句写室内,其人梦境旖旎缠绵,尚未醒来。三、四句写室外,江柳如烟,雁飞残月。此既非梦境,亦非纯粹之空镜头,而系其人清晓梦醒后所见。境界高远空阔中略带凄清寂寥,谓是写离别之景固可,谓是写怀人之情亦可,不妨视为此女子心境之外化。下片写其人之衣着、首饰、容鬟及举步时玉钗颤动之态。作者之意,仅在表现对此女子容饰体态之美的一种印象与感受,至于其人之心绪则并未明示,不妨任人自领。此词在结构上具有明显跳跃性,全篇又始终无一直接抒情之笔,故表情更为含蓄,意境亦呈扑朔迷离之致。较之前首,更能充分体现并发挥词体本身之特点与优长。就词境论,亦较前首更为优美且具有更大想象空间。故就整体而言,此首之水准实超越前首。前首可称精美,此首则精美之中复有空灵跳宕与悠远韵致者。不但"江上"二句、"玉钗"句为词中逸品,其转接过渡处亦一片神行也。按:庭筠有《咏春幡》诗云:"闲庭见早梅,花影为谁裁?碧烟随刃落,蝉鬓觉春来。代郡嘶金勒,梵声悲镜台。玉钗风不定,香步独徘徊。"内容与此词下片相近,尾联与"玉钗头上风"句尤可相参。诗中拈出"独"字,又有"代郡"二句点明征人远戍,闺人独居,或可证此词所写系闺人独居之离愁。然此首之意境格调已纯然是词的意境格调,与诗固迥然有别。

菩萨蛮

翠翘金缕双鸂鶒①,水纹细起春池碧②。池上海棠梨,雨晴红满枝③。绣衫遮笑靥,烟草粘飞蝶④。青琐对芳菲⑤,玉关音信稀⑥。

[注释]

①翠翘,翠绿色的尾羽。金缕,金色的毛羽。翠翘金缕,指黄绿相间的毛羽。鸂鶒,水鸟,形大于鸳鸯,好并游。见《张静婉采莲曲》"鸂鶒交交塘水满"句注。此句谓池中翠翘金缕的鸂鶒在成双成对地游泳。"翠翘""金缕"均为"鸂鶒"之修饰成分。或说,此句指女子头上的首饰(详下引俞平伯说),"翠翘"是翡翠翘,"金缕双鸂鶒"是金丝编织成的鸂鶒。但细审上下文,如此句写女子首饰,下句突然转写春池水碧,终嫌突兀;而解为实写池中之鸂鶒,则与下句"春池""水纹"一意贯串。且末尾云"青琐对芳菲",此欢游于春池中之双鸂鶒亦春日"芳菲"之一景也。如解为首饰,则与"芳菲"不侔。②水纹细起,当因鸂鶒并游而漾起池面细纹。③海棠梨,又名海红、甘棠,二月开红花,八月果实成熟。此句"海棠梨"指其花。韩偓《以庭前海棠梨花一枝寄李十九员外》:"二月春风澹荡时,旅人虚对海棠梨。"俞平伯曰:"海棠梨即海棠也,昔人于外来之品物每加一'海'字,犹今日对于舶来品,多加一'洋'字也。"红满枝,谓红色的海棠花缀满枝头。④靥,面颊上之酒窝。亦指女子之面饰,李贺《恼公》:"晓奁妆秀靥。"此云"笑靥",自指酒窝。烟草,如烟的春草,形容草生长繁茂。粘飞蝶,形容蝴蝶在草丛上低飞流连,仿佛被"粘"住。或谓,指女子绣衫上有草及飞蝶的图案。然以前说为优。⑤青琐,《汉书·元后传》:"赤墀青琐。"孟康注:"以青画户边镂中,天子制也。"颜师古曰:"孟说是。青琐者,刻为连环文,而青涂之

也。"此句"青琐"泛指雕刻成连环花纹涂以青漆的窗户。《世说新语·惑溺》:"韩寿美姿容,贾充辟以为掾。充每聚会,贾女于青璅(琐)中看,见寿,说之。"借指琐窗中的女子。芳菲,泛指春天的花草树木禽鸟。⑥玉关,玉门关,汉武帝置,汉时为通往西域各地的门户,故址在今甘肃敦煌西北小方盘城。此泛指边塞。句意谓女子远戍边塞的丈夫音信稀疏。

[讲解]

俞平伯曰:鸂鶒,鸳鸯之属,金雀钗也……"水纹"以下三句,突转入写景,由假的水鸟,飞渡到春池春水,又说起池上春花的烂漫来。此种结构,正与作者之《更漏子》"惊塞雁,起城乌,画屏金鹧鸪"同一奇绝。"水纹"句初联上读,顷乃知其误。金翠首饰,不得云"春池碧",一也。飞卿《菩萨蛮》另一首"宝函钿雀金鸂鶒,沉香阁上吴山碧",两句相连而绝不相蒙,可以互证。下云"春池",非仅属联想,亦写美人游春之景耳。于过片云"绣衫遮笑靥",乃承上"翠翘"句;"烟草粘飞蝶",乃承上"水纹"三句。"青琐"以下点明春恨缘由,"芳菲"仍从上片"棠梨"生根,言良辰美景之虚设也。其作风犹是盛唐佳句。琐训连环,古人门窗多刻镂琐文,故曰琐窗。曰青琐者,宫门也。此殆宫词体耳。说见下(指"竹风轻动"一首笺评)。(《读词偶得》)

浦江清曰:此章赋美女游园,而以春日园池之美起笔。首句托物起兴。鸂鶒,鸳鸯之属。翘,鸟尾长毛。吴融《咏鸳鸯》诗:"翠翘红颈复金衣,滩上双双去又归。"此言金缕,亦即金衣也……俞平伯释此词,以钗饰立说……殆误。飞卿此处实写鸂鶒,下句实写春池,非由钗饰而联想过渡也……今证之以吴融之诗,知飞卿原意所在,实指鸳鸯之类……上半阕写景,乃是美人游园所见……"绣衫"两句,正笔写人。写美女游园,情景如画,读此仿佛见《牡丹亭·惊梦》折前半主婢两人游园唱"原来姹紫嫣红开遍"一曲时之身段。飞卿词大开色相之门,后来《牡丹亭》曲、《红楼梦》小说皆承之而起,推为词曲之鼻祖宜也。作宫闺体词,譬如画仕女画,须用轻细的笔致,描绘柔软的轮廓。"绣衫遮笑靥"之"遮"字,"烟草粘飞蝶"之"粘"字……皆词人炼字处……此章言美女游园,而以一人独处玉关征戍作结,此为唐人诗歌中陈套的说法,犹之"忽见陌头杨柳色,悔教夫婿觅封侯"之类也。(《词的讲解》)

刘永济曰:此首追叙昔日欢会时之情景也。上半阕描写景物,极其鲜艳,衬出人情之欢欣,下半阕前二句补明欢欣之人情,后二句则以今日孤寂之情,与上六句作对比,以见芳菲之景物依然,而人则音信亦稀,故思之而怨也。(《唐五代两宋词简析》)

张以仁曰:此词就其布局结构言,从发饰展开,所谓近取诸身也。由金缕之水禽而及水纹细起之春池,而及池上之海棠梨,海棠梨枝头盛开之花朵。从物之联想,到景之展布,采递进之法,层次分明。便如乘车游览,车行景变,应接不暇,而又连续不断。然词中女主角实未尝移动,正所谓"平春远绿窗中起"也。由下片"青琐对芳菲"句可知……此女身坐窗前,而纵目驰骋,画面因而逐一展开,由近而远,由内而外,而神思飞越……情景激荡,而情语出焉:"玉关音信稀。"一语镇纸!又曰:词中通篇多用颜色字,"金"者鸂鶒,"碧"者春池,"红"者海棠梨之花;窗则曰"青琐",地则曰"玉关",飞烟之草上著翩跹之蝴蝶,则一片生气之新绿间,时见翔动之彩翼,是极尽色彩敷陈之能事,而又化静为动,使此一片阳和春景,色彩鲜明而兼生动活泼……飞卿善以秾丽之字面,精巧之笔法,敷写景物,实即加强物象之可感性,借此物象以传达其难以言状之心曲,其辞之深密处即其情之细腻处也。(《温飞卿词旧说商榷》。见《花间词论集》28至29页、31页)

"青琐对芳菲,玉关音信稀",二语为全篇结穴,亦为全篇主意。通首即写一闺中少妇凭窗览眺春日之"芳菲",忽忆远戍玉关之良人近来音信渐稀而有所怅触也。举凡翠翘金缕之春池鸂鶒,水纹细起之春池碧水,池边雨晴红满枝头之海棠梨花,如烟碧草上流连徘徊之双飞舞蝶,均包于"芳菲"二字之内,不独烟草棠梨花而已。"芳菲"即春色之代名词。以上所有景物,既充满春天的活力与繁艳,使女主人公在览眺流观之际深感青春与生命之欢欣,而有"绣衫遮笑靥"之轻快愉悦;又因其充满爱情及青春的联想暗示而自然忆及远戍之良人,故有"玉关音信稀"之怅触遗憾。此词之内容构思及女主人公之思绪变化确与王昌龄《闺怨》类似(与李商隐五律《即日》亦颇相似),然王诗末句明点"悔"字,此则只云"玉关音信稀"而不着怨、悔一类字眼,表情更为含蓄。至于此女子身份,视"玉关"句,自为闺中少妇而非宫女,不必因"青琐"一语而判定为宫词也。

菩萨蛮

玉楼明月长相忆①,柳丝袅娜春无力②。门外草萋萋③,送君闻马嘶。画罗金翡翠④,香烛销成泪⑤。花落子规啼⑥,绿窗残梦迷⑦。

[注释]

①玉楼,华美的楼,指女主人公所居。《十洲记·昆仑》:"天墉城,面方千里,城上安金台五所,玉楼十二所。"此"玉楼"系仙人所居。唐人多用以指道观或妓楼。前者,如李商隐《河阳诗》:"黄河摇溶天上来,玉楼影近中天台。"后者,如白居易《听崔七妓人筝》:"花脸云鬟坐玉楼,十三弦里一时愁。"浦江清曰:"举玉可见楼中人之身份。玉楼本道家语,谓神仙所居,古人每以北里艳游,比之高唐洛水,不啻仙缘,故此所谓玉楼者即秦楼、青楼之比,诗人所用之词藻也。"玉楼明月,似化用曹植《七哀诗》:"明月照高楼,流光正徘徊。上有愁思妇,悲叹有余哀。"此谓明月高照玉楼时,总是思念远别的情郎和往日离别的情景。②袅娜,此状柳丝柔弱细长。春无力,形容在柔软的春风吹拂下柳丝柔弱

无力的情态。暗透相思的女子慵懒无憀,提不起精神的情态意绪。作者《郭处士击瓯歌》:"莫沾香梦绿杨丝,千里春风正无力。"浦江清曰:"'春'字见字法,若云'风无力',则质直无味。柳丝的袅娜,东风的柔软,人的懒洋洋地失情失绪,诸般无力的情景,都是春(无力)的表现。"③萋萋,草生长茂盛貌。《楚辞·招隐士》:"王孙游兮不归,春草生兮萋萋。"浦江清曰:"从草萋萋三字上可以联想到王孙,加以骄马之嘶,知此玉楼中人所送者为公子贵人也。"此二句回忆当时与君离别的情景。④画罗金翡翠,指蜡灯的罗罩笼上画有金色的翡翠鸟图案。李商隐《无题四首》之一:"蜡照半笼金翡翠,麝熏微度绣芙蓉。"或解:罗,指罗帏,帏上绣有金色翡翠鸟图案,亦通。⑤蜡烛中掺有香料,故称香烛。香烛销成泪,谓夜深烛残,蜡脂销成烛泪。兼寓女子的相思之泪。⑥子规,即杜鹃鸟,每于春暮夏初时昼夜啼鸣,其声凄苦。屈原《离骚》:"恐鹈鴂之先鸣兮,使夫百草为之不芳。"鹈鴂即杜鹃鸟。花落子规啼,示青春芳华将逝。⑦绿窗,指女子居处。李绅《莺莺歌》:"绿窗娇女字莺莺,金雀娅鬟年十七。"韦庄《菩萨蛮》:"劝我早归家,绿窗人似花。"

[讲解]

张惠言曰:"玉楼明月长相忆",又提。柳丝袅娜,送君之时,故"江上柳如烟",梦中情境亦尔。七章"阑外垂丝柳",八章"绿杨满院",九章"杨柳色依依",十章"杨柳又如丝",皆本此柳丝袅娜言之,明相忆之久也。(《词选》卷一)

谭献曰:"玉楼明月"句,提。"花落子规啼"句,小歇。(《谭评词辨》卷一)

陈廷焯曰:音节凄清,字字哀艳,读之魂销。(《云韶集》卷一)低回欲绝。(《词则·大雅集》卷一)"花落子规啼,绿窗残梦迷",又"鸾镜与花枝,此情谁得知",皆含深意。此种词,第自写性情,不必求胜人,已成绝响。后人刻意争奇,愈趋愈下。安得一二豪杰之士,与之挽回风气哉!(《白雨斋词话》卷一)

况周颐曰:姚令威《忆王孙》云:"毵毵杨柳绿初低,淡淡梨花开未齐。楼上

情人听马嘶,忆郎归,细雨春风湿酒旗。"与温飞卿"送君闻马嘶",各有其妙,政可参看。(《蕙风词话续编》卷一)

李冰若曰:前数章时有佳句,而通体不称,此较清绮有味。(《栩庄漫记》)

丁寿田、丁亦飞曰:此词盖写一深闺女子,思念离人,因回忆临别时种种情景。"玉楼明月",盖离别之前夜也;"柳丝袅娜"、芳草萋萋,盖分手时之光景也。"画罗"以下各句则系眼前空闺独守之景况。(《唐五代四大名家词》甲篇)

浦江清曰:此章独以抒情语开始,在听者心弦上骤然触拨一下。此句总提,下文叙惜别情事……云"长相忆"者,此章言美人晨起送客,晓月胧明,珍重惜别,居者忆行者,行者忆居者,双方的感情均在其内……"柳丝"句见春色,又见别意……下片言送客归来。"画罗金翡翠",言幔帐之属。金翡翠,兴而比也,触起离绪。烛泪满盘,犹忆长夜惜别之景象,而窗外鸟啼花落,一霎痴迷,前情如梦。举绿窗以见窗中之佳人,思忆亦曰梦。往日情事至人去而断,仅有断片的回忆,故曰残梦。"迷"写痴迷的神情,人既远去,思随之远,梦绕天涯,迷不知踪迹矣。(《词的讲解》)

唐圭璋曰:此首写怀人,亦加倍深刻。首句即说明相忆之切,虚笼全篇。每当玉楼有月之时,总念及远人不归。今见柳丝,更添伤感。以人之思极无力,故觉柳丝摇漾亦无力也。"门外"两句,忆及当时分别之情景,宛然在目。换头,又入今情。绣帏深掩,香烛成泪,较相忆无力,更深更苦。着末,以相忆难成梦作结。窗外残春景象,不堪视听;窗内残梦迷离,尤难排遣。通体景真情真,浑厚流转。(《唐宋词简释》)

张以仁曰:此(指首句)但直叙玉楼之上明月之夜之相思意也。"长相忆"者,谓思念无时或已也。二、三、四句即承此意而转写当日别离情景,如以舞台拟之,则另一场景耳……下片又回到现场,舞台在玉楼之上,香闺之中。夜深,故燃烛,与"明月"应;"香烛销成泪",思念之情与别离之情相应,不觉曙色已临,眼中见辞树之花,耳中闻思归之鸟,花零落而春难驻,鸟思归而人未回,而闺

中之人犹迷离于往梦之中,梦而曰"残",可见日益渺茫矣。(《温飞卿词旧说商榷》。《花间词论集》36至37页)

此首写景,除"柳丝袅娜春无力。门外草萋萋,送君闻马嘶"三句为日间景象外,其他各句均为夜间景象,视"玉楼明月""画罗翡翠""香烛成泪""子规啼""残梦迷"等语可知。谓上片写美人晨起送客,下片写送客归来,恐非。首句"玉楼明月长相忆"乃全篇总冒,通首即写此玉楼中女子每当月明之夜对所爱者之思忆。二、三、四句即承"长相忆"而回忆昔年春天别离情景:柳丝袅娜,春风无力,芳草萋萋,门外马嘶。过片两句,由回忆往昔别时折回玉楼明月、空房独守之现境:画罗灯罩(或帷帐)上之翡翠虽成双成对,而人则孤独无侣,唯伴残烛而相思流泪。末二句则因相思而入梦,梦醒时但闻子规哀鸣,而残梦迷离,不可追寻矣。下片四句,时间由夜深而渐近破晓,盖此"长相忆"之情,无日无夜,醒时睡时,无时或已也。点出"花落子规啼",正遥应篇首"柳丝袅娜春无力",别来已经年矣,青春芳华消逝之慨即寓于其中。

菩萨蛮

满宫明月梨花白①,故人万里关山隔②。金雁一双飞③,泪痕沾绣衣。小园芳草绿④,家住越溪曲⑤。杨柳色依依,燕归君不归⑥。

[注释]

①华锺彦曰:"《尔雅·释宫》云:'宫谓之室,室谓之宫。'释文:'古者贵贱同称宫,秦、汉以来,惟王者所居称宫焉。'此宫字当用古义,非王者所居之专称。温庭筠《舞衣曲》云:'不逐秦王卷象床,满楼明月梨花白。'是其左证。此叙民

间女子事,故下文云,故人远隔也。"浦江清曰:"古者宫、室通称,不必指帝王所居,而梵宇道观亦均可称宫。飞卿另有《舞衣曲》,其结句云'满楼明月梨花白',与此仅差一字,今云'满宫',是文人变换词藻,不可拘泥。此章如咏宫中美人,则不应有'故人万里关山隔'之句,岂必如刘无双、王仙客之故事乎?此不可通者也。"又曰:"顷细思其事,更进一解。盖飞卿所制实为教坊及北里之歌曲。教坊中之妓女常应节令入宫歌舞。崔令钦《教坊记》云:'妓女入宜春院谓之内人,亦曰前头人,常在上前。'……知教坊人或两院人与内妓或内人有别……今飞卿此章所写之妓,其已入宜春院为内妓,或仅为教坊两院中人,所不可知。要之均可有入宫歌舞之事。如此则所谓'满宫'者或实指宫苑而言。"黄进德曰:"满宫,犹满院。宫,此指一般民居。"(《唐五代词选集》)按:先秦时代,宫、室固可互训,但自秦、汉以来,迄于唐代,"宫"之宫苑含义已经固定(梵宇道观称宫,亦从宫苑义而来)。且下片"家住越溪曲",明用西施及浣纱女伴事,则此词之女主人公即是西施,或以西施借指宫中嫔妃。然则此句之"宫"定指宫苑。参下"越溪曲"注及笺评引俞平伯说。②故人,当指以前与女主人公(即西施)一起浣纱的女伴。王维《西施咏》:"艳色天下重,西施宁久微?朝仍越溪女,暮作吴宫妃……当时浣纱伴,莫得同车归。"故人,即"当时浣纱伴"也。③华锺彦曰:"刘贡父《中山诗话》云:'金雁,筝柱也。'谓离怀至深,弹筝以写之也。或曰:金雁,首饰也。杨万里诗:'珠襦玉匣化为土,金雁银凫亦飞去。'即其例。窃疑雁当指远人书信,金,言其贵重,杜甫诗'家书抵万金'是也。"俞平伯曰:"(金雁句)指衣上的绣纹。"(《唐宋词选释》)浦江清曰:"雁而曰金,岂非秋之季候于五行属金,谓金雁者犹秋雁乎?曰:梨花非秋令之物,不应作如此解。或云:金雁即舞衣上所绣,犹之第一章之'新贴绣罗襦,双双金鹧鸪'。'金雁一双飞'言舞袖之翩翩,亦犹郑德辉咏舞之曲'鹧鸪飞起春罗袖'也。此可备一说。另解:金雁者筝上所设之柱,筝柱成雁行之形,故曰雁柱,亦有称金雁者,温飞卿《咏弹筝人》诗云:'钿蝉金雁今零落,一曲《伊州》泪万行。'与此词意略同,以此解为最胜。"(《词的讲解》)黄进德曰:"金雁,此指远人书信。司空曙《灯花三首》之一:'几时金雁传归信,剪断香魂一缕愁。'"按:诸说似均可通,亦各有所据。然此处"金雁"似解为高空飞雁更为直截。"金"仅取其字面之华美,此飞卿摛藻之积习,自非指"秋"。如解为秋雁,不但与"梨花白"直接冲突,亦与"芳草绿""杨柳色依依"等明写春令景物者不符。雁为候鸟,春天由南方飞向北方。旧有雁足传书之传说。今只见南雁双双北飞,而不见"故人"(浣纱女伴)的音信,故思念故乡旧伴,不禁泪沾绣衣。④小园,指西施越中故乡的小园。⑤俞平伯曰:"'越溪'即若耶溪,北流入镜湖,在浙江绍兴。相传西施浣纱处……杜荀鹤《春宫怨》:'年年越溪女,相忆采芙蓉。'亦指若耶溪。"(《唐宋词选释》)按:注②王维《西施咏》"朝仍越溪女,暮作吴宫妃"亦可证"家住越溪曲"者为西施及浣纱女伴。⑥燕,雪艳亭本《花间集》作"雁",非。君,浣纱女伴称居于吴宫的西施。详后选注者对此首的讲解。"燕归"句即《菩萨蛮》之七"音信不归来,社前双燕回"之意,谓春天燕子按时归来,而"君"(西施)则不归。

[讲解]

汤显祖曰:兴语似李贺,结语似李白,中间平调而已。(汤评《花间集》卷一)

陈廷焯曰:凄艳是飞卿本色,从摩诘"春草年年绿"化出。(《云韶集》卷二四)结句即七章"音信不归来"二语意,重言以申明之,音更促,意更婉。(《词则·大雅集》卷一)

浦江清曰:首句托物起兴,见梨花而忽忆故人者,"梨"字借作离别之离,乐府中之谐音双关语也。夫明月之下,若梅若杏,若桃若李,芳菲满园,何必独言梨花?此词人之剪裁,从梨花而触起离绪,乃由语言之本身引起联想也。故人者即旧情人,教坊姊妹自有婚配,亦可有情人……"金雁"从"关山"带出……此章上下两片,随意捏合,无甚关联。"小园芳草绿"之"小园",与"满宫明月梨花白"之"满宫"是否为一地,抑两地,不可究诘。由小园芳草之绿,忆及南国越溪之家,意亦疏远……"家住越溪曲"暗用西施典故,用一历世相传美人之典故,见此妓容貌端丽,亦为一美女子。"杨柳色依依,燕归君不归",是敷衍陈套语。"君"……为女子想念之对方,亦即上片中之故人也。(《词的讲解》)

俞平伯曰:"越溪"即若耶溪……相传西施浣纱处。本词疑亦借用西施事……上片写宫廷光景,下片写若耶溪,女子的故乡。结句即从故人的怀念中写,犹前注所引杜荀鹤诗意。"君"盖指宫女,从对面写来,用字甚新。柳色如旧,而人远天涯,活用经典语。(《唐宋词选释》)

张以仁曰:俞氏谓此词"越溪"即若耶溪,且系暗用西施事,皆有见地。惟谓"君"指宫女,则颇费解。依俞氏之说,谓"结句即从故人的怀念中写",则此词上片之"故人",与下片之"君",其非同一人甚明。下片写"故人"怀念此宫女,上片是否写宫女怀念彼"故人"? 上下两片,各写一方,类此结构虽非绝无仅有,亦殊不多见,此姑不论。然如暗用西施事,则彼"故人"应指夫差。吴越之战,夫差兵败自杀,西施与范蠡偕游于五湖,俞氏之说,无论情事,皆与故典不合,此其一。且"君"字飞卿词凡十一见,除此处不计,其他十见……其中"君"字,皆指男性,一望而知,无称呼女性者……此其二也。窃谓此词有自伤自惜而欲近无方之意:下片以越女为况,自矜国色也;上片托宫怨为之,示遭冷落也。待重拾旧欢乎? 奈阻隔重重无能亲近何? 眼前与念中,场景变换,实外托男女眷恋之貌,内寄感士不遇之情。(《温飞卿词旧说商榷》。《花间词论集》54 至 55 页)

俞说甚是。此首显咏西施事。"宫"指宫苑(吴宫)。上片写西施思念"故人"(浣纱女伴),下片写浣纱女伴思念西施(即"燕归君不归"之"君")。上片之场景为吴宫,下片之场景为越溪为小园。上片由眼前"满宫明月梨花白"之虚寂景象引发对"万里关山隔"的故里故人(浣纱女伴)的思念;又由"万里关山隔"引发对鸿雁传书的企盼。然鸿雁虽来而故人音书杳然,故"泪痕沾绣衣"。上片意蕴,近似张祜《宫词》:"故国三千里,深宫二十年。一声《何满子》,双泪落君前。"唯彼所怀者侧重"故国",此则侧重"故人";彼因听歌而泪下,此则因故人音书不至而泪沾绣衣。传统宫词多写宫嫔之怨旷与处境之冷寂,此则主要写宫嫔对故里故人(女伴)的思念。下片写昔日浣纱女伴对西施的思念,亦从眼前景(小园芳草绿)写起,次句明点"家住越溪曲"。此家既为浣纱女伴(故人)之家,亦为西施(君)之家。"小园"与"宫"正相照映,说明上下片分写两地及居于两地之人。俞氏谓"结句即从故人的怀念中写……'君'盖指宫女",精切不移,然谓"从对面写来",似可商酌。盖下片解为西施想象越溪浣纱女伴如何思念自己,不如解为越溪浣纱女伴(即西施之故人)思念关山远隔的西施(即"君")更为直截而了无窒碍也。小园之芳草年年返绿,溪边之杨柳岁岁垂丝,营巢之燕子春又归来,而昔日同在越溪浣纱的西施则至今不归。下片从"故人"对西施的思念中进一步写出一入深宫永无归期的宫嫔生活命运。上下片虽分写两地(吴宫与越溪)两方(西施与浣纱女伴),而主旨则统一于宫嫔归期无日的悲剧命运。此种上下片平行并列相互对应的结构章法,是对上下分片的双调词形式的创造性运用。解此词之关键,不仅须正确理解"宫""故人""君""小园"及"越溪"等词语,更须打破对双调词结构章法及"君""故人"等词语之惯性认识。双调词的结构章法多数情况下固为线型,即按时间顺序叙事写景抒情,偶有颠倒跳跃,亦不改变线型之整体结构。而此词则完全打破通常惯例,上下片平行并列对应。此种结构章法,虽较罕见,亦非绝无仅有。如欧阳修《踏莎行》:"候馆梅残,溪桥柳细。草薰风暖摇征辔。离愁渐远渐无穷,迢迢不断如春水。

寸寸柔肠,盈盈粉泪。楼高莫近危栏倚。平芜尽处是春山,行人更在春山外。"上片写征人(行者),下片写思妇(居者);上片是溪山行旅图,写行旅中的男子思念女子,下片是高楼望远图,写高楼上的女子思念行人。人物、场景不同,并列对应。与温词此首可称此种结构章法之范例,庭筠得其先机,永叔后来居上。再如"君"与"故人",多数情况下固指男性,然西施称昔日之浣纱女伴为"故人",可谓完全切合。称女子为"君"者,此词亦非仅有之独例,如韦庄《浣溪沙》:"夜夜相思更漏残,伤心明月凭阑干。想君思我锦衾寒。　咫尺画堂深似海,忆来惟把旧书看。几时携手入长安?"其中之"君",即指男子所思念之深处画堂之女子。又如庭筠乐府诗《醉歌》:"临邛美人连山眉,低抱琵琶含怨思。朔风绕指我先笑,明月入怀君自知。"此处之"君",即"低抱琵琶"(亦即所谓"明月入怀"——琵琶形如明月)之临邛美人。可见诗词中均有以"君"指女子之例。此类词语之习惯用法,偶一打破,只须运用切当,亦自有新趣。庭筠词多密丽,此词除偶用"金""绣"等丽字外,整体风貌疏淡明快,可称温词别调。

菩萨蛮

宝函钿雀金鸂鶒①,沉香阁上吴山碧②。杨柳又如丝,驿桥春雨时③。画楼音信断,芳草江南岸④。鸾镜与花枝,此情谁得知⑤?

[注释]

①华锺彦曰:"函,匣也,套也,故有剑函、镜函、枕函诸名。此当作枕函解,韩偓诗:'罗帐四垂银烛背,玉钗敲着枕函声。'钿雀,钗也。金鸂鶒,钗头所饰也。枕函之旁,有堕钗,谓初起也。李义山诗:'水纹簟上琥珀枕,傍有堕钗双翠翘。'是其例。"黄进德曰:"钿雀,似指枕函上饰有平磨螺钿制成的孔雀形象的图案。钿,指用薄如蝉翼的贝壳制作的传统工艺。"浦江清曰:"宝函者,盒具,盛镜、钗、耳环、脂粉之盒,嵌宝为饰。钿雀,钗也,镂金以为各样花式曰钿,钿雀是金钗,上有鸟雀之形以为饰。鸂鶒,鸳鸯之属。上言钿雀,下言金鸂鶒,实只一物,盖'钿雀'但说金钗之上有鸟饰者,至'金鸂鶒'方特说此鸟饰为一对鸳鸯

也。"按：枕函、镜函两说皆可通，浦说较长。盖此词系写女子晨起对镜梳妆时所见所思。首句"宝函"指妆奁或镜奁，因其内放置珍贵之首饰，故称"宝函"。枕头虽可称"枕函"，但以"宝函"指称枕头者，尚未见其例。且首句如写枕头及枕旁堕钗，似只能暗示此女子尚娇卧未起，不特与三、四句写望中景象不接，亦与末二句"鸾镜与花枝"脱节。而解为妆奁，则人已起床，与三、四句及末二句方相承接。此句实即写女子晨起打开妆奁时看见匣中有镶嵌精美之鸂鶒形金钗。动词省略，可以意会，此诗词中常见。鸂鶒，鸳鸯之属，取其成双嬉游，以兴起怨别怀远之情。张以仁对庭筠《归国遥》"小凤战箆金飐艳"句有专文解说（见其《花间词论续集》），认为系指两腮在箆饰小凤款款摇荡、金光闪烁的衬映下，显得分外艳丽。与此句可参较。②阁，晁刻本《花间集》原作"关（關）"，据雪艳亭本改正。沉香阁，用沉香木建造的楼阁，用以形容其华美。王仁裕《开元天宝遗事》卷下："杨国忠又用沉香为阁，檀香为栏，以麝香、乳香筛土和为泥饰壁……禁中沉香之阁，殆不侔此壮丽也。"此虽近小说家言，然李白《清平调辞》"沉香亭北倚阑干"，则兴庆宫确有沉香亭。沉香，香木名。嵇含《南方草木状》："交趾有蜜香树，干似柜柳，其花白而繁，其叶如橘。欲取香，伐之，经年，其根干枝节，各有别色也。木心与节坚黑，沉水者为沉香。"《南史·夷貊列传上·林邑国》："沉木香者，土人斫断，积以岁年，朽烂而心节独在，置水中则沉，故名曰沉香。"此指女子所居楼阁。或谓指沉香暖阁。吴山，泛称江南吴地之山。又，今陕西陇县西南之吴岳亦称吴山。然据下片"芳草江南岸"之语，此句之"吴山"当泛指江南吴地之山。《文选·谢朓〈和伏武昌登孙权故城〉》："鹊起登吴山，凤翔陵楚甸。"此为三国吴地之山。贾岛《送朱可久归越中》："吴山侵越众，隋柳入唐疏。"此为春秋吴故地之山。然本篇之"吴山"，又非实指江南吴地之山，而系指画屏上之吴山。浦江清《词的讲解》引另说云："吴山指屏风。飞卿《春日》诗：'一双青琐燕，千万绿杨丝。屏上吴山远，楼中朔管悲。'"句意盖谓居住在华美楼阁上的女子清晨打开妆奁准备梳妆时瞥见画屏上碧绿的吴山。古代屏风上常绘青碧山水,故云"吴山碧"。女子所怀想的男子现居江南吴地,故见画屏上的吴山不禁有所怅触。③驿桥,驿站旁的桥。驿,古代供传递文书、官员来往及运输中途暂息、住宿之处,亦可泛指旅店。二句写女子在楼阁上望见楼外杨柳又抽缕垂丝,驿站的桥边正下着蒙蒙的春天丝雨。④画楼,当即女子所居的沉香阁。音信断,指女子所思念的男子音信断绝。芳草江南岸,系女子遥想中的男子所居的江南吴地的春天景象,暗用《楚辞·招隐士》:"王孙游兮不归,春草生兮萋萋。"二句意谓:画楼中的女子久已接不到所思男子的音信,遥想吴中,此时当是芳草绿遍江南岸的景象了。⑤鸾镜,指妆镜,背上镌刻鸾凤图案,故称。《太平御览》卷九一六引范泰《鸾鸟诗序》:"昔罽宾王结罝峻祈之山,获一鸾鸟,王甚爱之,欲其鸣而不致也。乃饰以金樊,飨以珍羞,对之逾戚,三年不鸣。夫人曰:'闻鸟见其类而后鸣,何不悬镜以映之?'王从其言。鸾睹影感契,慨焉悲鸣,哀响中宵,一奋而绝。"此处可能暗用其事,以示女子如孤鸾形单影只。花枝,指女子梳妆时插鬓的花。二句写女子对镜簪花时的心理活动:对镜理妆,簪花插鬓之际,自己的满腹心事又有谁知道呢?二句化用《越人歌》"山有木兮木有枝,心说君兮君不知"之词意。

[讲解]

汤显祖曰:"沉香""芳草"句,皆诗中画。(汤评《花间集》卷一)

张惠言曰:"鸾镜"二句,结,与"心事竟谁知"相应。(《词选》卷一)

谭献曰:"宝函钿雀"句,追叙。"画楼"句,指点今情。"鸾镜"句,顿。(《谭评词辨》卷一)

陈廷焯曰:只一"又"字,多少眼泪,音节凄缓。凡作香奁词,音节愈缓愈妙。(《云韶集》卷一)"鸾镜与花枝,此情谁得知?"皆含深意。此种词第自写性情,不必求胜人,已成绝响。(《白雨斋词话》卷一)

浦江清曰:首句……托物起兴。鹦鹉,兴而比也。下接"沉香阁上吴山碧",

意甚疏远,亦韵的传递作用。以词意言之,则首句言女子所用之奁具及钗饰,次句为女子所居之楼及楼外之景……"吴山碧"是楼外所见之景,吴地诸山,概可称为吴山……另说,吴山指屏风……"杨柳又如丝,驿桥春雨时",写景如画,句法开宕,与"江上柳如烟,雁飞残月天"绝类,皆晚唐诗之格调也。上片言楼内楼外,下片接说人事。言画楼以见楼中之人。此女子凭楼盼远,但见江南芳草萋萋,兴起王孙不归之感叹,故曰"音信断"。单说"画楼音信断"可有两义,一意是说画楼中人久无音信到来,是男子想念女子的话。一意是说远人的书信久不到画楼,是女子想念男人的话。今词中所说的是后面一层意思。鸾镜亦宝函中之物,镜背有鸾凤之花纹,故曰鸾镜。此句远承第一句,脉络可寻,知此女子晨起理妆,对镜簪花插钗而忆念远人,诗词不照散文的层次说,因诗词的语言要顾到语言本身的衔接,不照意义的承接也。知、枝同音双关语,例见《诗经》及《说苑·越人歌》,飞卿于此《菩萨蛮》中两用之,皆甚高妙,已见前"心事竟谁知?月明花满枝"句之笺释。飞卿熟悉民歌中之用语,乐府之意味特见浓厚。《白雨斋词话》特称赏此两句,谓含有深意,初不知深意之究竟何在,盖陈氏但从直觉体味,尚未抉发语言中之秘奥耳。(《词的讲解》)按:浦氏笺释《菩萨蛮》之三"心事竟谁知?月明花满枝"二句云:主要还在说"心事竟谁知"一句,而以"月明花满枝"为陪衬,在语音本身上的关联更为紧凑,在意境上,则对此明月庭花能不更增幽独之感?是语音与意境双方关联,调融得一切不隔。《越人歌》古朴有味,飞卿的词句更甚新鲜出色,乐府中之好言语也。

唐圭璋曰:此首,起句写人妆饰之美,次句写人登临所见春山之美,亦"春日凝妆上翠楼"之起法。"杨柳"两句承上,写春水之美,仿佛画境。晓来登高骋望,触目春山春水,又不能已于兴感。一"又"字,传惊叹之神,且见相别之久,相忆之深。换头,说明人去信断。末两句,自伤苦忆之情,无人得知。以美艳如花之人,而独处凄寂,其幽怨深矣。"此情"句,千回百转,哀思洋溢。(《唐宋词简释》)

浦解极精妙,唯次句"吴山碧"当从另说指屏风上所绘之"吴山"耳。花间词中如"画屏闲展吴山翠""小屏香霭碧山重""翠叠画屏山隐隐"等句均可类证,飞卿诗句"屏上吴山远"更可作的证。首二句貌似客观描写,实则"钿雀金鹡鸰"与屏上"吴山碧"均为触发女子感情之物。前者触发对往昔双栖双宿美好爱情生活之追忆,后者勾起对远在江南吴地之所欢的怀念。三四由屏上吴山之"碧"联想到时已芳春,遂倚楼而望,但见杨柳丝丝,驿桥春雨,韶光妍丽如许。这两句不但写景明丽鲜妍,如同画图,而且笔致疏宕流畅,音情摇曳,兼具诗情、画意与音乐美。点眼处尤在一"又"字,仿佛叠印镜头,于当下目接之景上隐现往年曾历的同样景象,其中隐含着春色依旧而人事已非的意蕴。妙在只画出丽景,而今昔情事均在一"又"字中透出。这种寓虚于实、寓昔于今而又以昔之欢聚衬托今之伤别的手法,运用得自然入妙,不露痕迹。过片从"又"字生发,点明"画楼"与"江南"两地相隔。"芳草"句与上片"吴山碧""杨柳如丝""春雨"相应,与"画楼"句之间则若断若续、若即若离。盖此女子因对方音信断绝而遥想心所系念的男子身居之地江南,此时该又是芳草绿遍了。此"芳草江南岸"乃是心之所想而非目之所存。上下两句开合顿宕之间,正透露出情思的流动。结拍二句,由心系江南又回到眼前。"鸾镜""花枝",正与首句呼应。此女子晨起梳妆,面前不仅有妆奁鸳钗,且有鸾镜花枝。鸾镜本有象征圆满爱情的意味,花枝更是青春韶华的象征。但信杳人远,纵有鸾镜花枝,映衬如花的容颜,又谁适为容?纵有满腹相思怀远之情,又有谁能了解?两句之间,不仅因化用"山有木兮木有枝,心说君兮君不知"构成声韵上的联系,且在意蕴上也具有启示读者多方面联想的作用。鸾镜虽能照映自己美好的面影,却无法透视自己的"心事";花枝虽能映衬自己美好的容颜,却同样无法理解自己的幽怨。全词写一位所欢远隔的女子晨起梳妆的瞬间触物兴感的过程。先是由奁中鸳钗和屏上吴山触发对爱情、春色和吴地的联想,继又由屏上春色引出对眼前春景的瞩望和对往日欢聚时情景的追忆,由此又生出信断人杳的叹息和对芳草江南的遥想,最后又由伤离怀远回到眼前的鸾镜花枝,归结为"此情谁得知"的幽怨。像是绕了一个圆圈,实则其中已包含一系列的情思飞越。既有今昔之间的联想照映,亦有画楼与江南之间的空间悬隔与遥想。各句、各联之间,看似随意跳跃,细推则景物与情思辗转相生,仍有迹可循,不过所循的是心灵游动变化之迹而已。此词虽有"宝函钿雀金䴔䴖"这种秾丽却不免累赘晦涩的句子,但就整体而言,却疏宕灵动,情韵悠长,充分发挥了词体本身的优长。"杨柳"二句,"画楼"二句,尤为典型的词情词境。

菩萨蛮

南园满地堆轻絮①,愁闻一霎清明雨②。雨后却斜阳,杏花零落香③。无言匀睡脸,枕上屏山掩④。时节欲黄昏,无憀独倚门⑤。

[注释]

①南园,泛称庭园。轻絮,指柳絮。杨花质轻,有风的晴日,漫天飞舞,是为"飞絮"。此云柳絮满地堆积。②一霎,一阵。此处形容下雨时间之短,雨下得突然。《荆楚岁时记》:"去冬节一百五日,即有疾风甚雨,谓之寒食。"清明节在寒食节后一二日。"疾风甚雨"即指此种"一霎"时的阵雨、急雨,亦即所谓"一霎清明雨"。从此句所写的"清明雨"特征看,应是北方中原地区气候,如系江南一带,当是"清明时节雨纷纷"。③却,反。二句意谓:雨后反又转晴,零落堆地的杏花在斜阳照射下,发出阵阵芳香。④匀睡脸,指午睡后因脂粉模糊,起来后重新匀拭脸面。枕上屏山,指枕屏,放在枕前,用作遮蔽。屏风曲折如山,故曰屏山。⑤无憀,无聊赖,精神无所依托之状。

[讲解]

沈际飞曰：隽逸之致，追步太白。(《草堂诗余正集》卷一)

张惠言曰：此下乃叙梦。此章言黄昏。(《词选》卷一)

谭献曰："雨后"句，余韵。"无憀"句，收束。(《谭评词辨》卷一)

王国维曰：温飞卿《菩萨蛮》"雨后却斜阳，杏花零落香"，少游之"雨余芳草斜阳，杏花零落燕泥香"虽自此脱胎，而实有出蓝之妙。(《人间词话·附录》)

俞陛云曰：十四首中言及杨柳者凡七，皆托诸梦境。风诗比兴，屡言杨柳，后之送客者，攀条赠别，辄离思黯然，故词中言之，低回不尽。其托于梦境者，寄其幽渺之思也。(《唐词选释》)

浦江清曰：《菩萨蛮》律用仄平平仄起者为工，此章用平平仄仄起，稍疏。一霎，当时俗语，冯延巳《蝶恋花》："红杏开时，一霎清明雨。"词是唐五代之俗曲，比诗较能容纳当时之俗语，且以运用若干俗语为流动也。"清明雨"三字成为一个词藻……盖当寒食清明之际，春光明媚之时，一阵小雨，密密蒙蒙，收去十丈软尘，换来一片新鲜的空气，然而柳絮沾泥，落红成阵，使人感着春光将老，引起伤春的情绪。这"清明雨"三字就可带来这些个想象。(《词的讲解》)

此首抒写女子由春残日暮景象所触发的芳华零落、孤寂无憀意绪。上片着重写柳絮堆地、杏花零落的残春景象，而情寓景中，"愁闻"二字，略透主观情思。下片着重写女子的意绪情态，"无言""无憀""独倚门"等语，透露孤寂空虚、惆怅失落的意绪。"雨后"二句，写出暮春时节乍雨旋晴的特征性景象，其中既有对美好事物凋衰的惋惜，又有对凋衰之美的欣赏，这种复杂微妙的感情意绪，正曲折透露出女主人公对自身境遇命运的感触，其象喻意味可于言外领之，而不落言筌。此词写独居女子的伤春情怀，其情境与欧阳修《蝶恋花》下片"雨横风狂三月暮"数语有些相似，但欧词感情比较强烈，表情也较显露，而温词则感情比较内敛，表情亦较含蓄。

菩萨蛮

雨晴夜合玲珑日①,万枝香袅红丝拂②。闲梦忆金堂③,满庭萱草长④。绣帘垂麗簌⑤,眉黛远山绿⑥。春水渡溪桥,凭栏魂欲销⑦。

[注释]

①日,《金奁集》、朱本《尊前集》作"月"。张以仁曰:"'月''拂'同在词韵十八部,'日'则在十七部。就韵言,作'月'为谐。然既谓'雨晴',下文景物,亦非夜间,而《花间》各本并作'日',则作'日'似为原貌。且就《花间》言,十七部与十八部,亦有叶韵之同例:薛昭蕴《离别难》:'未别心先咽,欲语情难说出。''咽'在十八部,'出'在十七部,而亦相叶,则作'日'是矣。后人或由句中'夜合'之错觉,更依一般韵例改为'月',不知'夜合'乃花名,而《花间》自有其韵例耳。"按:张说甚是。作"日",则"玲珑"系形容夜合花之精巧美好;作"月",则"玲珑"系形容月之明澈莹洁。孤立看似均可通。但联系全篇,则此首乃写女子日间凭栏近观远眺时所见所感。"万枝香袅红丝拂""满庭萱草长""春水渡溪桥"均非夜间所能望见之景象,故以作"日"为是。"夜合玲珑日",夜合花玲珑开放之时也,此与下首"珠帘月上玲珑影"所写之对象有别,不必以彼例此。夜合,花名,即合欢花,又名马缨花。落叶乔木,羽状复叶,小叶对生,夜间成对相合,故俗称夜合花。夏季开花,头状花序,合瓣花冠,雄蕊多条,淡红色。嵇康《养生论》:"合欢蠲忿,萱草忘忧。"②红丝,指夜合花的花蕊,其雄蕊垂散如丝,上半肉红,故云。③金堂,指华丽宏伟的堂屋,或即"郁金堂"之省。《玉台新咏》卷九梁武帝《河中之水歌》:"河中之水向东流,洛阳女儿名莫愁……十五嫁为卢家妇,十六生儿字阿侯。卢家兰室桂为梁,中有郁金苏合香。"沈佺期《古

意》有"卢家少妇郁金堂"之句。此谓"闲梦忆金堂",当指女子因离居独处的空虚寂寞,白昼入梦,梦见昔日与情人共处此金堂的欢乐生活。④萱草,俗称黄花菜、金针菜,多年生宿根草本,花漏斗状,橘黄色或橘红色。古人认为此草可以使人忘忧,因称忘忧草。《诗·卫风·伯兮》:"焉得谖草,言树之背。"谖草,即萱草。在诗词中,合欢与萱草常并提,因其均于五月盛开,且有使人"蠲忿""忘忧"之功用。此处一则反衬女子的幽独,一则反衬其忧愁。⑤纚纚,下垂貌。此处形容绣帘上的垂缨下垂之状。⑥《西京杂记》卷二:"文君姣好,眉色如望远山。"⑦二句写女子凭栏远眺时,望见绿水溪桥之景,触动对往昔离别情景的追忆,不觉魂为之消。

[讲解]

张惠言曰:此章正写梦。垂帘、凭栏,皆梦中情事,正应"人胜参差"三句。(《词选》卷一)

陈廷焯曰:"绣帘"四句婉雅。叔原"梦魂惯得无拘检,又踏杨花过谢桥",聪明语,然近于轻薄矣。(《词则·大雅集》卷一)

浦江清曰:词人言夜合,言萱草,皆托物起兴,闺怨之辞也。杜甫《佳人》诗:"合昏尚知时,鸳鸯不独宿。"《诗经·伯兮》:"焉得谖草,言树之背。愿言思伯,使我心痗。"两处皆叙妇人离索之感……"闲梦忆金堂"者,即金堂中人有所闲忆,亦即美人有所想念之意……忆者忆念远人,梦者神思飞越……金堂是闲梦之地,非闲梦之对象。此句因押韵之故,作倒装句法,意谓人在金堂中闲梦,非梦到一金堂也。而夜合之玲珑与满庭之萱草,皆此金堂所有之实物……"眉黛"句接得疏远,亦递韵之法。"春水渡溪桥,凭栏魂欲销",情词俱美,惟究于上文作如何之关联乎?勉强说来,则"春水"从上句"远山绿"三字中逗出。但远山是比喻,从虚忽度到实,其犹"惊塞雁,起城乌,画屏金鹧鸪"之从实忽度到虚一样奇绝乎?此皆可以联想作用解释之。但上片言盛夏之景,此处忽曰春水溪桥,究嫌抵触。飞卿《菩萨蛮》于七八两句结句有极工妙不可移易者,如"双鬟隔香红,玉钗头上凤""花落子规啼,绿窗残梦迷"之类;有敷衍陈套语,如"杨柳色依依,燕归君不归""时节欲黄昏,无憀独倚门"之类;亦有语句虽工,但类似游离的句子,入此首固可,入另首亦无不可者,如"人远泪阑干,燕飞春又残""春水渡溪桥,凭栏魂欲销"之类是也。(《词的讲解》)

张以仁曰:所谓"绣帘垂䴚簌"者,因人出帘动以相及,意脉不断,非虚写也。故下文以眉黛状远山,"眉黛远山绿",即"远山眉黛绿",情景相合,纯任自然,且与人以芳草罗裙之联想。此种手法,宜会其神韵,不当呆看……下文接写春水溪桥,凭栏魂销,眼前景犹当年景,此时情即昔时情,二者交织缠绵,神承意协,笔势不沾不滞,读者不必强解而自能得其流利之畅美,会其心曲之深密矣。(《温飞卿词旧说商榷》。《花间词论集》63至64页)

此章盖写女子伤离怀远之情,时令当在五月盛夏。起二句写夜合花于雨晴之时盛开,万枝红丝垂拂,香气袅袅。夜合象征情人合欢,此处反衬女子之独居离索。三、四句谓女子因独居独处,心情郁闷,难销永日,故昼日忆念情人,继而梦见往日于此金堂中与情人度过的欢乐生活。然今则孑然独处,故虽面对满庭繁茂的萱草亦不能忘忧。"闲梦"一句点醒,艳丽的夜合、繁茂的萱草均成为离情的反衬。过片二句,承上"闲梦",写女子居室绣帘深垂,闲梦方醒,对镜理妆,眉若远山。结拍二句,写女子凭栏远眺,但见溪水蜿蜒,桥横绿波,不禁回忆起昔日与情人在春水溪柳之上离别的情景,而怅然魂销。二句盖化用江淹《别赋》"春草碧色,春水绿波。送君南浦,伤如之何"词意,因目接绿水溪桥而忆昔年于此桥上别也。昔别之时为春,所用之典又两见"春"字,遂信手而书"春水渡溪桥"而不觉其与上片写景时令不符。此章按实际生活中的次序,当是女子昼日思念情人而入梦,醒后重新理妆。凭栏近观庭院,夜合垂丝、萱草繁茂,非特不能忘忧,反增离绪;远眺绿水溪桥,忆及当年离别,益肠断而魂销矣。词的章法跳跃灵动,遂拆散重组,以免平铺直叙。

菩萨蛮

竹风轻动庭除冷①,珠帘月上玲珑影②。山枕隐秾妆③,绿檀金凤凰④。两蛾愁黛浅⑤,故国吴宫远⑥。春恨正关情⑦,画楼残点声⑧。

[注释]

①庭除,庭院的台阶。②玲珑,此状珠帘明澈莹洁貌。谢朓《玉阶怨》:"夕殿下珠帘,流萤飞复息。长夜缝罗衣,思君此何极?"李白《玉阶怨》:"玉阶生白露,夜久侵罗袜。却下水晶帘,玲珑望秋月。"首二句"庭除冷""珠帘""月上玲珑影"等语均从谢朓、李白诗句化出。次句实即"月上珠帘玲珑影"之意,因平仄而调换次序。③山枕,枕头。古代枕头多用木、瓷等制成,中间微凹,两端突起,其形如山,故称。隐,凭、靠。《孟子·公孙丑下》:"隐几而卧。"④俞平伯曰:"'绿檀'承'山枕'言,檀枕也。'金凤凰'承'秾妆'言,金凤钗也。"浦江清曰:"'绿檀金凤凰'即承上山枕而言。檀木所制,绿漆,凤凰花纹。"按:浦说较长。⑤两蛾,双眉。愁黛,犹愁眉。黛,青黑色颜料,古代女子用以画眉。愁黛浅,谓眉妆消褪,颜色变浅,暗示此女子夜间辗转反侧,长夜难眠,由"秾妆"变成"浅妆"。⑥故国,故里。吴宫,指馆娃宫,春秋时吴王夫差为西施所建,故址在今苏州西南灵岩山上。左思《吴都赋》:"幸乎馆娃之宫,张女乐而娱群臣。"句意谓女子的故国吴宫甚远。或解,此女子之故乡离吴宫甚远。如第九首之西施故里尚远在越溪曲。详见下引浦江清说。⑦恨,《金荃词》作"梦"。⑧残点声,古代的铜壶滴漏计时,一夜分为五更,每更分为五点。"残点声"指五更将尽时之更漏声。

[讲解]

张惠言曰:此言梦醒。"春恨正关情"与五章"春梦正关情"相对双锁。青琐、金堂、故国、吴宫,略露寓意。(《词选》卷一)

陈廷焯曰:"春恨"二语是两层,言春恨正自关情,况又独居画楼而闻残点之声乎!(《云韶集》卷一)缠绵无尽。(《词则·大雅集》卷一)

俞平伯曰:"竹风"以下说入晚无憀,凭枕闲卧。"隐"当读如"隐几而卧"之隐。"绿檀"承"山枕"言,檀枕也。"金凤凰"承"袄妆"言,金凤钗也。描写明艳。"吴宫"明点是宫词。昔人傅会立说,谬甚。其又一首"满宫明月梨花白"可互证。欧阳炯之序《花间》曰:"自南朝之宫体,扇北里之倡风。"此两语诠词之本质至为分明。温氏《菩萨蛮》诸篇本以呈进唐宣宗者,事见《乐府纪闻》,其述宫怨,更属当然。末两句不但结束本章,且为十四首之总结束,韵味悠然无尽。画楼残点,天将明矣。(《读词偶得》)

浦江清曰:"故国吴宫远"用西施之典故,不必指实,犹上章之"家住越溪曲"也。"春恨正关情"较前章之"春梦正关情"仅换一字。此十数章本非接连叙一人一事,故亦不妨重复。前章言晨起,故曰"春梦",此章尚未入睡,故云春恨。春恨者,春闺遥怨也。画楼残点,天将明矣,见其心事翻腾,一夜未睡,故乡既远,彼人又遥,身世萍飘,一无着落,不胜凄凉之感。飞卿特以此章作结,不但画楼残点,结语悠远,而且自首章言晨起理妆,中间多少时日风物之美,欢笑离别之情,直至末章写夜深入睡,是由动而返静也。(《词的讲解》)

唐圭璋曰:飞卿写景,多沉着凄凉,十四首《菩萨蛮》,有八首写月夜境界。此外,写落花、写孤灯、写暗雨、写更漏之处亦多。(《温韦词之比较》)

此首上片写女子于夜间竹风轻动、庭阶生凉、月透珠帘之时,袄妆倚枕而卧。下片写其身在画楼,思萦故国,路远难归,长夜难眠,一夕辗转,"袄妆"消褪,不觉已是残更传点的清晨。此章与"满宫明月梨花白"一首均为宫词,词中主角,亦均为西施式之宫嫔。此首风格,似较前首更为清寂凄凉。

更漏子①

柳丝长,春雨细,花外漏声迢递②。惊塞雁,起城乌,画屏金鹧鸪③。　　香雾薄,透帘幕,惆怅谢家池阁④。红烛背⑤,绣帘垂⑥,梦长君不知。

[注释]

①更漏子,词调名。《花间集》录温庭筠《更漏子》词六首,均借咏更漏或夜景抒写离情羁思。此调始见于温庭筠词,当为其新创。双调,四十六字,上下片各二十三字。上片的第二、三句,下片的第一、二、三句押仄韵,上下片的五、六句换押平韵。②漏声,当指根据铜壶滴漏所计的时刻打更报点的声音。迢递,悠远。③谓传更报点的声音惊起了从北方边塞飞来的大雁和城上的栖乌,而楼阁中卧听更漏声的女子则悄然面对画屏上所绘的金色鹧鸪。④谢家,即谢娘家。南朝梁刘令娴有《摘同心栀子赠谢娘因附此诗》,题内"谢娘",或为歌妓一类人物。唐李德裕家有美妓谢秋娘为名歌妓。晚唐五代词中之"谢娘"亦多为歌妓一类人物的代称。韦庄《浣溪沙》:"小楼高阁谢娘家。"又张泌《寄人》诗:"别梦依依到谢家。"或谓"谢娘"指谢道韫,疑非。道韫高门才女,非此类词中"谢娘"身份。⑤背,用屏、帐、帷幕等遮蔽物掩暗灯烛之光。庭筠《酒泉子》:"背兰釭。"顾夐《甘州子》:"山枕上,灯背脸波横。"尹鹗《临江仙》:"红烛半条残焰短,依稀暗背银屏。"毛熙震《菩萨蛮》:"小窗灯影背。"鹿虔扆《思越人》:"翠屏欹,银烛背。"诸"背"字义均同。盖"背"在身之后,故"背"有"后"义,物体之后面、反面均可曰背。"背灯"者,临睡前将灯移置屏、帐等物之后,使不太亮而仍依稀可见。⑥帘,《尊前集》作"帷"。

[讲解]

张惠言曰:此三首(指本篇及"星斗稀""玉炉香"三首)亦《菩萨蛮》之意。"惊塞雁"三句,言欢戚不同,兴下"梦长君不知"也。(《词选》卷一)

陈廷焯曰:思君之词,托于弃妇,以自写哀怨,品最上,味最厚。(《词则·大雅集》卷一)飞卿《更漏子》三章,自是绝唱,而后人独赏其末章"梧桐树"数语。飞卿《更漏子》首章云:"惊塞雁,起城乌,画屏金鹧鸪。"此言苦者自苦,乐者自乐。(《白雨斋词话》卷一)明丽。(《云韶集》卷二四)

王国维曰:"画屏金鹧鸪",飞卿语也,其词品似之。(《人间词话》)

俞陛云曰:《更漏子》四首,与《菩萨蛮》词同意。"梦长君不知",即《菩萨蛮》之"心事竟谁知""此情谁得知"也。前半词意以乌为喻,即引起后半之意。塞雁、城乌,俱为惊起,而画屏上之鹧鸪,仍漠然无知,犹帘垂烛背,耐尽凄凉,而君不知也。(《唐词选释》)

李冰若曰:全词意境尚佳,惜"画屏金鹧鸪"一句强植其间,文理均因而扞格矣。(《栩庄漫记》)

俞平伯曰:"塞雁""城乌"是真的鸟,屏上的"金鹧鸪"却是画的,意想极妙……李贺《屏风曲》:"月风吹露屏外寒,城上乌啼楚女眠。"词意本如此。画屏中人,亦未必乐也。(《唐宋词选释》)

叶嘉莹曰:起三句音节极佳,以其颇能以声音表现意象也。首句"柳丝长","长"字宽宏而舒缓,正像春夜之静美。次句"春雨细","细"字纤细而幽微,渐有雨丝飘落矣。三句"花外漏声迢递",连用"迢递"二字,同属舌头音,恍若有滴答之雨声入耳矣(按:叶氏以为"漏声"实指雨声)……"惊塞雁,起城乌,画屏金鹧鸪"三句……乃温词纯美之特色,原不必深求其用心及文理上之连贯。塞雁之惊,城乌之起,是耳之所闻,画屏上之金鹧鸪,则目之所见,机缘凑泊,遂尔并现纷呈,直截了当,如是而已……后半阕六句,但视为与前半阕"画屏金鹧鸪"

一句相承之辞,一气而下,直写此主人公之室内之情景而已……一结"君不知"三字,怨而不怒,无限低回。(《温庭筠词概说》)

钱锺书曰:("惊塞雁"三句)谓雁飞乌噪,骚离不安,而画屏上之鹧鸪宁静悠闲,萧然事外……陈廷焯《白雨斋词话》卷一说温词云:"此言苦者自苦,乐者自乐。"中肯破的。(《管锥编》第三册1472页)

张以仁曰:此词布局,上片偏重听觉,下片偏重视觉。彼雨声也、漏声也,初尚隐约,不甚清晰,故著"细"字、"迢递"字,正状甫醒神志尚带模糊仿佛情况。继闻塞雁惊飞,城乌群起,或天将明,或雨渐急,乃音声大作,妙在以"雁""乌"引出"鹧鸪"(闺中之人,岂非画屏之金鹧鸪哉),所谓以类相从,飞卿惯用此等手法……又妙在由耳闻转为目视,此过程之必然者。梦回之人张目所见,画屏最近,故承之以"画屏金鹧鸪"。(《温飞卿词旧说商榷》。《花间词论集》75页)

《更漏子》大抵写夜间情景,即可视为夜曲。本篇抒写女子春夜闻更漏声所触发的相思与惆怅。上片均围绕"漏声"来写。起三句以细长袅娜的柳丝、迷蒙淅沥的雨丝,烘托漏声的悠远,以表现女子长夜不寐、愁听更漏时深长幽细而迷惘的情思。"惊塞雁,起城乌"二句,写女子在夜听更漏的过程中,听到雁鸣、乌啼而想象其为漏声所惊起,透露出寂寥、凄清和骚屑不宁的心绪。下陡接"画屏金鹧鸪"一语,由外而内,由听而视,似是客观展示女子室内陈设,却带有对身居华美居室却不免孤寂的女子本身的象喻意味。过片承"画屏"句,转笔描写女子的居处环境,"惆怅"二字轻点,而上片结句的含蕴可借此约略窥见,上下片之间亦借此勾连过渡。结拍三句写女子在惆怅索寞中黯然入梦。"梦长君不知"一句,不妨视为女子的心理独白,也可视为入梦前的一声长叹。

更漏子

星斗稀,钟鼓歇①,帘外晓莺残月②。兰露重,柳风斜,满庭堆落花③。虚阁上④,倚阑望,还似去年惆怅⑤。春欲暮,思无穷,旧欢如梦中⑥。

[注释]

①钟鼓歇,指城头报更的钟鼓声已经停歇,天已晓。②晓莺,谓清晨莺啼。③兰露重,兰花上沾满浓重的露水。柳风斜,拂晓的微风斜拂柳丝。二句点清晨。"满庭堆落花"点春暮。④虚阁,空寂的楼阁,女子所居。⑤谓所见情景还像去年此时那样令人惆怅,暗示去年此时已与所欢离别。似,《金荃词》作"是"。⑥旧欢,旧时的欢情。

[讲解]

汤显祖曰:"帘外晓莺残月",妙矣,而"杨柳岸,晓风残月"更过之。宋诗远不及唐,而词多不让,其故殆不可解。(汤评《花间集》卷一)

张惠言曰:"兰露重"三句,与"塞雁""城乌"义同。(《词选》卷一)

陈廷焯曰:飞卿《更漏子》首章云:"惊塞雁,起城乌,画屏金鹧鸪。"此言苦者自苦,乐者自乐。次章云:"兰露重,柳风斜,满庭堆落花。"此又言盛者自盛,衰者自衰,亦即上章苦乐之意。颠倒言之,纯是风人章法,特改换面目,人自不觉耳。(《白雨斋词话》卷一)"堆"字妙,空庭无人可知,回首可怜。(《云韶集》卷二四)思君之意,托于弃妇,以自写哀怨,品最厚。"兰露"三句,即上章意,略将欢戚颠倒,为变换。"还似去年惆怅",欲语复咽,中含无限情事,是为沉郁。"旧欢"五字,结出不堪回首意。(《词则·大雅集》卷一)

俞陛云曰：下阕追忆去年已在惆怅之时，则此日旧欢回首，更迢递若梦矣。（《唐词选释》）

施蛰存曰：次章上片言晓莺残月中，露重风斜，落花满庭，此皆即景，以引起下片之抒情。下片即言在此景色中登楼望远，倏已经年，旧欢如梦，愁思无穷。所谓"盛者自盛，衰者自衰"，此意又何从得之？此二词（按：指上章与本章）皆赋闺情，念昔日之双栖，怨今日之暌隔。第二首可言今昔之感，而非盛衰之感。陈氏于飞卿词求之过深，适成穿凿，此皆以比兴说词之失也。（《读温飞卿词札记》）

胡国瑞曰：这首词写的是一个思妇晨起怅望之情。上阕纯写清晓时的景象……首二句从高处远处写起，"帘外"句落到近处。星斗、钟鼓、晓莺、残月，一片清晓景象，俱是从人的耳目感受到的……"兰露重"三句继续描写景物，不仅感到其中有人，而且隐约似见其活动，从室内写到了庭院。这三句庭院景物的描写，使人于寂静中还感到消沉的意味……"满庭堆落花"除了进一步表明春已晚暮，也微逗出人的意兴阑珊……下阕着重写主人公的活动心情。"虚阁上"三句写阁上眺望引起的感触。"虚"字既表物象，也表人情……"倚阑望"是下阕的关节，一切内心活动俱由此句的"望"引出。"还似"句是"望"的最初感触，"去年惆怅"包蕴情事无限。"去年惆怅"的内容为何？当是良人未归、芳时虚度之类的情节。"还似"二字表情有力。"去年惆怅"的已是去年以前许多时日的种种，而今年"还似"，则其孤处时间当更漫长……这二字既有对过去的回顾，还有对当前的失望……"春欲尽"三句是惆怅之际的深入思索。（《唐宋词鉴赏辞典》）

上片写暮春清晓所见所闻之景，似一组空镜头，而星稀月残、露重柳斜、钟鼓声歇、落花满庭的景象中透露出凄清寂寞的气氛与凋衰的气息，正反映出女主人公的心绪。过片"虚阁上，倚阑望"二句为全篇枢纽：既点醒上片所写均系阁上倚阑所见所闻景象,又点明下片所写系阁上倚阑望所引起的回忆与感触。下片纯粹抒情,不涉具体情事,全从虚处着笔,而"旧欢如梦"之慨自深。"虚阁上"三句,虽直抒而极富蕴含,陈廷焯谓其"欲语复咽,中含无限情事,是为沉郁",可称善于体悟。于此可见温词善于直抒与白描的一面。又,此词调名之意仅于"钟鼓歇"一语中虚点,全篇写清晓情景,与下选"背江楼"一首相似,而与他篇多写夜景有别。

更漏子

背江楼,临海月,城上角声呜咽①。堤柳动②,岛烟昏③,两行征雁分④。京口路⑤,归帆渡⑥,正是芳菲欲度⑦。银烛尽,玉绳低⑧,一声村落鸡。

[注释]

①三句谓征行之人(词人自己)背对江城城楼,面向海上残月,耳闻城头号角之声呜咽。城,当指润州(今镇江市)城,视下片"京口路"可知。唐李涉有《润州听暮角》七绝。角,号角,形如竹筒,本细末大,以竹木或皮革等制成。古时军中多用以警昏晓、振士气、肃军容,亦用以报警戒严。此为晓角。②清晨晓风拂柳,故曰"堤柳动"。③江中的洲渚为晨雾所笼罩,故曰"岛烟昏"。④征雁,征行的大雁。分,指雁行呈"人"字形排列。时值春天,南雁北飞。⑤京口,鄂本、汤本《花间集》作"西陵"。京口,指润州,今江苏镇江市。建安十四年(209),孙权将首府由吴迁此,称京城。十六年,迁治建业,改称此为京口镇。京口路,泛指京口一带的道路。⑥归帆,归舟。渡,指渡越长江。自润州北渡长江至扬州,有金陵渡。⑦芳菲,指春天芬芳的花。度,过。句意谓正值春光将尽之时。⑧玉绳,星名。《文选·张衡〈西京赋〉》:"上飞闼而仰眺,正睹瑶光与玉

绳。"李善注引《春秋元命苞》曰:"玉衡北两星为玉绳。"谢朓《暂使下都夜发新林至京邑赠西府同僚》:"金波丽鳷鹊,玉绳低建章。"玉绳低,是天将晓时景象,故末句云"一声村落鸡"。

[讲解]

汤显祖曰:"两行征雁分"句好。(汤评《花间集》卷一)

丁寿田、丁亦飞曰:此词写舟行旅途中黎明之景。夜间泊舟于京口,则一面临岸,一面与小岛遥遥相对,由"背江楼"一句可知此人背岸而卧,故目临海月而遥望岛烟也。全词从头到尾写舟中所见实景,条理井然,景色如画。(《唐五代四大名家词》甲篇)

俞陛云曰:就行役昏晓之景,由城内而堤边,而渡口,而村落,次第写来,不言愁而离愁自见。其"征雁"句寓分手之感。唐人七岁女子诗"所嗟人异雁,不作一行飞",亦即此意。结句与飞卿《过潼关》诗"十里晓鸡关树暗,一行寒雁陇云愁",清真词"露寒人远鸡相应",皆善写晓行光景。(《唐词选释》)

黄进德曰:此词抒写黎明时分游子在征途上的见闻与感受。远近相映,意境恢宏,时地并举,动静互见。序次井然,色调清旷。煞尾写凝重的归思。周邦彦《蝶恋花》"楼上阑干横斗柄,露寒人远鸡相应",由此化出。(《唐五代词选集》)

词有"归帆渡"之词,当是飞卿自京口北渡长江归家(长安鄠县)途中作。飞卿会昌元年(841)春,曾自长安赴吴中旧乡,见《书怀百韵》诗"行役议秦吴"之句及会昌元年春所作《春日将欲东归寄新及第苗绅先辈》,春尽时在扬州,有所逗留,约深秋时归抵吴中,有《东归有怀》诗可证。二年春自吴中游越中,约同年秋折返吴中。此词有"京口路,归帆渡,正是芳菲欲度"等句,当是会昌三年暮春自吴中归长安途中作。自吴中至洛阳,全走水路,故曰"归帆"。"京口路,归帆渡"六字,一篇之主。通篇均写早起征帆甫发时所见所闻。晓角呜咽,征雁嘹唳,村鸡晓唱,均传出旅人的凄清感受与对旅途风物的新鲜感。而堤柳飘拂,岛烟迷蒙,江楼海月,又处处显示"京口"的地理特点。上述所有景物,均统一于"晓发"这一特定的时间背景。全篇境界开阔,格调清新,与其闺情词之局限于闺阁庭院,风格偏于密艳迥然不同。观此,可知飞卿词虽绝大部分为应歌之作,但亦偶有逸出此范围者。此篇就性质而言,与其《商山早行》一类羁旅行役诗并无二致,风格亦近,纯为基于个人行旅生活体验的自我抒情之作,而非类型化的代言体。文人行役词,此当为现存作品中时代最早者。(前此刘长卿有《谪仙怨》,性质近似,系贬谪途中作,内容亦为抒写"谪去"之恨,或当视为贬谪词)此词在庭筠词中虽为少见之特例,但可说明,即使在为应歌而作曲子词的大时代氛围下,文人一旦纯熟掌握了这种新的体裁,亦会偶用它来自我抒情。此词全写晓景,与调名《更漏子》的联系也更隐而不显,仅于篇末三句中稍点。

更漏子

　　玉炉香,红蜡泪,偏照画堂秋思①。眉翠薄,鬓云残②,夜长衾枕寒。　　梧桐树,三更雨,不道离情正苦③。一叶叶,一声声,空阶滴到明④。

[注释]

①玉炉,香炉的美称。画堂,泛称华丽的堂舍。崔颢《王家少妇》:"十五嫁王昌,盈盈出画堂。"秋思,此指秋天怀念远人的情思。"照"字承"红蜡"言。画堂秋思,指画堂上怀着离愁别恨的女子。②二句谓翠黛色的画眉褪色,如云的鬓发散乱。暗示夜间辗转反侧,残妆不整。③不道,不知、不理会。④何逊《临行与故游夜别》:"夜雨滴空阶,晓灯暗离室。"

[讲解]

胡仔曰:庭筠工于造语,极为绮靡,《花间集》可见矣。《更漏子》(玉炉香)一词尤佳。(《苕溪渔隐丛话·唐人杂记》下)

杨慎曰:飞卿此词亦佳,总不若张子野"深院锁黄昏,阵阵芭蕉雨"更妙。(《评点草堂诗余》卷一)

徐士俊曰:"夜雨滴空阶"五字不为少,"梧桐树"此二十三字不为多。(卓人月《古今词统》卷五引)

李廷机曰:前以夜阑为思,后以夜雨为思,善能体出秋夜之思者。(《草堂诗余评林》卷四)

沈际飞曰:子野句"深院锁黄昏,阵阵芭蕉雨",似足该括此首。第观此,始见其妙。(《草堂诗余正集》卷一)

许昂霄曰:《更漏子》(玉炉香)已上三首,与后毛文锡作,皆言夜景,略及清晨,想亦缘调所赋耳。(《词综偶评》)

谭献曰:("梧桐树"以下)似直下语,正从"夜长"逗出,亦书家"无垂不缩"之法。(《谭评词辨》卷一)

谢章铤曰:太白如姑射仙人,温尉是王、谢子弟。温尉词当看其清真,不当看其繁缛。胡元任(仔)谓庭筠工于造语,极为奇丽(按:《苕溪渔隐丛话》作"绮靡")。然如《更漏子》云:"梧桐树,三更雨,不道离情正苦。一叶叶,一声声,空阶滴到明。"语弥淡,情弥苦,非奇丽为佳者矣。(《赌棋山庄词话》卷八)

陈廷焯曰:遣词凄艳,是飞卿本色。结三句开北宋先声。(《云韶集》卷一)后半阕无一字不妙,沉郁不及上二章,而凄警特绝。(《词则·大雅集》卷一)飞卿《更漏子》三章,自是绝唱,而后人独赏其末章"梧桐树"数语……不知"梧桐树"数语,用笔较快,而意味无上二章之厚。(《白雨斋词话》卷一)

李冰若曰:飞卿此词,自是集中之冠。寻常情事,写来凄婉动人,全由秋思离情为其骨干。宋人"枕前泪共窗前雨,隔个窗儿滴到明",本此而转成淡薄,温词如此凄丽有情致不为设色所累者,寥寥可数也。温、韦并称,赖有此耳。(《栩庄漫记》)

俞陛云曰:此首亦上半阕引起下文。惟其锦衾角枕,耐尽良宵,故桐叶雨声,彻夜闻之。后人用其词意入诗云:"枕边泪共窗前雨,隔个窗儿滴到明。"加一"泪"字,弥见离情之苦。但语意说尽,不若此词之含浑。(《唐词选释》)

俞平伯曰:后半首写得很直,而一夜无眠却终未说破,依然含蓄。(《唐宋词选释》)

唐圭璋曰:此首写离情,浓淡相间。上片浓丽,下片疏淡。通篇自昼至夜,自夜至晓,其境弥幽,其情弥苦。上片,起三句写境,次三句写人。画堂之内,惟有炉香、蜡泪相对,何等凄寂。迨至夜长衾寒之时,更愁损矣。眉薄鬓残,可见辗转反侧、思极无眠之况。下片,承"夜长"来,单写梧桐夜雨,一气直下,语浅情深。宋人句云:"枕前泪共窗前雨,隔个窗儿滴到明。"从此脱胎。然无上文之浓丽相配,故不如此词之深厚。(《唐宋词简释》)

叶嘉莹曰:飞卿之为词,似原不以主观热烈真率之抒写见长……其直抒怀感之词,则常不免于言浅而意尽矣。此词"梧桐树"数语,实非飞卿词佳处所在。《栩庄漫记》以为"温、韦并称,赖有此耳",既不足以知飞卿,更不足以知端己者也……即以同为写雨夜离情之作相较,端己《应天长》"绿槐阴里"一首,结尾之"夜夜绿窗风雨,断肠君知否"二句,其恳挚深厚,真乃直入人心,无可抗拒,且不仅直入人心而已,更且盘旋郁结,久久而不去。以视飞卿此词之"梧桐树……"数词,则此数句不免词浮于情,有欠沉郁。(《温庭筠词概说》)

此词写秋夜离思,精彩处全在下片。盖缘其于"夜长衾枕寒",辗转难眠的情况下,能集中笔墨抒写梧桐夜雨、叶叶声声所给予离人之凄清难堪感受,且纯用白描,一气直下,既淋漓尽致,又仍能含蓄。此数语实本何逊"夜雨滴空阶"及白居易《长恨歌》"秋雨梧桐叶落时"二语加以展衍发挥,遂创造出感情浓烈、极富典型性的词境。王国维曰:"词之为体,要眇宜修,能言诗之所不能言,而不能尽言诗之所能言。诗之境阔,词之言长。"(《人间词话》)本篇下片即充分体现"词之言长"特点的典型例证。下片虽以疏快尽致为特色,但"不道离情正苦"一句,横插于前后两个三字句中间,于清疏明快中略作顿挫,便不致一泻无余,且始终不道破一夜无眠,故淋漓尽致中仍有含蓄顿挫。《更漏子》词调本身,上下片四节,共有八个节短势促的三字句,客观上也提供了形成清疏明快词风的条件。温氏六首《更漏子》词,除首章"柳丝长"外,其余五首均在不同程度上具有清疏明快之特色,故亦可以视为作者对《更漏子》词调本身特点及优长的充分利用与发挥。温氏的主导风格诚非清疏明快一路,然具有清疏明快特点的词作中确有佳篇名联。此词固非完美之作,然其短处在上片不在下片。上片虽秾丽,情却疏淡,除"偏照画堂秋思"一语外,颇多套语陈词;而下片则语虽清疏,情实浓烈。"梧桐夜雨"典型意境之创造,对后世词、曲的影响至为深远,亦可见此词下片的艺术生命力。

酒泉子①

日映纱窗,金鸭小屏山碧②。故乡春,烟霭隔③,背兰釭④。　　宿妆惆怅倚高阁⑤,千里云影薄。草初齐,花又落,燕双双⑥。

[注释]

①酒泉子,唐教坊曲名,后用作词调。以平韵为主,间入仄韵。有多种体式,主要有二体:一见于敦煌曲子词,双调四十九字;一多见于《花间集》,双调自四十字至四十五字。此曲当产于河西酒泉地区。唐五代曲子词,存体最多者为

《酒泉子》,王昆吾谓"产生这么多异体,字句增减分合是次要的,关键的问题,是修辞手法造成了众多的变异"(《隋唐五代燕乐杂言歌辞研究》111页)。庭筠《酒泉子》共四首,前三首四十字,后一首四十一字。本篇上片一、五句与下片五句押平韵,上片二、四句与下片一、二、四句押仄韵。②金鸭,一种镀金的鸭形铜香炉。戴叔伦《春怨》:"金鸭香消欲断魂,梨花春雨掩重门。"李商隐《促漏》:"舞鸾镜匣收残黛,睡鸭香炉换夕熏。"小屏山碧,指枕屏上绘青碧山水。③烟霭,指香炉熏香所透出的烟气。长孙佐辅《幽思》:"金炉烟霭散,银釭残影灭。"④背,掩暗。兰釭,燃兰膏的灯。⑤宿妆,昨日的旧妆、残妆。句意谓女子晨起尚未梳妆,便倚高阁惆怅远望。⑥双双,王辑本《金荃词》作"双飞"。

[讲解]

毛先舒曰:汉武帝置酒泉郡,城下有泉味如酒。郭弘好饮,尝曰:"得封酒泉郡,实出望外。"调名取此,曰《酒泉子》。(《填词名解》卷四)

萧涤非曰:这首词,结构极分明,上半写室内、下半写室外,时间是一个清晨,地点是一间楼上,主人翁则是一个"单栖无伴侣"的异乡女子……曰"背兰釭",无聊之情态可想……"背兰釭"句略作一勒,言虽心念故乡,而眼前所见者惟此经宵未灭之残灯耳,正乃"情余言外"。(《乐府诗词论薮·一个老问题》)

上片写女子晨起前情景:日映纱窗,枕屏山碧,残灯犹在,炉烟缭绕,而梦中故乡春天的景色竟如烟霭之遥隔。下片写其未曾梳洗即惆怅倚阁远眺,但见千里云淡,故乡杳远,极目不见。眼前草齐花落,燕子双双,又是一年春尽,益增对故乡的思念。上片"故乡春,烟霭隔",当是女子因思念故乡而积思成梦,梦中回到阔别已久的故乡,梦醒之际,残灯荧荧,炉烟袅袅,而故乡已杳隔于千里之外矣。"烟霭隔"三字,既透出梦境之迷茫,又透出醒后之茫然,且透出此意念即因眼前炉烟缭绕的景象引起。而下片"千里云影薄"又正与"故乡春,烟霭隔"相应。写思乡之情精微含蓄。中国古代诗赋向有游子思归的传统主题,而无"游女"怀乡者。此词及下篇可能是表现此类主题的极少数作品。反映出随着商业经济的发展,繁华的大城市中聚集了一大批离乡背井、以歌舞技艺谋生的单身女性。她们的生活状况与思想感情,包括怀念故乡的感情,已引起熟悉市井生活的词人如温庭筠者的注意,并在词中加以表现。本篇与下篇(楚女不归)均为同一类型作品,在词的题材、主题的开拓创新方面值得重视。

酒泉子

楚女不归①,楼枕小河春水。月孤明,风又起,杏花稀。　　玉钗斜篸云鬓髻②,裙上金缕凤③。八行书④,千里梦,雁南飞⑤。

[注释]

①楚女,故乡在楚地的女子。不归,指难以回归故乡。宋玉《高唐赋序》:"昔者先王(怀王)尝游高唐,怠而昼寝,梦见一妇人,曰:'妾巫山之女也,为高唐之客。闻君游高唐,愿荐枕席。'王因幸之。去而辞曰:'妾在巫山之阳,高丘之阻,旦为行云,暮为行雨,朝朝暮暮,阳台之下。'""楚女"当暗用此典,暗示此女子系歌妓一类神女式人物。②篸,《阳春集》(此词又见冯延巳《阳春集》)作"插"。篸,同"簪"。髻,《全唐诗》作"重"。③金缕凤,指裙上绣有金线织成的凤凰图案。④八,《阳春集》作"一"。按:当作"八"。八行,指书信。《后汉书·窦章传》"更相推荐"李贤注引马融《与窦伯向(章)书》曰:"孟陵奴来,赐书,见手迹……书虽两纸,纸八行,行七字。"谓信纸一页八行,故以"八行"代指书信。⑤上片云"春水""杏花稀",时值春令,雁当北飞。此云"雁南飞",当是因表现楚女思归之情,思托南飞雁传书至故乡而写成"雁南飞",致使与上片所写时令相违。

[讲解]

汤显祖曰:全四调中,纤词丽语,转折自如,能品也。(汤评《花间集》卷一)

吴衡照曰:《酒泉子》云:"月孤明,风又起,杏花稀。"作小令不似此着色取致,便觉寡味。(《莲子居词话》卷一)

陈廷焯曰:情词凄楚。(《词则·别调集》卷一)(月孤明)三字中有多少层折。(同上)

此抒"楚女"怀乡思归之情。上片侧重写景,景中寓含处境孤寂之感,青春凋衰之情。下片前二句写服饰,透露"楚女"身份。结拍三句抒怀乡之情,谓欲凭南飞之雁寄书,以抒千里思归之情。词风清新明丽,情味隽永。此词一作冯延巳词,非。温氏四首《酒泉子》均写客居异乡的歌妓怀乡念远之情,内容、风格有其内在的统一性,不妨视为组词。或即应此类歌妓之请而为她们量身而作的曲子词。

酒泉子

罗带惹香,犹系别时红豆①。泪痕新,金缕旧,断离肠②。　　一双娇燕语雕梁,还是去年时节③。绿阴浓,芳草歇,柳花狂④。

[注释]

①罗带,丝织的衣带。罗带绾有同心结的叫同心带,是男女间用以表达爱情的信物。红豆,又名相思子,用以表达相思之情。王维《相思》:"红豆生南国,春来发几枝。愿君多采撷,此物最相思。"参见《锦城曲》"江头学种相思子"句

注。二句谓女子的罗带上犹沾有往昔织时留下的旧香,还系着去年别时对方相赠以表相思之情的红豆。②泪痕新,言离别相思之泪新旧相续,即新泪痕叠旧泪痕。金缕,即金缕衣,金丝线所绣的华美衣裳。金缕旧,谓离别已久。"泪痕新,金缕旧",实即旧金缕衣上又添新泪痕。断离肠,谓因离别而肠断。③此句较前选二首多一字,"节"字与下"歇"字押韵。④阴,吴本、毛本《花间集》作"杨"。歇,指芳草的香气衰歇。柳花狂,形容柳絮漫天飞舞。三句均写暮春景象。

[讲解]

李冰若曰:离情别恨,触绪纷来。(《栩庄漫记》)

华锺彦曰:泪痕新,言别情之深也;金缕旧,言别日之久也;断离肠,言相思之切也。又曰:温词《酒泉子》四首,独此首此句(指"一双娇燕语雕梁"句)"梁"字不与下句叶,而与前阕"香""肠",后阕"狂"字叶,与前三首均各不同。又曰:歇,泄也,谓香气消歇也。《离骚》:"恐鹈鴂之先鸣兮,使夫百草为之不芳。"谢灵运诗:"芳草亦未歇。"皆其例。末三句,意谓春残花谢。(《花间集注》卷一)

上片起二句以罗带犹惹昔时旧香,犹系别时红豆,抒写对往昔爱情的追恋,对去年离别的伤感,暗示相思之情的深浓。"泪痕"三句,连贯而下,新旧对应,层层渲染。下片由当下景引起对去年别时情景的追忆。"一双娇燕语雕梁",反衬昔日离别、今日独处的伤感。"绿阴浓"三句,一气直下,透露出青春消逝的强烈感喟。全篇以昔时物(罗带、红豆、金缕衣)、今时景(娇燕、绿阴、芳草、柳花)沟通当下与往昔,寓情于物,寓情于景,新旧今昔对应,表现了相思离别之情的深浓。

定西番①

汉使昔年离别,攀弱柳、折寒梅②,上高台③。　　千里玉关春雪④,雁来人不来。羌笛一声愁绝⑤,月徘徊⑥。

[注释]

①定西番,唐教坊曲名,后用作词调。双调三十五字。上下片首句及下片第三句押仄韵,上片三、四句及下片二、四句押平韵。又一体四十一字,单叶平韵。此首平仄韵异部间叶。《定西番》的曲调,最初当是反映唐朝与西北各族战争的军中谣。温庭筠的三首《定西番》,此首及第三首的内容仍与调名相关。②汉使,西汉张骞曾奉命出使西域。《汉书·张骞传》:"汉方欲事灭胡……乃募能使者,骞以郎应募,使月氏……拜骞为中郎将……骞即分遣副使使大宛、康居、月氏、大夏……于是西北国始通于汉矣。"此泛指唐朝出使西北边塞的使臣。系词中女主人公之丈夫。攀弱柳,指女子折柳送别丈夫。折寒梅,指女子折梅花相赠,以表相思之情。《太平御览》卷九七〇引《荆州记》:"陆凯与范晔相善,自江南寄梅花一枝,诣长安与晔,并赠范诗曰:'折花逢驿使,寄与陇头人。江南无所有,聊赠一枝春。'""折寒梅"化用其语意。③上高台,指丈夫启程后,女子登上高台遥望。以上攀柳、折梅、登台,均汉使"昔年"离别,女子相送情事。④玉关,即玉门关,汉武帝置,为通往西域各国的门户。故址在今甘肃敦煌市西北小方盘城。⑤羌笛,古代管乐器,因出于羌中,故名。王之涣《凉州词》:"羌笛何须怨杨柳,春风不度玉门关。"此用其词意。⑥月徘徊,月光流动貌。曹植《七哀诗》:"明月照高楼,流光正徘徊。"张若虚《春江花月夜》:"可怜楼上月徘徊,应照离人妆镜台。"

[讲解]

汤显祖曰:"月徘徊"是"香稻啄残鹦鹉粒"句法。(汤评《花间集》卷一)

董其昌曰:攀柳折梅,皆所以写离别之思。末二句闻笛见月,伤之也。(《评注便读草堂诗余》卷七。转引自张红编著《温庭筠词新释辑评》)

全篇均从闺中思妇角度着笔,以女子口吻抒情。上片写汉使(丈夫)昔年离别赴边塞时自己折柳相送、折梅寄情、登台遥送的情景。下片写月明之夜,见南雁北飞,而丈夫仍远使未归,想象此时千里之外的玉关,春雪未消,戍楼之上,羌笛声悲,月光徘徊,令人无限哀愁。上片从回忆中写昔年之伤别,下片从想象中写今日之伤离。意境开阔,风格清迥。文人之边塞词,中唐韦应物《调笑》(胡马)外,此当为时代较早者。

南歌子①

手里金鹦鹉,胸前绣凤凰②。偷眼暗形相③,不如从嫁与,作鸳鸯④。

[注释]

①南歌子,唐教坊曲名,后用为词调,有单调、双调二体。单调二十三字或二十六字,平韵。双调五十二字,有平韵、仄韵二体。唐人另有《南歌子词》,单调二十字,平韵,实即五言绝句体,与此调有别,参见《新添声杨柳枝辞二首》之一注①引《云溪友议》。温庭筠《南歌子》现存七首,均为单调二十三字,二、三、五句押平韵。《南歌子》曲调,当产于江南地区。②华锺彦曰:"金鹦鹉,手里所携者;绣凤凰,衣上之花也。此指贵介公子言,以真鸟与假鸟对举,引起下文抽

象之鸟。"俞平伯曰:"这两句,一指小针线,一指大针线。小件拿在手里,所以说'手里金鹦鹉'。大件绣在架子上,俗称'绷子',古言'绣床',人坐在前,约齐胸,所以说'胸前绣凤凰',和下面的'作鸳鸯'对照,结出本意。"(《唐宋词选释》)按:前两句写词中女主人公"偷眼暗形相"之贵介男子身着华美衣裳,手持鹦鹉玩耍逗弄。③形相,犹端详、打量。"形相"的对象当是酒宴之上或游冶场合的男子。④从嫁与,随自己的意愿嫁给他。作鸳鸯,喻结为恩爱伴侣。

[讲解]

汤显祖曰:短调中能尖新而转折,自觉隽永可思,腐句腐字,一毫用不着。(汤评《花间集》卷一)

徐士俊曰:《峨眉山月》四句五地名,此词四句三鸟名。(卓人月《古今词统》卷一)

谭献曰:尽头语,单调中重笔,五代后绝响。(《复堂词话》)

陈廷焯曰:"偷眼暗形相"五字,开后人多少香奁佳话。(《云韶集》卷二四)五字摹神。"鸳鸯"二字与上"鹦鹉""凤凰"映射成趣。(《词则·闲情集》卷一)

李冰若曰:飞卿《南歌子》七首,有《菩萨蛮》之绮艳而无其堆砌,天机云锦,同其工丽,而人之盛推《菩萨蛮》为集中之冠者,何耶?又曰:《花间集》词多婉丽,然亦有以直快见长者,如"不如从嫁与,作鸳鸯""此时还恨薄情无"等词,盖有乐府遗风也。(《栩庄漫记》)

唐圭璋曰:这两首(指本篇及"懒拂鸳鸯枕"一首)语意大胆直率,前一首表示决心嫁给自己所爱的对象……词中女子的口吻,与民间词的人物很相近,与温词主要作品中含蓄委婉的特色不同,当是民间词的仿作。两首词辞藻都很华丽,但其中使用了口语,为的是能更形象地表达出人物的思想活动。(《唐宋词选注》)

袁行霈曰：象征着美好姻缘的鸳鸯，是由巧舌传情的鹦鹉和成双成对的凤凰引起的联想。而这首词的构思就是建立在这三种禽鸟的类比和联想上。感情真率，语言巧妙，带有浓厚的民间词的气息。(《温词艺术研究》)

温氏《南歌子》七首，主角均为歌舞妓人。此首前二句写所爱男子，后三句写女子动作与心理。在不少词中这类人物往往被仕女化、闺阁化、类型化，此首却颇具本色，写其心理、神情、口吻尤生动传神，具有个性化色彩。抒情直率，风格明快，有浓郁民歌风味，但仍具绮艳特色。

河渎神①

孤庙对寒潮，西陵风雨萧萧②。谢娘惆怅倚兰桡③，泪流玉箸千条④。暮天愁听思归乐⑤，早梅香满山郭。回首两情萧索⑥，离魂何处飘泊？

[注释]

①河渎神，唐教坊曲名，后用为词调。唐五代存词均不离调名本意，咏及河边神祠。双调四十九字，有两体，一体上片平韵，下片换仄韵；一体通首押平韵。庭筠三首《河渎神》均前一体。②孤庙，即指江边的神祠。西陵，今浙江杭州市萧山区西兴镇的古称。李白《送友人寻越中山水》："东海横秦望，西陵绕越台。"六朝时其地为西陵戍。南朝乐府民歌《苏小小歌》有"何处结同心，西陵松柏下"之句，西陵在钱塘江之西，又称西陵渡，与李白诗之"西陵"在钱塘江之东者不同。五代吴越时始改西陵为西兴。③谢娘，见《更漏子》(柳丝长)"惆怅谢家池阁"句注。此借指伤别的女主人公。兰，原作"栏"，据陆本《花间集》改。兰桡，即兰舟，对船的美称。桡，船桨，借指船。④玉箸，喻女子成行的珠泪。

箸,筷子。⑤曾昭岷等《全唐五代词》校云:"乐,鄂本、毛本《花间集》作'落'。毛本《花间集》注云:'一作乐。'李一氓《花间集校》云:'乐,读如约。'施蛰存《读温飞卿词札记》云:'非也,此"思归乐"乃是鸟名。'举元稹《思归乐》诗为证,并引陶岳《零陵记》云:'状如鸠而惨色,三月则鸣,其音云"不如归去"。'盖即杜鹃也。施氏所云甚是。"按:元稹《思归乐》云:"山中思归乐,尽作思归鸣。""山中思归乐"即山中杜鹃鸟。庭筠《河渎神》之一又有"何处杜鹃啼不歇"之句,似此首愁听之"思归乐"亦当指杜鹃鸟。然细审上下文,乃知此"思归乐"必非指杜鹃鸟。盖杜鹃鸟鸣于春末夏初,前首写杜鹃啼,亦云"百花芳草佳节""春雨来时",而此词一则曰"寒潮",再则曰"早梅香满",时令当在季冬或早春,此时岂有杜鹃鸟之鸣叫?此"思归乐"乃是当时乐曲名。王溥《唐会要》卷三十三《诸乐》:"太常梨园别教院,教法曲乐章等:《王昭君乐》一章、《思归乐》一章、《倾杯乐》一章……"此从"思归"二字着眼,盖谓虽听《思归乐》之曲而不能归,故曰"愁听",下云"飘泊"。李一氓谓"乐,读如约",是,惜未注明其为当时乐曲耳。⑥萧索,凄凉冷清。

[讲解]

陈廷焯曰:起笔苍茫中有神韵,音节凑合。(《云韶集》卷一)

此初春在西陵与情人离别之作,视"谢娘惆怅倚兰桡""回首两情萧索,离魂何处飘泊"等句可知,纪实色彩明显,非一般应歌之作。起二句意境阔远,富有气势,为情人离别创造出浓郁氛围,下片前两句抒情写景亦佳,惜上下片三四句正面写离情稍平。此词可能作于会昌二年(842)初春自吴中赴越中途中。

清平乐^①

洛阳愁绝,杨柳花飘雪^②。终日行人恣攀折^③,桥下流水呜咽^④。　　上马争劝离觞^⑤,南浦莺声断肠^⑥。愁杀平原年少^⑦,回首挥泪千行。

[注释]

①清平乐,唐教坊曲名,后用为词调。班固《两都赋序》:"海内清平,朝廷无事。"曲名或本此。双调四十六字,上片押四仄韵,下片一、二、四句押平韵,亦有全首押仄韵者。庭筠另一首《清平乐》,内容系咏宫怨,有"新岁清平思同辇"之句,与调名仍有关联,此首内容已与调名脱节。②二句暗点暮春洛阳送别。杨花飘荡如雪,是暮春季候。范云与何逊联句,范作云:"洛阳城东西,却作经年别。昔去雪如花,今来花似雪。"二句化用范诗,暗写离别时正当杨花飘雪之际,使人愁绝。③恣,王辑本《金荃词》,鄂本、吴本、毛本《花间集》作"争"。按:下片有"争劝离觞"语,此处不应重出"争"字。古有折柳送别习俗,见《三辅黄图·桥》。此句写行人恣意折柳,正点离别之多。④桥,疑指洛阳之天津桥,系古浮桥。隋炀帝大业间迁都,以洛水贯都,有天汉津梁气象,因建此桥,名曰天津。故址在今洛阳市西南。⑤离觞,饯行的酒。⑥《楚辞·九歌·河伯》:"子交手兮东行,送美人兮南浦。"江淹《别赋》:"春草碧色,春水渌波。送君南浦,伤如之何?"南浦,借指送别之地。⑦平原,指平原侯曹植。《三国志·魏书·曹植传》:"植字子建……建安十六年封平原侯。"植有《名都篇》云:"名都多妖女,京洛出少年。""平原年少"用此,借指贵游子弟。

[讲解]

陈廷焯曰:"桥下"句从离人眼中看得,耳中听得。(《词则·放歌集》卷一)上半阕最见风骨,下半阕微逊。上三句说杨柳,下忽接"桥下流水呜咽"六字,正以衬出折柳之悲,水亦为之呜咽。如此着墨,有一片神光,自离自合。(《云韶集》卷一)

丁寿田、丁亦飞曰:此词悲壮而有风骨,不类儿女惜别之作,其作于被贬之时乎?(《唐五代四大名家词》甲篇)

俞陛云曰:通是写离人情事,结句尤佳。临歧忍泪,恐益其悲,更难为别。至别后回头,料无人见,始痛洒千行之泪,洵情至语也。后人有出门诗云:"欲泣恐伤慈母意,出门方洒泪千行。"此意于别母时赋之,弥见天性之笃。(《唐词选释》)

视词中用范云、何逊离别及曹植"平原年少"典,所写当非男女情人之伤别,而系丈夫之壮别。故遣词用语无脂粉气、闺阁气,声情亦遒壮浏亮。陈、丁二评均有见,然丁谓作于被贬时,则于词无征,亦与"愁杀平原年少"之语不合。此词似亦非为应歌而作。

遐方怨①

凭绣槛②,解罗帏③。未得君书,断肠潇湘春雁飞④。不知征马几时归,海棠花谢也⑤,雨霏霏。

[注释]

①遐方怨,唐教坊曲名,后用作词调。有单调、双调二体。单调始于温庭

筠,二、四、五、七句押平韵。双调始于顾敻、孙光宪。王昆吾《隋唐五代燕乐杂言歌辞研究》:"《遐方怨》,温庭筠辞二首皆'七五三'结,孙光宪两叠体两片作'六七'结,各减一二字,各减一句。"此曲当为反映边地征戍造成夫妇分离的谣歌,庭筠此首犹咏调名本意。②绣槛,雕刻精美的栏杆,此指床栏。③罗帏,罗帐。④断肠,雪艳亭本《花间集》作"肠断"。⑤海棠花二月开放,花谢已是暮春。

[讲解]

陈廷焯曰:神致宛然。(《云韶集》卷一)

华钟彦曰:潇湘,水名,湘水合潇水之总称。其会合处,在今湖南零陵县北。此言见潇湘归雁,而不见征人归信也。(《花间集注》)

唐圭璋曰:词中有以情语结者,有以景语结者。景语含蓄,较情语尤有意味。唐五代词中,温飞卿多用景语结,韦端己多用情语结。温词如《遐方怨》结云:"不知征马几时归,海棠花谢也,雨霏霏。"韦词如《女冠子》结云:"觉来知是梦,不胜悲。"虽各极其妙,然温更有余韵。(《论词之作法》)

详词意,女主人公当居南方潇湘之地,"君"则远戍北边。春来南雁北飞,而"君"则雁信不至,不知何时得归,故云"断肠潇湘春雁飞"。一结风韵悠然,洵为词中佳境。"海棠花谢",兴芳华凋衰之感,象征色彩似有意无意之间。第二句已言"解罗帏",则以下均不寐时之心语耳。

梦江南①

千万恨,恨极在天涯②。山月不知心里事,水风空落眼前花③。摇曳碧云斜④。

[注释]

①梦江南,原名《望江南》,唐教坊曲名。又名《忆江南》。《乐府杂录》谓《望江南》本名《谢秋娘》,系李德裕为亡姬谢秋娘作。后改此名。但玄宗时教坊已有此曲。白居易依其曲调作《忆江南》三首,自注云:"此曲亦名《谢秋娘》,每首五句。"刘禹锡亦有《忆江南》,自注云:"和乐天春词,依《忆江南》曲拍为句。"单调二十七字,平韵。又有南唐冯延巳所作双调,五十九字,为变体,平仄韵换叶。②句意谓最恨的是远在天涯的所思男子久久不归。③水风,水上之风。④摇曳,摇荡、飘曳。碧云,碧空的云彩。江淹《杂体·拟休上人怨别》:"日暮碧云合,佳人殊未来。"此处"摇曳碧云斜"亦暗含"佳人殊未来"之意。或谓此句指花树摇曳于碧空之下,疑非。《题崔公池亭旧游》有"碧空云断水悠悠"之句可证"碧云"指碧空之云。

[讲解]

汤显祖曰:风华情致,六朝人之长短句也。(汤评《花间集》卷一)

徐士俊曰:幽凉殆似鬼作。(卓人月《古今词统》卷一引)

沈际飞曰:("山月"二句)惨境何可言!(《草堂诗余别集》卷一)

陈廷焯曰:低徊深婉,情韵无穷。(《云韶集》卷二十四)低回宛转。(《词则·别调集》卷一)

李冰若曰:"摇曳"一句,情景交融。(《栩庄漫记》)

唐圭璋曰:此首叙飘泊之苦,开口即说出作意。"山月"以下三句,即从"天涯"两字上,写出天涯景色,在在堪恨,在在堪伤。而远韵悠然,令人诵读不厌。(《唐宋词简释》)

张以仁曰:此词主题为伤春伤别,词中主角系一怀远伤春之思妇,伤春实缘伤别而起。首陈怀远之恨,所谓"千万恨"者,谓恨有千丝万缕也……乃此恨山月不知,犹照清景如画……眼前但见风吹花落,花逐水流。所谓"空落"者,花开欣赏无人,花落更无人惜之谓。以花拟人,"眼前"之"花",岂非即此眼前之人乎?以月拟人,遥天之月,岂非即彼远在天涯之人乎?则所谓"空落"者,实亦寓"虚度"之意……飞卿移景就情,使"眼前"之景与"心里"之事相结合:"山月"谓其"不知","落"上著一"空"字,皆化景为情之关键字也。于是身外景物尽化心中情境。触绪生愁,彼山月、彼水风、彼花树,其照耀、其吹拂、其摇曳、其流、其斜,皆化作有情之象矣。哀绝万端而不失其娴雅之态……"摇曳碧云斜",谓花树摇曳于碧空之下也。(《试释温飞卿〈梦江南〉词一首》。《花间词论集》186至190页)

此词以重笔直抒起,以下三句,却以摇曳空灵的笔调,借山月、水风、落花、碧云等景物作侧面烘染,主人公之感情,则主要借"不知""空落"等词语透露,写得极婉转自如而富有韵味。末句尤悠然神远,可作为此词风格之绝妙形容。虽极写相思怀远之恨,而不作凄恻竭蹙之声,低回婉转,含蕴无穷。此小令之极诣,词中之化境。可见温氏所长并不专在密丽绮艳一路。

梦江南

梳洗罢,独倚望江楼。过尽千帆皆不是[①],斜晖脉脉水悠悠[②]。肠断白蘋洲[③]。

[注释]

①皆不是,谓均非自己所盼男子乘坐的归舟。谢朓《之宣城出新林浦向板桥》:"天际识归舟。"此句反其意而用之。②脉脉,含情相视貌。《古诗十九

首·迢迢牵牛星》:"盈盈一水间,脉脉不得语。"脉脉(脈脈)本作"眽眽"。③白蘋洲,生长着白蘋花的芳洲。梁柳恽《江南曲》:"汀洲采白蘋,日暮江南春。"湖州霅溪之东南有白蘋洲,即因梁吴兴太守柳恽《江南曲》诗句而得名。此句之"白蘋洲"系泛指。俞平伯《唐宋词选释》引中唐赵微明《思归》诗中间两联:"犹疑望可见,日日上高楼。惟见分手处,白蘋满芳洲。"认为"合于本词全章之意,当有些渊源"。则"白蘋洲"或是昔日与男子分手之处,故望之而"肠断"。按:李益《柳杨送客》诗:"青枫江畔白蘋洲,楚客伤离不待秋。"亦可证"白蘋洲"在唐人诗中常用作伤离之地的代称。

[讲解]

汤显祖曰:"朝朝江上望,错认几人船。"同一结想。(汤评《花间集》卷一)

沈际飞曰:痴迷、摇荡、惊悸、惑溺,尽此二十余字。(《草堂诗余别集》卷一)

谭献曰:犹是盛唐绝句。(《复堂词话》)

陈廷焯曰:绝不着力,而款款深深,低徊不尽,是亦谪仙才也。吾安得不服古人?(《云韶集》卷一)

李冰若曰:《楚辞》:"望夫君兮未来,吹参差兮谁思?""袅袅兮秋风,洞庭波兮木叶下。"幽情远韵,令人至不可聊。飞卿此词:"过尽千帆皆不是,斜晖脉脉水悠悠。"意境酷似《楚辞》,而声情绵渺,亦使人徒唤奈何也。柳词:"想佳人倚楼长望(按:柳词作'妆楼颙望'),误几回、天际识归舟。"从此化出,却露勾勒痕迹矣。又:柳子厚"渔翁夜傍西岩宿,晓汲清湘燃楚竹"一首,论者谓删却末二句尤佳,然如飞卿此词末句,真为画蛇添足,大可重改也。"过尽"二语,既极怊怅之情,"肠断白蘋洲"一语点实,便无余韵。惜哉!惜哉!(《栩庄漫记》)

俞陛云曰:"千帆"二句窈窕善怀,如江文通之"黯然消魂"也。(《唐词选释》)

俞平伯曰:("过尽"二句)《西洲曲》:"楼高望不见,尽日阑干头。"意境相同。诗简远,词宛转,风格不同。(《唐宋词选释》)

胡国瑞曰:这两首词似清淡的水墨画,避去其所习用的一切浓丽辞藻,只轻轻勾画几笔,而人物的神情状态宛然纸上,在作者整个词的作风上是极其特殊的。如"梳洗罢"一首,所写为思妇终日盼望归人的情态,她独自倚楼盼望着,从早起到傍晚,从急切希望到惘然绝望,她的神态,她的心情,一切都在作者的素描手法下,鲜明地构成一幅完整的艺术形象。这幅形象极为鲜明易感,而又令人体味不尽。这类作品在他的创作中是最为可贵的,但可惜太少了。(《论温庭筠词的艺术风格》)

夏承焘曰:这首词"斜晖脉脉"是写黄昏景物,夕阳欲落不落,似乎依依不舍。这里点出时间,联系开头的"梳洗罢",说明她已望了整整一天了。但这不是单纯的写景,主要还是表情。用"斜晖脉脉"比喻女的对男的脉脉含情,依依不舍。"水悠悠"可能指无情的男子像悠悠江水一去不返……这样两个对比,才逼出末句"肠断白蘋洲"的"肠断"来。这句若仅作景语看,"肠断"二字便无来源。温庭筠词深密,应如此体会。(《唐宋词欣赏》)

施蛰存曰:此女独倚江楼,自晨至暮,无乃痴绝?窃谓此词乃状其午睡起来之光景。飞卿《菩萨蛮》云:"无言匀睡脸,枕上屏山掩。时节欲黄昏,无聊独倚门。"其上片云:"雨后却斜阳,杏花零落香。"情态正同,皆写其午睡醒时孤寂之感,一则倚楼凝望,一则无聊闭门耳。(《读温飞卿词札记》)

唐圭璋曰:此首记倚楼望归舟,极尽惆怅之情。起两句,记午睡起倚楼。"过尽"两句,寓情于景。千帆过尽,不见归舟,可见凝望之久,凝恨之深。眼前但有脉脉斜晖,悠悠绿水,江天极目,情何能已。末句,揭出肠断之意,余味隽永。温词大抵绮丽浓郁,而此两首则空灵疏荡,别具丰神。(《唐宋词简释》)又曰:有以叙事直起者,如李中主之"手卷珠帘上玉钩",飞卿之"梳洗罢,独倚望江楼"皆是。(《论词之作法》)

此首集中笔墨,抒写女子江楼终日凝望归舟不至的惆怅。次句"独"字,第三句"尽"字、"千"字、"皆"字均用重笔,写来却一气呵成,了无用力之迹。直接叙事而又高度凝练概括,重笔抒慨而又蕴蓄丰厚。尤妙在"过尽"句下突接"斜晖脉脉水悠悠"一句,其空灵摇荡之境,似不经意书即目所见江上景物,却构成极富远韵远神的境界,能引发读者多方面的联想。"千帆"过尽后江上之空寂,女子心中之空虚失落;斜晖之脉脉含情,流水之悠悠无情;乃至凝望中的女子脉脉含情而惆怅的眼神与悠悠不尽的哀愁,均可于言外领之。可谓一时兴到而又堪称神来之笔。妙在不刻意设喻,而象外之意极为隽永丰富。末句亦"过尽千帆皆不是"后凝望所及。回忆昔日于白蘋洲上分手,不禁肠断。虽直抒,仍有蕴蓄。温词颇多密丽绮艳之作,其中亦有佳篇。然其最出色之佳篇名句,却往往为疏朗空灵、清新有致之格。不但此二首可称典型,即《菩萨蛮》《更漏子》诸阕(词论家认为最能代表温词风格与成就者),其佳处亦多为疏朗清新之句,如"照花前后镜,花面交相映","江上柳如烟,雁飞残月天","心事竟谁知?月明花满枝","池上海棠梨,雨晴红满枝","花落子规啼,绿窗残梦迷","人远泪阑干,燕飞春又残","杨柳又如丝,驿桥春雨时","画楼音信断,芳草江南岸","鸾镜与花枝,此情谁得知","雨后却斜阳,杏花零落香","春水渡溪桥,凭栏魂欲销","春恨正关情,画楼残点声","柳丝长,春雨细,花外漏声迢递","帘外晓莺残月","城上月,白如雪,蝉鬓美人愁绝","京口路,归帆渡,正是芳菲欲度","梧桐树,三更雨,不道离情正苦。一叶叶,一声声,空阶滴到明",均其显例。可见,被视为代表温词密丽绮艳风格之作,其佳处亦往往在疏处也。词家之所好,并不等于即其所长。

蕃女怨①

碛南沙上惊雁起②,飞雪千里③。玉连环④,金镞箭⑤,年年征战。画楼离恨锦屏空⑥,杏花红。

[注释]

①蕃女怨,单调三十一字,仄韵转平韵。蕃,一作"番"。此系温庭筠之创调。调名本意,当是咏番女之怨思。但此首及另一首似均咏思妇怀念远戍征人之情,主角非番女。②碛南,通常指蒙古高原大沙漠以南地区。《北史·魏纪一·道武帝》:"冬十月戊戌,北征蠕蠕,追破之于大碛南商山下。"此泛指北方边塞荒漠之地。③鲍照《学刘公干体五首》之三:"胡风吹朔雪,千里度龙山。"④玉连环,此处与"金镞箭"对举,言边塞征战之事,当指刀环。刀环以玉为之,呈连环状,故云。柳中庸《征人怨》:"岁岁金河复玉关,朝朝马策与刀环。"以刀环与马策并提,言年年征戍之事,似可与此句类证。或谓指征人服饰之物,似未切。⑤金镞箭,金箭头的箭,常用为信契。《周书·异域传下·突厥》:"其征发兵马,料税杂畜,辄刻木为数,并一金镞箭,蜡封印之,以为信契。"此处泛指用金属作箭头的箭。⑥锦屏,锦绣的屏风,此借指妇女居室、闺阁。顾敻《酒泉子》:"锦屏寂寞思无穷,还是不知消息。"

[讲解]

陈廷焯曰:起二句,有力如虎。(《词则·别调集》卷一)

廖仲安曰:此调为飞卿首创。前一首写思妇一方的孤独与相思,末句关合边塞征人未归;这一首写边塞征人的艰苦征战生活,末句关合闺中思妇的离恨,合起来是一个整体,即表现征人思妇的别离之苦。两篇一唱一和,且句式短促,韵脚多变,由文字韵律上即可想见演唱时调促弦急、声声哀怨的艺术效果。(廖仲安主编《花间词派选集》。转引自张红《温庭筠词新释辑评》)

此首起二句写北方边塞严寒。次三句写征战之无已。末二句抒思妇之离恨。层次清晰,意境开阔,音节悲壮。内容意蕴类似作者之乐府《塞寒行》。与另一首(万枝香雪开已遍)相比,内容之侧重点虽有写边塞征人与闺中思妇之别,但均归结到思妇的离恨,与调名本意仍相关,唯另一首所咏非番女,系汉女耳。

荷叶杯①

一点露珠凝冷,波影②,满池塘。绿茎红艳两相乱③,肠断,水风凉。

[注释]

①荷叶杯,唐教坊曲名,后用为词调。有单调、双调二体。单调二十三字或二十六字,双调五十字,皆平韵、仄韵互用。温庭筠所作三首均为单调二十三字,一二、四五句押仄韵,三六句押平韵。荷叶杯本唐代酒器。赵璘《因话录》:"靖安李少师……善饮酒。暑月临水,以荷为杯,满酌密系,持近人口,以箸刺之,不尽则重饮。"白居易《酒熟忆皇甫十》:"疏索柳花碗,寂寥荷叶杯。"或说,隋殷英童《采莲曲》有"莲叶捧成杯"之句,调名或本此。庭筠此三首咏荷叶荷花及女子采莲,与调名均相关。②波影,指荷叶荷花在水中的倒影。③绿茎红艳,指绿色的荷茎荷叶与红艳的荷花。

[讲解]

汤显祖曰:唐人多缘题起词,如《荷叶杯》,佳题也。此公按题矣,词短而无深味。韦相尽多佳句,而又与题茫然,令人不无遗恨。(汤评《花间集》卷一)

毛先舒曰:《荷叶杯》取隋英童《采莲曲》"莲叶捧成杯",因以名调。(《填词名解》卷一)

李冰若曰:全词实写处多,而以"肠断"二字融景入情,是以俱化空灵。(《栩庄漫记》)

华锺彦曰:按此破晓时景也,故云"绿茎红艳相乱"。若于月下,则不应辨色矣。(《花间集注》)

张以仁曰:这一粒荷珠,一点凝聚的"冷",因风摇荡(末句"水风凉"),滴落水面,泛起重重波影。凝聚的"冷"扩散了,布满了全池……"风"字是全词脉动的"能"。因为"风",所以露珠下滴,水面不再平静;因为"风",所以绿茎红艳两相乱,池上一片骚然……故"风"字系乎血脉,"冷"字关合精神。至于"乱"字,则丰富姿态,其句实有如全词的肌肤……荷池当时景色,实即断肠人当时心境。景即是情,情即是景。满池塘的缭乱,即是满心湖的纷扰!(《试论温庭筠的一首〈荷叶杯〉词》。《花间词论集》164至165页)

晨间荷塘,荷叶上露珠凝冷,荷花荷茎之倒影,布满池塘。水面凉风起处,绿茎红花满池摇曳相乱。独对此景,不禁肠断。词意如此,至于"肠断"之因,则词人未加暗示,可任读者自领。似一幅荷塘晓色之素描。

荷叶杯

楚女欲归南浦,朝雨,湿愁红①。小船摇漾入花里②,波起,隔西风。

[注释]

①愁红,指为雨所浥湿的荷花。②摇漾,摇荡。

[讲解]

陈廷焯曰:飞卿……此作节奏天然。(《云韶集》卷一)又曰:节短韵长。(《词则·别调集》卷一)

李冰若曰:飞卿所为词,正如《唐书》所谓侧词艳曲,别无寄托之可言。其淫思古艳在此,词之初体亦如此也……然此词实极宛转可爱。(《栩庄漫记》)

丁寿田、丁亦飞曰:此细雨中送别美人之词也。(《唐五代四大名家词》甲篇)

华锺彦曰:此言雨湿花愁,风吹波起,小船摇荡之间,人已远隔矣。(《花间集注》)

袁行霈曰:前三句写楚女欲归未归之际,朝雨打湿了红色的荷花,这荷花也为情人的离别而忧愁。后三句写她乘着小船摇入花丛,在她身后留下一片细细的波纹。"隔西风"是被西风阻隔……一种恨别与怅惘相交织的感情显而易见。(《温词艺术研究》)

此首写采莲的楚女欲归南浦与风吹波起、船行渐远的情景。"朝雨,湿愁红"的景物烘托,"小船摇漾入花里"的目送神驰情景,"隔西风"的失落惆怅,均启人联想与想象,虽短章而情味隽永。

第五章　温庭筠的赋和骈文

第一节　温庭筠的赋

《旧唐书·文苑传·温庭筠》说他"长于诗赋"。《唐摭言》卷十三《敏捷》云:"温庭筠烛下未尝起草,但笼袖凭几,每赋一韵,一吟而已,故场中号为温八叉。"《北梦琐言》卷四亦谓其"才思艳丽,工于小赋。每入试,押官韵作赋,凡八叉手而八韵成,多为邻铺假手,号曰救数人也"。以上这些记载,都说明温庭筠工于小赋,而且才思敏捷,应试作八韵小赋,顷刻即成。但历代史志及书目著录其著述,均未明标其赋及卷数。流传至今者仅《再生桧赋》与《锦鞋赋》两篇,可见其大部分赋作已经失传。

《再生桧赋》署名温岐。《旧唐书》本传谓"温庭筠者,太原人,本名岐,字飞卿"。《北梦琐言》卷四:"吴兴沈徽云:温舅曾于江淮为亲表槚楚,由是改名焉。"顾学颉《温庭筠交游考》谓姚勖笞逐庭筠事在开成四年之前,约在大和末。然《唐摭言》卷二"等第罢举"条开成四年下有温岐,则此时尚未改名。此篇系歌颂祥瑞之咏物赋。再生桧,指已枯而再生之桧树。《新唐书·五行志一》载:"武德四年,亳州老子祠枯树复生枝叶。老子,唐祖也。占曰:'枯木复生,权臣执政。'睦孟以为有受命者。"冯浩《樊南文集详注》卷四《上兵部相公启》"依于桧井"注云:"《太清记》:亳州太清宫有八桧,老子手植,枝干皆左纽。《云笈七签》言九井三桧,宛然长在。武德中,枯桧再生。"此即庭筠所咏之再生桧。因传为老子手植,又值武德中复生,故以为隋亡唐兴之祥瑞。赋末云:"客有生于明时,身蒙至德,穷胜负于朕兆,慕休祥于邦国。敢献赋以扬荣,遂布之于翰墨。"似为早年参加科举考试前呈献显贵行卷之作。赋除描绘形况桧树的形状和枯而再生外,主要内容是歌颂"桧有再生之瑞,天符圣运之兴"。略云:

挺松身而鳞皴迥出,布柏叶而香蔼相承。隋道既穷,则没身于乱土;唐朝将建,故发德于休征……想夫拔陈根而已茂,笋修干以方妍。凌朝而还宜宿露,向晚而尤称新烟。以状而方,生荑之枯杨若此;以理而喻,易叶之僵柳昭然。……竦亭亭之柯叶,擢郁郁之辉华,可以播之万古,可以流之四遐……矧夫贞节独异,高标自持,散芳气而微风乍动,入重阴而宿鸟犹疑。盖天所赞也,亦神以化之。

李调元《赋话》称"以状而方"四句"以史对经,铢两悉称……天骨开张,刊落浮艳,使作俪体,当不减玉谿生"。

另一篇《锦鞋赋》当作于居襄阳徐商幕期间(参见贾晋华《唐代集会总集与诗人群研究》151页)。此赋从题目看是咏物赋,从内容看却是艳情小赋。全文云:

阑里花春,云边月新。耀粲织女之束足,嬿婉嫦娥之结璘。碧缯银钩,鸾尾凤头。鞶称"雅舞",履号"远游"。若乃金莲东昏之潘妃,宝厣临川之江姬。匍匐非寿陵之步,妖盅实苎萝之施。罗袜红蕖之艳,丰跗皓锦之奇。凌波微步瞥陈王,既蹀躞而容与;花尘香迹逢石氏,倏窈窕而呈姿。擎箱回津,惊萧郎之初见;李文明练,恨汉后之未持。重为系曰:瑶池仙子董双成,夜明帘额悬曲琼,将上云而垂手,顾转盼而遗情。愿绸缪于芳趾,附周旋于绮槛。莫悲更衣床前弃,侧听东晞佩玉声。

用华艳的辞藻和大量古代美女艳妃乃至仙女的典故,淋漓尽致地形容美人美足之穿锦鞋,益彰其美。其中有的典故,是古代著名淫昏君主和宠妃的典故(如东昏侯之宠妃潘妃步步生莲之典),也毫不忌讳。可以看出唐人用典不大拘泥,像这样的典事也可只取一端,作为美事来吟咏。"愿绸缪"二句,仿陶潜《闲情赋》。赋中提到的"瑶池仙子董双成",很可能是襄阳使府乐营中的歌舞妓人。李商隐《饮席代官妓赠两从事》也有"愿得化为红绶带,许教双凤一时衔"之语,不过以"红绶带"喻女妓而已。这种艳情小赋,似更近庭筠之本色。

第二节　温庭筠的骈文

《旧唐书·文苑传·李商隐》云:"商隐能为古文,不喜偶对。从事令狐楚幕,楚能章奏,遂以其道授商隐,自是始为今体章奏。博学强记,下笔不能自休,尤善为诔奠之辞。与太原温庭筠、南郡段成式齐名,时号'三十六'。文思清丽,庭筠过之。"可见,当时温、李、段三人均以善偶对之文骈文而齐名,因三人行皆为十六①,故合称"三十六"。《新唐书·文艺传·李商隐》则将"三十六"改成了"三十六体":"商隐初为文瑰迈奇古,及在令狐楚府,楚本工章奏,因授其学。商隐俪偶长短,繁缛过之。时温廷筠、段成式俱用是相夸,号'三十六体'。"将"三十六"之指三位并称于当世的骈文家改为"三十六体",似乎李、温、段三人的骈文在当时已成为一个有共同风格特点的骈文派别。这二者之间虽不无联系,但有明显区别。李、温二人的骈文,《旧唐书》谓庭筠"文思清丽",《新唐书》则谓

---

① 李商隐行大,温、段二人之行第为"十六",亦无文献依据作旁证,故今之学者疑"三十六"为"三才子"之误,说可从。以下均称"三才子"。

商隐"繁缛过之"。看来二人的骈文各有特点,《新》《旧》书的编撰者已看到并指出了。

  李商隐的骈文流传至今者尚有三百三十八篇,这数量虽远比不上他自己大中元年十月、七年十一月两次结集的《樊南甲集》《樊南乙集》所收文的篇数以及大中七年十一月以后所作的骈文的总和,但毕竟还保留了相当大一部分作品。但温庭筠的骈文被《文苑英华》《全唐文》收入而流传至今者仅二十题三十二首,离其实际创作数量应有很大差距。这仅存的二十题中,两题共八首是温庭筠在襄阳幕和荆南幕期间为段成式送墨、送笔给自己,二人往返的骈文书状,即《答段成式书七首》与《答段柯古赠葫芦管笔状》。段成式送给温庭筠一挺集仙殿旧吏献给他的墨,温致信表示感谢,二人遂"递搜故事",相互夸奇斗富,往复寄书,至于七往七复。至段致第八书,温方罢而不作,这倒很符合《新唐书·文艺传·李商隐》所说的"时温廷筠、段成式俱用是相夸"。这往返的十五封因段赠墨引起的书信,实际上就是一次搜寻并组合有关墨、砚、纸、笔典故的知识竞赛与文章竞赛,那阵势令人联想起王恺与石崇夸靡斗富的情景,只不过王、石斗的是珊瑚宝树,段、温所斗的是典故而已。以今人的观点看,这也许是一种纯粹的典故与文字的游戏。而当时的文人却乐此不疲,以至递相往复,欲罢不能。可见他们是把这当作文士间夸示才学的雅事来饶有兴趣地进行的。这些骈文书信,从文章本身看,因为要将搜寻来的众多典故连缀成文,不免经常出现堆砌繁碎、晦涩不连贯的弊病。录温之第一启以见一斑:

  庭筠启:即日僮干至,奉披荣诲,蒙赉易州墨一挺。竹山奇制,上蔡轻烟,色夺紫帷,香含漆简。虽复三台故物,贵重相传;五两新胶,干轻入用。犹恐于潜旷远,建业厄赢。韦曜名方,即求鸡木;傅玄佳致,别染龟铭。恩加于兰省郎官,礼备于松櫺介妇。汲妻衡弟,所未窥观;《广记》《汉仪》,何尝著列。矧又玄洲(阙)上苑,青琐西垣,雠字犹新,疑签尚整。帐中女史,犹袭青香;架上仙人,常持缥帙。得于华近,辱在庸虚。岂知庭鹤频惊,殊惭志业;秋虫屡绾,不称精研。惟忧瘠物虚投,蜡盘空设。晋陵虽坏,正握铜兵;王诏徒深,谁磨石砚。捧受荣荷,不任下情。庭筠再拜。

一开始还典如泉涌,游刃有余。斗到最后,才穷力竭,再无可搜之典事,只好举旗投降,"岂敢犹弯楚野之弓,尚索神亭之戟。谨当焚笔,不复操觚矣"(第七启)。《答段柯古赠葫芦管笔状》虽也是同类性质的作品,但这次却没有再掀起一场以搜典巧对相夸的竞赛,也许是彼此都感到这种竞赛过于劳神,难以为继了。

其他十八题二十四首,除《榜国子监》系咸通七年庭筠任国子监助教主秋试时所作榜文外,其余十七题二十三首均为骈文书启。其中除《谢襄州李尚书启》为大和九年所作外,其余均为大中至咸通年间即庭筠晚年所作。十七题中,《上崔相公启》《为人上裴相公启》《投宪丞启》《上萧舍人启》("某闻孙登之奖嵇康")《为前邕府段大夫上宰相启》五首为代人所拟。有的虽未标明为人作,但内容与庭筠生平经历明显不合,故可考知为代人之作。另外十二首均为庭筠在大中、咸通年间为考进士、求官等分别上当朝权贵显宦希企帮助汲引或行卷之作。上启对象有裴休、裴坦、封敖、蒋系、令狐绹、白敏中、萧邺、杜审权、杜牧、韩琮等人。从中可以看出大中年间温庭筠为考进士遍谒宰相大臣并献诗赋行卷的经历。上述书启的系年考证及所上对象的考证,已分见上编有关章节。从内容看,这些书启绝大部分是诉说自己的困顿处境或所受的冤诬,希望得到所献对象的同情帮助,录其中数段较有情采者如下:

既而文圃求知,神州就选,遂得生刍表意,腐帛生姿。永言栖托之怀,不在翩飞之后。今者商飙已扇,高壤萧瑟,楚贡将来,津涂怅望。高堂有念,末路增悲。(《上蒋侍郎启》之二)

既而羁齿侯门,旅游淮上。投书自达,怀刺求知。岂期杜挚相倾,臧仓见嫉。守土者以忘情积恶,当权者以承意中伤。直视孤危,横相陵阻。绝飞驰之路,塞饮啄之涂。射血有冤,叫天无路。(《上裴相公启》)

三千子之声尘,预闻《诗》《礼》;十七年之铅椠,尚委泥沙。敢言蛮国参军,才得荆州从事。自顷藩床抚镜,校府招弓。戴经称女子十年,留于外族;嵇氏则男儿八岁,保在故人。藐是流离,自然飘荡。叫非独鹤,欲近商陵;啸类断猿,况邻巴峡。光阴讵几,天道如何!(《上令狐相公启》)

然素励颛蒙,常耽比兴。未逢仁祖,谁知风月之情;因梦惠连,或得池塘之句。莫不冥搜刻骨,默想劳神。未嫌彭泽之车,不叹莱芜之甑。其或严霜坠叶,孤月离云,片席飘然,方思独往;空亭悄尔,不废闲吟。强将麋鹿之情,欲学鸳鸯之性。遂使幽兰九畹,伤谣诼之情多;丹桂一枝,竟攀折之路断。岂直牛衣有泪,蜗舍无烟。此生而分作穷人,他日而惟称饿隶。(《上盐铁侍郎启》)

某自东道无依,南风不竞,如挤井谷,若泛沧溟。莫知投足之方,不识栖身之所……今则阮路兴悲,商歌结恨,牛衣夜哭,马柱晨吟。一笺徘徊,九门深阻。(《上裴舍人启》)

以上六段文字,叙自己的困顿处境、悲惨遭遇,感情激切强烈,声与泪俱。但在文字表达上,却俊逸畅达,流丽华美,读来毫无窒碍艰涩之感。而且音律和谐圆润,极富音乐美。虽用了不少典故,却无堆砌之弊。有些叙述自己诗歌创作的片断,还颇富诗情。从中可以看出作者驾驭骈文这种文学形式纯熟的技巧和得心应手的功夫。比起李商隐的同类骈文书启来,其自诉困顿遭遇时,愤郁之情更多于感伤,这可能反映了两人的个性有外向、内向的区别。也可以看出《旧唐书·文苑传》所说的"文思清丽,庭筠过之",比较切合实际。商隐的骈文书启,用典隶事较庭筠更多,故有"繁缛"之评。另外,李商隐上显宦的书启,往往有较多叙述对方生平宦历及功业政绩的文字,而庭筠的这类文章往往很少涉及这方面的内容。这种区别,是否也与二人个性有关,似可进一步研究。即使自诉穷困潦倒,求人汲引,但对对方的谀颂文字和应酬式的门面语也较少,这似乎也可约略窥见庭筠的为人。当然,这也给考证庭筠书启所上的对象带来一些困难,因为很难从书启中找到对方生平宦历方面的材料来作为考证的依据。

庭筠骈文中有几篇代人撰拟的书启,因为题目上未曾标明"为人"的字样,往往被误认为是庭筠自己上人的书启而误考其生平,有必要在这里考辨澄清一下,如《上萧舍人启》("某闻孙登之奖嵇康")有云:

> 某器等瓶筲,居惟岭峤。徒然折简,非孔门之词;率尔中科,悉刘繇之第。……顷因同籍,遂及论交;窃示里言,奉扬严旨。张司空汲引,先及陆机;杨丞相铨衡,竟遗刘炫。实亦义同得禄,荣甚登门。

顾学颉《温庭筠交游考》认为"萧舍人"可能是大中时任中书舍人之萧邺,近是。按:据《重修承旨学士壁记》,萧邺大中元年二月至二年九月,大中五年正月至八年十二月,曾两入翰林。其中第二次于五年七月至七年六月期间,曾任中书舍人,则启当上于这一期间。但细审启文,此启实非庭筠自上萧舍人而系代人所拟。其一,启有"率尔中科,悉刘繇之第"之语,上启者显已科举登第,与庭筠终身未第之情况不合。[①] 其二,启又有"杨丞相铨衡,竟遗刘炫",其人当是登第后

[①] 贬隋县尉时其身份仍为"乡贡进士",其后未再应试。

铨选官职时落选,故下文云"义同得禄"。庭筠终身未第,自亦无参加吏部铨选落选之经历。其三,启谓自己"居惟岭峤",尤与庭筠之祖籍(太原)、旧居(吴中)、寓居地(长安鄠郊)无一相合。可证此"居惟岭峤"与萧舍人同籍,因得以论交者决非庭筠。① 综上数端,此启断非庭筠自己所上,而系代人所拟。据"顷因同籍,遂及论交",则上启者与邺均为岭南人。《新唐书·萧邺传》未载其籍贯。邺曾撰《岭南节度使韦公(正贯)神道碑》,为正贯之外甥。

《投宪丞启》亦为代人所拟。宪丞,指御史中丞,唐代御史台之副长官。此启疑点颇多。题称"宪丞",而启文既称"宪长",又称"侍郎",称谓不一,疑"侍郎"之称有误。若谓所上之对象以御史中丞而兼侍郎,似唐代尚罕其例。启言自己"遂窃科名,才沾禄赐",则上启者不但已科举考试登第,且已沾禄为官。此与庭筠终身未第亦绝不相合。此其一。启云"今者方祗下邑",又云"愿同晋室徐宁,因县僚而迁次",似可解为大中十年贬隋县尉之事,但此前庭筠既未"窃科名",又未"沾禄赐",故仍与庭筠经历不合。此其二。然则此启亦代人所上。此人曾得某宪丞之垂顾,并已登第授官,此启系其人赴某县县僚任前所上。

《上崔相公启》亦为代人撰拟之启。启云:"窃仰洪钧,来窥皎镜……岂谓不遗孤拙,曲假生成。拔于泥滓之中,致在烟霄之上。遂使龙门奋发,不作穷鳞;莺谷翩翻,终陪逸翰。"说明上启者此前在崔相公的荐拔下,已登进士第。此与庭筠终身未第亦显然不合。又启内提及自己家世时,仅言"谬传清白,实守幽贞",与庭筠为唐初功臣温彦博(封虞国公)之后,上他人启时每自称其家世为"爱田锡宠,镂鼎传芳""谬嗣盘盂"者亦不合。崔相公疑指大中三年至九年任宰相之崔铉。

还有一首《上崔大夫启》,疑点亦颇多。崔大夫,名未详。据启首"伏承已践埋轮,光膺弄印""诚宜便舍圭符,来调鼎鼐"及"嵇山灵爽,镜水澄明""窃料已

---

① 庭筠诗、文、词、小说中均未透露其曾居岭南。

饰廉车,行离郡界"等语,崔某盖任浙东观察使,顷已内征为御史大夫,行将离郡而回京者。又据"大夫二十三兄"之语,其人排行为二十三。然检《唐刺史考全编》,自开成四年至咸通八年,历任浙东观察使者为萧俶(开成四年至会昌二年)、李师稷(会昌二年至四年)、元晦(会昌五年至大中元年)、杨汉公(大中元年至二年)、李褒(大中三年至六年)、李讷(大中六年至九年)、沈询(大中九年至十二年)、郑处晦(大中十三年至咸通元年)、王式(咸通元年至三年)、郑祗绰(咸通三年至四年)、杨严(咸通五年至八年),其间起讫替代,均相承接,然无一为崔姓者,亦无由浙东观察使征入为御史大夫者。再由开成四年上溯至元和初,历任浙东观察使亦班班可考,任期承接,同样无一为崔姓者。颇疑题有误,或他人之作误植于庭筠名下者。然明刊配宋残本《文苑英华》卷六六六载温庭筠启三首,此为第二首。可见,如属他人之作误植,则自北宋时已然(或即《英华》在编撰时误植)。复由元和初上溯,唯大历十一年七月至十四年,崔昭为浙江观察使。《全唐文》卷五二三崔元翰《判曹食堂壁记》:"越州号为中府,连帅治所……故太子少师皇甫公(温)来临是邦……后二岁而御史大夫崔公(昭)为之。"又卷四四三李舟《为崔大夫请入奏表》:"移镇浙东。臣自至越州,旋经岁序。"又《为崔大夫请入奏表》:"臣一昨初承国丧……请赴山陵,伏奉批答,上遵遗旨,不许奔会。"似与崔姓为浙东观察使、御史大夫者合。然其"大夫"之称,当是任浙东观察使期间所带宪衔,非由浙东观察使征入任御史大夫之实职。终与此启首二句不合。故根据现有资料,对此启之作者及写作时间只能存疑。提出以上四启之前三启为代人作,后一启作者及写作时间有疑问,是为了避免在进行温庭筠研究时误据这些启文所提供的材料,来考证其生平经历与交游,从而得出错误的结论。

温庭筠骈文选注讲解

上裴相公启①

　　某启:闻效珍者先诣隋、和②,蠲养者必求仓、扁③。苟无悬解④,难语奇功。至于有道之年⑤,犹抱无辜之恨⑥。斯则没为疠气⑦,来挠至平⑧;敷作冤声,将垂不极⑨。此亦王公大人之所慷慨⑩,义夫志士之所歔欷。

　　某性实颛蒙⑪,器惟顽固⑫。纂修祖业,远愧孔琳⑬;承袭门风,近惭张岱⑭。自顷爰田锡宠⑮,镂鼎传芳⑯。占数辽西⑰,横经稷下⑱。因得仰穷师法,窃弄篇题⑲。思欲纽儒门之绝帷⑳,恢常典之休烈㉑。

　　俄属羁孤牵轸㉒,藜藿难虞㉓。处默无衾㉔,徒然夜叹;修龄绝米㉕,安事晨炊! 既而羁齿侯门㉖,旅游淮上㉗。投书自达㉘,怀刺求知㉙。岂期杜挚相倾㉚,臧仓见嫉㉛。守土者以忘情积恶㉜,当权者以承意中伤㉝。直视孤危㉞,横相陵阻㉟。绝飞驰之路,塞饮啄之涂㊱。射血有冤㊲,叫天无路。此乃通人见愍,多士具闻㊳。徒共兴嗟,靡能昭雪。

　　窃见玄宗皇帝初融景命㊴,遽恻宸襟。收拭瑕疵,申明枉结㊵。刘丞相导扬优诏㊶,苏许公润色昌谟㊷。五十年间㊸,风俗敦厚。逮及翔泳未安其所㊹,雨旸不得其和㊺,匹夫匹妇之呼嗟,一聚一乡之幽郁㊻,欲期昭泰㊼,必仰陶钧㊽。某进抱疑危,退无依据。暗处囚拘之列,不沾涣汗之私㊾。与煨烬而俱捐㊿,比昆虫而绝望。则是康庄并轨㉛,偏哭于穷途㉜;日月悬空,独障于丰蔀㉝。

　　伏以相公致尧业裕,佐禹功高㊴,百姓咸被其仁,一物不违于性。倘或在途兴叹,解彼右骖㉟;弹剑有闻,迁于代舍㊱。瞻风自卜㊲,与古为徒㊳。此道不诬㊴,贞明未远㊵。谨以文、赋、诗各一卷率以抱献。缥缃俭陋㊶,造写繁芜㊷。干冒尊高,无任惶灼。

[注释]

①顾学颉曰:以时间考之,裴相公当即裴休,《旧·纪》(即《旧唐书·宣宗本纪》):"大中六年四月,以礼部尚书诸道盐铁转运等使裴休可本官同平章事。"启中略云"既而羁齿侯门,旅游淮上。投书自达,怀刺求知。岂期杜挚相倾,臧仓见嫉。守土者以忘情积恶,当权者以承意中伤。直视孤危,横相陵阻。绝飞驰之路,塞饮啄之涂。射血有冤,叫天无路。此乃通人见愍,多士具闻。徒共兴嗟,靡能昭雪"等语,盖即本传所谓"庭筠自至京师,致书公卿间雪冤"之事。(《温庭筠交游考》)又曰:《上裴相公启》……明言守土者以忘情积恶,当权者以承意中伤,当即(咸通四年)在淮南令狐绹指使虞候折辱之事……《裴休传》:"咸通初,入为户部尚书,累迁吏部尚书,太子少师,卒。"盖此启即《旧书》所谓"自至长安,致书公卿间雪冤"之事也。(《新旧〈唐书〉温庭筠传订补》)按:顾谓此"裴相公"指裴休,是。但谓此启上于咸通四年(863)庭筠在淮南为虞候所击败面折齿,污行闻于京师,因而自至长安,上书公卿间雪冤之时则误。说详后。牟怀川《温庭筠生年新证》(载《上海师范学院学报》1984年第1期)谓此启系开成四年(839)首春求恳裴度之作,并谓启内"至于有道之年,犹抱无辜之恨"二句的"有道之年"指郭泰(字林宗,被举有道科而不应,蔡邕曾称其为郭有道)的享年四十二岁,并由此逆推出庭筠生于唐德宗贞元十四年(798),然此说颇多疑点。其一,裴度为四朝元老,宪宗元和十二年(817)即以平蔡首功封晋国公。大和八年(834)加中书令。庭筠诗题或称之为裴晋公(《题裴晋公林亭》),或称其为中书令裴公(《中书令裴公挽歌词二首》),不应直到开成四年首春所上之启仍只称"裴相公"。其二,据《新唐书·裴度传》,开成三年,度"以病丐还东都,真拜中书令,卧家未克谢,有诏先给俸料。(四年)上巳宴群臣曲江,度不赴,帝赐诗曰:'注想待元老,识君恨不早。我家柱石衰,忧来学丘祷。'别诏曰:'方春慎疾为

难,勉医药自持……'使者及门而度薨"。可见自开成三年以来,度已衰病,且又年高(七十四岁)。揆之情理,庭筠也不大可能于开成四年首春度已衰病时上启求助,且"以文、赋、诗各一卷"投献,请其阅览揄扬。其三,"有道之年"非用郭泰卒年四十二岁之典(且以人之卒年岁数借指己之现有年岁,亦属不伦),而是泛称政治清明的年代。《论语·卫灵公》:"邦有道,则仕。"即"有道"二字所本。"至于有道之年,犹抱无辜之恨",与此启下文"康庄并轨,偏哭于穷途"意近。此"裴相公"当如顾笺所考指裴休。启末云:"谨以文、赋、诗各一卷率以抱献。"则此启当是参加进士试前行卷的书信。参庭筠《上蒋侍郎启二首》《上封尚书启》《上杜舍人启》等启的写作时间及内容,此启当上于大中六年(852)八月裴休拜相后不久。据《新唐书·宰相表》:大中六年"八月,礼部尚书、诸道盐铁转运使裴休本官同中书门下平章事,使如故"。大中十年"十月戊子,休为检校户部尚书、同平章事,宣武节度使"。《旧唐书·裴休传》《通鉴》同。《旧·纪》谓休拜相在大中六年四月,误。顾谓此启上于咸通四年庭筠淮南受辱事后至京师致书公卿诉冤时,亦非。此时庭筠早已不再参加进士试(其最后一次参加进士试在大中九年,后即以"搅扰场屋"罪贬隋县尉,旋寓襄阳幕、荆南幕),自不会再献诗文赋行卷,且其时裴休亦早已罢相,与此启称对方之口吻显为在位之宰相亦不合。庭筠另有《上盐铁侍郎启》《为人上裴相公启》,均系上裴休之启。裴休与华严宗宗主宗密有相当密切的交往,曾撰《圭峰禅师碑铭并序》,并为宗密之著述作序,而庭筠亦曾从圭峰禅师宗密受学,二人之结识或始于其时。②效珍,进献珍宝。隋、和,隋侯与卞和。《淮南子·览冥训》:"譬如隋侯之珠,和氏之璧,得之者富,失之者贫。"曹植《与杨德祖书》"人人自谓握灵蛇之珠"李善注:"隋侯见大蛇伤断,以药傅而涂之。后蛇于大江中衔珠以报之,因曰隋侯之珠。"卞和,春秋楚人,曾三献玉璞于三世楚王,其所献玉即价值连城之和氏璧。此以隋侯、卞和指赏识珍宝者。③蠲养,祛除疾病,调养身体。仓,指仓公,姓淳于,名意,齐临淄人,曾为太仓长,故称仓公。扁,扁鹊,姓秦,名越人,勃海郡人。

二人均为古代名医。事详《史记·扁鹊仓公列传》。④悬解，了悟。《太平广记》卷七十二引张读《宣室志·袁隐居》："校其年月日，亦符九十三之数，岂非悬解之妙乎？"《旧唐书·方伎列传·神秀》："吾度人多矣，至于悬解圆照，无先汝者。"此指对奇珍、医道的了解。⑤有道，指政治清明。《论语·卫灵公》："邦有道，则仕；邦无道，则可卷而怀之。"有道之年，指政治清明的年代。犹下文"至平""康庄并轨"。⑥无辜之恨，谓无罪而遭谤毁。⑦没，同"殁"。疠气，能致疫病的恶气。⑧挠，扰乱。至平，治世，亦即上文所谓"有道之年"。《荀子·荣辱》："故仁人在上，则农以力尽田，贾以察尽财，百工以巧尽械器，士大夫以上至于公侯，莫不以仁厚知能尽官职，夫是之谓至平。"⑨敷，散布。垂，覆盖。不极，无穷、无限。⑩慷慨，感叹。《古诗十九首·西北有高楼》："一弹再三叹，慷慨有余哀。"⑪颛蒙，愚昧。⑫顽固，愚妄固陋，不知变通。⑬纂修，整治。孔琳，指南朝刘宋之孔琳之（字彦琳）。《宋书·孔琳之传》："不治产业，家尤贫素。"此谓己在整治祖业方面甚至远愧于孔琳之。庭筠《寄卢生》云："遗业荒凉近故都。"⑭《南齐书·张岱传》："张岱字景山，吴郡吴人也。祖敞，晋度支尚书。父茂度，宋金紫光禄大夫。岱少与兄太子中舍人寅、新安太守镜、征北将军永、弟广州刺史辨俱知名，谓之张氏五龙……兄子瓌、弟恕，诛吴郡太守刘遐。太祖欲以恕为晋陵郡，岱曰：'恕未闲从政，美锦不宜滥裁。'太祖曰：'恕为人，我所悉，且又与瓌同勋，自应有赏。'岱曰：'若以家贫赐禄，此所不论；语功推事，臣门之耻。'"此当即张岱"承袭门风"之具体表现，而谓己愧不如岱之有盛名清操，能克承门风。按：庭筠旧乡吴中，此云"承袭门风，近惭张岱（系吴郡吴人）"，似亦暗透其旧乡与张岱同在吴中。⑮《左传·僖公十五年》："晋于是乎作爰田。"孔疏："服虔、孔晁皆云：爰，易也。赏众以田，易其疆畔。"此指以田地赏赐功臣，故曰"锡宠"。庭筠之远祖彦博及彦博兄大雅，均唐初功臣，大雅封黎国公，彦博封虞国公。庭筠《书怀百韵》诗"莱（采）地荒遗野，爰田失故都"自注："予先祖国朝公相，晋阳佐命，食采于并、汾也。"⑯镂鼎，在鼎上刻镂铭文，记录功勋。⑰占数，上报家中人数,入籍定居。《汉书·叙传上》:"昌陵后罢,大臣名家皆占数于长安。"颜师古注:"占,度也。自隐度家之口数而著名籍也。"辽西,郡名。《史记·匈奴列传》:"燕亦筑长城,自造阳至襄平。置上谷、渔阳、右北平、辽西、辽东郡以拒胡。"辽西,辽河以西地区。《晋书·赵至传》:"(赵至)年十六游邺……诣魏兴见太守张嗣宗,甚被优遇。嗣宗迁江夏相,随到溳川,欲因入吴,而嗣宗卒,乃向辽西而占户焉。""占数辽西"当用此典。⑱横经,横陈经籍,指受业或读书。何逊《七召·儒学》:"横经者比肩,拥帚者继足。"稷下,战国时齐威王、宣王曾在都城临淄西门稷门附近建学宫,广招文学游说之士讲学议论。事详《史记·孟子荀卿列传》、应劭《风俗通·穷通·孙况》。此以"稷下"指学宫。《礼记·檀弓上》:"(子夏)退而老于西河之上。"庭筠远祖温彦博曾封西河郡公。此处"占数辽西,横经稷下"或化用其意,谓其祖上"奕世参周禄,承家学鲁儒"之儒家传统。⑲篇题,此指篇章、文章。⑳纽,系。《汉书·董仲舒传》:"下帷讲诵,弟子传以久次相授业,或莫见其面,盖三年不窥园,其精如此。"绝帷,谓儒学传授之道久绝。㉑恢,弘扬。常典,指五经一类儒家书籍。《文选·孙绰〈游天台山赋序〉》:"所以不列于五岳,阙载于常典者,岂不以所列冥奥,其路幽迥。"李善注:"常典,五经之流也。"休烈,美好辉煌。㉒羁孤,羁旅孤独。畛,隐痛。㉓藜藿,灰菜和豆叶,泛指粗劣的饭食。难,《文苑英华》作"艰"。虞,准备。《孙子·谋攻》:"以虞待不虞者,胜。"㉔处默,指隐居不仕。㉕修龄,长年。㉖羁齿,寄列。㉗淮上,指唐代淮南节度使府所在地扬州。《玉泉子》:"温庭筠有词赋盛名。初从乡里举,客游江淮间,扬子留后姚勖厚遗之。庭筠少年,其所得钱帛,多为狭邪所费。勖大怒,笞而逐之,以故庭筠不中第。其姊赵颛之妻也,每以庭筠下第,辄切齿于勖。"《北梦琐言》卷四亦谓庭筠"曾于江淮为亲表槚楚"。顾学颉《温庭筠交游考》云:"按:《通鉴》开成四年五月,'上以盐铁推官礼部员外郎姚勖,能鞫疑狱,命权知职方员外郎。右丞韦温不听,上奏称:郎官,朝廷清选,不宜以赏能吏。上乃以勖检校礼部郎中,依前盐铁推官'。据此,知姚勖确曾为盐铁官(扬子留后,即盐铁转运使在扬州之分设机构)。姚勖答逐庭筠事,当在开成四年之前。"而夏承焘《温飞卿系年》引顾肇仓(即顾学颉)《温飞卿传论》谓其"定游江淮在大和末"。㉘自达,自我推荐。达,推荐。㉙怀刺,怀藏名刺,准备谒见长官。《后汉书·祢衡传》:"建安初,来游许下,始达颍川,乃阴怀一刺,既而无所之适,至于刺字漫灭。"㉚《史记·秦本纪》:"孝公三年,卫鞅说孝公变法修刑……孝公善之。甘龙、杜挚等弗然,相与争之。"又《商君列传》:"孝公既用卫鞅,鞅欲变法……杜挚曰:'利不百,不变法;功不十,不易器。法古无过,循礼无邪。'"句意谓自己遭到杜挚一类小人的倾轧、排挤。㉛臧仓,战国时鲁平公的宠臣。平公将见孟子,为仓所阻。后因以臧仓为进谗害贤的小人。《孟子·梁惠王下》:"鲁平公将出,嬖人臧仓者请曰:'他日君出,则必命有司所之,今乘舆已驾矣,有司未知所之,敢请。'公曰:'将见孟子。'曰:'何哉!君所为轻身以先于匹夫者,以为贤乎?礼义由贤者出,而孟子之后丧逾前丧,君无见焉。'公曰:'诺。'"句意谓自己遭到臧仓一类小人的嫉妒。㉜守土者,指地方长官,如州刺史、节度使等。《书·舜典》"岁二月,东巡守"孔传:"诸侯为天下守土,故称守。"㉝承意,秉承意旨。㉞孤危,孤立危急之身,作者自指。《战国策·秦策三》:"大者宗庙灭覆,小者身以孤危。"㉟陵阻,欺凌阻难。㊱饮啄,饮水啄食。《庄子·养生主》:"泽雉十步一啄,百步一饮,不蕲畜乎樊中。"塞饮啄之涂,谓堵塞生活出路。与上句"绝飞驰之路"合参,当指断绝其仕进之路(科举考试不令其登第),故生活来源无着。㊲射血,疑用宋王偃事。《史记·宋微子世家》:"君偃十一年,自立为王……乃与齐、魏为敌国。盛血以韦囊,县而射之,命曰'射天'。"㊳通人,学识渊博通达之人。多士,众多贤士。《诗·大雅·文王》:"济济多士,文王以宁。"㊴融,续。景命,大命,指授予帝王之位的天命。《诗·大雅·既醉》:"君子万年,景命有仆。"郑玄笺:"天之大命。"㊵收拭,改正。瑕疵,缺点错失。枉结,冤屈。《后汉书·冯异传》:"怀来百姓,申理枉结。"《旧唐书·玄宗纪》:先天二年(713)七月,下制曰:"可大赦天下,大辟罪已下咸赦除之……内外官人被诸道按察使及御史所擿伏,咸宜洗涤,选日依次叙用。"㊶刘丞相,指刘幽求,景云二年(711)十月为侍中。先天元年八月戊午流于封州。翌年召复旧官。导扬,导达显扬。优诏,褒美嘉奖的诏书。《新唐书·刘幽求传》:"临淄王入诛韦庶人,预参大策,是夜号令诏敕,一出其手。以功授中书舍人,参知机务……先天元年,为尚书右仆射、同中书门下三品、监修国史。幽求自谓有劳于国,在诸臣右,意望未满,而窦怀贞为左仆射,崔湜为中书令,殊不平,见于言面。已而湜等附太平公主,有逆计。幽求与右羽林将军张暐定计,使暐说玄宗……帝许之。未发也,而暐漏言侍御史邓光宾,帝惧,即列其状,睿宗以幽求等属吏,劾奏以疏间亲,罪应死。帝密申右之,乃流幽求于封州……明年,太平公主诛,即日召复旧官,知军国事,还封户,赐锦衣一袭。"㊷苏许公,指苏颋,袭封许国公。润色,修饰文字,使有文采。昌谟,善美的谋略。《新唐书·苏颋传》:"自景龙后,与张说以文章显,称望略等,故时号'燕、许大手笔'。"《旧唐书·苏颋传》:"景云中,(父)瓌薨……服阕就职,袭父爵许国公……玄宗曰:'苏颋可中书侍郎,仍供政事食。'明日,加知制诰……时李乂为紫薇侍郎,与颋对掌文诰。上谓颋曰:'前朝有李峤、苏味道,谓之苏、李;今有卿及李乂,亦不让之……'……十三年,从驾东封,玄宗令颋撰朝觐碑文。"此当即所谓"润色昌谟"。㊸五十年间,指玄宗在位之年的约数。玄宗实际在位时间自先天元年至天宝十五载(756),共四十五年。㊹翔泳,飞于天空的鸟与游于水中的鱼,泛指生物。㊺雨旸,晴雨。《书·洪范》:"雨以润物,旸以干物。"不得其和,谓淫雨或亢旱。㊻聚,村落。《史记·五帝本纪》:"一年而所居成聚,二年成邑,三年成都。"幽郁,犹忧郁。㊼昭泰,清明安泰。㊽陶钧,制作陶器所用的转轮,比喻宰相治国。㊾涣汗,喻帝王的圣旨、号令。《易·涣》:"九五,涣汗其大号。"谓帝王的号令,如人之汗,一出则不复收。私,恩。㊿煨烬,犹灰烬。捐,弃。㊿康庄并轨,可容两辆车并行的大道。㊿《晋书·阮籍传》:"时率意独驾,不由径路,车迹所穷,辄恸哭而返。"㊿《易·丰》:"六二,丰其蔀,日中见斗。"王弼注:"蔀,覆曀障光明之物也。"后因以"丰蔀"指遮蔽之物。此谓日月悬空,自己却被遮蔽,得不到日月之光辉的照耀。㊴裕,丰裕。裴休自大中四年起以户部侍郎领诸道盐铁转运使,六年八月拜相后仍领盐铁使,至八年方罢使,前后领使五年。善理财,立新法整治漕运,又立税茶十二法。人以为便。"居三年(指大中四年至六年),粟至渭仓者百二十万斛,无留滞。"(《新唐书》本传)"致尧业裕,佐禹功高"当指其在理财与整治漕运方面的业绩。㊵《史记·管晏列传》:"越石父贤,在缧绁中,晏子出,遭之涂,解左骖赎之。"解骖,解下驾车的边马。此作"右骖",或偶记误,或形近致误。《文苑英华》校:一作"左"。㊶弹剑,即弹铗,弹击剑把。《战国策·齐策四》:"齐人有冯谖者,贫乏不能自存,使人属孟尝君,愿寄食于门下……孟尝君笑而受之曰:'诺。'左右以君贱之也,食以草具。居有顷,倚柱弹其剑,歌曰:'长铗归来乎,食无鱼。'左右以告……后有顷,复弹其剑铗,歌曰:'长铗归来乎,无以为家。'……孟尝君问:'冯公有亲乎?'对曰:'有老母。'孟尝君使人给其食用,无使乏。于是冯谖不复歌。"《史记·孟尝君列传》:"五日,(孟尝君)又问传舍长,答曰:'客复弹剑而歌曰:长铗归来乎,出无舆。'孟尝君迁之代舍,出入乘舆车矣。"代舍,上等馆舍。"倘或"四句,祈望得到裴休的救助与厚遇,愿依附于休之门下。㊷自卜,自己预卜。㊸与古为徒,与古人为同道。㊹不诬,不妄。㊺贞明,日月能固守其运行规律而常明。《易·系辞下》:"日月之道,贞明者也。"此指日月的光辉。㊻缥缃,供书写用的浅黄色细绢。借指文章。此句谦称自己的文章少而浅陋。㊼造写,犹写作。繁芜,繁多芜杂,"简练"的反面。

[讲解]

　　现存温庭筠的书启,除应人之求的代拟之作以外,绝大部分是呈献达官显宦,企求得到他们的帮助荐引的骈文书信。《上裴相公启》由于涉及其生平经历中一桩影响深远的事件,呈献的对象又是先前有过交往的新任宰相,呈献此信有非常明确而现实的目的,因此显得尤其重要。

文章共五段。第一段开头先着意强调呈献珍宝的人必须登隋侯、卞和之门,调养身体的人必须求仓公、扁鹊这样的良医。点出"效珍""蠲养",实际上包含了写这封信的两个目的,一是希望自己所献"文、赋、诗各一卷"能得到对方的荐誉,二是希望自己所遭受的冤诬能得到对方的同情和昭雪。二者之中,又以昭雪长期所遭的冤诬更为迫切,因此下面便撇开"效珍",单提"蠲养":"至于有道之年,犹抱无辜之恨",突出自己生当政治清明的年代,却仍然长怀无辜而遭诬的冤屈。"有道之年"是为了反衬"无辜之恨"的悲惨和不合情理,这从"至于""犹抱"的前后呼应中可以明显体味出来。接着便进一步强调这种"有道之年,犹抱无辜之恨"的情况会严重影响到当前的"至平"之世的形象,作者用"没为沴气,来挠至平;敷作冤声,将垂不极",对这种"无辜之恨"作了强烈的渲染,认为这是使王公大人、义夫志士为之感慨唏嘘的极不正常的状况。这个开头,既点明了写这封书启的目的,又突出了自己长期抱"无辜之恨"的冤屈处境和愤郁感情,希望引起对方的重视。

第二段掉转笔锋,稍缓语气,对自己的家世、才器、志向抱负略作介绍。这种叙写不易下笔,既要显示自己"爱田锡宠,镂鼎传芳"的荣显家世,又要谦称自己才性的愚蒙顽拙,但又必须表现自己"纽儒门之绝帷,恢常典之休烈"的抱负。正面的意思必须表达,但又不能使对方感到自己的狂妄,措辞力求婉转,意思必须明白。作者的处理相当巧妙,分寸感把握得恰到好处。虽然用了"颠蒙""顽固""远愧""近惭"等自谦的词语,但字里行间,却流露出对自己家世、才能、抱负的自豪与自信。目的还是为了强调以自己的家世、才能、抱负,不应长抱"无辜之恨"。

第三段是对自己旅游淮上期间"抱无辜之恨"事件的叙写,也是全文内容的重点。其中提到自己在处境羁孤、生活困窘的情况下曾经旅游淮上,投书给"守土"的地方长官,岂料因遭到小人的嫉忌倾轧和守土者的"忘情积恶",使自己蒙受了不白之冤和横加的欺凌,并因此断绝了求仕之路,阻塞了生活来源。直到现在,这次无辜而遭冤诬的事件虽然"通人见愍,多士具闻",却一直得不到昭雪。关于这一事件的详情,信中没有展开叙述,可能是由于"通人""多士"皆知,不必详述;也可能是由于事涉隐私,不便叙述。《玉泉子》的记载可能与此有关,但未必是事件的全部。因为游狭邪一类的事,在唐代应试举子中是一种相当普遍的风气,即使因此受到其亲表姚勖的笞逐,在士人中被视为耻辱,也还不至于长期影响他的登第仕进。可能在"杜挚相倾,臧仓见嫉。守土者以忘情积恶,当权者以承意中伤"的痛心疾首叙述中还隐含着对其品行的更恶毒的攻击诬蔑(如臧仓之诬孟子),但现已难以考索。"守土者以忘情积恶,当权者以承意中伤"两句很值得玩味,"忘情积恶"指因为无情而累积对自己的憎恶。"当权者"例指宰相。"承意",从上下文看,应是"承"守土者之"意",而不是秉承皇帝意旨。宰相怎么会去承地方长官之意呢?关键在弄清"守土者"与"当权者"究竟是谁以及他们之间的特殊关系。顾学颉根据《通鉴》关于姚勖任盐铁推官时间的记载,推断庭筠游江淮在大和末(835),是可信的。因为开成四年(姚勖任盐铁推官有政能文宗拟加检校礼部郎中之年)之前的元、二、三年,庭筠均从太子永游,大和末再往前,姚勖是否在盐铁推官任也很成问题。而大和九年的"守土者"淮南节度使是牛僧孺,这一年的"当权者"之一则是李宗闵(大和八年至九年为相,六月罢相)。牛、李同党而牛为党首,故才有"当权者"宗闵承"守土者"僧孺之意对庭筠加以中伤之事。从"直视孤危,横相陵阻"等语看,庭筠所受的打击相当沉重。这一段感情激愤沉痛,从中可见此事对庭筠造成的心灵伤痛至为深巨,"射血有冤,叫天无路",大有呼天抢地、欲诉无门之痛愤。

  第四段承上"靡能昭雪",援引玄宗即位之初"收拭瑕疵""申明柱结"之事,希望自己长期所抱的"无辜之恨"能得到昭雪。"欲期昭泰,必仰陶钧"二句,将昭雪自己冤屈的企望寄托在新拜相的裴休身上。并承首段"至于有道之年,犹抱无辜之恨"进一步描述自己当前的困窘绝望处境:"进抱疑危,退无依据。暗处囚拘之列,不沾渜汗之私。与煨烬而俱捐,比昆虫而绝望。"进既深怀疑惧危险,退又无所依靠,暗处于被囚禁的行列,未沾溉皇帝的雨露之私,就像被丢弃的灰烬,绝望悲鸣的秋虫。"则是"四句,用两个形象的譬喻将自己处"有道"之世而长抱"无辜之恨"的不合理作了更强烈的渲染,目的是引起对方对自己现实处境的关注同情。如果说上一段叙旅游淮上所遭冤诬,情感主要是愤激,那么这一段叙目前困境,情感更多的是沉痛。

最后一段,在颂扬裴休功业仁德的基础上直接提出自己的希望,企望裴休能在自己处于困绝之境时解骖相救,使自己脱于困厄,并献上诗文赋,希望对方加以览阅荐誉。"效珍"之意仅于篇末一点即止,"蠲养"之旨已在上文得到充分表达。

这篇骈文和一般的献显宦的书启相比,在内容上有一个显著的特点,即颂扬对方的内容少,而自诉困厄处境与所遭冤诬的内容占了绝大部分篇幅。这虽与上启求援的目的有关,但也多少可以窥见庭筠为人不习惯于面谀显贵的个性。在自诉冤诬遭遇与困厄处境时,感情色彩或愤激,或沉痛,都极为浓烈,不为含蓄之辞。既见作者受创之深巨,处境之绝望,积郁之难以抑制,也可见其个性之外向发露。在艺术表现上,和一般骈文的大量用典不同,全篇用典较少,特别是三、四两段重点段落,除"杜挚相倾,臧仓见嫉""射血有冤""刘丞相导扬优诏,苏许公润色昌谟"数典外,几乎都是一般的抒情文字,带有明显的白描特色。这和李商隐的一些应用性的章表文字往往大量用典明显有别。《新唐书·文艺列传》说"商隐俪偶长短,而繁缛过之(超过其师令狐楚)",而《旧唐书·文苑列传》则谓商隐与温、段齐名,"文思清丽,庭筠过之"。"清丽"之评,本篇及下选《上盐铁侍郎启》均约略可见。

上盐铁侍郎启①

某闻珠履三千,犹怜坠屦②;金钗十二,不替遗簪③。苟兴求旧之怀④,不顾穷奢之饰。亦有河南撰刺,征彼通家⑤;虢略移书,期于倒屣⑥。志亦求于义合,理难俟于言全⑦。

某菅蒯凡姿⑧,邾滕陋族⑨。释耕耘于下邑,观礼乐于中都⑩。然素励颛蒙⑪,常耽比兴⑫。未逢仁祖,谁知风月之情⑬;因梦惠连,或得池塘之句⑭。莫不冥搜刻骨⑮,默想劳神。未嫌彭泽之车⑯,不叹莱芜之甑⑰。其或严霜坠叶,孤月离云。片席飘然,方思独往⑱;空亭悄尔,不废闲吟。强将麋鹿之情⑲,欲学鸳鸯之性⑳。遂使幽兰九畹,伤谣诼之情多㉑;丹桂一枝,竟攀折之路断㉒。岂直牛衣有泪㉓,蜗舍无烟㉔。此生而分作穷人,他日而惟称饿隶㉕。

顷者萍蓬旅寄,江海羁游。达姓字于李膺㉖,献篇章于沈约㉗。特蒙俯开严重㉘,不陋幽遐㉙。至于远泛仙舟㉚,高张妓席,识桓温之酒味㉛,见羊祜之襟情㉜。既而哲匠司文,至公当柄㉝。犹困龙门之浪㉞,不逢莺谷之春㉟。

今者俯及陶镕㊱,将裁品物㊲。辄申丹愫㊳,更窃清阴㊴。倘一顾之荣,将回于咳唾㊵;则陆沉之质,庶望于骞翔㊶。永言进退之涂,便决荣枯之分。如翩翩贺燕,巢幕何依㊷?觳觫齐牛,衅钟将远㊸。苟难窥于数仞㊹,则永坠于重泉。空持拥篲之情㊺,不识叫阍之路㊻。不任恳迫之至。

[注释]

①盐铁侍郎,指裴休。据启文,此盐铁侍郎先历节镇,后知贡举,继以侍郎领盐铁,上此启时又将为相。检《新唐书·宰相表》、孟二冬《登科记考补正》,庭筠所历诸朝知贡举者及宰相中,官历与此完全相符者唯裴休一人。据郁贤皓

《唐刺史考全编》,会昌元年(841)至三年,裴休任江西观察使;会昌三年至大中元年(847)末,任湖南观察使;大中二年至三年,任宣歙观察使。又据《唐才子传·曹邺》,大中四年,裴休以礼部侍郎知贡举。此后,"累官户部侍郎,充诸道盐铁转运使;转兵部侍郎,领使如故"(《旧唐书·裴休传》)。题称"盐铁侍郎",启内又提及其"俯及陶镕,将裁品物",当是大中六年八月稍前,即裴休以兵部侍郎领盐铁转运使行将拜相之时所上。此启所透露的庭筠行迹有三点:一、裴休外任节镇时,庭筠曾往拜谒并献诗文,受到裴休款待。据庭筠现存诗文,在裴休任观察使的江西、湖南、宣歙三地中,庭筠行踪所及者唯有湖南一地。其《次洞庭南》佚句云:"自有晚风推楚浪,不劳春色染湘烟。"(据日本市河世宁《全唐诗逸》据《千载佳句》所辑)证明某年春庭筠曾到过洞庭湖南岸湘江一带。其《湘东宴曲》云:"湘东夜宴金貂人,楚女含情娇翠嚬……重城漏断孤帆去,惟恐琼签报天曙。"湖南观察使治所潭州(今湖南长沙市)在湘水之东,故称"湘东"。诗中描写的湘东夜宴情景,当即启内所叙"顷者萍蓬旅寄,江海羁游。达姓字于李膺,献篇章于沈约。特蒙俯开严重,不陋幽遐。至于远泛仙舟,高张妓席,识桓温之酒味,见羊祜之襟情"的情景。诗文互证,知会昌三年至大中元年裴休观察湖南期间之某年春,庭筠曾谒见献诗文并受款待。而会昌三年春,庭筠方自吴中启程返长安。四年至六年春,均在长安,有《车驾西游因而有作》《汉皇迎春词》《会昌丙寅丰岁歌》可证。大中元年春庭筠曾两次寄诗给岳州刺史李远,其中《春日寄岳州李员外二首》透露二人新近曾有晤别。而《次洞庭南》佚句又证实某年春庭筠曾至洞庭湖南一带,然则庭筠之谒见裴休定在大中元年春。二、裴休大中四年以礼部侍郎知贡举时,庭筠曾应进士试未第。此即启文所谓"既而哲匠司文,至公当柄。犹困龙门之浪,不逢莺谷之春"。三、此次上启,是希望裴休再予垂顾荐誉,"倘一顾之荣,将回于咳唾;则陆沉之质,庶望于骞翔"。当与次年春(大中七年春)应进士试事有关。此点还可从《上封尚书启》《上杜舍人启》等启中得到印证。②《史记·春申君列传》:"春申君客三千余人,其上客皆蹑珠履。"坠屦,丢失的鞋。贾谊《新书·谕诚》:"昔楚昭王与吴人战,楚军败,昭王走,屦决,背而行,失之。行三十步,复旋取屦。及至于隋,左右问曰:'王何曾惜一踦屦乎?'昭王曰:'楚国虽贫,岂爱一踦屦哉!思与偕反也。'自是之后,楚国之俗无相弃者。"此以惜坠失之旧履喻怜惜旧人。③梁武帝《河中之水歌》:"河中之水向东流,洛阳女儿名莫愁……头上金钗十二行,足下丝履五文章。"替,废弃。遗簪,喻旧物或故交。《韩诗外传》卷九载:孔子出游,遇妇人遗失发簪而哀哭。孔子弟子劝慰之,妇人曰:"非伤亡簪也,吾所以悲者,不忘故也。"④《书·盘庚上》:"人惟求旧,器非求旧,惟新。"⑤《后汉书·孔融传》:"融幼有异才,年十岁,随父诣京师。时河南尹李膺以简重自居,不妄接士、宾客,敕外:自非当世名人及与通家,皆不得白。融欲观其人,故造膺门,语门者曰:'我是李君通家子弟。'门者言之。膺请融,问曰:'高明祖、父尝与仆有恩旧乎?'融曰:'然。先君孔子与君先人李老君,同德比义而相师友,则融与君累世通家。'众坐莫不叹息。"撰刺,手持名片。⑥《三国志·魏书·王粲传》:"献帝西迁,粲徙长安。左中郎将蔡邕见而奇之。时邕才学显著,贵重朝廷,常车骑填巷,宾客盈坐。闻粲在门,倒屣迎之。粲至,年既幼弱,容状短小,一坐尽惊。邕曰:'此王公孙也。有异才,吾不如也。吾家书籍文章,尽当与之。'"《左传·僖公十五年》"东尽虢略"注:"从河南而东尽虢界也。"孔疏:"自华山而东,尽虢之东界。"蔡邕系陈留圉(今河南杞县南)人,正属东虢之地。移书,即"吾家书籍文章,尽当与之"。此借指自己才思敏捷。倒屣,反穿鞋。⑦言全,语言周密全面。⑧菅蒯,茅草之类。《左传·成公九年》:"虽有丝麻,无弃菅蒯。"此以"菅蒯"喻自己资质凡庸。⑨邾,春秋时小国,地在今山东邹城。滕,春秋时小国,地在今山东滕州。《孟子·梁惠王下》:"滕,小国也,间于齐、楚。"此句谦称自己非出身于望族。⑩《左传·襄公二十九年》:"吴公子札来聘……请观于周乐。使工为之歌《周南》《召南》,曰:'美哉,始基之矣,犹未也,然勤而不怨矣。'……为之歌《颂》,曰:'至矣哉……盛德之所同也。'……见舞《韶》《箾》者,曰:'德至矣哉!

大矣,如天之无不帱也,如地之无不载也。虽甚盛德,其蔑以加于此矣,观止矣。若有他乐,吾不敢请已。'"中都,此指京都。⑪颛蒙,愚昧。励颛蒙,以愚昧而自励。⑫耽比兴,谓酷爱作诗,耽玩比兴之义。⑬仁祖,东晋谢尚字。《世说新语·文学》:"袁虎(袁宏小字)少贫,尝为人佣载运租。谢镇西(尚)经船行,其夜清风朗月,闻江渚间估客船上有咏诗声,甚有情致;所诵五言,又其所未尝闻,叹美不能已。即遣委曲讯问,乃是袁自咏其所作《咏史》诗,因此相要,大相赏得。"刘孝标注引《续晋阳秋》曰:"虎少有逸才,文章绝丽,曾为《咏史》诗,是其风情所寄。少孤而贫,以运租为业。镇西谢尚时镇牛渚,乘秋佳风月,率尔与左右微服泛江,会虎在运租船上讽咏,声既清会,辞又藻拔,非尚所曾闻,遂往听之。乃遣问讯,答曰:'是袁临汝郎(宏父勖,官临汝令),诵诗即其《咏史》之作也。'尚佳其率有胜致,即遣要迎,谈话申旦。自此名誉日茂。"事又见《晋书·文苑传·袁宏》)。后谢尚为安西将军、豫州刺史,引宏参其军事。累迁大司马桓温府记室。此以谢尚比裴休,以袁宏自喻。风月之情,指吟风弄月之诗情。⑭钟嵘《诗品》中引《谢氏家录》云:"康乐(谢灵运袭封康乐公)每对惠连(灵运族弟),辄得佳语。后在永嘉西堂,思诗竟日不就。寤寐间,忽见惠连,即成'池塘生春草',故尝云:'此语有神助,非吾语也。'"此或以"惠连"喻其弟庭皓。《唐摭言》卷十《韦庄奏请追赠不及第人近代者》:"温庭皓,庭筠之弟,辞藻亚于兄,不第而卒。"⑮冥搜,深思苦想。此指苦思作诗。⑯彭泽,指陶渊明。晋安帝义熙元年(405)八月,陶渊明曾为彭泽令八十余日。十一月,程氏妹丧于武昌,自免去职,作《归去来兮辞》,其序云:"余家贫,耕植不足以自给,幼稚盈室,瓶无储粟。"想象归家后情景云:"农人告余以春及,将有事于西畴。或命巾车,或棹孤舟,既窈窕以寻壑,亦崎岖而经丘。"巾车,有帷幕之车。⑰《后汉书·独行列传·范冉》载,范冉,字史云,为莱芜长,后遭党人禁锢,生活清贫,然穷居自若,言貌无改,时有民谣曰:"甑中生尘范史云,釜中生鱼范莱芜。"二句谓已不以生活贫困为怀,穷居自若。⑱片席,指帆席、船帆。独往,犹孤独独往来。谓超脱万物,独行己志。《文选·江淹〈效许询自序〉》:"遭此弱丧情,资神任独往。"李善注:"淮南王《庄子略要》曰:'江海之士,山谷之人,轻天下,细万物,而独往者也。'司马彪曰:'独往,任自然,不复顾世。'"⑲麋鹿之情,指隐居山林,与麋鹿为伍,优游草野之性情。⑳鹓鸾,《全唐文》作"鸳鸾",此从《文苑英华》卷六六二所录改。鹓鸾,同"鹓鹭",喻朝官。朝官班行整肃有序,备受拘束,与麋鹿之自由自在、优游草野正相反。㉑畹,十二亩(或谓三十亩)为一畹。谣诼,造谣毁谤。屈原《离骚》:"余既滋兰之九畹兮,又树蕙之百亩。""众女嫉余之蛾眉兮,谣诼谓余以善淫。"㉒《晋书·郤诜传》:"(武帝)问诜曰:'卿自以为何如?'诜对曰:'臣举贤良对策,为天下第一,犹桂林之一枝,昆山之片玉。'"攀折之路断,指屡试不第,通过科举登第入仕之路断绝。㉓《汉书·王章传》:"初,章为诸生,学长安,独与妻居。章疾病,无被,卧牛衣中,与妻决,涕泣。"牛衣,编乱麻或草而成,盖在牛身上以取暖,如同蓑衣之类。㉔蜗舍,简陋的房舍。崔豹《古今注·鱼虫》:"蜗牛…壳如小螺,热则自悬于叶下。野人结圆舍,如蜗牛之壳,故曰蜗舍。"蜗舍无烟,谓家贫不能举炊。㉕分,命定。饿隶,饥饿的徒隶。《汉书·叙传下》:"(韩)信惟饿隶,(黥)布实黥徒。"㉖用孔融谒见李膺事,见注⑤。达姓字,投名刺。㉗《南史·刘勰传》:"初勰撰《文心雕龙》五十篇……既成,未为时流所称。勰欲取定于沈约,无由自达,乃负书候约于车前,状若货鬻者,约取读,大重之,谓深得文理,常陈诸几案。"又,沈约曾称赏王筠、何逊、谢举、何思澄之诗文。如《南史·何逊传》:"沈约尝谓逊曰:'吾每读卿诗,一日三复,犹不能已。'其为名流所称如此。"其时献篇章于沈约者当不止刘勰一人。二句以李膺、沈约比裴休,拟之为当世名流文宗。㉘严重,地位高威势重的显宦。俯开严重,谓其垂加延纳。㉙幽遐,偏远,谦称自己居处僻远,见解鄙陋。㉚《后汉书·郭泰传》:"(泰)游于洛,始见河南尹李膺。膺大奇之,遂相友善,于是名震京师。后归乡里,衣冠诸儒送之河上,车数千两,林宗(泰字)惟与李膺同舟而济,众宾望之,以为神仙焉。""远泛仙舟"用此,连下句"高张妓席",当指裴休邀庭筠泛舟游宴,厚相款待。㉛《晋书·孟嘉传》:"后为征西桓温参军,温甚重之。九月九日,温燕龙山,僚佐毕集。时佐吏并著戎服,有风至,吹嘉帽堕落,嘉不之觉……嘉好饮,愈多不乱。"此以桓温喻裴休,以孟嘉自喻,谓曾受休设宴款待,参上句。㉜《晋书·羊祜传》:"祜乐山水,每风景,必造岘山……尝慨然叹息,顾谓从事中郎邹湛等曰:'自有宇宙,便有此山。由来贤达胜士,登此远望,如我与卿者多矣,皆湮没无闻,使人悲伤。如百岁后有知,魂魄犹应登此也。'"又:"尝与从弟琇曰:'既定边事,当角巾东路,归故里,为容棺之墟。以白士而居重位,何能不以盛满受责乎?疏广是吾师也。'"凡此,均"羊祜之襟情"也。此以羊祜喻指裴休,赞其襟怀性情高远。李商隐《为荥阳公上宣州裴尚书(休)启》亦云:"以公美(休字)之才之望,固合早还廊庙,速泰寰区,而犹负明时,优游外地,岂是徐公多风亭月观之好,为复孟守专天生成佛之求?"亦赞其性情襟怀之高远冲淡。㉝哲匠,指明达而富于才能之大臣。司文,主持文柄,即主持科举考试。大中四年,裴休以礼部侍郎知贡举。《唐才子传·曹邺》:"曹邺字业之,桂林人,累举不第,为《四怨三愁五情诗》,雅道甚古。时为舍人韦悫所知,力荐于礼部侍郎裴休,大中四年张温琪榜中第。"至公,科举时代对主考官的敬称。唐刘虚白《献主文》:"不知岁月能多少,又著麻衣待至公。"至公,言其大公无私。当柄,与上"司文"对文义同。㉞《艺文类聚》卷九十六引《辛氏三秦记》:"河津一名龙门,大鱼集龙门下数千,不得上,上者为龙,不上者鱼,故云曝腮龙门。"又一本云:"河津一名龙门,禹凿山开门,阔一里余,黄河自中流下,而岸不通车马。每莫(暮)春之际,有黄鲤鱼逆流而上,得过者便化为龙。"俗以科举考试登第为"化龙""鲤鱼跳龙门",即本此。犹困龙门之浪,谓鲤鱼未登龙门化龙,喻进士试未登第。㉟《诗·小雅·伐木》:"伐木丁丁,鸟鸣嘤嘤。出自幽谷,迁于乔木。嘤其鸣矣,求其友声。"嘤嘤为鸟鸣声。唐以来常以出谷嘤鸣之鸟为莺,故以莺出谷、莺迁喻指科举考试登第或乔迁。不逢莺谷之春,亦谓己未似春莺之出谷乔迁,科举登第。㊱俯及,低首而可及,言其近。陶镕,陶铸熔炼,喻培育造就人才，此借指宰相之位。㊲品物，犹万物。《易·乾》："云行雨施，品物流形。"将裁品物，亦喻得任宰相，行使主裁万民之权。㊳丹慊，赤诚。㊴句意谓更祈蒙其荫庇。㊵《战国策·燕策二》有经伯乐一顾而马价十倍之说，后遂以"一顾"喻受人引举称扬或提携知遇。谢朓《和王主簿怨情》："生平一顾重，宿昔千金贱。"咳唾，称美对方之言语。《庄子·渔父》："窃待于下风，幸闻咳唾之音以卒相丘也。"此喻指裴休对自己的揄扬之语。㊶陆沉，本指隐居者犹陆地无水而沉，此指沉埋不为人知。王维《送从弟蕃游淮南》："高义难自隐，明时宁陆沉。"骞，通"騫"，騫翔，高举飞翔，喻科举登第或仕进得意。黄滔《代郑郎中上令狐相启》："相公怜其拙滞，忽此骞翔，叠降恩辉，荐留手笔。"㊷《淮南子·说林训》："大厦成而燕雀相贺。"谓燕雀因大厦落成栖身有所而互相庆贺。"贺燕"用此。巢幕，《左传·襄公二十九年》："夫子之在此也，犹燕之巢于幕上。"杜预注："言至危。"此句"巢幕"取栖托之义，不取"至危"之义。句意谓己如飞翔盘旋之燕，无所依托。㊸《孟子·梁惠王上》："王（指齐宣王）坐于堂上，有牵牛而过堂下者，王见之，曰：'牛何之？'对曰：'将以衅钟。'王曰：'舍之，吾不忍其觳觫，若无罪而就死地。'"觳觫，恐惧战栗貌。衅钟，古代杀牲口以血涂钟行祭。此句意谓自己如同恐惧战栗的齐牛，得以远离被宰杀以衅钟的命运。㊹《论语·子张》："夫子之墙数仞，不得其门而入，不见宗庙之美，百官之富。得其门者或寡矣。"难窥于数仞，谓不得列于门墙。㊺拥篲，持扫帚扫显贵者之门，以期汲引。《史记·齐悼惠王世家》："魏勃少时，欲求见齐相曹参，家贫无以自通，乃常早夜扫齐相舍人门外，相舍人怪之，以为物，而伺之，得勃，勃曰：'愿见相君，无因，故为子扫，欲以求见。'于是舍人见勃，曹参因以为舍人。"㊻叫阍，谓因途穷而向朝廷申诉。语本屈原《离骚》："吾令帝阍开关兮，倚阊阖而望予。"扬雄《甘泉赋》："选巫咸兮叫帝阍。"杜甫《奉留赠集贤院崔于二学士》："昭代将垂老，途穷乃叫阍。"阍，此指天门。

[讲解]

《上盐铁侍郎启》是作者另一封重要的书启,所上对象与《上裴相公启》虽同为一人,上启的时间亦仅相距数月(裴休拜相前后,同在大中六年),但内容与风格却各有特色。关于这封书启所反映的庭筠的行迹及与裴休的关系,在题注中已作了详细的考述,这里只谈文章内容与艺术表现的特点。

和《上裴相公启》一样,这篇启也有诉说自己困顿遭遇,希望对方予以垂悯照顾的内容,上启的目的是相同的。但内容的侧重点却显然有别。《上裴相公启》的重点在于鸣冤抒愤,向对方诉说旅游淮上期间所遭的冤诬中伤和由此引起的长抱"无辜之恨",希望能得到昭雪,而这封启的重点却在抒发旧谊,叙说自己对诗歌创作的爱好,以期引起对方的怜才惜旧之情。因此启一开头,就以"坠屦""遗簪"为喻,以表明自己与裴休之间夙有旧谊。这说明,早在大中元年庭筠在湖湘谒见裴休之前,两人已有交往,这当是大和、开成年间的事。接着,又连用孔融见李膺、王粲见蔡邕两个典故,表明自己曾受到当世名儒文宗裴休的礼遇,虽为后辈,却道义相合。这既是对裴休的赞颂,也含高自标置,以王粲、孔融自许之意。

接下来一段,叙写自己的出身、经历、爱好和困顿的遭遇,是全文的重点。先谦称自己资质凡庸,出身陋族,然后笔锋一转,说自己虽生性愚蒙,却自我勉励,爱好诗歌创作,耽于比兴之义。并用充满抒情色彩的诗性语言对自己"常耽比兴"的情景作了生动的描写:

> 未逢仁祖,谁知风月之情;因梦惠连,或得池塘之句。莫不冥搜刻骨,默想劳神。未嫌彭泽之车,不叹莱芜之甑。其或严霜坠叶,孤月离云。片席飘然,方思独往;空亭悄尔,不废闲吟。

尽管自己的诗歌创作尚未遇到谢尚这样的贵显知音,但却像谢灵运那样,时得"池塘生春草"式的佳句。平素刻意构思,沉潜苦吟,不以贫困的生活为苦,在景物的触发下闲吟,生活中充满了诗情画意。

接着,讲自己生性如麋鹿习于山野之境,却因生活所迫而走仕进之路,于是招致外界的毁谤中伤,科举考试屡次落第,看来这辈子定要陷于穷困,被称为"饿隶"了。"强将"及以下十句,讲到自己的困顿遭遇时,虽有辛酸感伤之情,却不像《上裴相公启》那样充满愤郁之气,语言也抑扬顿挫,富于情致,给人的感觉是即使插叙困境,也要充满诗情和文采。与《上裴相公启》"岂期杜挚相倾"一段相对照,二者区别显然。

第三段讲到自己大中元年"江海羁游"期间拜谒时任湖南观察使的裴休,受到其设宴款待的一段经历和大中四年裴休主持礼部试时自己落第之事。对前者,详细描写,笔端充满感激之情和亲切之感,目的是突出裴休的念旧之怀和自己的怀旧之情;对后者,则只作轻描淡写,两语带过。从裴休与庭筠的关系看,他对庭筠的文才应是相当了解并且欣赏的,这从大中元年庭筠拜谒他并献诗文受到"远泛仙丹,高张妓席"的款待就不难看出。之所以在他主持礼部试时竟未能与之及第,必有来自外界的压力等迫不得已的原因在。从上文"遂使幽兰九畹,伤谣诼之情多;丹桂一枝,竟攀折之路断"之语看,当是"伤谣诼"的缘故。这正是事隔数月以后的《上裴相公启》要重点叙写旅游淮上所遭的冤诬中伤的原因所在。

最后一段,是全文的落脚点。希望即将拜相的裴休对自己加以荫庇荐誉,目的还是为了来年的进士试能因此顺利登第,使自己的"陆沉之质,庶望于骞翔"。认为对方的一言便可决定自己荣枯的命运。作者用巢幕无依的贺燕、将以衅钟的齐牛来形容自己无所依托的处境和战栗不安的心境,声言如难依于门墙,恐只能"永坠于重泉",说到困穷的处境,不免情苦而词悲,与上文的感情色彩显然有别。

总的来说,这篇书启的特色是情感恳挚亲切,文辞清丽流畅,富于文采和诗情,是一篇较充分地体现骈文抒情写景优长的书信。

上学士舍人启二首①

某闻七桂希声,契冥符于渌水②;两栾孤响,接玄映于清霜③。感达真知,诚参神妙④。其有不待奔倾之状⑤,宁闻击考之功⑥。亦有芝砌流芳⑦,兰扃袭馥⑧。已困雕陵之弹⑨,犹惊卫国之弦⑩。而暗达明心,潜申谠议⑪。重言七十,俄变于荣枯⑫;曲礼三千⑬,非由于造诣⑭。始知时难自意,道不常艰。

某荀铎摇车⑮,邕琴入爨⑯。委悴偩人之末⑰,摧残膳宰之前⑱。不遇知音,信为弃物。伏以学士舍人阳葩骞秀⑲,夏采含章⑳。静观行止之规㉑,已作陶钧之业。遂使枯鱼被泽㉒,病骥追风。永辞平坂之劳㉓,免作穷途之恸㉔。恩如可报,虽九死而奚施?躯若堪捐,岂三思而后审?下情无任。

[注释]

①学士舍人,指官中书舍人而充翰林学士者。此学士舍人未标姓氏,从二启所述庭筠自身境遇有"已困雕陵之弹,犹惊卫国之弦""荀铎摇车,邕琴入爨。委悴偩人之末,摧残膳宰之前""潜虞末路,未有良期"等语推断,当在晚年处境艰困时。又有"今乃受荐神州,争雄墨客。空持砚席,莫识津涂"等语,说明其时庭筠已被京兆府推荐参加次年春礼部进士试,作此启乃祈望学士舍人予以荐引,则启当上于大中十年(856)贬隋县尉之前。再联系《上翰林萧舍人》七律及庭筠咸通二年(861)在荆南节度使萧邺幕为从事等情况,此学士舍人可能即大中五年七月至七年六月任中书舍人仍充翰林学士之萧邺。考庭筠大中七年曾应进士试,并于六年分别上书裴休、封敖、杜牧、蒋系企求荐誉,则此启作于大中

六年九月以前的可能性较大。②七桂,指琴。桂,指桂琴(桂木制作的琴)。孟郊《答昼上人止谗作》:"俗侣唱桃叶,隐士鸣桂琴。"琴上古五弦,至周增为七弦。"七桂"盖即七弦桂琴之省称。古以琴为雅乐,故云"希声"。《老子》:"大音希声,大象无形。"王弼注:"听之不闻名曰希,不可得闻之音也。"冥符,默契、暗合。渌水,古曲名。《文选·马融〈长笛赋〉》:"中取度于《白雪》《渌水》。"李周翰注:"《白雪》《渌水》,雅曲名。"③两栾,古代乐器钟口的两角。《周礼·考工记·凫氏》:"凫氏为钟,两栾谓之铣。"贾公彦疏:"栾、铣一物,俱谓钟两角。古之乐器应律之钟,状如今之铃不圆,故有两角也。"孤响,犹清越的声响。《山海经·中山经》:"(丰山)有九钟焉,是知霜鸣。"郭璞注:"霜降则钟鸣,故言知也。"玄映,即玄英,指冬天。《尔雅·释天》:"冬为玄英。"邢昺疏:"言冬之气和则黑而清英也。"以上四句,谓琴虽大音希声,却与《渌水》之雅曲节奏暗合;钟声虽然清越,亦与冬霜之降韵律相应。④谓心之所感自然达于真正的知音,心之赤诚自然能入于神妙的感应。⑤奔倾,奔泻,形容琴声。⑥击考,撞击敲打,指敲钟。《诗·唐风·山有枢》:"子有钟鼓,弗鼓弗考。"⑦《晋书·谢安传》:"(谢玄)少颖悟,与从兄朗俱为叔父安所器重。安尝戒约子侄,因曰:'子弟亦何豫人事,而正欲使其佳?'诸人莫有言者。玄答曰:'譬如芝兰玉树,欲使其生于庭阶耳。'"砌,阶。事又见《世说新语·言语》。⑧兰扃袭馥,疑用"梦兰"之典。《左传·宣公三年》:"初,郑文公有贱妾曰燕姞,梦天使与己兰,曰:'余为伯儵。余,而祖也,以是为而子。……'……生穆公。名之曰兰。"兰扃,兰户。袭馥,犹流芳。以上二句形容自己清贵的家世出身。⑨《庄子·山木》:"庄周游乎雕陵之樊,睹一异鹊自南方来者,翼广七尺,目大运寸,感周之颡而集于栗林。庄周曰:'此何鸟哉!翼殷不逝,目大不睹。'蹇裳躩步,执弹而留之。睹一蝉方得美荫而忘其身,螳螂执翳而搏之,见得而忘其形;异鹊从而利之,见利而忘其真。庄周怵然曰:'噫!物固相累,二类相召也。'捐弹而反走。"此处只取鹊困于弹之意,喻己遭人弹击,处于困境。⑩《战国策·楚策四》:"更羸与魏王处京台之下,仰见飞鸟。更羸谓魏王曰:'臣为王引弓虚发而下鸟。'……有间,雁从东方来,更羸以虚发而下之……曰:'其飞徐而鸣悲。飞徐者,故疮痛也;鸣悲者,久失群也。故疮未息,而惊心未去也。闻弦音引而高飞,故疮陨也。'"此谓己如惊弓之鸟,故创未愈,惊心未去。"卫"当作"魏",音同致误。⑪谠议,正直的言论。二句谓己之困境已暗达于学士舍人明察之心,暗中申明公道正论。⑫《庄子·寓言》:"寓言十九,重言十七。"成玄英疏:"重言,长老乡间尊重者也。"陆德明释文:"重言,谓为人所重者之言也。"王先谦集解:"其托为神农、黄帝、尧、舜、孔、颜之类,言足为世重者,又十有其七。"此句似用陆解之意,谓学士舍人为人所重之言,可顷刻间使人由枯变荣。"七十"似当作"十七",或因与下句"三千"对文而倒文。⑬曲礼,《仪礼》之别名。《仪礼·士昏冠礼》"仪礼"贾公彦疏:"且《仪礼》亦名《曲礼》,故《礼器》云:'经礼三千,曲礼三千。'郑注云:'曲犹事也。'事礼谓今礼也。其中事仪三千,言仪者见行事有威仪,言曲者见行事有屈曲,故有二名也。"⑭诣,《文苑英华》作"请"。造诣,拜访。《晋书·陶潜传》:"未尝有所造诣,所之唯至田舍及庐山游观而已。"任华《与京兆杜中丞书》:"亦尝造诣门馆,公相待甚厚,谈笑怡如。"造请,登门晋见。《史记·酷吏列传》:"公卿相造请禹,禹终不报谢,务在绝知友宾客之请,孤立行一意而已。"作"造诣"或"造请"均可通。二句似谓学士舍人礼遇甚殷,并非由于我登门拜谒的结果。⑮《晋书·荀勖传》:"勖于路逢赵贾人牛铎,识其声。及掌乐,音韵未调,乃曰:'得赵人之牛铎则谐矣。'遂下郡国,悉送牛铎,果得谐者。"铎,古代乐器,状似铃铛。此用其事而稍加变化,谓己如珍贵的铎铃,被用做牛车上摇晃作响的铃铛,喻才非所用。⑯晋干宝《搜神记》卷十三:"吴人有烧桐而爨者,(蔡)邕闻火烈声,曰:'此良材也。'因请之,削之为琴,果有美音。"南朝宋范晔《后汉书·蔡邕列传》:"乃亡命江海,远迹吴、会,往来依太山羊氏,积十二年。在吴,吴人有烧桐而爨者,邕闻火烈之声,知其良木,因请裁而为琴,果有美音,而其尾犹焦,故时人名曰焦尾琴焉。"此喻良材遭残。⑰委悴,委顿憔悴。倌人,古代主管驾马车的小臣。《诗·鄘风·定之方中》:"命彼倌人,星言夙驾。"毛传:"倌人,主驾者。"此承"某苟铎"句,言珍贵的铎铃委顿憔悴于驾车人之前。⑱膳宰,膳夫,掌宰割牲畜及膳食之事。《仪礼·燕礼》:"膳宰具官馔于寝东。"此承"邕琴"句,谓桐木良材被膳夫白白摧残。⑲阳葩骞秀,春天鲜艳的花卉中最为特出者。庾阐《吊贾谊文》:"阳葩熙冰。"阳,指阳春季节。⑳《周礼·天官·序官》:"夏采下士四人。"郑玄注:"夏采,夏翟羽色。《禹贡》徐州贡夏翟之羽,有虞氏以为绥。后世或无,故染鸟羽,象而用之,谓之夏采。"夏采含章,夏天雄性山鸡羽毛具有五色斑斓的花纹。以上二句均赞美学士舍人的才能品德。㉑行止,犹行为举动。连下句谓从学士舍人的行为举动的规矩,已可看出行将为相的业绩。㉒《庄子·外物》:"周昨来,有中道而呼者。周顾视车辙中,有鲋鱼焉……曰:'我东海之波臣也,君岂有升斗之水而活我哉!'周曰:'诺。我且南游吴越之王,激西江之水而迎子,可乎?'鲋鱼忿然作色曰:'吾失我常与,我无所处,吾得斗升之水然活耳。君乃言此,曾不如早索我于枯鱼之肆!'"枯鱼被泽,喻己困境受恩得救。㉓《战国策·楚策四》:"夫骥之齿至矣,服盐车而上太行,蹄申膝折,尾湛胕溃,漉汁洒地,白汗交流。中坂迁延,负辕不能上。伯乐遭之,下车攀而哭之,解纻衣以幂之。骥于是俯而喷、仰而鸣,声达于天,若出金石声者,何也?欣见伯乐之知己也。"平坂,指登上坂顶。句意谓学士舍人如伯乐之知千里马,解己盐车负重之困。㉔用阮籍哭穷途事,见《上裴相公启》"偏哭于穷途"句注。

某步类寿陵①,文惭涣水②。登高能赋,本乏材华③;独立闻《诗》④,空尊诣道⑤。在蜀郡而惟希狗监⑥,溯河流而未及龙门⑦。常叹美玉在山,但扬异彩⑧;更恐崇兰被径,每隔殊榛⑨。徒自沉埋⑩,谁能攀撷⑪?一旦雕于敏手⑫,佩以幽襟⑬,免使琳惭⑭,宁贻蕙叹⑮。潜虞末路⑯,未有良期。

今乃受荐神州⑰,争雄墨客。空持砚席,莫识津涂。既而临汝运租,先逢谢尚⑱;丹阳传教,取觅张凭⑲。辉华居何准之前⑳,名第在冉耕之列㉑。俄生藻绣㉒,便出泥沙㉓。谁言献辂车轮,先期毕命㉔;犹惧吹竽乐府,未称知音㉕。倘更念毛辀㉖,终思翼长㉗,赎彼在途之厄㉘,仍遗生刍㉙;脱于鸣坂之劳㉚,兼贻半菽㉛。平生企望,终始依投。不任感恩干冒之至。

[注释]

①《庄子·秋水》:"且子独不闻寿陵余子之学行于邯郸与？未得国能,又失其故步,直匍匐而归耳。"李白《古风》之三十五:"寿陵失故步,笑杀邯郸人。"此谦称自己的诗文单纯模仿,缺乏创造。②《易·涣》:"象曰:风行水上,涣。"即风行水上、涣然成文之意,形容文章自然流畅,有文采。文惭涣水,谦称自己的文章无风行水上、涣然成文的自然流畅风格。《为人上裴相公启》"词林无涣水之文"意与此略同。又,《文选·陈琳〈为曹洪与魏文帝书〉》:"游睢、涣者,学藻缋之彩。"李善注:"《陈留记》曰:襄邑,涣水出其南,睢水经其北。传云睢、涣之间出文章,故其黼黻绮绣日月华虫,以奉宗庙御服焉。"然如用此,则当云"文惭睢涣",仍以用《易·涣》为是。③材,《文苑英华》作"才"。《韩诗外传》卷七:"孔子游于景山之上,季路、子贡、颜渊从。孔子曰:'君子登高必赋,小子愿者何？'"《汉书·艺文志》:"传曰:不歌而诵谓之赋,登高能赋可以为大夫。"句意谓自己本乏登高能赋的资质才华。④《论语·季氏》:"陈亢问于伯鱼曰:'子亦有异闻乎？'对曰:'未也。尝独立,鲤趋而过庭,曰:学《诗》乎？对曰:未也。(曰)不学《诗》,无以言。鲤退而学《诗》。……'"此言己得诗学家传。⑤尊,《文苑英华》作"遵"。诣道,犹闻道。《论语·里仁》:"朝闻道,夕死可矣。"诣,到达。⑥《史记·司马相如列传》:"居久之,蜀人杨得意为狗监,侍上。上读《子虚赋》而善之,曰:'朕独不得与此人同时哉！'得意曰:'臣邑人司马相如自言为此赋。'上惊,乃召问相如,相如曰:'有是。然此乃诸侯之事,未足观也。请为天子游猎赋,赋成奏之。'上许,令尚书给笔札……奏之天子,天子大悦。"此言

己在故乡时企望有人荐引。⑦《辛氏三秦记》:"河津一名龙门,禹凿山开门,阔一里余,黄河自中流下,两岸不通车马。每莫(暮)春之际,有黄鲤鱼逆流而上,得过者便化为龙。"比喻己参加科举考试迄未登第。溯,逆流而上。此非用登李膺之门事。⑧《荀子·劝学》:"玉在山而草木润,渊生珠而岸不枯。"陆机《文赋》:"石韫玉而山辉,水怀珠而川媚。"此喻己空有才华文采,却如美玉沉埋于山,不能为世所用。⑨崇兰,丛兰。《楚辞·离骚》:"余既滋兰之九畹兮,又树蕙之百亩。"又《招魂》:"光风转蕙,泛崇兰些。"殊,异。榛,丛木。此谓己品格高洁如幽兰被径,却恐被丛生的荆棘所阻隔,无人采撷。⑩沉埋,承上"美玉在山",言无人发现。⑪攀撷,采摘。承上"崇兰被径"。⑫雕于敏手,谓美玉被巧手的玉工精雕细琢。⑬佩以幽襟,谓将兰花佩戴在幽洁的衣襟上。⑭琳,美玉。⑮蕙,蕙兰。叶似草兰而稍瘦长,暮春开花,一茎可发八九朵。"琳""蕙",即上文之"美玉""崇兰",为避复而变文。⑯潜虞,暗自担忧。⑰受荐神州,谓作为京兆府解送的乡贡进士准备参加次年春的礼部进士试。庭筠自开成四年(839)以来,曾多次被京兆府作为乡贡进士荐送应进士试。⑱详《上盐铁侍郎启》"未逢仁祖,谁知风月之情"二句注。以谢尚比学士舍人,以袁宏自比。⑲《晋书·张凭传》:"初,欲诣(刘惔),乡里及同举者共笑之。既至,惔处之下坐,神意不接。凭欲自发而无端。令王濛就惔清言,有所不通,凭于末座判之,言旨深远,足畅彼我之怀,一坐皆惊。惔延之上坐,清言弥日,留宿至旦遣之。凭既还船,须臾,惔遣传教觅张孝廉船,便召与同载,遂言之于简文帝。帝召与语,叹曰:'张凭勃窣为理窟。'官至吏部郎、御史、中丞。"事又见《世说新语·文学》。又《晋书·刘惔传》:"惔少清远,有标奇,与母任氏寓居京口,家贫,织芒屩以为养,虽荜门陋巷,晏如也……累迁丹杨尹,为政清整……尝荐吴郡张凭,凭卒为美士,众以此服其知人。"丹阳传教,即丹阳尹刘惔派遣掌传教令的郡吏。取觅,求觅。此以刘惔比学士舍人,以张凭自比。⑳《晋书·何准传》:"何准字幼道,穆章皇后父也,高尚寡欲,弱冠知名。州府交辟,并不就。兄充为骠骑将军,劝其令仕。准曰：'第五之名何减骠骑？'准兄弟中第五，故有此言。充居宰辅之重，权倾一时，而准散带衡门，不及人事，惟诵佛经，修营塔庙而已。"辉华，犹光荣显耀。㉑《史记·仲尼弟子列传》："冉耕字伯牛，孔子以为有德行。"《论语·先进》："子曰：'从我于陈、蔡者，皆不及门也。'德行：颜渊、闵子骞、冉伯牛、仲弓。言语：宰我、子贡。政事：冉有、季路。文学：子游、子夏。"又《雍也》："伯牛有疾，子问之，自牖执其手，曰：'亡之，命矣夫！斯人也而有斯疾也！斯人也而有斯疾也！'"此谓己居于门下弟子的行列。㉒藻绣，指华美的文辞。俄生藻绣，似指对方刚对自己加以称美。㉓出泥沙，喻脱离困境。㉔《后汉书·文苑列传下·赵壹》："恃才倨傲，为乡党所摈，乃作《解摈》。后屡抵罪，几至死，友人救得免。壹乃移书谢恩曰：'昔原大夫（指晋国赵盾）赎桑下绝气，传称其仁；秦越人还虢太子结脉，世著其神。设曩二人不遭仁遇神，则结绝之气竭矣。然而精脯出乎车轹，针石运乎手爪，今所赖者，非直车轹之精脯，手爪之针石也。乃收之于斗极，还之于司命，使干皮复含血，枯骨复被肉，允所谓遭仁遇神，真所宜传而著之。'"献，进。轹，车辕上用来挽车的横木。车轹，车上的栏木，即车厢上的木栅栏。此谓自己遇到像赵盾这样的仁人，免得在对方车子到来之前就先结束生命。盖感激学士舍人援救及时。㉕《韩非子·内储说上》："齐宣王使人吹竽，必三百人。南郭处士请为王吹竽，宣王说之。廪食以数百人。宣王死，湣王立，好一一听之，处士逃。"句意谓担心自己滥竽充数，无真才实学，辜负了对方的恩顾。未称知音，算不上懂音乐、会乐器，比喻无真才实学。㉖毛辀，喻己之轻微。《诗·大雅·烝民》："人亦有言，德辀如毛，民鲜克举之。"郑笺："辀，轻。"辀本指古代一种轻便的车，引申为"轻"义。㉗翼长，翼之使长。㉘在途之厄，指千里马驾盐车上太行的困厄处境。详第一首注。㉙生刍，鲜草。《诗·小雅·白驹》："生刍一束，其人如玉。"陈奂传疏："刍所以萎（喂）白驹，托言礼所以养贤人。"㉚鸣坂之劳，详第一首注㉓。㉛半菽，半菜半粮，指粗劣的饭食。《汉书·项籍传》："今岁饥民贫，卒食半菽。"

[讲解]

这是两封上学士舍人(疑为中书舍人、充翰林学士萧邺)的谢启。前启感谢对方在自己"已困雕陵之弹,犹惊卫(魏)国之弦"的危惧境况下主持公道,"潜申谠议",从而使自己脱离困境,"免作穷途之恸",虽未明言所申的正直议论的具体内容,但从后启"受荐神州,争雄墨客"之语看,可能与帮助推荐应次年进士试的事有关。后启则是在自己已"受荐神州,争雄墨客"(即由京兆府荐送参加次年进士试)的情况下,希望对方给以"遗生刍""贻半菽"的实际援助,使自己这匹千里马得以"脱于鸣坂之劳"。比起前面所选的上裴休的两封书启,这两首启的显著特点是大量运用典故。上裴休二启中一些以抒写愤郁沉痛之情为主的重点段落或叙写自己对诗歌创作的耽好的段落往往较少用典,注重直抒和白描,而这两封启则基本上以典故组成,因而总体风格更为典雅。作者在用典时,还有意用两个典故贯串起一段文字,使之一气流注,对典故的含义作充分的发挥,如前启之"某闻七桂希声,契冥符于渌水;两栾孤响,接玄映于清霜。感达真知,诚参神妙。其有不待奔倾之状,宁闻击考之功",即以琴、钟两物的典故贯串,以阐发"感达真知,诚参神妙"之理。后启之"常叹美玉在山,但扬异彩;更恐崇兰被径,每隔殊榛。徒自沉埋,谁能攀撷?一旦雕于敏手,佩以幽襟,免使琳惭,宁贻蕙叹",则以美玉与丛兰两物分别贯串,以阐发人才必遇知己方能显示异彩之理。不仅使典故的作用在逐次展开中得到充分显示,也使文章显得疏朗明晰,不因用典多而陷于繁芜晦涩。作者还将用典与生动恰切的比喻结合起来,使意思得到形象的表达,如形容自己的处境是"已困雕陵之弹,犹惊卫(魏)国之弦",两个典故之间,用"已困""犹惊"连接,将作者遭人弹击之后,犹如惊弓之鸟的处境与心态鲜明地展现出来,又如将自己良才遭残的境遇用"苟铎摇车,邕琴入爨"来形容,也非常贴切生动而新颖,是对用典与比喻融合的创造性运用。全篇也因典故的连续运用而有累累如贯珠之感。

第六章　温庭筠的小说

温庭筠不但是晚唐著名词家、诗人、骈文家,而且还是著有小说专集《乾馔子》的小说家,《新唐书·艺文志》小说家类著录其《乾馔子》三卷,《崇文总目》卷三同。《通志·艺文略六》则云:"《乾馔子》一卷,唐温庭筠撰。"《遂初堂书目》著录《乾馔子》无卷数。晁公武《郡斋读书志》:"温庭筠《乾馔子》三卷,序谓:'语怪以悦宾,无异馔味之适口,遂以乾馔命篇。'"陈振孙《直斋书录解题》小说类云:"《乾馔子》三卷,唐温庭筠飞卿撰。序言:'不爵不觙,非炙非炙,能悦诸心,聊甘众口,庶乎乾馔之义。'馔与馔同字,从肉,见《古礼经》。"明《世善堂藏书目录》卷上:"《乾馔子》一卷,温庭筠。"可见这部小说集直到明代中后期犹存①,但卷数或为三卷,或为一卷,篇数是否有所不同,不得而知。后此书遂佚。今所见者,唯《太平广记》各卷中所录者共三十三篇,数量最多。其他如重编《说郛》《龙威秘书》所收《乾馔子》一卷,已非原帙②,另《类说》《绀珠集》各摘录十余则。《太平广记》所录三十三篇,除偶有脱文外,均为全文。因此今天要了解《乾馔子》这部小说集的面貌,主要只能依靠《太平广记》所录的这三十三篇。

三十三篇的题目,按《太平广记》的卷次类别,分别为:

---

① 《世善堂书目》著者陈第(1541—1617)。
② 《龙威秘书》所收仅八则。

卷一二二报应类　《陈义郎》

卷一六七气义类　《阳城》

卷一七〇知人类　《李丹》

卷一七七器量类　《武元衡》

卷一七九贡举类　《阎济美》

卷一九〇将帅类　《严振》

卷二〇一才名类　《鲜于叔明》《权长孺》

卷二三三酒类　《裴弘泰》

卷二四二谬误类　《萧俛》《苑论》

卷二四三治生类　《窦乂》

卷二四四褊急类　《裴枢》

卷二五七嘲诮类　《张登》

卷二六一嗤鄙类　《刘义方》《郑群玉》《梅权衡》

卷二八〇梦类　《王诸》

卷三四一鬼类　《道政坊宅》

卷三四二鬼类　《华州参军》

卷三四三鬼类　《李僖伯》

卷三四四鬼类　《张弘让》《寇廊》

卷三六二妖怪类　《梁仲朋》

卷三六三妖怪类　《王恩》

卷三六六妖怪类　《曹朗》

卷三六七妖怪类　《孟妪》

卷四一五草木类　《薛弘机》

卷四四八狐类　《何让之》

卷四九五杂录类　《哥舒翰》

卷四九六杂录类　《赵存》《邢君牙》

卷四九七杂录类　《韦乾度》

从上列篇题可以看出,这部小说集基本上是以人物为中心,记人的异闻逸事和鬼怪妖魅故事的。唯一一篇以"道政坊宅"为题的小说,其中也涉及李章武这个居于此凶宅的主要人物。三十三篇中提到的人物,大部分都有行实可考,而且其中有不少是朝廷显宦和将帅,如元和年间任宰相及西川节度使的武元衡,天宝年间任陇右、河西节度使的哥舒翰,贞元年间任凤翔节度使的邢君牙,建中四年任兴元节度使的严振,大历三年至贞元二年任东川节度使的李叔明(鲜于叔明),贞元四年任谏议大夫的阳城,元和年间典濠州的李丹,以及大历九年登进士第的阎济美,贞元七年登进士第的萧俛,永泰二年登进士第的裴枢,等等。小说中提到的其他人物有史实可考的也不少。但这并不意味着这些故事都是纪实的,且不论其中许多故事本来就是出自传闻的鬼怪妖狐一类荒诞不经的故事,就是其中提到的人名与时代,也常有与史实明显不符之处,如《张弘让》一篇中提到元和十二年寿州小将张弘让娶兵马使王逻女,时淮西用兵正急,令狐通为寿州刺史。但实际上令狐通元和九年任寿州刺史。此恐是将元和十年至十二年任寿州刺史之李文通误为令狐通。有的篇章甚至似有意露出虚构的痕迹,如《薛弘机》篇云:"东都渭桥铜驼坊,有隐士薛弘机,营蜗舍渭河之隈。"按东都洛阳有铜驼坊,然无渭河及渭桥,渭河及渭桥均在长安。如非"渭"字有误,则显为有意逗漏虚构之消息。

三十三篇小说中,真正具有较为完整的故事情节和较为集中的人物描写者,为《陈义郎》《阳城》《阎济美》《窦乂》《王诸》《华州参军》《寇鄘》《王恕》《曹朗》《薛弘机》《何让之》《赵存》《严振》《裴弘泰》《张弘让》《梁仲朋》《邢君牙》等十七篇,约占现存《乾𦠿子》之半数。从整体看,《乾𦠿子》的怪异色彩相当浓重,所记多为社会上传闻的鬼怪狐妖或人间怪异之事,缺乏思想意义和现实生活气息。其中有不少篇以科举考试为题材,涉及主司对举子的有意照拂等情事,反映了唐代科举考试的一些实际情况。这类题材的小说在《乾𦠆子》中较多,可能跟温庭筠自己屡次参加科举考试,对这方面的问题比较注意,情况也比较熟悉有关。但这类题材的作品中,有思想性、艺术性的也很少。倒是有些短篇,虽无完整的故事情节,只通过某一事件集中写人物的某一侧面,却颇见人物个性。如《严振》:

> 德宗銮驾之幸梁、洋,中书舍人齐映为之御。下洋州青源川,见旌旗蔽野,上心方骇,谓泚兵有谙疾路者,透秦岭而要焉。俄见梁帅严振,具橐鞬拜御马前,具言君臣乱离,呜咽流涕。上大喜,口敕升奖。令振"上马前去,与朕作主人"。映身本短小,声气抑扬,乃曰:"严振合与至尊导马,御膳自有所司。"顷之,上次洋州行在,召映,责以儒生不达时变,烟尘时须姑息戎帅。映伏奏曰:"山南士庶,只知有严振,不知有陛下。今者天威亲临,令巴蜀士民知天子之尊,亦足以尽振为臣子之节。"上深嘉叹。振闻,特拜谢映。时议许映。

虽是速写式的片断场景和人物对话,却在鲜明对照中将齐映在非常时刻从提高皇帝威望出发作出合理建议的见识和气度生动地展现出来,德宗在仓皇出奔途中先惊后喜再责旋赞的感情变化过程也表现得有层次而合理。还有几则是写高官显宦之度量的,如《武元衡》:

> 武黄门之西川,大宴。从事杨嗣复狂酒,逼元衡大觥,不饮,遂以酒沭之。元衡拱手不动。沭讫,徐起更衣,终不令散宴。

武元衡元和二年、八年两度为相。其任西川节度使在元和二年,系以使相出镇,所载的这件小事相当典型地反映了武元衡的政治家度量,文字亦简练,《赵存》之写陆象先,亦突出其能容人兼识人的性格,惜叙事稍嫌繁累。盖此类写人物个性之小品,往往以简练笔墨写一两个典型情节取胜,如《世说新语》之写魏晋士人。如叙事繁芜,鲜明个性反为所掩。

《乾𦠆子》除了记叙不少荒诞怪异的鬼怪狐妖故事外,还有几则是记载人的怪食之癖的,如《鲜于叔明》之载剑南东川节度使"好食臭虫","以酥及五味熬之,卷饼而啖";《权长孺》之载长孺"有嗜人爪癖"。这种志怪异的小故事虽迹近无聊,但其事的真实性却不必怀疑。因为现代医学已经证明不少有怪食癖者往往是由于身体缺乏某种微量元素所致,自有其内在的生理依据,不可简单斥之为妄,认为是胡编乱造。

《乾𦠆子》中最富现实生活气息,且在古代小说史上可占一席之地的当数写商人的《窦乂》。这篇小说无论从题材、思想意义、人物形象塑造等方面看,都是古代小说史上不可多得的优秀作品。

《华州参军》也是《乾𦠆子》中篇幅较长的优秀爱情传奇小说。程毅中曾指出"《华州参军》的情节结构在宋元话本《碾玉观音》里可以看到它明显的影响。它无疑是《乾𦠆子》中最杰出的作品"(《唐代小说史话》238页)。从艺术上看,《窦乂》的情节显得有些平铺直叙,而《华州参军》则曲折起伏,跌宕有致,结尾更出人意想之外。

此外,《陈义郎》也是一篇情节比较曲折的小说。程毅中指出《陈义郎》的"故事情节结构在中国古代小说戏曲里经常出现(《太平广记》卷一二一《崔尉子》故事与此类似,出《原化记》,作者皇甫氏,生平不详,大概在温庭筠之后),可能陈光蕊、江流儿的故事就是从这个故事演变来的。《警世通言》第十一卷《苏知县罗衫再合》又是它在后世的翻版"(《唐代小说史话》237页)。

作为一部以志人为主,兼有志怪、记事的小说集,就现在流传下来的作品看,除上述几篇思想与艺术较为突出以外,多数作品较为平庸。可能在写作时,单纯记异闻奇事的情况较多,作者并未作太多的艺术加工。① 但这部小说集的存在,却为温庭筠的整个文学创作增添了市井气息,也标志着在晚唐时期,他是文学体裁掌握得最全面的大作家。

---

① 《阎济美》一篇系阎自叙其得主司之助三举及第的故事,像是阎氏的自叙传,温庭筠对这个故事似未作任何加工。

温庭筠小说选注讲解

陈义郎①

陈义郎,父彝爽,与周茂方皆东洛福昌人②,同于三乡习业③。彝爽擢第,归娶郭憎女。茂方名竟不就,唯与彝爽交结相誓。唐天宝中,彝爽调集④,授蓬州仪陇令⑤。其母恋旧居,不从子之官。行李有日⑥,郭氏以自织染缣一匹裁衣⑦,欲上其姑⑧,误为交刀伤指⑨,血沾衣上。启姑曰:"新妇七八年温清晨昏⑩,今将随夫之官,远违左右,不胜咽恋⑪。然手自成此衫子,上有剪刀误伤血痕,不能浣去⑫。大家见之⑬,即不忘息妇⑭。"其姑亦哭。

彝爽固请茂方同行。其子义郎才二岁,茂方见之,其干骨肉。及去仪陇五百余里⑮,磴石临险⑯,巴江浩渺⑰。攀萝游览⑱,茂方忽生异志⑲,命仆夫等先行:"为吾邮亭具馔⑳。"二人徐步自牵马行。忽于山路斗拔之所㉑,抽金锤击彝爽,碎颡㉒,挤之于浚湍之中㉓,佯号哭云:"某内逼㉔,北回,见马惊践长官殂矣,今将何之?"一夜会丧㉕,爽妻及仆御致酒感恸。茂方曰:"事既如此,如之何?况天下四方人一无知者,吾便权与夫人乘名之官㉖,且利一政俸禄㉗,逮可归北,即与发哀㉘。"仆御等皆悬厚利,妻不知本末㉙,乃从其计。到任,安帖其仆㉚。一年已后,谓郭曰:"吾志已成㉛,誓无相背。"郭氏藏恨,未有所施。茂方防虞甚切,秩满移官㉜,家于遂州长江㉝。又一选,授遂州曹掾㉞。居无何,已十七年,子长十九岁矣。茂方谓必无人知,教子经业㉟,既而欲成。遂州秩满,挈其子应举㊱。是年东都举选㊲,茂方取北路㊳,令子取南路㊴,茂方意令觇故园之存没㊵。

途次三乡,有鬻饭媪留食㊶,再三瞻瞩㊷。食讫,将酬其直㊸。媪曰:"不然㊹,吾怜子似吾孙姿状。"因启衣箧,出郭氏所留血污衫子以遗㊺,泣而送之。其子秘于囊,亦不知其由与父之本末⁴⁶。

明年下第,归长江。其母忽见血迹衫子,惊问其故,子具以三乡媪所对。及问年状⁴⁷,即其姑也。因大泣,引子于静室⁴⁸,具言之:"此非汝父,汝父为此人所害。吾久欲言,虑汝之幼,吾妇人,谋有不臧⁴⁹,则汝亡父之冤无复雪矣,非惜死也。今此吾手留血襦还⁵⁰,乃天意乎!"其子密砺霜刃,候茂方寝,乃断吭⁵¹,仍挈其首诣官⁵²。连帅义之⁵³,免罪。即侍母东归。其姑尚存,且叙契阔⁵⁴。取衫子验之,歔欷对泣。郭氏养姑三年而终⁵⁵。

[注释]

①录自谈恺刻本《太平广记》卷一二二引《乾䐡子》。②东洛,指唐代河南府。据《新唐书·地理志二》,河南府河南郡,县二十,有福昌县。古宜阳地,县西有隋福昌宫,因以为县名。③三乡,驿名,当在福昌至洛阳的洛水沿岸。唐会昌时若耶溪有女子随夫西入函关。夫殁,东还,邈然无依,一日过三乡驿,感慨题诗曰:"昔逐良人西入关,良人身殁妾空还。谢娘卫女不相待,为雨为云归旧山。"后和之者多至十人。事见《唐诗纪事·王祝》。唐张绮《和三乡诗》:"洛川依旧好风光,莲帐无因见女郎。云雨散来音信断,此生遗恨寄三乡。"习业,攻习学业。唐代诗文中多指习举业,即根据科举考试的需要研习学业。④调集,参加官吏的调选迁转。《太平广记》卷一六〇引唐无名氏《异闻录·秀师言记》:"唐崔晤、李仁钧二人中外弟兄,崔年长于李。在建中末,偕来京师调集。"宋王谠《唐语林·补遗二》:"李相国揆,以进士调集在京师。"彝爽即以进士登第参加京城长安的官吏调选。⑤《新唐书·地理志四》,山南西道有蓬州,辖县七,有仪陇县。今属四川。⑥行李,行旅。杜甫《赠苏四徯》:"别离已五年,尚在行李中。"此指启程、行程。⑦缣,双丝织的浅黄色细绢。⑧上,进献。姑,指婆婆。⑨交刀,即剪刀,下文即云"剪刀误伤血痕"。今方言犹有称剪刀为"交剪"者。⑩新妇,称儿媳。此系儿媳自称。与通常称新娘子为新妇义异。温凊晨昏,冬

温夏清、昏定晨省的省称。谓冬天温被,夏天扇席,晚上侍候睡定,早晨前往请安。表示侍奉父母公婆无微不至。语本《礼记·曲礼上》:"凡为人子之礼,冬温而夏清,昏定而晨省。"清,凉。⑪咽恋,悲切依恋。⑫浣,洗濯。⑬大家,妇称夫之母。《晋书·列女传·孟昶妻周氏》:"君父母在堂,欲建非常之谋,岂妇人所建!事之不成,当于奚官中奉养大家,义无归志也。"唐赵璘《因话录》卷三:"大家昨夜小不安适,使人往候。"今方言中犹有称婆婆为"大家"者。⑭息妇,即媳妇、子妇。此系子妇自称。⑮去,距离。⑯磴石,登山的石级。⑰巴江,指嘉陵江。《太平寰宇记》卷一三六渝州引《三巴记》,谓阆、白二水,南流曲折如"巴"字。此即指嘉陵江。从东洛福昌或长安出发前往蓬州仪陇,当取道陈仓、凤州,经金牛峡,循嘉陵江南下至阆州(今四川阆中),再东行至仪陇。⑱萝,松萝的藤蔓。⑲异志,二心,指害死彝爽的想法。⑳邮亭,驿馆,递送文书者投止之处。具馔,准备饭菜。㉑斗拔,陡峻。㉒颡,头。㉓挤,推挤使坠。浚湍,急流。㉔内逼,犹内急、内迫,急着要大小便。唐卢仝《玉泉子·杨希古》:"性又洁净,内逼如厕,必撒衣无所有,然后高展以往。"㉕会丧,聚会商议丧事。非共同参加丧葬仪式之意,视下文"逮可归北,即与发哀"可知。㉖乘名,犹冒名顶替。㉗一政,犹一个任期。县令一任一般为三年。㉘发哀,犹发丧,人死公告于众。㉙悬厚利,为周茂方所许诺的厚利所诱惑。不知本末,不了解彝爽被害之事的整个过程。㉚安帖,安定、平静。㉛吾志已成,我的打算图谋已经实现。此"志"即上文所谓"异志"。盖直至此时,周茂方始以谋害陈彝爽的实情告诉郭氏,故下文云"郭氏藏恨,未有所施"。㉜秩满,官吏任期届满。移官,调任他地。㉝《新唐书·地理志六》:剑南道遂州遂宁郡,有长江县。遂州,今四川遂宁市。长江县在其西北,涪江西岸。从"家于遂州长江"看,其改任之官职当即长江令。㉞又一选,又经一个选调官职的周期。《新唐书·选举志下》:"初,吏部岁常集人,其后三数岁一集,选人猥至,文簿纷杂。"此指周茂方移官长江令任满之后又一次参加官吏选调。遂州曹掾,遂州下设各曹的参军。遂州为中都督府,即中州刺史，下设录事参军事一人，司功、司仓、司户、司田、司兵、司法、司士参军事各一人。周茂方所任当即上述诸曹掾之一。㉟经业，儒家经书的学业。此为科举考试必须研习的主要学业。㊱应举，参加科举考试。㊲东都举选，指在东都洛阳举行科举考试。唐代科举考试，并不全在京城长安举行，有时在东都洛阳，有时长安、洛阳二地并试。《唐摭言》卷一《两都贡举》谓"永泰元年，始置两都贡举，礼部侍郎官号皆以'知两都'为名，每岁两地别放及第。自大历十一年(776)停东都贡举，是后不置"。实则武后时期已在洛阳开科取士，大历十一年以后仍曾在洛阳举行科举考试。详见傅璇琮《唐代科举与文学》第四章。㊳取北路，指取道梓州(今四川三台)、剑州(今四川剑阁)、利州(今四川广元)至长安、洛阳的路线。㊴取南路，指自遂州乘舟至渝州(今重庆市)，经长江出峡至江陵(今湖北江陵县)再北上襄阳至东都洛阳的路线。㊵觇，探听。故园，指故乡福昌。㊶次，留宿、停留。鬻饭媪，卖饭的老妪。㊷瞻瞩，观看、注视。㊸酬其直，付饭钱。㊹不然，不必如此。㊺遗，赠。㊻父之本末，生身父亲陈彝爽的经历遭遇。㊼年状，年龄形貌。㊽静室，僻静的房室。㊾不臧，不善。㊿襦，短袄。手留血襦，即血污衫子。(51)吭，喉咙。(52)诣官，到官府去(自首)。(53)连帅，古代十国诸侯之长。《礼记·王制》："十国以为连，连有帅。"唐代多以指管辖数州或十数州之节度使、观察使。遂州归剑南节度使管辖。(54)契阔，久别。《后汉书·独行列传·范冉》："行路仓卒，非陈契阔之所，可共到前亭宿息，以叙分隔。"(55)指其婆婆于三年后去世。

[讲解]

这是一篇以情节的曲折与构思的巧妙取胜的小说。周茂方与陈彝爽不但有同乡同学同科参加考试之谊，而且是"交结相誓"、情同手足的知己朋友。茂方视彝爽之子"甚于骨肉"，而彝爽登第为官赴任，甚至"固请茂方同行"，这即使在知己朋友中亦不多见。这种如同胶漆的关系，本应使整个故事情节朝着正面发展,演出一幕幕生死与共的场面。但情节的发展却完全违反常规,出人意料。就在共同赴任途中,"茂方忽生异志",在彝爽毫无心理防备的情况下,用金锤击碎其头颅,将尸体推坠急流之中。在行动之前,先有支开仆夫的精心设计;杀人之后,又编造内急北回忽见马践彝爽的谎言。情节至此出现一大转折。紧接着,又设计骗过彝爽之妻郭氏,并以厚利引诱仆御,顺利达到冒名顶替做官赴任的目的。这也是情节发展的一个波澜。以上两个曲折,说明茂方的"异志"虽生于顷忽之间,但前后的种种精心设计、欺骗与利诱却充分显示出其性格中固有的精明和思虑的周密,而这一切在贪欲与恶念的支配下都化成了杀友霸妻夺子冒官的阴鸷狠毒。此后,情节似乎朝着茂方精心设计的方向发展。一年以后,自以为大功告成,遂对郭氏道出"吾志已成"的实情,殊不料郭氏得悉此事后的反应竟与他的预料完全相反,精明的算计终于露出了破绽,埋下了情节逆转的伏笔。

郭氏此时虽"藏恨"未有所施,但为夫报仇之志已决。茂方"吾志已成"的宣称看似偶然的疏忽,却是在其志得意满的情况下必然会出现的情况。就在茂方自以为此事除郭氏外必无人知,策划着更进一步"遂志"的情况下,情节因彝爽之子义郎参加东都举选路经三乡遇鬵饭媪赠以血迹衫子而急转直下,其母见血迹衫子而告义郎以实情,义郎遂砺刃手杀茂方。精于算计的茂方终于走向自己愿望的反面。而连帅嘉义郎之孝义免其罪,又是一个小的曲折,使故事的结局实现正义战胜邪恶的常规。多次曲折,既使整个故事情节跌宕起伏,悬念迭生,引人入胜,又符合周茂方这样一个精明而心存恶念与贪欲的人物性格行为发展的逻辑。

小说在构思方面,特意设置了血迹衫子这个关键性的细节。郭氏临行前为婆母裁衣被剪刀误伤手指血沾衫子这个细节,似乎纯出偶然,最初描述时也并无着意的痕迹,但它却凝结着一家祖孙三代(包括母子、婆媳、祖孙)之间深挚的家人骨肉之情,这个不起眼的"物"在"血染"的情况下已经感情化了,成了亲情的象征、血缘的见证。正因为这样,它在整个故事情节发展中起着关键性的推动作用。祖孙见面而赠衫,母亲道出十七年前的杀夫冤情也是因为这件衫子。情节的急转直下,靠的就是这十七年前无心造成的旧物。似出人意料却又十分合理,似出于偶然却又寓含着情节发展的必然,是一个精心设计的典型化细节,从中可以看出唐人小说在艺术构思方面的成就。程毅中指出《陈义郎》的"故事情节结构在中国古代小说戏曲里经常出现(《太平广记》卷一二一《崔尉子》故事与此类似,出《原化记》,作者皇甫氏,生平不详,大概在温庭筠之后),可能陈光蕊、江流儿的故事就是从这个故事演变来的。《警世通言》第十一卷《苏知县罗衫再合》又是它在后世的翻版"(《唐代小说史话》237页)。其实,《蒋兴哥重会珍珠衫》(《喻世明言》的第一篇)也是以一件珍珠衫作为道具,推动情节发展的。

窦　乂①

扶风窦乂②,年十三,诸姑累朝国戚③,其伯检校工部尚书交④、闲厩使宫苑使⑤,于嘉会坊有庙院⑥。乂亲识张敬立任安州长史⑦,得替归城⑧。安州土出丝履,敬立赍十数辆散甥侄⑨。竞取之,唯乂独不取。俄而所余之一辆,又稍大,诸甥侄之剩者,乂再拜而受之。敬立问其故,乂不对。殊不知殖货有端木之远志⑩。遂于市鬻之⑪,得钱半千,密贮之,潜于锻炉作二枝小锸⑫,利其刃。

五月初,长安盛飞榆荚⑬,乂扫聚得斛余⑭。遂往诣伯所,借庙院习业。伯父从之。乂夜则潜寄褒义寺法安上人院止⑮,昼则往庙中,以二锸开隙地⑯,广五寸,深五寸,密布四千余条⑰,皆长二十余步,汲水渍之⑱,布榆荚于其中。寻遇夏雨,尽皆滋长。以及秋,森然已及尺余⑲,千万余株矣。及明年,榆栽已长三尺余,乂遂持斧伐其并者⑳,相去各三寸,又选其条枝稠直者,悉留之。所间下者㉑,二尺作围束之,得百余束。遇秋阴霖㉒,每束鬻值十余钱。又明年,汲水于旧榆沟中。至秋,榆已有大者如鸡卵。更选其稠直者,以斧去之㉓,又得二百余束,此时鬻利数倍矣㉔。后五年,遂取大者作屋椽㉕,仅千余茎㉖,鬻之,得三四万余钱。其端大之材㉗,在庙院者,不啻千余,皆堪作车乘之用㉘。此时生涯已有百余㉙,自此弊帛布裘百结㉚,日歉食而已㉛。

遂买蜀青麻布,百钱个匹㉜,四尺而裁之,雇人作小袋子。又买内乡新麻鞋数百辆㉝,不离庙中。长安诸坊小儿及金吾家小儿等㉞,日给饼三枚,钱十五文,付与袋子一口,至冬,拾槐子实其内,纳焉㉟。月余,槐子已积两车矣。又令小儿拾破麻鞋,每三辆,以新麻鞋一辆换之。远近知之,送破麻鞋者云集,数日,获千余量㊱。然后鬻榆材中车轮者㊲,此时又得百余千。雇日佣人㊳,于崇贤西门水涧㊴,从水洗其破麻鞋,曝干,贮庙院中。又坊门外买诸堆弃碎瓦子,令功人于流水涧洗其泥滓㊵,车载积于庙中。然后置石嘴碓五具㊶,锉碓三具㊷,西市买油靛数石㊸,雇庖人执爨㊹,广召日佣人,令锉其破麻鞋,粉其碎瓦㊺,以疏布筛之,合槐子油靛,令役人日夜加功烂捣,候相乳尺㊻,悉看堪为挺㊼,从臼中熟出㊽,令工人并手团握,例长三尺已下,圆径三寸,垛之得万余条,号为法烛㊾。建中初,六月,京城大雨㊿,尺烬重桂[51],巷无车轮,又乃取此法烛鬻之,每条百文。将燃炊爨,与薪功倍,又获无穷之利。

先是西市秤行之南,有十余亩坳下潜污之地[52],目曰"小海池",为旗亭之内众秽所聚[53],义遂求买之,其主不测[54],义酬钱二三万。既获之,于其中立标悬幡子[55],于绕池设六七铺[56],制造煎饼及团子[57],召小儿掷瓦砾击其幡标,中者以煎饼团子啖[58]。不逾月,两街小儿竞往,计万万,所掷瓦已满池矣。遂经度[59],造店二十间,当其要害[60],日收利数千,甚获其要[61]。店今存焉,号为"窦家店"。

又尝有胡人米亮[62],因饥寒,义见,辄与钱帛,凡七年不之问。异日又见亮,哀其饥寒,又与钱五千文。亮因感激而谓义曰:"亮终有所报大郎[63]。"义方闲居,无何,亮且至,谓义曰:"崇贤里有小宅出卖,直二百千文,大郎速买之。"义西市柜坊[64]，锁钱盈余，即依直出钱市之。书契日[65]，亮语乂曰："亮攻于览玉[66]，尝见宅内有异石，人罕知之。是捣衣砧[67]，真于阗玉[68]。大郎且立致富矣。"乂未之信，亮曰："延寿坊召玉工观之[69]。"玉工大惊曰："此奇货也！攻之当得腰带銙二十副[70]，每副直钱三千贯文[71]。"遂令琢成，果得数百千价。乂得合子、执带、头尾诸色杂类[72]，鬻之，又计获钱数十万贯。其宅并元契[73]，乂遂与米亮，使居之以酬焉[74]。

又李晟太尉宅前有一小宅[75]，相传凶甚[76]。直二百十千，乂买之，筑围打墙[77]，拆其瓦木，各垛一处。就耕之术[78]，太尉宅中傍其地，有小楼常下瞰焉。晟欲并之为击球之所[79]。他日，乃使人向乂欲买之。乂确然不纳[80]，云："某自有所要[81]。"候晟休沐日[82]，遂具宅契书请见晟，语晟曰："某本置此宅，欲与亲戚居之，恐俯逼太尉甲第，贫贱之人，固难安矣。某所见此地宽闲[83]，其中可以为戏马，今献元契，伏惟俯赐照纳。"晟大悦，私谓乂："不要某微力乎？"乂曰："无敢望。犹恐后有缓急[84]，再来投告令公[85]。"晟益知重[86]，乂遂搬移瓦木，平治其地如砥[87]，献晟。晟戏马，荷乂之所惠。乂乃于两市选大商产巨万者，得五六人，遂问之："君岂不有子弟婴诸道及在京职事否[88]？"贾客共语乂曰[89]："大郎忽与某等致得子弟庇身之策[90]，某等其率草粟之直二万贯文[91]。"乂因怀诸贾客子弟名谒晟，皆认为亲故[92]，晟忻然览之，各置诸道膏腴之地重职，乂又获钱数万。

崇贤里有中郎将曹遂兴[93]，堂下生一大树，遂兴每患其经年枝叶有碍庭宇[94]，伐之又恐损堂室。乂因访遂兴，指其树曰："中郎何不去之？"遂兴答曰："诚有碍耳，因虑根深本固，恐损所居室宇。"乂遂请买之："仍与中郎除之，不令有损，当令树自去。"中郎大喜。乃出钱五千文以纳中郎。与斧斤匠人议伐其树[95]，自梢及根，令各长二尺余断之，厚与其直[96]，因选就众材及陆博局数百[97]，鬻于木行，又计利百余倍。其精干率是类也[98]。

后乂年老无子，分其见在财等与诸熟识亲友[99]。至其余千产业，街西诸大市各千余贯[100]，与常住法安上人经管[101]，不拣时日供拟[102]，其钱亦不计利。又卒时年八旬余,京城和会里有邸⑩³,弟侄宗亲居焉⑩⁴,诸孙尚在。

[注释]

①录自乾隆十八年(1753)黄晟槐荫草堂刻本《太平广记》卷二四三引《乾𦠆子》(谈恺刻本此篇缺讹过多)。②扶风,郡名。《新唐书·地理志一》:关内道有凤翔府扶风郡,本岐州,至德元载(756)更郡曰凤翔。治所在今陕西省宝鸡市凤翔区。③诸姑,父之众姊妹。《诗·邶风·泉水》:"问我诸姑,遂及伯姊。"毛传:"父之姊妹曰姑。"国戚,外戚,即后妃的家族。④检校,唐代检校官,指诏除而非正名的加官,带有荣誉性质。⑤闲厩使,唐代专掌宫廷舆辇牛马的官。《新唐书·百官志二》:"圣历中,置闲厩使,以殿中监承恩遇者为之,分领殿中、太仆之事,而专掌舆辇牛马。"闲厩,皇家养牛马牲口之处。宫苑使,唐无"宫苑使"之官名,或指司农寺下所设京都诸宫苑总监,从五品下,掌苑内宫馆、园池、禽鱼、果木。⑥嘉会坊,唐长安坊名,在朱雀大街西第四街第五坊,西市之南第三坊。庙院,指名门望族世有官祭的宗祠,即家庙的院落。⑦亲识,亲戚知交。安州,属淮南道,今湖北安陆市。据《新唐书·百官志四下》,中都督府有长史一人,正五品上,位在刺史、别驾之下。⑧得替,指有人接替安州长史之职。归城,指回长安城。⑨《新唐书·地理志五》载安州土贡:青纻布、糟笋瓜。未载出丝履。赍,赠送。辆,量词,双(指鞋袜等成双之物)。散,分发。⑩殖货,增殖财货。《孔丛子·公孙龙》:"居家理治,可移于官;良能殖货,故欲仕之。"端木,指端木赐,字子贡,孔子弟子,见《论语》及《史记·仲尼弟子列传》。子贡善于经商。《史记·货殖列传》:"子赣(即子贡)既学于仲尼,退而仕于卫,废著(废谓物贵而卖之,著同居,谓物贱而买之)鬻财于曹、鲁之间,七十子之徒,赐最为饶益。"远志,远大的志向(指经商致富)。⑪鬻,卖。⑫锸,锹。⑬榆荚,榆树的果实,俗称榆钱。⑭斛,量词,古代一斛为十斗。《仪礼·聘礼》:"十斗曰斛。"⑮褒义寺、法安上人,均未详。寺当在长安,距嘉会坊不远。止,住宿。⑯隙地,

空地。⑰条，指沟、垄，连上文，指宽五寸、深五寸的长垄四千余条。⑱渍，浸湿。⑲森然，茂密貌。⑳并者，指丛生者。㉑间下，指用斧头砍伐下多余的榆树幼苗。㉒阴霖，阴雨连绵。㉓去之，指将多余的“稠直”的树枝砍去。㉔鬻利数倍，指卖“稠直”的榆树枝条获利较上次增加数倍。㉕椽，椽子，用以支持房顶而托灰与瓦的木条。㉖仅，接近。茎，犹“条”。㉗端大，直而粗大。㉘作车乘之用，用来打造车子上的各种部件。㉙生涯，财产。牛僧孺《玄怪录·杜子春》：“吾落拓邪游，生涯罄尽，亲戚豪族，无相顾者。”百余，当指百余万。㉚百结，用碎布缀成的衣服。形容衣多补缀。㉛歉食，食不饱腹。㉜个匹，一匹。㉝内乡，唐山南东道邓州南阳郡县名，今河南西峡县。㉞金吾，唐有左右金吾卫将军，掌宫中、京城巡警，烽候、道路、水草之宜。㉟纳，交纳。㊱量，通“緉”，犹双。《晋书·阮孚传》：“未知一生当著几量屐。”㊲榆材中车轮者，指榆材中堪打造车轮者。㊳日佣人，按日计酬的短工。㊴崇贤西门，崇贤坊的西门。崇贤坊在朱雀大街西第三街第四坊，与嘉会坊斜对。㊵功人，犹工人。㊶石嘴碓，石头制作的舂米工具，有石杵、石臼。㊷锉碓，铡刀。用来铡断破麻鞋成碎段。㊸西市，长安有东西二市，系商贾聚集贸易的特定商业区。西市在朱雀大街西第四街第一坊，与东市均各占地两坊。油靛，油脂条。靛通常指靛青，系用蓼蓝叶泡水调和石灰泥沉淀所得的蓝色染料。此处疑非指靛青，而系“锭”之借代。㊹庖人，厨师。执爨，烧火。㊺粉其碎瓦，将碎瓦片捣碎如粉末。㊻候相乳尺，等到上述原料互相融合成尺状物时。㊼挺，形容条状物。㊽熟出，犹熟烂而出。㊾法烛，宋高承《事物纪原·布帛杂事·法烛》：“汉淮南王招致方术之士，延八公等撰鸿宝方毕方，法烛是其一也。余非民所急，故不行于世。然则法烛之起，自刘安始也。”㊿两《唐书·德宗纪》及《五行志》均未载建中初（元年或二年）六月京城大雨之事。(51)尺烬重桂，一尺之薪柴价重于桂木。《文选·张协〈杂诗〉之十》：“尺烬重寻桂，红粒贵瑶琼。”刘良注：“烬，薪也。”(52)坳下潜污，地势低洼藏污纳垢。(53)旗亭，此指酒楼。悬旗为酒招，故称。唐薛用弱《集异记·王之涣》有“旗亭画壁"故事,所指即酒楼。又刘禹锡《武陵观火》诗:"花县与琴焦,旗亭无酒濡。"亦指酒楼。与古代称观察、指挥集市之市楼为旗亭不同。㊺不测,不明白窦义求买此地的意图。㊻立标悬幡子,竖立标竿,上张旗幡。㊼铺,商铺。㊽煎饼,在鏊子上摊匀烙熟的饼。南朝梁代宗懔《荆楚岁时记》即有元月七日(人日)北人食煎饼于庭中的记载。与温庭筠同时的段成式《酉阳杂俎·诺皋记下》亦载:"(惠恪)好客,往来多依之。尝夜令寺僧十余,设煎饼。"团子,米粉等做成的圆球形食物,如今之糯米团子之类。㊾啖,吃。㊿经度,经营规划。㊽要害,指商业上的要冲之地。㊿要,指重要的地位。㊽胡人,指西域的少数民族。隋唐时,在今中亚阿姆、锡尔两河流域,有康、安、曹、石、米、何、火寻、戊地、史,均为康居之后,分王九国,称昭武九姓。米亮当为九姓中之米国人。㊽大郎,对有钱势、社会地位较高的男子的尊称,犹后之称大官人。此尊称窦义。㊽柜坊,唐代都市中代客保管金银财物的商铺。㊽书契日,书写卖契之日。㊽攻,通"工",善于。览玉,鉴别玉的品质。览有考察之义。㊽是,此。捣衣砧,捣洗衣服所用的石头。㊽于阗,汉代西域国名,产美玉。《汉书·西域传·于阗国》:"于阗国,王治西城,去长安九千六百七十里……多玉石。"㊽延寿坊,唐长安无延寿坊,或指嘉会坊北之长寿坊。长寿坊或系玉工聚合之所,故云。㊽銙,附于腰带上的扣版,方或椭圆形,原用来受环悬物,后纯用作装饰。《新唐书·车服志》:"至唐高祖……一品、二品銙以金,六品以上以犀,九品以上以银,庶人以铁。"此则以玉为腰带上的扣版。㊽贯,千钱为一贯。㊽合子,即盒子。此指玉盒。执带,未详,当亦玉制。㊽元契,原契,房主原有的房契。㊽酬,酬谢其功。㊽李晟,唐德宗时著名将帅,率军讨藩镇田悦等叛乱,建中四年(783)击败叛据长安的朱泚,收复京师。累官至太尉兼中书令,封西平郡王,两《唐书》有传。㊽凶,不吉利。古称不吉利或闹鬼的房舍为凶宅。㊽筑围打墙,修筑围墙。㊽术,四库本作"後"。此句义未详。㊽击球,打马球。原为古代军中用以练武的马上打球游戏,后演变为一种以观赏和表演为主的娱乐活动。㊽确然不纳,明确表示不接受买地的要求。㉛所要,所希望的。㉜休沐,官吏休息洗沐,犹休假。唐代官吏十日一休沐。㉝宽闲,宽敞。㉞缓急,偏义复词,偏义于"急",犹紧急、危急。㉟令公,对中书令的敬称。李晟于德宗兴元元年(784)六月为中书令。㊱知重,赏识、看重。康骈《剧谈录·元相国谒李贺》:"元和中,进士李贺善为歌篇,韩文公深所知重,于缙绅之间每加延誉。"㊲砥,砥石,磨刀石。㊳诸道,唐代分天下为十道,一曰关内,二曰河南,三曰河东,四曰河北,五曰山南,六曰陇右,七曰淮南,八曰江南,九曰剑南,十曰岭南。后山南、江南、剑南、岭南又各分东西道。职事,指官职。㊴"贾客"下四库本有"大喜"二字。㊵策,四库本作"地"。㊶草粟之直,犹马料钱,谦称所付之值菲薄。㊷亲故,亲戚故旧。㊸中郎将,唐代亲卫之府有五,每府中郎将一人,正四品下。五府中郎将掌领校尉、旅帅、亲卫、勋卫之属宿卫者,而总其府事,详《新唐书·百官志四上》。㊹经年,指年岁久远。㊺钅斤,斧头,本作"斤"。㊻厚与其直,多付给工匠伐树的工钱。㊼陆博,即六博,古代博戏。共十二棋,六黑六白,两人相博,每人六棋。《西京杂记》卷四:"许博昌,安陵人也,善陆博。"局,指棋盘。㊽精干,精明干练。率是类也,大都像上述一类情事。㊾见在,同"现在"。见在财,指存留积攒下来的财产。㊿街西,指朱雀大街西。(101)经管,经营管理。(102)供拟,供给、供应。《旧唐书·儒学列传下·卢粲》:"岁时服用,自可百司供拟。"(103)和会里,唐京城长安无"和会里"。(104)宗亲,同宗的亲属。下句"诸孙"指同宗亲属之孙辈。

[讲解]

《窦乂》是唐人小说中为成功商人立传的优秀作品,也是古代小说史上为数不多的描绘商人形象相当成功的作品。无论在题材、内容、思想倾向、人物形象塑造等方面都具有创新性成就。

小说的主人公窦乂出身于一个"诸姑累朝国戚","其伯检校工部尚书"的显宦家庭,但却胸怀"殖货有端木之远志",自愿选择了一条经商致富,实现自己人生价值的生活道路。他以一双亲戚给他的丝履作本钱起家,用卖丝履所得的五百文钱买两把铁锹种植榆树开始了他的最初经营,以辛勤的劳动与细心的经营成功地获得了第一桶金。接着,又用破麻鞋、槐子、碎瓦、油靛为原料,制作"法烛",获得了第二次成功。在已获巨利的基础上,又用二三万钱买得"十余亩坳下潜污之地",开始了第三次更成功的经营。如果说第一次还是完全靠个人辛苦种植,只在开始卖履置锹和卖出产品时有商业活动,纯为小本经营;第二次已是雇工操作的手工业作坊与商业的结合;到第三次,已发展为"造店二十间,当其要害"的房地产经营,不但规模更大,获利也更为丰厚。三次成功经营,是三次飞跃。从作者对这三次创业过程的细致描写中可以看出,他的成功,既非靠奸诈欺骗,也非靠其家庭背景,搞官商勾结,巧取豪夺,更非靠意外发横财或偶然的机缘,而是靠敏锐的商业头脑、市场意识,看准市场的需要,进行踏踏实实、一步一个脚印的诚信经营。他的商业智慧突出地表现在善于变废为宝,善于发现一般人难于发现的商机,以二三万钱买得"十余亩坳下潜污之地",开发成通衢要害之地的商铺,便是典型的范例。这样的成功经营,不但合理合法,完全称得上是"君子爱财,取之有道",而且真实可信,具有示范性和典型意义。

在三次成功创业之后,小说又写了他结交胡人米亮、太尉李晟、中郎将曹遂兴而获厚利的过程。与胡人米亮的结交,施恩多年而不言报,这表现出窦乂并非为富不仁之辈,亦非吝惜钱财如葛朗台者,性格中有其善良、乐于助人的一面。施恩不言报的结果带来的是意想不到的丰厚回报。作者通过这个情节可能想告诉人们,为富而仁者得到的是更巨大的财富。与太尉李晟的结交,从买李晟宅前的凶宅到筑围打墙、献地李晟而不马上图报,再到为富商巨贾子弟求职而获利巨万,可以说是步步为营、精心设计的一次交易。但这并非借李晟的权势,搞直接的官商勾结、权钱交易,而是通过帮助商贾子弟获得官职,从商贾处获利。尽管以现代人的眼光看,这里仍有间接地将李晟的权转化为钱的因素,但作者是把整个过程作为一种商业交换活动来写的,意在突出窦乂的商业头脑如何精明地运用于与李晟这样的权势者的关系上。至于与中郎将曹遂兴的关系,则完全是充分发挥商业智慧的结果,既解除了曹遂兴的忧虑困难,又使自己获得厚利,变他人之患为自己之利,完全是合理合法互利双赢的成功经营。三次交往,表现窦乂性格不同的侧面。

总之,小说中的窦乂,完全是一个正面的成功的商人形象。这一形象的成功塑造,对于长期以来轻视商贾的传统观念是一种突破,对于"无商不奸"的传统观念也是一种有力的反拨,其思想意义不可忽视。在中国古代小说史上,这样一种纯粹的成功商人形象极为罕见。不要说是在中古时的唐代,就是到了"三言二拍"的时代,商品经济在东南沿海地区已有相当程度的发展,甚至被一些史家认为已出现资本主义萌芽的时代,正统诗人自不必说,就连擅长写市井生活的拟话本小说,除《转运汉巧遇洞庭红》外,也很少出现正面描写商人的优秀作品。而"转运汉"靠的是偶然的机缘,而非步步为营的踏实经营与敏锐的商业智慧。因此,它在唐代的出现,是超前于时代的。这和温庭筠本人混迹市井的生活经历及其思想观念比较解放(至少在对待商人的看法上),应有密切关系。

在艺术上,这篇小说与一般唐人小说之着意好奇不同,完全采用写实的手法来叙写主人公窦乂一桩又一桩看似平淡无奇甚至琐屑细碎的商业经营活动,其中没有任何怪异巧遇之类的情节,但由于它们来自实际生活,不仅饶有生活气息,让人感到真实可信,而且颇有情趣。许多行动措施,最初往往令人不解或不知其所谓,及至经营成功,获利丰厚,方恍然悟到这一切行动措施都体现了主人公敏锐的商业智慧、高超的商业经营技巧和步步为营、稳操胜券的商业经营手段,平淡琐屑中寓含着商业奇才的智慧。说它是一篇写实主义的商人小说,可谓当之无愧。从小说看,窦乂经营商业,其目的并不是为了子孙后代,也不是为了攀结权贵,更非为赚钱而赚钱,把积累财富作为人生的目的,而是纯出个人的爱好志趣,这一点尤为可贵。

华州参军①

华州柳参军,名族之子。寡欲,早孤,无兄弟。罢官于长安闲游。上巳日②,曲江见一车子③,饰以金碧④,半立浅水之中。后帘徐褰,见掺手如玉⑤,指画令摘芙蕖⑥。女之容色绝代,斜睨柳生良久。柳生鞭马从之,即见车子入永崇里⑦。柳生访其姓⑧,崔氏,女亦有母。有青衣⑨,字轻红。柳生不甚贫,多方赂轻红,竟不之受。

他日,崔氏女有疾,其舅执金吾王因候其妹⑩,且告之:"请为子纳焉⑪。"崔氏不乐⑫,其母不敢违兄之命。女曰:"愿嫁得前时柳生足矣。必不允,某与外兄终恐不生全⑬。"其母念女之深,乃命轻红于荐福寺僧道省院达意⑭。柳生为轻红所诱⑮,又悦轻红。轻红大怒曰:"君性正粗⑯,奈何小娘子如此待于君⑰!某一微贱,便忘前好,欲保岁寒⑱,其可得乎?某且以足下事白小娘子⑲。"柳生再拜,谢不敏然⑳。始曰:"夫人惜小娘子情切,今小娘子不乐适王家,夫人是以偷成婚约,君可两三日内就礼事㉑。"柳生极喜,自备数百千财礼,期内结婚㉒。后五日,柳挈妻与轻红于金城里居㉓。

及旬月外,金吾到永崇,其母王氏泣云:"某夫亡,子女孤弱㉔,被侄不待礼会㉕,强窃女去矣。兄岂无教训之道?"金吾大怒,归笞其子数十㉖。密令捕访㉗,弥年无获。无何,王氏殂,柳生挈其妻与轻红自金城里赴丧。金吾之子既见,遂告父,父擒柳生。生云:"某于外姑王氏处纳采娶妻㉘,非越礼私诱也,家人大小皆熟知之。"王氏既殁,无所明㉙,遂讼于官。公断王家先下财礼,合归王家。金吾子常悦慕表妹,亦不怨前横也㉚。

经数年,轻红竟洁己处焉㉛。金吾又亡,移其宅于崇义里㉜。崔氏不乐事外兄,乃使轻红访柳生所在,时柳生尚居金城里。崔氏又使轻红与柳生为期㉝,兼

下 编 第六章 温庭筠的小说　　455

赍看圃竖㉞，令积粪堆与宅垣齐㉟，崔氏女遂与轻红蹑之㊱，同诣柳生。柳生惊喜，又不出城，只迁群贤里㊲。后本夫终寻崔氏女㊳，知群贤里住，复兴讼夺之。王生情深，崔氏万途求免㊴，托以体孕，又不责而纳焉㊵。柳生长流江陵㊶，二年，崔氏女与轻红相继而殁。王生送丧，哀恸之礼至矣。轻红亦葬于崔氏坟侧。

柳生江陵闲居，春二月，繁花满庭，追念崔氏女，凝想形影，且不知存亡。忽闻扣门甚急，俄见轻红抱妆奁而进，乃曰："小娘子且至。"闻似车马之声，比崔氏女入门㊷，更无他见。柳生与崔氏女叙契阔㊸，悲欢之甚。问其由，则曰："某已与王生诀㊹，自此可以同穴矣㊺。人生意专，必果夙愿。"因言曰："某少习乐，箜篌中颇有功㊻。"柳生即时买箜篌，调弄绝妙。二年间，可谓尽平生矣㊼。

无何，王生旧使苍头过柳生之门㊽，见轻红，惊，不知其然。又疑人有相似者，未敢遽言。问闾里㊾，又云流人柳参军，弥怪，更伺之㊿。轻红亦知是王生家人(51)，因具言于柳生，匿之。王生苍头却还城，具以其事言于王生。王生闻之，命驾千里而来(52)。既至柳生之门，于隙窥之(53)，正见柳生坦腹于临轩榻上(54)，崔氏女新妆，轻红捧镜于其侧。崔氏匀铅黄未竟(55)，王生门外极叫(56)，轻红镜坠地，有声如磬(57)。崔氏与王生无憾，遂入(58)。柳生惊，亦待如宾礼。俄又失崔氏所在。柳生与王生从容言事，二人相看不喻(59)，大异之。相与造长安(60)，发崔氏所葬验之，即江陵所施铅黄如新，衣服肌肉，且无损败，轻红亦然。柳与王相誓，却葬之(61)，二人入终南山访道(62)，遂不返焉。

［注释］

①录自谈恺刻本《太平广记》卷三四二引《乾𦠆子》。华州，唐关内道州名，上辅，今陕西省渭南市华州区。上州有司功、司仓、司户、司田、司兵、司法、司士诸曹参军事各一人，皆从七品下。②上巳日，节日名。汉以前以农历三月上旬巳日为"上巳"，魏、晋以后，定为三月三日，不必取巳日。《后汉书·礼仪志上》："是月上巳，官民皆絜于东流水上，曰洗濯祓除去宿垢疢为大絜。"③曲江，

即曲江池。在唐长安城东南隅。秦为宜春苑,汉为乐游原,有河水水流曲折,故称曲水。隋文帝以"曲"名不正,改名为芙蓉园,唐复名曲江。康骈《剧谈录》:"曲江,开元中疏凿为胜境。其南有紫云楼、芙蓉苑,其西有杏园、慈恩寺。花卉环周,烟水明媚。都人游赏,盛于中和上巳之节。"④饰以金碧,用黄金、碧玉为饰。《后汉书·乌桓传》:"妇人至嫁时乃养发,分为髻,著句决,饰以金碧。"⑤掺,女子手纤美貌。《诗·魏风·葛屦》:"掺掺女手,可以缝裳。"毛传:"掺掺,犹纤纤也。"《方言》:"掺,细也。"掺手如玉,形容女子手纤细洁白。⑥指画,用手指示意。芙蕖,荷花的别名。按:三月三日上巳节时荷花尚未开,此或是初生之菡萏,即荷花的花苞。⑦永崇里,唐长安里坊名。在朱雀大街东第三街第五坊。⑧访其姓,原作"知其大姓",据沈氏钞本《太平广记》改。⑨青衣,婢女。⑩执金吾,负责皇帝大臣警卫、仪仗及徼巡京师、掌管治安的武职官员。汉有执金吾,唐有左右金吾卫将军。王,金吾卫将军之姓。候,拜访、探望。⑪纳,纳币。古代婚礼六礼之一。纳吉之后,择日具书,送聘礼至女家,女家受物复书,婚姻乃定。《春秋·庄公二十二年》:"冬,公如齐纳币。"相当于送财礼下定。后文云"王家先下财礼",即此句所谓"纳"。⑫崔氏,即崔氏女。不乐,不愿意。⑬外兄,即金吾卫将军王某之子,与崔氏女为姑表兄妹。终恐不生全,意即终竟不能活着两全。⑭荐福寺,即大荐福寺,长安名刹,在长安开化坊。原为隋炀帝在藩旧宅,武后时改为寺,名献福寺。后改名荐福寺。见《唐会要》卷四十八。道省,荐福寺僧名。达意,传达崔氏女及其母之意。⑮诱,惑。非"引诱"之义,视下文轻红之言自知。⑯粗,粗劣。⑰小娘子,指崔氏女。⑱岁寒,《论语·子罕》:"岁寒,然后知松柏之后凋也。"比喻忠贞不贰的节操品行。⑲足下事,指柳生悦轻红之事。白,告。⑳谢不敏然,(表现出)为自己的不才而道歉的样子。不敏,不才。《左传·襄公三十一年》:"(赵文子)使士文伯谢不敏焉。"㉑就礼事,指举行婚礼。㉒期内,指王氏提出的"两三日"期限。㉓挈,携。金城里,长安里坊名。在西市北第二坊。㉔孤弱,指年幼而丧父,孤单微弱。㉕任,指执金吾将军王某之子。不待礼会,没有等到六礼齐备。古代在确立婚姻过程中有六礼,即纳彩、问名、纳吉、纳征、请期、亲迎。王某只行了纳彩之礼,故云"不待礼会"。会,犹聚、齐。㉖笞,鞭打。㉗捕访,搜寻。㉘外姑,岳母。《尔雅·释亲》:"妻之父为外舅,母曰外姑。言妻从外来,谓至己家为归,故反以此义称之。"李商隐有《为外姑陇西郡君祭张氏女文》,外姑即指其岳母。纳采,即上文所云"自备数百千财礼"。㉙无所明,没有证明系纳采娶妻,非越礼私诱的人。㉚横,枉,冤屈。指王氏谓其女为"侄不待礼会,强窃女去"之事。㉛洁己,洁身自处,行为端谨。㉜崇义里,长安里坊名,在朱雀大街东第二街第二坊。㉝为期,约定日期。㉞贵,赠。看园竖,看园子的仆人。㉟句意谓让他堆积粪(秽土)堆跟房宅的围墙一样高。㊱蹑,登。㊲群贤里,长安里坊名。在朱雀大街西第五街第一坊,系长安外城最靠西的一条街的最北一坊,靠近金光门,故云"又不出城"。㊳本夫,指王氏子。因其由官府判决崔氏女合归王家,故云。㊴万途,想尽各种办法。求免,哀求获免。㊵纳,指接纳其为妻。㊶长流,远途流放。长安至江陵一千七百三十里。㊷比,等到。㊸契阔,久别。㊹诀,断绝(夫妻关系)。㊺《诗·王风·大车》:"穀则异室,死则同穴。谓予不信,有如皦日!"同穴,指夫妻合葬。形容夫妇相爱之坚。此谓可以生死相守。㊻箜篌,古代拨弦乐器,有竖式和卧式两种。《史记·孝武本纪》:"祷祠泰一、后土,始用乐舞,益召歌儿,作二十五弦及箜篌瑟自此始。"裴骃集解引徐广曰:"应劭云:武帝令乐人侯调始造箜篌。"《旧唐书·音乐志》:"卧箜篌似瑟而小,七弦,用拨弹之……竖箜篌汉灵帝好之,体曲而长,二十有二(一作'三')弦,竖抱于怀,用两手齐奏。俗谓之擘箜篌。"㊼尽平生,尽平生之愿望。㊽苍头,奴仆。《汉书·鲍宣传》:"苍头庐儿皆用致富。"颜师古注引孟康曰:"汉名奴为苍头,非纯黑,以别于良人也。"㊾闾里,犹街坊邻居。㊿伺,窥探。㉑家人,指奴仆。㉒命驾,命人驾车马,谓立即动身。《左传·哀公十一年》:"退,命驾而行。"《世说新语·简傲》:"嵇康与吕安善,每一相思,千里命驾。"㉓隙,指门缝。㉔坦腹,舒身仰卧,袒露胸腹。临轩，临窗。(55)铅黄，妇女的化妆用品铅粉与雌黄。未竟，未毕。(56)极叫，竭力叫喊。(57)磬，古代打击乐器，状如曲尺，用玉、石或金属制成，悬于架上，击之而鸣。此处形容铜镜坠地之声清脆如同击磬之声。(58)遂入，指王生进入门内。(59)不喻，不明白，不解其故。(60)造，到达。(61)却，还，再。(62)终南山，秦岭主峰之一，在唐京城长安南。

［讲解］

本篇是《乾𦠆子》中篇幅较长、情节完整曲折的爱情传奇小说。题为《华州参军》，其实真正的主角是崔氏女，柳生和王生都是配角。她上巳出游，邂逅柳生而生情，立志非柳生不嫁，一次拒舅氏之婚，两次私奔柳生，都是她采取主动。“人生意专，必果夙愿”，生亦私奔，死亦私奔，真可谓噙住一点真情不放，生生死死，必求不负所愿。这种为追求爱情婚姻的自主与幸福，不顾传统封建礼教的约束，不顾舅父的威势，不顾官府的判决，无视柳生后来的流人身份的行为和精神，表现得非常热烈、大胆、执着，体现出唐代那个较为开放的时代特有的色彩。较之元代剧作家白朴根据白居易《井底引银瓶》改编的《墙头马上》中的女主人公李千金，可以说毫不逊色。在古代爱情小说的女子形象中，崔氏女是一个很有亮色的形象。这种专一执着大胆热烈地追求真挚爱情的精神，不但感动了柳生，也感化了两次将她夺回的王生。因此故事的最后结局是两位各怀夺妻之恨的情敌竟然化为情友，因崔氏女而相携入终南山访道。真挚的爱情不但可以突破幽明的界限，使人鬼同享爱情生活的幸福，而且可以因为同爱一位有着真挚感情的女子而化情敌为情友。这样的思想意蕴无疑具有强烈的民主性和反世俗化色彩。它和一些三角恋爱故事经常将有权势的一方处理成强娶豪夺的坏人不同，小说中处处突出王生对崔氏女的“悦慕”和真情，叙写他对崔氏女的宽容。实际上这种艺术处理更显示出了崔氏女对爱情的执着与其对王生的内在而长久的吸引力。这是反公式化的。

小说的情节相当曲折,一些场景描写也颇富文采和意境,如开篇写柳生和崔氏女的曲江邂逅:

> 上巳日,曲江见一车子,饰以金碧,半立浅水之中。后帘徐褰,见掺手如玉,指画令摘芙蕖。女之容色绝代,斜睨柳生良久。柳生鞭马从之,即见车子入永崇里。

寥寥数语,情景如画。不但将崔氏女的明艳描绘得栩栩如生,且将青年男女萌生的爱情置于美好的氛围之中,具有诗的意境与情韵。结尾处写三人相见的场景也非常真切生动。柳、王二生返长安发崔氏女墓葬,"即江陵所施铅黄如新",以实证幻,亦见匠心。程毅中指出:"《华州参军》的情节结构在宋元话本《碾玉观音》里可以看到它明显的影响,它无疑是《乾𦠆子》中最杰出的作品。"(《唐代小说史话》238页)

第七章　说温李之异与温许之异

第一节　说温李之异

温李并称

温、李并称,最初见于裴庭裕《东观奏记》下卷:"庭筠字飞卿,彦博之裔孙也,词赋诗篇冠绝一时,与李商隐齐名。"提到其"词赋诗篇"的各方面文学创作,则温、李"齐名"之称似应是包括了二人文学创作的诸方面的。但其后《旧唐书·文苑传·李商隐》的温、李、段齐名之说,却仅专指骈文一体:"商隐能为古文,不喜偶对,从事令狐楚幕,楚能章奏,遂以其道授商隐,自是始为今体章奏。博闻强记,下笔不能自休,尤善为诔奠之辞,与太原温庭筠、南郡段成式齐名,时号'三十六'①。文思清丽,庭筠过之。"《新唐书·文艺传·李商隐》则将"三十六"改为"三十六体"。无论是用以指人的"三十六",或用以指文章体派的"三十六体",温、李、段之并称均专指其骈文写作。《新唐书·文艺传序》总论诗歌创作时只说:"言诗则杜甫、李白、元稹、白居易、刘禹锡,谲怪则李贺、杜牧、李商隐。"而不及温庭筠。而五代末孙光宪《北梦琐言》卷四虽也提到温、李齐名,但所指却比较含混:

---

① "三十六"或为"三才子"之讹,已见前注。

> 温庭云字飞卿,或作"筠"字,旧名岐,与李商隐齐名,时号"温李"。才思艳丽,工于小赋……李义山谓曰:"近得一联,句云:'远比召公,三十六年宰辅',未得偶句。"温曰:"何不云:'近同郭令,二十四考中书。'"……宣宗爱唱《菩萨蛮》词,令狐相国假其新撰密进之……杜悰公自西川除淮海,温庭云诣韦曲杜氏林亭,留诗曰:"卓氏垆前金线柳,隋家堤畔锦帆风。贪为两地行霖雨,不问池莲照水红。"悰公闻之,遗绢一千匹。

对"与李商隐齐名,时号'温李'"的说法未作解释,但下面提到温的小赋、对偶之文、词、诗的创作,似与《东观奏记》同样,是兼指二人文学创作诸方面的成就而有此"齐名""并称"之说的。看来,在晚唐五代,温、李并称之说有广、狭两种含义:广义之并称兼包其整个文学创作,狭义之并称则专指其骈文。

但到北宋后期,范温的《潜溪诗眼》已指出:"义山诗世人但称其巧丽,至与温庭筠齐名,盖俗学只见其皮肤,其高情远意皆不识也。"说明当时人的温李齐名之称着眼于二人诗歌的巧丽。这可能是因为经过北宋诗文改革和古文运动,骈文已不再为文学家所看重,而李商隐又没有填过词,与温庭筠不具有可比性,剩下唯一可比的只有诗歌创作,而二人在这方面又确有相似点。此后,至南宋,温、李并称也专指诗歌创作,如刘克庄《后村诗话》新集卷四云:

> 温庭筠与李商隐同时齐名,时号温李。二人记览精博,才思横溢。其艳丽者类徐、庾,其切近者类姚、贾。李义山之作,尤锻炼精粹,探幽索微,不可草草看过。世传飞卿傲妇翁,亦可见其不羁。

对温、李诗歌创作风格相似之点"艳丽"与"切近"作出了说明。自此以后,凡言温、李并称者多指其诗,《旧唐书》所说的温、李、段在骈文方面的齐名并称已很少再有人提及了。

明、清两代,言温、李并称者甚多,均就其诗而言。以下各举较有代表性的一例:

明胡震亨《唐音癸签》卷二十五:"温、李诗皆轻艳,李集中情诗尤多。"又曰:"温飞卿(庭筠)与义山齐名,诗体丽密概同,笔径较独酣捷。七言乐府,似学长吉,第局脉紧慢稍殊,彼愁思之言促,此淫思之言纵也。"

清沈德潜《说诗晬语》卷上:"温、李擅长,固在属对精工。然或工而无意,譬之剪采为花,全无生意,弗尚也。义山'此日六军同驻马,当时七夕笑牵牛',飞卿'回日楼台非甲帐,去时冠剑是丁年',对句用逆挽法,诗中得此一联,便化板滞为跳脱。"

还有许多学者论及温、李之同异及高下时,尽管对他们二人有所轩轾(多为抑温而扬李),但大都不离风格浓艳与属对精工这两方面,尤以风格之浓丽谈得最多。今之中国文学史亦多将晚唐前期以李商隐、温庭筠为代表的诗风称之为绮丽诗风。所指之范围已完全限定在诗歌创作。

温、李并称从最初的专指骈文写作到后来的专指诗歌创作,这一演变过程当与骈文在晚唐李、温、段三人的创作中复炽有关,更与宋以后骈文的衰歇有关。

古代诗文评中的"并称"之说,通常有以下几种含义:一是两位或几位同时或异时的作家,在当时或在历史上齐名。二是指他们的艺术风格有共同性。三是指他们构成(或客观上成为)一种创作流派。这几种含义之间自然有一定联系。在唐代,真正以某种创作宗旨或风尚相标榜而有意识地结成的流派,可以说还未曾出现,即使中唐的白居易、元稹等人,也不完全具备现代意义上的文学流派的性质。对于我们来说,我认为更重要的是从温、李并称这个历史地形成的概念中认真地揭示其实际内涵,特别是通过客观的比较,指出并称的作家各自的创作个性、创作风格。也就是说,着重从同中之异这个方面来研究温、李各自的特色。

春与秋

我在1988年写的一篇题为《李义山诗与唐宋婉约词》的文章中曾说：

> 表现感伤情调和感伤美，这是义山诗贯串一切的审美特征，既纵贯其创作历程，又横贯其一切题材、体裁的诗歌。他以"刻意伤春复伤别"推许杜牧，实际上在晚唐主流派诗人中，最能体现"伤春伤别"特征的正是他自己。小杜生性豪迈俊爽，诗中每逸出一股豪宕奇峭之气，多少冲淡了因时代与身世而引起的感伤；有时他以旷达来淡化伤感，像"尘世难逢开口笑，菊花须插满头归。但将酩酊酬佳节，不用登临恨落晖"即是显例。而温庭筠的诗却很少流露伤春悲秋意绪，相反却往往充溢着一种春天的色彩与情调。像"裂管萦弦共繁曲，芳樽细浪倾春醑"（《夜宴谣》），"晴碧烟滋重叠山，罗屏半掩桃花月"（《郭处士击瓯歌》），"参差绿蒲短，摇艳云塘满。红敛荡融融，莺翁鹨鹅暖"（《黄昙子歌》），"桥上衣多抱彩云，金鳞不动春塘满"（《照影曲》），"锦雉双飞梅结子，平春远绿窗中起"（《吴苑行》），以浓墨重彩描绘春色之美、游冶之盛，与义山诗之充满伤春悲秋意绪显然异趣。前人多谓温诗侧艳，当与这类描写之多有关。

在《李商隐与宋玉——兼论中国文学史上的感伤主义传统》一文中又说：

> 这种以个人身世之感为核心的摇落之悲，更深深地渗透在李商隐各个时期、各种题材和体裁的作品中，成为他的诗歌创作以及一部分与他个人悲剧身世有关的骈文书启、祭文的基调。我们不但可以从他的《摇落》这种从题目到内容、语言都渊源于《九辩》的作品中看出二者之间的亲缘关系，更可以从渗透在李商隐许多诗作中那股浓重的萧瑟秋气和悲秋意蕴，看出

他们之间一脉相承的关系。像下面这些最明显的例证:"秋池不自冷,风叶共成喧"(《雨》),"秋应为黄叶,雨不厌青苔"(《寄裴衡》),"秋阴不散霜飞晚,留得枯荷听雨声"(《宿骆氏亭寄怀崔雍崔衮》),"秋风动地黄云暮,归去嵩阳寻旧师"(《东还》),"欲问孤鸿向何处,不知身世自悠悠"(《夕阳楼》),"露如微霰下前池,风过回塘万竹悲。人世本来多聚散,红蕖何事亦离披"(《七月二十九日崇让宅宴作》),"黄陵别后春涛隔,湓浦书来秋雨翻"(《哭刘蕡》),"四海秋风阔,千岩暮景迟"(《陆发荆南始至商洛》),"君问归期未有期,巴山夜雨涨秋池"(《夜雨寄北》),"秋霖腹疾俱难遣,万里西风夜正长"(《王十二兄与畏之员外相访见招小饮》),"黄叶仍风雨,青楼自管弦"(《风雨》),"阶下青苔与红树,雨中寥落月中愁"(《端居》)。无论是平居宴饮、行旅羁泊,还是伤悼故交、怀念亲友,几乎随时随地都会触发悲秋的意绪。至于他的咏物诗,就更充满了萧瑟的秋声秋气,诸如:"如何肯到清秋日,已带斜阳又带蝉"(《柳》),"风露凄凄秋景繁,可怜荣落在朝昏"(《槿花》),"已悲节物同寒雁,忍委芳心与暮蝉"(《野菊》),"一树浓姿独看来,秋庭暮雨类轻埃。……天涯地角同荣谢,岂要移根上苑栽"(《临发崇让宅紫薇》),"五更疏欲断,一树碧无情"(《蝉》)。这种悲秋意绪,作为一种人生体验,已经深入骨髓,成为一种性情,使他时时处处习惯于用悲秋的眼光与心态去感受自然、社会、人生,因而感到无往而不带秋意,甚至连盛夏的丛芦之声在他听来也是"清声不逐行人去,一世荒城伴夜砧"(《出关宿盘豆馆对丛芦有感》)。总之,宋玉与李商隐的"悲秋",都是衰颓时世失意文士凄寒伤感心态的一种典型表现。

对李商隐的"悲秋"心态及其作品中渗透的"悲秋"意绪、伤感情调,多数读者可能并不陌生。但对温庭筠喜欢写春天,擅长写春天,历代评家及今天的研读者似乎很少注意到这一点。因此有必要就此作进一步的展示和论述,以充分揭示温、李之异的一个重要方面。

  首先,是温庭筠的诗中以春天为背景或以春天景物为描写对象的数量很多,而以秋天为背景或描写对象的则很少。如他的七十一首乐府诗中,以春天为背景或描写对象的有《鸡鸣埭曲》、《夜宴谣》、《郭处士击瓯歌》、《晓仙谣》、《锦城曲》、《生禖屏风歌》、《嘲春风》、《舞衣曲》、《张静婉采莲曲》、《湘宫人歌》、《觱篥歌》、《照影曲》、《太液池歌》、《雉场歌》、《雍台歌》、《吴苑行》、《常林欢歌》、《湖阴词》、《蒋侯神歌》、《汉皇迎春词》、《兰塘词》、《晚归曲》、《故城曲》、《谢公墅歌》、《春洲曲》、《走马楼三更曲》、《达摩支曲》、《阳春曲》、《东郊行》、《东峰歌》、《会昌丙寅丰岁歌》、《碌碌古词》、《春野行》、《醉歌》、《钱塘曲》(一作《堂堂曲》)、《惜春词》、《春愁曲》、《苏小小歌》、《春江花月夜词》、《春晓曲》、《猎骑辞》、《烧歌》、《敕勒歌塞北》、《邯郸郭公词》、《西岭道士茶歌》、《杨柳枝八首》等,共五十六首,占总数七十一首的九分之七强。乐府是温庭筠用力很勤的体制,如此大比例以春天为背景乃至直接描写对象,充分说明他对春天的景物情事有特殊爱好。如果再扩大到他的全部诗作,则数量更多。不一一罗列。

  其次,是温庭筠写闺情或其他身份女子的情思的词也大都以春天景物为背景,春景的描写在词一体中占相当大的比重。十四首《菩萨蛮》,十三首以春天为背景;六首《更漏子》,五首以春天为背景;四首《酒泉子》,全以春天为背景;《杨柳枝八首》,亦全以春天为背景。于此可见一斑。温庭筠是词的类型风格的奠定者,这主要是指其香艳的内容和绮丽的风格,整个花间词在这方面深受其影响。但词的伤春悲秋传统却不是(或主要不是)由温庭筠奠定的。温词也写相思离别和女子的伤春意绪,但他的词中充溢、渗透的主要不是悲怨的情绪、悲秋的音调,而是主要抒写女子在美好的春天景物、环境中的相思离别之情,情感虽缠绵却不悱恻,虽真挚却不悲怨。十四首《菩萨蛮》十三首以春天为背景,绝非偶然,这起码说明作者对春天景物的偏爱和借春景抒情方面的擅长。否则不会出现这种高度一致的情况。六十八首温词中,以春为背景的共五十四首,约占五分之四,与乐府诗的比例相近。词是最能代表温庭筠创作成就的文学样式,这个统计更能彰显其特点。

更重要的是,庭筠诗词中对春天景物的描绘并不是作为否定性形象出现,对它抱着反感、憎厌、否定态度的,而是作为自然界中美好事物,对它抱着欣赏的态度。李商隐诗中的秋景,也有很强的美感,但流露的感情毕竟是凄悲的。而庭筠诗词中的春景,虽也常成为女主人公离别相思之情的触媒,但对景物本身还是欣赏流连的。为了说明问题,不妨列举其诗词中一系列描绘春景的名句名联。先看词:

江上柳如烟,雁飞残月天。

心事竟谁知?月明花满枝。

池上海棠梨,雨晴红满枝。

杏花含露团香雪,绿杨陌上多离别。

花落子规啼,绿窗残梦迷。

画楼相望久,楼外垂丝柳。

牡丹花谢莺声歇,绿杨满院中庭月。

满宫明月梨花白,故人万里关山隔。

杨柳又如丝,驿桥春雨时。画楼音信断,芳草江南岸。

雨后却斜阳,杏花零落香。

春水渡溪桥,凭栏魂欲消。

柳丝长,春雨细,花外漏声迢递。

兰露重,柳风斜,满庭堆落花。

堤柳动,岛烟昏,两行征雁分。

故乡春,烟霭隔,背兰釭。

月孤明,风又起,杏花稀。

绿阴浓,芳草歇,柳花狂。

宜春苑外最长条,闲袅春风伴舞腰。
正是玉人肠断处,一渠春水赤阑桥。

馆娃宫外邺城西,远映征帆近拂堤。
系得王孙归意切,不关春草绿萋萋。

何处杜鹃啼不歇,艳红开尽如血。

水村江浦过风雷,楚山如画烟开。

海棠花谢也,雨霏霏。

山月不知心里事,水风空落眼前花,摇曳碧云斜。

过尽千帆皆不是,斜晖脉脉水悠悠,肠断白蘋洲。

万枝香雪开已遍,细雨双燕。

画楼离恨锦屏空,杏花红。

再看其诗中写春天的丽句俊语(前已列举者不重复):

红妆万户镜中春,碧树一声天下晓。

宁知《玉树后庭曲》,留待野棠如雪枝。

高楼客散杏花多。

莫沾香梦绿杨丝,千里春风正无力。

玉妃唤月归海宫,月色澹白涵春空。

银河欲转星靥靥,碧浪叠山埋早红。

江风吹巧剪霞绡,花上千枝杜鹃血。

满楼明月梨花白。

池塘芳草湿,夜半东风起。

桃花百媚如欲语,曾为无双今两身。

平碧浅春生绿塘,云容雨态连春苍。

麦陇桑阴小山晚,六虬归去凝笳远。
城头却望几含情,青亩春芜连石苑。

锦雉双飞梅结子,平春远绿窗中起。
吴江澹画水连空,三尺屏风隔千里。

宜城酒熟花覆桥,沙晴绿鸭鸣咬咬。
秋桑绕舍麦如尾,幽轧鸣机双燕巢。
马声特特荆门道,蛮水扬光色如草。

吴波不动楚山晚,花压阑干春昼长。

湘烟刷翠湘山斜。

豹尾竿前赵飞燕,柳风吹尽眉间黄。

小姑归晚红妆浅,镜里芙蓉照水鲜。

格格水禽飞带波,孤光斜起夕阳多。
湖西山浅似相笑,菱刺惹衣攒黛蛾。

莲塘艇子归不归,柳暗桑秾闻布谷。

雉声何角角,麦秀桑阴闲。游丝荡平绿,明灭时相续。

门外平桥连柳堤,归来晚树黄莺啼。

万古春归梦不归,邺城风雨连天草。

锦砾潺湲玉谿水,晓来微雨藤花紫。

风如吹烟,日如渥赭。

草浅浅,春如剪。

树色深含台榭情,莺声巧作烟花主。

钱塘岸上春如织,森森寒潮带晴色。

淮南游客马连嘶，碧草迷人归不得。

百舌问花花不语，低回似恨横塘雨。

觉后梨花委平绿，春风和雨吹池塘。

吴宫女儿腰似束，家在钱唐小江曲。
一自檀郎逐便风，门前年年春水绿。

后主荒宫有晓莺，飞来只隔西江水。

笼中娇鸟暖犹睡，帘外落花闲不扫。
衰桃一树近前池，似惜红颜镜中老。

豆苗虫促促，篱上花当屋……新年春雨晴，处处赛神声。

微红奈蒂惹蜂粉，洁白芹芽入燕泥。

柳岸杏花稀，梅梁乳燕飞。

淅沥湘风外，红轮映曙霞。

蝶翎朝粉尽，鸦背夕阳多。

柳占三春色，莺啭百鸟声。

别路青青柳弱,前溪漠漠苔生。
和风澹荡归客,落月殷勤早莺。

碧天如镜月如钩,泛滟苍茫送客愁。
夜泪潜生《竹枝曲》,春潮遥上木兰舟。

浓阴似帐红薇晚,细雨如烟碧草新。

彩索平时墙婉娩,轻球落处晚寥梢。

檐前柳色分张绿,窗外花枝借助香。

侵帘片白摇翻影,落镜愁红写倒枝。

红垂果蒂樱桃重,黄染花丛蝶粉轻。

野船着岸偎春草,水鸟带波飞夕阳。

春服照尘连草色,夜船闻雨滴芦花。

镜中有浪动菱蔓,陌上无风飘柳花。

万象晓归仁寿镜,百花春隔景阳钟。

夜闻猛雨判花尽,寒恋重衾觉梦多。
钓渚别来应更好,春风还为起微波。

窗间桃蕊宿妆在,雨后牡丹春睡浓。

丝飘弱柳平桥晚,雪点寒梅小院春。

弱柳千条杏一枝,半含春雨半垂丝。

千门九陌花如雪,飞过宫墙两自知。

春风几许伤情事,碧草侵阶粉蝶飞。

愁肠断处春何限,病眼开时月正圆。
花若有情还怅望,水应无事莫潺湲。

人事转新花烂熳,客程依旧水潺湲。

红珠斗帐樱桃熟,金尾屏风孔雀闲。
云髻几迷芳草蝶,额黄无限夕阳山。

三春月照千山道,十日花开一夜风。
知有杏园无路入,马前惆怅满枝红。

一院落花无客醉,五更残月有莺啼。

杏花落尽不归去,江上东风吹柳丝。

九重细雨惹春色,轻染龙池杨柳烟。

绝似洞庭春水色,晚云将入岳阳天。

西州城外花千树,尽是羊昙醉后春。

还似昔年残梦里,透帘斜月独闻莺。

槿篱芳援近樵家,垄麦青青一径斜。
寂寞游人寒食后,夜来风雨送梨花。

他日隐居无访处,碧桃花发水纵横。

气和春不觉,烟暖霁难收。

槲叶晓迷路,枳花春满庭。

晓峰眉上色,春水脸前波。

宿雨香潜润,春流水暗通。

雀声花外暝,客思柳边春。

醉后楚山梦,觉来春鸟声。

凫雁野塘水,牛羊春草烟。

月落子规歇,满庭山杏花。

衣湿术花雨,语成松岭烟。

鸡声茅店月,人迹板桥霜。槲叶落山路,枳花明驿墙。

野梅江上晚,堤柳雨中春。

隋堤杨柳烟,孤棹正悠然……鱼盐桥上市,灯火雨中船。

草堂疏磬断,江寺故人稀。唯忆湘南雨,春风独鸟归。

持颐望平绿,万景集所思。南塘过新雨,百草生容姿。

日丽九门青锁闼,雨余双阙翠微峰。

吴苑夕阳明古堞,越宫春草上高台。

残芳苒苒双飞蝶,晓睡朦胧百啭莺。

早梅犹得回歌扇,春水还应理钓丝。

独有袁宏正憔悴,一樽惆怅落花时。

绿杨阴里千家月,红藕香中万点珠。

一双青琐燕,千万绿杨丝。

沃田桑叶晚,平野菜花春。更想严家濑,微风荡白蘋。

桑浓蚕卧晚,麦秀雉声春。

晚风杨叶社,寒食杏花村。

已落犹开横晚翠,似无如有带朝红。

之所以不惮烦琐,罗列温庭筠诗词中大量以春天为背景或描写对象的丽句俊语,正是为了强调,温氏是历代诗人词家中最喜爱也最擅长写春天景物的,这和同时代的李商隐擅长写秋色、表现悲秋意绪正形成鲜明对照。

温、李在这一点上的鲜明区别,自然首先缘于二人各自独特的审美个性和情趣。但如对这一现象作进一步的思考,这种独特的审美个性和情趣可能与他们各自对时代、对人生的看法有着某种联系。

悲观与乐观

在晚唐诗人中,李商隐是对时代、对人生抱有强烈悲观看法与态度的。早在开成元年春天,当那场"流血千门"的甘露之变刚过去不久,他在《曲江》诗中就对唐王朝的衰颓命运发出深沉的悲慨:

> 望断平时翠辇过,空闻子夜鬼悲歌。
> 金舆不返倾城色,玉殿犹分下苑波。
> 死忆华亭闻唳鹤,老忧王室泣铜驼。
> 天荒地变心虽折,若比伤春意未多。

诗以事变前君王后妃游赏曲江的盛况反托乱后曲江的荒凉萧森。"子夜鬼悲歌"并非泛泛形容,而是隐寓甘露事变中朝臣惨遭杀戮的情事,即《有感二首》"鬼箓分朝部""谁瞑衔冤目"及《重有感》"昼号夜哭兼幽显"之谓。三、四"不返""犹分"对照,其中蕴含升平不复的深沉感慨,"伤春"之意已隐寓其中。五句借陆机为宦者所谮害喻事变中宦官诬杀朝臣,上承"鬼悲歌",下启"天荒地变"。六句借索靖预感天下将乱,有荆棘铜驼之悲,抒写自己忧虑国家命运的深沉感慨,上承"望断",下启"伤春"。末联总收,作推进一层之语,谓此"天荒地变"之巨大惨剧本已令人心摧,而事变所显示的国运衰颓、王室铜驼的趋势则更令人忧伤。所谓"伤春",在这首诗中就是寓指对唐王朝衰颓前景、趋势的深沉忧伤。[①] 这说明,透过不久前发生的这场大变故、大惨剧,诗人已经敏锐地感受到了唐王朝难以挽回的颓势。而在写这首诗的第二年冬天,他又创作了总结唐代开国二百余年来兴衰治乱的一代史诗《行次西郊作一百韵》。全诗纲举目张,纵横交织,反映了唐王朝二百余年来的政治历史和它在由盛而乱而衰的过程中出现的各种矛盾和不可避免地走向衰亡的历史趋势。诗中充满了强烈的危机感,鲜明地体现出诗人的政治敏感。在离唐王朝的覆亡还有近七十年的时候,就能如此鲜明尖锐地将唐王朝积重难返的衰颓趋势和深重危机揭示出来,足见

---

① 杜甫广德二年春在蜀中阆州,有《伤春五首》,首章有"天下兵虽满,春光日自浓"之句,伤世感时,商隐"伤春"之语,可能取义于杜诗。

诗人的政治敏感和政治胆识,也表现出诗人对大唐帝国的命运怀有深刻的悲观情绪。对于人生的悲观态度,不仅在大和九年作的《夕阳楼》中已初露端倪,在开成三年春试宏博不取,至王茂元泾原幕所作的《回中牡丹为雨所败二首》中更有淋漓尽致的表现。诗借为雨所败的牡丹,象征自己遭受摧抑、"先期零落"的命运,悲慨自己"一年生意属流尘",甚至说"前溪舞罢君回顾,并觉今朝粉态新",透过一层,从将来回溯现在,将来的命运当更可悲。和将来委落成尘、随水流逝的结局相比,今天为雨所败的"粉态"还算有几分新艳。一个才二十六七岁的青年,仕途上遇到一点挫折,竟发如此不祥的悲音,对人生也实在过于悲观了。

和李商隐相比,温庭筠对时代、对人生的态度却显得积极、乐观得多。就一生遭遇之坎坷、结局之悲惨而言,温庭筠实际上远超过李商隐。李商隐二十六岁就登进士第,试宏博虽初试合格最终铨叙官职时被驳下,但第二年即释褐授官。在唐代文人中,无论是登进士第或是得官,总的来说都算是比较早的。而温庭筠不仅开成四年就遭到"等第罢举"的沉重打击,以致连续二年"不赴乡荐试有司",并因多种原因而"事迫离幽墅""行役议秦吴",离开长安赴吴中旧乡躲避政治风险。到大中年间,又四次应进士试不第,并因"搅扰场屋"罪贬隋县尉。咸通七年,更因榜国子监生员旧文之事贬方城尉,冤死于贬所。但我们看他的诗文创作,却从来没有对时代、对人生表现出悲观绝望态度,而是表现出积极进取精神与对将来的期待,这可以从以下几个方面来说明:

首先,他多次在诗中明白表露自己积极用世、不愿隐遁避世的情怀。不仅以此自励,而且以此励人。《郊居秋日有怀一二知己》云:"自笑谩怀经济策,不将心事许烟霞。"尽管目前闲居无事,但并不愿与烟霞为侣,隐遁避世。"自笑"中虽有失落与牢骚,也有自许与自信。《题西明寺僧院》说得更直白:"自知终有张华识,不向沧洲理钓丝。"相信自己的才能终会得到当朝显贵的赏识,绝不归隐沧洲,以渔钓终生。《山中与诸道友夜坐闻边防不宁因示同志》也表示:"韬钤岂足为经济,岩壑何尝是隐沦?心许故人知此意,古来知者竟谁人?"虽与道友同在山中习道,但心系边防形势、国家安危。特意表明自己虽身处岩壑而非隐沦之士,心许故人知己积极用世之意,并为能得此知己者而自喜。《和友人题壁》不但表明自己和友人一样,都有远大的志向,不愿标榜轻世,以之作为高标;而且表示要像范蠡那样,建不世之功方归隐江湖。"西州未有看棋暇,涧户何由得掩扉?"还未能像谢安那样决胜千里,从容破敌,哪能隐居涧户而深闭柴扉呢?隐然以谢安自许许人。在晚唐士人中,如此多次明白表现自己积极用世、建功立业情怀的少见。

其次,温庭筠对自己的怀才不遇虽深感不平甚至表现出愤激的情绪,像《蔡中郎坟》中所说的那样:"今日爱才非昔日,莫抛心力作词人。"但在诗中却从来没有表现出对时代的绝望悲观情绪。在《书怀百韵》这首因"等第罢举"而自抒坎坷困顿境遇的长诗中,尽管为自己"经济怀良画,行藏识远图"的抱负不能实现,为自己"有气冲牛斗,无人辨辘轳""积毁方销骨,微瑕惧掩瑜"的境遇而愤愤不平,但对当时整个政局、对唐王朝的命运却不像李商隐那样,怀着深沉的忧患感和强烈的危机感。相反,有时在诗中还明显流露出对当时政局的乐观看法。《长安春晚二首》云:

曲江春半日迟迟,正是王孙怅望时。
杏花落尽不归去,江上东风吹柳丝。

四方无事太平年,万象鲜明禁火前。
九重细雨惹春色,轻染龙池杨柳烟。

从"杏花"句看,此二首当是诗人参加科举考试落第后作。诗中不但很少流露怨望之情,而且直称"四方无事太平年,万象鲜明禁火前",对时代的太平景象流露出明显的欣赏甚至礼赞态度。"九重"二句,对皇帝雨露的滋润也表现出欣羡之情。诗的作年虽难详考（疑作于早年居吴中时），但可以肯定的是，诗人并不因自己落第而影响到对"四方无事太平年"的总体看法。这并不是说，他对唐王朝天宝后由盛转衰没有感慨，像《弹筝人》《华清宫二十二韵》《题翠微寺二十二韵》《鸿胪寺有开元中锡宴堂楼台池沼雅为胜绝荒凉遗址仅有存者偶成四十韵》等诗，就对大唐盛世怀着很深的追恋，表现了浓厚的盛衰之感。但对他当下所处的时代，并没有强烈的忧患感与危机感。在他的文章中，言及自己的遭遇与所处时代时，也总是说"至于有道之年，犹抱无辜之恨"，"康庄并轨，偏哭于穷途"，大有李白"大道如青天，我独不得出"之意。

最后，从温庭筠与李商隐的咏史诗中，也可看出他们对现实的不同看法与态度。李商隐的咏史诗，无论是以古鉴今、借古喻今还是托古讽今，都有或隐或显的现实针对性，从中折射出他对当代统治者的绝望情绪。而温庭筠的咏史诗却很少流露这种情绪。以其最著名的咏史诗《过陈琳墓》为例，诗中虽抒发了自己"霸才无主"、飘零不遇的感慨，但希望能遇到像曹操那样爱才的明主，以发挥自己的才能，故虽临风惆怅，却仍"欲将书剑学从军"，希望有所遇合，精神是积极的。

从以上几方面的对照来看，温庭筠对唐王朝当时面临的各种深刻复杂的矛盾和深重的危机是缺乏敏锐感受和清醒认识的。他的积极用世情怀，固与其家世、个性有关，也与他对时代的感受与认识比较表面有关。如果说，李商隐对现实的感受与认识是超前的悲观，那么温庭筠则有些盲目的乐观。指出这种明显的区别，是为了进一步说明上一节所详细论列的"春与秋"的鲜明对照中所蕴含的深层原因。当然，这并不是说，温庭筠喜爱并擅长写春天都可以归结到对时代的感受与认识上，而只是为温庭筠的文学创作的上述特征从一个侧面与角度提供一种或然的解释。一个人的审美情趣、审美个性既有与对时代的认识相关的一面，也有不相关的一面。即使相关，也不能因此忽视他大量写春天的诗词名联佳句本身有其独立的审美价值。

浓丽与清丽

历来的评论大都认为温、李的文学创作风格偏于浓丽。从总体上说，特别是和同时代非主流派的诗人相比，这个认识是大体正确的。但如细读他们的作品，并对其各种不同体裁的作品进行分析，就不难发现，他们的文学创作（包括诗词文）都既有浓丽的一面，也有清丽的一面，而且两人浓丽、清丽风格在各种体裁中的分布不尽相同。

就骈文而论，《旧唐书·文苑传·李商隐》谓："文思清丽，庭筠过之。"而《新唐书·文艺传·李商隐》则谓："商隐俪偶长短，而繁缛过之。"将两《唐书》李商隐传中关于温、李的不同评论联系在一起，似可得出这样的结论：李之骈文偏于繁缛，温之骈文偏于清丽。从温、李现存的骈文看，这个判断或许大体接近实际。因为，温庭筠的现存骈文，绝大部分均为自己或代人所拟祈求显宦汲引援助的书启，自抒困顿境遇的成分多。而商隐则长期在各地方镇幕府为幕僚，其所作多为代幕主所拟的表状启牒等公文，文辞之华美、典故之密丽方面的要求可能更甚于庭筠的自我陈情或代人陈情之作。但庭筠也有像《答段成式书七首》这种搜罗僻典、炫耀才学的繁缛之作，商隐也有一些代幕主拟的书启，文辞清丽，富于诗情，如同六朝小品，一些向显宦陈情之作，抒情色彩浓郁；诔奠哀祭之文，更情词优美，哀恻动人，均不以繁缛为特点，而以清丽见长。其《祭小侄女寄寄文》尤为骈文中的白描佳篇。故李、温之骈文虽大体上有繁缛、清丽之分，但并不能一概而论。

温、李的诗中，都有相当数量的追摹李贺诗风之作。温此类诗基本上都是七言古体或杂言体乐府，李则以七言古诗、乐府为主，间有杂言及五言。温、李的这一类长吉体诗，风格总体上都趋于浓艳。如李之《燕台诗四首》《无愁果有愁曲北齐歌》《七月二十八日与王郑二秀才听雨后梦作》《河阳诗》《河内诗》《日高》，温之《织锦词》《夜宴谣》《郭处士击瓯歌》《锦城曲》《舞衣曲》《张静婉采莲曲》《薏萸歌》《湖阴词》《汉皇迎春词》《春洲曲》《达摩支曲》《春江花月夜词》

等,均为突出之代表。比较而言,温之乐府不但数量多,其浓艳程度也超过李商隐,但其中有些篇章,由于汲取南朝民歌的表现手法,风格兼有清新明丽的成分,形成浓丽清丽相间的特色。而义山的长吉体诗浓艳者往往缺乏这种浓淡相间的特点,有的长吉体诗如《柳枝五首》虽不浓艳却又流于生涩。

温、李均以律诗擅场,尤以七律为其主要艺术成就所在,就整体看,温、李的七律似均可谓偏于浓丽一途。李之七律,镶嵌丽字,典故密集的现象尤为突出。但细加分析,李之七律,除典丽精工、浓艳华美如《锦瑟》、《重有感》、《曲江》、《富平少侯》、《隋宫》、《南朝》、《茂陵》、《泪》、《闻歌》、《牡丹》("锦帏初卷")、《马嵬》、《筹笔驿》、《井络》、《无题》("来是空言""飒飒东南")、《重过圣女祠》、《碧城三首》这种主流类型外,还有与此相对应的另一类型,即很少用典故和华丽的辞藻,多用白描和直接抒情,通体清新流丽的类型,像《二月二日》、《即日》("一岁林花")、《写意》、《七月二十九日崇让宅宴作》、《王十二兄与畏之员外相访见招小饮》、《无题》("相见时难")、《春雨》、《九日》等篇就是这种类型的突出代表。尽管这后一种类型的七律中,也有不少流传广远的精品,但由于人们对前一种典丽精工、浓艳华美型的七律印象特深,无形中将主要变成了唯一,很少注意到义山七律中有此一类清新流美、艺术成就同样很高的作品。

温之七律,亦有风格浓丽者,如《知道溪居别业》《和友人悼亡》《池塘七夕》《偶游》《经旧游》《休浣日西掖谒所知》《博山》《题西平王旧赐屏风》《马嵬驿》等首。但一则数量较少,二则佳篇不多,故浓丽之作实非温氏七律的主流类型。真正能代表其七律艺术特色与成就的是清丽流美的类型,像《开圣寺》《赠蜀将》《利州南渡》《郊居秋日有怀一二知己》《南湖》《寄湘阴阎少府乞钓轮子》《送陈嘏之侯官兼简李常侍》《溪上行》《春日偶作》《李羽处士故里》《过陈琳墓》《题崔公池亭旧游》《七夕》《春日将欲东归寄新及第苗绅先辈》《经李征君故居》《春日访李十四处士》《寄卢生》《盘石寺留别成公》《秋日旅舍寄李义山侍御》等。这些诗大都写得并不着力,而清词丽句,佳对天成,流丽俊爽,通体匀称。总之,从七律一体看,温、李二人虽均有浓丽、清丽两种类型,然李之主流类型为浓丽,清丽为辅;温则主流类型为清丽,浓丽为辅。

五律、七律二体,义山犹多浓丽者,而飞卿则多为清丽者。就整体而言,温或稍偏于清丽一途,李则以浓丽为主。

深厚与轻浅

温、李诗风的另一明显区别,是轻浅与深厚。李商隐性格内向,思致深刻幽微,诗歌内涵深沉厚重,或抒写对时代社会、国家命运的深刻思考,或抒写深沉厚重的历史、人生感慨,学杜诗之沉郁而自出机杼,给人的突出感受是其诗风的深沉厚重。无论是《重有感》《曲江》一类抒写对时事感受的政治抒情诗,还是《隋宫》《筹笔驿》一类借咏古抒慨的咏史诗,以及抒写人生感慨的《锦瑟》《乐游原》《嫦娥》等都具有这种包蕴深厚、感慨深沉的特点。

而温庭筠的诗风恰好与李商隐之深厚相对,即表现出明显的轻浅风格。前人论及温诗时,或言其"轻艳"(胡震亨《唐音癸签》卷二十五),或谓其如"飞絮轻扬"(陆时雍《诗镜总论》),或谓其"意浅体轻"(贺裳《载酒园诗话又编》),或谓其"轻浅造语"(吴乔《围炉诗话》卷三),总之是认为他的诗轻浅。轻,既指其诗歌思想感情内涵不够厚重,也指其诗歌风格之不够深沉凝重,显得有些轻飘。浅,既指其诗思想内容之浅,也指其诗歌风格之浅俗。但轻浅作为风格的评语,从美学风格类型上说,自可有此一格,不一定就是贬词。金圣叹评温庭筠的七律,常用"总是轻轻一手"来形容,亦指其风格之轻浅,体现这种风格而情韵不乏的诗以七律、五律为多,七绝亦间有之。像《开圣寺》:

路分溪石夹烟丛,十里萧萧古树风。
出寺马嘶秋色里,向陵鸦乱夕阳中。
竹间泉落山厨静,塔下僧归影殿空。

犹有南朝旧碑在，耻将兴废问休公。

诗写荆州开圣寺，从游赏沿路风景着笔，先寺外后寺内，一路写来，迤逦而下，清畅流美，轻浅不着力，尾联略抒感慨，意亦浅浅，与全篇风格统一。上节所举清丽型的七律，大都同时具有轻浅风格。轻浅与清丽，在他的有代表性的七律中，是有机地统一的。

温诗的轻浅风格，形成的原因很多，诸如其个性比较外向，思维比较敏捷，又有熟练的偶对技巧和捕捉、描绘景物特征的能力等等，当然，也与思致较为浮浅、内容较为单薄有关。总之，其长处、短处都体现在这一特点之中。

袁枚《随园诗话》卷四论诗之厚薄云："今人论诗，动言贵厚而贱薄。此亦耳食之言。不知宜厚宜薄，惟以妙为主。以两物论，狐貉贵厚，鲛绡贵薄；以一物论，刀背贵厚，刀锋贵薄。安见厚者定贵，薄者定贱耶？古人之诗，少陵似厚，太白似薄；义山似厚，飞卿似薄：俱为名家。"此论比较通达。一般情况下，就思想内容论，深厚与轻浅固有高下之分；但就艺术风格论，深厚与轻浅均各有特点，在百花齐放的园地中均可各占一席之地，不必轩轾。一首内容本比较轻浅的诗，只要抒写的是真感情、真境界，又能写得自然流丽，自有其美学价值，如要硬装深沉厚重，反失真实自然之趣。

并称的作家，人们往往习惯于注意其相同或相似之处。其实，其相异之点往往更见各自的创作个性与风格。对李、杜这种作品内容、风格迥然不同的作家，人们可能比较注意通过比较揭示其个性与风格特征；而对温、李这种风格同趋于绮丽，内容又多写风情的作家，人们往往注意其趋同的一面而忽略其迥不相同的一面。加强并称作家相异点的研究，对于深入揭示其创作个性、风格特征是有重要意义的。

第二节　说温许之异

从温李许杜的交往说起

晚唐前期四位著名的作家中,"温李""小李杜"常为评家并提。温、李之间,许、杜之间交往唱酬尤较密切。温、李均工诗擅骈文,温甚至以"弟兄"称李与自己的关系(温年长李十一岁)。李亦以庾信称温,且对温"昔叹逸销骨"之遭遇深表同情,这可能与他们在当时被目为"俱无持操,恃才诡激,为当途者所薄,名宦不进,坎壈终身"的遭际有关。小李杜为晚唐最杰出的诗人,刘熙载"深情绵邈""雄姿英发"的评语,已分别揭示出两人最主要的风格特征。义山对牧之尤为推重叹服。"刻意伤春复伤别,人间惟有杜司勋",赞杜亦复自道,可谓杜之真知音。许、杜诗歌高下有明显差别,整体风格亦异,但二人交往唱酬却相当频繁密切,罗时进教授已有专论比较其诗风异同(见《唐诗演进论》第八章。另,该书第七章《许浑诗在晚唐的典型意义》亦主要讨论许诗的诗格、句法及气体风貌)。温、杜之间,虽无唱酬之作,但大中六年(852),温曾上启时任中书舍人之杜牧,将杜比为张华、谢朓,突出其显宦与诗坛领袖身份,盖为七年春参加进士试投献诸显宦之启。四人之中,李许之间、温许之间,则未见任何交往唱酬之迹。但李许之生年相差二十四岁(许788、李812),几近一世,对义山而言,许无疑是前辈诗人。且义山登第前后,共十二次寄幕,时间长达二十年。其间仅大中二年十月至三年秋这段很短的时间二人同在长安,有交集之可能。但在同一时间,义山热情赞扬牧之,却无一语道及诗名早著之许浑,似不能单以年龄差距来解释,或许有更深层原因(下文将涉及)。至于温、许之间,则年龄只差一纪,完全可称同辈诗人。温在二十五岁之前,家居吴中苏州,会昌元年至三年,亦曾为避祸而东归吴中,后又返回长安。与许浑家居润州,历宦当涂、太平等地距离很近,完全有交集之条件,然两人诗文均无一语道及对方。这里不打算具体分析评论许、温各自的特点、成就和缺点(温、许诗已各有专书研究或专题论文,温李诗比较中亦涉及温诗特点),而是主要结合历代对许浑的评论,指出温、许在文学创作上走的是两条不同的路,并简要揭示其"异趋"的原因和实质。此不过是从另外一个角度来讨论这个问题。

从儒家诗论人品和诗品的关系来考量,许、温两人都是远祖显贵、末绪衰落的文士,都是对功名事业有所追求,对国事乃至百姓疾苦有所关注的作家。但与盛、中唐诗人相比,并不突出。许两为监察御史,或因刚方不阿而贬职,或因不受重视而托病请辞东归,可称比较正直的士人。温则生性浪漫,大和末遭亲表笞逐固属"微瑕"(庭筠自称),晚岁与倚仗父绚之势公然招权纳贿的令狐滈游,则显属士行不端之表现。总体而言,二人品行之区别尚不足影响到诗品之高下。庭筠仍属怀才不遇的文士。咸通七年(866)冤贬方城而死的遭遇尤为悲惨,而令其后的朝官同情。也就是说,对两人诗格高下之评论应从诗歌本身着眼。

历代对许浑诗的褒贬批评

对许浑诗格的或褒或贬,着眼点均在其五七言律(尤其是七律)的对仗上,这一问题,孤立地从对仗本身格调是高还是低是得不出令人信服的结论的。诗发展到晚唐,律体盛行,对以写诗为世所称的士人来说,对仗的工整是必备的基本功。许浑诗对仗工整者,刘克庄、范晞文、许学夷均加列举,罗时进更集中指出"精致工丽、情辞俱佳"的各种对仗,可谓搜寻已尽。但如果我们将温、李、杜三家诗对仗之工者也一一罗列出来,并大体统计出在他们存世诗中的占比,恐怕均会超越许浑。

对许浑诗在对偶方面的或褒或贬,罗文已详加征引。总体而言,宋元明清四代,贬者明显超过褒者,虽间有作持平之论或回护纠偏之语者,但并不足影响许诗格卑之主流看法。褒之者谓其"诗格清丽""精密俊丽""韵稳律切密丽""声律之熟,无如浑者"。贬之者或讥其"格卑语陋""近世无高格,举俗爱许浑"

"晚唐许浑诸子,兴趣既少,故虽作聪明,而意多牵合。声韵急切,而调反卑下矣""许浑五七言律格渐卑者,特以情浅而词胜,工巧衬贴而多见斧凿痕耳"。值得注意的是,有的褒语是在褒之前已指出其"诗格卑下",有的则已触及诗格卑下的原因(情浅)。总之,卑、俗、浅、陋、稚、熟等评语,乃宋代以降对许浑诗格的主流看法。

读许浑律诗,最突出的感受是他几乎把全部精力放在颔、腹二联对仗是否精工的追求上。由于许诗更多七律,而七律对偶精工的难度又远超五律,上述弊病尤显突出。再加上许诗中间两联往往同写景物,而少情景相间交融者,读来便更感到自然意象的重叠堆砌。但最根本的缺陷却是他似乎没有考虑到颔腹两联与诗题及诗的意旨之间的有机联系,中间两联之间的分工与联系,乃至一联之内上下句之间的联系。如《姑苏怀古》,起结倒都点出怀古题意,但中间两联:"荒台麋鹿争新草,空苑凫鹭占浅莎。吴岫雨来虚槛冷,楚江风急远帆多",颔联多少透露了一点怀古的意味,腹联就与怀古不相干,仅为泛泛的楚江景物描写(虚槛何时何处无之)。再如其七律名作《凌歊台》,其颔联云:"湘潭云尽暮山出,巴蜀雪消春水来",不仅对仗工整,调响境阔,且一气贯串,单独看可称佳联,但与凌歊台其地及有关人事〔宋武帝刘裕于姑孰(今安徽当涂)筑此台,建离宫,并曾校猎姑孰〕,还有题目蕴含的怀古意蕴,可谓毫无关涉,湘潭以下沿江之楼台皆可用,故纪昀讥之为"恶滥。所谓马首之络,处处可用者也"。方回还指出五、六两句"有基""无主","近乎熟套而格卑"。王夫之类引贾岛"秋风吹渭水,落叶满长安"与《凌歊台》颔联,谓皆"无主之宾,谓之乌合",可谓切中要害之评。查慎行甚至说:"除却'宋祖凌歊'四字,其它无一切题者。"评虽过苛,但名作尚且如此,其他更等而下之。五律中此类不切题的情况亦常见,如《喜远书》之颔联:"苔色上春阁,柳阴移晚窗",《怀江南同志》之颔联:"蒲深鸂鶒戏,花暖鹧鸪眠",与"喜"、"怀"何涉(指下句)?有的甚至拙不成句,如《春泊弋阳》诗之颔联:"云晴犹飘雪,潮寒未应溪","未应溪"三字既拙滞又费解。

为历代评家列举的工整对偶,有许多这种不切题面、诗旨的例子。诗题在他那里,仅仅是一个单纯的人事地点季候景物背景,至于整首诗究竟要抒写什么感情,表达什么主旨,似乎并没有认真考虑。有的虽点明"怀古"之类的题目,也往往只是一点浅层次的类型化感受,而非他自己的独特深刻感受。即使像传世之作《金陵怀古》,所抒发的也仅仅是泛泛的今昔之感,较之刘禹锡的《西塞山怀古》,固不能相提并论。因刘诗以点带面,笼盖六朝,从变与不变中引出"兴废由人事,山川空地形"的深刻主题。说明任何王气天命、天险地势、铁锁拦江都阻挡不了腐朽政权的相继覆灭和历史洪流的前进。就是和中唐以来那些对历史人事有独特见解的咏史怀古之作相比,也显然缺乏个性和逆向思考(这类诗有的缺乏文采,又另当别论)。许浑的不少诗给人的感受,好像是先有了一句不错的诗,就撇开全诗的主意,按诗律平仄拗救和对仗工整的要求,用力凑成一联,首尾则常随意敷衍,凑成全篇。这颇似塾师给学生先出对联的上句,让学生对下句,工整即可。说穿了就是一心练对联,练得多了,技巧自能圆熟。这种圆熟,若无明确主旨,自不免与"浅""俗""卑""陋"相连。

许浑诗缺点造成的原因

这种情况的出现,与晚唐律体评赏盛行摘句之风密切相关。盛唐律体气象混沌,难以句摘。① 中唐诗人又多写古诗,间工绝句,律体虽也有名篇佳作,但无论作者、评者,均不重摘句而重全篇,像白居易的《钱塘湖春行》,题面、诗意和全篇每字每句,皆融浃无间。诗坛评诗亦不重摘句而揭举全篇。但晚唐以来,除小李杜之外,少有全篇皆佳者。温诗轻浅,但全篇整体感仍较明显。而以许浑为代表的多数诗人,则集中精力务求一联之工巧,以此为扬名诗坛之捷径。像杜牧这样强调"文以意为主"的诗豪,竟竭力称扬赵嘏《长安秋望》诗"残星几点雁横塞,长笛一声人倚楼"一联,且吟咏不已,目嘏为"赵倚楼"。平心而论,此联

---

① 杜律虽锤炼精工,名联迭见,但全篇仍浑然一体。

比较工整流丽,与"秋望"之整体气氛亦合,但无言外之韵味,下句亦难称切题(吹笛四时皆可)。执诗坛之牛耳者的这种极赞,或有奖掖后辈诗人(杜成名远早于赵)的用意,但这种品评,对专工一联一句才短韵乏的诗人,是一种莫大的诱惑,即凭此诗坛捷径即可扬名于世。许浑诗唯求对仗拗救之工,而不顾及全篇题意诗旨,缺乏深情远韵的弊病,正与这种摘句评诗的风尚有关。

这种求一联一句之工而忽视全诗整体完美的写诗风气,实际上是一种变相的苦吟。以贾岛为代表而追随者众多的苦吟诗人群体,以"二句三年得,一吟双泪流"的苦吟工夫写出"独行潭底影,数息树边身"这种枯淡乏韵的诗联,表面上看与许诗清新流丽的名联似乎不同,但由于脱离全诗意旨,专注一联之工整精炼,其冥思苦想的艰涩之状可想而知。这两种不同的苦吟,都是一种硬做出来的诗。而硬做出来的诗永远也达不到通体完美的境界。晚唐前期四家中,杜牧是特别强调"以意为主,以气为辅,以辞采章句为之宾卫"的,其中的"气"就包含了在全诗意旨统率下贯通全篇的气势。李商隐更明显地提出:"倾国宜通体,谁来独赏眉。"(《柳》)这是一种强调整体美,反对只注意局部之描画的艺术审美观和价值观。温庭筠虽无这方面的理论主张,但许学夷的一段温、许比较的评论却是切中肯綮的:"七言律,许浑工于词,故情致不足,庭筠虽不能如许浑之工,然入录者(指被选家评家所选评的好诗)却有情致。"下面我们就回过头来专谈温、许诗之"异趋"。

温许异趋的实质

晚唐前期诗家现存的诗多则近六百首(李),少则亦达三百三十首左右(温),许、杜各有五百余首、四百余首,可以大体上推断,他们的传世佳作和大部分可读之作基本上保留下来了。这就具备了上两类诗在存留诗中占比的依据,在相当大程度上反映出他们艺术成就的高低。如果以全篇而不是一两联为依据,那么许诗中的传世之作只有五律《行次潼关题驿后轩》,七律《金陵怀古》《咸阳西门城楼晚眺》以及他并不擅长也未刻意惨淡经营而情长韵永、景丽境远的五绝《塞下》、七绝《谢亭送客》,一共五首,仅为存诗总数的百分之一。在名家行列中,这个比例实在太低了。其他可读的诗,数量亦仅十来首(不一一罗列),根本不足以与温相提并论,更无论小李杜了。原因就在于他是一位很重视诗歌写作却缺乏诗才诗心诗意诗情的匠式诗人。而缺乏对生活的深刻独特的诗意感受,是病根所在。他在《乌丝栏诗序》中说:"余卯岁业诗,长不知难,虽志有所尚,而才无可观。"看似自谦之词,实为经历多年诗歌写作后的真诚自省(性质类似于白居易真诚反省自己的诗"辞繁""言激")。他将自己得意之诗联或诗句,常重复蹈袭。其中最突出的例证当数《夜行次潼关逢魏扶东归》与《行次潼关题驿后轩》两首五律,竟有五句相重,几乎使人误以为本为一诗。郎瑛《七修类稿》更举出数例重用七言律中之诗联者:"《京口寄友人》用'一尊酒尽青山暮,千里书回碧树秋'为颈联矣,至《郊园秋日寄洛中故人》,复用二句为颔联,皆寄人者也。又如《呈郭少府巡涝》有'江村夜涨浮天水,泽国秋生动地风',《汉水伤稼》亦用此二句,皆因水也,此则可以同用。至于《送僧归桂州灵岩寺》云:'楚客送僧归桂阳,海门帆势极潇湘。碧云千里暮愁合,白雪一声春思长。'他日《和浙西从事刘三复送僧南归》亦用此四句,但以'桂阳'易'故乡'二字。"以致对"江村"一联重用已取宽容态度之郎瑛也说:"夫岂不能再作,固欲如是耶?"珍视得意联之心情可以理解,但这种自我蹈袭也确实反映了其才思的贫乏和不顾及全篇意旨特殊性的弊病。至于"许浑千首湿"的谑语,虽可能与许浑客居及仕宦之地多为水乡泽国有关,但也反映出其营造意象时诗思的局狭,缺乏想象力和创造性。总之,许诗的短处主要表现在目无全牛,刻意追求一联一句之工这一点上。他的精力大都属于"技"的范围,而非属于"艺"的范围。王夫之"无主之宾,谓之乌合"之评,可谓切中要害。而诗才诗心诗情的贫乏则是问题的实质与根源。如果凡因发大水、送人皆可用同一联,则写诗岂非类似搭积木之戏和同类项相并乃至麻将牌之百搭了吗?

再说温庭筠。正如其人有瑕疵一样,其诗也有明显的短板和不足。他的五古,语言晦涩,寓意费解,为其诸体中艺术成就最低者。七十一首乐府诗中,虽不乏佳作,但总体成就不高。钱锺书谓:"温飞卿乐府出入昌谷、太白两家,诡丽惝恍。"(《谈艺录》46页)但既乏李贺之奇想,又乏太白之豪纵,而言涩意晦之弊较其五古似更甚。义山学李贺,尚能写出虽断续无端却惊采绝艳的《燕台诗》四首。比较起来,温庭筠之乐府缺乏创造性便相当明显。温诗的思想内容总体上说也比较浅而艳,像李商隐那种诗史式的《行次西郊作一百韵》以及《有感二首》《重有感》《曲江》等纵横论政、伤怀国运者绝少。温诗之艺术成就主要体现在五、七言律和少量五、七言绝上。但在现存三百三十多首诗中,像《商山早行》《送人东游》《过陈琳墓》《苏武庙》《利州南渡》《经五丈原》《碧涧驿晓思》《瑶瑟怨》《春江花月夜词》《达摩支曲》《侠客行》等,不但为晚唐诗之翘楚,而且可以成为传世之作。更重要的是,其诗集中通体可读,一气贯串,紧贴题意诗旨而又具诗情诗趣者,数量之多,远超许浑,如《常林欢歌》《谢公墅歌》《春晓曲》《塞寒行》《回中作》《杨柳枝词》《新添声杨柳枝词》《开圣寺》《赠蜀将》《南湖》《马嵬驿》《偶游》《题崔公池亭旧游》《七夕》《经李征君故居》《经旧游》《秘书省有贺监知章草题诗笔力遒健风尚高远拂尘寻玩因有此作》《赠少年》《蔡中郎坟》《咸阳值雨》《宿友人池》《寄崔先生》等,内容或感怀时代盛衰,或怀念先贤旧居及旧知旧游,风格或清新明丽,或华美艳丽,或于日常行旅中发现诗情诗趣,均设想新颖而不落俗套,说明作者有敏感的诗心。温诗的思想内容可能不够高远深刻,艺术表现亦属轻浅一路而少顿挫之致,但全篇均具诗情,而非目无全牛,专注于一联一句之工者。

当代对许浑诗整理研究用力最勤的罗时进教授在肯定许诗成就和优长的同时已经实事求是地指出:"有些篇章过分追求整炼对称的美感,反失之板滞;有些诗通篇作对,缺乏流动之气;有些就一句看,刻画颇为生动,但上下两句却有牵合之感,景与景之间跳跃断续,缺乏联系主体;有些诗意象对应固定……而未能情景融彻;有些得意之句重复使用。这些在一定程度上也影响了美感表现。"这些都是切中肯綮的批评,说明前人的批评并非苛论。罗文主要从联、句的内部联系立论,与本章主要从全篇意旨与一联一句的关系立论,或可互补。如律诗一联之间,时空跳跃,本属常态,杜甫《登楼》诗颔联"锦江春色来天地,玉垒浮云变古今",目极千里,思接万载,然玉垒浮云,锦江春色,亘古如斯,则"变"中自含不变,故腹联接以"北极朝廷终不改,西山寇盗莫相侵",便一气呵成,十分自然。我们不能用杜诗的标准来要求许浑,但作诗须切题旨,应是普遍要求。诗而离题,又乏诗情,终落匠气。质而言之,许诗大体上属于"技"的范畴,而温诗则大体上属于"艺"的范畴,这正是温、许异趋的实质。

如果将目光扩展到温庭筠的全部文学创作,对温、许异趋问题或许有进一步认识。庭筠的主要成就在曲子词的创作上,是文人词由偶一为之到大量制作且在艺术上有突破性进展从而蔚为大国的奠基者,也是婉约词风的开创者,影响直至清末民初。尽管词在当时的地位不如强调言志明道的传统诗文,但用发展的眼光看,它却是最具发展前途的音乐文学和抒情文学样式。温庭筠的骈文清新明畅,颇见个性,是古文运动中衰后骈文异军突起的一个重要代表。温、李并称,在当时即指骈文。温氏的小说创作中,亦有思想意识超前几个世纪,写法又与传奇大异,以写实为主要倾向的《窦乂》。总体上说,温庭筠是一位面向未来的以曲子词成就为主的大家(其部分诗亦具词化倾向)。从更广远的范围看,许、温之异趋便更具文学史的发展变化意义了。通俗地说,他们走的是两条不同的路。

附带说一下前文提及的"诗才"问题。"诗才"这一概念包蕴甚广,兼含"技""艺",此处不详说。不过其中一端,为诗才之敏捷与迟滞问题。唐代科举试五言十二句律诗及赋,对偶是基本功,本身就是技术,但与考题必须契合。如展衍为七言对偶,难度自然增大,切题亦更难。许浑欲觅工对而不切题,即使从技术层面看,亦见其诗才之短,诗思之涩。再加上他的许多诗往往缺乏诗意感受,极易流为应酬式的诗,因而很难引起读者共鸣。而庭筠之才思敏捷,素为文坛所称。"八叉手而八韵成",以"近同郭令,二十四考中书"脱口而对"远比召公,三十六年宰辅"的十字上联,如同宿构,才思之敏,令人惊叹。其诗集中也有大量佳对,但多与诗题诗旨密合,无凑合之迹,艰涩之态,思想感情不见得如何深刻,但不乏真诚。缺点在轻浅中乏顿挫,此则既关乎感情深度,又关乎技艺之偏好。

又,小李与许无交往酬应之迹,上文已提及年龄差距问题,但大中二年冬至三年秋,李、杜、许同在长安,李深情赞杜,却无一字道及许。其中原因值得思考。无交往不等于不知名。对许浑这样一位前辈诗人如此缄默,可能与义山"倾国宜通体,谁来独赏眉"的整体审美观有关。同在大中三年,义山应宰相白敏中之请,为大诗人白居易撰墓志铭,早在大和年间,义山就曾参与白居易、令狐楚等诗坛、政坛老宿的诗文宴会,以"江黄预会",叨陪末座为幸。此次应约撰写墓铭,于其诗歌创作,仅言其流播海外,而对其艺术成就不置一词。这是否也意味着义山由于自己崇尚"深情绵邈"、意蕴多重的诗风,而对白诗过直过露过尽的弊病有自己的看法,故以不言言之呢?

第八章　温庭筠在中国文学史上的地位

范文澜曾精辟地指出:"唐朝文学是盛世,到了晚唐已经不可避免地要发生大分化。按照文学史的通例,总得出现两个代表人物,一个结束旧传统,一个发扬新趋势。在晚唐,李商隐是旧传统的结束者,温庭筠是新趋势的发扬者。"(《中国通史简编》第三编下册《唐代文化》)这一论断表现出治通史者的宏远眼光和卓越识见,直到今天仍有启示意义。特别是对认识温庭筠在中国文学史上的地位,更有直接的指导意义。本章论述温庭筠在文学史上的地位,即以范文澜的这一论断为基础,作较具体的阐发和必要的补充。

第一节　词体蔚为大国的真正奠基者

词在温庭筠之前,在民间及文人中间已经孕育、发展了几百年时间,差不多跟它在晚唐五代蔚为大国、至两宋达于极盛的时间相等。词在民间流行的时间当早于文人的制作,但一则民间创作比较零星分散,形不成有影响力的规模;二则艺术上比较粗糙,且未定型,即使偶有天籁式的优秀作品出现,但就整体来说,面貌仍显得比较原始、幼稚。唐代民间词数量不少,内容广泛,风格清新活泼、幽默风趣,语言通俗生动,但艺术质量总体来说不高。文人词自初唐以来偶有尝试者,至中唐而作者渐多,然至今有词流传者,亦仅戴叔伦、刘长卿、韦应物、张志和、王建、刘禹锡、白居易等数人而已。其中如刘、白之《忆江南》,更是

"依《忆江南》曲拍为句"之作,即自觉意识到这是和一般五七言诗及乐府的创作方式完全不同的由乐以定辞的方式。而且这些文人词,其艺术水准较之一般民间词也显然有所提高。特别是像张志和的《渔父》(或称《渔歌子》),韦应物的《调笑令》,刘、白的《忆江南》。但是就整体而言,初、盛、中唐的文人词仍属偶尔试作,数量很少,即使偶有精品,影响亦不可能非常广远。其次,这些作品的内容、情调,和他们所创作的五七言诗并没有明显区别,有的像《杨柳枝》《竹枝词》更是诗、词不分,可以归入诗的七绝,也可以归入词。即使有的作者已自觉地按词的创作方式进行创作,但创作出来的词和诗的内容、情调仍相类似。这说明词作为音乐文学的一种特殊样式,其时虽已正式成立,但它在艺术上仍未发展成熟,更未发展成为可与传统五七言诗分庭抗礼的大国。

　　这种状况,到了温庭筠手里才出现了根本性的改变。温庭筠一生大力创作曲子词,单就《花间集》《尊前集》所载,流传至今的就近七十首。这无论是在晚唐五代还是词达于极盛的两宋,都是相当大的数量。晚唐前期著名诗人中,除杜牧有一首《八六子》外,其他均无制作。其余如李德裕、韩琮之《杨柳枝》《步虚词》均只各一首,且词与诗的界限不明显。温庭筠如此大量创作曲子词,在当时是仅见的特出现象。其次,六十八首词中,所用曲调达十九个,其中不少为温庭筠所创制。这样多的曲调的创制与采用,为其表现多方面的生活内容、抒写不同的情感、形成多种风格提供了广泛的基础(当时调名与词的内容常相关联,故曲调越多,表现的生活内容、情感内容越广)。再次,这六十八首词中,艺术上普遍达到相当高的水准,其中可称佳作的不下四十首。以上三个方面,对于一个处于某种文学样式发展关键期的作家来说,已经完全可以形成一种巨大的规模效应乃至轰动效应。尽管词之为体,在当时还是不登大雅之堂的文学样式,似乎不足以与传统的五七言诗相抗衡,但由于它在当时仍是新生事物,具有远大的发展潜能,因此,这样大数量、大规模和高质量的歌词创作,从长远来说,它们所具有的影响力,就远远大于已发展到顶峰、极限的五七言诗。

更应着重指出的是,温庭筠词的大量成功创作,为词奠定了一种成熟的类型风格。即内容以表现女子(歌舞妓人、闺人、宫人)的生活、感情(多为离情别绪)为主,风格偏于香艳柔媚,表情细腻婉曲的类型。这种风格类型自温庭筠创立以后,就成为一种影响极其深远的范型,不但影响到整个花间词,而且影响到在词史上一直居于主流地位的婉约词风。尽管词的审美音调在温氏之后还有不少变化发展,在历代婉约词派中还可以细分出许多小的流派。但就整体而言,词的类型风格是由温庭筠确立而且一直影响到两宋乃至元、明、清时代的婉约词风的。正是在这个意义上,我们说温庭筠是词蔚为大国的真正奠基者。一个作家,他所创建的风格类型,影响延续不断,直至清代,文学史上除杜甫而外,恐无第三人。温庭筠在文学史上的地位,首先是由于他大量成功创作曲子词,奠定词的类型风格,影响及于整个词史上的婉约词风而确立的。

第二节　晚唐时期诸体兼擅的全能作家

上一节讲的是点的突破性成就,这一节讲的是面的广泛性成就。点与面的结合,方能算得上是文学史上的大家。

温庭筠不但是花间鼻祖、婉约词风的创立者和词的类型风格的奠定者,在诗歌、骈文、小说创作等方面,也都取得了不同程度的成就。这一点,不但在晚唐前期的著名作家中是唯一的,在整个文学史上也不多见。

在传统的五七言诗领域,他的五七言及杂言体乐府,近师李贺,远绍南朝乐府民歌,浓艳之中时见清新明丽。在晚唐诗坛上,其乐府诗的创作成就堪称独步,为李商隐、杜牧所不及。此点前人早已言及。薛雪《一瓢诗话》云:"温飞卿,晚唐之李青莲也。故其乐府最精,义山亦不及。"又云:"温、李并称,就中有异同。止如乐府,则玉谿不及太原;余则太原不逮玉谿远矣。"温之七律,其整体成就及独创性虽不如义山,但不少作品风格清丽,对仗工整,音节流利,亦自成一格。抒情虽不如义山深微,写景却胜于义山,在唐代七律发展史上有一定地位。五律、七绝,亦颇有佳作。五绝仅四首,亦有《碧涧驿晓思》这样的精品。七言排律、六言律诗,虽偶一为之,也达到相当高的艺术水准。诸体中较弱者,唯五古及五排二体,五古时近晦涩,五排则远逊义山。从整体看,在晚唐前期四位重要诗人中,温之诗歌成就,虽逊于小李、杜,却高于工稳有余、精警不足的许浑。

在骈文发展史上,晚唐李商隐、温庭筠、段成式的"三才子"体,是继六朝、初唐骈文之极盛,因古文运动的兴起而中衰之后的又一次复兴。其影响及于宋初的西昆体。温庭筠骈文的数量、质量虽不如李商隐,但"文思清丽,庭筠过之",在骈文史上自应占一席之地。

尤应指出的是,在晚唐主流派作家中,温庭筠是唯一进行过小说创作并有小说专集《乾䏣子》的作家。① 在唐代小说作家中,温庭筠虽算不上一流作家,但《乾䏣子》中像《窦乂》这种作品,在题材、内容、人物形象类型上都有明显的创新性和超前性,是唐代传奇中为商贾立传的特出作品。单凭这一点,温庭筠在古代小说史上就占有一定地位。

点的突破性成就和面的广泛性成就,使温庭筠成为中国文学史上一个大家。词和小说的创作,更说明温庭筠与市民阶层生活与思想感情的密切联系,说明他的文学创作与文学由雅趋俗的发展趋势、由抒情向叙事转变的趋势相吻合。从这方面说,他又是一个走在文学发展潮流前列的作家。

---

① 段成式亦有类似性质的笔记小说《酉阳杂俎》,但一则段诗名不显,且无词的创作,在晚唐算不上著名作家;二则《酉阳杂俎》多为搜奇猎异的残丛小语,很少较长的纪人小说。

附录一

温庭筠文笺证暨庭筠晚年事迹考辨

温庭筠诗词文兼擅。诗与李商隐并称"温李",词为花间鼻祖,与韦庄并称"温韦",骈文则与李商隐、段成式合称"三十六"("三才子")。由于温文历来无人作过整理笺释,故研究其生平与创作者很少加以充分利用,致使这些文章中所反映的温氏生平行迹至今隐而未彰。笔者近来在撰《温庭筠全集校注》的过程中对其全部存世文(赋二首、状一首、书七首、启二十三首、榜文一首)均作了笺证注释,有不少新的发现,兹择要分别考述。

二十三首启中,除《上襄州李尚书启》系大和末开成初上山南东道节度使李翱的书信以外,其余均作于大中、咸通年间,即其晚年时期。其中涉及裴休的有四首。《上盐铁侍郎启》云:"顷者萍蓬旅寄,江海羁游。达姓字于李膺,献篇章于沈约。特蒙俯开严重,不陋幽遐。至于远泛仙舟,高张妓席。识桓温之酒味,见羊祜之性情。既而哲匠司文,至公当柄。犹困龙门之浪,不逢莺谷之春。今且俯及陶甄,将裁品物。辄申丹愫,更窃清阴。倘一顾之荣,将回于咳唾;则陆沉之质,庶望于骞翔。"此盐铁侍郎先历节镇,后知贡举,继以侍郎司盐铁,上启时又将为相。检孟二冬《登科记考补正》,庭筠所历诸朝知贡举者中,宦历与此完全相符者唯裴休一人。据郁贤皓《唐刺史考全编》,会昌元年至三年,裴休任江西观察使;会昌三年至大中元年,任湖南观察使;大中二年至三年,任宣歙观察使。又据《唐才子传·曹邺》,裴休大中四年,曾以礼部侍郎知贡举。此后,

"累官户部侍郎,充诸道盐铁转运使,转兵部侍郎,领使如故"(《旧唐书·裴休传》)。题称"盐铁侍郎",启内又提及其"俯及陶甄,将裁品物",启当上于大中六年八月稍前,即裴休以兵部侍郎领盐铁使行将为相之时。此启所透露的庭筠行迹有三点:一、裴休外任节镇时,庭筠曾往拜谒并献诗文,受到裴休款待。据庭筠现存诗文,在裴休任观察使的江西、湖南、宣歙三地中,庭筠行踪所及者唯有湖南一地。其《湘东宴曲》云:"湘东夜宴金貂人,楚女含情娇翠翚。……重城漏断孤帆去,唯恐琼签报天曙。"湖南观察使治所潭州在湘水之东,故称"湘东"。诗中描写的湘东夜宴情景,当即启所谓"远泛仙舟,高张妓席",受裴休设宴款待的情景。诗、文互证,知会昌大中间休观察湖南期间,庭筠曾谒见献诗并受款待。又据庭筠会昌四年、六年均在长安,有《车驾西游因而有作》《会昌丙寅丰岁歌》为证,以及大中元年庭筠曾两次寄诗给岳州刺史李远,可以推知其谒见裴休当在大中元年,这从启述此事后紧接"既而哲匠司文"也可看出。二、裴休大中四年以礼部侍郎知贡举时,庭筠曾应进士试未第,此即启文所谓"哲匠司文,至公当柄。犹困龙门之浪,不逢莺谷之春"。三、此次上启,是祈裴休再予垂顾荐引,"庶望于骞翔",当与明春(大中七年春)应进士试有关(此点还可从其他上启中得到印证,详后)。

《上裴相公启》是裴休任宰相后所上。有的研究者认为此启系开成四年首春求恩裴度之作,并谓启内"至于有道之年,犹抱无辜之恨"的"有道之年"指郭有道(即郭泰)的享年四十二岁,借指上此启时庭筠自己的年岁(见牟怀川《温庭筠生年新证》,载《上海师范学院学报》1984年第1期),并由此推出庭筠生于贞元十四年。但此说疑点颇多。其一,裴度为四朝元老,宪宗元和十二年即以平蔡首功封晋国公,大和八年加中书令。庭筠诗题或称裴晋公(《题裴晋公林亭》),或称中书令裴公(《中书令裴公挽歌词二首》),不应直到开成四年首春所上之启仍只称裴相公。其二,据《新唐书·裴度传》,开成三年,度"以病丐还东都。真拜中书令,卧家未克谢,有诏先给俸料。(四年)上巳宴群臣曲江,度不赴,帝赐诗曰:'注想待元老,识君恨不早。我家柱石衰,忧来学丘祷。'别诏曰:'方春慎疾为难,勉医药自持……'使者及门而度薨"。可见自开成三年以来,度已衰病,且又年高(七十四岁)。揆之情理,庭筠也不大可能于度衰病时上启求助,且"以文赋诗各一卷率以抱献",请其览阅揄扬。其三,"有道之年"非用郭泰卒年四十二岁之典(且以人之卒年借指己之现年,亦属不伦),而是泛称政治清明的年代。《论语·卫灵公》"邦有道,则仕"即"有道"二字所本。"至于有道之年,犹抱无辜之恨"与此启下文"康庄并轨,偏哭于穷途"意近。此裴相公亦指大中六年八月至十年十月任宰相之裴休(见《新唐书·宰相表》)。启末云"谨以文赋诗各一卷率以抱献",则此启当是参加进士试前行卷的书信。参下《上封尚书启》《上杜舍人启》,此启当上于大中六年八月裴休任相后不久。

《上吏部韩郎中启》则是请求韩郎中在裴休前推荐自己,以求得盐铁转运使属官的书信。启云:"昇平相公,简翰为荣,巾箱永秘。颇垂敦奖,未至陵夷。倘蒙一话姓名,试令区处,分铁官之琐吏,厕盐酱之常僚,则亦不犯脂膏,免藏缣素。"此相公必兼领盐铁转运使者。合之"昇平相公"之称,必指裴休。裴休居昇平坊,"休"有休平、休明之义,指天下太平。不敢称"休"之名,故以"昇平相公"代指之。据《宰相表》,裴休大中六年八月为相,领使如故;八年十月罢使。故此启当上于此期间。六年八月休为相后,庭筠已上启裴休并献诗文赋,此必七年春落第后请韩郎中在休前荐举自己,以求得盐铁使之属官。韩郎中疑指韩琮。琮长庆四年登进士第。约大中五年擢户部郎中,李商隐有《为举人献韩郎中启》。大中八年任中书舍人(《东观奏记》卷中《广州节度使纥干㠐贬庆王府长史分司东都制》,舍人韩琮之词。事在大中八年)。现存《郎官石柱题名》吏部郎中无韩琮,但其中既有残缺,柳仲郢以下又漫漶不能辨识,则琮或于大中五年任户中之后,八年任中舍之前曾任吏中。此启上于七年,时间正合。庭筠又有《为人上裴相公启》,系代人所拟,内容系请求裴休罢其现任县令之职,或改任虚闲散职,以便处理兄弟遭难、孀幼流离的家庭变故。启内述及"相公初缔郑栋,甫润殷林……拔于郎吏,委在弦歌"之事,并述及其人在担任县令期间的政事,此人当在大中六年八月休为相后不久即被任命为县令,至上启时已历数年。启当上于休为相之后期,约大中九年的"蜩鸣之月"(四月)。因与庭筠自身行止关系不大,不详述。

裴休之外,庭筠还分别给大中朝担任过宰相的白敏中、令狐绹乃至夏侯孜①等人上启求助。其中上白敏中的两首或题目有误,或未具姓氏,须细加审辨。先看《上萧舍人启》:

> 某闻周公当国,东伐淮夷;陆抗持权,北临江汉……属者边塞失和,羌豪俶扰……相公手捐相印,腰佩兵符,威不搴旗,信惟盈缶……今者再振万机,重宣五教……四海遐瞻,共卜归还之兆;一阳初建,便当霖雨之期。

题曰"上萧舍人",文中却无一语涉及舍人。而是称"相公",且屡用"台庭""相印""陶熔""霖雨""周公当国"等指称宰相的词语。又云"今者再振万机,重宣五教",显系再居相位者。庭筠另有《上萧舍人启》,系代人上萧邺(或萧寘)之启,此启或涉前题而误。细审启文,所上之对象当为大中朝两任宰相之白敏中。据两《唐书》纪、传、表及《通鉴》,白敏中于会昌六年宣宗即位后不久即拜相,至大中五年三月出为邠宁节度使。《新唐书·白敏中传》:"会党项数寇边,(崔)铉言宜得大臣镇抚,天子向其言,故敏中以司空、平章事兼邠宁节度、招抚、制置使。"此即启所谓"羌豪俶扰","相公手捐相印,腰佩兵符","次宁州,诸将已破羌贼。敏中即说谕其众,皆愿弃兵为业",至是年八月,平夏、南山党项悉平。此即启所谓"威不搴旗,信惟盈缶"。大中六年四月,徙剑南西川节度使。十一年正月,徙荆南节度使。懿宗即位,敏中又于大中十三年十二月丁酉守司徒兼门

---

① 当为杜审权,详后文注。

下侍郎、同中书门下平章事,再度入相。咸通二年卒。启文"今者再振万机,重宣五教",即指其事。启又云"四海遐瞻,共卜归还之兆;一阳初建,便当霖雨之期",启当上于大中十三年十二月闻敏中重新入相消息不久,敏中尚在荆南未归朝时,离冬至未远。作启时庭筠仍在襄阳徐商幕。题当作《上司徒白相公启》。《上首座相公启》亦上白敏中之启,时间在一年后。首座相公,诸宰相中居首位者,又称首相。《春明退朝录》:"唐制宰相四人,首相为太清宫使,次三相皆带馆职:弘文馆大学士、监修国史、集贤殿大学士。以此为序。"此首座相公的有关情况,启内虽未涉及,但言及自己的行踪时却有这样的叙写:"昨者膏壤五秋,川途万里,远违慈训,就此穷栖。将卜良期,行当杪岁。"明言自己近五年来在远离京城的膏壤之地"就此穷栖",眼下已值岁末,行将离此他适。对照庭筠生平经历行踪,所谓"膏壤五秋"的"穷栖",只能指大中十年至咸通元年在襄阳徐商幕为巡官之事。《旧唐书·温庭筠传》:"徐商镇襄阳,往依之,署为巡官。"《唐摭言》卷一一:"执政间复有恶奏庭筠搅扰场屋,黜随州县尉。时中书舍人裴坦当制。"所谓"搅扰场屋",一云指大中九年应举时"潜救八人"之事。《唐摭言》卷一三:"北山(当作'山北')沈侍郎主文年,特召温飞卿于帘前试之,为飞卿爱救人故也。适属翌日飞卿不乐,其日晚请开门先出,仍献启千余字,或曰潜救八人矣。"《东观奏记》卷下则载是年三月试宏词,"裴谂兼上铨,主试宏、拔两科。其年,争名者众,应宏词选……谂宽豫仁厚,有试题不密之说。前进士柳翰,京兆尹柳憙之子也。故事,宏词科只三人,翰在选中。不中选者言翰于谂处先得赋题,托词人温庭筠为之。翰既中选,其声哄不止,事彻宸听"。《旧唐书·宣宗纪》:大中九年,"三月,试宏词举人,漏泄题目,为御史台所劾,侍郎裴谂改国子祭酒,郎中周敬复罚两月俸料,考试官刑部郎中唐枝出为处州刺史,监察御史冯颛罚一月俸料。其登科十人并落下"。此事或更切"搅扰场屋"。庭筠因此被贬黜,时间不会离事发太久。裴坦大中十年即以职方郎中知制诰,职司起草诏敕。唐代他官知制诰者亦可称舍人(或云权知中书舍人事),故其贬隋县尉当在大中十年。

《金华子》卷上:"段郎中成式……退隐于岘山。时温博士庭筠方谪尉随县,廉帅徐太师商留为从事,与成式相善。"徐商大中十年春移山南东道节度使,庭筠之贬隋县尉、为徐商留署巡官正在十年。或据《东观奏记》卷下载庭筠贬隋县尉之"前一年,商隐以盐铁推官死",认为庭筠之贬隋在大中十三年,此说明显与庭筠自己的上启"五秋""就此穷栖"之语不合。自大中十年至咸通元年岁杪,首尾正五秋。咸通元年,徐商征赴阙,庭筠罢幕,岁暮将谋他就,故云"将卜良期,行当杪岁"。其时宰相四人:白敏中、杜审权、蒋伸、毕诚。其中蒋伸大中十二年十二月拜相,杜审权大中十三年十二月拜相,毕诚咸通元年十月拜相,三相年资位望均远低于会昌六年即已拜相,大中十三年十二月再度入相之白敏中,故此"首座相公"当指白敏中①。与前启之仅表祝颂不同,此启明言己如"穷鸟人怀,靡及他所;羁禽绕树,更托何枝",祈望白敏中"假一言之甄发",表现了强烈的依投愿望。

大中朝另一长期居相位者为令狐绹,庭筠与绹及其子滈均有交往,见《北梦琐言》《旧唐书·温庭筠传》。其《上令狐相公启》透露了庭筠于咸通元年罢襄阳幕后曾在荆南节度使幕为从事的重要行迹,启云:

> 某邢第持囊,婴车执辔。旁征义故,最历星霜。三千子之声尘,预闻《诗》《礼》;十七年之铅椠,尚委泥沙。敢言蛮国参军,才得荆州从事。自顷藩床抚镜,校府招弓……藐是流离,自然飘荡。叫非独鹤,欲近商陵;啸类断猿,况邻巴峡……今者野氏辞任,宣武求才。倘令孙盛缇油,无惭素尚;蔡邕编录,偶获贞期。微回謦欬之荣,便在陶钧之列。

---

① 《全唐文》卷八三懿宗《授白敏中弘文馆大学士等制》:"敏中可兼充太清宫使,弘文馆大学士。"是为白敏中为首座相公之的证。

《新唐书·宰相表》:大中四年"十月辛未,翰林学士承旨、兵部侍郎令狐绹守本官、同中书门下平章事"。十三年十二月丁酉,"绹为检校司徒、同平章事、河中节度使"。咸通二年,改宣武节度使。三年冬,徙淮南节度副大使、知节度事。此启有"敢言蛮国参军,才得荆州从事"二语。上句用郝隆为桓温参军事。《世说新语·排调》:"郝隆为桓公(温)参军。三月三日会作诗,不能者罚酒三升。隆初以不能受罚,既饮,揽笔便作一句云:'娵隅跃清池。'桓曰:'娵隅是何物?'答曰:'千里投公,始得蛮府参军,那得不作蛮语也。'"时桓温"为都督荆梁四州诸军事、安西将军、荆州刺史、领护南蛮校尉,假节"(《晋书》本传),驻节江陵(即荆州)。古称长江流域中部荆州一带为蛮荆。下句用王粲依刘表事。《三国志·魏书·王粲传》:"诏除黄门侍郎,以西京扰乱,皆不就,乃至荆州依刘表。"两句均用古人在荆州为从事之典。顾肇仓《温飞卿传订补》云:"庭筠居江陵,颇历时日,其是否以荆州从事代署襄阳巡官之事,殊不可知。若谓实指荆州,又无他书佐验。意者,白襄阳解职,即暂寄寓江陵耶?"(西南联大师院《国文月刊》第57、62期)疑其以"荆州从事"代指"署襄阳巡官"之事。庭筠以工于用典著称于时,此二句两用荆州为从事之典,借指己为荆州从事,可谓精切不移,若谓借指为襄阳从事,则泛而不切,且隔一层。庭筠另有《谢纥干相公启》亦有"间关千里,仅为蛮国参军;荏苒百龄,甘作荆州从事"之语,可资佐证。① 此"蛮国参军""荆州从事"当实指在荆州为从事。联系下文"啸类断猿,况邻巴峡",更可证作启时庭筠居于邻近巴峡的江陵(此句用《水经注·江水·三峡》"高猿长啸,属引凄异""朝发白帝,暮到江陵"之典)。《上首座相公启》明言自己在襄阳穷栖五秋之后"将卜良期,行当杪岁",将离襄阳另谋他就。其所往之地,所就之职,证以此启,即至荆州为幕府从事。大中十三年十二月白敏中离荆南节度使

---

① 此启题有误。唐无纥干姓为宰相者。庭筠同时代纥干姓之高官仅纥干臮一人,官止广州节度使。后贬官,见上文。

任后,继任者为萧邺(大中十三年至咸通三年)。庭筠当于咸通二年初抵江陵,在萧邺幕为从事,具体职务不详。同幕有段成式、卢知猷、沈参军。《唐文拾遗》卷三三卢知猷《卢鸿草堂图后跋》云:"咸通初,余为荆州从事,与柯古(段成式)同在兰陵公幕下。"庭筠有《答段柯古赠葫芦管笔状》,段成式有《寄温飞卿葫芦管笔往复书》,今人或列于居襄阳幕时,然庭筠状有"庭筠累日来……荆州夜嗽"之语,则此二状实为温、段荆南幕酬唱之作。诗有《寄渚宫遗民弘里生》,渚宫即江陵之别称,弘里生即段成式。段文昌、成式父子世居江陵,弘里,谓其弘显故里。又有《和沈参军招友生观芙蓉池》,诗有"楚泽"字,当为在江陵作,沈参军亦荆州从事。凡此,均庭筠曾在荆南节度使幕为从事之迹。上此启时令狐绹正由河中节度使改任宣武节度使,故云"今者野氏(指令狐绹)辞任,宣武求才"。"宣武求才"既借桓宣武(桓温)广求人才以喻令狐绹,又切宣武节度使幕府,用事雅切。

《上宰相启二首》不标姓氏,但从第二启"既而放迹戎轩,遗荣画室。刘尹秣陵之柳,尚有清风;召公陕服之荣,空留美阴。窃闻谣咏,即付枢衡"等语中可以推知其人在任宰相之前曾任陕虢观察使。检《唐刺史考全编》《旧唐书·夏侯孜传》《新唐书·宰相表》,夏侯孜大中五年至七年曾任陕虢观察使。十年,改刑部侍郎。十一年,兼御史中丞,迁尚书右丞。大中十二年"四月戊申,兵部侍郎、诸道盐铁转运使夏侯孜本官同中书门下平章事,使如故"。咸通元年"十月己亥,孜为检校尚书右仆射、同平章事,剑南西川节度使"。《文苑英华》卷四四九《玉堂遗范·夏侯孜拜相制》云:"洎甘棠政成,会府征命,兼领台辖之任,再居邦宪之尊……可尚书左仆射、同中书门下平章事。"吴廷燮《唐方镇年表考证》卷上:"(夏侯孜)十一年兼御史中丞,兼领台辖也;迁右丞,再居邦宪也……唐人谓棠下、甘棠,皆陕虢。"此启"召公陕服"用周、召分陕事,陕服指陕虢观察使所管辖的地区,"召公"二句谓其廉察陕虢,有惠政。故此二启当上于大中十二年四月至咸通元年十月夏侯孜①任宰相期间。又据第一启"银黄之末,则青草为袍"之语,其时庭筠已为着青袍之八、九品官,当在已贬为隋县尉,为徐商留署襄阳巡官之后。启又有"加以旅途劳止,末路萧条"之语,知其时庭筠已罢襄阳幕,故二启当上于咸通元年徐商自襄阳内征之后,十月夏侯孜罢相之前。视第一启"倘或王庭辨贵,许厕九疑;京县坐曹,令悬五色"之语,庭筠盖祈夏侯孜能汲引其供职朝廷或为京县县尉。②

除上启诸相外,庭筠晚年还上书侍郎、舍人、学士及方镇等内外显宦。《上封尚书启》系上山南西道节度使封敖之书启,其中反映了庭筠大中年间两次参加进士试的行迹:

> 伏遇尚书秉甄藻之权,尽搜罗之道,谁言凡拙,获预恩知。华省崇严,广庭称奖。……虽楚国求才,难陪足迹;而丘门托质,不负心期。一旦推毂贞师,渠门锡社,顾惟孤拙,频有依投。今者正在穷途,将临献岁,曾无勺水,以化穷鳞。俯念归荑,犹怜弃席。假刘公之一纸,达彼春卿……微回咳唾,即变升沉。羁旅多虞,穷愁少暇,不获亲承师席,躬拜行台。

《旧唐书·封敖传》:"宣宗即位,迁礼部侍郎。大中二年典贡部,多擢文士……大中四年,出为兴元尹、御史大夫、山南西道节度使。"《新唐书·封敖传》:"大中中,历……兴元节度使……蓬、果贼依阻鸡山,寇三川,敖遣副使王赘(弘)捕

---

① 当为杜审权,见下注。

② 此宰相当为杜审权而非夏侯孜,主要证据如下。一、启云"刘尹秣陵之柳,尚有清风;召公陕服之棠,空留美荫",谓此宰相之祖上曾为名相。杜审权之远祖为唐初名相杜如晦,而夏侯孜则无此显耀之祖上。二、庭筠上启,是想回到京兆府任县尉一类职务(所谓"京县坐曹,令悬五色"),夏侯孜、杜审权大中十三、十四年虽同时为相,但据《新唐书·宰相表》,十月己亥,夏侯孜已调任剑南西川节度使。启有"旅途劳止,末路萧条",说明上启时已是徐商已离襄阳赴阙,咸通改元,庭筠行将赴荆南萧邺幕之时,但犹希回长安任京兆府县尉之职。而杜审权未答应庭筠,故于岁暮即赴荆南萧邺幕矣。

平之,加检校吏部尚书。"按:封敖任山南西道节度使,在大中四年至八年。出镇时带宪衔御史大夫,至大中六年二月鸡山事平后加检校吏部尚书,李商隐有《为兴元裴从事贺封尚书加官启》,即贺敖大中六年二月加检校吏部尚书。庭筠此启有"伏遇尚书秉甄藻之权,尽搜罗之道"数语,即指封敖大中二年知贡举之前,庭筠曾获其公开奖誉;虽参加了二年的进士试未获登第,然座主门生之谊自存。启又有"一旦推毂贞师,渠门锡社""不获亲承师席,躬拜行台"等语,则指敖大中四年出镇兴元,目前仍在任上。结合"尚书"之称谓及"将临献岁"之语,启当上于大中六年岁末。上启的目的是祈求封敖给明春主持进士试的"春卿"(礼部侍郎崔瑶)写信推荐自己。这说明庭筠参加了大中七年的进士试,但结果再度落第。

《上蒋侍郎启二首》系上蒋系之启。据启内"既而文圃求知,神州就选……今者商飙已扇,高壤萧衰。楚贡将来,津涂怅望""谨以常所为文若干首上献""谨以新诗若干首上献"等语,二启均为参加进士试前向显宦行卷以求延誉的书信。《旧唐书·蒋乂传》:"子系、伸、偕、仙、佶。系大和初授昭应尉……武宗朝,李德裕用事,恶李汉,以系与汉僚婿,出为桂管都防御观察使。宣宗即位,征拜给事中,集贤殿学士判院事。转吏部侍郎,改左丞,出为兴元节度使。""伸登进士第,历佐使府。大中初入朝,右补阙、史馆修撰,转中书舍人,召入翰林为学士,自员外、郎中至户部侍郎、学士承旨,转兵部侍郎。大中末,中书侍郎平章事"。是蒋系、蒋伸兄弟均曾任侍郎。系之任山南西道节度使,在大中八年九月之前(参李商隐《剑州重阳亭铭并序》),其"转吏部侍郎"当在此前的数年内,约大中五六年。而据丁居晦《重修承旨学士壁记》,蒋伸"大中十一年八月二十六日自权知户部侍郎充。九月二日,拜户部侍郎、知制诰。十月二日加承旨。十二月二十九日转兵部侍郎,依前充。十二年五月十三日,守本官、判户部出院",则蒋伸任侍郎时庭筠已在襄阳徐商幕,不复参加进士试。故此二首当是上蒋系之启。参《上封尚书启》,上启的时间或在大中六年秋。

《上杜舍人启》系上杜牧之启。裴延翰《樊川文集序》:"上(宣宗)五年冬,仲舅(杜牧)自吴兴守拜考功郎中、知制诰……明年(大中六年)冬,迁中书舍人。"张祜有《华清宫和杜舍人》,杜舍人亦指杜牧。按:杜牧卒于大中六年十二月,故此启即有可能作于大中六年冬。按照唐人称他官知制诰者亦可曰"舍人"的习惯,也有可能作于六年冬稍前。启云"是以陆机行止,惟系张华;孔阐文章,先投谢朓,遂得名高洛下,价重江南,惟彼归羹,同于拾芥",盖祈杜牧借其在文坛的声望为其延誉,以求应试登第,此启亦为大中七年应进士试而上。

《上裴舍人启》系上裴坦之启。启称"舍人十一兄",《太平广记》卷四九八引《玉泉子》,裴勋称其父坦为"十一郎",可证此裴舍人即裴坦(《全唐文》作"舍人十六兄",误,此依残宋本《文苑英华》)。坦大和八年登进士第。"令狐绹当国,荐为职方郎中、知制诰,而裴休持不可,不能夺"(《新唐书·裴坦传》),事当在裴休大中十年罢相之前。大中十一年四月,为中书舍人。大中十三年十月,以中书舍人裴坦权知礼部贡举,放咸通元年春榜,再进礼部侍郎。咸通二年,拜江西观察使。是大中十一年四月至咸通元年春,坦任中书舍人。而大中十一年四月之前的一段时间内,坦为职方郎中、知制诰,亦可称"舍人"。此启有"阮路兴悲,商歌结恨,牛衣夜哭,马柱晨吟。一笺徘徊,九门深阻"及"伏在庭除"等语,其时庭筠仍困居长安,当为大中十年尚未贬隋县尉时所上。启内"如挤井谷""济绝气""起僵尸""济溺"等形容自己处于困绝之境的用语,亦暗示其时"搅扰场屋"事发,已临极艰危之局面。

《为前邕府段大夫上宰相启》系为段文楚所拟。段文楚系唐德宗时著名忠臣段秀实之孙,曾两任邕管经略使。第一次约大中九年至十二年二月。第二次为咸通二年七月至三年二月,分见《旧唐书·宣宗纪》和《通鉴》咸通二年及三年,御史大夫为其第二次镇邕管时所带宪衔。启内叙及其初任邕管、离任及继任者李蒙妄诛当地豪酋之事,及再任邕管、被罢任及其后"侨居乞食,蓬转萍飘"的困窘处境,希望宰相"录其勋旧,假以生成"。启内提及"今者九州征发,万里喧腾,凭贼请锋,已至城下",指咸通五年,"康承训至邕州,蛮寇(指南诏侵扰)

益炽,诏发许、滑、青、汴、兖、郓、宣、润八道兵以授之"(《通鉴》),故此启当作于咸通五年。《南楚新闻》卷二载:"太常卿(应为少卿)段成式,相国文昌子也,与举子温庭筠亲善,咸通四年六月卒。庭筠闲居辇下。"说明最迟咸通四年六月,庭筠已回长安闲居,此启当为闲居长安时代段所拟。

《榜国子监》是咸通七年十月六月庭筠任国子助教主持国子监秋试后,将经过考试报送到礼部参加明春进士试者所作的诗张榜公示而写的榜文。此事胡宾王《邵谒诗序》、《唐诗纪事》卷六七李涛下均有记载。此后不久,庭筠即贬方城尉,旋即辞世。

《答段成式书七首》系庭筠居襄阳徐商幕期间与段成式往返酬唱之作。《金华子》卷上谓:"庭筠方谪尉随县,廉帅徐太师商留为从事,与成式甚相善。以其古学相遇,常送墨一铤,往复致谢,递搜故事者九函。"

以下数启,均存在各种疑误,从文献整理的角度略加申说。

《上崔相公启》《投宪丞启》《上萧舍人启》疑为代人所拟。上崔启云:"窃仰洪钧,来窥皎镜……岂谓不遗孤拙,曲假生成。拔于泥滓之中,致在烟霄之上。遂使龙门奋发,不作穷鳞;莺谷翩翩,终陪逸翰……岂可犹希鼓铸……专门有暇,曾习政经;闭户无营,因窥吏事……倘蒙再扇薰风,仍宣厚泽,庶使晏婴精鉴,获脱于在途。"说明上启者在崔的荐拔下已登进士第,此次是祈求崔再施恩泽,助其为官。此与庭筠终身未登第不合。《投宪丞启》云"遂窃科名,才沾禄赐",则不但科举登第,且已沾禄为官。"今者方抵下邑,又隔严扃……愿同晋室徐宁,因县僚而迁次",系外任县僚前所上。此启亦与庭筠终身不第不合。且题称"宪丞"(指御史中丞),启又云"侍郎",称谓不一,疑"侍郎"之称有误。《上萧舍人启》有"率尔中科,忝刘蕡之第","杨丞相铨衡,竟遗刘炫"之语,其人亦已科举登第,只是在吏部铨选官职时落选。此二节均与庭筠经历不合。启又称已"居惟岭峤",尤与庭筠籍贯里居(郡望太原,居住吴地)不合。故可决以上三启均为代人所拟。《上萧舍人启》之"萧舍人"可能指两入翰林,并于大中五年七月至六年七月任中书舍人之萧邺。此启虽系代人作,而《上学士舍人启二首》则无代拟迹象,其所上对象可能即任中书舍人而为翰林学士之萧邺。庭筠有《投翰林萧舍人》七律,萧舍人亦指萧邺。启有"今乃受荐神州,争雄墨客。空持砚席,莫识津涂"之句,亦应进士试前投献希求汲引之作。如所上对象为萧邺,启或六年秋所上。

《上崔大夫启》疑非庭筠之作。据启内"已践埋轮,光膺弄印""诚宜便舍圭符,来调鼎鼐"及"嵇山灵爽,镜水澄明""窃料已饰廉车,行离郡界"等语,崔某盖任浙东观察使,已内征为御史大夫,行将离郡而回京者。然检《唐刺史考全编》,自开成四年至咸通八年,历任浙东观察使班班可考,任期承接,无一崔姓者,亦无自浙东观察使召入为御史大夫者。再前溯至大历十一年七月至十四年,崔昭任浙东观察使,且有"御史大夫崔公"之称,但系所带宪衔,非征入授御史大夫之实职。故此启据现存资料,只能存疑。如系他人之作误植,则自《文苑英华》即已然(《英华》卷六六六载庭筠杂启三首,此首已在其中)。

两篇赋,《锦鞋赋》作于襄阳,系咏物艳情小赋。《再生桧赋》内容系颂武德四年亳州老子祠枯桧复生之祥瑞,署名温岐,当是早年之作。末云"敢献赋以扬荣,遂布之于翰墨",或亦参加科举考试前呈献行卷之赋。

最后,将上述温文可考见其晚年事迹者,以年代为序,简列于下,作为本文的结论:

大中元年　羁游湖南,谒湖南观察使裴休,受到裴休的设宴款待。见《上盐铁侍郎启》。

大中二年　参加进士试未第。是年封敖以礼部侍郎知贡举。见《上封尚书启》。

大中四年　参加进士试未第。是年裴休以礼部侍郎知贡举。见《上盐铁侍郎启》。

大中六年　为参加明春进士试,曾分别上启裴休(《上盐铁侍郎启》《上裴相公启》)、封敖(《上封尚书启》)、杜牧(《上杜舍人启》)、蒋係(《上蒋侍郎启二首》)、萧邺(《上学士舍人启二首》),并献诗文行卷。

  大中七年 参加进士试未第。是年崔瑶以礼部侍郎知贡举。上启吏部郎中韩琮,祈其在宰相兼领盐铁使裴休之前推荐自己,以求得盐铁使之属官。见《上吏部韩郎中启》。

  大中九年 参加进士试未第。是年沈询以礼部侍郎知贡举。在考试中"潜救八人"。三月,吏部铨试漏泄试题,庭筠为柳意之子柳翰假手作赋。此二事载《新唐书》《唐摭言》《北梦琐言》,以及《旧唐书》《东观奏记》。

  大中十年 因"搅扰场屋"罪,贬隋州隋县尉。裴坦草制。是年春,徐商镇襄阳,署庭筠为巡官。贬前有《上裴舍人启》。在襄阳首尾五年,与时居襄阳之段成式诗文酬唱颇多,有《答段成式书七首》等。在襄阳"穷栖""五秋"事,见《上首座相公启》。

  大中十三年 冬十二月,白敏中自荆南再度入相。庭筠时在襄阳,有启祝贺。见《上萧舍人启》(题误,当为《上司徒白相公启》)。

  咸通元年 徐商内征,庭筠罢襄阳幕,岁杪将赴荆南。先后有《上宰相启二首》《上首座相公启》,分别上宰相夏侯孜(按:当为杜审权)、首相白敏中,求其汲引。

  咸通二年 庭筠至江陵,在荆南节度使萧邺幕为从事。有《上令狐相公启》及《谢纥干相公启》(题误),均言及其为"荆州从事"之事。在荆南幕,与同幕段成式有唱酬,庭筠有《答段柯古赠葫芦管笔状》。

  咸通四年 在长安闲居,见《南楚新闻》。

  咸通五年 在长安闲居,为段文楚作启上宰相,即《为前邕府段大夫上宰相启》。

  咸通七年 任国子助教,主秋试,十月六日有《榜国子监》。旋贬方城尉,卒。其弟庭皓作《唐国子助教温庭筠墓志》。终年六十六(从陈尚君说)。

(原载《文学遗产》2006年第3期)

附录二

"误读"出来的"正史"
——以《旧唐书·温庭筠传》为例

文、史结合,以诗文证史,以史证诗文,向为治史、治文者所常用,陈寅恪先生的《元白诗笺证稿》便是一个范例。特别是正史,尤为治文者所倚重。但史家所编著的正史中文学家的传记,材料来源之一,便是其创作的诗文作品。一旦误读,并将误读所得出的结论写入传记,就会严重地误导研究者,因为正史的权威性远大于野史、笔记等史料。两《唐书·温庭筠传》的有关记载,就是因史家误读传主相关诗文而造成的必须厘正的失误。

在讨论温传讹误之前,不妨先举另一个晚唐诗人李商隐的传记之误作为导引。两《唐书·李商隐传》都提到令狐楚镇汴州(宣武)时,表署其为巡官,"岁给资装,使随计"。令狐楚镇汴(今开封),在长庆四年至大和二年(824—828),冯浩以前的注家在考证商隐生年时因此认为其在汴幕时已经弱冠,且已参加进士试。这与其实际生年相差十余岁。这一正史中的错误,就是因误读商隐《献寄旧府开封公》一诗而引起的,即认为"旧府开封公"是镇汴的令狐楚。而实际上却是指桂管观察使郑亚(详冯氏对此诗的注释和按语)。冯浩对"旧府开封公"的正确考释,不但为考证商隐的真实生年扫清了障碍,而且纠正了正史传文中的错误记载。

温、李并称,两《唐书·温庭筠传》中同样有一大段因误读温文《上裴相公启》和温诗《东归有怀》而编造出来的记载。《旧唐书》本传云：

> 咸通中，失意归江东，路由广陵，心怨令狐绹在位时不为成名。① 既至，与新进少年狂游狭邪，久不刺谒。又乞索于扬子院②，醉而犯夜，为虞候所击，败面折齿，方还扬州诉之。令狐绹捕虞候治之，极言庭筠狭邪丑迹，乃两释之，自是污行闻于京师。庭筠自至长安，致书公卿雪冤。

《新唐书》本传对此事的叙述同《旧唐书》，只略去"与新进少年狂游狭邪"，把"虞候"改为"逻卒"，"乃两释之"改为"乃两置之"，可以说是照抄《旧唐书》，以致千余年来从未有学人对此事是否存在提出过怀疑。温传全文不过300多字，其中还包括对其子温宪、其弟庭皓的简述，而上引一段文字就占了三分之一，可见其分量之重，以致今人编著的《唐五代文学编年史》也照录不疑，将此事编在咸通四年（863）。

但实际上这段经历完全是子虚乌有的。笔者在《温庭筠文笺证暨庭筠晚年事迹考辨》、《温庭筠全集校注》附录《温庭筠系年》、《温庭筠传论》中均提出对这段经历的质疑，并列出了多方面的理由。本文着重从误读庭筠诗文这一角度进行考述，以期彻底弄清这一本不存在的经历是如何编造出来的，从而根本否定它的任何可信性。

先说"咸通中，失意归江东"是怎么来的。这是误读庭筠诗《东归有怀》而导致的，诗云：

> 晴川通野陂，此地昔伤离。

---

① 令狐绹于咸通三年冬由宣武节度使调任淮南节度使，使府在广陵，即扬州。
② 指盐铁转运使设在扬州的办事机构。

> 一去迹长在,独来心自知。
>
> 鹭眠菱叶折,鱼静蓼花垂。
>
> 无限高秋泪,扁舟极路岐。

编著《旧唐书》庭筠传的史家因题中有"东归",诗中有"扁舟""泪""路"等语,遂想当然地将"东归"判定为徐商幕罢庭筠自襄阳乘船"失意归江东",但并不清楚他要归的究竟是"江东"这一大片区域的何处,正好令狐绹于咸通三年冬调任淮南节度使(可能四年初方到任),遂信手而书"路由广陵"。其实,这首《东归有怀》是庭筠因曾从庄恪太子李永游,太子死后,文宗追悔,杀曾在太子左右者多人。庭筠惧祸及己,故有"行役议秦吴"(《书怀百韵》)之举,"东归"是指会昌元年春自长安东归吴中旧乡(今上海市松江区附近,太湖之滨,为其旧居所在)。仲春出发,沿途有诗,暮春抵扬州,因欲入李绅幕,耽搁时间较长,秋天方渡江归吴中,沿运河东行,故有"扁舟极路岐"之悲,途中亦有诗,均切秋令(以上均详拙编《温庭筠系年》有关新考证)。否则,东归吴中而"路由广陵",不啻南辕北辙。

再辨对庭筠骈文《上裴相公启》的误读。裴相公指裴休,系庭筠大和年间旧识,庭筠与休曾从圭峰禅寺宗密游,大中元年裴休任湖南观察使时,庭筠亦曾往拜谒,受到休之款待,二人地位高下有别,却是故旧。裴休大中六年四月拜相,此启当作于其后。兹将史家误读的一段文字移录如下:

> 既而羁齿侯门,旅游淮上。投书自达,怀刺求知。岂期杜挚相倾,臧仓见嫉。守土者以忘情积恶,当权者以承意中伤。直视孤危,横相陵阻。绝飞驰之路,塞饮啄之涂。射血有冤,叫天无路。此乃通人见愍,多士具闻。徒共兴嗟,靡能昭雪。

很明显,庭筠在这段文字中所要昭雪的"冤"是早年"旅游淮上"时所蒙受的不白之冤。据顾肇仓(学颉)《温飞卿传论》考证,庭筠游江淮在大和末(九年),那么,此次游江淮究竟发生了什么事,以致遭到淮南节度使府中僚属、府主乃至京城的当权者"相倾""见嫉""亡情积恶""承意中伤"呢?《玉泉子》的一段记载提供了消息:

> 温庭筠有词赋盛名,初从乡里举,客游江淮间。扬子留后(盐铁使院扬州院负责之院吏)姚勖(庭筠之舅或姑父)厚遗之。庭筠少年,其所得钱帛,多为狭邪所费。勖大怒,笞而逐之。其姊赵颛之妻也,每以庭筠下第,辄切齿于勖。

《北梦琐言》卷四亦谓庭筠"少曾于江淮为亲表所榎楚"。顾肇仓《温庭筠交游考》云:"按《通鉴》开成五年四月,'上以盐铁推官(检校)礼部员外郎姚勖,能鞫疑狱,命权知职方员外郎。右丞韦温不听,上奏请:郎官,朝廷清选,不宜赏能吏。上乃以勖检校礼部郎中,依前盐铁推官'(撰者按,后来在会昌三年,朝廷仍任勖为右司郎中、左司郎中)。"开成四年勖犹在扬子盐院任职,则顾氏谓庭筠大和九年游扬州当可信。时庭筠三十五岁,与"年少"似不甚合,但一则史家不知庭筠之生年,二则用"少"泛称少壮之年,亦属常事。唐人浪漫,晚唐应举士人尤嗜平康北里之游,但因游狭邪遭亲表笞逐,则在士林中亦被视为丑迹。总之,很明显,《上裴相公启》所诉之"冤",乃是大和末"客游江淮"期间因游狭邪花光亲表姚勖所资助的用以应举的钱遭到笞逐,而被淮南幕中一些僚属所嫉恶倾害,继而又被守土的地方长官所"亡情积恶"(时任淮南节度使为牛僧孺),而秉政的当权宰相(应是牛党另一首领李宗闵,大和九年六月前仍任宰相)承其意旨,大加中伤,跟令狐绹半点关系也没有(大和九年,令狐绹只不过是一个八品官右拾遗,见《雁塔题名帖》,根本谈不上"秉政者")。在刘昫撰《旧唐书》(941—

945)之前,也没有任何文献材料(包括笔记小说)提到过令狐绹任淮南节度使期间,有温庭筠狂游狭邪,乞索扬子院,不谒见绹,受到败面折齿之辱这段戏剧性情节。但大和末旅游江淮受笞逐遭嫉恶中伤这件事与《旧唐书》上大书特书的晚年失意归江东路由广陵受辱之事在情节上的诸多相似性(不具列),却说明了正史所载此事完全是撰史者误读《上裴相公启》的结果(其中也可能包括大和末旅游江淮受笞逐为人嫉恶中伤一事在社会上流传过程中逐渐演变的因素)。实际上,庭筠之启虽上于大中六年八月后,但所诉的却是大和末的"旧冤",而非咸通三、四年间子虚乌有的"新冤"。

其实,庭筠的屡试不第,除了浪漫不羁、士行有玷这一因素外,更重要的因素恐怕是开成元年至三年从太子李永游一事遭到"等第罢举"的大挫折(详参温庭筠《书怀百韵》)及其后续影响,以及他自己在科举考试中代人作赋,"搅扰场屋"所致。上裴休启作于大中六年八月后,说明庭筠心中对此是清楚的,只是涉及政治上的敏感话题,不便在启中提及。

至于所谓"庭筠自至长安,致书公卿间雪冤,属徐商知政事,颇为言之。无何,商罢相出镇,杨收怒之,贬为方城尉"(《旧唐书》本传),从上下文关系看,当指咸通四年至七年之事。徐商咸通六年六月为相,十年六月罢相出镇荆南,而庭筠因商之荐任国子监助教,在咸通六年商为相后,七年十月六日后即贬方城,卒。这段时间之前,根本不存在"致书公卿间雪冤"之事。撰史者当是将庭筠在大中年间四应进士试时写的上显宦达官的干谒书启误以为诉冤状了。这连"误读"也算不上,只能算草草翻阅造成的叙事错误。平心而论,史家对每一位文学家传主,不可能做专门的研究,只能凭有限的时间大致阅读甚至草草翻阅传主之诗文做出判断,作为撰述传主事迹的依据。但后世的专门研究者却要多长一个心眼,认真审查史家所叙是否可靠。在已有研究成果和细读现存文献基础上作出可信的判断。当然,正史所述,多数情况下仍比较可信,但不能尽信。温庭筠晚年"失意归江东,路由广陵"的一大段丑迹叙述,就是一个因误读传主诗文而编造出来的戏剧性故事,是一个"误读出来的正史"之典型例证。

真正要辨明这段戏剧性经历并不存在,只要将庭筠的真实经历简要列出就可一目了然:

大中十年春,庭筠因"搅扰场屋",贬隋州隋县尉,旋为山南东道节度使徐商招入襄阳幕为巡官,在幕五年。

大中十四年,徐商离任。十一月改元为咸通元年,岁末庭筠离襄阳,赴荆州,入荆南节度使萧邺幕为从事。到幕时约咸通二年初。约是年秋,段成式罢江州刺史,至荆州幕,同幕有卢知猷、温庭筠、段成式、沈参军等,彼此诗文唱和。段成式约是年冬离荆幕归长安,任太常少卿。

咸通三年,约仲春,庭筠犹在荆州,时裴休任荆南节度,庭筠有《和段少常柯古》。此后不久,温亦归京。是年初秋,有《和太常段少卿东都修行里有嘉莲》。庭筠在荆幕,思乡情切,但所思者系长安鄠郊之别墅,而非所谓"江东"旧乡。

咸通四年六月,段成式卒,时"庭筠闲居辇下"(见《南楚新闻》)。

咸通五年,在长安,有《为前邕州段大夫上宰相启》。

咸通六年,在长安,约是年六月后任国子监助教。

咸通七年十月六日,犹在国子监助教任,旋贬方城尉,卒。

据上述简历,庭筠根本无"归江东"的主观愿望与实际可能。广陵受辱之事纯属误读而无中生有,亦庶几可以定案。详参拙文《温庭筠、段成式晚年经历交游考》。

二〇二二年十二月四日草成

(原载《光明日报》2023 年 4 月 3 日,标题为《诗文误读与传主正史——以〈旧唐书·温庭筠传〉为例》)

附录三

温庭筠、段成式晚年经历交游考

从大中十年到咸通四年(856—863),温庭筠、段成式有长达近七年(按古代纪年习惯则为八年)交集分合的经历,其中尤以段成式任江州刺史的时间为关键。它涉及庭筠何时贬隋县尉、入襄阳徐商幕为巡官、与成式交往唱酬的时间地点、二人同在荆南萧邺幕的时间及先后离荆返京的时间,甚至涉及两《唐书·温庭筠传》均明确记载的庭筠咸通中失意归江东,路由广陵,因不刺谒令狐绹,又狂游狭邪,乞索扬子院,为虞候所击,自至长安,致书公卿雪冤之事是否存在的大问题。其中有些问题(如庭筠贬隋县尉、入襄阳幕的时间、咸通改元徐商归京后入荆南萧邺幕的新考、扬州被辱一事并不存在),我已在《温庭筠文笺证暨庭筠晚年事迹考辨》、《温庭筠全集校注》附录《温庭筠系年》、《温庭筠传论》及附录之专文等著述中作了考证,本文从略。

考温氏何时被贬隋县尉者,主要依据《东观奏记》卷下一段叙事含混不清的记载。这段记载先引裴坦贬制,但未书年月。这就给被贬时间造成很大困惑(从大中九年最后一次应试,搅扰场屋,到大中十三年温、段唱酬于襄阳幕均有可能),继忽插入"与商隐齐名,时号温、李",又引纪唐夫叹庭筠之冤贬,作诗以赠,而此诗明为咸通七年冬庭筠贬方城尉时所作,纯属张冠李戴。继又突入"前一年,商隐以盐铁推官死"及商隐简历。这就给人造成温贬隋县尉迟至大中十三年的明确印象,以致《唐五代文学编年史》也据此将温之贬隋县尉定在大中十三年(晚唐卷437页)。其实这个结论是经不起推敲的。

为解决已有的错失,首先必须要大致考出段成式任江州刺史的上下限。据《唐语林》卷二:"段郎中成式……连典江南数郡,皆有名山:九江匡庐、缙云烂柯、庐陵麻姑。前进士许棠寄诗云:'十年三领郡,领郡管仙山。'"其任吉州刺史(即庐陵郡),在大中二至七年,见段所作《寺塔记》。大中九年至十一年,段任处州(即缙云)刺史,有贯休诗《上缙云段使君》"缙云三载得宣尼"为证。但大中十一年底,成式已退居襄阳岘山,因大中十二年上元节(正月十五),成式即已与温庭皓、韦蟾同赋《观山灯献徐(商)尚书三首并序》,序中明言"尚书东莞公镇襄之三年"可证。其时温已贬隋县尉,旋为徐商调至幕下任巡官,温、段二人即已有了交往的条件。实际上,现存温、段诗文中就可能有此类作品(如《烧歌》及游襄阳近地等作),不必都等到大中十三年。至于段何时始任江州刺史,《新唐书·段成式传》只笼统地说:"咸通初,出为江州刺史。"此记载如指咸通改元后段方到任江刺,显误。因为据《庐山记》卷五《东林寺齐朗和尚碑阴题名》:"检校司封郎中、守江州刺史裴讽,大中十四年四月八日挈累同游。"《舆地碑纪目》卷二《江州碑记》有唐江州刺史裴行讽作记,注云:"在齐朗碑阴。"继裴任江刺者,即段成式(均据郁贤皓《唐刺史考全编》)。可见,最早大中十四年五六月,段已可能离襄阳任江州刺史,此时离咸通改元(大中十四年十一月丁丑)尚有半年左右,故《新唐书·段成式传》云"咸通中,出为江州刺史"的记载是不正确的。此点还可从段任江刺不久,温、段之间的书信往来中得到确证。段成式《与温庭筠云蓝纸绝句并序》云:"一日辱飞卿九寸小纸,两行亲书,云要彩笺十番,录少诗稿……予在九江,出意造云蓝纸……辄分五十枚,并绝句一首。……(诗云)'三十六鳞充使时,数番犹得裹相思。待将袍袄重抄了,尽写襄阳掘柘词(一作掘柘词,按,当作屈柘词)'。"此信及绝句证明:段在江州刺史任上,因温要彩笺之请,出意造云蓝纸五十枚,寄仍在襄幕之庭筠,供其录诗之用。写此信的时间,定在大中十四年十一月丁丑咸通改元之前,庭筠亦未离襄阳赴荆南萧邺幕时。而其离江州刺史任的时间下限则在咸通二年(861)秋。《唐文拾遗》卷三十二卢知猷《卢鸿草堂图后跋》云:"咸通初,余为荆州从事,与柯古(段成式字)同在兰陵公(萧邺)幕下。"萧邺大中十三年十一月戊午已被任命为荆南节度使,原荆南节度使白敏中则于十二月离任还京。大中十四年十一月之前因徐商内征,温庭筠行将离幕,曾致书白敏中(即《上首座相公启》之首座相公),告以已离襄阳幕后"将卜良期,行当杪岁",可能白敏中曾向萧邺推荐(温早在大中六年即上书萧邺,希"一枝何日得相容"),故庭筠得以于岁杪赴荆南萧邺幕。咸通二年初春当已在荆幕。其为萧邺荆幕从事,前此诸家皆失考,实则《上令狐相公启》与《上纥干相公启》("相公"二字有误)可为确证(以上考证详拙撰《温庭筠全集校注》《温庭筠传论》及《温庭筠文笺证暨庭筠晚年事迹考辨》,不赘述)。而段成式到萧幕的时间最迟当在咸通二年秋,温有《答段柯古赠葫芦管笔状》,其中有"庭筠累日来洛水寒疢,荆州夜嗽"之语可为的证。总之,段任江州刺史的时间,上限为大中十四年五六月,下限为咸通二年秋,时间最多不过一年。

那么,温、段二人同在荆幕的时间又有多长,是什么时候离开荆幕的呢?据《唐大诏令集》卷五十《夏侯孜平章事制》,咸通二年七月,剑南节度使夏侯孜内征为相,继任者为萧邺。而咸通三年二月,萧邺已在益州,卢知猷作为幕府从事亦同往(据两《唐书·卢简能传》,其子知猷,萧邺镇江陵、成都,为两府记室),因此,萧邺在江陵接到调任西川的任命后,段、温二人皆可离幕。但温庭筠有《和段少常柯古》诗云:"称觞惭座客,怀刺即门人。素尚宁知贵,清谈不厌贫。野梅江上晚,堤柳雨中春。未报淮南诏,何劳问白蘋?"此诗当作于咸通三年春,梅花一般开于严冬早春,此言"野梅江上晚,堤柳雨中春",当已仲春。其时段已回京任太常少卿,可证段在荆幕时间很短,约咸通二年冬初即已返京,任太常少卿,并有诗寄温,温寄诗以和,而温之所以仍留荆州未归,乃因继萧邺任荆南节度使者是旧知裴休。上诗尾联透露出,裴休可能招温入幕,而温因思家(长安鄠郊)念切,尚在犹豫,故说我尚未回告裴休自己是否应招,又如何能返京与你相聚,以慰相思呢("淮南诏"借淮南王招宾客指裴休招其入幕,"白蘋"用柳恽《江南曲》,意在问"故人何不返")?大约此后不久,庭筠终于下定决心,回到长安。故有咸通三年秋初和段《东都修行里有嘉莲》之作。次年六月,段即卒于长安。以上即段、温二人晚年交游及经历大概。由此出发,下列三大问题即可得出比较信实之考证结论。

一、温庭筠大中十三年始贬隋县尉及入徐商襄阳幕之说不可信。

先对庭筠在襄阳幕之时间作大体估算。关于庭筠贬隋县尉的时间,旧有大中十三年、大中十年两说,笔者主后说(详参上编第八章)。如大中十三年仲春贬隋县离长安[颇疑《商山早行》系此次贬途所作。因此次之贬乃以未登第授官为贬,目的主要是将温调出长安,以免他继续"搅扰场屋",故裴坦草贬制,"忸怩含毫久之"时,老吏谓:"入策进士,与望州长、马一齐资"(《唐摭言》卷十一),意即温虽外贬隋县尉,论资格跟二等州的官长类似。此即以任官代贬屡试进士未登第者,史上罕见。故庭筠此诗除思长安鄠郊外,情绪并不悲苦]。约暮春抵达隋县,徐商为照顾他,将他调至幕府为巡官,与其弟庭皓相聚,其时当已入夏。自此时至大中十四年冬暮离襄阳,总计最多一年半时间。

问题是,若明了温氏在襄阳幕中的丰富活动,必然会察觉到这一年半的时间实在显得局促。按,在襄阳幕期间,庭筠的主要活动除偶或担负巡官的幕职工作外(今天虽未留下文字记载,但不等于没有这方面的实际工作),大量的时间用以自己写作诗文,与幕主、其他幕僚诗文酬唱、书信往来,参加各种游戏活动乃至与乐伎的宴舣戏谑,以及在襄阳近境游览等。还有一项比较特殊的经历,就是与乐伎柔卿从相识到相恋,到正式结合,直至柔卿解籍相从。从今人所辑的约七十篇《汉上题襟集》佚文(其中有一部分系荆南幕作,文献出处亦未注明出自《汉上题襟集》,当是今之学者因未考知段、温均有此经历而误收),基本上反映了上述活动与经历。但《汉上题襟集》共有十卷,今之所辑者仅为一卷之数,原书之篇数恐有六七百篇。以如此大篇幅的众人创作的总集,在最长不过一年半的时间内,恐很难写作出来。再如温与乐伎柔卿之交往,如属一般幕中文士与乐伎逢场作戏的活动,自然可以短期烟消云散,但这次却是双方均有真情付出,包括从相识相知相恋到郑重结合,再到乐伎脱籍而从,其中相恋一段尤为不易。没有长期交往是不大可能的(从现存温氏诗文看,其元配去世后,似一直未续娶)。而如从大中十年夏算起(亦即庭筠实际贬隋县尉并随即被徐商招入襄幕的时间),上述两大问题就不存在任何可疑之处了。

二、庭筠咸通三(或四)年从荆州东归吴中旧乡,路由广陵,受辱,亲至京师谒公卿诉冤的史籍记载根本不足信。

此事已作专题考论,兹略作补充。

两《唐书·温庭筠传》所载此事,全因误读《东归有怀》及《上裴相公启》所致。启云:"既而羁齿侯门,旅游淮上,投书自达,怀刺求知。岂期杜贽相倾,臧仓见嫉。守土者以亡情积恶,当权者以承意中伤,直视孤危,横相陵阻。绝飞驰之路,塞饮啄之途。射血有冤,叫天无路。此乃通人见愍,多士具闻。徒共兴嗟,靡能昭雪。"这一大段明为大和末旅游淮上,受小人相倾嫉妒及守土者(地方长官)、当权者(宰相)中伤之旧冤,而非子虚乌有之近事。亲至长安遍谒公卿,言为吏所染,更属错上加错。言失意归江东,尤属臆想。会昌元年秋,庭筠为避祸而由长安返吴中旧乡时,已是"旧业荒凉",会昌三年返长安后,一直居于鄠郊,再未回吴中。二十年之后,所谓吴中旧乡,恐早已无人居住,草径苔荒,难以寻觅遗迹了。这恐怕也是由于误读误系《东归有怀》等诗所致。古之史家,今之学者都被误导了。

其实,无论是在襄阳幕还是在荆州幕,庭筠念兹在兹的故乡都不是吴中旧乡,而是从大和末年起一直居住的长安鄠郊别墅。《商山早行》首联提出"客行悲故乡",尾联回应开篇,写昨夜梦见鄠郊别墅"凫雁满回塘"之景象。无独有偶,在荆幕写的另一首思归之作《渚宫晚春寄秦地友人》也说:

> 风华已眇然，独立思江天。
> 凫雁野塘水，牛羊春草烟。
> 秦原晓重叠，灞浪夜潺湲。
> 今日思归客，愁容在镜悬。

可见"凫雁满回塘"正是他日夜思念的第二故乡鄠郊别墅的标志性景物，这也正是《书怀百韵》中写到所居鄠郊别墅景物时所谓"跃鱼翻藻荇，愁鹭睡葭芦。暝渚藏鸂鶒，幽屏卧鹧鸪"，因别墅有许多大小不一的池塘之故。

三、假设庭筠有所谓东归吴中之游，与作《和太常段少卿东都修行里有嘉莲》诗在时间上有无冲突的问题。

庭筠《和段少常柯古》有"野梅江上晚"之句，证明咸通三年仲春他仍在荆州，其后还可能在裴休幕再住了一段时间。但最迟在三年夏，已回到长安，因而在秋初方有和段嘉莲之作。从和诗看，似庭筠亲见此并蒂莲，则还须自京至洛，故归京时间则更早。而如果是年秋回江东（学者多据《东归有怀》证之），则早已错过秋初洛阳见嘉莲。如路由广陵，加上扬子院受辱事，恐已至秋末冬初。段也不可能千里迢迢，寄诗给在扬州受辱之庭筠（消息不可能立即传至长安）。至于论者或谓咸通四年温东归吴中旧乡，则是年六月成式已卒，更无可能在嘉莲已开一年后作此和诗了。

总之，考明段氏任江州刺史的时间上下限，可以进一步考明庭筠的一系列经历和诗文系年、阐释问题。故作此补充考证。

二〇二二年十一月二十日草成

（原载《安徽师范大学学报》2023 年第 3 期）

附录四

温庭筠《书怀百韵》"羁游欲渡泸"诠释

陈尚君先生早岁所作《温庭筠早年事迹考辨》一文中谈及《赠蜀将》及入蜀之行时曾说：

> 庭筠蜀中存诗两首：《锦城曲》……是春初在成都作。《旅泊新津却寄一二知己》……是离成都后行舟中寄游宴之友的……离蜀后……应是下黔巫……《书怀百韵》："羁游欲渡泸。"……疑庭筠自新津南下，渡泸不果，遂放舟东下出峡。

陈文有许多重要的考证（特别是生年的考证），是温庭筠生平考证中至今仍有重要价值的论文。此处只就"羁游欲渡泸"之句作一考释。因为笔者对此亦有过类似疑惑，即庭筠离新津顺岷江南下至戎州（今宜宾市）时真起过"欲渡泸"的念头但未必实现。但细读《书怀百韵》有此诗句的全段文字后，方发现这完全是一场误会。兹列此段文字如下：

> 事迫离幽墅，贫牵犯畏途。爱憎防杜挚，悲叹似杨朱。
> 旅食常过卫，羁游欲渡泸。塞歌伤《督护》，边角思《单于》。
> 堡戍标枪槊，关河锁舳舻。威容尊大树，刑法避秋荼。

> 远目穷千里,归心寄九衢。寝甘诚系滞,浆馈贵睢盱。
>
> 怀刺名先远,干时道自孤。齿牙频激发,箠笈尚崎岖。

这一段二十句,系在叙开成三年应礼部进士试,虽然有京兆府荐名居其副的极有利条件,但竟然被黜落;开成四年又不赴乡试有司(见《感旧陈情五十韵献淮南李仆射》自注)之后。究竟有什么紧迫之事使他"离幽墅"而外出避祸并试图谋求出路的呢?作者虽未明言,亦不便言。但此举必与庭筠开成元年至三年九月曾在太子李永门下为客之事有关。开成三年十月,太子永暴卒后,文宗曾追究有关近侍乐官及宫人而加以诛贬;四年十月,文宗新立陈王成美(敬宗子)为太子,又杀了诱使太子永宴游败度的教坊乐工和宫人十四人,说"构会太子,皆尔曹也"。庭筠因自己在太子永府曾从事文字之役,又擅长音乐,可能会与李永"宴游败度"之罪有关。这当是"事迫离幽墅"的真正原因。兹逐句诠释("羁游欲渡泸"句留待最后作结论)如下:

"贫牵犯畏途",是说自己离鄂郊别墅的原因之一是因为自己二年不试礼部,又离太子府之后,生活失去来源,为贫穷所牵累,不得不冒着令人生畏的道路出行。

"爱憎防杜挚",是说外出依投一方长官须防备杜挚一类小人的攻评,因为大和九年游淮上时就有过类似经历。

"悲叹似杨朱",是说自己歧路彷徨,不知究竟投何地何人,心中悲叹。

"旅食常过卫",谓在旅途上常有寄食于人的困厄处境,得不到地方长官的赏识任用。

"塞歌伤《督护》,边角思《单于》",二句点明此次出游系北方边寒之地,闻塞歌、听边角而心中悲伤。"督护"指《丁督护歌》,其声悲苦。《单于》指唐大角曲《大单于》《小单于》,声亦悲凉。

"堡戍标枪槊,关河锁舳舻",两句写旅途所见:边塞的碉堡竖立着枪槊,关隘与河边因天寒河冻而被冻锁。此"关""河"颇似指潼关、黄河,因向北一大段黄河本就不通航。

"威容尊大树,刑法避秋荼",上句写所拜谒的边帅威仪尊严,功高不伐,系颂词,下句则写帅府刑法繁密,行动须处处小心以免罹灾祸。此二句似言己曾暂游边塞幕府的感受,既尊又惧。

"远目穷千里,归心寄九衢",上句写所见阔远千里景象,似化用朱斌(或作王之涣)"欲穷千里目"句意,下句谓已感到依投无望,归京心切。

"寝甘诚系滞,浆馈贵睢盱"二句写在边幕之感受,似谓欲在幕府甘寝则需忍受长久不迁之处境,赐己酒浆者看重自己的仰视感恩。

"怀刺名先远,干时道自孤",谓己怀刺游幕名先远传,而己干时匡国之道却无人赏识,深感不为时所重而内心不平。

"齿牙频激发,簦笈尚崎岖",谓边帅随口称赞的话虽使自己感动激发,而真正在幕府被任用的道路尚崎岖难行。这也是庭筠"归心寄九衢"的真正原因。

总之,此次出游,目的在北方边地寄幕任职,既解决生活出路,又施展干时匡国之道,远离因从太子永游带来的危险处境。但结果是失望而归。时令在秋冬,地区在北方边地。

这一切,哪有一点"羁游欲渡泸"的影子呢?所写情景亦与蜀地不符。因悟"羁游欲渡泸"乃是用典,传为诸葛亮《后出师表》有"五月渡泸,深入不毛"之句,出上句而意在下句。北方秋冬边塞之地正是荒凉广阔的"不毛"之地。全段写的正是为避祸而欲入边幕未果的一次失败经历。每句的具体用典可参《温庭筠全集校注》的此段句下注。

以上诠释,虽未必句句准确无误,但总的结论应无问题,即庭筠入蜀抵戎州后,并无"五月欲渡泸"之事。一,时非五月。抵新津时方当春令(用王粲春日登楼典),至戎州绝不会拖到五月。如五月欲渡泸,则以下沿长江出峡诸诗时间不可能再是同年春天,时间不能颠倒。二,戎州之南,即南诏国之地,庭筠渡泸,是察地形当侦探还是叛唐为南诏之民,均无可能。三,此段长江,即今金沙江之一段,水势极为湍急险峻。南诏大军入侵及掠百工南归,自有熟悉当地形势者从水势较平缓处渡江南归,庭筠独自一人,又不熟悉水势湍险,绝不可能莽撞渡越。总之,"五月欲渡泸"理解为实写,时、地、人三方面均无可能。

庭筠诗体之短板,一为五言古诗及乐府,晦涩难解,学李贺诗风者尤难解读。其次为五言长律,尤其是《书怀百韵》这种有所讳饰,不便畅言的长律。对此类诗,唯一的办法就是用笨功夫细读。国外盛行互文解读之法,应该学习,但中国也有中国式的细读,二者相济,庶几不失其真意。

附录五

说"脸"
——以温庭筠词为例

首先要说明,我的文字学功底很浅,这篇小文绝非从文字学角度探讨"脸"字的音义,而是在阅读、注解温词的过程遇到了障碍,因而试图对这个绕不过去的问题罗列字例及有关材料,作一些辨析。

先按温词分调次序罗列有"脸"字的例子:

(1)明镜照新妆,鬓轻双脸长。(《菩萨蛮》第七首,又《归国遥》之二亦有"双脸",义同)

(2)翠钿金压脸,寂寞香闺掩。(《菩萨蛮》其八)

(3)无言匀睡脸,枕上屏山掩。(《菩萨蛮》其十一)

(4)脸上金霞细,眉间翠钿深。(《南歌子》其四)

(5)芙蓉凋嫩脸,杨柳堕新眉。(《玉蝴蝶》)

"脸"字的现代含义,是指面孔(头的前部从额到下巴),即整个面庞。温词例(3)之"无言匀睡脸"中的"脸"当即此义,盖女主人公午睡醒来之后因脂粉模糊,匀拭脸面稍事补妆之谓。例(5)中之"芙蓉嫩脸",即白居易《长恨歌》"芙蓉如面",其"脸"亦指整个脸面。可见"脸"指整个脸面的义项一直延续到今天,成为现代汉语"脸"字的主要义项。但温词(1)(2)(4)三例中之"脸",却明显非今所谓"脸"。例(1)之"双脸",如果指整个脸庞,是违反现代普通人常识的:

人只有一张脸,何来"双脸"人?不问可知此"双脸"之"脸"必别有义。例(2)"翠钿金压脸"之"脸"亦明显非指整个脸面,"翠钿"系指女子眉心之绿色花钿,"压"有临近、紧贴之义,"金压脸"如指整个脸面,则近乎古装戏之魁星面、金面了,其别有义亦极明显。例(4)之"脸上金霞细"之"脸",如指整个脸面,则满脸密布金红色之细纹,殆难以想象。故(1)(2)(4)三例中之"脸"均非整个脸面之"脸",可确定无疑。

这就涉及"脸"字的另两个义项。其中一个义项实指"眼睑",即眼皮,音jiǎn,《新华字典》573页画有人的眼睛图,准确地标示出"眼皮"(睑)所在的位置,读者可自行参看。① 由于此义项不仅与"脸"之现代主要常用义大异,读音又与 liǎn 完全不同,故不但一般读者茫然不觉,连注家亦每所忽略而误注或失注。"脸"字的另一义项为脸颊,即脸的两侧。用双音词表达,自然不会误解,但古代诗词中常用单音词表述,则亦滋生疑惑或误解。前文戏言人只有一张脸,何来双脸人,即将"整个脸面"与"两边面颊"相混之故。朱骏声《说文通训定声》云"颊,面傍也"②,面傍即今之所谓脸颊。这种因单音词之多义与双音词之单义引起的误读误注,实际上也很常见。

"脸"为"眼睑"之"睑",《说文新附》还有一段解释:

睑,目上下睑也,从目,佥声。

徐灏注笺:

《一切经音义》引《字略》云:"眼外皮也。"《玉篇》目部:"睑,眼睑也。"《北

---

① 2012年6月第11版,商务印书馆。
② 1997年3月黄山书社影印本,页部,497页。

史·姚僧垣传》：" 帝亲临东讨,至河阴遇疾,口不能言；睑重覆目,不得视。"

此正可证"脸"字之古义之一为"睑",而"睑"则为眼皮,即眼睛上下之弧状皮。梁武帝《代苏属国妇诗》："脸下泪如丝。""脸"即为"眼睑"之义。如"脸"指脸颊或面庞,如丝之泪将滴下衣襟,何由得见？唯其在眼睑之下外溢,方可见其"泪如丝"。

现在,我们可进而联系例(1)(2)(4)之上下文来解释其中"脸"字的确切含义。

先说例(1)。此首上片为："凤凰相对盘金缕,牡丹一夜经微雨。明镜照新妆,鬓轻双脸长。"(下片与"双脸"之释义无关,从略)写女子晨起身穿绣有一对凤凰图案之金缕衣,鬓边插着新摘的带着雨露的牡丹花,明亮的镜子映照着自己的新妆。由于是对镜簪花梳妆,人是坐着的,自非映照全身。故"鬓轻双脸长"自指头面部。"鬓轻"形容鬓发薄如蝉翼,即所谓"蝉鬓",而与鬓发最靠近的部位无疑是面颊,亦即所谓"双鬓隔香红"之"香红","鬓云欲度香腮雪"之"香腮雪"(腮通常指面颊之下半部,但亦可泛指整个面颊,如"鬓云欲度香腮雪",散乱之鬓丝不可能仅掩腮部而间亦有度于其上颊者)。尤可注意者,此首明言"双脸长",指女子两边的面颊极为明显。

再说例(2)"翠钿金压脸"。此句与本篇上下文关系不大,关键在"翠钿"字、"金"字、"压"字。翠钿,有两义。一为用翠玉制成之首饰。梁武帝《西洲曲》："树下即门前,门中露翠钿。"贺铸《菩萨蛮》："帘下小凭肩,与人双翠钿。"二为翠靥。温庭筠《南歌子》(之四)："脸上金霞细,眉间翠钿深。"晏殊《采桑子》："试摘婵娟,贴向眉心学翠钿。"此首之"翠钿"系指翠色之花钿贴向眉心者,非首饰,乃眉妆。"金"状其色黄,"压"状其紧贴。然则,此句末字之"脸"不问可知非指脸颊,而系指眉饰所施及之眼睑。所谓"金压脸(睑)""脸(睑)上金霞细",疑即指额黄妆,六朝妇女施于额上之黄色涂饰。李商隐《失题》之一：

"寿阳公主嫁时妆,八字宫眉捧额黄。"此额黄妆虽点黄粉于眉心,但渐次涂匀至眉之下方两眼睑处,故庭筠《菩萨蛮》(其三)有"蕊黄无限当山额"之句,山指眉山,句意谓额黄妆之颜色由深而渐浅。无限者,言其界限模糊。《南歌子》(其四)之"脸上金霞细,眉间翠钿深","脸""眉"并提,亦显见此"脸"即指眼睑,而非双颊或整个脸面,而"金霞细"则状眉妆之黄粉细小,即"额黄无限"由深至浅之另一种描述。

至此,除例(1)之"双脸"指女子两边之面颊,例(3)之"匀睡脸"指整个脸庞,例(5)之"芙蓉凋嫩脸"亦同指以外,例(2)之"翠钿金压脸"、例(4)之"脸上金霞细"之"脸"均为眼睑之义,与整个面庞或双颊之义无关。五例中有三种不同意义,如不仔细辨析,误解的概率是很高的,特别是"脸"为"眼睑"之义,最易引起误解。

与此密切相关,唐代诗词中还经常出现"脸波"一词。白居易《吴宫词》之"半露胸似雪,斜回脸似波",韦庄《汉州诗》之"临歧无限脸波横",前已引述,白诗于"脸""波"之间插一"似"字,看似与"脸波"不同,却更说明此"脸"既非指脸颊,更非指整个面庞,否则将成满脸或双颊布满皱纹之老妪了。他的另一《吴宫辞》"淡红花皴浅檀蛾,睡脸初开似剪波",就干脆将"蛾(眉)"与"脸""波"相对,使读者不致误会此"脸"非脸颊脸庞,否则如何会"似剪波"呢?眉、眼相对并称,故此"脸"必指眼睑。睑似波,即所谓秋波也。白居易《长恨歌》"回眸一笑百媚生"实亦此意,不过更换为通俗畅达的说法而已。我不会电脑,但随手翻阅,即见张泌之《江城子》有"脸波明,黛眉轻"之对句,汤显祖认为上句应是"眼波明",实则此"脸"即"睑",已由最初专指眼皮引申为眼眸。连敦煌词《凤归云》中也有"岂知红脸,泪滴如珠"之句,此"红脸"非指脸颊、脸庞,而系指"红睑",因伤心而眼睑发红。

由一字多义且有异意进而联想到温词中有看似通俗而无须解释者,实则亦易生误解。举"香玉"一词为例,兹将《归国遥》全首录于下:

香玉，翠凤宝钗垂麗鶔。钿筐交胜金粟，越罗春水渌。　　画堂照帘残烛，梦余更漏促。谢娘无限心曲，晓屏山断续。

此首上片写女子面颊、首饰、衣衫。下片写女子晓梦醒来，闻见残烛照帘，更漏急促，画屏曲折，而满腹心事无可诉说。此女子当是歌舞伎人一类人物，"越罗""谢娘"均透露其身份，下一首同题材的《归国遥》更明点"舞衣"。不过一则云"越罗春水渌"，一则云"藕丝秋色染"而已。诸家对其他各句笺释甚详。张以仁更撰专文详解"小凤战篦金飐艳"（下首第二句）之为头饰（见《花间词论续集》）。然对上首开头一句大都无注，大约认为此为常语，无须作注。偶有及之者，亦未见确切。如汤显祖云："'芙蓉脂腻绿云鬓'，故觉钗头玉亦香"，认为是女子之香脂云发之香染熏了头上的玉钗，想象虽新颖，但未必是"香玉"的原意。实则此"香玉"即指女子香而且白之脸颊，乃是最普通不过的借代，即以其香与色指代脸颊，下首《归国遥》开头之"双脸"正好给上首的"香玉"作了确切的注释。所谓"双脸"，即两边的脸颊。温诗《晚归曲》"雀扇圆圆掩香玉"，更明显指女子既香而白之面庞（卷二85页）。与"香玉"类似的还有《菩萨蛮》之二的"双鬓隔香红，玉钗头上风"，或谓此"香红"指两鬓簪花，香红即花，是亦一胜解。实则此"香红"借指女子香而且红之脸颊似更直截了当。女子之脸颊，白里透红是总共同点，此二例则分别强调其红其白，而李贺《南园十三首》其一"小白长红越女腮"则兼而有之。白是底色（所谓"越女天下白"），红是年轻女子之专有。

不嫌琐屑，意在求真。方家正之。

附录六

从宋诗与宋词艺术风貌的殊异谈创新与接受的关系

宋诗的创新可以追溯到百代之中的韩愈。追求雄奇险怪,拗涩生硬的诗风和以议论为诗、以学问为诗、以文为诗甚至以非诗为诗的倾向亦肇源于韩诗。宋代科举制度发达,诗人的学问远超唐代诗人,但宋诗除少数几位大诗人的佳作在读者接受度上较为突出(有的只是某一种题材体制)外,总体而言,接受度是远低于存诗数量仅为宋诗五分之一的唐诗的。撇开唐宋诗优劣这个老话题不论,宋诗除了少数学者型读者外,接受度不高洵为事实。这一点,只要看上海辞书出版社出版的《唐诗鉴赏辞典》和《宋诗鉴赏辞典》的印数、版次、销量就一清二楚了。创新不等于成功,学问也不等于诗情。

但宋词的情况与宋诗大不相同。它从唐五代词一路走来,抒写的就是伤春悲秋意绪乃至亡国之悲,具有音乐美的传统,特别是描写美好自然意象的特色(这一点,正与大部分宋诗异趋)。抒写内心幽微意绪,按说与自然意象未必相关①,但从温庭筠开始,就有大量成功的自然意象进入词中,成为表现幽微意绪的重要艺术手段,而两首《梦江南》则达于极致。即以直抒与白描见长,表现亡

---

① 外国著名小说,就常有大段纯心理描写,丝毫不写周围人事景物者,中国读者得耐着性子才能读下去。

国之沉悲,变伶工之词为士大夫之词的李煜而论,其词中也常常有"帘外雨潺潺,春意阑珊,罗衾不耐五更寒""林花谢了春红,太匆匆,无奈朝来寒雨晚来风""春花秋月何时了,往事知多少""无言独上西楼,月如钩,寂寞梧桐深院锁清秋""千里江山寒色暮,芦花深处泊孤舟,笛在明月楼""砌下落梅如雪乱,拂了一身还满……离恨恰如春草,更行更远还生"等写景名句。可以说,他的亡国之恨之痛,正是凭借这一系列出色的自然意象描写,才极富感染力地表现出来的。入宋之后,如果没有"四面边声连角起,千嶂里,长烟落日孤城闭""羌管悠悠霜满地,人不寐"等经典性的情景交融描写,则范仲淹的边塞词的时代特征、风格特征将不复存在。柳永因写了大量俚俗妓情词而被讥讽,但他的羁旅行役词,主要就是借行役过程中自然景物的出色描写,来写羁旅行役之悲恨。无论是长调短令,皆是如此。如《八声甘州》的整个上半阕,一气直下,"不减唐人高处"(苏轼评语)。《蝶恋花》上片之"独倚危楼风细细。望极春愁,黯黯生天际。草色烟光残照里,无言谁会凭阑意",借以抒写"衣带渐宽终不悔,为伊消得人憔悴"的深情,都可以号称高格。即如专写都市繁华的《望海潮》,如无"烟柳画桥,风帘翠幕,参差十万人家。云树绕堤沙,怒涛卷残雪,天堑无涯","重湖叠巘清嘉,有三秋桂子,十里荷花"这样极富特征的自然景物描写,能使金主亮"遂起投鞭渡江之志"(罗大经《鹤林玉露》)吗?而《雨霖铃》一阕,三句景物情事描写:"今宵酒醒何处,杨柳岸,晓风残月",真是一句顶一万句,把伤别之情写绝了。

词是一种典型的描写幽微婉约意绪的音乐文学样式。心物情景的融合,诗中就长期有此传统,无论写得多么含蓄蕴藉,情感的内涵大体是明确的。即使李商隐的《锦瑟》《无题》乃至《夜雨寄北》,尽管意蕴多重,但基本内涵仍比较明确(如《嫦娥》之写"高天寂寞心"),而词所表现的隐微情绪,却比诗要更加模糊迷茫,难以确指。晏殊是首开风气之先的词人,如其《清平乐》:

> 金风细细,叶叶梧桐坠。绿酒初尝人易醉,一枕小窗浓睡。　　紫薇朱槿花残,斜阳却照阑干。双燕欲归时节,银屏昨夜微寒。

秋令风细梧叶凋坠,午间饮酒浓睡,朱槿紫薇已残,斜阳正照栏杆,一路写来,看似若不经意,末二句却特意拈出双燕归时,银屏夜来微寒的感受。是写天凉的体感吗?显然不是。词人只是写一种隐微多端,难以明指的意绪。全词给人的印象与感受也正包孕其中。不说出,正是难以说出,也不必说出,可以任人自领。或以为不过是富贵闲愁,实则为一种包蕴多端的美感。全篇几乎大部分是初秋的自然意象,经过作者的反复渲染,末句的无名感受才显得特别引人遐想。这是科举制高度发达后当了几十年太平显宦的晏殊才有的轻愁。与他相比,白居易的"言及富贵处,皆说得口津津似涎出"(《朱子全书·论诗》),就未免太俗了。

不必一一列举下去,但有一点似有必要指出,即被词论家一致推为婉约派正宗的秦观和李清照,词中虽也多写自然意象,以表现自己的情思,却缺乏上举晏殊式的微妙多端情思。他们习惯于在篇末用一二语点破,如秦之《鹊桥仙》结拍:"两情若是久长时,又岂在朝朝暮暮",词格虽高,却少了一些测之无端,玩之无尽的感受;李之《声声慢》结拍:"这次第,怎一个愁字了得",虽也可以引发联想,却稍乏余韵。反倒不如其《永遇乐》的结拍:"如今憔悴,风鬟霜鬓,怕见夜间出去,不如向,帘儿底下,听人笑语",在相反相成中留下无穷的辛酸。

心与物,情与景的关系,从最古老的诗歌总集《诗经》开始,就成为不可或缺的要素,除极少数颂诗外,几乎找不到不写自然景物而光秃秃地抒情的诗篇,无论是赋是比是兴。第一篇《关雎》就以"关关雎鸠,在河之洲"起兴,更不用说"昔我往矣,杨柳依依;今我来思,雨雪霏霏"和《蒹葭》《东山》《月出》这样后世亦难比美的自然意象描写了。唐诗作为诗歌发展史上的高峰,更将自然意象描写推上难以企及的高度。鲁迅认为一切好诗到唐代已被做完,就包括这一不可或缺的方面。

"在心为志,发言为诗。情动于中而形于言,言之不足故嗟叹之,嗟叹之不足故咏歌之,咏歌之不足,不知手之舞之足之蹈之也。"(《毛诗·关雎序》)这里的"言"和"歌"都不是光秃秃的语言和歌咏,而是与自然意象密切结合并借以表达心志感情的。今人或有心象之论,但无论心象物象,言志抒情的诗是不能脱离象的。而词作为一种广义的以抒写隐微意绪为特点的抒情文体,也不可能离开自然意象,哪怕是闺阁庭院的景物。苏、辛锐意改革,创建豪放一派,使词成为抒写豪情壮采的充分个性化的音乐文学样式,"指出向上一路,新天下耳目,弄笔者始知自振"(王灼《碧鸡漫志》),但苏轼的《念奴娇》(赤壁怀古)却有"大江东去,浪淘尽,千古风流人物。故垒西边,人道是,三国周郎赤壁。乱石穿空,惊涛拍岸,卷起千堆雪。江山如画,一时多少豪杰"这一大段极为壮观的自然意象描写。若无这大段描写,下片的豪情壮采,人生感慨便无从表现。

更有甚者,姜夔的代表作《扬州慢》,嫌词中大量自然意象的描写还不够渲染劫后扬州的荒凉凄清,又精心创制词序以尽情表现,摘引如下:

> 予过维扬,夜雪初霁,荠麦弥望。入其城,则四顾萧条,寒水自碧。暮色渐起,戍角悲吟。

和词的正文相配合,才将凄凉萧条的乱后空城和词人的黍离之悲渲染到了极致。姜词中,此类词序为数甚多,可见这是姜夔一种自觉加强自然意象的创造。

反观宋诗,自欧、梅以来,写自然意象的传统,除少数作品外,基本上是被废弃了。除苏轼外,他人只是偶一为之,如黄庭坚之"桃李春风一杯酒,江湖夜雨十年灯""落木千山天远大,澄江一道月分明",后者还不免有蹈袭之迹。只有《雨中登岳阳楼望君山》二首因以刚劲之笔写洞庭之壮观,故在唐人咏洞庭的佳作之外别具一格。陈与义学杜,故有较多写自然意象者,但成就远逊老杜,观察不细,体悟不深,遂同敷衍。倒是曾几,颇有写景名作,张耒亦然。小家借此类作品以留名,值得深思。

大家中如陆游,佳作每与亲历之自然景象、战争体验、城市习俗、农村风光相关,而大部分诗味寡淡者则往往了无生活气息,自然意象的缺乏最能说明问题。其他如范成大之《四时田园杂兴》著名后世,杨万里之于自然意象中发现哲理诗趣,乃至永嘉四灵于日常生活和农村耕作中发现诗情,江湖诗人所擅长的人所常见而从未笔之于诗的与自然意象相关的童真游戏,都说明一种新的自然意象入诗而发现的诗美,对诗的接受度的极端重要性。宋诗在总体上不被大部分读者看好,正是因为缺乏成功的自然意象描写而变成干巴巴的说教,令人们感到它与人们的心理距离太远而缺乏亲切感。

由于这篇小文是以成功的自然意象描写来谈宋词与宋诗在普通读者中的接受度,并非全面论述二者的优劣。也许在学者型读者的眼里,宋诗还是唐人创作不出来的佳制,至少是春兰秋菊,各擅其胜,这个问题可能长期甚至永远没有结论。各持己见,各是其是就是了。

回过头来讲宋词大家辛弃疾。我以为有一个问题必须得到修正,这就是"以文为词"之说。由于多种国事、战事、人事方面的原因,稼轩后期词确有"以文为词"的现象,最明显者如《汉宫春》(达则青云)、《洞仙歌》(贤愚相去)、《一剪梅》(歌里尊空月坠西)、《念奴娇》(论心论相),等等,但细加体味,便不难发现,这些词多为一肚皮牢骚的发泄或游戏笔墨,而非新技巧的发现与运用。如果将它们认定为一种新技巧、新作法的发明运用,未免误会稼轩,也贬低稼轩。说到底,苏、辛都是"以诗为词"的豪放派、改革派。读辛词中的佳作,无论何种题材,都非"以文为词"者。有的题材,如农村词,辛还远胜苏。比较而言,苏豪而旷达,辛豪而执着,故辛有游戏笔墨发泄牢骚,而写下那些"以文为词"的作品。

从整个文学发展史(从先秦到清末)的趋势来看,我是赞同一代有一代文学的看法的。这个"代"可以是朝代,也可以是广义的大时代。"百代之中"的韩愈就不妨看成中国古代文学两个大时代的转折点——商品经济发达所催生出的一大变化,就是抒情文学(特别是诗)从高度繁荣(词是这种繁荣的最后表现,至元人小令已是余波荡漾了),逐渐向以叙事为主的小说、戏曲的逐步发展、壮大、繁荣过渡,直到产生《红楼梦》这样的杰作。但作为诗的国度,在优秀的小说戏曲中,诗意的有无乃是决定它品质高下的决定性因素。这一点,在《拜月亭》《西厢记》《牡丹亭》《聊斋志异》中固然表现得非常突出,而最典型的对照莫过于《金瓶梅》与《红楼梦》的区别。诗是一切小说戏曲冠上的明珠,诗情诗味的有无,决定着它的艺术品位。论反映市井生活的真实性和对社会的揭露,《金瓶梅》或许可以夺冠,但把人性的丑恶暴露无遗而毫无批判,而是津津有味地欣赏,岂非将人降低为动物?从这方面看"满纸荒唐言,一把辛酸泪"的《红楼梦》,它的超越时代的艺术品位,更远非《金瓶梅》所能企及了。无它,《红楼梦》中有诗情诗韵而已。

那么,为什么元明清三代无论是诗或词,写自然意象的传统总体上来说仍未中断,却无法挽救它的衰败命运呢?这个问题恐怕涉及更客观的层面而不是几句话可以说清楚的了,还是就此打住吧。

附言:宋诗总体上缺少自然意象的描写,早已是常识,似无必要重提,但常识不等于不可探讨,存在也不等于合理,缺点更不能说成是特点或优点。相反,从宋诗缺乏成功的自然意象的描写正可总结诗歌创作成败的原因。因此,议论一下似乎仍有必要。

(原载《古典文学知识》2024 年第 9 期)

温庭筠简谱

唐德宗贞元十七年辛巳(801) 一岁,生于吴中(今江苏苏州)。

庭筠为唐初开国功臣温彦博之裔孙(夏承焘《温飞卿系年》谓是彦博六世孙,黄震云《温庭筠杂考三题》谓是彦博七世孙。似以黄说为是)。彦博贞观四年(630)迁中书令,封虞国公。十年,迁尚书右仆射。故庭筠《书怀百韵》诗自注云:"予先祖国朝公相,晋阳佐命,食采于并、汾也。"其世系约为彦博—振—翁归—绩—曦—西华—玚—庭筠。

庭筠之籍贯,《旧唐书·文苑列传·温庭筠》谓太原,《新唐书·温大雅传》附庭筠传则谓并州祁。此当是庭筠的祖籍与郡望。其实际出生地为吴中。在苏州附近,濒太湖,傍吴淞江之处(详见上编第一章第二节)。且在吴中有先人"旧业"(田产及房舍),门前有堤路平湖,当是其父辈时已居此。其离开吴中,长期寓居鄠郊在其青年时代出塞之游以后。其《边笳曲》有"江南戍客心,门外芙蓉老"之句,《敕勒歌塞北》有"却笑江南客,梅落不归家"之句,似其时仍家居江南,且已有妻室(借"芙蓉老"暗喻妻子红颜渐老),然则其离吴中旧乡或在青年时代成婚以后数年。据《长安春晚二首》"杏花落尽不归去,江上东风吹柳丝"二句,在吴中时曾应进士试未第。

最迟在开成五年(840),庭筠即已寓居长安鄠县郊墅。《书怀百韵》诗题称"开成五年秋以抱疾郊野",诗云"穷郊独向隅""事迫离幽墅",所指均其在长安西南鄠郊之别墅。其他诗凡题称"郊居""鄠杜郊居""有感"者亦均指鄠郊别墅。其始居鄠郊之年代可能更早（约大和中）。直至咸通三年（862）居荆南萧邺幕时所作之《渚宫晚春寄秦地友人》写思归之情时仍透露出其时家仍居鄠郊。由荆南归长安后，直至贬方城尉前，当亦仍居于此。故庭筠一生，青少年时代居于出生地吴中；壮岁以后，除出塞、游蜀、东归吴中、游越及其他羁游、寄幕外，大部分时间寓居鄠郊。

庭筠生年，主要有五种异说。歧说之产生，又多缘于对其《感旧陈情五十韵献淮南李仆射》的呈献对象及写作时间有不同的考证结论所致（详见上编第一章第三节）。五说之中，陈尚君说考辨最为详密可信，李仆射为李绅之说可视为定论。其个别解释虽有小误，并不影响其整体考证结论之正确。故本书即采陈说，定庭筠之生年为贞元十七年。

唐德宗贞元十八年壬午（802） 二岁，在吴中。

唐德宗贞元十九年癸未（803） 三岁，在吴中。杜牧生。

唐德宗贞元二十年甲申（804） 四岁，在吴中。

唐德宗贞元二十一年（唐顺宗永贞元年）乙酉（805） 五岁，在吴中。

唐宪宗元和元年丙戌（806） 六岁，在吴中。

唐宪宗元和二年丁亥（807） 七岁，在吴中。

唐宪宗元和三年戊子（808） 八岁，在吴中。至无锡谒见李绅。

唐宪宗元和四年己丑（809） 九岁，在吴中。

唐宪宗元和五年庚寅（810） 十岁，在吴中。

唐宪宗元和六年辛卯（811） 十一岁，在吴中。

唐宪宗元和七年壬辰（812） 十二岁，在吴中。李商隐生。

唐宪宗元和八年癸巳（813） 十三岁，在吴中。

唐宪宗元和九年甲午（814） 十四岁，在吴中。

唐宪宗元和十年乙未（815） 十五岁，在吴中。

唐宪宗元和十一年丙申（816） 十六岁，在吴中。

唐宪宗元和十二年丁酉(817) 十七岁,在吴中。

唐宪宗元和十三年戊戌(818) 十八岁,在吴中。

唐宪宗元和十四年己亥(819) 十九岁,在吴中。

唐宪宗元和十五年庚子(820) 二十岁,在吴中。

唐穆宗长庆元年辛丑(821) 二十一岁,在吴中。

唐穆宗长庆二年壬寅(822) 二十二岁,在吴中。

唐穆宗长庆三年癸卯(823) 二十三岁,在吴中。

唐穆宗长庆四年甲辰(824) 二十四岁,在吴中。

唐敬宗宝历元年乙巳(825) 二十五岁,在吴中。

唐敬宗宝历二年丙午(826) 二十六岁,在吴中。

唐文宗大和元年丁未(827) 二十七岁,在吴中。①

庭筠诗中以南朝宫廷为题材,明显效李贺诗风者,除已大体考知作年者外,大多作于居吴中期间。

唐文宗大和二年戊申(828) 二十八岁。

庭筠出塞之游,至迟或在本年秋至次年秋。陈尚君《温庭筠早年事迹考辨》云:"庭筠出塞是由长安出发,沿渭川西行,取回中道出萧关,到陇首后折向东北,在绥州一带停留较久。估计在边塞时间,在一年以上。"所作诗有《西游书怀》《回中作》《过西堡塞北》《敕勒歌塞北》《边笳曲》等。所历时间自头一年的"高秋辞故国",到第二年的"芙蓉老",即夏秋间。在绥州一带停留较久,或曾短期游幕。《敕勒歌塞北》有"却笑江南客,梅落不归家"之句,说明第二年春初在阴山一带;《边笳曲》有"江南戍客心,门外芙蓉老"之句,说明第二年夏秋间仍在夏绥一带。"江南客""江南戍客"均系自指,透露出塞期间庭筠家仍居江

---

① 由于缺乏庭筠幼、少、青年时期文献资料,故只能通书其"在吴中"。其小说《李僖伯》一篇曾云"陇西李僖伯,元和九年任温县,常(尝)为予说",然未交代说故事之具体地点,故无法据此叙述温氏何年在何处。

南,且已有妻室。

庭筠约大和四至五年(830—831)游蜀。六年起行迹多在长安。此后事迹大体可考。故将出塞系于蜀游之前。将出塞之时间下限定于大和二三年间。

唐文宗大和三年己酉(829)　二十九岁。

本年夏秋间,犹在夏绥。大和二年九月至四年二月,夏绥节度使为李寰。

本年十一月,南诏入侵西川。十二月攻入成都,止西郭十日,掠女子工伎数万南去。

唐文宗大和四年庚戌(830)　三十岁。

约本年秋,庭筠有入蜀之行。入蜀途中,有《过分水岭》《利州南渡》诗。

过剑关,与某蜀将晤别。此人在大和三年"蛮入成都"期间曾"颇著功劳"(见十年后所作《赠蜀将》题下自注及诗之首句"十年分散剑关秋")。庭筠入蜀之目的或为曾先后任东、西川节度使的郭钊。

本年十月,李德裕由义成节度使调任西川节度副大使、知节度事。其前任为郭钊。

唐文宗大和五年辛亥(831)　三十一岁。

本年春在成都,有《锦城曲》。在成都期间,似与西川幕下文士有交往,或有欲入幕之企求。

暮春后离成都顺岷江南下,至新津(属蜀州,在成都西南),有《旅泊新津却寄一二知己》,当是寄西川幕中文士相知者。

抵戎州后,似未由原路折回成都再返长安,而是顺长江东下出峡,道荆、襄回京。至黔巫一带,与崔某晤别(二十年后,有《送崔郎中赴幕》诗云:"一别黔巫似断弦,故交东去更凄然。心游目送三千里,雨散云飞二十年"),又有《巫山神女庙》诗,诗云:"古树芳菲尽,扁舟离恨多。"时将入夏。此次蜀游,四年秋由长安出发,五年春末夏初在巫山一带,至此已历三季。

唐文宗大和六年壬子(832)　三十二岁,在长安。

本年秋有《送渤海王子归本国》,夏承焘《温飞卿系年》谓此渤海王子系大和六年来朝之大明俊,顾学颉《温庭筠交游考》则谓系开成四年来朝之大延广,其回国或在五年。然此渤海王子系"盛勋归旧国,佳句在中华",似在中国时日已久,且已任官,故仍难考知诗作于何年,从夏说姑系于此。

唐文宗大和七年癸丑(833)　三十三岁,在长安。

本年二月,李德裕由兵部尚书同中书门下平章事。

本年春,有《觱篥歌》,题下注:"李相妓人吹。"此李相指李德裕。诗有"黑头丞相"语("黑头公"指三公,亦兼指其年方壮岁),德裕此次拜相年四十七,尚在壮岁,故云。德裕好觱篥,宝历元年(825)秋任浙西观察使时有《霜夜对月听小童薛阳陶吹觱篥歌》,刘禹锡、白居易、元稹均有和作。此诗作于京都长安,吹觱篥者系女伎。

唐文宗大和八年甲寅(834)　三十四岁,在长安。

本年正月,有《赠郑征君家匡山首春与丞相赞皇公游止》。"丞相赞皇公"指李德裕。

唐文宗大和九年乙卯(835)　三十五岁,旅游淮上。

无名氏《玉泉子》云:"温庭筠有词赋盛名。初从乡里举,客游江淮间,扬子留后姚勖厚遗之。庭筠少年,其所得钱帛,多为狭邪所费。勖大怒,笞而逐之,以故庭筠不中第。"

《北梦琐言》卷四《温李齐名》:"吴兴沈徽云:温舅尝于江淮为亲表槚楚,由是改名焉。"

顾学颉《温庭筠交游考·姚勖》:"《通鉴》开成四年五月,'上以盐铁推官检校礼部员外郎姚勖,能鞫疑狱,命权知职方员外郎。右丞韦温不听,上奏称:郎官朝廷清选,不宜以赏能吏。上乃以勖检校礼部郎中,依前盐铁推官'。据此,知姚勖确为盐铁官(扬子留后,即盐铁转运使在扬州的分设机构)。笞逐庭筠事,当在开成四年之前。"其《温庭筠传论》引《通鉴》定飞卿游江淮在大和末。

按:顾氏定庭筠游江淮在大和末,近是,兹从之。《玉泉子》与《北梦琐言》均言其游江淮为亲表所榎楚或笞逐,《玉泉子》且将此事与此后庭筠长期不中第联系起来。而庭筠《上裴相公启》则言其旅游淮上拜谒地方长官,为其属下小人所嫉妒、相倾,并受到"守土者"之"忘情积恶"与"当权者"之"承意中伤",从而导致"绝飞驰之路,塞饮啄之涂"的严重后果。所叙情事或有同异,而后果则同。如"旅游淮上"事在大和九年,则其时之"守土者"为(淮南节度使)牛僧孺,而"承意中伤"之"当权者"或即与僧孺同党之宰相李宗闵(李大和八年二月至九年六月为相)。牛、李之"积恶""中伤"是否与庭筠之接触李德裕有关,值得考虑。

本年十一月,甘露之变发生。庭筠子温宪约生于是年。开成五年作《书怀百韵》有"危巢莫吓雏"之句,可证其时已有幼小之孩子,或是其女(后居襄阳幕时嫁段成式子安节者)。据《书怀百韵》及《献李仆射》两用"怀橘"典,其元配或即卒于开成五年。

唐文宗开成元年丙辰(836) 三十六岁,在长安。

本年七月前,因李翱之荐,始从太子永游。庭筠曾从太子永游,有其所作《庄恪太子挽歌词二首》"邺客瞻秦苑""西园寄梦思"等语为证。其荐举者及从游时间,陈尚君《温庭筠早年事迹考辨》据庭筠《谢襄州李尚书启》,认为系大和九年至开成元年七月间任山南东道节度使李翱之推荐,其入东宫从游,当始于开成元年,至三年九月始离去。所考大体可信。启内"俄升于桂苑"之"桂苑"即桂宫,汉成帝为太子时,曾居此宫,故以之借指太子宫。从"兰扃未染,已捧于紫泥"之语看,庭筠在从游太子时,可能从事文字之役。

本年或稍后之某年夏,有《题丰安里王相林亭二首》。丰安里,唐长安里坊名。王相指王涯,甘露之变中为宦官诬以谋反罪杀害。

唐文宗开成二年丁巳(837) 三十七岁,在长安,仍从太子永游。

本年正月,李商隐进士登第。

唐文宗开成三年戊午(838) 三十八岁,在长安。**本年九月前,仍从太子永游。**

《旧唐书·文宗纪》:开成三年,九月"壬戌,上以皇太子慢游败度,欲废之,中丞狄兼谟垂涕切谏。是夜,移太子于少阳院"。十月"庚子,皇太子薨于少阳院,谥曰庄恪"。同书《文宗二子传》对此事有更详细之记载(详参上编第三章第二节)。

庭筠于太子死后葬骊山北原时有《庄恪太子挽歌词二首》。

庭筠从太子永游之时间虽仅二年余,但却留下一系列与此事有关之诗文,除《谢襄州李尚书启》及《庄恪太子挽歌词二首》外,尚有《洞户二十二韵》(详参牟怀川《温庭筠从游庄恪太子考论》,载《唐代文学研究》第一辑)、《雍台歌》《生禖屏风歌》(详参詹安泰《读夏承焘先生的〈温飞卿系年〉》)。此外,《题望苑驿》、《四皓》、《古意》(莫莫复莫莫)三诗亦与庄恪太子事有关。详拙撰《温庭筠全集校注》对此三诗之诠释。

唐文宗开成四年己未(839) 三十九岁,在长安。

本年秋,参加京兆府试,荐名居第二。然竟被黜落罢举,不能参加次年春之礼部进士试。《书怀百韵》诗云:"文闱陪多士,神州试大巫。对虽希鼓瑟,名亦滥吹竽。自注:予去秋(指开成四年秋)试京兆,荐名居其副。"《感旧陈情五十韵献淮南李仆射》云:"未知鱼跃地,空愧《鹿鸣》篇。自注:余尝忝京兆荐,名居其副。稷下期方至,漳滨病未痊。自注:二年抱疾,不赴乡荐试有司。""二年"指受荐名之开成四年及五年。《书怀百韵》诗题亦云:"开成五年秋,以抱疾郊野,不得与乡计偕至王府。"《唐摭言》卷二"等第罢举"条开成四年有温岐,"等第罢举"即指开成四年秋以京兆府试荐名第二的身份上报竟被黜落不得应翌年进士试事。似此时尚未改名。

据《书怀百韵》诗"事迫离幽墅"一段,似开成四年十月文宗诛教坊、宫人之接近太子永者后,庭筠曾惧祸而外出干禄求仕未果,开成五年仲夏前已回鄠郊。是年隆冬,再有"行役议秦吴",东归吴中旧乡之决定。

《赠蜀将》约作于本年秋。

唐文宗开成五年庚申(840)　四十岁,在长安。

因"等第罢举",未能参加本年春举行之礼部进士试。五月,作《自有扈至京师已后朱樱之期》,借以抒发未能参加本年春进士试之遗憾,但仍希望"重作钓鱼期",下次得以参试。但本年秋,又因故未能"赴乡荐,试有司",详四年所引自注。二年不赴乡荐试有司的真正原因当是遭人毁谤,详《书怀百韵》。

冬,作《书怀百韵》。题称"将议遐适,隆冬自伤,因书怀奉寄",诗云"行役议秦吴",表明将有自长安赴吴中旧乡之远行。是年,其元配妻子已去世。《感旧陈情五十韵献淮南李仆射》有"婚乏阮修钱"之句(时年四十一),此"婚"当为续娶。其嫁段安节之女亦已降生,至庭筠大中十年入襄阳幕时已年十七岁,正值婚配年龄,故嫁段成式子安节。

《郭处士击瓯歌》当作于武宗会昌朝之前,姑系于此。郭处士指郭道源,善击瓯,武宗朝为凤翔府天兴县丞,充太常寺调音律官,见段安节《乐府杂录》。

唐武宗会昌元年辛酉(841)　四十一岁,自长安赴吴中旧乡。

本年春,有《送陈嘏之侯官兼简李(黎)常侍》。

约仲春,自长安启程赴吴中,行前有《春日将欲东归寄新及第苗绅先辈》。

约暮春,经泗州下邳县,有《过陈琳墓》。自下邳县南行至盱眙县,有《旅次盱眙县》。

春末抵达扬州,向淮南节度使李绅呈献《感旧陈情五十韵献淮南李仆射》。诗云"旅食逢春尽,羁游为事牵",又云"冉弱营中柳,披敷幕下莲。倪能容委质,非敢望差肩",有希企入幕之意,与《过陈琳墓》"欲将书剑学从军"之语正合。因欲入淮南幕,故在扬州羁留时间较长。有《过孔北海墓二十韵》,《淮扬志》:墓在府治高士坊。诗有"墓平春草绿"之句,系春暮初抵扬州时作。又有《送淮阴孙令之官》,曰"杨柳烟",曰"青霞",时在春夏间。而《法云双桧》(一作《晋朝柏树》)、《经故秘书崔监(崔咸)扬州南塘旧居》,均秋令作,透露庭筠在扬州当羁留至秋,方渡江归吴中旧乡。

渡江后,有《溪上行》云:"绿塘漾漾烟蒙蒙,张翰此来情不穷。雪羽襕裨立倒影,金鳞拔剌跳晴空。风翻荷叶一向白,雨湿蓼花千穗红。心羡夕阳波上客,片时归梦钓船中。"用张翰归吴中旧乡典,正切己之东归吴中。写景切秋令。

下列诸诗,小渡江后归吴中途中作:

《和盘石寺逢旧友》《盘石寺留别成公》。前诗有"烟浪有归舟"及"水关红叶秋"之句,后诗有"一夜林霜""浪连吴苑"之语。寺当离苏州不远。写景均深秋景象。

深秋抵达吴中旧居。《东归有怀》云:"晴川通野陂,此地昔伤离。一去迹常在,独来心自知。鹭眠荻叶折,鱼静蓼花垂。无限高秋泪,扁舟极路歧。"曰"高秋""蓼花",写景与《溪上行》《和盘石寺逢旧友》《盘石寺留别成公》等合。首联写旧居景象,亦与前此《寄卢生》"遗业荒凉近故都,门前堤路枕平湖"所写旧居景象相合。

唐武宗会昌二年壬戌(842)　四十二岁。

春赴越中,秋后返吴中。

本年春赴越中,途经杭州,有《钱塘曲》,诗有"钱塘岸上春如织,森森寒潮带晴色"之句。又曰"淮南游客",盖用淮南小山《招隐士》之典。又有《苏小小歌》,末句云"门前年年春水绿",与《钱塘曲》时令相同。《河渎神》(孤庙对寒潮)有"西陵风雨萧萧""早梅香满山郭"之句,疑亦会昌二年初春赴越中途经萧山时作。

春暮抵越州(今浙江绍兴市)。有《南湖》七律,南湖即镜湖。诗有"野船着岸偎春草"之句,说明春暮已在越州。

在越州,有《题竹谷神祠》《题贺知章故居叠韵作》。又有《宿一公精舍》,此"一公"指僧一行,天台国清寺有其当年曾居之精舍。三诗写景均秋令景象。又《荷叶杯》(镜水夜来秋月)亦是年秋作于越州。

约本年秋,自越中折返吴中旧乡。《江上别友人》为返途经钱塘江别友之作,诗有"萧陵"字,指萧山。又有"秋色满葭菼"之句。《题萧山庙》有"马嘶秋庙空"之句,当与《江上别友人》同时作。

本年七月,刘禹锡卒。庭筠有《秘书刘尚书挽歌词二首》。

唐武宗会昌三年癸亥(843) 四十三岁。春暮,由吴中启程返长安。

春有《寄裴生乞钓钩》,诗有"今日太湖风色好"之句,说明其时庭筠居太湖滨之吴中旧乡,时令在春天。又有《寄湘阴阎少府乞钓轮子》,腹联云"篷声夜滴松江雨,菱叶秋传镜水风",松江即吴淞江,镜水即镜湖,说明其时诗人已由越返吴。又,乐府有《吴苑行》,亦会昌三年春作。

约春暮,离吴中旧乡北归,途经常州,有《蔡中郎坟》。至润州,作《更漏子》词云:"背江楼,临海月,城上角声呜咽。堤柳动,岛烟昏,两行征雁分。　京口路,归帆渡,正是芳菲欲度。银烛尽,玉绳低,一声村落鸡。"曰"背江楼",曰"归帆渡",说明系自京口北渡长江时作,时令值"芳菲欲度"之暮春。

《伤温德彝》七绝约作于本年,详参詹安泰《读夏承焘先生的〈温飞卿系年〉》。

唐武宗会昌四年甲子(844) 四十四岁,在长安。

本年十月,武宗幸鄠县校猎。庭筠闲居鄠郊,有《车驾西游因而有作》:"宣曲长杨瑞气凝,上林狐兔待秋鹰。谁将词赋陪雕辇,寂寞相如卧茂陵。"

本年八月,昭义镇刘稹叛平。庭筠之《湖阴词》或有感于此而借题以赋,作年或在五年春。

唐武宗会昌五年乙丑(845) 四十五岁,在长安。

《汉皇迎春词》或是年春在长安作。"汉皇"借指唐武宗,"豹尾竿头赵飞燕"则似借指武宗所宠王才人。

唐武宗会昌六年丙寅(846) 四十六岁,在长安。

本年春,有《会昌丙寅丰岁歌》。诗对平定刘稹后时平年丰景象加以歌颂。武宗三月二十三日逝世,此诗有"村南娶妇桃花红"之句,当作于武宗逝世之前。

唐宣宗大中元年丁卯(847)　四十七岁,春游湖湘。

本年春至岳州,与时任岳州刺史之李远相晤,别后有《春日寄岳州李员外二首》,又有《寄岳州李外郎远》。

《次洞庭南》佚句云:"自有晚风推楚浪,不劳春色染湘烟。"可证春日在洞庭湖南岸一带。

约春夏间抵潭州(今湖南长沙市),谒见时任湖南观察使之裴休,并献诗文,受到裴休的款待。其《上盐铁侍郎启》中提及此事。关于大中元年湖湘之游的考证,可参拙文《温庭筠文笺证暨庭筠晚年事迹考辨》(载《文学遗产》2006年第3期)及本书《上盐铁侍郎启》一文的注释。

唐宣宗大中二年戊辰(848)　四十八岁,在长安。

本年春,封敖知贡举。庭筠应礼部进士试未第。庭筠《上封尚书启》(启上于大中六年岁末)云:"伏遇尚书秉甄藻之权,尽搜罗之道。谁言凡拙,获遇恩知。华省崇严,广庭称奖。自此乡闾改观,瓦砾生姿。虽楚国求才,难陪足迹;而丘门托质,不负心期。"《旧唐书·封敖传》:"宣宗即位,迁礼部侍郎。大中二年,典贡部。"庭筠在考试前虽曾受到封敖公开称奖,但进士试仍然落第。

本年九月,李德裕由潮州司马再贬崖州(今海南海口市琼山区东南)司户。庭筠有《题李相公敕赐锦屏风》,对宣宗君相贬逐功臣有所讽慨。其时,李商隐有《旧将军》,三年春有《李卫公》,亦讽宣宗之贬功臣,伤德裕之远谪。

约本年,温庭筠、李商隐均在长安从集贤直院官荣王府长史程修己游,见温宪《程公墓志铭》。

唐宣宗大中三年己巳(849)　四十九岁,在长安。

唐宣宗大中四年庚午(850)　五十岁,在长安。

本年春,裴休以礼部侍郎知贡举,庭筠应进士试未第。

庭筠《上盐铁侍郎启》云:"既而哲匠司文,至公当柄。犹困龙门之浪,不逢莺谷之春。"据《唐才子传·曹邺》:"累举不第,为《四怨三愁五情诗》,雅道甚古。时为舍人韦悫所知,力荐于礼部侍郎裴休,大中四年张温琪榜中第。"

本年赵嘏在渭南尉任。庭筠《和赵嘏题岳寺》作于嘏任渭南尉期间。岳指西岳华山。

又,《山中与诸道友夜坐闻边防不宁因示同志》,夏承焘《温飞卿系年》引《通鉴》大中四年八月"党项为边患,发诸道兵讨之,连年无功,戍馈不已",谓诗约在此一二年内作。

《唐五代文学编年史》复引本年九月吐蕃"大掠河西鄯、廓等八州,杀其丁壮,剿刖其羸老及妇人,以槊贯婴儿为戏,焚其室庐,五千里间,赤地殆尽",谓"此与温诗所言'边防不宁'事合,且'风卷蓬根'亦秋九月之景象",系此诗于大中四年九月。然大中年间,庭筠似无山中习道之迹象,诗或早年之作。西北边防不宁,文、武、宣各朝皆有之,不独大中四年也。

唐宣宗大中五年辛未(851)　五十一岁,在长安。

本年三月,有《春暮宴罢寄宋寿先辈》。宋寿,大中五年登进士第。题称寿"先辈"而不称其官职,当是登第后未授官时作。

唐宣宗大中六年壬申(852)　五十二岁,在长安。

本年春,有《上翰林萧舍人》七律。萧舍人为萧邺。

本年八月,裴休以兵部侍郎领盐铁转运使同中书门下平章事。裴休拜相之前,庭筠有《上盐铁侍郎启》;拜相后,有《上裴相公启》。

本年四月,杜悰自西川节度使调任淮南节度使。约六月,庭筠有《题城南杜邠公林亭》,题下自注:"时公镇淮南,自西蜀移节。"诗云:"卓氏垆前金线柳,隋家堤畔锦帆风。贪为两地分霖雨,不见池莲照水红。"《北梦琐言》卷四谓:"邠公闻之,遗绢一千匹。"

岁末,有《上封尚书启》云:"今者正在穷途,将临献岁。曾无勺水,以化穷鳞。俯念归黉,犹怜弃席。假刘公之一纸,达彼春卿;成季布之千金,即变升沉。"祈求时任山南西道节度使之封敖给翌春主持礼部试之"春卿"(礼部侍郎崔瑶）写信推荐自己，以求进士试登第。

《上杜舍人启》作于本年。杜舍人指杜牧。大中六年冬任中书舍人，此前以考功郎中知制诰，皆可称"舍人"。牧卒于岁末（罗时进另有说，见其《唐诗演进论》）。

《上蒋侍郎启二首》系上吏部侍郎蒋係之启。係任吏部侍郎在大中八年任山南西道节度使之前的数年内。启内有"既而文圃求知，神州就选……今则商飙已扇，高壤萧衰，楚贡将来，津涂怅望"及"谨以常所为文若干首上献"等语，则启亦为应进士试前向显宦行卷以求延誉而上。参以上上裴休、封敖、杜牧诸启，此启当亦为大中六年秋所上。

《上学士舍人启二首》所上对象可能为萧邺，邺大中五年七月至大中七年六月期间，曾以中书舍人充翰林学士。启二有"今乃受荐神州，争雄墨客。空持砚席，莫识津涂"等语，用语与上蒋係之第二启类似，当亦同为大中六年秋所上。

《北梦琐言》卷四："宣宗爱唱《菩萨蛮》词。令狐相国假其（按：指温庭筠）新撰进之，戒令勿他泄，而遽言于人，由是疏之。"《唐五代文学编年史》谓："庭筠与令狐绹交往，为撰《菩萨蛮》词在令狐绹为宰相时（大中四年至十三年），确年难考，今姑记于此。"

唐宣宗大中七年癸酉（853）　五十三岁，在长安。

本年春崔瑶以礼部侍郎知贡举，庭筠应进士试未第（参六年谱《上封尚书启》等）。

落第后有《上吏部韩郎中启》。吏部韩郎中或指韩琮。琮大中五年为户部郎中，大中八年为中书舍人。其为吏部郎中当在大中六七年间。启云："昇平相公，简翰为荣。巾箱永秘，颇垂敦奖，未至陵夷。倘蒙一话姓名，试令区处，与铁官之琐吏，厕盐酱之常僚，则亦不犯脂膏，免藏缣素。""昇平相公"指裴休（休居昇平坊，又休有休平、升平之义），大中八年十月之前以宰相领盐铁使。六年八月休拜相前后，庭筠均有启上裴休。此必七年礼部试落第后请韩琮在休前荐举自己,以求得盐铁使之属官。或因琮曾为户部郎中,为休之下属之故。

《访知玄上人遇暴经因有赠》作于大中八年知玄归故山之前,姑系于此。

《上萧舍人启》(某闻孙登之奖嵇康)系代人所拟,萧舍人指萧邺,启上于大中五年七月至七年六月之间,姑系于此。

唐宣宗大中八年甲戌(854)　五十四岁,游河中幕。

是年春,游河中节度使徐商幕。有《河中陪帅游亭》诗。按:李商隐会昌四年(844)有《奉同诸公题河中任中丞新创河亭四韵之作》,所咏河亭系河中节度留后任畹新建,亭建于黄河中央之岛上,有浮桥与东西两岸相接。温诗中无新建河亭之迹象,当作于商隐诗之后。大中七年至十年,徐商任河中节度使。庭筠最迟开成末即与徐商结识。大中十年至咸通元年(860),又长期寓徐商襄阳幕,则此诗题内之"帅",殆即徐商。诗有"柳花飘荡"语,当作于暮春。大中九年庭筠参加进士试,故此诗当为八年暮春作。《题河中紫极宫》或亦八年秋作于河中。其游河中幕或自春徂秋。河中节度使治所在河中府,今山西永济市。

唐宣宗大中九年乙亥(855)　五十五岁,在长安。

本年春,庭筠应礼部进士试未第。

《新唐书·温庭筠传》:"数举进士不中第。思神速,多为人假手作文。大中末,试有司,廉视尤谨。庭筠不乐,上书千余字,然私占授已八人。"《唐摭言》卷十三《敏捷》:"山北沈侍郎主文年,特召温飞卿于帘前试之,为飞卿爱救人故也。适属其日飞卿不乐,其日晚请开门先出,仍献启千余字,或曰潜救八人矣。"《北梦琐言》卷四:"庭云每岁贡场,多为举人假手。沈询侍郎知举,别施铺席授庭云,不与诸公邻比。翌日,帘前谓庭云曰:'向来策名者,皆是文赋托于学士,某今岁举场并无假托,学士勉旃!'因遣之,由是不得意也。"《因话录》卷六:"大中九年,沈询以中书舍人知举。"知大中九年沈询知举时,庭筠曾应进士试落第。此为庭筠最后一次应进士试。

本年三月,吏部博学宏词科考试,庭筠为京兆尹柳熹之子翰假手作赋。

夏承焘《温飞卿系年》大中九年："旧书纪,此年'三月试宏词,举人漏泄题目,为御史台所劾。裴谂改国子祭酒,郎中周敬复罚两月俸料,考试官唐枝出为处州刺史,监察御史冯颛罚俸一月,其登科十人并落下'。东观奏记下记此甚详。其事实起于飞卿。奏记云:'初,裴谂兼上铨,主试宏、拔两科。其年争名者众应宏选,落进士苗台符、杨严、薛祈、李询古、敬翔以下一十五人就试。谂宽裕仁厚,有题不密之说。落进士柳翰,京兆府柳熹之子也。故事,宏词科止三人,翰在选中。不中者言翰于谂处先得赋(题),托词人温庭筠为之。翰既中选,其声哗不止,彻于宸听。'《唐摭言》卷十一谓飞卿'卒以搅扰科场罪,为执政黜贬',又谓其'以文为货',当指此。"

《秋日旅舍寄义山李侍御》,张采田《玉谿生年谱会笺》谓此诗"盖寄义山东川者"。按:义山大中五年冬至九年冬在东川节度使柳仲郢幕。此诗当作于大中六至九年之某年秋。

《为人上裴相公启》约作于本年四月。

《上崔相公启》亦系代人所拟,其作启时间之下限当在本年崔铉罢相之前。

唐宣宗大中十年丙子(856)　五十六岁。贬隋县尉,旋居襄阳幕。

《唐摭言》卷十一《无官受黜》:"开成中,温庭筠才名籍甚。然罕拘细行,以文为货,识者鄙之。无何,执政间复有恶奏庭筠搅扰场屋,贬隋州县尉。时中书舍人裴坦当制,怊怅含毫久之。时有老吏在侧,因讯之升黜,对曰:'舍人合为责辞。何者?入策进士,与望州司马一齐资。'坦释然。故有'泽畔长沙'之比。"

《东观奏记》卷下:"敕:'乡贡进士温庭筠早随计吏,夙著雄名。徒负不羁之才,罕有适时之用。放骚人于湘浦,移贾谊于长沙。尚有前席之期,未爽秋毫之思。可随州随县尉。'舍人裴坦之词也。庭筠字飞卿,彦博之裔孙也。词赋诗篇冠绝一时,与李商隐齐名,时号'温李'。连举进士,竟不中第。至是谪为九品吏。进士纪唐夫叹庭筠之冤,赠之诗曰:'凤凰诏下虽沾命,鹦鹉才高却累身。'人多讽诵。上明主也,而庭筠反以才废。制中自引骚人长沙之事,君子讥之。

前一年,商隐以盐铁推官死。商隐字义山,文学宏博,笺表尤著于人间。自开成二年升进士第,至上(指宣宗)十二年,竟不升于王廷,而庭筠亦恓恓不涉第□□□□者,岂以文学为极致,已靳于此,遂于禄位有所爱耶? 不可得而问矣。"

《金华子杂编》卷上:段郎中成式,博学精敏,文章冠于一时……牧庐陵日……为庐陵顽民妄诉,逾年方明其清白,乃退隐于岘山。时温博士庭筠,方谪尉随县,廉帅徐太师商留为从事,与成式甚相善,以其古学相遇,常送墨一铤与飞卿,往复致谢,递搜故事者九函,在禁集中。为其子安节娶飞卿女。

按:庭筠贬隋县尉之年,如据《东观奏记》卷下之记载,当在大中十三年。因李商隐于大中十二年以盐铁推官死,其事在庭筠贬隋县尉之"前一年",则庭筠之贬隋当在大中十三年。故夏承焘《温飞卿系年》即据此书庭筠之贬隋县尉于大中十三年,《唐五代文学编年史》从之。然庭筠既以执政恶奏其搅扰场屋(当指其大中九年吏部宏词试时为柳熹之子代笔作赋之事,也可能兼指其应是年进士试时潜救八人之事)而获谴,则其谪隋县尉之时间当离事发不远。试看宏词试泄漏题目事发后,对裴谂、唐枝等有关责任官吏之处分相当严厉且及时,即可推知对此案中为人假手作赋、"搅扰场屋"之庭筠之处分必不至于延至事隔四年之后的大中十三年。问题的关键在于裴坦草贬制究在何时。裴坦之为中书舍人,虽在大中十一年四月至十三年十一月期间,但在十一年四月之前,早已任职方郎中、知制诰。《新唐书·裴坦传》:"令狐绹当国,荐为职方郎中、知制诰,而裴休持不可,不能夺。故事,舍人初诣省视事,由丞相送之,施一榻堂上,压角而坐。坦见休,重愧谢。休勃然曰:'此令狐丞相之举,休何力!'顾左右索肩舆亟出,省吏眙骇,以为唐兴无有此辱。人为坦羞之。"此段记载当据《东观奏记》卷中:"以楚州刺史裴坦为知制诰,坦罢职赴阙,宰臣令狐绹擢用,宰臣以坦非才,不称是选,建议拒之,力不胜。坦命既行,至政事堂谒谢宰相。故事,谢毕,便于本院上事,四辅送之,施一榻,压角而坐。坦巡谒执政,至休厅,多输感谢,休曰:'此乃首台缪选,非休力也。'立命肩舆便出,不与之坐,两阁老吏云:'自有中书,未有此事也。'"按：令狐绹为相在大中四年十月，裴休为相在六年八月，二人为任用裴坦为职方郎中、知制诰意见不合当在六年八月休拜相后，而坦之任命既行，最迟在大中十年十月休罢相之前。可见，大中十年十月之前，裴坦完全有可能草温庭筠贬隋县尉之制文。而唐人习惯，他官知制诰者亦可称舍人，或谓之行中书舍人事。上引《新唐书·裴坦传》称时任职方郎中、知制诰之裴坦为"舍人"，即为明证。既然裴坦大中十年十月之前已任职方郎中、知制诰，有草贬制之职能，而徐商又适于大中十年春由河中节度使调任山南东道节度使，如庭筠大中十年十月前被贬隋县尉、与徐商留署襄阳巡官，时间亦正相吻合。

庭筠于大中十年贬隋县尉，旋署襄阳巡官，其《上首座相公启》亦提供了内证。启云："昨者膏壤五秋，川途万里。远违慈训，就此穷栖。将卜良期，行当杪岁。"明言自己在远离京城的膏壤之地"就此穷栖"已达五年之久，眼下正值岁末，行当离此他适，另卜良遇。对照庭筠生平行踪，所谓"膏壤五秋"的"穷栖"，只能指居襄阳幕这段时期的生活（自大和初至咸通七年，四十年间，其生平行踪大体可考，除居襄阳幕外，别无京城外五秋穷栖的经历）。其离襄阳幕的时间，当在咸通元年岁杪，即徐商罢镇襄阳内征以后。自咸通元年逆数"五秋"，正在大中十年，然则庭筠之贬隋县尉，旋为徐商留署襄阳巡官之时间正在大中十年。此与贬隋县尉，事由"搅扰场屋"，时间上亦正相合。盖宣宗得知宏词试漏泄题目之弊案，处分有关责任官吏后，执政中复有奏庭筠在此案中"搅扰场屋"，代人作赋事，乃至进士试中"潜救八人"等事，故不久即有隋县尉之贬。如此，于情理，于时间方相合。《上首座相公启》所上之对象为白敏中。敏中大中十三年十二月自荆南再次入相，懿宗《授白敏中弘文馆大学士等制》云："敏中可兼充太清宫使、弘文馆大学士。"唐制宰相四人，首相例兼太清宫使。白敏中在同时四相（另三相为杜审权、毕诚、蒋伸）中，年资位望最高，故此"首座相公"指白敏中。启上于咸通元年岁杪。自咸通元年逆推"五年"，其始在襄阳幕之年正在大中十年。或谓此"首座相公"指温造，但温造根本没有当过宰相，更不用说是首相。

唐人诗文称"首座相公"或"首相""首台""首辅",必为现任宰相中之居首位者,绝不可能称从未当过宰相者为"首座相公"。此与称"相公"者可以是曾任宰相现已卸任者或带同中书门下平章事衔出镇者,乃至方镇加同中书门下平章事者不同。至于《东观奏记》有关庭筠贬隋县尉时间之记载,因与庭筠《上首座相公启》所提供的第一手材料不合,只能存疑。

贬隋县尉前,有《上裴舍人启》。裴舍人即裴坦,时任职方郎中、知制诰。

至襄阳,为山南东道节度使留署巡官。事见两《唐书》本传及《金华子杂编》等,已见上引。隋州为山南东道节度使所辖。徐商与庭筠早已结识。徐商镇河中时,庭筠曾游其幕。庭筠此次适贬其属郡为县尉,故徐商予以照顾,留使府署为巡官。

据戴伟华《唐方镇文职幕僚考》,大中十年至咸通元年徐商镇襄阳期间,幕府文职僚属有温庭筠(巡官)、韦蟾(掌书记)、温庭皓(庭筠弟,幕职不详)、王传(观察判官)、李骘(副使)、卢郜(幕职不详)、元繇(带御史中丞衔,幕职不详)。段成式于大中十二年起游襄阳幕,与幕中诸文士诗文唱和。余知古则以进士从诸人游。段成式后辑诸人唱和之作为《汉上题襟集》十卷。

唐宣宗大中十一年丁丑(857) 五十七岁,在襄阳幕。

唐宣宗大中十二年戊寅(858) 五十八岁,在襄阳幕。

是年春,李亿登进士第,为状元。庭筠《送李亿东归》作于此前某年春在长安时。

段成式隐于岘山,游襄阳幕。上元日(正月十五)有《观山灯献徐尚书三首并序》,序云"尚书东莞公(指徐商)镇襄之三年"。

本年岁暮,李商隐卒于郑州。

唐宣宗大中十三年己卯(859) 五十九岁,在襄阳幕。

在襄阳幕期间,与段成式诗文唱和。现存诗有《段柯古见嘲》,文有《答段成式书七首》。又有《和元繇襄阳公宴嘲段成式诗》《光风亭夜宴妓有醉殴者》及

《锦鞋赋》。以上诗、文、赋当作于大中十二年至十三年段成式游襄阳幕期间。

《烧歌》作于大中十年至咸通元年居襄阳幕期间之某年春。

岁末，白敏中自荆南节度使征入再次拜相，庭筠有《上司徒白相公启》（题拟，原题《上萧舍人启》，显误。详见附录一）。启有"今者再振万机，重宣丘教"，即指其再次拜相事。又有"四海遐瞻，共卜归还之兆；一阳初建，便当霖雨之期"。启当上于大中十三年十二月闻敏中再次拜相后不久，敏中尚在荆南未归朝时。

唐宣宗大中十四年（唐懿宗咸通元年）庚辰（860） 六十岁，在襄阳幕。岁杪赴江陵。

本年十一月之前，徐商罢镇襄阳，诏征赴阙，为刑部尚书、诸道盐铁转运使。李骘《徐襄州碑》："大中十四年，诏征赴阙。"是年十一月丁丑改元咸通。

庭筠罢襄阳幕。岁杪，有《上首座相公启》，首座相公指白敏中。启有"昨者膏壤五秋，川途万里。远违慈训，就此穷栖。将卜良期，行当杪岁。通津加叹，旅舍伤怀"。所谓"膏壤五秋"，"就此穷栖"，即指在襄阳幕为巡官首尾五秋。"将卜良期，行当杪岁"，表明岁末将离襄阳他往，另卜良期。

《上宰相启二首》为上杜审权之启。启一有"银黄之末，则青草为袍"之语，其时庭筠已为着青袍之八九品官，当在谪隋县尉为徐商留署襄阳幕巡官时。启二有"加以旅途劳止，末路萧条"之语，则庭筠或已罢襄阳幕。又，大中十四年五月左右，至十月徐商离任期间，庭筠与段成式之间有书信往来。因成式赠墨而双方书信往来共十五封。详附录三。

唐懿宗咸通二年辛巳（861） 六十一岁。在荆南节度使萧邺幕。

本年春，自襄阳抵江陵，在荆南节度使萧邺幕为从事。

《上令狐相公启》云："敢言蛮国参军，才得荆州从事。自顷藩床抚镜，校府招弓。《戴经》称女子十年，留于外族；稽氏则男儿八岁，保在故人。貌是流离，自然飘荡。叫非独鹤，欲近商陵；啸类断猿，况邻巴峡……今者野氏辞任，宣武求才。倘令孙盛缇油,无惭素尚;蔡邕编录,偶获贞期。微回謦欬之荣,便在陶钧之列。"此启上于本年令狐绹自河中节度使移任宣武节度使时。"敢言蛮国参军,才得荆州从事"二语,上句用郝隆为桓温参军事。《世说新语·排调》:"郝隆为桓公参军。三月三日会作诗,不能者罚酒三升。隆初以不能受罚。既饮,揽笔复作一首云:'娵隅跃清池。'桓曰:'娵隅是何物?'答曰:'千里投公,始得蛮府参军,那得不作蛮语也。'"时桓温"为都督荆梁四州诸军事、安西将军、荆州刺史,领护南蛮校尉,假节"(《晋书》本传),驻节荆州。古称长江流域中游荆州一带为"蛮荆"。下句用王粲依刘表事。《三国志·魏书·王粲传》:"诏除黄门侍郎,以西京扰乱,皆不就,乃至荆州依刘表。"两句均用古人在荆州为从事之典,借指己为荆州从事,可谓精切不移。庭筠另有《上纥干相公启》(题有误,唐无纥干姓为相者),有"间关千里,仅为蛮国参军;荏苒百龄,甘作荆州从事"之语,亦可资佐证。故此二启之"荆州从事""蛮府(国)参军"乃实指己在江陵幕府为从事。联系《上令狐相公启》"啸类断猿,况邻巴峡"二语,更可证其时庭筠居于邻近巴峡之江陵(此二句用《水经注·江水·三峡》"高猿长啸,属引凄异""朝发白帝,暮到江陵"之典)。若谓"以荆州从事代署襄阳巡官之事"(顾学颉《新旧〈唐书〉温庭筠传订补》),则不切矣。荆、襄虽邻接,然为二镇,不可借代。《上首座相公启》明言自己在"膏壤"之地"穷栖""五秋"之后"将卜良期,行当杪岁",将离襄阳另卜良期,其所往之地即荆州,其所任之职即荆州从事。大中十三年十二月白敏中离荆南节度使任入朝为相后,继任荆南节度使者为萧邺(大中十三年十二月至咸通三年在任)。庭筠早在大中六年即有《上翰林萧舍人》七律,末联云:"每过朱门爱庭树,一枝何日许相容?"表现出强烈的依投愿望。故此次罢襄阳幕后即赴荆州依萧邺。庭筠当于咸通元年岁杪启程,于二年春初抵江陵,在萧邺幕为从事。

在荆南幕之同僚有段成式、卢知遒、沈参军等人。《唐文拾遗》卷三十二卢知遒《卢鸿草堂图后跋》云:"咸通初,余为荆州从事,与柯古(段成式字)同在兰陵公（萧邺）幕下。"

在荆南幕期间，有《答段柯古赠葫芦管笔状》，其中有"庭筠累日来……荆州夜噉"之语，当在荆幕时作。今人或列于襄幕时，收入新辑之《汉上题襟集》中，殆误。又有《和沈参军招友生观芙蓉池》，诗有"楚泽"字，当荆幕同僚唱和之作，时令在秋初。

《渚宫晚春寄秦地友人》诗有"凫雁野塘水""秦原""灞浪"及"思归"语，系咸通二或三年春荆幕思归之作，说明其时庭筠家居仍在鄠郊。《西江贻钓叟骞生》有"春朝"及"梅谢楚江头"语，或为咸通二年春在荆幕作。

又有《游南塘寄知者》诗，有"楚水"及"杜陵秋思"语，题有"南塘"字，与《渚宫晚春寄秦地友人》诗意及诗语合，与《和沈参军招友生观芙蓉池》之"南塘烟雾枝"语亦合，系咸通二年秋荆幕作。

《送人东游》有"鄂门山""汉阳渡"字，写景切秋令，系本年秋荆幕送人东游之作。《细雨》有"楚客秋江上，萧萧故国情"之语，则同年秋荆幕思乡之作。

《寄渚宫遗民弘里生》系与段成式宴别后寄赠之作，"渚宫遗民"指段成式。其父文昌起即居荆州，"弘里"谓其弘显故里也。《答段柯古赠葫芦管笔状》有"却笑遗民，迁兹佳种"之句，"遗民"亦指段成式。

开圣寺在荆州纪山，《开圣寺》当亦咸通二年秋在荆幕作。

以上诸诗文，均庭筠曾居荆南幕之迹。

唐懿宗咸通三年壬午（862）　六十二岁。

春仍在荆幕。夏末秋初已在长安或洛阳。

《和段少常柯古》有"野梅江上晚，堤柳雨中春"之句，作诗时当仍居荆南幕，继任荆南节度使者为庭筠旧识裴休，似有招其入幕之意，庭筠因思归京而未答应。而其时段成式已入为太常少卿。

《和太常段少卿东都修行里有嘉莲》有"故持重艳向西风"之句，写景在秋初。而据《南楚新闻》，段成式卒于咸通四年六月，故此诗当作于咸通三年秋初。

味诗意,庭筠此时已回到长安,诗或即作于洛阳。

唐懿宗咸通四年癸未(863)　六十三岁,闲居长安。

本年六月,段成式卒。《太平广记》卷三五一引《南楚新闻》:"太常(少)卿段成式,相国文昌子也,与举子温庭筠亲善。咸通四年六月卒。庭筠闲居辇下。是岁十一月十三日冬至大雪(下略)。"

《旧唐书·温庭筠传》:"咸通中,失意归江东,路由广陵,心怨令狐绹在位时不为成名。既至,与新进少年狂游狭邪,久不刺谒,又乞索于扬子院,为虞候所击,败面折齿,方还扬子诉之。令狐绹捕虞候治之,极言庭筠狭邪丑迹,乃两释之。自是污行闻于京师。庭筠自至长安,致书公卿间雪冤。"《新唐书·温廷筠传》:"不得志,去归江东。令狐绹方镇淮南,廷筠怨居中时不为助力,过府不肯谒。丐钱扬子院,夜醉,为逻卒击折其齿,诉于绹。绹为劾吏,吏具道其污行,绹两置之。事闻京师,廷筠遍见公卿,言为吏诬染。"

按:据《唐仆尚丞郎表》,李福咸通三年末由兵侍出镇宣武。又据《旧唐书·令狐绹传》:"(咸通)三年冬,迁扬州大都督府长史、淮南节度副大使、知节度事。"其到任当已在咸通四年初。庭筠之归江东,路由广陵,为虞候所击,败面折齿,如确有其事,当发生在四年春令狐绹到任后,至最迟本年六月庭筠已闲居长安的一段时间内。然此事实系无中生有。详上编第九章第三节及附录二。

唐懿宗咸通五年甲申(864)　六十四岁,闲居长安。

本年有《为前邕府段大夫上宰相启》。前邕府段大夫,指段文楚,唐德宗时著名忠臣段秀实之孙,曾两任邕管经略使,御史大夫为其第二次临邕管时所带宪衔。启内提及其初任邕管、离任、再临邕管、罢任及其后"侨居乞食,蓬转萍飘"之困境,希望宰相"录其勋旧,假以生成"。并叙及"今者九州征发,万里喧腾,凭贼请锋,已至城下"之情事,此指咸通五年,"康承训至邕州,蛮寇(指南诏侵边)益炽,诏发许、滑、青、汴、兖、郓、宣、润八道兵以授之"(《通鉴》)。故此启当作于咸通五年。段文楚咸通三年二月自邕管经略使左迁威卫将军分司,此时或仍在东都。

唐懿宗咸通六年乙酉（865） 六十五岁，在长安。约六月以后，因宰相徐商之荐，任国子监助教。

庭筠曾任国子监助教，见其咸通七年十月六日《榜国子监》文末所署本人姓名，以及其弟庭皓所撰《唐国子助教温庭筠墓志》（志文佚）。其始任国子助教之时间，可能在本年六月以后。《旧唐书·温庭筠传》："庭筠自至京师，致书公卿间雪冤。属徐商知政事，颇为言之。"《新唐书·温廷筠传》亦谓："俄而徐商执政，颇右之，欲白用。"据《新唐书·宰相表》，咸通六年六月，徐商为相。庭筠之任国子助教，当因徐商之荐。《新唐书·百官志》：国子监"助教五人，从六品上，掌佐博士分经教授"。

《题韦筹博士草堂》约作于本年至七年十月之间。

唐懿宗咸通七年丙戌（866） 六十六岁，在长安。任国子监助教，主秋试。冬，贬方城尉，旋卒。

本年春，有《休浣日西掖谒所知因成长句》，当为任国子监助教期间谒徐商之作。"西掖"指中书省。视"休浣日"语，庭筠当时已在朝中任职。考之庭筠生平，其唯一任京职之时间即咸通六七年任国子助教时。诗有"春畹晚"语，当作于咸通七年春。

本年秋，以国子监助教身份主国子监秋试。十月六日，将考试合格之士子所纳诗赋榜示于众，准备报送礼部，参加翌春进士试。榜文云："右前件进士所纳诗篇等，识略精微，堪裨教化；声词激切，曲备风谣。标题命篇，时所难著。灯烛之下，雄词卓然。诚宜榜示众人，不敢独专华藻。并仰榜出，以明无私。仍请申堂，并榜礼部。咸通七年十月六日，试官温庭筠榜。"此段榜文见于明朱警辑《唐百家诗·晚唐四十二家》本邵谒诗后所附。榜文中所称"前件进士所纳诗篇"，系指国子监秋试合格的士子所纳的省卷，为礼部规定凡举进士者必须交纳之诗文，时间一般为考试前一年之冬天。所纳者系"旧文"，即作者从自己擅长的各种文体中选出一部分佳作纳献于礼部。故这批作品既要在进行秋试之国子监公布,又要在礼部榜示。也就是说,榜示者并非国子监秋试时按统一命题作的诗文,这类作品因受考试题目的限制,不可能有多少佳作,更无所谓"标题命篇,时所难著"的情况。而举子从平日所作旧文中选送者,方可能如榜文中所称之"识略精微,堪裨教化;声词激切,曲备风谣""雄词卓然"。明乎此,方能弄清庭筠因此榜文及榜示之旧文所引起之严重后果。

胡宾王《邵谒集序》云:"(谒)寻抵京师隶国子,时温庭筠主试,乃榜三十余篇以振公道。"《唐才子传》卷九《邵谒传》亦云:"苦吟,工古调,咸通七年抵京师,隶国子监。时温庭筠主试,悯擢寒苦,乃榜谒诗三十余篇以振公道。"《唐诗纪事》卷六十七《李涛传》云:"温飞卿任太学博士,主秋试,涛与卫丹、张郃等诗赋,皆榜于都堂。"知此次所榜者有邵谒、李涛、卫丹、张郃等人之诗赋。三十余篇是所榜邵谒旧文之总数。

顾学颉《新旧〈唐书〉温庭筠传订补》云:"细玩两书本传'颇为言之''欲白用'文意,徐商为相时,庭筠必曾补官,否则,'杨收疾之,遂贬''遂废'之语蹈空矣。如本闲居无官,杨收又何以疾而废之耶……庭筠七年十月在国子监,而杨收罢相在八年……其为杨收所疾当在七年十月之后,八年杨罢相之前。况榜文有'声词激切','时所难著'之语,或是邵谒所为诗篇讽刺朝政,而庭筠榜之,遂触忌而遭废耶?"又引《唐才子传》卷九《温宪传》云:"温宪,庭筠之子也。龙纪元年李瀚榜进士及第。出为山南节度使府从事,大著诗名。词人李巨川草荐表,盛述宪先人之屈,辞略曰:'蛾眉见妒,明妃为出国之人;猿臂自伤,李广乃不侯之将。'上读表恻然称美。时宰相亦有知者,曰:'父以窜死,今孽子宜稍振之,以厌公议,庶几少雪忌之恨。'上领之。"陈尚君《温庭筠早年事迹考辨》从顾说,谓庭筠贬死之最明显原因,当即为榜诗触及时讳。梁超然《温庭筠考略》联系邵谒《岁丰》诗对豪强之抨击、《论政》诗对时政之讥刺作进一步具体论证。此处须强调指出:"父以窜死"一语,明确指出庭筠系被贬窜而死,故《旧唐书·温庭筠传》"杨收怒之,贬为方城尉"的记载是可信的,证以纪唐夫《送温庭筠尉方城》诗,其事更确凿无疑。而"再贬隋县尉,卒"之记载则误。贬隋县尉在大中十年,系因"搅扰场屋"而贬,已见前,且旋即为徐商留署襄阳巡官,与"窜死"明显不合。庭筠之卒,在咸通七年,其弟庭皓撰《唐国子助教温庭筠墓志》署咸通七年可证。十月六日犹在国子监为助教,而最迟本年末即卒,可见从榜示诗赋到被贬、到窜死,前后时间不过两个多月,其罹祸之速之烈可以想见。据"窜死"语,庭筠可能即卒于方城贬所。

庭筠弟庭皓,大中十年至咸通元年为山南东道节度使徐商幕从事。咸通七年至九年,为武宁节度使崔彦曾团练巡官。九年冬,庞勋反,杀崔彦曾,以刃胁庭皓,使为表求节度使,庭皓拒之,曰:"我岂以笔砚事汝邪?其速杀我。"十年四月,为庞勋所杀。两《唐书》有传。

子温宪,屡举进士不第,曾为山南西道节度使府从事,府主杨守亮颇重之,命李巨川草荐表,盛述其先人之屈,龙纪元年(889)方登进士第。宪有诗名,咸通中与许棠、张乔、郑谷等号称"咸通十哲"。事见《唐摭言》卷十、《唐才子传》卷九。

有姊适赵颛,见《玉泉子》。又有姊或妹适吴兴沈氏,见《北梦琐言》卷四。

女适段成式子安节。见《金华子杂编》卷上、《南楚新闻》。

主要参考文献

全唐诗　（清）曹寅等编　中华书局排印本，1979年。

全唐文　（清）董诰等编　上海古籍出版社影印本，1990年。

全唐诗补编　陈尚君辑校　中华书局，1992年。

全唐文补编　陈尚君辑校　中华书局，2006年。

唐代墓志汇编　周绍良主编　上海古籍出版社排印本，1992年。

隋唐五代墓志汇编　天津古籍出版社影印本，1992年。

唐大诏令集　（宋）宋敏求编　商务印书馆排印本，1959年。

唐大诏令集补编　李希泌主编　上海古籍出版社排印本，2003年。

通典　（唐）杜佑撰　中华书局点校本，1989年。

唐会要　（宋）王溥撰　中华书局重印《国学基本丛书》本，1955年。

册府元龟　（宋）王钦若等编　中华书局影印本，1960年。

文苑英华　（宋）李昉等编　中华书局影印本，1990年。

太平广记　（宋）李昉等编　中华书局影印本，1961年。

资治通鉴　（宋）司马光撰　中华书局点校本，1956年。

元和郡县图志　（唐）李吉甫撰　中华书局点校本，2005年。

全唐五代词　曾昭岷等编著　中华书局，1999年。

花间集　（五代）赵崇祚辑　文学古籍刊行社影印宋绍兴十八年晁谦之校刻本。

尊前集　佚名辑　（清）朱孝臧刻《彊村丛书》本,1914年。

温飞卿诗集笺注　（明）曾益原注,(清)顾予咸、顾嗣立补注　上海古籍出版社,1998年。

金荃词　（唐）温庭筠撰　刘毓盘辑《唐五代宋辽金元名家词集六十种辑》本。

词话丛编　唐圭璋编　中华书局,1986年。

唐诗纪事　（宋）计有功撰　上海古籍出版社点校本,1986年。

唐才子传校笺　（元）辛文房撰,傅璇琮等校笺　中华书局,1987—1995年。

重修承旨学士壁记　（唐）丁居晦撰　傅璇琮等编《翰学三书》本　辽宁教育出版社,2003年。

乐府诗集　（宋）郭茂倩撰　中华书局校点本,1979年。

登科记考　（清）徐松撰,孟二冬补正　北京燕山出版社,2003年。

唐尚书省郎官石柱题名考　（清）劳格、赵钺撰　中华书局点校本,1992年。

全唐诗人名考证　陶敏撰　陕西人民教育出版社,1996年。

中国文学家大辞典·隋唐五代卷　周祖譔主编　中华书局,1992年。

唐方镇年表　吴廷燮撰　中华书局,1980年。

唐刺史考全编　郁贤皓撰　安徽大学出版社,2000年。

唐五代文学编年史　傅璇琮主编　辽海出版社,1998年。

唐代科举与文学　傅璇琮撰　陕西人民出版社,1995年。

李德裕年谱　傅璇琮撰　河北教育出版社,2001年。

唐方镇文职僚佐考　戴伟华撰　天津古籍出版社,1994年。

唐代使府与文学研究　戴伟华撰　广西师范大学出版社,1998年。

唐代集会与诗人群研究　贾晋华撰　北京大学出版社,2001年。

云溪友议　（唐）范摅撰　中华书局上海编辑所排印本，1959年。

东观奏记　（唐）裴庭裕撰　中华书局点校本，1994年。

唐摭言　（五代）王定保撰　上海古籍出版社，1978年。

北梦琐言　（五代）孙光宪撰　上海古籍出版社，1981年。

玉泉子　（唐）佚名撰　上海古籍出版社，1988年。

唐人佚事汇编　周勋初主编　上海古籍出版社，1995年。

历代诗话　（清）何文焕编　中华书局点校本，1982年。

历代诗话续编　丁福保编　中华书局点校本，1983年。

诗薮　（明）胡应麟撰　古典文学出版社排印本，1958年。

唐音癸签　（明）胡震亨撰　古典文学出版社排印本，1958年。

诗源辩体　（明）许学夷撰　人民文学出版社点校本，1987年。

清诗话　丁福保编　上海古籍出版社，1978年。

清诗话续编　郭绍虞编　上海古籍出版社，1983年。

唐人选唐诗新编　傅璇琮编撰　陕西人民出版社，1996年。

万首唐人绝句　（宋）洪迈编　文学古籍刊行社影印本，1955年。

唐诗鼓吹评注　（元）郝天挺编选，（清）王清臣、陆贻典等评注　上海文明书局石印本，1919年。

唐诗品汇　（明）高棅编撰　上海古籍出版社影印本，1982年。

唐诗选脉会通评林　（明）周敬、周珽编　明崇祯八年刻本。

瀛奎律髓汇评　（元）方回编撰，李庆甲汇评　上海古籍出版社，1986年。

贯华堂选批唐才子诗　（清）金圣叹撰　浙江古籍出版社，1985年。

中晚唐诗叩弹集　（清）杜诏、杜庭珠编　中国书店影印本，1984年。

唐诗别裁集　（清）沈德潜编　中华书局影印本，1981年。

唐诗论评类编　陈伯海主编　山东教育出版社，1993年。

唐诗汇评　陈伯海主编　浙江教育出版社，1995年。

全唐诗重出误收考　佟培基撰　陕西人民出版社,1996年。

郡斋读书志　(宋)晁公武撰　上海古籍出版社校证本,1990年。

直斋书录解题　(宋)陈振孙撰　上海古籍出版社点校本,1987年。

四库全书总目　(清)永瑢等撰　中华书局影印本,1981年。

唐诗书录　陈伯海、朱易安编　齐鲁书社,1988年。

温庭筠《感旧陈情五十韵献淮南李仆射》诗旧注辨误　《顾学颉文学论集》188页　中国社会科学出版社,1987年。

新旧《唐书》温庭筠传订补　《顾学颉文学论集》192页。

温庭筠交游考　《顾学颉文学论集》216页。

温飞卿系年　夏承焘　《唐宋词人年谱》383页　上海古籍出版社,1979年。

读夏承焘先生的《温飞卿系年》　詹安泰《宋词散论》　广东人民出版社,1980年。

温庭筠早年事迹考辨　陈尚君　《中华文史论丛》,1981年2月。

温庭筠生平之若干问题　王达津　《南开大学学报》,1982年2月。

温庭筠籍贯及生卒年　黄震云　《徐州师院学报》,1982年3月。

晚唐诗人温庭筠是温彦博的七世孙　黄震云　《扬州师院学报》,1982年2月。

也谈温庭筠生平之若干问题——答王达津先生　陈尚君　《南开学报》,1982年6月。

温庭筠杂考三题　黄震云　《江海学刊》,1983年5月。

温庭筠生年新证　牟怀川　《上海师院学报》,1984年1月。

对《温庭筠生平新证》一文的意见　黄震云　《上海师大学报》,1985年2月。

关于温庭筠生平的若干考证和说明——兼驳《意见》 牟怀川 《上海师大学报》,1985 年 2 月。

温庭筠从游庄恪太子考论 牟怀川《唐代文学研究》第一辑 山西人民出版社,1988 年。

温庭筠考略 梁超然 《漳州师院学报》,1994 年 3 月。

释温庭筠词五首 俞平伯 《读词偶得》上海开明书店,1934 年。

词的讲解 浦江清 《浦江清文录》 人民文学出版社,1958 年。

花间集注 华锺彦 中州书画社,1983 年。

花间集评注 李冰若 人民文学出版社,1993 年。

花间集注释 李谊 四川文艺出版社,1986 年。

花间集新注 沈祥原、傅生文注 江西人民出版社,1987 年。

花间词派选集 王新霞选注 北京师范大学出版社,1993 年。

唐五代词选集 黄进德 上海古籍出版社,1993 年。

花间集 于翠玲注 北京华夏出版社,1998 年。

温庭筠词新释辑评 张红、张华编著 中国书店,2003 年。

花间词论集 张以仁撰 中国文哲研究所,1996 年。

花间词论续集 张以仁撰 中国文哲研究所,2006 年。

温庭筠诗集校注 王国良校注 黎明文化公司,1999 年。

温庭筠研究 成松柳撰 湖南人民出版社,2005 年。

晚唐文学变局中的温李新声研究 刘青海著 中华书局,2018 年。